제1판 특수교사 임용시험 대비

임지원
특수교육 기출맥서

임지원 편저

2009~2024 기출문제
영역별 수록

脈

2

박문각 임용 동영상강의 www.pmg.co.kr

박문각

기출맥서 소개

기출맥서 포커스

•• 정확하고 깊은 분석

1차 고득점을 위한 핵심 자료인 기출문제를 학습하는 데 가장 중요한 것은 정확한 분석이다. 문제의 상황과 의도를 파악하지 않고, 단순히 문제마다 적용된 이론을 알아보기만 하는 것은 단편적이고 얕은 학습에 불과하다. 문제마다 제시된 상황과 요구하는 것, 답안작성의 조건 등을 정확하게 분석하고, 이에 따라 답안의 키워드를 파악할 수 있어야 한다. 이것이 기출분석 및 학습의 핵심이다. 이에 따라 기출맥서는 기출문제를 정확하고 깊게 분석하는 데 초점을 두고 정리하였다.

•• 정확, 명료, 간결한 예시답안

– 정확한 답안

답안작성의 가장 중요한 첫걸음은 문제 상황 및 의도를 정확하게 파악하는 것이다. 그렇지 않으면 말이 되지 않는 오류를 범할 수 있다. 이러한 오류는 다음 학습에도 연쇄적으로 영향을 줄 수 있으며, 이미 형성된 오류와 오개념을 뒤늦게 고쳐나가느라 시간을 허비하는 경우를 종종 본다. 이는 임용시험을 위한 특수교육학 공부에 매우 불필요한 과정이다. 기출문제를 처음 볼 때부터 정확한 예시답안을 기준으로 학습하는 것이 중요하다.

– 명료하고 간결한 답안

가장 좋은 답안은 구체적이고, 명료하며, 간결한 답안이다. 의미가 모호하거나, 추상적이거나, 장황하게 늘여 놓은 답안은 감점의 대상이 되기 쉽다. 서술형 문항의 답안을 작성할 때에는 항상 구체적으로, 명료하게, 간결하게 작성해야 한다. 다만, 기출맥서에서 다루는 수백 문항 중 극소수의 몇 문항은 해석의 여지가 있다고 본다. 이 극소수의 문항을 제외한 모든 서술형 문항의 예시답안은 명료하고 간결한 예시답안이 되도록 정리하였다.

•• 기출 학습의 편의성

기존의 "특수교육의 맥을 잡는 기출 BOOK"을 개정하며, 교재 활용의 편의성을 좀 더 향상시키고자 교재 구성을 전면 개정하였다. 문제와 해설을 한 번에 볼 수 있도록 하되, 왼편에 해설을 싣고, 오른편에 문제를 실어 문제를 풀거나 필기를 할 때 불편함이 없도록 하였다.

기출맥서의 구성

•• 각 파트별로 문제와 해설을 동시에 볼 수 있도록 구성하였다. 왼쪽 페이지에는 해설 자료를, 오른쪽 페이지에는 문제를 배치하여, 문제를 풀고 필기를 하는 데 불편함이 없도록 하였다.

•• 문제: 2009~2024학년도의 유아, 초등, 중등 기출문제 중 특수교육학에 해당하는 문제를 빠짐없이 정리하였다. (교육과정, 법, 2차 전공논술문항 제외)

•• 해설: 정답 및 예시답안, 알찬 지문풀이, 문제 속 자료분석, 관련이론, 고득점 답안 비법, 핵심테마 체크 등으로 구성되어 있으며, 문항에 따라 해설의 구성은 상이하다.

•• 기출맥서는 총 3권으로 구성되어 있다.

– 1권: Part 01 ~ 05 (개별화교육 및 통합교육, 특수교육평가, 행동지원, 특수교육공학, 전환교육)
– 2권: Part 06 ~ 09 (지적장애, 정서 및 행동장애, 자폐범주성장애, 학습장애)
– 3권: Part 10 ~ 14 (시각장애, 청각장애, 의사소통장애, 지체 및 중복장애, 건강장애)

여러분이 똑똑하고 알차게 준비하여 1차 시험에 고득점하기를 바라는 마음을 작업하는 내내 잊지 않으려 했습니다. 명료하고 효과적인 기출분석의 과정에 기출맥서가 양질의 길잡이가 되길 바랍니다.

2024년 임지원

기출맥서 **활용법**

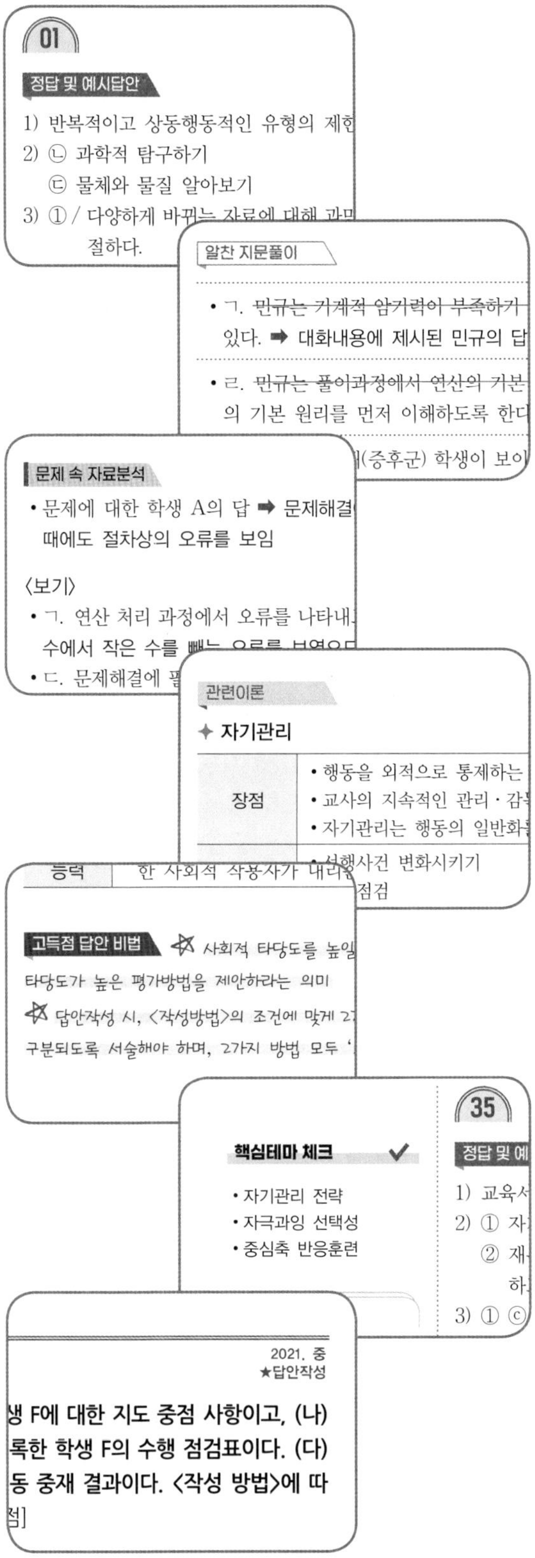

정답 및 예시답안

객관식 문항은 정답을, 기입형 문항은 정답인 용어를 표기하였다. 서술형 문항에 대한 답안은 예시답안으로서 문장의 핵심 의미와 키워드를 중심으로 확인하길 권장한다. 문장의 서술은 의미가 달라지지 않는 선에서 다양하게 서술될 수 있다는 점을 유념해야 한다.

알찬 지문풀이

문제에 제시된 지문의 의미를 분석하거나, 오답으로 제시된 부분은 맞는 내용으로 풀이한 것이다. 주로 객관식 문항의 지문이나 보기를 분석한 내용이다. 지문풀이를 보기 전 스스로 분석을 한 후, 확인하는 용도로 사용하기에 효과적인 메뉴이다.

문제 속 자료분석

문제 상황으로 제시된 자료나 내용을 분석하고 정리한 것이다. 쉽게 알아볼 수 있는 문제 상황은 제외하고, 분석이나 정리가 필요한 일부 문항에 대하여 분석한 것이다. 문항에 따라 제시된 상황 자체가 좋은 학습 자료일 때가 있다. 그러한 문항을 학습할 때 활용할 수 있는 내용이다.

관련이론

문제를 정확하게 파악하기 위해 관련짓고 적용해야 할 이론을 바로 확인할 수 있도록 정리하였다. 기출분석과 동시에 해당 이론에 대해 이해 여부를 점검하고, 암기를 위해 반복적으로 확인하는 것은 중요한 학습과정이다.

고득점 답안 비법

서술형 문항의 경우, 적용력을 요구하고, 요구하는 조건에 맞게 답안을 작성하는 것이 중요하다. 이와 관련하여 유의할 사항이 있는 문항의 경우, 그 유의점을 고득점 답안 비법에 짚어 두었다.

핵심테마 체크

문항마다 꼭 알아야 할 핵심테마를 정리해 둔 것이다. 제시된 핵심테마를 보면서 관련이론을 인출하는 용도로 사용할 수도 있고, 전체적으로 핵심테마를 훑어보면 출제 빈도도 자연스럽게 파악할 수 있다.

답안작성 연습용 문항 표시

일부 문항은 출제연도 아래에 '★답안작성'이라고 표기되어 있다. 해당 문항은 답안작성 훈련이 필요하거나, 연습해 보면 도움이 될 문항이다. 모든 서술형 문항에 대해 답안작성 연습을 하기에는 시간이 부족하다. 답안작성 훈련에 도움이 될 문항을 선정해야 할 때 '★답안작성' 표기를 우선 고려하면 도움이 될 것이다.

최근 3개년 기출 **출제경향 분석**

01 전공별 기출 배점분석에 기반한 출제경향

✦ 24학년도

〈유아특수〉

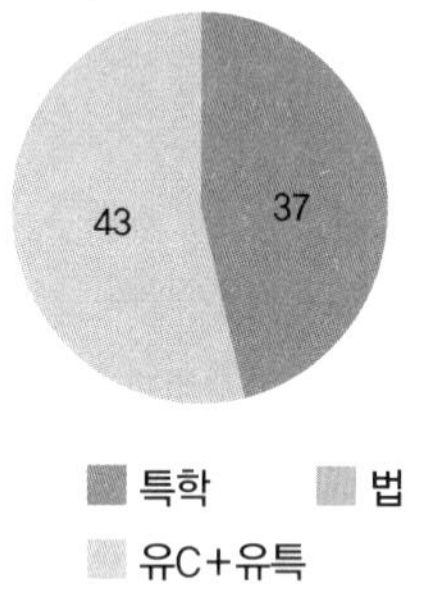

〈초등특수〉

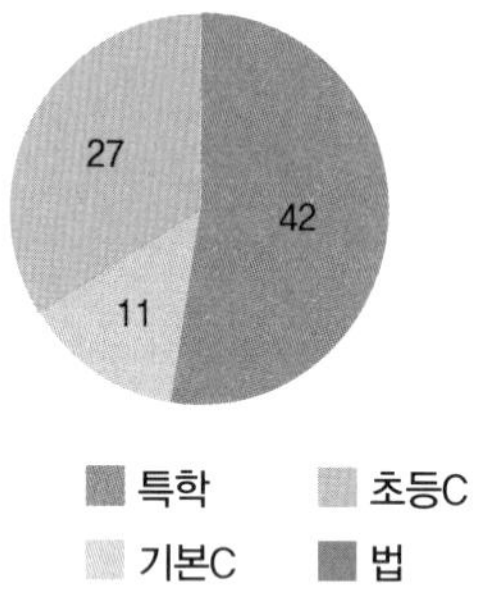

〈중등특수〉

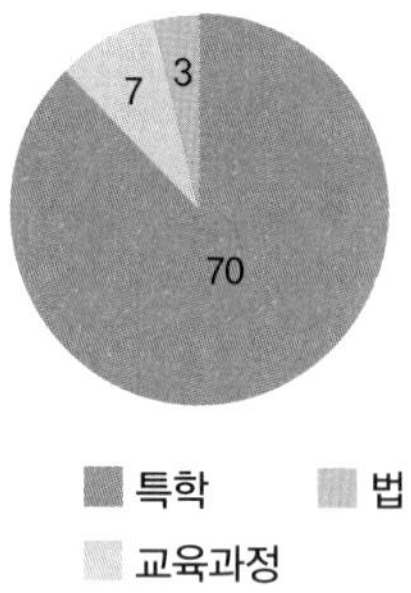

✦ 23학년도

〈유아특수〉

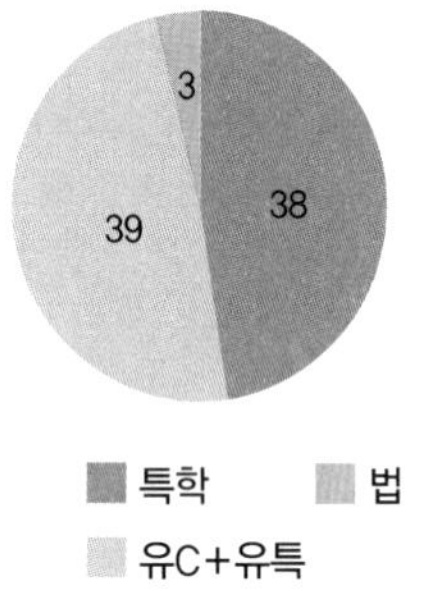

〈초등특수〉

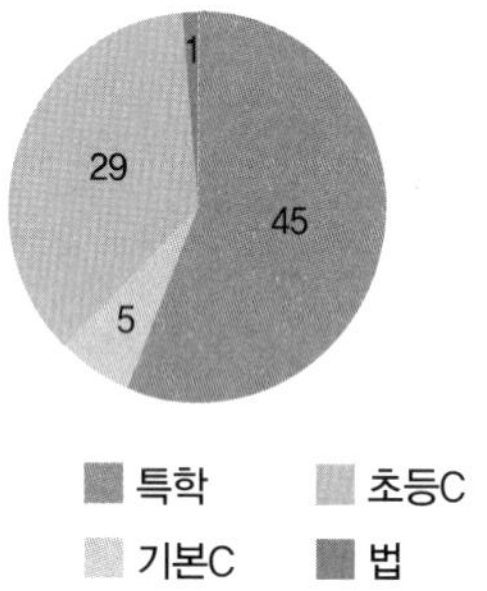

〈중등특수〉

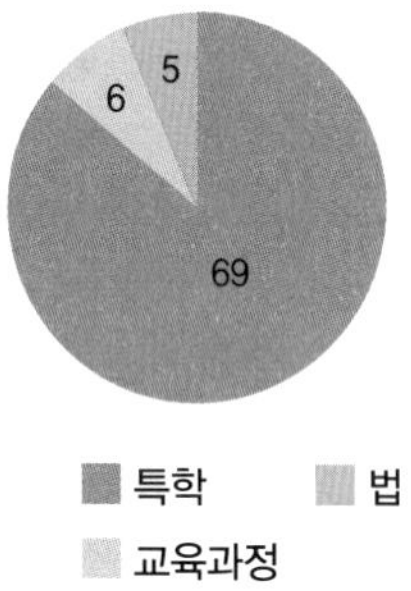

✦ 22학년도

〈유아특수〉

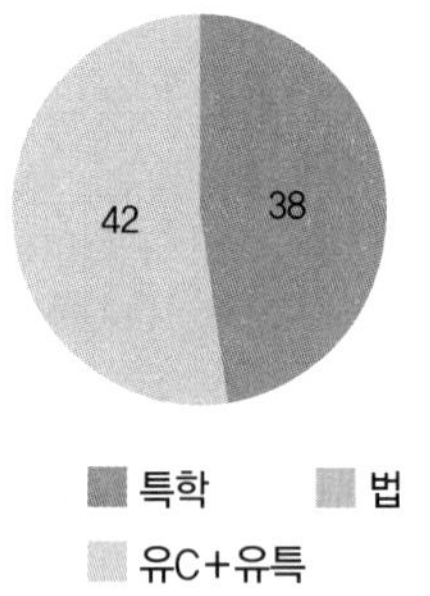

〈초등특수〉

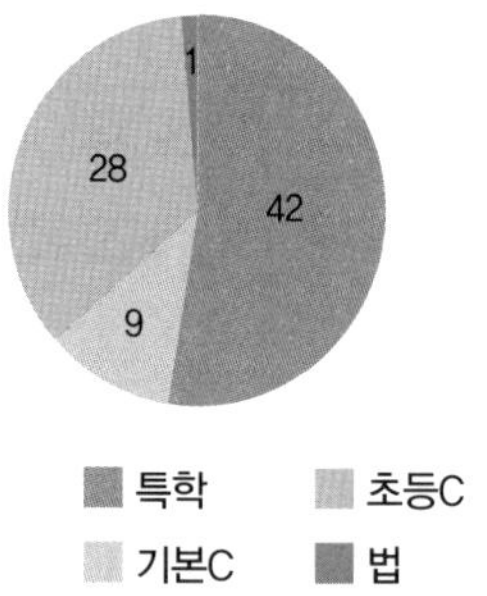

〈중등특수〉

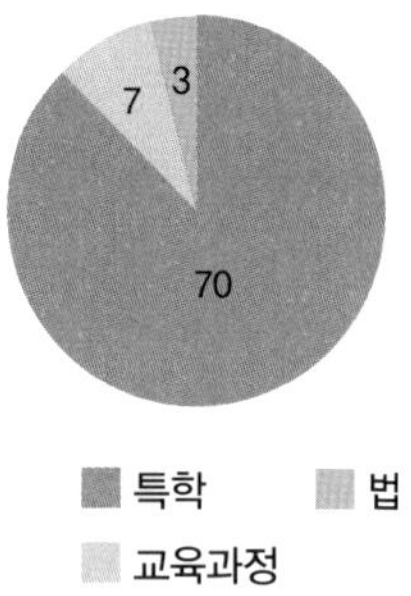

02 적용력 및 답안작성 능력이 중요한 문항 비율에 기반한 출제경향

✦ 24학년도

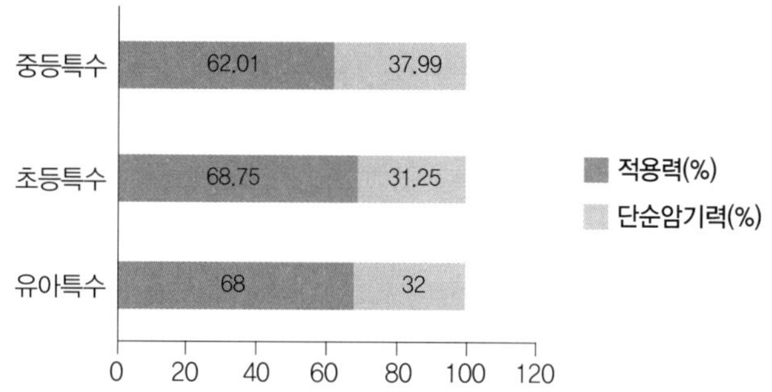

✦ 23학년도

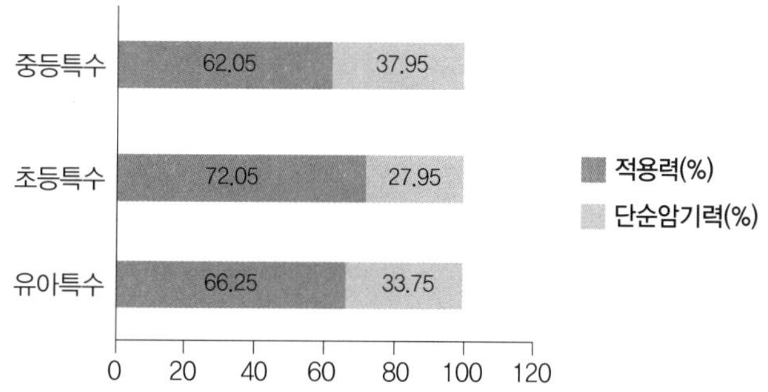

✦ 22학년도

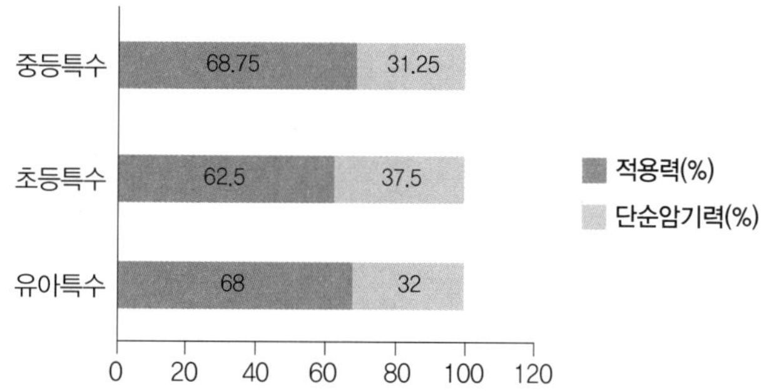

최근 3개년 기출 **출제경향 분석**

03 출제된 적이 없는 새로운 내용의 배점 비율 분석

✦ 24학년도

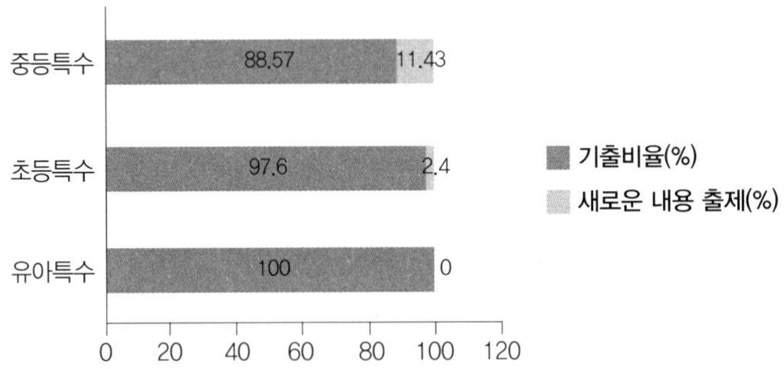

✦ 23학년도

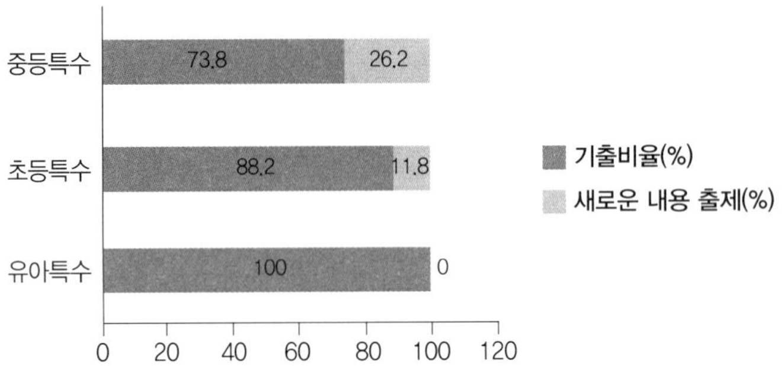

✦ 22학년도

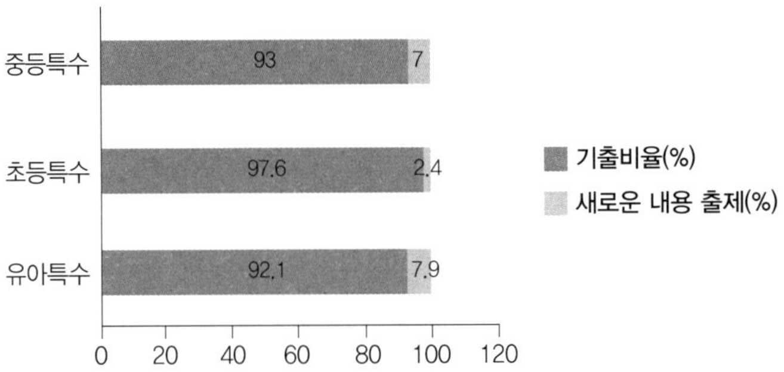

임지원

특수교육
기출맥서

고득점을 위한 **똑똑한 기출분석 가이드**

01 기출분석의 기본 시퀀스

•• 기출분석은 특수교육학 기본이론의 이해를 바탕으로 시작해야 한다.
기본이론의 베이스 없이 기출문제를 먼저 보게 되면, 기출문제를 제대로 이해하고 파악하기 어렵고, 추후 기본이론을 체계적으로 반복학습하기 어려울 수 있다.

STEP 01 문제 파악하기

- 문제에 제시된 상황, 질문, 조건 등을 빠짐없이 꼼꼼하게 읽기
- 제시된 자료 중 더 분석할 사항은 반복적으로 의미를 찾아보고 내용 정리하기
- 해석하기 어려운 부분은 별도로 표기하여, 추가학습을 하거나 다음 반복학습 때 해결하기

↓

STEP 02 질문 및 답안작성 조건 확인하기

- 질문을 읽고 질문의 의미와 의도 등 핵심을 파악할 것
- 서술형의 경우, 답안작성의 조건 정확히 짚어두기

↓

STEP 03 답안작성하기

- 객관식: 정답인 논리적인 이유 확인하기. 오답의 경우 오답인 이유, 고쳐야 할 부분 등을 구체적으로 확인하기
- 기입형: 정답에 해당하는 정확한 용어 작성하기
- 서술형: 문제 상황, 답안작성 조건 등을 정확하게 이해하고, 구체적이고 간결한 답안작성하기

↓

STEP 04 나의 학습 상태 점검 및 정리하기

- 기출문제를 학습하는 과정에서 나의 현재 상태를 파악하고, 보완 및 개선할 점을 정리하기
  : 관련이론의 이해 여부 확인, 서브노트나 단권화 등 나의 자료에서 보완할 부분, 문제를 파악하는 능력, 반복적인 실수, 답안작성 시 부족한 점, 문제를 해결하는 데 걸리는 시간 등

02 다양한 초점, 다양한 방식의 기출 반복학습

•• 기출문제는 1차 시험 직전까지 반복해야 할 가장 중요한 자료이다. 다만, 단편적이고 얕은 방식으로 동일하게 반복만 하는 것은 효과적이지 않다. 특히 답만 기억하는 방식의 반복학습은 의미가 없다.

•• 기출문제를 반복할 때에는 반복 싸이클마다 기출학습의 초점 및 목표를 다양하게 두고, 다양한 반복학습을 하는 것이 중요하다. (*다음 각 싸이클의 목표는 순서로 보지 말고, 다양한 초점으로 볼 것)

Cycle 1	▸**문제 풀기**: 기출학습의 기본 시퀀스에 따라 문제를 읽고, 풀고, 답안작성하기 *다시 풀어볼 문제 별도로 표기해두기
Cycle 2	▸**출제이론 정리하기**: 각 문항의 영역별, 테마별 출제이론 및 키워드를 확인하고, 자료로 정리하기
Cycle 3	▸**기출문구 학습하기**: 기출문제에 자료나 지문으로 제시된 주요 문구(답안 내용✘)로 출제된 이론의 키워드 및 핵심 학습하기
Cycle 4	▸**답안작성 연습하기**: 이해력 및 적용력을 요구하는 서술형 문항을 선별하여 구체적이고, 간결하게 답안을 작성하는 연습하기
Cycle 5	▸**어려운 문제 다시 풀기**: 한 번에 해결하기 어려웠던 문제 다시 풀어보기
Cycle 6	▸**기출변형 활용하기**: 기출문제마다 추가적으로 다뤄질 수 있는 부분, 바꿔서 물어볼 수 있을 부분 등을 짚어보기. 또는 기출변형 문제 풀어보기
Cycle 7	▸**연도별 기출 풀기**: 특수교육학 영역별로 우선 학습을 한 후, 다양한 반복의 한 방법으로 연도별로 기출을 풀어보는 것이 효과적임. 연도별로 기출문제를 풀어보면, 약간의 출제경향을 파악할 수 있음. 시간을 정해두고, 답안작성까지 하며 풀어보면 실전 연습도 함께 할 수 있음

고득점을 위한 **똑똑한 기출분석 가이드**

03 기출문제 유형별 고득점 학습전략

•• 객관식

예시문항

다음은 특수교사가 학습장애학생 A의 쓰기 능력을 평가하기 위해 수집한 자료이다. 〈자료 1〉은 주어진 문장을 3분 내에 가능한 빠르고 반듯하게 여러 번 써보도록 하여 얻은 것이다. 〈자료 2〉는 '가을'이라는 주제에 대해 15분 동안 글을 쓰도록 하여 얻은 것이다. 학생 A의 쓰기 능력을 향상시키기 위해 고려해야 하는 것만을 〈보기〉에서 있는 대로 고른 것은? 〈2012. 중〉

〈자료 1〉

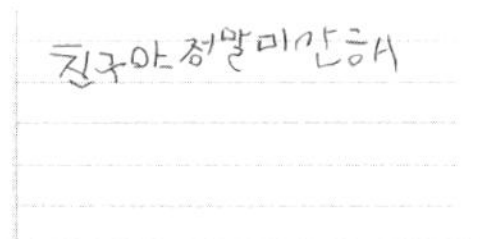

〈자료 2〉

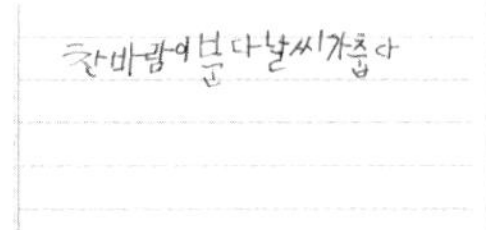

〈보기〉

ㄱ. 학생의 쓰기 유창성을 향상시키기 위해 문장을 천천히 정확하게 베껴 쓰도록 지도한다.

ㄴ. 학생이 글씨를 쓸 때, 글씨 쓰는 자세, 연필 잡는 법, 책상 위의 종이 위치를 점검한다.

ㄷ. 학생이 스스로 혹은 또래와 함께 체크리스트를 활용하여 문법적 오류를 점검하도록 한다.

ㄹ. 문장 지도를 할 때, 두 문장을 연결 어미로 결합하여 하나의 문장으로 만들 수 있도록 지도한다.

ㅁ. 작문 지도를 할 때, 도식조직자를 활용하여 주제에 대해 아이디어를 생성하고 조직하도록 지도한다.

➜

맞춤형 학습전략

✦ 객관식은 2009~2013학년도의 출제유형으로서, 현 시험 제도에서는 출제되지 않는 유형임. 그러나 문제 상황, 출제영역, 내용의 깊이, 관련이론, 난이도 등을 파악하며 반드시 심층적으로 분석해야 함

✦ **객관식 기출문제를 활용하여 공부하는 방법!**

- 문제 상황과 적용할 이론 파악하기
- 〈보기〉 중 적절한 항목을 찾고, 적절한 이유 정리하기
- 〈보기〉 중 적절하지 않은 항목을 찾고, 고치거나 이유 서술해 보기
- 문제 상황이나 〈보기〉를 통해 주어진 주요 문구와 키워드를 체크하고 나의 자료에 추가 · 정리하기
- 문제 상황을 활용하여, 서답형에 맞게 기출변형 문제 만들어 보기

•• 기입형

예시문항

다음은 기도순음청력검사를 통해 산출된 청각장애학생 A의 오른쪽 귀 평균청력손실치에 대한 설명이다. 괄호 안의 ㉠과 ㉡에 해당하는 말을 각각 쓰시오. [2점] 〈2014. 중〉

> 학생 A의 오른쪽 귀 평균청력손실치 75dB은 대부분의 (㉠)이/가 분포되어 있는 주파수인 1,000Hz, 500Hz, (㉡)Hz의 각각의 청력손실치로 계산하여 구한 값이다. 즉, 1,000Hz의 청력손실치 75dB의 2배 값에 500Hz의 청력손실치 70dB과 (㉡)Hz의 청력손실치 80dB을 더한 값을 4로 나눈 값이다.

➜

맞춤형 학습전략

✦ 기입형은 예시와 같이 빈칸을 두거나, 또는 밑줄 친 부분에 해당하는 용어를 요구하는 등 간단한 용어나 표현을 정확하게 표기해야 하는 유형

✦ **기입형 문항을 공부하는 방법!**

- 기입형 학습의 핵심은 기본개념과 용어에 대한 정확한 이해와 암기
- 빈칸이 없는 부분, 밑줄이 없는 부분을 체크하여 문제를 변형해 보고, 예상문제 만들어 보기
- 용어나 해당 내용을 정확하게 기입하는 것이 중요하여, 실수를 많이 범하는 유형이기도 함

•• 서술형

예시문항		맞춤형 학습전략
✦ 예시 (1) (가)는 지체장애 특수학교 2학년 학생들의 특성이고, (나)는 2009 개정 슬기로운 생활과 교육과정에 따른 '마을과 사람들' 단원 지도 계획과 학생 지원 계획의 일부이다. 물음에 답하시오. [5점] 〈2015. 초〉 (가) 학생 특성 …(생략)… (나) 단원 지도 계획과 학생 지원 계획 …(생략)… 1) (가)에 제시된 미나의 특성을 고려할 때, (나)의 ㉠에 문제가 발생하지 않도록 하기 위해 교사가 유의해야 할 사항을 1가지 쓰시오. [1점] • __________ 2) (가)에 제시된 현우의 특성을 고려할 때, (나)의 마을 조사 활동 시 ㉡의 장점을 1가지 쓰시오. [1점] • __________ 3) 교사가 은지에게 (나)의 ㉢을 착용시킨 이유를 은지의 특성에 비추어 1가지 쓰시오. [1점] • __________ ✦ 예시 (2) (가)는 자폐성장애 학생 J를 위한 기본 교육과정 고등학교 과학과 '주방의 전기 기구' 수업 지도 계획의 일부이고, (나)는 '주방의 조리 도구' 수업 지도 계획의 일부이다. 〈작성 방법〉에 따라 서술하시오. [5점] 〈2019. 중〉 (가) '주방의 전기 기구' 수업 지도 계획 …(생략)… (나) '주방의 조리 도구' 수업 지도 계획 …(생략)… 〈작성 방법〉 ㅇ 밑줄 친 ㉠에서 사용한 사건(빈도)기록법의 유형을 쓰고, '촉진의 형태가 바뀌는 용암 체계'에 비해 밑줄 친 ㉡이 갖는 특성 1가지를 서술할 것 ㅇ 밑줄 친 ㉢과 ㉣을 할 때 '동기' 반응을 향상시키기 위한 방법을 순서대로 서술할 것(단, 〈유의 사항〉에서 제시된 방법을 제외할 것) ㅇ 밑줄 친 ㉤을 할 때 교사가 가르칠 내용을 '자기주도(self-initiation)' 반응 측면에서 서술할 것	➔	✦ 중등의 경우, 〈작성 방법〉을 제시하여, 문제가 요구하는 조건을 구체적으로 요구하는 경우가 많음. 이 경우 반드시 〈작성 방법〉에서 요구하는 사항이 반영된 답안을 작성해야 함 ✦ 유·초등의 경우, 소문항 중 일부가 서술형으로 출제되며, "~에 근거하여", "~를 고려하여" 또는 "~와/과 관련지어" 등과 같은 조건을 포함하여 문제를 제시하는 경우가 많음. 이 경우 반드시 해당 조건을 답안에 반영하여 서술해야 함 ✦ 서술형은 특히 이해 기반의 학습과 암기가 중요한 유형. 답안을 서술할 때에는 암기한 내용을 그대로 옮겨 적는 것이 아니라, 문제 상황을 이해하고, 이론을 적용하고, 제시된 조건을 반영하여 적절한 문장으로 표현해야 함 ✦ **서술형 문항을 활용하여 공부하는 방법!** • 문제 상황과 적용할 이론, 답안작성의 조건 등을 꼼꼼하게 파악하기 • 적용된 이론의 기본 개념과 관련 용어 정리하기 • 문제 상황과 조건에 맞는 답안작성하기. 이때, 반드시 완성된 문장으로 작성하는 연습을 꾸준히 할 것 • 문제에 제시된 주요 문구나 키워드를 나만의 자료로 정리하기 • 서술형이 어렵게 느껴질 경우, 관련이론의 이해, 이론의 암기, 문제에 대한 적용력, 문제 파악 능력 등 여러 가지 가능한 문제점을 구체적으로 정리하고, 자신에게 해당하는 문제점을 명확하게 파악하여 이를 보완하는 방향으로 학습전략을 세울 것 • 맞는 항목과 틀린 항목 등이 제시되는 경우, 맞으면 맞는 이유, 틀리면 틀린 이유를 짚어보고 직접 서술해 볼 것

고득점을 위한 **똑똑한 기출분석 가이드**

•• 논술형

예시문항		맞춤형 학습전략
(가)는 ○○중학교에 재학 중인 장애학생에 관한 특성과 배치형태이고, (나)는 교수적 수정을 적용하고자 하는 국어과 교수·학습 지도안의 일부이다. (다)는 이에 대한 국어교사와 특수교사의 대화 내용이다. 통합교육 상황에서 '교수적 수정'의 필요성, 적용 사례 및 시사점을 〈작성 방법〉에 따라 논술하시오. [10점] 〈2019. 중〉 (가) 학생의 특성 및 배치형태 …(생략)… (나) 국어과 교수·학습 지도안 …(생략)… (다) 대화 내용 …(생략)… 〈작성 방법〉 ○ 서론, 본론, 결론의 형식으로 작성할 것 ○ 서론에는 통합교육 장면에서 '교수적 수정'의 필요성을 서술할 것 ○ 본론에서 아래 내용을 포함하여 작성할 것 – 밑줄 친 ㉠의 적용 사례를 (나)의 수업 상황과 연관지어 각 1가지씩 작성할 것(단, 학생 A, B, C의 특성을 고려하여 작성하되 한 사례에 1명의 학생을 반영하여 제시할 것) – 밑줄 친 ㉡의 예를 3가지 제시하되, 학생 A에게는 '반응 형태의 수정', 학생 B에게는 '제시 형태의 수정' 그리고 학생 C에게는 '시간 조정(단, 시간 연장 방법은 제외)'에 대해 제시할 것 ○ 결론에는 통합교육에서 '교수적 수정'이 지닌 한계를 쓰고 '보편적 학습설계'가 주는 시사점을 서술할 것	➜	✦ 2020학년도부터 시험전형이 부분적으로 수정되어, 현 시험제도에는 전공논술문항이 출제되지 않고, 서술형 문항의 비중이 더 커졌음. 따라서 논술형 문항을 학습할 때에는 긴 글로 논술하지 말고, 하위의 내용요소들을 하나하나의 서술형 문항이라 생각하고 서술형에 대비하여 활용하는 것이 효과적임 ✦ 기출문항 중 전공논술에 해당하는 문항들, 그리고 2009~2013학년도 사이의 논술문항 등은 문제 상황을 파악하고 조건에 맞게 답안을 구상하는 연습을 하는 데 도움이 됨 ✦ 논술형 문항을 활용하여 공부하는 방법! • 문제 상황, 주어진 학생 특성 및 활동, 작성 조건 등을 빠짐없이 파악하고 정리해 보기 • 구체적이고 체계적인 답안의 개요 세워 보기 • 문제에 맞는 답안에 꼭 필요한 키워드 나열해 보기(*이론서의 문장을 옮겨 적는 것이 아님) • 논술형 문항의 하위 요소들을 서술형 문항들이라 생각하고, 간단한 문장으로 답안작성해 보기

CONTENTS

차례

脈 테마별 기출분포도

테마		연도별 기출분포	셀프체크
정의	발생률과 출현율	⑨중	□□□□□
	AAIDD_정의 및 가정	⑨초 ⑩중 ⑪중 ⑫초 ⑫중 ⑬중 ⓭중 ⑭중 ⑱초 ㉑중 ㉒초 ㉓중 ㉔초	□□□□□
	AAIDD_다차원적 모델	⑬중 ⓭중 ⑯중 ⑰중 ㉒중 ㉓중	□□□□□
	AAIDD_지원	⑩유 ⑬중 ⓭중 ⑱중 ⑳초 ⑳중	□□□□□
	AAIDD_분류	⑬중 ㉓중	□□□□□
진단	진단검사	⑮유 ㉓중 ㉔중	□□□□□
	AAIDD_지원정도척도(SIS)	⑱중 ㉓중	□□□□□
원인 및 예방	다중위험요인접근	⑩중 ⑪중 ⑫유 ⑫중 ⑭중 ⑯유 ⑯초 ⑰중 ⑲중 ⑳중 ㉒초 ㉒중	□□□□□
	AAIDD_3단계 예방	⑯초 ㉒중	□□□□□
특성	학습 및 인지적 특성	⑨유 ⑨초 ⑪중 ⓭중 ⑭유 ⑭초 ⑯초 ⑱초 ⑱중 ⑲유 ㉑유 ㉑초 ㉒유 ㉔초 ㉔중	□□□□□
	심리정서적 특성	⑪중 ⑬유 ⑭초 ⑰초 ⑱중 ⑲중 ⑳유 ⑳중 ㉓유 ㉓초 ㉓중	□□□□□
교육	지적장애 학생을 위한 교육과정의 기본전제(원리)	⓭중 ⑰초 ⑱초 ㉑초 ㉓초 ㉔유 ㉔중	□□□□□
	기능적 교육과정(생태학적 관점)	⑨초 ⑩초 ⑪중 ⑫초 ⑬중 ⑭초 ⑯중 ⑱유 ㉑초 ㉓초 ㉔초	□□□□□
	지역사회 중심교수	⑨유 ⑬초 ⑬중 ⑮중 ⑰초 ⑰중 ⑱유 ⑱중 ⑳중 ㉑초 ㉒중 ㉓초 ㉔유	□□□□□
	일반사례 교수법	⑭유 ⑭초 ⑮중 ⑰중 ⑱유 ㉒중 ㉔유	□□□□□
	부분참여의 원리	⑪초 ⑲중	□□□□□
	학습의 단계	⑨중 ⑫유 ⑫초 ⓭중 ⑯중 ⑳초	□□□□□

PART

06

지적장애

핵심테마 체크 ✔

• AAIDD의 지적장애 정의

MY MEMO

01

정답 및 예시답안

⑤

알찬 지문풀이

• ① 정신지체에서 지적장애로 용어가 변경되었다. 정신지체라는 용어는 장애를 한 개인이 지닌 '결함'의 의미로 본다면, 지적장애라는 용어는 장애를 한 ~~개인이 지닌 개인내차에 초점을 둔 '능력의 불일치'라는 의미~~로 본다. ➡ 개인의 능력에 초점을 둔 것이 아니라 개인의 기능성을 더욱 강조하였음

• ② 10차 정의와 동일하게 지능지수의 절사점은 평균으로부터 2표준편차 이하이고, ~~75 이상도 포함하도록 하여~~ 지원 대상의 범위를 넓혔다. ➡ 지능지수는 진단기준이 아님

• ③ 인간 기능성에 대한 개념적 틀은 ~~'기능성, 장애 및 건강의 국제 분류(ICF)' 모델과는 차원을 달리하는~~데, 개인에 대한 적절한 지원은 유동적인 것으로 삶의 상황이나 단계에 따라 변화 가능한 것으로 본다. ➡ 국제적 분류의 차원과 같은 맥락에서 개념적 모델을 제시하였음

• ④ 지원 모델은 개인의 지원요구에 대해 ~~일상적이고 보편적인 지원~~을 하게 함으로써, 개인의 안녕과 삶의 만족감이 상당히 향상될 것으로 본다. ➡ 개인의 지원요구에 대한 개별화된 지원을 제공하여 개인의 기능성이 향상되고 삶의 질이 증가할 수 있도록 하였음

• ⑤ 지원 유형에는 주어진 환경 내에서 자연스럽게 제공되는 인적·물적 지원과 개인의 필요와 요구에 따라 제공되는 서비스 중심의 지원이 있다. ➡ AAIDD에서 제시한 2가지 지원 유형

관련이론

✦ 지적장애 조작적 정의의 핵심 구성 요인

지적 능력	• 지적 능력은 일반적으로 지능지수(IQ)로 표현된다. 지능지수란 지적 능력을 검사하기 위해 표준화된 검사를 실시한 후, 검사 수행 결과를 평가해서 계산한 원점수를 자신이 속한 연령의 평균적인 수행과 비교하여 환산한 점수를 말한다. • 과거에는 정신연령을 생활연령으로 나눈 후 100을 곱하여 지능지수를 산출하였으나, 최근에는 평균을 100, 표준편차를 15(또는 16, 17)로 하는 편차 지능지수(능력점수)를 사용하고 있다. 그러나 이러한 표준화된 지능검사는 평균이 항상 100이 될 수밖에 없기 때문에, 지능검사를 통해서는 시간 혹은 시대의 변화에 따른 지능의 변화에 관해 알 수 없다. • 지능은 그 측정이 비록 완전하지는 않은데, 현재까지는 적절한 진단평가 도구를 통해 측정될 수만 있다면 지능지수로 그 수준을 가장 잘 나타낸다고 본다. • AAIDD에서는 10차 지적장애 정의와 관련된 지침서에서 '평균보다 심각하게 낮은 지능 수준'이란 대략 평균으로부터 2 표준편차 이하를 의미하며, 사용된 특정 검사도구의 측정 표준오차와 평가도구의 강점과 제한점을 고려해야 한다고 제시하고 있다.
적응행동	• 적응행동의 다면성은 3가지 요인군으로 구분될 수 있다. ① 개념적 기술: 언어와 문해 기술, 금전·시간·수에 대한 개념, 자기지시 ② 사회적 기술: 대인기술, 사회적 책임감, 자긍심, 속기 쉬움, 순진성, 사회적 문제해결, 규칙 및 법률 준수, 희생되는 것을 피함 ③ 실제적 기술: 일상생활 활동, 작업 기술, 금전 사용, 건강과 안전, 여행·대중교통 이용, 일과계획, 전화 사용 등 • 적응행동을 측정하는 대부분의 표준화된 검사도구들은 3가지 요인군에 대한 점수를 제공한다. 그러나 적응행동에 대한 종합적인 평가는 표준화된 검사도구로 측정하여 나온 검사 결과뿐만 아니라 당사자나 그 개인을 잘 아는 사람들과의 면담이나 관련된 기록 등을 통해 실시되는 개인의 가족사, 의료사, 학교기록, 고용기록 등에 대한 체계적인 검토 후에 이루어져야 한다.
발생 시기	• 발생 시기 기준을 마련한 목적은 발달 이후에 발생할 수 있는 다른 장애와 구분하기 위해서다.

✦ 지적장애라는 용어를 채택하여 공식적으로 사용한 이유

역사적으로 한 개인이 장애가 있다고 할 때 그것은 무엇을 의미하는가에 대한 관점이 변화되어 왔고, 이러한 관점이 보다 명확하게 정의에 반영될 필요가 있었다. '정신지체'라는 용어에는 개인의 내적 조건에 의해 기능이 제한된 상태가 장애라는 관점이 내포되어 있지만, '지적장애'라는 용어에는 그 개인이 갖고 있는 잠재력과 맥락이 잘 맞지 않아 생기는 제한된 기능 상태가 '장애'라는 관점에 내포되어 있다. WHO의 ICF 모델에서도 제한된 기능 상태란 신체 기능 및 구조와 개인 활동상에서의 문제로부터 기인하는 '장애'라고 보았으며, 더 나아가 이 모델에서 제시한 신체 기능(손상된 지적 기능성)과 활동(적응행동에서의 제한성)영역은 지적장애에 대한 조작적 정의에서 구체화된 진단기준과 일맥상통한다. 지적장애라는 용어의 채택은 이러한 AAIDD와 WHO의 장애에 대한 변화된 관점을 반영한 결과라고 볼 수 있다.

01

2013. 중

2010년 11차 미국 지적장애 및 발달장애 학회(AAIDD)가 발표한 지적장애의 정의 및 지원체계에 대한 설명으로 옳은 것은?

① 정신지체에서 지적장애로 용어가 변경되었다. 정신지체라는 용어는 장애를 한 개인이 지닌 '결함'의 의미로 본다면, 지적장애라는 용어는 장애를 한 개인이 지닌 개인내차에 초점을 둔 '능력의 불일치'라는 의미로 본다.

② 10차 정의와 동일하게 지능지수의 절사점은 평균으로부터 2표준편차 이하이고, 75 이상도 포함하도록 하여 지원 대상의 범위를 넓혔다.

③ 인간 기능성에 대한 개념적 틀은 '기능성, 장애 및 건강의 국제 분류(ICF)' 모델과는 차원을 달리하는데, 개인에 대한 적절한 지원은 유동적인 것으로 삶의 상황이나 단계에 따라 변화 가능한 것으로 본다.

④ 지원 모델은 개인의 지원요구에 대해 일상적이고 보편적인 지원을 하게 함으로써, 개인의 안녕과 삶의 만족감이 상당히 향상될 것으로 본다.

⑤ 지원 유형에는 주어진 환경 내에서 자연스럽게 제공되는 인적·물적 지원과 개인의 필요와 요구에 따라 제공되는 서비스 중심의 지원이 있다.

핵심테마 체크 ✔

• 지적장애를 정의하는 다양한 접근

MY MEMO

02

정답 및 예시답안

○ 의료적 모델은 병리적·임상적인 원인에 따라 지적장애를 정의하는 관점이다. 예를 들면, 대화 내용 중 학생 A가 휠체어를 타고 있는 상태, 때에 맞춰 약을 먹어야 하는 어려움 등을 장애에 따른 어려움으로 보는 관점이다.
○ 반면 사회적 모델은 학생이 살아가는 환경, 사회적 인식 등에 따른 어려움을 기준으로 지적장애를 정의한다. 예를 들면, 대화 내용 중 인식의 차이를 강조하고 사회적 환경을 조성해야 한다고 제시한 견해에 해당한다.
○ ICF 모델은 장애를 개인적 요소와 환경적 요소의 상호작용에 따른 것으로 보며, 이에 따라 장애의 제한을 최소화하는 방법은 개인에게 영향을 주는 환경을 조정하는 것이다.
○ 장애의 개념에 대한 생각: 각자 생각하는 관점을 제시하되, 논리적으로 설명하고, 특수교육에 주는 시사점을 포함하여 서술할 것

관련이론

✦ 지적장애를 정의하는 다양한 접근

사회적 접근	• 자신이 살아가는 환경에서 사회적으로 실패한 사람들을 지적장애인으로 보았다. • 이 시기는 '지능' 개념이 등장하기 이전으로, 지적장애인이 보이는 일반적이고 보편적인 '사회적 행동'에 초점을 두었다.
임상적 접근	• 유전이나 병리를 다루는 의학이 발달하면서 지적장애에 대한 정의는 개인이 갖고 있는 임상적 증후로 초점이 옮겨졌다. • 이러한 접근은 마치 병원에 환자를 격리시켜서 입원시키듯 일반인으로부터 지적장애인을 분리시키는 분리정책을 실시하는 근거가 되었다.
심리측정적 접근	• 지능에 대한 연구가 활발해지고 지능검사가 유행함에 따라 검사에 의해 측정되고 지수점수로 표현될 수 있는 지적 기능성이 강조되었다. • 이를 근거로 지적장애를 정의하고, 지능지수의 수준에 따라 분류하기 시작하였다.
이중기준 접근	• 지적장애를 정의하기 위해서는 지적 기능성뿐만 아니라 적응행동을 기준으로 할 필요성이 제기되었다. • 미국정신지체협회(AAMD, AAIDD의 전신)의 1959년 정의에서부터 이러한 접근방식이 적용되기 시작하였다. • 이 협회의 1961년 정의에서 '성숙, 학습, 사회적 적응'이 하나의 포괄적인 새로운 개념인 '적응행동'으로 제시되기 시작하였다. • 이후 이러한 이중기준 접근은 지적장애를 정의하기 위해 지속적으로 사용되고 있다.

02

2017. 중

다음은 3명의 교사들이 학생 A의 수학여행 참여 여부에 대해 대화한 내용의 일부이다. 대화 내용을 참고하여 장애 개념에 대한 의료적 모델, 사회적 모델, '국제 기능 · 장애 · 건강 분류(ICF)' 체계의 모델을 비교 · 설명하고, 본인의 생각을 〈작성 방법〉에 따라 논하시오. [10점]

> 김 교사: 학생 A는 중도장애로 인해 적응행동에 어려움도 있고, 휠체어를 타고 가기에 힘든 곳이 많아 수학여행에 참여하는 것은 무리라고 생각됩니다. 때에 맞춰 약을 먹어야 하는 개인적인 문제도 있고요.
>
> 이 교사: 글쎄요, 인식의 차이라고 생각합니다. 학생이 아무리 행동에 어려움이 있고 휠체어를 타고 있더라도 어디나 갈 수 있어야죠. 그런 사회적 환경을 만들어야 한다고 생각해요.
>
> 김 교사: 그래도 외부로 나가면 일이 생겼을 때 혼자 해결하기도 어렵고, 스스로 할 수 없으면 자칫 다른 사람에게 피해도 주게 되어서요. 게다가 장애가 있으니 매사 어려움이 많고, 아무래도 친구들과 어울리기도 힘들더라고요.
>
> 최 교사: 그렇게 생각하실 수도 있지만, 국제적으로 장애에 대한 인식이 변해 가는 것 같아요. 얼마 전 교사 연수에서 WHO의 ICF 모델에 대해 알게 되었는데, 환경적 요인이 장애인의 신체 기능과 구조, 활동, 참여와 상호작용한다고 하네요.
>
> …(하략)…

작성방법

- 서론, 본론, 결론의 형식으로 작성할 것
- 장애를 바라보는 관점으로서 의료적 모델과 사회적 모델을 장애의 원인론 측면에서 비교하여 설명할 것
- 의료적 모델과 사회적 모델을 설명할 때 위 대화의 내용을 예로 인용할 것
- ICF 체계의 모델을 설명할 때 장애를 바라보는 관점과 장애의 제한을 최소화하는 방법을 제시할 것
- 장애의 개념에 대한 본인의 생각을 특수교육에 주는 시사점과 관련하여 논할 것

핵심테마 체크 ✔

- AAIDD_적응행동의 유형
- AAIDD_지원의 유형
- 선택적 주의집중
- AAIDD_5가지 가정

MY MEMO

03

정답 및 예시답안

1) ㉠ 사회적
 ㉡ 간헐적
2) 선택적 주의집중
3) • 개인이 현재 나타내고 있는 기능상의 제한성은 그 개인의 동년배 문화에 전형적인 지역사회 맥락 안에서 반드시 고려되어야 한다.
 • 타당한 진단평가를 위해서는 개인의 의사소통능력, 감각능력, 운동능력, 행동 요인들에서의 차이뿐만 아니라 문화적 및 언어적 다양성도 고려되어야 한다.

문제 속 자료분석

- 간단한 단어를 읽고 쓸 수 있으며 화폐개념이 있음. 책임감이 낮고 학급 및 도서실에서의 규칙 따르기가 어려움 ➡ 책임감, 규칙 따르기는 사회적 기술에 해당함
- 도서실 이용 규칙에 대해 지도하고, 도서 대출과 반납을 위해 도서실 이용 시 필요할 때마다 도움 ➡ 지원 정도에 따른 지원 유형 중 필요할 때마다 지원을 하는 것은 간헐적 지원
- 관련 있는 중요한 자극에 집중하기 어려움 ➡ 선택적 주의집중의 어려움
- ㉣ 특수학급에서는 수업 참여나 다른 학생들과의 의사소통에 무리가 없는 편임. 국내 표준화된 지능검사 결과 지능 지수가 2표준편차 이하로 나타남 ➡ 학생의 의사소통능력을 통합 환경이 아닌 특수학급에서 평가하였음. 학생의 인지능력을 표준화된 지능검사도구를 활용하여 평가하였음

관련이론

✦ AAIDD(2010)에서 제시한 적응행동의 세 가지 요인군

① **개념적 기술**: 언어와 문해 기술, 금전, 시간・수에 대한 개념, 자기지시
② **사회적 기술**: 대인기술, 사회적 책임감, 자긍심, 속기 쉬움, 순진성, 사회적 문제해결, 규칙 및 법률 준수, 희생되는 것을 피함
③ **실제적 기술**: 일상생활 활동, 작업 기술, 금전 사용, 건강과 안전, 여행・대중교통 이용, 일과계획, 전화 사용

✦ AAIDD_5가지 가정

① 개인이 현재 나타내고 있는 기능상의 제한성은 그 개인의 동년배 문화에 전형적인 지역사회 맥락 안에서 반드시 고려되어야 한다.
② 타당한 진단평가를 위해서는 개인의 의사소통능력, 감각능력, 운동능력, 행동 요인들에서의 차이뿐만 아니라 문화적 및 언어적 다양성도 고려되어야 한다.
③ 개인이 보이고 있는 특정 능력에서의 제한성은 그것이 전부가 아니라 다른 강점도 함께 있을 수 있다.
④ 개인의 제한성을 기술하는 주된 목적은 그 개인에게 필요한 지원이 무엇인지 그 윤곽을 파악하기 위함이다.
⑤ 개별화된 적절한 지원이 장기간 주어지면, 지적장애인의 생활 기능성은 일반적으로 향상될 것이다.

✦ AAIDD_지원의 유형

간헐적 지원	필요에 따른 지원으로 일시적(지원을 항상 필요로 하지는 않는다.) 또는 단기적(실직이나 심각한 의료적 위험 등 일생에서의 전환기에 지원을 필요로 한다.) 속성을 갖는 특징이 있다.
제한적 지원	한동안 지속되고 시간 제한은 있지만 간헐적인 속성은 없는 등의 특징을 갖는 지원의 강도로, 보다 강한 수준의 지원보다는 인력이 덜 필요하고, 비용 면에서도 더 저렴할 수 있다.
확장적 지원	최소한 어떤 환경(예 학교, 직장, 가정)에 정기적(예 매일)으로 관여하고 시간 제한이 없는 특성에 대한 지원을 말한다(예 장기 지원 및 장기 가정생활 지원 등).
전반적 지원	항구적, 높은 강도, 여러 환경에 걸친 제공 등으로 특징되는 지원으로, 어쩌면 일생 동안 지속되는 속성을 가질 수도 있다. 전반적 지원은 보통 확장적 또는 시간 제한이 있는 지원보다 더 많은 인력 및 개입을 포함하게 된다.

03

2013추. 중

(가)는 준호의 정보이고, (나)는 김 교사가 준호를 관찰한 자료와 이에 대한 분석을 토대로 구성한 교수적 지원방안이다. 물음에 답하시오. [5점]

(가) 준호의 정보

- 경도 정신지체를 가진 중학교 3학년 학생임
- 대부분이 1학년 학생으로 구성된 특수학급에 배치되어 있으며, 일부 교과는 통합학급에서 공부함
- 다문화 가정에서 성장하여 한국어 어휘가 부족함

(나) 준호에 대한 김 교사의 관찰, 분석 및 지원방안

관찰내용		분석의견		지원방안
간단한 단어를 읽고 쓸 수 있으며 화폐개념이 있음. 책임감이 낮고 학급 및 도서실에서의 규칙 따르기가 어려움	➡	개념적 적응행동에 비해 (㉠) 적응행동에 어려움이 있다.	➡	도서실 이용 규칙에 대해 지도하고, 도서 대출과 반납을 위해 도서실 이용 시 필요할 때마다 도움을 주는 (㉡) 지원을 제공한다.
관련 있는 중요한 자극에 집중하기 어려움. 단기간 내 사용할 수 있는 정보를 기억하는 데 어려움이 있음	➡	(㉢)와(과) 단기 기억에 어려움이 있다.	➡	집중해야 할 중요한 단서를 강조하고, 정보를 조직화해 주거나 시연전략을 지도한다.
㉣ <u>특수학급에서는 수업 참여나 다른 학생들과 의사소통에 무리가 없는 편임. 국내 표준화된 지능검사 결과 지능 지수가 2표준편차 이하로 나타남</u>	➡	정신지체 정의의 적용에 필수적으로 전제되어야 할 가정들 중 2가지가 제대로 반영되지 못한 점을 고려할 때, 관찰 및 검사 결과 해석에 주의가 요구된다.	➡	학생의 지원요구 파악 및 지원방안을 구체화하기 위하여 필요하다면 추후 관찰 및 검사를 실시한다.

1) 2010년 11차 미국 지적장애 및 발달장애협회(AAIDD)의 지적장애 정의 및 지원체계에 근거하여 ㉠과 ㉡에 들어갈 말을 쓰시오. [2점]

㉠:

㉡:

2) ㉢에 들어갈 말을 쓰시오. [1점]

3) 2010년 11차 미국 지적장애 및 발달장애협회(AAIDD)에서는 지적장애 정의와 그 정의를 적용할 때 전제되어야 하는 필수적인 가정들을 제시하였다. 이 중에서 (가)의 정보를 바탕으로 ㉣을 해석하는 데 고려되어야 할 가정을 2가지 쓰시오. [2점]

핵심테마 체크 ✔

• AAIDD의 다차원적 모델

MY MEMO

04

정답 및 예시답안

○ ① 다차원성
○ ② 인간 기능성에 대한 다섯 가지 차원의 요인들과의 관계와 중개적 역할을 하는 지원

관련이론

✦ 인간 기능성의 개념적 틀

- 지적장애를 '인간 기능성에서의 제한성'이라는 관점에서 정의하고, 생태학적이며 다면적인 관점에서 장애를 개념화
- 개인의 기능을 향상시키기 위한 개별화된 지원이 하는 역할의 중요성을 제시
- 인간 기능성의 제한성, 즉 지적장애 상태를 이해하기 위해서 생태학적 접근을 하고 있으며, 인간 기능성에 대한 5가지 차원(지적 능력, 적응행동, 건강, 참여, 맥락)의 요인들과의 관계와 중개적 역할을 하는 지원으로 구성
- 이 이론적 모델은 지적장애의 조건과 개인의 기능성의 이해에 있어 주요한 요소들인 사람, 환경 및 지원에 대한 생태학적 초점을 계속 유지하고 있음
- 지원요구와 기능성은 상호적으로 영향을 미칠 수 있다는 것을 나타냄

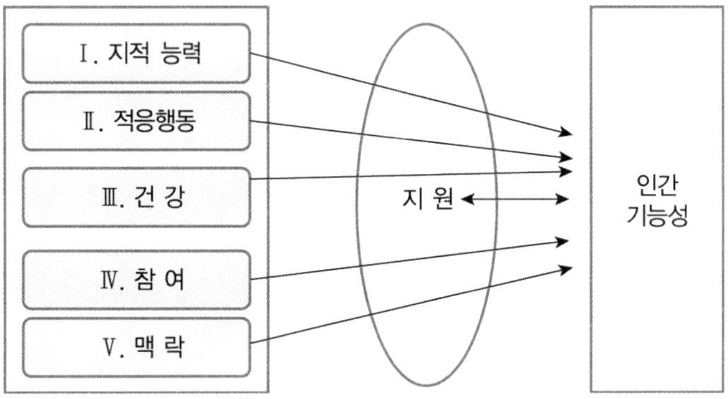

[11차]

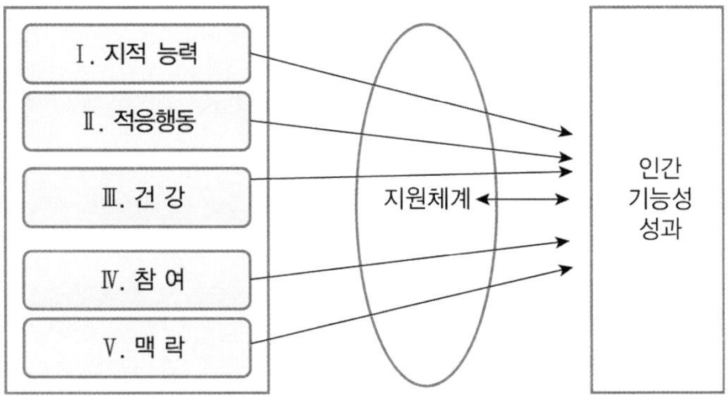

[12차]

04

2016. 중

다음은 미국 지적장애 및 발달장애협회(AAIDD, American Association on Intellectual and Developmental Disabilities)의 11차 정의(2010)에서 제시한 '인간 기능성의 개념적 틀'이다. 이 개념적 틀을 통해 지적장애를 이해할 때 강조되는 점 2가지를 쓰시오. [2점]

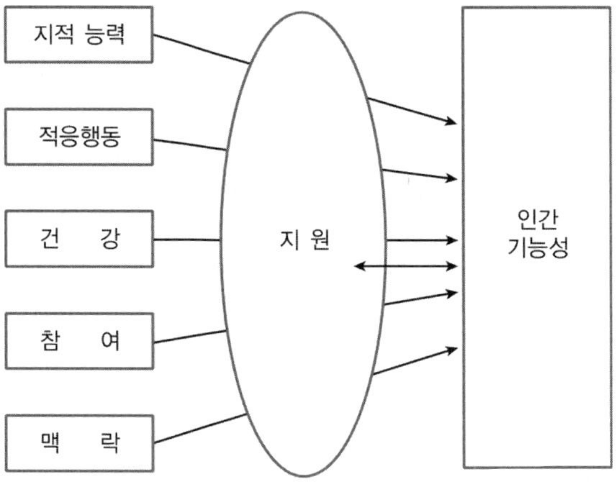

[인간 기능성의 개념적 틀]

핵심테마 체크 ✔

• AAIDD 다차원적 모델을 구성하는 요인

MY MEMO

05

정답 및 예시답안

○ ㉠ 맥락
○ ㉢ 전형적인 수행능력

관련이론

✦ AAIDD 다차원적 모델을 구성하는 요인

차원 1: 지적 능력	• 지능은 일반적인 정신능력이다. • 추론하기, 계획하기, 문제해결하기, 추상적으로 사고하기, 복잡한 생각 이해하기, 신속하게 배우기, 경험으로부터 배우기 등을 포함한다. • 지능은 단순히 학업기술을 배우거나 시험을 치는 데 필요한 능력만을 의미하지 않는다. 그보다는 우리 주변을 이해하는 데 필요한 보다 광범위한 능력을 의미한다. • 지능은 일생에 걸쳐 개발될 수 있다. • 지능은 모든 인지적 기능성을 포함하는 다양한 정신적 기능을 포괄하는 개념으로 이해되는 지적 기능성에 대한 ICF 정의와도 일치한다.
차원 2: 적응행동	• 적응행동은 일상생활에서 사람들이 학습하고 수행하는 개념적·사회적·실제적 기술의 총합이다. • 적응행동에 대한 평가는 개인이 갖고 있는 최대 수행능력을 알아보기 위한 것이 아니다. 오히려 개인이 일상적인 일과와 변화하는 상황에서 보일 수 있는 전형적인 수행능력을 알아보기 위한 것이다. • 또한 특정한 적응행동 기술에서 보이는 제한성은 다른 적응행동 기술에서의 강점과 동시에 존재한다. • 이러한 적응행동 기술에서의 개인의 강점과 제한성은 개인이 속하는 연령대의 전형적이고 평범한 지역사회 환경의 맥락 내에서 기록되어야 하고, 지원에 대한 개인의 요구를 파악하는 데 기반이 되어야 한다.
차원 3: 건강	• 세계보건기구(WHO, 1999)에서는 건강을 "완전한 신체적·정신적·사회적 안녕 상태"라고 정의했다. • 건강은 다른 차원의 요인에 직·간접적으로 영향을 주어 인간 기능성에 영향을 줄 수 있다. • 지적장애인의 경우 건강상 별 어려움이 없는 경우에서부터 뇌전증이나 뇌성마비, 심장 장애 등 건강에 심각하게 문제가 있는 경우에 이르기까지 그 건강 상태가 다양하다. • 신체적 건강뿐만 아니라 정신장애로 인해 활동과 참여에 제한을 받거나 다른 차원에 제한성을 초래할 수 있다. • 지적장애인의 경우 지적 능력이나 의사소통상의 제한성으로 자신의 건강상 문제나 증상에 대해 인지하고 다른 사람에게 알리는 데 어려움을 겪을 수 있다.
차원 4: 참여	• 참여란 가정생활, 직업, 교육, 여가, 종교, 문화적 활동 영역에서의 역할과 상호작용을 말한다. • 참여란 사회생활에서 실제 활동을 수행하는 것을 말하며, 사회에서 그 개인의 기능성과 관련이 있다. • 참여는 한 개인의 학습과 발달과정에 있어 주요한 역할을 한다. 참여는 ⅰ) 각종 활동과 행사, 조직에서의 참여, ⅱ) 친구, 가족, 동년배, 이웃과의 상호작용, ⅲ) 가정, 학교, 지역사회, 직장, 여가 및 오락에서의 사회적 역할 수행에 대한 관찰을 통해 그 강점과 제한점이 평가될 수 있다.
차원 5: 맥락	• 맥락은 한 개인의 삶의 전반적인 배경으로서 환경적 요소와 개인적 요소를 포함한다. – **환경적 요소**: 물리적·사회적·태도적 환경으로 구성되어 있으며, 개인적 요소와 상호작용하여 적응행동을 촉진하기도 한다. – **개인적 요소**: 그 개인의 성, 인종, 연령, 동기, 생활양식, 습관, 양육, 문제해결양식, 개인적인 심리적 상태 등의 특성을 말한다.

05

2022. 중

다음은 미국 지적장애 및 발달장애 협회(American Associationn Intellectual and Developmental Disabilities, 2010)에서 제시한 '인간 기능성의 개념적 틀'과 그에 대한 설명이다. 괄호 안의 ㉠에 공통으로 들어갈 용어를 쓰고, 밑줄 친 ㉡~㉤ 중 틀린 것 1가지를 찾아 기호와 함께 바르게 고쳐 쓰시오. [2점]

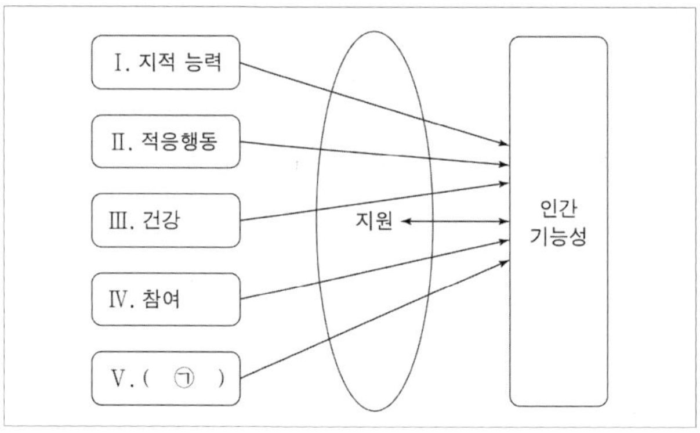

- 지적 능력은 추론하기, 계획하기, 문제 해결하기, 추상적 사고하기, 복잡한 아이디어 이해하기, 빨리 학습하기, 경험을 통한 학습하기를 포함하는 ㉡ <u>일반적인 정신 능력</u>이다.
- 적응행동의 평가는 매일의 일과에 따라 변화하는 상황에서 한 개인의 ㉢ <u>최대한의 수행에 기초</u>한다.
- 건강은 ㉣ <u>신체적, 정신적, 사회적 안녕의 완전한 상태</u>로 정의한다.
- 개인의 참여 수준에 대해서는 ㉤ <u>직접 관찰을 통해 평가</u>한다.
- (㉠)은/는 사람들의 일상적 삶과 상호 관련된 조건을 의미하는데, 환경적 요소와 개인적 요소를 포함한다.

핵심테마 체크 ✔

• AAIDD 12차 정의

MY MEMO

06

정답 및 예시답안

○ ㉠ 삶의 질
○ ㉡ 일반적인 지원

관련이론

✦ AAIDD 12차 정의

정의	• 지적장애(Intellectual disability, ID)는 지적 기능성과 개념적, 사회적 및 실제적 적응기술들로 표현되는 적응행동 양쪽에서 심각한 제한성으로 특징화된다. 이 장애는 개인이 22세에 도달하기 전이라고 조작적으로 정의되는 발달기 동안에 시작된다.
가정	① 현재 기능성에서의 제한성은 개인의 동년배 또래들과 문화에 전형적인 지역사회 환경의 맥락 안에서 고려되어야만 한다. ② 타당한 평가는 문화적 및 언어적 다양성뿐 아니라 의사소통, 감각, 운동 및 행동적 요소들에서의 차이들을 고려한다. ③ 한 개인 안에서 제한성은 강점과 자주 공존한다. ④ 제한성을 묘사하는 중요한 목적은 필요한 지원의 한 프로파일을 개발하는 것이다. ⑤ 장기간에 걸쳐 적합한 개인화된 지원(personalized supports)이 주어지면, 지적장애인의 생활기능성은 일반적으로 향상될 것이다.
인간 기능성의 개념적 틀	• 2021년 AAIDD의 인간 기능성에 대한 다차원적 모델은 11차 정의에서 제시한 모델을 보완하였다. • 여전히 이 모델에서는 인간 기능성의 제한성, 즉 지적장애 상태를 이해하기 위해서 생태학적 접근을 하고 있으며, 인간 기능성 성과에 대한 다섯 가지 차원(지적 능력, 적응행동, 건강, 참여, 맥락)의 요인들과의 관계와 중개적 역할을 하는 지원체계로 구성되어 있다. • **용어의 변화**: 11차 정의에서 사용하였던 '지원'이라는 용어가 12차 정의에서는 '지원체계'라는 용어로 변경되었고, '인간 기능성'이라는 용어가 '인간 기능성 성과'라는 용어로 변경되었다. 이러한 변화를 통해 지원의 체계적인 접근과 그에 따른 인간 기능성에서의 구체적인 성과가 이 모델에서 더 강조되고 있음을 확인할 수 있다. 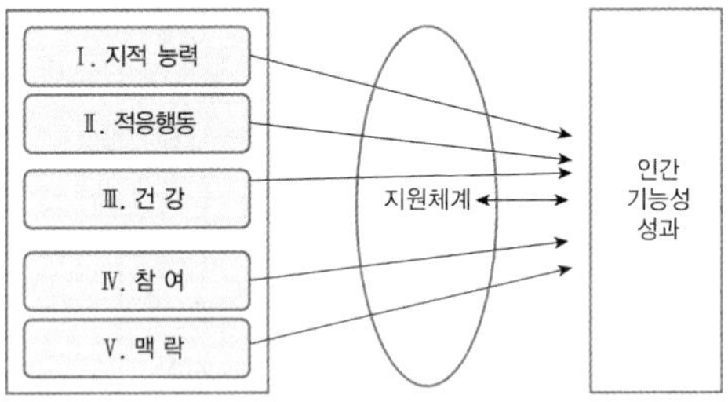
지원체계	• 지원체계는 한 개인의 발달과 권익을 증진시키고, 그 개인의 기능성과 삶의 질을 향상시키는 상호 연결된 자원 및 전략 네트워크이다(AAIDD, 2021). • 지원 패러다임은 다음의 전제를 기반으로 한다. – 지적장애인과 일반 인구 사이의 가장 적절한 차이는 지적장애인이 사회에 완전히 참여하고 기여하기 위해서는 지원의 다른 유형과 강도가 필요하다는 것이다. – 지원은 장애의 영향을 완화(즉, 보상, 개선)하지만, 장애 자체를 없애지는 않는다. 지원 패러다임은 지원 대상자, 교육자, 임상가 및 직접적인 지원 전문가의 역할과 기능을 변화시키고 있으며, 미시, 중간 및 거시 체계 수준에서 장애 정책 개발, 실행 및 평가에 영향을 미치고 있다.
효과적인 지원체계	① 효과적인 지원체계는 개인중심적이다. 개인은 자신의 지원요구에 대해 신뢰할 수 있고 타당한 표준화된 도구를 통해 개별적으로 평가를 받고, 그 평가 결과에 근거해서 개인중심적인 지원 계획과 실행이 이루어진다. ② 효과적인 지원체계는 포괄적이다. 지원체계가 포괄적이라는 의미는 지원을 통해 개인의 '선택 및 자율성을 향상'시킬 수 있으며, '통합된 환경'에서 비장애인과 함께 성장해 살아 나갈 수 있도록 하며, 누구에게나 가능한 지원 혹은 주어진 환경과 일과 내에서 가족, 직장 동료, 친구, 이웃들로부터 자연스럽게 제공될 수 있는 '자연적 지원'과 같은 '일반적인 지원', 전문가에 의해 실행되는 '특화된 지원' 등을 포괄하고 있는 측면을 강조하고 있다. ③ 효과적인 지원체계는 협응적이다. 지원체계에서는 개인의 권리에 중점을 두어 체계적인 사고 과정을 거쳐 의사결정이 이루어지고, 강점 기반의 접근을 하며, 개인의 요구를 파악하는 데 있어 정보공학을 이용하고, 활동 참여를 촉진하기 위해 보조공학을 활용하는 것 등을 포함한다. 즉, 지원이 계획되고 실행되는 전체과정에서 다양한 영역에서의 협응적인 접근이 이루어진다. ④ 효과적인 지원체계는 성과 지향적이다. AAIDD(2021)에서는 성과 지향성을 설명하기 위해 인간 기능성 모델의 다섯 가지 차원(지적 능력, 적응행동, 건강, 참여, 맥락)에서 주요성과 및 구체적이고 측정 가능한 성과지표를 제시하였다.

06

2023. 중

다음은 전문적학습공동체 모임 후 두 교사가 나눈 대화의 일부이다. 괄호 안의 ㉠과 ㉡에 해당하는 내용을 순서대로 쓰시오. [2점]

교사 A: 선생님, 이번에 연수를 들어보니 지난 30년간 지적장애의 정의 및 모델에서 많은 변화가 있었다는 것을 알 수 있었습니다. 무엇보다 1992년 모델에 소개되었던 '지원'의 개념이 지속적으로 이어져 오다가 2021년에는 '지원체계'로 변경되었다는 점이 인상 깊었어요.

교사 B: 네. 지원체계는 개인의 발달과 유익을 촉진하고 개인의 기능성과 (㉠)을/를 향상시키는 상호 연결된 자원 및 전략 네트워크입니다. 보다 체계적으로 지원체계를 구축하고자 한 점을 저도 주의 깊게 살펴보았어요.

교사 A: 그렇다면 효과적인 지원체계의 요소는 무엇이 있을까요?

교사 B: 미국 지적장애 및 발달장애 협회(AAIDD)에서는 2021년에 효과적인 지원체계의 특징으로 개인 중심성, 포괄성(종합성), 협응성, 성과 지향성을 설명하였어요. 그 중 포괄성(종합성)은 효과적인 지원체계의 요소로 선택 및 개인 자율성, 통합적인 환경, (㉡), 전문화된 지원을 제시하였습니다.

핵심테마 체크 ✔

• AAIDD_적응행동의 유형

MY MEMO

07

정답 및 예시답안

○ 적응행동 유형과 관련지은 A 학생의 행동 특성: 개념적 및 사회적 적응행동의 사용은 가능하나 청소하기, 금전 사용 등과 같은 실제적 적응행동의 사용에 어려움이 있다.

○ ○○카페가 적합한 이유

- 실습지의 직무: 정시출근과 유니폼 착용의 복무규정에 근거하여 출근시간을 잘 지키고 유니폼 착용을 원하는 A 학생에게 이 카페는 실습지로서 적합하다고 할 수 있다.
- 실습지의 구성원: 구성원 중 아르바이트를 하는 고등학생과 대학생들이 있어 또래와 어울리기를 원하는 A 학생에게 적합하다.
- 실습지의 문화 측면: 장애인과 근무한 경험이 있고 장애에 대한 이해가 높은 이 카페의 문화는 스스로 커피를 내리지 못하는 A 학생에게 도움이 될 것이다.

○ ○○카페에서 실습을 하기 전에 갖추어야 할 기술 1가지와 그 기술을 선정한 이유: 이 카페는 지하철로 20분 거리에 있는데 어머니는 출퇴근을 지원할 여건이 되지 않으므로 독립적으로 대중교통을 사용하여 이동할 수 있는 기술을 갖추어야 한다.

문제 속 자료분석

〈상황평가 결과〉

- 출근 시간을 잘 지킨다. ➡ 규칙준수는 사회적 적응행동
- 맡은 일은 끝까지 마무리한다. ➡ 책임감은 사회적 적응행동
- 메뉴판의 음식명을 읽을 수 있다. ➡ 읽기는 개념적 적응행동
- 손님과 다른 직원들에게 인사를 잘 하고 친절하다. ➡ 사회적 적응행동
- 다른 사람의 도움 없이는 화장실 청소를 하지 못한다. ➡ 청소는 실제적 적응행동
- 음식 주문 번호와 일치하는 번호의 테이블에 음식을 가져간다. ➡ 숫자개념은 개념적 적응행동
- 화폐의 종류는 구분하나, 음식 값을 계산하는 데는 어려움이 있다. ➡ 화폐개념은 있으나 음식 값을 계산하는 데 어려움이 있는 것은 금전 사용에 어려움이 있는 것으로 실제적 적응행동에 해당

➡ A 학생은 개념적 적응행동과 사회적 적응행동은 적절히 사용할 수 있으나, 실제적 적응행동의 사용에 어려움이 있음

(나) 학생 A의 다음 실습지에 대한 사전 조사 내용 요약

- 실습 장소: 인근 지역에 있는 ○○카페(학생 A의 집에서 지하철로 20분 거리) ➡ 대중교통을 스스로 이용하여 실습장소지로 이동할 수 있어야 함
- 실습 시간: 오전 9시~오후 3시
- 직무별 직원 구성 및 직원 특성
  - 사장, 바리스타(2명), 카운터(1명), 서빙(4명: 고등학생과 대학생 아르바이트) ➡ 또래 학생들이 아르바이트를 하므로 A 학생이 또래와 어울릴 수 있는 기회를 가질 수 있음
  - 장애인과 함께 근무한 경험이 있어 장애인에 대한 이해가 전반적으로 높음 ➡ 스스로 커피를 내리는 데 어려움이 있는 A 학생에게 장애인에 대한 이해가 높은 구성원들의 이해가 도움이 될 수 있음
- 복무규정
  - 정시 출근 ➡ 출근시간을 잘 지키는 A 학생에게 적절
  - 단정한 유니폼 착용 ➡ 유니폼을 입고 일하는 친구들을 부러워하므로 A 학생에게 적절

07

2014. 중

다음의 (가)는 고등학교 3학년 정신지체학생 A의 현재 실습지에서의 실습활동 평가 결과를 요약한 것이고, (나)는 학생 A가 실습하게 될 다음 실습지에 대한 사전 조사 내용을 요약한 것이다. (가)의 상황평가 결과에 나타난 학생 A의 행동 특성을 '2010년 11차 미국 지적장애 및 발달장애협회(AAIDD)의 지적장애 정의'에 있는 적응행동 유형과 관련지어 설명하시오. 그리고 (가)와 (나)의 정보를 바탕으로 학생 A에게 다음 실습지로 ○○카페가 적합한 이유를 실습지의 직무, 실습지의 구성원, 실습지의 문화 측면에서 각각 1가지씩 쓰고, 학생 A가 ○○카페에서 실습을 하기 전에 갖추어야 할 기술 1가지와 그 기술을 선정한 이유를 쓰시오. [10점]

(가) 학생 A의 현재 실습지에서의 실습활동 평가 결과 요약

실습 장소: 집 근처 분식집(도보로 이동 가능한 거리)

〈상황평가 결과〉
- 출근 시간을 잘 지킨다.
- 맡은 일은 끝까지 마무리한다.
- 메뉴판의 음식명을 읽을 수 있다.
- 손님과 다른 직원들에게 인사를 잘 하고 친절하다.
- 다른 사람의 도움 없이는 화장실 청소를 하지 못한다.
- 음식 주문 번호와 일치하는 번호의 테이블에 음식을 가져간다.
- 화폐의 종류는 구분하나, 음식 값을 계산하는 데는 어려움이 있다.

〈학생과의 면담 내용〉
- 카페나 레스토랑에서 유니폼을 입고 일하는 친구들이 부럽다.
- 친하게 지낼만한 또래가 있었으면 좋겠는데, 같이 일하는 분들이 모두 나이가 많다.

〈어머니와의 면담 내용〉
- 학생 A의 출퇴근을 지원할 여건이 안 된다.
- 학생 A가 대중교통을 혼자 이용하는 것이 걱정이 돼서 아직까지 기회를 주지 않고 있다.
- 학생 A가 방과 후에 바리스타 수업을 받기는 했지만, 다른 사람의 도움 없이는 커피를 내리지 못한다.

(나) 학생 A의 다음 실습지에 대한 사전 조사 내용 요약

- 실습 장소: 인근 지역에 있는 ○○카페(학생 A의 집에서 지하철로 20분 거리)
- 실습 시간: 오전 9시~오후 3시
- 직무별 직원 구성 및 직원 특성
  - 사장, 바리스타(2명), 카운터(1명), 서빙(4명: 고등학생과 대학생 아르바이트)
  - 장애인과 함께 근무한 경험이 있어 장애인에 대한 이해가 전반적으로 높음
- 복무규정
  - 정시 출근
  - 단정한 유니폼 착용

08

핵심테마 체크

- AAIDD_적응행동의 유형
- 일반화의 유형

MY MEMO

정답 및 예시답안

①

문제 속 자료분석

- 사물함 이용하기 ➡ 개념적 기술
- 사물함을 이용하는 기술은 다양한 환경에서 사용하는 것이므로 자극 일반화

09

핵심테마 체크

- AAIDD_적응행동의 유형

MY MEMO

정답 및 예시답안

③

알찬 지문풀이

- ㄱ. 구인광고 읽기 ➡ 개념적 기술
- ㄴ. 식사도구 사용하기 ➡ 실제적 기술
- ㄷ. 과제를 선택하고 해결하기 ➡ 개념적 기술
- ㄹ. 다른 사람과 공동 작업하기 ➡ 사회적 기술
- ㅁ. 화폐의 액면가와 단위 알기 ➡ 개념적 기술
- ㅂ. 학급의 급훈 및 규칙 지키기 ➡ 사회적 기술

문제 속 자료분석

A는 적응행동검사에서 전체점수가 평균으로부터 −2 표준편차 이하에 속하는 것으로 나타났다. 특히, 개념적 기술 점수는 사회적 및 실제적 기술 점수보다 매우 낮았다. 따라서 AAMR(2002)이 제시한 적응행동 기술영역 중 개념적 기술에 관한 내용을 A의 교수·학습계획에 포함시키는 것이 필요하다고 본다. ➡ 개념적 기술에 대한 지도가 필요함

관련이론

✦ **AAIDD(2010)에서 제시한 적응행동의 세 가지 요인군**

① **개념적 기술**: 언어와 문해 기술, 금전, 시간·수에 대한 개념, 자기지시
② **사회적 기술**: 대인기술, 사회적 책임감, 자긍심, 속기 쉬움, 순진성, 사회적 문제해결, 규칙 및 법률 준수, 희생되는 것을 피함
③ **실제적 기술**: 일상생활 활동, 작업 기술, 금전 사용, 건강과 안전, 여행·대중교통 이용, 일과계획, 전화 사용

08

2009. 초

다음은 최 교사가 정신지체 학생 연수에게 제7차 특수학교 국민 공통기본교육과정 3학년 도덕과의 '깨끗한 생활' 단원을 지도하려고 학습목표, 과제분석, 지원방안을 표로 작성한 것이다. 최 교사가 선택한 적응행동 영역과 일반화의 유형을 바르게 짝지은 것은?

〈학습목표 : 여러 장소의 사물함 이용하기〉

과제분석 \ 장소	학교	수영장	목욕탕	지원방안
자기 사물함 찾기	+	△	△	열쇠번호에 해당하는 사물함 찾도록 하기
사물함을 열쇠로 열기	+	−	△	열쇠 형태에 따라 바르게 열도록 하기
물건 넣기	△	△	−	옷이나 책을 넣도록 하기
사물함을 열쇠로 잠그기	+	−	△	열쇠 형태에 따라 바르게 잠그도록 하기

+ : 독립수행 가능
△ : 촉진(촉구)을 제공하면 수행 가능
− : 수행 불가능

적응행동 영역	일반화 유형
① 실제적 적응행동	자극일반화
② 사회적 적응행동	반응일반화
③ 개념적 적응행동	자극일반화
④ 사회적 적응행동	자극일반화
⑤ 실제적 적응행동	반응일반화

09

2010. 중

다음은 정신지체학생 A의 적응행동검사 결과를 요약한 것이다. 이에 기초하여 지도해야 할 내용으로 적절한 것을 〈보기〉에서 모두 고른 것은?

〈적응행동검사 결과 요약〉

> A는 적응행동검사에서 전체점수가 평균으로부터 −2 표준편차 이하에 속하는 것으로 나타났다. 특히, 개념적 기술 점수는 사회적 및 실제적 기술 점수보다 매우 낮았다. 따라서 AAMR(2002)이 제시한 적응행동 기술영역 중 개념적 기술에 관한 내용을 A의 교수·학습계획에 포함시키는 것이 필요하다고 본다.

보기

ㄱ. 구인광고 읽기
ㄴ. 식사도구 사용하기
ㄷ. 과제를 선택하고 해결하기
ㄹ. 다른 사람과 공동 작업하기
ㅁ. 화폐의 액면가와 단위 알기
ㅂ. 학급의 급훈 및 규칙 지키기

① ㄷ, ㅁ
② ㄱ, ㄷ, ㄹ
③ ㄱ, ㄷ, ㅁ
④ ㄷ, ㅁ, ㅂ
⑤ ㄱ, ㄴ, ㄹ, ㅂ

핵심테마 체크

- 적응행동
- ABAB설계

MY MEMO

10

정답 및 예시답안

○ 학생 F가 어려움을 보이는 유형은 개념적 적응행동이다.
○ 학생 F가 정해진 시간 동안 소리 지르기 행동을 하지 않으면 강화한다.
○ 첫째, 제1기초선 자료의 수집을 충분히 하지 않아 안정성이 확인되지 않은 상황에서 중재를 투입했다. 둘째, 제1중재 구간에서 중재의 효과가 확인되지 않은 상황에서 중재를 철회하였다.

관련이론

✦ ABAB설계

개념	• 제1과 제2의 중재 기간에만 중재 효과가 나타나고, 제2기초선 기간에 행동이 제1기초선 자료의 수준으로 되돌아가는 경우에 독립변수(중재)와 종속변수(표적행동)의 기능적 관계가 성립
내적 타당도	• 중재제거설계에서는 상황이 바뀔 때 종속변수의 변화가 즉각적으로 크게 나타날수록, 그리고 두 번째 기초선 자료가 첫 번째 기초선 자료의 수준으로 완전히 되돌아갈수록 내적 타당도가 높다고 할 수 있음
핵심 논리	• 기술 • 예측 • 시험
전제 사항	• 기능적으로 독립적: 각각의 표적행동·대상·상황은 기능적으로 독립적이어야 한다는 것 • 기능적으로 유사: 동일한 중재에 대해서는 비슷하게 반응해야 한다는 것. 이는 각각의 표적행동·대상·상황이 같은 기능을 갖고 있어서 한 가지 중재를 적용했을 때 같은 반응을 기대할 수 있음을 의미
장점	• 기초선의 자료의 패턴과 중재 효과의 반복 입증을 뚜렷이 구별되게 보여 줄 수 있는 설계 • 연구 대상에게 효과적인 중재를 적용하는 상태에서 연구를 마치기 때문에 현장에서 사용하기에 윤리적인 설계 • 개별 대상연구의 다른 설계들과 마찬가지로 설계가 융통적
단점	• 표적행동이 위험한 행동인 경우는 사용이 부적절(비윤리적) • 중재 후에 기초선 수준으로 되돌리기 어려운 표적행동의 경우에도 부적절
ABAB변형	• 다음 네 가지 요소에 따라 설계가 무한정으로 다양하게 변형 가능 – 제2기초선의 구성조건 – 상황도입의 순서 – 상황의 수 – 중재의 수

✦ 타행동 차별강화(DRO)

- 정해진 시간 동안 표적행동이 발생하지 않았을 때 '표적행동의 중단' 자체를 차별적으로 강화함으로써 표적행동의 발생비율을 점차적으로 감소시키는 방법
  - 전회기 DRO(고정/전체간격)
  - 동간격 DRO
  - 순간적 DRO
  - DRO 재설정 간격
  - DRO 증진간격/용암계획

10

2021. 중
★답안작성

(가)는 지적장애 학생 F에 대한 지도 중점 사항이고, (나)는 교육실습생이 기록한 학생 F의 수행 점검표이다. (다)는 학생 F의 문제행동 중재 결과이다. 〈작성 방법〉에 따라 서술하시오. [4점]

(가) 지도 중점 사항

- 독립적인 자립생활을 위해 적응행동 기술 교수
- 수업 중 소리 지르기 행동에 대해 지원

(나) 수행 점검표

상위 기술	하위 기술	수행 점검
컵라면 구입하기	컵라면 가격 알기	×
	종업원에게 인사하기	○
	종업원에게 질문하기	○
	계산하고 구입하기	×
컵라면 조리하기	컵라면 뚜껑 열기	○
	컵 안쪽에 보이는 선까지 물 붓기	○
	면이 익을 때까지 기다리기	○
정리하기	빈 용기 정리하기	○

(다) 문제행동 중재 결과

- 문제행동: 소리 지르기
- 중재 방법: ㉠ <u>타행동 차별강화(DRO)</u>
- 결과 그래프

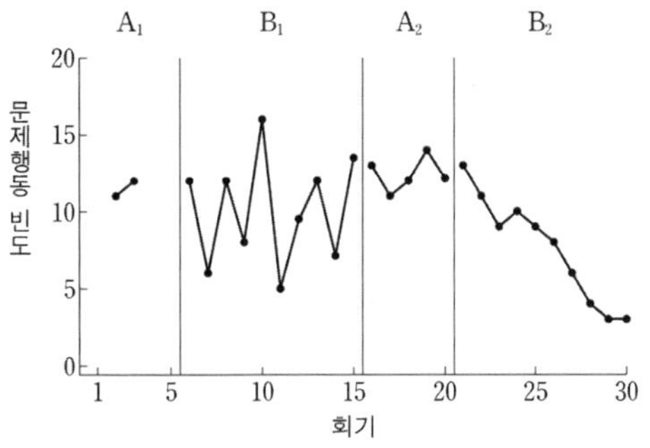

작성방법

- (나)에서 학생 F가 어려움을 보이는 적응행동 하위 유형의 명칭을 쓸 것 (단, 적응행동 하위 유형의 명칭은 AAIDD의 11차 정의에 제시된 용어로 쓸 것)
- 학생 F의 문제행동에 근거하여 (다)의 밑줄 친 ㉠이 적용된 예시를 1가지 서술할 것
- (다)의 ABAB 설계 적용 과정에서 나타난 오류를 2가지 서술할 것

핵심테마 체크

- 적응기술
- 기능적 교육과정
- 지적장애의 인지특성

MY MEMO

11

정답 및 예시답안

1) ① 기본 C
   ② ㉡ 사회적 기술, ㉢ 실제적 기술
2) 기본 C
3) ① 생태학적 목록
   ② 과잉 일반화

관련이론

✦ 지적장애 학생의 인지 및 학습 특성

학습전략	• 지식을 획득하고, 유지하고, 인출하고, 최종적으로 사용하는 것을 돕기 위한 방법
초인지	• 한 개인이 자신이 알고 있는 것에 관해 아는 능력 혹은 자신의 학습에 관해 배우는 능력 • 사람의 마음이 어떻게 작업을 하는지, 정보의 처리, 기억, 검색에 무슨 작업이 가장 좋은지, 과제를 학습하는 데 있어 어떻게 진전을 하고 있는지에 대해 자각하는 것
문제해결	• 문제해결은 학습자의 구성이나 해석, 그리고 새로운 상황에 대한 지식의 적용에 초점을 두는 전략 • 계획과 관찰, 결정을 내릴 때 필요한 능력으로 초인지적 기술이 필요
학습의 패러다임	① 기대 ② 선택적 주의집중 ③ 정보의 조직화 ④ 기억화 회상 ⑤ 전이
주의	• 선택적 주의 • 주의집중의 범위(시간) • 주의 유지 • 주의의 이동 • 주의초점 • 연속적 제시에 따른 주의집중
기억	• 단기간의 사용을 위해 정보를 보유하는 단기기억의 어려움
일반화	• 새로운 방법 또는 낯선 조건에서도 기술을 사용할 수 있는 것을 의미 • 교수가 끝난 후에도 이미 배운 지식이나 기술을 새로운 사람, 장소 또는 일에 적용하는 것, 다른 형태의 행위를 사용하기 위해 그 기술을 수정하거나 변경하는 것을 포함
유지	• 교수가 끝난 뒤 한참 후에 개인의 지식과 기술을 사용하는 것을 의미
관찰학습 (반두라)	① 주의집중: 관찰자가 모델의 행동에 대해 주의를 집중하면서 단서를 정확히 인지 ② 파지: 한 번 관찰된 내용을 어떤 형태로든지 머릿속에 보존하고 재현하는 과정 ③ 운동적 재생: 일단 관찰되고 파지된 표상은 상징적이거나 언어적 내용으로 구성되며, 이것이 외부자극에 따라 구체적이고 표면적인 행동으로 재생되는 과정 ④ 동기화: 관찰된 행동을 기억하고, 그 행동을 실현할 때 현실적으로 거부당하거나 보상되는 과정

✦ 기능적 생활중심 교육과정과 생태학적 목록

기능적 생활중심 교육과정	• 기능적 생활중심 교육과정은 경도장애 학생을 대상으로 할 수 있는 전통적인 학업중심 교육과정보다는 실생활에서 활용할 수 있는 기능을 중심으로 가르치자는 취지에서 시작된 중등도 및 중도장애 학생을 대상으로 한 교육과정

기능적 기술	• 다양한 환경에서 아동의 삶에 의미 있고 즉시 사용 가능한 기술들
	• 자연스러운 환경인 가정, 직업, 지역사회 환경에서 요구되는 기술들로, 특히 중도장애 학생들이 활동하도록 기대되는 환경에서 찾아볼 수 있는 기술들. 기능적 기술은 한 학생에게는 유용하고 의미 있지만 다른 학생에게는 기능적이 아닐 수 있음
	• 기술의 형식과 기술의 기능
	  – 기술의 형식: 기술이 사용되는 모습, 즉 기술이 어떻게 보이는가에 대한 것
	  – 기술의 기능: 기술을 통해 얻는 성과물

생태학적 목록	• 아동의 현재의 환경에 대한 자료 조사를 통하여, 아동의 미래 환경에서의 적응을 위한 교육의 목표를 선정하는 데 사용되는 평가 조사, 면담, 또는 관찰평가의 방법을 사용하며 보호자나 부모에게 전화를 하거나 또는 가정을 방문하여 정보를 얻을 수 있음 • 영역 ➡ 환경 ➡ 하위환경 ➡ 활동 ➡ 기술의 하향식 접근

11 2024. 초

다음은 2015 개정 특수교육 기본 교육과정 사회과 3~4학년군 '학교 가는 길' 단원의 지도를 위해 특수교사 최 교사와 박 교사가 나눈 대화의 일부이다. 물음에 답하시오. [5점]

최 교사: 선생님, 지난주 '체육센터에서 도움받을 수 있는 일 찾기'라는 주제로 사회 수업을 하셨던데 어떠셨어요?
박 교사: 학생들이 재미있어하고 적극적으로 참여했어요.
최 교사: 그랬군요. 저도 ㉠ <u>선생님이 사용하신 교수·학습 모형</u>을 적용하려고 하는데 어떻게 하면 좋을까요?
박 교사: 먼저 교실에서 학생들과 함께 체육센터 홈페이지를 통해 방문할 날짜, 이용 시간 등을 알아보고 계획을 세웠어요. 그 후에 체육센터에 가서 재미있게 활동을 하고 궁금한 점도 자유롭게 이야기를 나누었더니 학생들이 즐거워했어요. [A]
최 교사: 의견을 참고해서 적용해 볼게요. 그리고 '대중교통 이용 시 필요한 것'에서는 어떤 내용들을 지도하면 좋을까요?
박 교사: ㉡ <u>교통질서 지키기, 규칙 지키기</u>, ㉢ <u>버스 이용하기, 교통 카드 구입하기</u> 등에 대해 지도하시면 어때요?

…

박 교사: 선생님, 교실을 버스로 만드셨네요.
최 교사: '규칙을 지켜 교통수단을 안전하게 이용하기' 수업에서 버스를 안전하게 이용하는 연습을 교실에서 하려고 해요.
박 교사: ㉣ <u>사회과의 모의 수업 방법</u>을 활용하시는군요. 그런데 버스에 타고 내리는 문이 없네요. 이렇게 (ⓐ)이/가 부족하면 배우고 난 후 실제 상황에 적용하기 어려워요. 반면에 (ⓐ)이/가 지나치면 학습이 복잡해져서 중요한 것이 무엇인지 파악을 못할 수 있어요.
최 교사: 그렇군요.
박 교사: 교통수단 중 버스를 선택하신 이유가 있을까요?
최 교사: 우리 반 동우가 ㉤ <u>앞으로도 독립적인 생활을 할 수 있도록 가정, 학교, 지역사회 등에서 필요한 기능적 기술이 무엇인가 조사</u>하였더니 버스 타기 기술이더라고요.
박 교사: 저도 선생님의 교수·학습 자료를 바탕으로 민수에게 안전교육 지도를 해야겠어요.
최 교사: 그런데 민수가 요즈음에도 노란색 차만 보면 타려고 하나요?
박 교사: 네. ㉥ <u>학교 버스가 노란색이어서 노란색 차만 보면 학교 버스인 줄 알고 무조건 타려고 해요.</u>

1) ① [A]에 근거하여 ㉠의 명칭을 쓰고, ② '미국 지적 및 발달장애협회(AAIDD)(2021)'에서 제시한 적응행동의 3가지 요인 중 ㉡과 ㉢에 해당하는 명칭을 순서대로 쓰시오. [2점]

①:

②:

2) ㉣을 적용할 때 ⓐ에 공통으로 들어갈 용어를 쓰시오. [1점]

3) ① ㉤에서 설명한 것이 무엇인지 쓰고, ② 지적장애 학생의 인지적 특성 중 ㉥에 해당하는 것을 1가지 쓰시오. [2점]

①:

②:

핵심테마 체크 ✔

• AAIDD_적응행동의 유형

MY MEMO

12

정답 및 예시답안

⑤

알찬 지문풀이

• ㄱ. 학생이 바지에 오줌을 쌌을 경우에는 지체 없이 학생을 청결하게 해 주고, ~~사회적 강화~~를 해 준다. ➡ 강화는 그 행동의 강화를 의미하므로 바지에 실수를 하는 행동이 증가할 수 있어 부적절함

• ㄹ. (나)에서 필요한 기술은 정신지체 학생들에게 반드시 지도해야 하는 ~~사회적 적응행동 기술~~이다. ➡ 화장실을 이용하는 것은 실제적 적응행동 기술에 해당

관련이론

✦ AAIDD(2010)에서 제시한 적응행동의 세 가지 요인군

① 개념적 기술: 언어와 문해 기술, 금전, 시간·수에 대한 개념, 자기지시
② 사회적 기술: 대인기술, 사회적 책임감, 자긍심, 속기 쉬움, 순진성, 사회적 문제해결, 규칙 및 법률 준수, 희생되는 것을 피함
③ 실제적 기술: 일상생활 활동, 작업 기술, 금전 사용, 건강과 안전, 여행·대중교통 이용, 일과계획, 전화 사용

12

2012. 초

다음은 정신지체 학생들에게 기본교육과정 사회과 '화장실 사용하기'를 지도하기 위한 학습활동의 예이다. 이에 대한 지도 방법 중 옳은 것을 모두 고르면?

(가) 화장실 예절 지키기

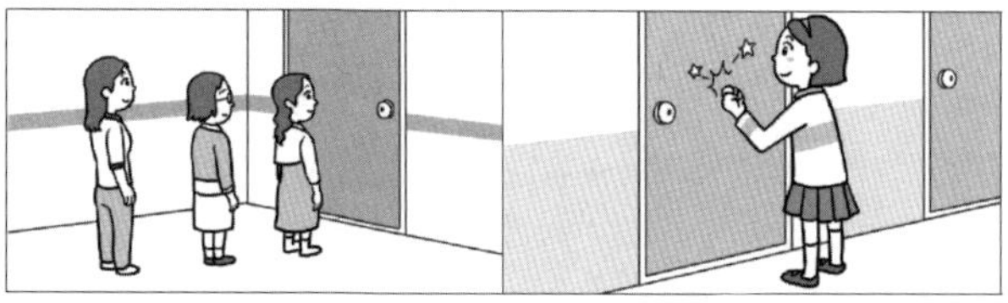

(나) 용변 처리 바르게 하기

ㄱ. 학생이 바지에 오줌을 쌌을 경우에는 지체 없이 학생을 청결하게 해 주고, 사회적 강화를 해 준다.
ㄴ. 중도 정신지체 학생의 경우 남녀 화장실을 구별하기는 어렵다고 하더라도, 스스로 화장실을 이용할 수 있도록 자조 능력을 길러주어야 한다.
ㄷ. (가)에서 중도 정신지체 학생의 경우 언어적 지시만으로는 부족하므로, 교사가 직접 시범을 보여주고 그 동작을 따라하도록 지도한다.
ㄹ. (나)에서 필요한 기술은 정신지체 학생들에게 반드시 지도해야 하는 사회적 적응행동 기술이다.
ㅁ. (나)를 행동연쇄법을 적용하여 ①~④의 순서로 지도할 경우, 순서의 수행마다 조건적(인위적) 강화인을 준다.

① ㄱ, ㄴ　　② ㄴ, ㄹ
③ ㄷ, ㄹ　　④ ㄱ, ㄹ, ㅁ
⑤ ㄴ, ㄷ, ㅁ

핵심테마 체크 ✔

- 보편적 학습설계의 3가지 원리
- 협력교수_팀티칭
- AAIDD_지원 모델

MY MEMO

13

정답 및 예시답안

1) ① 다양한 표상(정보제시) 수단
   ② 팀티칭
2) 초과정
3) 초과정
4) 다음 중 택 1
   - 독립성 및 인간관계 향상
   - 사회 공헌 기회 증진
   - 개인적 안녕과 삶의 만족감 향상

관련이론

✦ 보편적 학습설계의 3가지 원리

제1원리	표상(representation): 인지학습을 지원하기 위해, 다양하고 융통성 있는 제시방법 제공
제2원리	행동과 표현(action & expression): 전략적 학습을 지원하기 위해, 다양하고 융통성 있는 표현 및 연습방법 제공
제3원리	참여(engagement): 정서적 학습을 지원하기 위해, 다양하고 융통성 있는 참여를 위한 선택권 제공

✦ 협력교수_팀티칭

장점	• 체계적 관찰과 자료 수집이 가능함 • 역할과 교수내용의 공유 • 개별 도움을 주기 용이함 • 학업과 사회성에 있어서 적절한 도움을 구하는 행동의 모델 제시 가능함 • 질문하기를 가르칠 수 있음 • 개념, 어휘, 규칙 등을 보다 명확하게 할 수 있음
단점	• 학습을 풍부하게 하는 것이 아니라 교사의 업무를 분담하는 것에 머무를 수 있음 • 많은 계획을 필요로 함 • 모델링과 역할놀이 기술이 필요함
효과	• 다양한 활동을 지도하는 데 유용함 • 토론이 필요한 수업, 복습과정에서 활용하기에 적절함 • 교사의 수업 운영을 통해 협동하는 방법을 배울 수 있는 실질적 기회를 제공함 • 교사 간의 가장 높은 수준의 협력관계 요구

✦ AAIDD_지원 모델

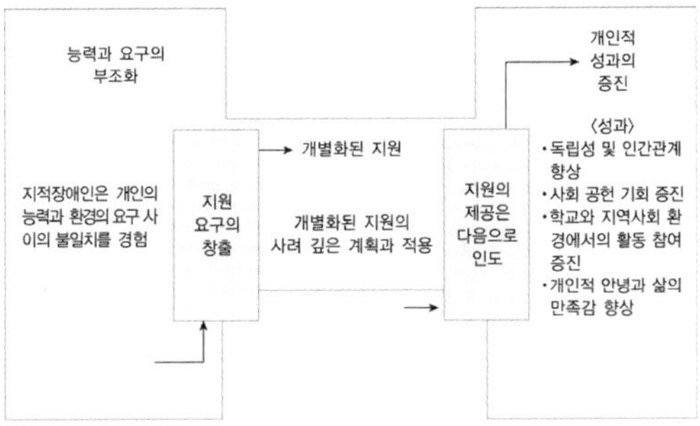

- 지적장애인들이 경험하는 자신의 능력과 환경적 요구 간의 불일치로 인해 지원에 대한 요구가 생기게 된다.
- 이러한 지원요구를 바탕으로 개별화된 지원계획을 개발하고 적용한다.
- 그 결과 개인이 좀 더 독립적이고, 더 나은 대인관계를 갖게 되어 사회에 기여하고, 학교나 지역사회에서의 활동 참여가 증진되며, 더 높은 삶의 만족도를 느끼게 되는 성과를 얻게 된다.

13

2020. 초

다음은 통합학급 교사인 최 교사가 특수교사인 강 교사와 교내 메신저로 지적장애 학생 지호의 음악과 수행평가에 대해 나눈 대화의 일부이다. 물음에 답하시오.

[6점]

최 교사: 선생님, 이번 수행평가 과제가 '노랫말 바꾸어 외워 부르기'인데, 지호도 의미 있게 참여하려면 어떤 지원을 제공해야 할까요?

강 교사: 지호는 외워서 부르기 대신 노랫말을 한 줄씩 피피티 화면으로 만들어 주고, 보면서 부르게 해 주세요. 이것 말고도 지호와 같은 학생에게는 ㉠ 다양한 인지 방법 중에서 그 학생에게 적합한 것을 제공해줄 수 있어요.

최 교사: 좋아요. 그리고 선생님, 지난주 수업은 평행 교수를 했잖아요. 이번에는 수업의 계획부터 실행과 평가까지 같이 책임지고 해요.

강 교사: 그래요. 동기유발 단계는 우리 둘이 역할놀이로 준비해서 보여줍시다.

[A]

...

최 교사: 선생님, 지난 수행평가 방법이 지호에게 좋았던 것 같아요. 지호가 음악 수업에 부쩍 흥미를 보이네요.

강 교사: 다음에는 ㉡ 음악을 직접 듣고, 자신의 느낌을 이모티콘에 표시하게 하는 평가 방법도 활용해 봅시다.

최 교사: 네, 이번 기회에 저는 지호를 친구들과 ㉢ 교내 '등굣길 음악회' 행사에 참여시키고 싶은데 가능할까요?

강 교사: 그럴 경우에는 제가 지호에게 ㉣ 읽기 쉬운 악보로 연습을 시키도록 할게요.

최 교사: 음악회에 참여한 지호 팀이 우리 마을 주민센터에서 열리는 행사에도 나갈 수 있도록 기회를 마련할 수 있어요.

강 교사: 그러면 지호가 친구들과 하는 음악활동을 정말 좋아하는지, 또 이 활동이 지호에게 필요한지 다시 한번 확인한 후 개별화된 지원 계획을 세워야겠어요.

최 교사: 네. 그렇게 된다면 지호에게 학교뿐 아니라 지역사회 환경에서의 활동 기회 증진이라는 개인적 성과를 가져올 수 있겠어요.

강 교사: 그렇죠. 개별화된 지원을 신중하게 계획하고 적용한다면 ㉤ 다른 개인적 성과도 기대할 수 있을 거예요.

1) ① 2011년에 '응용특수공학센터(CAST)'에서 제시한 보편적 학습설계 원리 중 ㉠에 적용된 원리 1가지를 쓰고, ② [A]와 같은 협력교수 형태를 쓰시오. [2점]

①:

②:

2) ① 2015 개정 특수교육 교육과정 중 공통 교육과정 음악과 5~6학년군 감상 영역의 '평가 방법 및 유의 사항'에 근거하여 ㉡에 해당하는 평가 방법을 쓰고, ② ㉢이 해당되는 음악과 영역을 쓰시오. [2점]

①:

②:

3) 다음은 ㉣의 일부이다. 속의 숫자가 나타내는 음악 요소를 쓰시오. [1점]

원 악보	
읽기 쉬운 악보	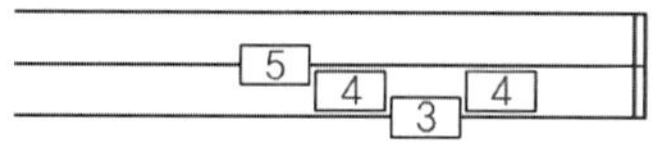

4) 2010년에 '미국 지적장애 및 발달장애 협회(AAIDD)'에서 제시한 '지원 모델'에 근거하여 ㉤에 해당하는 내용을 1가지 쓰시오. [1점]

14

정답 및 예시답안

○ ㉠ 부조화(불일치)
○ ㉡ 자기관리

핵심테마 체크 ✔

• AAIDD_지원모델

MY MEMO

15

정답 및 예시답안

○ ㉠ 개인중심계획
○ ㉡ 지원정도척도

핵심테마 체크 ✔

• 개별화된 지원 평가, 계획 및 감독을 위한 과정
• 개인중심계획
• 지원정도척도(SIS)

MY MEMO

관련이론

✦ 개별화된 지원 평가, 계획 및 감독을 위한 과정

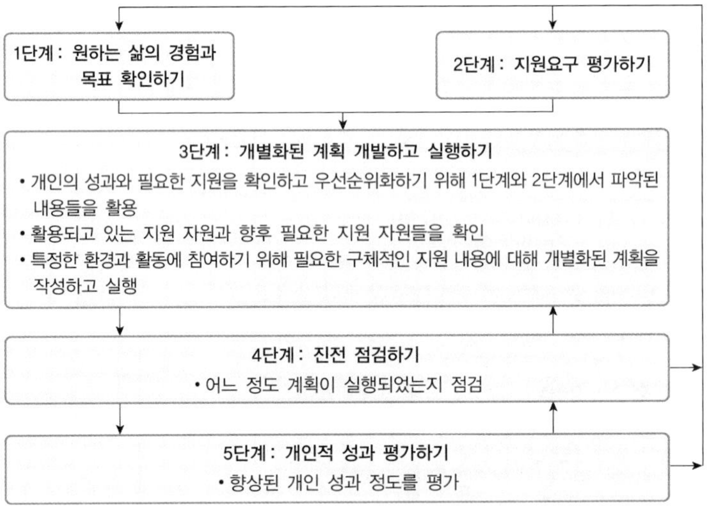

① 1단계: 원하는 삶의 경험과 목표 확인하기[*개인중심계획(PCP)]
② 2단계: 지원요구 평가하기 ➡ 표준화된 검사도구, 관찰, 면접 등
③ 3단계: 개별화된 계획 개발하고 실행하기
④ 4단계: 진전 점검하기
⑤ 5단계: 개인적 성과 평가하기 ➡ 개인중심 성과, 가족관련 성과, 사회적 성과 영역의 성과지표

✦ 개인중심계획(PCP)

• 개인중심의 계획은 우리의 사고를 프로그램 중심의 지원에서 개인중심의 지원으로 변화시켰다.
• 개인중심의 가치는 지원계획의 방향을 정하거나 중재의 성과를 평가할 때 '삶의 질'에 중점을 두어야 함을 강조한다.
• 개인중심의 가치는 장애인을 바라보는 견해에 영향을 미쳤다.
• 전문가들뿐만 아니라 장애를 지닌 사람들의 가족과 친구들까지 포함한 팀 접근과 협력의 중요성을 강조한다.

✦ 지원정도척도

• AAIDD(2010)는 지적장애 학생의 사회적응과 관련된 기능성의 다차원적 관점에서 지원도구의 유형과 정도를 결정하기 위한 표준화된 도구로 지원정도척도를 소개하였다.
• 지원정도척도(SIS)는 지원이 각 활동에 얼마나 자주 요구되는지(빈도), 지원할 때마다 얼마나 많은 시간이 소요될 것인지(지원시간), 어떤 유형의 지원이 필요한지를 구체적으로 평가하고 있다.
• 지원요구에 대한 객관적인 평가를 통해 어느 지원 영역에 어떤 유형의 지원이 얼마나 빈번하게 제공되어야 하는지 등을 분석한 후 개별화된 지원계획을 수립할 수 있도록 한다.
• SIS 점수는 장애인의 개별화지원계획을 수립하는 데 도움을 줄 뿐만 아니라, 개인의 요구 순위 및 필요한 지원 영역을 시각적으로 제공해 줌으로써 서비스 결정을 하는 데 실질적인 정보를 제공해 준다.

14

2020. 중

(가)는 일반교사가 특수교육 연수를 받으며 기록한 내용의 일부이고, (나)는 일반교사와 특수교사가 나눈 대화의 일부이다. 괄호 안의 ㉠, ㉡에 해당하는 용어를 순서대로 쓰시오. [2점]

(가) 기록 내용

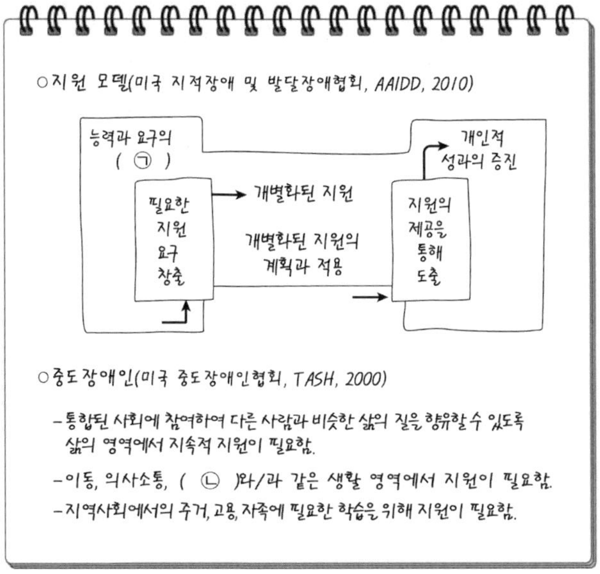

(나) 대화

일반교사: 선생님, 어제 특수교육 연수를 받고 왔는데, 우리 반 장애학생 C를 이해하는 데 도움이 되었어요. 지원 모델에 대해 조금 더 자세히 설명해 주세요.

특수교사: 네, 장애를 이해하는 데 예전에는 장애학생의 결함에 초점을 맞추었지만, 요즘에는 지원을 강조하고 있어요. 그래서 개인의 능력과 환경적 요구의 (㉠)(으)로 인해 지원 요구가 생긴다고 보고 있고요.

… (중략) …

특수교사: 미국 중도장애인협회에서도 개인의 결함보다도 통합 환경에서 성공할 수 있도록 도와주는 생활 영역에서의 지원을 강조해요. 생활 영역 중에서 (㉡)은/는 2015 개정 특수교육 교육과정에서 중점적으로 기르고자 하는 핵심 역량의 하나인 (㉡) 역량과도 일맥상통하는 것 같아요. 자아정체성과 자신감을 가지고 자신의 삶과 진로에 필요한 기초 능력과 자질을 갖추어 갈 수 있는 것이지요.

15

2021. 중

다음은 미국 지적장애 및 발달장애 협회[American Association on Intellectual and Developmental Disabilities(AAIDD), 2010]에서 제시한 개별화된 지원 평가, 계획 및 감독을 위한 과정이다. ㉠을 위한 방법을 쓰고, ㉡에 해당하는 개인의 지원 요구 및 의료적, 행동적 지원 요구를 판별하기 위한 표준화 검사도구의 명칭을 쓰시오. [2점]

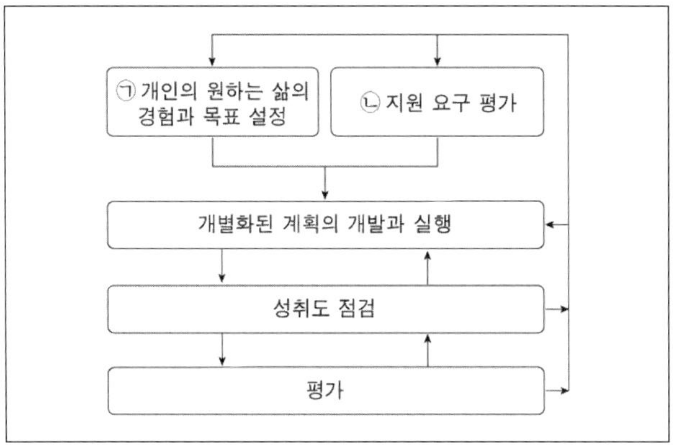

핵심테마 체크
- 지원강도에 따른 지원 유형

MY MEMO

16

정답 및 예시답안

③

문제 속 자료분석

〈영호의 지원에 대한 요구〉
- 건강: 만성적인 소아당뇨로 인하여 인슐린 주사를 장기적으로 매일 맞아야 한다. ➡ 시간 제한 없이 정규적으로(매일) 제공하는 지원이므로 확장적 지원
- 문제행동: 갑자기 생긴 주의산만한 행동에 대한 단기적인 행동중재를 받을 필요가 있다. ➡ 환경의 변화로 인하여 갑자기 생긴 지원요구에 대한 단기적인 중재이므로 간헐적 지원
- 전환: 초등학교로의 전환을 위해 필요한 기술들(예: 학습준비 기술, 사회성 기술 등)을 올 한 해 동안 배울 필요가 있다. ➡ 올 한 해 동안 제공하는 지원으로 시간이 제한되어 있는 제한적 지원

관련이론

✦ 지원강도에 따른 지원 유형

- 간헐적: 필요에 따른 지원
- 제한적: 시간에 걸쳐 일관성, 시간 제한적이나 간헐적이지 않은 것
- 확장적: 최소한 어떤 환경들에서는 정기적 관여와 시간 제한적이지 않은 것으로 특징화되는 지원
- 전반적: 모든 환경에 걸쳐서, 잠재적으로 삶을 유지하는 성격으로 제공됨

핵심테마 체크
- AAIDD_지원의 유형
- AAIDD_적응행동의 유형

MY MEMO

17

정답 및 예시답안

①

알찬 지문풀이

- ㄱ. 학생 A의 가정생활에 대한 정보를 수집하기 위해 부모와 면담을 하였다. ➡ 다문화 가정에 대한 정보 수집이 필요함
- ㄴ. 지능검사의 언어성 점수와 동작성 점수를 비교하여 지능 검사 결과를 해석하는 데 참고하였다. ➡ 베트남어에 익숙한 학생이므로 언어성과 동작성 점수를 비교하여 해석할 필요가 있음
- ㄷ. 중학교 1학년 통합학급에서 학생 A의 학교생활을 일정 기간 동안 직접 관찰하고 분석하였다. ➡ 낯선 한국에서의 환경에 적응을 잘 하는지 관찰하고 분석할 필요가 있음
- ㄹ. 학생 A의 개념적 기술 향상을 위하여 ~~책임감 및 자존감을 증진~~시킬 수 있는 교육 계획을 수립하였다. ➡ 책임감과 자존감은 사회적 기술에 해당
- ㅁ. 필기의 양이 많은 수업 시간에 학생 A의 필요에 따라 일시적, 단기적으로 제공되는 ~~제한적~~ 지원 계획을 구상하였다. ➡ 일시적, 단기적 제원은 간헐적 지원에 해당

문제 속 자료분석

- 한국인 아버지와 베트남인 어머니 사이에서 태어남 ➡ 다문화 가정
- 베트남에서 초등학교를 다니다가 중학교 입학을 앞두고 한국으로 옴 ➡ 베트남어와 베트남 문화에 익숙함
- IQ는 65이며, 적응행동기술 영역에서 개념적 기술 점수가 사회적·실제적 기술 점수에 비해 매우 낮음 ➡ 지능지수가 70 이하로 나왔으나 이는 언어적 제한 때문에 낮게 나왔을 가능성이 있음. 또한 사회적·실제적 기술에 비해 개념적 기술이 낮게 나온 이유도 언어적 제한에 따른 것으로 볼 수 있음

16

2010. 유

다음은 일반학교 병설유치원 통합학급에 있는 경도 정신지체 아동 영호의 상황과 그에 따른 지원 요구이다. 영호에게 필요한 지원은 미국정신지체협회가 1992년에 제시한 지원 유형 중 어디에 속하는가?

> 2009년 3월 16일 기록
>
> 〈영호의 상황〉
> - 건강 : 영호는 만성적 질환인 소아당뇨병이 있는 아동이다.
> - 문제행동 : 최근 영호는 집안 사정으로 할머니 댁에 맡겨진 이후로 갑자기 유치원에서 주의산만한 행동을 보이기 시작했다.
> - 전환(transition) : 2010년에 영호는 현재 다니고 있는 유치원이 소속된 초등학교의 특수학급으로 진학할 예정이다.
>
> 〈영호의 지원에 대한 요구〉
> - 건강 : 만성적인 소아당뇨로 인하여 인슐린 주사를 장기적으로 매일 맞아야 한다.
> - 문제행동 : 갑자기 생긴 주의산만한 행동에 대한 단기적인 행동중재를 받을 필요가 있다.
> - 전환 : 초등학교로의 전환을 위해 필요한 기술들(예 : 학습준비 기술, 사회성 기술 등)을 올 한 해 동안 배울 필요가 있다.

	건강	문제행동	전환
①	전반적 지원	간헐적 지원	제한적 지원
②	전반적 지원	제한적 지원	간헐적 지원
③	확장적 지원	간헐적 지원	제한적 지원
④	확장적 지원	제한적 지원	간헐적 지원
⑤	제한적 지원	간헐적 지원	확장적 지원

17

2011. 중

다음은 중학교 1학년 특수학급에 입급된 정신지체학생 A에 대한 정보이다. 학생 A에게 적합한 교수적 지원을 제공하고자 특수교사가 취한 행동 중 적절한 것만을 〈보기〉에서 모두 고른 것은?

> - 한국인 아버지와 베트남인 어머니 사이에서 태어남
> - 베트남에서 초등학교를 다니다가 중학교 입학을 앞두고 한국으로 옴
> - IQ는 65이며, 적응행동기술 영역에서 개념적 기술 점수가 사회적, 실제적 기술 점수에 비해 매우 낮음

보기

ㄱ. 학생 A의 가정생활에 대한 정보를 수집하기 위해 부모와 면담을 하였다.
ㄴ. 지능검사의 언어성 점수와 동작성 점수를 비교하여 지능검사 결과를 해석하는 데 참고하였다.
ㄷ. 중학교 1학년 통합학급에서 학생 A의 학교생활을 일정 기간 동안 직접 관찰하고 분석하였다.
ㄹ. 학생 A의 개념적 기술 향상을 위하여 책임감 및 자존감을 증진시킬 수 있는 교육 계획을 수립하였다.
ㅁ. 필기의 양이 많은 수업 시간에 학생 A의 필요에 따라 일시적, 단기적으로 제공되는 제한적 지원 계획을 구상하였다.

① ㄱ, ㄴ, ㄷ ② ㄱ, ㄷ, ㄹ
③ ㄴ, ㄹ, ㅁ ④ ㄱ, ㄴ, ㄷ, ㅁ
⑤ ㄴ, ㄷ, ㄹ, ㅁ

핵심테마 체크 ✔

• 지원정도척도(SIS)

MY MEMO

18

정답 및 예시답안

○ ㉠ 빈도(지원 빈도)
○ ㉡ 유형(지원 유형)

관련이론

✦ 지원정도척도(SIS)

특징	• 지원정도척도(SIS)는 지원이 각 활동에 얼마나 자주 요구되는지(빈도), 지원할 때마다 얼마나 많은 시간이 소요될 것인지(지원시간), 어떤 유형의 지원이 필요한지를 구체적으로 평가하고 있다. • SIS는 인쇄용지와 지필양식, CD-ROM으로 된 전자검사, SIS 온라인 웹기반 검사, 태블릿이나 노트북 또는 데스크용으로 된 표준화된 검사로 지원요구에 대한 객관적인 평가를 통해 어느 지원 영역에 어떤 유형의 지원이 얼마나 빈번하게 제공되어야 하는지 등을 분석한 후 개별화된 지원계획을 수립할 수 있도록 한다.
강점	• SIS는 전통적인 평가와 다르게 사람들이 부족한 것을 보지 않고 사회에서 성공적으로 살아가기 위해 개인이 필요로 하는 일상의 지원이 무엇인지를 본다. • SIS는 직접적이고 타당한 결과를 제공해 준다. • SIS는 직접 의사소통을 하면서 각 장면마다 개인의 참여를 요구하여 지원의 유형, 지원의 빈도, 지원의 강도를 측정한다. • 가족, 친구 장애인, 사례관리자와의 인터뷰를 통해 어떻게 개인이 성장하고 있는지를 고려한다. • SIS 점수는 장애인의 개별화지원계획을 수립하는 데 도움을 줄 뿐만 아니라, 개인의 요구 순위 및 필요한 지원 영역을 시각적으로 제공해 줌으로써 서비스 결정을 하는 데 실질적인 정보를 제공해 준다.
구성	• 이 검사의 대상연령은 16~72세까지이며, 검사도구는 인터뷰와 3개 장의 프로파일로 구성되어 있다. • 1장은 가정생활, 지역사회생활, 평생교육, 고용, 건강과 안전, 사회 활동 영역에 대한 6개 지원요구검사로 구성되어 있다. • 2장은 안전과 옹호에 대한 검사로서 자기옹호, 돈과 재정 생활, 자기 신체 보호, 법적인 책임을 경험하기, 조직에 참여하기, 법적인 서비스 받기, 결정하기, 다른 사람을 옹호하기의 8개 활동으로 구성되어 있는데, 각 장의 점수는 전체 지원강도검사에 결정적으로 사용되지는 않는다. • 3장은 예외적인 의학적이고 행동적인 지원요구로서 15개의 의학적인 상태와 13개의 문제행동이 지적인 장애와 연결되어 있다. 어떤 의학적인 상태와 문제행동은 다른 생활 영역에서 나타나는 지원요구의 상대적 정도와 상관없이, 어떤 사람에게 필요한 지원의 수준을 증가시키리라 예측된다는 것이 기본 가정이다. 의학적인 상태와 문제행동이 지원요구와 관련하여 갖는 상대적 중요성을 평정할 때에는 0~2점 척도를 사용한다.
개인의 지원요구에 영향을 미치는 요인	• 개인능력, 사회, 개념, 실제, 신체 • 생활 활동의 수와 복잡성 • 의료특별지원요구 • 상황의 수와 복잡성 • 행동특별지원요구
평가척도	• 지원정도척도에서 평가하는 지원빈도란 특별 지원, 즉 대다수의 비장애인에게 일반적으로 필요한 빈도 이상의 지원이 표적활동 각각에 대해 얼마나 자주 필요한지와 연계된다. • 빈도는 0~4점 척도로 평정되고, 점수가 높을수록 지원요구가 더 큰 것이다. • 일일 지원시간이란 지원을 제공하는 날에 지원을 준비하는 데 일반적으로 소요되는 시간을 의미한다. 어떤 사람은 어떤 활동에 대한 지원을 자주 필요로 하지는 않지만(낮은 빈도), 지원이 필요할 때에는 그 지원을 준비하는 데 상당히 많은 시간이 필요할 수 있다(높은 일일 지원시간). 0~4점 척도로 평정한다. • 지원 유형이란 어떤 사람이 참여해야 하는 활동을 할 때 필요할 수 있는 지원의 성격이다. 지원 유형의 범위는 없음부터 비교적 중간 정도의 수준, 강한 수준까지이며, 0~4점 척도로 평정한다.
개인의 능력을 측정하는 도구와 다른 점	• 지능검사는 개인이 개념 지능과 관련된 과제에서 나타내는 최대의 수행에 초점을 두고 있고, 적응행동척도는 어떤 사람이 자신의 환경에서 여러 과제를 수행할 때 보이는 전형적인 기술 수준에 초점을 맞추고 있는 반면, 지원정도척도(SIS)는 어떤 사람이 가치 있다고 평가되는 상황과 활동에 참여하는 데 필요한 지원의 유형과 정도에 초점을 두고 있다. • 지능검사와 적응행동검사가 다방면의 개인 능력을 직접적으로 측정하는 반면, 지원정도척도는 지원요구를 직접 측정한다. • 따라서 지원정도척도와 적응행동검사는 상호관련성이 있지만 측정하는 구성개념이 다르기 때문에 이들 검사를 사용하는 목적도 달라야 한다.

18

2018. 중

다음은 지적장애 고등학생 A를 위한 전환교육계획을 수립하기 위해 특수교사와 어머니가 나눈 대화의 일부이다. ㉠과 ㉡에 들어갈 내용을 쓰시오. [2점]

특수교사: 어머니, 학생 A에게 적절한 전환교육계획을 수립하기 위해 몇 가지 평가를 하려고 합니다.
어 머 니: 어떤 평가를 하나요?
특수교사: 먼저, 지원정도척도(Supports Intensity Scale : SIS)를 활용하여 학생 A에게 필요한 지원 요구를 파악하고자 합니다.
어 머 니: 그런데 지원정도척도는 처음 듣는 거라서 잘 모르겠어요. 그게 무엇인가요?
특수교사: 예, 지원정도척도는 개인이 사회에서 성공적으로 살아가기 위해 필요한 지원 요구를 (㉠), 일일 지원 시간, (㉡)의 3가지 차원에서 파악하는 것입니다.

핵심테마 체크 ✓

- AAIDD_다차원적 모델
- 지원정도척도(SIS)
- AAIDD_분류

MY MEMO

19

정답 및 예시답안

○ ㉠은 인간 기능성의 다차원적이다.
○ ㉡은 평정척도이고, ㉢은 우선순위이다.
○ ⓓ / 지적장애 하위 집단은 지적 기능성의 수준이 아니라 지원요구에 따라 분류하는 것이 적절하다.

관련이론

✦ AAIDD의 다차원적 모델

- 인간 기능성에 대한 다차원적 모델은 지적장애를 '인간 기능성에서의 제한성'이라는 관점에서 정의하고, 생태학적 · 다면적인 관점에서 장애를 개념화하며, 개인의 기능을 향상시키기 위한 개별화된 지원이 하는 역할의 중요성을 제시하고 있다.
- 11차 정의: 인간 기능성의 제한성, 즉 지적장애 상태를 이해하기 위해서 생태학적 접근을 하고 있으며, 인간 기능성에 대한 다섯 가지 차원(지적 능력, 적응행동, 건강, 참여, 맥락)의 요인들과의 관계와 중개적 역할을 하는 지원으로 구성되어 있다.

✦ AAIDD의 분류

- 모든 교사는 교육적 결정과 실제에 영향을 미치는 AAIDD의 다차원적 모델과 지원 패러다임을 이해하는 것이 중요하다.
- 이는 지적장애 학생 개개인에게 특정 분류체계를 적용하기보다는 그 개인을 둘러싼 생태학적 맥락을 이해하고 지원요구를 파악하여 지원계획을 개발 · 적용하는 것이 중요함을 의미한다.

19

2023. 중
★답안작성

(가)는 지적장애와 관련된 연수 자료의 일부이고, (나)는 교육 실습생이 연수를 들으면서 정리한 내용이다. <작성방법>에 따라 서술하시오. [4점]

(가) 지적장애 관련 연수 자료

ㅇ장애의 (㉠) 모델에 대한 이해
- 장애를 개인으로부터 발생하는 결함이 아니라, 개인과 그 개인이 기능하는 맥락 사이의 상호작용으로 이해함
- 지적장애인의 인간 기능성을 높이기 위한 지원을 강조함

ㅇ지원강도척도(Supports Intensity Scale)에 대한 이해

…(중략)…

- 평가 방법: (㉡)을/를 통해 지원요구를 평가함
- 결과 활용: 개별화된 지원의 계획 수립 및 운영에 활용
  - 삶의 경험과 목표를 확인하고 지원요구를 평가한 결과는 개인에게 지원할 영역의 (㉢)을/를 결정하는 데 도움이 됨
  - 모든 생활 활동 영역을 한 번에 효과적으로 지도하는 것은 어려움이 있으므로, 학생에게 중요한 지원 영역의 (㉢)을/를 판별함

(나) 교육실습생이 정리한 내용

ㅇⓐ 획득한 점수와 진점수가 속한 통계적 범위인 신뢰구간을 바탕으로 지능검사와 적응행동검사 결과를 해석함

ㅇⓑ 지적장애를 진단할 때 적응행동을 지적 기능성과 동일한 비중으로 고려할 것을 강조함

ㅇⓒ 적응행동 측정 시 또래가 활동하는 전형적인 지역사회 환경을 참조함

ㅇⓓ 지적장애 하위 집단은 목적에 따라 선택적으로 분류되고, 분류가 되어야 한다면 지적 기능성의 수준에 따른 분류가 가장 적절함

작성방법

- (가)의 괄호 안의 ㉠에 해당하는 내용을 쓸 것
- (가)의 괄호 안의 ㉡에 해당하는 내용을 쓰고, 괄호 안의 ㉢에 공통으로 해당하는 내용을 쓸 것
- (나)의 ⓐ~ⓓ 중 틀린 내용을 1가지 찾아 기호를 쓰고, 그 이유를 서술할 것 [단, 미국 지적장애 및 발달장애 협회(AAIDD, 2021) 매뉴얼에 근거할 것]

핵심테마 체크 ✔

• AAIDD_적응행동의 유형
• 증후군별 행동표현형

MY MEMO

20

정답 및 예시답안

④

알찬 지문풀이

• ㉠ '실제적 적응기술'은 '~~손해 보지 않기~~'와 같은 일상생활 활동에 필요한 기술을 의미 ➡ '손해 보지 않기'는 사회적 적응기술

• ㉢ 약체엑스증후군(Fragile X syndrome)을 지닌 사람은 일반적으로 ~~음성언어 기술보다는 시ㆍ공간적 기술에 강점~~이 있고요. ➡ 수용 및 표현언어능력이 단기기억능력이나 시공간적 기술보다 우수함

관련이론

✦ 증후군별 행동표현형

다운 증후군	• 언어나 청각적 과제보다 시공간적 과제 수행이 더 우수하다. • 장기기억능력이 요구되는 과제에서의 수행능력이 동일한 정신연령 아동에 비해 지체된다. • 수용언어능력이 표현언어능력보다 상대적으로 우수하다. • 지능에 비해 상대적으로 적응행동에서 강점을 보인다. • 명랑하고 사회적인 성격을 보인다. • 성인기에 우울증과 치매 성향이 나타난다.
윌리엄스 증후군	• 언어 및 청각적 기억, 얼굴 인지에서 강점을 보인다. • 시공간적 기능, 지각－운동 계획과 소근육 기술에서 제한을 보인다. • 마음이론 측면에서 강점을 보인다(대인지능). • 손상된 사회적 기능을 갖고 친숙함을 보인다. • 모든 연령에서 불안장애가 나타난다.
약체X 증후군	• 수용 및 표현언어능력이 단기기억능력이나 시공간적 기술보다 우수하다. • 순차적인 처리보다는 동시적인 처리가 요구되는 과제에서 강점을 보인다. • 일상생활기술과 자조기술에서 상대적 강점을 보인다. • 부주의, 과잉행동, 자폐증과 유사한 행동 등을 보인다. • 모든 연령에서 불안장애를 보인다.
프래더－윌리 증후군	• 이상식욕과 비만 증상을 보인다. • 순차적인 처리보다는 동시적인 처리가 요구되는 과제에서 강점을 보인다. • 단기기억능력보다 장기기억능력이 우수하다. • 시공간적 처리능력이 요구되는 과제와 직소 퍼즐에서 강점을 보인다. • 타인을 꼬집는 행동 및 심한 짜증을 보인다. • 모든 연령에서 강박장애와 충동조절장애가 나타난다.
스미스－마제니스 증후군	• 언어 습득이 지체된다. • 순차적 처리과정이 요구되는 과제에서 상대적으로 약점을 보인다. • 일반적으로 수면장애를 보인다. • 상동행동과 자기상해행동을 빈번하게 보인다. • 아동기에 일반적으로 충동조절장애를 보인다.
안젤만 증후군	• 아동기와 청소년기에 종종 부적절한 웃음발작을 보인다. • 모든 연령에서 일반적으로 행복해하는 기질을 보인다. • 젊은층에서 과잉행동 및 수면장애가 보인다.
레트 증후군	• 손을 씻거나 비트는 듯한 비정상적인 손의 상동행동을 보인다. • 수면장애를 보인다. • 자폐증과 유사한 행동들이 나타난다.
묘성 증후군	• 과잉행동을 보인다. • 자기자극행동 및 자해행동을 나타낸다. • 고양이 울음소리와 같은 소리를 낸다.

20

2012. 중

다음은 특수교사와 일반교사가 나눈 대화이다. ㉠~㉤ 중에서 옳은 내용만을 있는 대로 고른 것은?

일반교사: 정신지체는 지적 능력과 적응기술에서의 어려움을 동시에 가지고 있다고 하던데, 적응기술이 뭔가요?

특수교사: '미국 지적장애 및 발달장애학회(AAIDD)'에 따르면 ㉠ '실제적 적응기술'은 '손해 보지 않기'와 같은 일상생활 활동에 필요한 기술을 의미해요. 그리고 ㉡ '사회적 적응기술'에는 '자존감'과 '대인관계'와 같은 기술이 포함되어 있어요.

일반교사: 그렇군요. 그런 제한점이 있을 수 있겠네요.

특수교사: 하지만, 정신지체학생이 제한점만 가지고 있는 것은 아니에요. '미국 지적장애 및 발달장애학회'에서는 여러 증후군을 지닌 사람들에게서 자주 나타나는 행동적 징후 중에서 강점을 찾아 제시했어요.

일반교사: 그래요? 증후군에 따라 강점이 다른가요?

특수교사: 네. ㉢ 약체엑스증후군(Fragile X syndrome)을 지닌 사람은 일반적으로 음성언어 기술보다는 시·공간적 기술에 강점이 있고요. 또, ㉣ 프레더-윌리증후군(Prader-Willi syndrome)이 있는 사람은 대체로 시각적 처리와 퍼즐 해결에 강점이 있어요.

일반교사: 그럼, 다운증후군(Down syndrome)은요?

특수교사: ㉤ 다운증후군을 지닌 사람은 일반적으로 언어 또는 청각적 과제보다 시·공간적 과제를 더 잘 수행하는 강점이 있다고 해요.

일반교사: 그렇군요. 그런 강점을 잘 활용해서 지도하면 좋겠네요. 좋은 말씀 감사합니다.

① ㉠, ㉢
② ㉠, ㉣
③ ㉡, ㉢, ㉤
④ ㉡, ㉣, ㉤
⑤ ㉡, ㉢, ㉣, ㉤

핵심테마 체크 ✔

• 증후군별 행동표현형
• 지적장애 학생의 특성 _외적통제소

MY MEMO

21

정답 및 예시답안

③

알찬 지문풀이

• ㄱ. 페닐케톤뇨증(PKU)은 ~~출생 후 조기 선별이 어려우나~~ 진단을 받은 후에는 식이요법을 통해 ~~치료가 가능~~하다. ➡ 조기 선별이 가능하며 식이요법을 통하여 뇌손상이나 지적장애의 유발을 예방하는 것

• ㅁ. 정신지체학생은 자신에 대한 기대수준이 낮음으로 인하여 타인에게 의존하고, 과제수행 결과 여부를 ~~자신의 행동에 따른 결과로 받아들이는 경~~향이 있다. ➡ 과제 수행 결과 여부(통제소)를 외부 요인에 두는 외적통제소의 특성을 보임

관련이론

✦ 증후군별 행동표현형

다운 증후군	• 언어나 청각적 과제보다 시공간적 과제 수행이 더 우수하다. • 장기기억능력이 요구되는 과제에서의 수행능력이 동일한 정신연령 아동에 비해 지체된다. • 수용언어능력이 표현언어능력보다 상대적으로 우수하다. • 지능에 비해 상대적으로 적응행동에서 강점을 보인다. • 명랑하고 사회적인 성격을 보인다. • 성인기에 우울증과 치매 성향이 나타난다.
윌리엄스 증후군	• 언어 및 청각적 기억, 얼굴 인지에서 강점을 보인다. • 시공간적 기능, 지각-운동 계획과 소근육 기술에서 제한을 보인다. • 마음이론 측면에서 강점을 보인다(대인지능). • 손상된 사회적 기능을 갖고 친숙함을 보인다. • 모든 연령에서 불안장애가 나타난다.
약체X 증후군	• 수용 및 표현언어능력이 단기기억능력이나 시공간적 기술보다 우수하다. • 순차적인 처리보다는 동시적인 처리가 요구되는 과제에서 강점을 보인다. • 일상생활기술과 자조기술에서 상대적 강점을 보인다. • 부주의, 과잉행동, 자폐증과 유사한 행동 등을 보인다. • 모든 연령에서 불안장애를 보인다.
프래더-윌리 증후군	• 이상식욕과 비만 증상을 보인다. • 순차적인 처리보다는 동시적인 처리가 요구되는 과제에서 강점을 보인다. • 단기기억능력보다 장기기억능력이 우수하다. • 시공간적 처리능력이 요구되는 과제와 직소 퍼즐에서 강점을 보인다. • 타인을 꼬집는 행동 및 심한 짜증을 보인다. • 모든 연령에서 강박장애와 충동조절장애가 나타난다.
스미스-마제니스 증후군	• 언어 습득이 지체된다. • 순차적 처리과정이 요구되는 과제에서 상대적으로 약점을 보인다. • 일반적으로 수면장애를 보인다. • 상동행동과 자기상해행동을 빈번하게 보인다. • 아동기에 일반적으로 충동조절장애를 보인다.
안젤만 증후군	• 아동기와 청소년기에 종종 부적절한 웃음발작을 보인다. • 모든 연령에서 일반적으로 행복해하는 기질을 보인다. • 젊은층에서 과잉행동 및 수면장애가 보인다.
레트 증후군	• 손을 씻거나 비트는 듯한 비정상적인 손의 상동행동을 보인다. • 수면장애를 보인다. • 자폐증과 유사한 행동들이 나타난다.
묘성 증후군	• 과잉행동을 보인다. • 자기자극행동 및 자해행동을 나타낸다. • 고양이 울음소리와 같은 소리를 낸다.

21

2010. 중

정신지체에 대한 설명으로 옳은 것을 <보기>에서 고른 것은?

보기

ㄱ. 페닐케톤뇨증(PKU)은 출생 후 조기 선별이 어려우나 진단을 받은 후에는 식이요법을 통해 치료가 가능하다.

ㄴ. 다운증후군을 유발하는 염색체 이상 중에서 가장 일반적인 삼염색체성(trisomy)은 21번 염색체가 3개인 유형이다.

ㄷ. 저체중 출산, 조산 등의 생의학적 요인이 지적 기능과 적응행동상의 결함을 야기할 때 정신지체의 원인이 된다.

ㄹ. 정신지체학생은 일반학생과 동일한 인지발달 단계를 거치나, 발달 속도가 느려 최상위 발달단계에 이르는데 어려움이 있을 수 있다.

ㅁ. 정신지체학생은 자신에 대한 기대수준이 낮음으로 인하여 타인에게 의존하고, 과제수행 결과 여부를 자신의 행동에 따른 결과로 받아들이는 경향이 있다.

① ㄱ, ㄴ, ㄷ
② ㄱ, ㄷ, ㅁ
③ ㄴ, ㄷ, ㄹ
④ ㄴ, ㄹ, ㅁ
⑤ ㄷ, ㄹ, ㅁ

핵심테마 체크 ✓

- 관찰학습
- 페닐케톤뇨증

MY MEMO

22

정답 및 예시답안

1) 일상생활 역량
2) ① 파지
   ② 단백질, 탄수화물, 지방, 비타민, 무기질, 물 중 4가지
3) ① 식단 중 페닐알라닌 성분이 포함된 음식을 확인해야 한다.
   ② 실제적 적응기술

관련이론

✦ 반두라의 관찰학습

단계	내용	고려할 사항
주의집중 과정	관찰자가 모델의 행동에 대해 주의를 집중하면서 단서를 정확히 인지하는 과정	• 적절한 단서를 선택할 수 있는 식별력 있는 관찰 요구 • 주의집중력에 영향을 미치는 요인 – 관찰자 자신에 관련된 요인 – 과제 특성에 관련된 요인 – 유인 조건에 관련된 요인 • 아동의 주의집중에 영향을 미치는 주요인 – 모방될 자극의 크기 – 명료성 – 참신성
파지과정	한 번 관찰된 내용을 어떤 형태로든지 머릿속에 보존하고 재현하는 과정	• 시연전략 • 관찰된 행동을 머릿속에 오래 보존시킬 수 있도록 하는 방법이나 필요할 때 인출을 용이하게 할 수 있는 방법 요구
운동적 재생과정	일단 관찰되고 파지된 표상은 상징적이거나 언어적 내용으로 구성되며, 이것이 외부자극에 따라 구체적이고 표면적인 행동으로 재생되는 과정	• 행동의 재생은 관찰된 형태와 같도록 그 반응을 시공적으로 조직함으로써 일어남 • 관찰학습의 속도와 수준은 요구되는 반응을 할 수 있는 동작체제에 의해서 좌우됨 • 복잡한 행동은 과거에 이미 학습한 반응을 종합함으로써 행동을 재생할 수 있음 • 과거에 학습하지 않은 행동은 점진적 접근법 등을 활용하여 필요한 반응을 습득한 후에 관찰학습이 가능
동기화과정	관찰된 행동을 기억하고, 그 행동을 실현할 때 현실적으로 거부당하거나 보상되는 과정	• 보상은 모방한 학습 결과를 표현하는 데 영향을 미침 • 보상은 개인이 특수한 자극에 주의를 기울이게 함

22

2022. 초

다음은 2015 개정 특수교육 교육과정 중 기본 교육과정 실과 5~6학년군 '건강한 식생활' 단원 지도 계획의 일부이다. 물음에 답하시오. [5점]

단원	2. 건강한 식생활	
단원 목표	○ 건강과 성장을 위해 올바른 식생활 습관을 실천할 수 있다. – 건강에 이롭고 안전한 식품을 선택한다. – 골고루 먹는 식습관을 실천한다.	[A]
학습 목표	건강에 이로운 음식으로 균형 잡힌 밥상을 차릴 수 있다.	
활동 지도 계획	○ 도입(주의 집중) – 교사가 모델이 된 동영상 보여주기 ◦ 균형 잡힌 밥상을 차리는 모습 ◦ 건강에 이로운 음식을 먹는 모습	
	○ 활동 1: 건강에 이로운 음식 알기 – 교사가 도입 동영상에 나온 이로운 음식 설명하기 – 도입의 동영상을 보고 학생이 어제 먹은 음식과 교사가 먹은 음식에서 이로운 음식 찾기 – 제시된 그림에서 학생이 이로운 음식 찾아 붙임딱지 붙이며 범주화하기 – 학생이 새롭게 배운 이로운 음식을 기억할 수 있도록 시연하고 노랫말 만들어 부르기 	[B]
	○ 활동 2: 골고루 먹는 균형 잡힌 밥상 차리기 – 건강에 이로운 음식으로 식단 짜기 – 균형 잡힌 밥상 차리기	
	◦ 접시에 반찬을 골고루 담기 ◦ 반찬을 담은 접시를 밥상 위에 놓기 ◦ 숟가락과 젓가락을 밥상 위에 놓기 ◦ 밥과 국을 밥상 위에 놓기	[C]
	※ 유의점 – ㉠ <u>학생의 건강상 특이사항</u>을 고려하여 식단 구성에 유의하도록 지도함 – 밥상 차리기 활동 중 학생이 오류를 보이면 피드백을 제공하여 교정함 ○ 정리: 학생들의 결과물 중에서 가장 균형 잡힌 식단을 선정하여 칭찬하기	

1) 2015 개정 특수교육 교육과정 중 기본 교육과정 실과에 근거하여 [A]를 통해 기르고자 하는 핵심역량을 쓰시오. [1점]

2) ① [B]에 적용된 반두라(A. Bandura)의 관찰학습 하위 과정(단계)의 명칭을 쓰고, ② [B]에 제시된 그림을 보고 '6대 영양소' 중 4가지 이상을 쓰시오. [2점]

①:

②:

3) ① ㉠과 관련하여 페닐케톤뇨증(phenylketonuria : PKU)을 가진 학생이 자신의 식단을 점검할 때 유의해야 할 사항을 쓰고, ② [C]는 '미국 지적 및 발달장애협회(AAIDD)(2010)'에서 제시한 적응행동의 3가지 기술(skills) 중 어떤 기술에 해당하는지 쓰시오. [2점]

①:

②:

23

핵심테마 체크

- 증후군별 행동표현형
- 지적장애 원인에 대한 다중위험요인

MY MEMO

정답 및 예시답안

①

알찬 지문풀이

- ㄱ. 중도 정신지체학생이 관심을 끌기 위해 수업을 방해하는 행동을 보이면 ~~주의를 주시기 바랍니다~~. ➡ 수업을 방해하는 행동을 유지시킨 요인이 관심이었기 때문에 주의를 주면 방해 행동은 증가할 것임
- ㄹ. 윌리엄스 증후군(Williams syndrome)을 지닌 학생은 ~~시공간적 기술에 비해 언어에 심각한 문제가 있으므로~~ 자연스러운 상황에서 바람직한 의사소통 모델을 모방할 수 있는 기회를 제공해 주시기 바랍니다. ➡ 시공간적 기술의 사용에 제한이 있음
- ㅁ. 정신지체는 염색체 이상, ~~외상성 뇌손상~~, 조산과 같이 출생 전에 나타나는 생의학적 원인 외에도 출생 후에 사회적, 행동적 요인의 영향을 받을 수 있으므로 아동 학대 및 가정 폭력, 가정 형편에 문제가 없는지 확인해 주시기 바랍니다. ➡ 외상성 뇌손상은 출생 전에 나타나는 생의학적 원인에 해당하지 않음

24

핵심테마 체크

- 증후군별 행동표현형

MY MEMO

정답 및 예시답안

②

23

2011. 중

다음은 정신지체학생을 지도하고 있는 중학교 통합학급 교사를 위해 특수학급 교사가 실시한 교내 연수 내용의 일부이다. 연수 내용 중 옳은 것만을 <보기>에서 모두 고른 것은?

보기

ㄱ. 중도 정신지체학생이 관심을 끌기 위해 수업을 방해하는 행동을 보이면 주의를 주시기 바랍니다.
ㄴ. 프레더-윌리 증후군(Prader-Willi syndrome)을 지닌 학생은 과도한 식욕으로 비만이 될 수 있으므로 운동과 식사 조절에 관심을 가져주시기 바랍니다.
ㄷ. 학습된 무기력으로 과제를 쉽게 포기하는 경도 정신지체 학생을 위해 가능한 한 성공 경험을 많이 할 수 있도록 과제 난이도를 조절하고 학생을 격려해 주시기 바랍니다.
ㄹ. 윌리엄스 증후군(Williams syndrome)을 지닌 학생은 시공간적 기술에 비해 언어에 심각한 문제가 있으므로 자연스러운 상황에서 바람직한 의사소통 모델을 모방할 수 있는 기회를 제공해 주시기 바랍니다.
ㅁ. 정신지체는 염색체 이상, 외상성 뇌손상, 조산과 같이 출생 전에 나타나는 생의학적 원인 외에도 출생 후에 사회적, 행동적 요인의 영향을 받을 수 있으므로 아동학대 및 가정 폭력, 가정 형편에 문제가 없는지 확인해 주시기 바랍니다.

① ㄴ, ㄷ
② ㄷ, ㄹ
③ ㄱ, ㄴ, ㄷ
④ ㄱ, ㄹ, ㅁ
⑤ ㄴ, ㄷ, ㅁ

24

2012. 유

다음은 각 유아의 음식 섭취 특성과 그에 따른 박 교사의 지도 방법을 제시한 것이다. 각 유아의 장애 유형을 옳게 짝지은 것은?

유아	음식 섭취 특성	지도 방법
인호	• 과도한 식욕을 보이므로 음식을 조절해 주지 않으면 생명을 위협하는 비만이 발생할 수 있음 • 일반적으로 계속 음식을 요구하고, 충동적이고 고집이 센 편임	• 과도한 섭식으로 인한 행동장애가 문제이므로 의사와 영양사의 자문을 받게 함
수진	• 입이 자극을 받으면 강직성 씹기 반사(tonic bite reflex)가 나타남 • 식사 시간이 길어지므로 좌절, 피로 누적, 영양 섭취의 문제를 초래할 수 있음 • 유아의 비정상적인 근육 긴장도와 제한된 신체적 활동으로 인해 변비가 생기기 쉬움	• 금속보다는 실리콘 재질의 숟가락을 사용하게 함 • 바른 자세로 앉아 씹기와 삼키기를 잘하도록 격려함 • 적절한 운동과 식이섬유 음식물을 섭취하게 함
진우	• 비전형적인 촉각, 미각, 후각을 갖기 때문에 음식물의 색, 생김새, 맛, 냄새 등에 따라 특정 음식에 대해 극단적인 반응을 보일 수 있음 • 특정 음식의 질감에 대한 구강 과민성을 가짐	• 유치원과 가정이 협력하여 유아가 좋아하는 음식만을 먹는 일이 없게 함

	인호	수진	진우
①	프래더-윌리 증후군	자폐성 장애	뇌성마비
②	프래더-윌리 증후군	뇌성마비	자폐성 장애
③	뇌성마비	프래더-윌리 증후군	자폐성 장애
④	뇌성마비	자폐성 장애	프래더-윌리 증후군
⑤	자폐성 장애	뇌성마비	프래더-윌리 증후군

25

핵심테마 체크 ✓

• 증후군별 행동표현형

MY MEMO

정답 및 예시답안

○ ㉠ 언어적
○ ㉡ 시공간적

26

핵심테마 체크 ✓

• 증후군별 행동표현형

MY MEMO

정답 및 예시답안

○ ㉠ 자기효능감
○ ㉡ 클라인펠터증후군

관련이론

✦ 자기효능감

특정한 문제를 자신의 능력으로 성공적으로 해결할 수 있다는 자기 자신에 대한 신념이나 기대감이다. 높은 자기효능감은 과제에 대한 집중과 지속성을 통하여 성취 수준을 높일 수 있다. 그 결과 긍정적인 자아상(self-image)을 형성하는 데 도움이 된다.

– 국립특수교육원, 『특수교육학 용어사전』, 하우, 2009.

25 | 2014. 중

다음은 특수교육지원센터 홈페이지 게시판에 올라온 ○○ 청소년 수련원의 담당자가 질문한 내용에 대해 특수교사가 답변한 것이다. 괄호 안의 ㉠과 ㉡에 해당하는 말을 각각 쓰시오. [2점]

Q: 안녕하세요? 장애학생과 비장애학생이 함께하는 2박 3일 청소년 캠프를 준비하고 있는 OO청소년 수련원의 담당자입니다. 이번 캠프에 참여하는 학생들 중에는 윌리엄스 증후군을 지닌 학생과 프래더-윌리 증후군을 지닌 학생도 포함되어 있습니다. 캠프에서 진행할 게임이나 활동을 계획하는 데 참고할 만한 사항이 있을까요?

└A: 윌리엄스 증후군(Williams syndrome)을 지닌 학생들의 과제 수행 특성을 보면 다른 과제에 비해 (㉠) 과제를 잘하는 편이므로 말 이어 전달하기, 지시 듣고 미션 수행하기 등의 활동을 준비하면 좋을 것 같습니다. 그리고 프래더-윌리 증후군(Prader-Willi syndrome)을 지닌 학생들의 경우는 다른 과제에 비해 (㉡) 과제를 잘하는 편이므로 퍼즐 조각 맞추기, 그림 모자이크 완성하기 등과 같은 활동을 준비하면 좋을 것 같습니다.

26 | 2019. 중

다음은 지적장애 학생을 지도하는 신규 교사와 멘토 교사의 대화이다. 괄호 안의 ㉠에 해당하는 용어를 쓰고, ㉡에 나타난 학생 E의 증후군 명칭을 쓰시오. [2점]

멘토 교사: 선생님, 지난 학기에 전학 온 학생 D와 E는 잘 적응하고 있나요?

신규 교사: 학생 D는 주어진 과제를 성취하기 위해 필요한 행동을 성공적으로 해낼 수 있다는 믿음이 있고, 그러한 행동을 잘 수행한다면 원하는 성과를 이룰 것이라고 기대하고 있어요.

멘토 교사: 구체적이고 실제적인 자신의 과제수행능력을 믿고 있군요. (㉠)이/가 높은 학생인 것으로 보입니다. 학업 상황에서 친구들이 과제를 완수하는 것을 보면 자신도 그 과제를 완성할 수 있다고 생각하게 됩니다. 이러한 방법을 통해 (㉠)을/를 더욱 향상시키면 좋겠습니다.

신규 교사: 학생 E는 XXY형 염색체를 가진 성염색체 이상증후군이라고 해요. 남성호르몬 감소로 인해 여성형 체형으로 변해가고 있어 부모님께서 고민하더군요. 이 학생은 의사소통에 어려움이 있고, 사회성도 부족한 것 같아요. 활동량이 부족해서 운동 발달에도 영향을 주는 듯합니다. ㉡

멘토 교사: 학생 E에게는 사회성 향상 프로그램뿐만 아니라, 운동발달을 위한 중재 프로그램도 개발해 적용하는 것이 좋겠네요.

핵심테마 체크 ✔

- 증후군별 행동표현형
- 스크립트 중재
- 자발화 표본 분석_의미관계

MY MEMO

27

정답 및 예시답안

○ 학생 M의 특성이 설명하는 증후군은 안젤만증후군이다.
○ ㉠의 이유는 학생 M이 두 단어의 목표언어를 사용할 때, 상황 맥락을 이해하는 데에도 신경을 써야 하면, 많은 양의 정보를 처리하게 됨에 따라 인지적 과부하를 일으켜 효과적인 학습이 어렵기 때문이다.
○ ㉡의 의미관계는 '행위자-행위'이며 ㉢에 해당하는 목표언어는 "여기에 앉아요."이다.

관련이론

✦ 안젤만증후군

- 약 70%는 어머니로부터 전달받은 15번째 염색체의 장완 부분에 결손이 있다.
- 15번째 염색체를 아버지에게서 전달받는 현상인 UPD가 나타나기도 한다.
- 발생빈도는 프래더-윌리증후군과 비슷한 반면, 프래더-윌리증후군에 비해 신경학적 증상이 심하게 나타난다.
- 생후 6~12개월에 발달지연이 나타나기 시작한다. 발달지연과 언어장애로 인해 말을 잘 하지 못하지만, 수용언어기술과 비언어적 의사소통기술은 표현언어기술보다는 상대적으로 좋은 편이다.
- 움직임과 균형감각에 이상이 생겨 걸음에 장애가 생기며, 자주 웃고, 쉽게 흥분하는 경향을 보이며, 집중시간이 짧다.
- 머리 크기의 성장이 비정상적으로 지연되어 2세경에 소두증을 보인다.

✦ 인지부하(Cognitive Load)

- 인지부하이론의 핵심은 인간의 작동기억에는 한계가 있기 때문에 학습자에게 너무 많은 양의 정보를 한꺼번에 제공하면 인지적 과부하를 일으켜 효과적인 학습을 방해하게 된다는 것이다.
- 인지적 과부하는 과제해결에 요구되는 인지자원의 양이 인지구조가 보유하고 있는 자원의 용량을 초과할 때 발생하는 현상으로서 학습부진의 주요 원인이 되기 때문에 불필요한 인지부하를 초래하는 변인을 밝혀내어 효과적인 교수설계의 전략을 개발하는 것이 매우 중요하다.

✦ 의미 유형

- 체언부
  - 행위자: 행동의 수행자
  - 경험자: 어떤 경험이나 상태/상황을 겪는 사람이나 의인화된 사물
  - 소유자: 대상을 소유하거나 대상이 소속되어 있는 사람이나 사물
  - 공존자: 행위자와 함께 행위를 수행하는 사람이나 상태를 경험하는 사람
  - 수혜자: 행위의 대상이 되는 사람이나 사물
  - 대상: 행위의 대상이 되는 사람 또는 사물
  - 실체: 행위 없이 명명된 사물이나 소유물, 또는 일부 서술의 대상
  - 인용/창조물: 어떠한 행동이나 현상에 의해서 만들어진 것
- 용언부
  - 행위: 행위자에 의해 관찰될 수 있는 움직임이나 활동
  - 서술: 상태 서술(마음이나 느낌, 상태를 나타내는 동사나 형용사의 역할), 실체 서술(보어의 역할을 하여 '-이다'를 붙일 수 있는 의미), 부정 서술(서술어의 역할을 하면서 부정이나 부재 등의 뜻을 내포하고 있는 의미)
- 수식언
  - 체언수식: 사물이나 사람을 지시하거나 그 크기, 모양, 질 등을 내포하는 의미
  - 용언수식: 행위나 서술, 수식(부사)을 수식하는 의미
  - 배경: 부정, 때, 장소, 도구, 이유, 조건, 비교, 재현, 양보
- 기능적 구성요소: 주의끌기, 되묻기, 감탄, '예/아니요' 대답, 강조, 동반, 소리, 인사, 접속, 자동구, 기타

27

2019. 중
★답안작성

(가)는 중도 지적장애 학생 M의 특성이고, (나)는 학생 M을 위한 스크립트 중재 적용 계획의 일부이다. 〈작성방법〉에 따라 서술하시오. [4점]

(가) 학생 M의 특성

- 15번 염색체 쌍 가운데 어머니로부터 물려받은 염색체가 결손이 있음
- 발달지연이 있으며, 경미한 운동장애를 보임
- 부적절한 웃음, 행복해하는 행동, 손을 흔드는 것 같은 독특한 행동을 종종 보임
- 수용언어 능력이 표현언어 능력보다 비교적 좋음
- 표현언어는 두 단어 연결의 초기 단계임

(나) 스크립트 중재 적용 계획

〈중재 전 점검 사항〉

1. 상황 선정 시 점검 사항
   - ㉠ <u>학생이 상황 맥락을 이해하는 데 신경 쓰지 않도록, 화자 간에 공유하는 상황지식(shared event knowledge)을 제공하는 상황으로 선정</u>
   - 학생에게 익숙하고 자연스러운 상황으로 선정
2. 상황언어 선정 및 중재 적용 점검 사항
   - 일상적이고 익숙한 상황언어를 선택
   - 기능적 언어 사용을 향상시킬 수 있도록 지도
   - 수용 및 표현언어의 습득 효율성을 고려한 지도

…(하략)…

〈활용할 스크립트〉

상황	하교 시 학교버스 이용하기			
하위행동	유도 상황/발화	가능한 목표언어	목표언어 구조	
			의미관계	화용적 기능
교실에서 하교 준비하기	겉옷을 입도록 한다.	"옷 주세요."	대상-행위	행동 요구
교실에서 복도로 이동하기	"누가 교실 문을 열까요?"	"제가 열래요."	(㉡)	주장
…(중략)…				
자리에 앉기	"어디에 앉을까요?"	"(㉢)"	<u>장소-행위</u>	<u>질문에 대한 반응</u>

(의미관계와 화용적 기능 열의 밑줄 부분: ㉣)

작성방법

- (가) 학생 M의 특성에서 설명하고 있는 증후군의 명칭을 쓸 것
- 밑줄 친 ㉠의 이유를 인지부하(cognitive load) 측면에서 1가지 서술할 것 (단, 목표언어와 관련지어 서술할 것)
- 괄호 안의 ㉡에 해당하는 의미관계를 쓰고, 괄호 안의 ㉢에 해당하는 '가능한 목표언어'를 밑줄 친 ㉣에 근거하여 쓸 것

핵심테마 체크 ✔

• 증후군별 행동표현형

MY MEMO

28

정답 및 예시답안

○ ㉠ 약체X증후군
○ ㉡ 다운증후군

핵심테마 체크 ✔

• 장애의 위험요인

MY MEMO

29

정답 및 예시답안

1) ㉠ 환경적 위험
   ㉡ 생물학적 위험
2) 대상 유아(조기교육 대상자)의 적격성 판정을 위해 그 기준으로 제시하는 것이다. (범주별 장애의 정의나 진단기준은 학령기 특수아동에게 적합하게 개발된 것으로 유아들을 판별하기에 적합하지 않고, 조기에 범주별 장애를 단정하는 것이 바람직하지 않기 때문이다.)
3) ㉢ 둘 이상의 발달이 아니라 하나 이상의 발달에서 또래에 비하여 현저하게 지체되는 것이다.
   ㉣ 5세 미만이 아니라 영아 및 9세 미만 아동이다.

관련이론

✦ **장애위험요인**: 장애위험 아동은 일반적으로 환경적 위험, 생물학적 위험, 이미 형성된 위험의 세 가지 위험 상태에 놓인 아동들로 분류되는데, 그 정의와 특성은 다음과 같다.

환경적 위험	• 경제적, 또는 사회적 위험요인을 의미한다. • 정상적으로 출생한 유아들은 삶의 경험이나 환경적인 조건이 제한되는 경우에 발달상의 지체를 일으킬 가능성을 지니게 된다. • 고등학교를 졸업하지 못한 10대 출산 • 학대 및 방치(본인이나 형제) • 법적 보호자의 부재 • 대리 또는 보호 양육자 • 필수적인 양육 기능을 일관성 있게 수행하지 못하는 부모 • 가정에서의 학대 및 폭력 • 이민 또는 무주택 가정 • 가족들의 독극물 등에 대한 노출
생물학적 위험	• 출산 전후나 출산 중에 나타나는 이후의 비전형적인 발달이나 지체를 초래하는 특정 위험요인을 의미한다. • 예를 들어서, 당뇨병이나 풍진 등과 같은 임산모의 특정 질병이나 감염, 조산이나 저체중, 출생 시 무산소증, 출생 후 감염이 이러한 생물학적 위험요인에 속한다. • 난산이나 기계에 의존하는 출산 • 발달지체와 관련된 질병 및 외상 • 약물 노출 • 관련된 임산모의 만성적 질병 • 과거 또는 현재 신생아 중환자실 입원 • 출생 시 저체중(1,000~2,500g) • 발달상의 진보를 방해하는 요소들
형성된 위험	• 유전학적으로나 의학적으로 이미 형성된 조건에 의해서 장애나 발달지체를 초래할 가능성을 지닌 경우를 의미한다. • 형성된 위험요인은 다운증후군과 같은 염색체 이상이나 신진대사 장애, 선천성 기형, 뇌성마비 등을 포함하며, 대부분의 이러한 위험요인들은 성장하면서 장애 범주의 분류로 진단되는 장애를 일으키곤 한다. • 선천적/유전학적 장애 • 신경학적 비정상 • 비정상적인 발달장애 • 출생 시 1,000g 이하의 극도의 저체중 • 인지, 신체/운동 기능, 말과 언어, 심리사회적 또는 자조기술에 있어서의 지체

고득점 답안 비법 ✰ 2)의 답안은 문제의 요구에 맞게 '진단 측면'에서 설명하는 것이 핵심

28

2017. 중

다음은 일반교사가 특수교육 관련 연수를 받으며 필기한 내용이다. ㉠, ㉡에 들어갈 증후군의 명칭을 순서대로 쓰시오. [2점]

지적장애의 이해

○ 지적장애: 지적 기능과 적응행동상의 어려움이 함께 존재하는 장애

○ 지적장애 학생은 제한점도 있지만 강점도 동시에 갖고 있으므로 이를 잘 파악하여 지원하여야 함

○ 미국 지적장애 및 발달장애협회(AAIDD, 2010)에서 제시한, 지적장애를 초래하는 증후군 및 행동 표현형

증후군	행동 표현형
㉠	• 시공간적 기술에 비해 더 나은 음성언어 기술을 가지고 있음 • 일상생활기술과 자조기술에서 상대적으로 강점을 보임 • 무관심, 과잉행동, 자폐성 행동과 빈번히 연관됨
프래더-윌리 증후군	• 시각적 처리와 퍼즐을 해결하는 데 강점을 가짐 • 손상된 포만감, 탐식행동, 비만 등이 있음 • 모든 연령대에 걸쳐 강박장애와 충동조절 장애가 흔히 있음
㉡	• 언어나 청각적 과제보다 시공간적 과제 수행이 더 우수함 • 지능에 비해 적응기술이 뛰어남 • 명랑하고 사회적인 성격임 • 성인기에 우울증이 흔히 나타남

29

2016. 유

다음은 통합학급 유아교사인 박 교사와 유아특수교사인 최 교사의 대화이다. 물음에 답하시오. [5점]

박 교사: 선생님, 의논드리고 싶은 일이 있어요. 승철이가 또래에 비해 발달이 늦은 것 같아요. 알고 보니 어렸을 때 ㉠ 집안이 경제적으로 어려워서 2년간 부모님과 함께 생활하지 못했대요. 어떻게 도와줄 수 있을까요?

최 교사: 승철이가 검사는 받아 보았대요?

박 교사: 사실 어머님은 승철이가 장애로 진단받을까봐 두려워하시는 것 같아요.

최 교사: 꼭 그렇지는 않아요. ㉡ 발달지체라는 분류도 있어요. 「장애인 등에 대한 특수교육법」의 특수교육 대상자 선정 기준에서는 발달지체를 ㉢ '신체, 인지, 의사소통, 사회 · 정서, 적응행동 중 ㉣ 둘 이상의 발달이 또래에 비하여 현저하게 지체되어 ㉤ 특별한 교육적 조치가 필요한 5세 미만의 영아 및 아동'으로 규정합니다.

박 교사: 그렇군요. 부모님께 일단 검사를 의뢰해 보도록 말씀드릴게요.

최 교사: 그런데 승철이 동생 민화는 ㉥ 출생 시 1.8kg의 저체중으로 태어났다고 알고 있어요. 나중에 발생할 수 있는 문제를 사전에 방지한다는 차원에서 승철이와 함께 검사해 보도록 부모님께 안내해 드리는 것은 어떨까요?

박 교사: 좋은 생각인 것 같습니다.

1) ㉠과 ㉥에 해당하는 장애위험 조건을 각각 쓰시오. [2점]

㉠ :

㉥ :

2) ㉡이라는 분류가 사용되는 이유를 진단 측면에서 쓰시오. [1점]

3) ㉢~㉤ 중 틀린 내용 2가지를 찾아 각각 그 기호와 수정 내용을 쓰시오. [2점]

① 기호와 수정 내용 :

② 기호와 수정 내용 :

핵심테마 체크 ✓

• 발생률과 출현율

MY MEMO

30

정답 및 예시답안

④

알찬 지문풀이

• ㄱ. 출현율과 ~~동일한 의~~미로서 발생률이라는 용어가 있다. ➡ 출현율은 총 사례 수를 의미하고, 발생률은 새롭게 판별된 수를 의미

• ㄴ. 전체 인구 중 장애라는 특정 조건을 가진 장애인 수를 말한다.

• ㄷ. 특정 기간 동안에 전체 인구 중 ~~새롭게 판별~~된 장애인 수를 말한다. ➡ 새롭게 판별된 수는 발생률의 개념

• ㄹ. 장애의 ~~원인을 연구하고 예방 프로그램~~을 개발하는 데 의의가 있다. ➡ 원인과 예방 프로그램에 대한 연구는 발생률과 관련 있음

• ㅁ. 교육이나 재활 서비스 등에 대한 요구를 파악하는 데 활용하기 용이하다. ➡ 현재 특정 조건을 가진 총수를 파악하는 출현율은 교육이나 재활 서비스에 대한 요구를 파악하는 데 필요함

관련이론

✦ 발생률과 출현율

- 발생률은 특정 기간 내에(보통 1년) 발생한 새로운 사례 수를 의미한다.
- 발생률 통계는 새로 태어난 아동, 학교에서 진단된 아동 등 이 기간 동안 지체를 가진 것으로 새롭게 판별된 모든 대상자의 수를 포함한다.
- 발생률은 주로 장애의 원인을 알아내고 이를 예방하고자 하는 목적으로 실시된다.
- 출현율은 주어진 기간에서 지적장애인의 전체 수로서, 이는 흔히 비율로 표현된다.
- 출현율은 이 기간 동안 새롭게 발견된 사례 수와 이른 시기의 진단에서 지적장애로 분류되어 온 사례 수를 모두 포함한다.
- $\frac{\text{지적장애인으로 판별된 사람의 수}}{\text{전체 인구 수}} \times 100$

30

2009. 중

장애인 출현율에 대하여 적절히 설명한 것을 〈보기〉에서 고른 것은? [1.5점]

보기
ㄱ. 출현율과 동일한 의미로서 발생률이라는 용어가 있다. ㄴ. 전체 인구 중 장애라는 특정 조건을 가진 장애인 수를 말한다. ㄷ. 특정 기간 동안에 전체 인구 중 새롭게 판별된 장애인 수를 말한다. ㄹ. 장애의 원인을 연구하고 예방 프로그램을 개발하는 데 의의가 있다. ㅁ. 교육이나 재활 서비스 등에 대한 요구를 파악하는 데 활용하기 용이하다.

① ㄱ, ㄷ
② ㄱ, ㄹ
③ ㄴ, ㄹ
④ ㄴ, ㅁ
⑤ ㄷ, ㅁ

핵심테마 체크

- 증후군별 행동표현형
- 지적장애 원인에 대한 다중위험요인
- 3단계 예방지원
- 쌍연합학습전략(매개전략)

MY MEMO

31

정답 및 예시답안

1) 페닐케톤뇨증이 있는 학생에게 식이요법을 적용하여 정신지체 발생을 예방하는 것
2) 부모의 음주나 흡연 등의 행동
3) ㉣ / 3차적 예방은 장애가 발생한 이후 장애가 더 심화되거나 이차적 장애가 발생하는 것을 의미하므로, 안전모를 쓰는 것은 3차적 예방이 아니다.
4) ① ⓐ 꽃 위에 나비가 앉아 있어.
ⓑ 나비가 어디에 앉아 있지?
② 정신지체 학생은 정보를 유형별로 적절하게 분류·조직하지 못하며 따라서 정보의 재인이 어렵다.

관련이론

✦ 위험요인의 4가지 범주

생의학적 위험요인	생물학적인 처리과정과 관련 있는 다양한 위험요인들
사회적 위험요인	아동 발달에 영향을 줄 수 있는 자극과 상호작용의 질을 좌우하는 여건에서 초래되는 요인들
행동적 위험요인	당사자뿐만 아니라 부모 세대의 부적절한 행동으로 인해 야기될 수 있는 잠재적인 위험요인들
교육적 위험요인	지적 능력과 적절한 적응기술을 발달시킬 수 있는 정보 제공 및 교육지원의 부재로 인한 요인들

✦ 3단계 예방지원

1차적 예방	질병이나 장애 자체의 출현을 예방하기 위한 지원
2차적 예방	이미 어떤 상태나 질병의 영향을 받고 있는 개인에게서 장애나 증상이 나타나는 것을 예방하는 지원
3차적 예방	장애로 인해 나타날 수 있는 기능상의 어려움을 최소화하기 위한 지원으로서, 개인의 전반적인 기능을 향상시키는 것을 목표로 함

✦ 쌍연합 학습전략(매개전략)

- 매개전략은 자극과 반응을 연결시키는 과정으로 자극제시에 사용되는 언어적 매개 혹은 관계에 역점을 둔다.
- 단어 학습에 사용되며, 쌍연합학습(paired associated learning)이라고도 한다.
- 우선, 두 개의 자극을 함께 제시한 후 그 다음에는 자극을 하나만 제시하고 마지막으로 두 자극 사이의 관계를 말하는 회상(수행)을 돕는다.
- 이때 과제가 얼마나 학습자에게 의미 있는가 또는 사물이나 단어가 얼마나 친숙한 것인가가 학습에 영향을 미친다. 즉, 친숙하고 익숙한 과제나 단어 혹은 사물일 때 학습이 더 잘된다.

✦ 학습의 패러다임

단계	설명	교수방법
1단계: 기대	한 개인의 이전 경험에서 비롯된 기대감이 학습상황에의 접근 방식을 결정한다는 것	학습에서의 실패를 극소화하고 성공의 경험을 최대한 많이 하도록 하여야 함
2단계: 선택적 주의집중	일정 시간 동안 다양한 자극 중 선택하여 연관자극에 주의를 주도록 함	유관자극에는 보상을 주고 무관자극에는 보상을 주지 않는 자극통제의 관계를 사용하는 변별학습, 주의를 연관자극에 모아주고 반복 연습하는 전략
3단계: 정보의 조직화	정보의 조직화	정보처리 전략으로 유목화, 매개전략, 쌍연합학습, 질문전략
4단계: 기억과 회상	기억과 회상	과제를 의미 있게 조직화하거나 강화자극을 보상으로 사용하는 방법, 반복연습, 학습전략을 사용하도록 아동을 격려하고 상기시키는 방법들을 제시
5단계: 전이 단계	지식을 새로운 과제에 적응하는 능력	사용 기회가 빈번한 중요과제 선택, 쉬운 과제에서 어려운 과제로 난이도에 따른 과제 제시, 개념들의 단계적 제시와 함께 각기 다른 상황에서 그 상황들의 공통성을 설명하고 인지시켜 적용을 쉽게 하는 방법, 상황에 따른 적절한 반응에 대해 보상을 하는 방법 등

31

2016. 초

다음은 ○○특수학교의 오 교사와 강 교사가 '정신지체의 원인과 예방을 위한 지원'에 대한 교사연수에 참여한 후 나눈 대화의 일부이다. 물음에 답하시오. [5점]

> 오 교사: 저는 이번 연수에서 정신지체를 유발하는 위험요인에 따라 ㉠1차, 2차, 3차적 예방을 다르게 할 수 있다는 것을 알게 되었어요.
>
> 강 교사: 저도 생의학적 위험요인뿐만 아니라 ㉡행동적 위험요인 등과 같은 다양한 위험요인들이 정신지체의 원인이 될 수 있다는 점에 대해 다시 한 번 생각하게 되었어요.
>
> 오 교사: 그러고 보니 ㉢주거 환경 속에서 납 성분에 지속적으로 노출되는 것은 정신지체의 원인이 될 수도 있으니, 주거 환경을 정비·규제하는 것은 1차적 예방이 될 수 있겠네요.
>
> 강 교사: 그러네요. 그렇다면 ㉣아이들이 자전거를 탈 때 사고로 인해 뇌 손상을 입지 않도록 안전모를 쓰게 하는 것은 3차적 예방이 되겠네요. 그리고 ㉤장애 학생의 건강상의 문제를 최소화하기 위해 의학적 접근을 하는 것도 3차적 예방이 되겠지요.
>
> 오 교사: 맞아요. 저는 이번 기회를 통해 무엇보다도 ㉥정신지체 학생들의 특성을 고려하여 교육을 잘 하는 것이 우리 교사들이 할 수 있는 중요한 예방이라고 생각하게 되었어요.
>
> …(하략)…

1) ㉠ 중에서 2차적 예방의 예를 1가지 쓰시오. [1점]

2) ㉡의 예를 1가지 쓰시오. [1점]

3) ㉢~㉤에서 잘못된 것을 1가지 골라 기호를 쓰고, 그 것이 잘못된 것이라고 판단한 이유를 쓰시오. [1점]

4) 다음은 ㉥을 실천하기 위해 오 교사가 정신지체 학생에게 [A]와 같은 쌍연합학습전략(매개전략)을 사용하여 '꽃'이라는 낱말 읽기를 지도하는 장면이다.
① ⓐ와 ⓑ에 들어갈 오 교사의 말을 각각 쓰고, ② 오 교사가 이 전략을 사용하는 이유를 정신 지체 학생의 일반적인 인지적 특성과 관련지어 쓰시오. [2점]

> 〈준비물〉
> - '나비' 그림과 낱말이 같이 제시된 카드 1장
> - '꽃' 낱말만 적힌 카드 1장
>
> 오 교사: (두 개의 카드를 동시에 보여주며)
> "(　　　ⓐ　　　)"
> (두 개의 카드를 뒤집어 놓았다가 다시 그중 '꽃' 낱말카드만을 보여주며)
> "(　　　ⓑ　　　)"
> 학　생: (아직 낱말을 읽을 수는 없지만 ⓑ를 듣고)
> "꽃이요."　　[A]
>
> 오 교사는 ⓑ의 말을 몇 번 더 반복하여 학생의 대답을 이끌어낸 후, 학생이 '꽃'이라는 낱말을 읽을 수 있는지 확인하는 질문을 한다.

① ⓐ:

ⓑ:

②:

32

핵심테마 체크 ✔

• 지적장애 학생의 특성 및 방안

MY MEMO

정답 및 예시답안

④

알찬 지문풀이

• ① 기억에 어려움이 있는 것을 고려하여 시연전략을 사용한다. ➡ 기억전략

• ② 과제와 관련된 적절한 자극과 부적절한 자극을 구별할 수 있도록 지도한다. ➡ 주의전략

• ③ 과제 수행에 대한 자기점검과 자기강화를 통해 과제 참여도와 학습동기를 높인다. ➡ 자기관리 전략

• ④ ~~여러 가지 색깔 단서를 사용~~하여 과제 수행에 대한 일반화를 높이고 흥미를 유도한다. ➡ 여러 가지 색깔 단서를 사용하는 것은 주의집중에 방해가 될 수 있으며, 과제의 일반화와 직접적인 상관관계가 없음

• ⑤ 과제를 단계별로 나누어 쉬운 내용을 먼저 지도하고, 과제의 난이도를 서서히 높인다. ➡ 환경 변화에 민감하므로 서서히 난이도를 변경시킴

33

핵심테마 체크 ✔

• 지적장애 학생의 특성

MY MEMO

정답 및 예시답안

⑤

관련이론

✦ 학습된 무기력

• 어려운 과제에 대하여 아예 포기하거나 문제를 해결하려고 시도하지 않는 것
• 상황에 대하여 스스로 통제할 수 없다고 지각하는 심리적 상태를 의미
• 성공했다고 하여도 그 결과를 자신의 노력보다는 행운으로 돌림
• 이러한 신념은 과거 실패 경험의 결과로 인한 것

✦ 자기결정력

• 자기결정은 자신의 노력과 동기화의 결과로서 목표를 성취하고 있다는 믿음을 의미한다.
• 지적장애를 가진 사람들은 자신의 삶에 대한 통제의 필요성을 강조하면서도 선택하기와 자기결정에 대한 기회는 거의 경험하지 못하는 경향이 있으며, 자기결정이 성공적인 교육적 성과에 중요하다는 것이 입증되어 가고 있다.
• 자기결정은 적절한 지원을 통해 개발이 가능하며 이는 어디에서 지원을 받든지 그 환경의 영향을 받게 된다. 즉, 독립되고 덜 제한된 환경에서 자기결정 기술은 더 잘 개발될 수 있다.

✦ 지속적 주의력(주의유지)

• 주의유지는 특히 지속적인 기간 동안 환경에서 변화를 탐색하는 것과 관련이 있다. 즉, 환경에서 방해자극을 억제하면서 집중된 주의를 유지하는 것이다.

✦ 초인지

• 초인지는 언어나 기타 다른 학습과정이나 활동으로 수행하기 위한 개인의 인지적 능력을 사용하는 능력이다. 즉, 개인이 자신이 알고 있는 것에 관해 아는 능력이다.
• 초인지는 주어진 일이나 문제를 해결하고 수행하기 위해서 어떠한 전략을 사용해야 할지, 그리고 어떤 전략이 가장 효율적인지를 평가하고 노력의 결과를 점검하는 능력이다.

32

2011. 중

다음은 정신지체학생 A에 대한 관찰 내용이다. 학생 A를 위한 특수교사의 교수적 고려로 적절하지 않은 것은?

- 학습한 내용을 일반화하는 데 어려움이 있음
- 과제 수행 시 집중하는 시간이 짧고, 선택적 주의집중이 어려움
- 학습 의지가 부족하고 수동적이며, 학습한 내용을 잘 기억하지 못함
- 정해진 일정은 잘 따르지만 갑작스러운 환경 변화에는 민감하게 반응함

① 기억에 어려움이 있는 것을 고려하여 시연전략을 사용한다.

② 과제와 관련된 적절한 자극과 부적절한 자극을 구별할 수 있도록 지도한다.

③ 과제 수행에 대한 자기점검과 자기강화를 통해 과제 참여도와 학습동기를 높인다.

④ 여러 가지 색깔 단서를 사용하여 과제 수행에 대한 일반화를 높이고 흥미를 유도한다.

⑤ 과제를 단계별로 나누어 쉬운 내용을 먼저 지도하고, 과제의 난이도를 서서히 높인다.

33

2009. 유

<보기>는 특수학교 박 교사가 초등부 1학년 정신지체 아동 민성이에 대해 기록한 메모이다. 각 메모를 통하여 알 수 있는 민성이의 특성을 적절하게 제시한 것은?

보기

ㄱ. 가지고 놀던 장난감을 빼앗겨도 자기 주장을 하지 못한다(10월 21일).

ㄴ. 만들기 활동에서 무엇을, 어떻게 만들어야 할지에 관한 계획, 실행, 평가의 전략을 사용하지 못한다(10월 24일).

ㄷ. 친구들과의 인사말 "안녕!"을 가르쳤더니 학교의 다른 선생님들께도 "안녕!"이라고 인사한다(10월 27일).

ㄹ. 과제를 주어도 하려고 하는 의욕이 전혀 없다. 성취감을 맛본 경험이 거의 없었던 것으로 보인다(10월 29일).

	ㄱ	ㄴ	ㄷ	ㄹ
①	과잉일반화	학습된 무기력	지속적주의력 결함	초인지 결함
②	학습된 무기력	지속적주의력 결함	자기결정력 부족	과잉일반화
③	자기결정력 부족	지속적주의력 결함	과잉일반화	학습된 무기력
④	과잉일반화	초인지 결함	지속적주의력 결함	자기결정력 부족
⑤	자기결정력 부족	초인지 결함	과잉일반화	학습된 무기력

34

핵심테마 체크

• 학습의 단계

MY MEMO

정답 및 예시답안

⑤

알찬 지문풀이

• ㄱ. 다양한 환경을 제공한다. ➡ 일반화
• ㄴ. 학습활동 시 교사의 참여를 줄인다. ➡ 숙달
• ㄷ. 과제에 대하여 학생의 반응 양식을 다양화한다. ➡ 일반화
• ㄹ. 정확한 수행을 위해 피드백을 집중적으로 제공한다. ➡ 습득
• ㅁ. 오류를 줄이기 위해 다양한 촉진(prompting)을 제공한다. ➡ 습득
• ㅂ. 정해진 시간 내에 과제를 완성하도록 연습 기회를 늘린다. ➡ 숙달

35

핵심테마 체크

• 지역사회 중심교수
• 학습의 단계

MY MEMO

정답 및 예시답안

①

알찬 지문풀이

• ② (나)의 교수전략은 ~~자기점검법~~이며, 창수의 기능 수준은 획득 단계이다. ➡ 모델링
• ③ (다)의 교수전략은 과제분석법이며, 창수의 기능 수준은 ~~숙달~~ 단계이다. ➡ 획득
• ④ (라)의 교수전략은 모델링이며, 창수의 기능 수준은 ~~숙달~~ 단계이다. ➡ 일반화
• ⑤ (마)의 교수전략은 ~~현장학습법~~이며, 창수의 기능 수준은 일반화 단계이다. ➡ 모의수업

34

2009. 중

정신지체학생에게 새로운 기술을 가르치기 위해 습득, 숙달 및 일반화 전략을 사용하려고 한다. 〈보기〉에서 습득과 일반화를 촉진하는 방법끼리 바르게 묶인 것은?

보기

ㄱ. 다양한 환경을 제공한다.
ㄴ. 학습활동 시 교사의 참여를 줄인다.
ㄷ. 과제에 대하여 학생의 반응 양식을 다양화한다.
ㄹ. 정확한 수행을 위해 피드백을 집중적으로 제공한다.
ㅁ. 오류를 줄이기 위해 다양한 촉진(prompting)을 제공한다.
ㅂ. 정해진 시간 내에 과제를 완성하도록 연습 기회를 늘린다.

	습득	일반화
①	ㄴ, ㄹ	ㄱ, ㅁ
②	ㄴ, ㅁ	ㄱ, ㅂ
③	ㄷ, ㄹ	ㄱ, ㄴ
④	ㄷ, ㅂ	ㄴ, ㅁ
⑤	ㄹ, ㅁ	ㄱ, ㄷ

35

2012. 유 · 초

다음은 정신지체 특수학교 임 교사가 중등도 정신지체 유아 창수에게 독립적 생활기능을 지도한 교육내용과 교수전략 및 학습결과이다. 이에 대한 설명으로 옳은 것은?

	교육내용	교수전략	학습결과
(가)	옷 입기	지퍼가 달린 점퍼입기를 옷 입기 마지막 단계부터 처음 단계 순으로 지도하였다.	점퍼는 물론 지퍼 달린 다른 옷도 스스로 입을 수 있게 되었다.
(나)	청소하기	책상 정리 방법을 알려주고 시범을 보인 후, 자기 책상을 정리하게 하였다.	매일 책상을 정리하지만, 사물함은 정리하지 못한다.
(다)	양치질하기	양치질하기를 작은 단계로 나누어 지도하였다.	타인의 도움 없이 서툴게 양치질을 할 수 있다.
(라)	인사하기	친구가 담임선생님께 인사하는 모습을 관찰한 후 따라하도록 하였다.	다른 선생님과 이웃 어른들을 만나면 인사를 할 수 있게 되었다.
(마)	이동하기	학교 주변 그림지도로 학교에서 놀이터까지 가는 길을 교실에서 반복하여 지도하였다.	놀이터보다 먼 문구점이나 슈퍼마켓도 다녀올 수 있게 되었다.

① (가)의 교수전략은 후진연쇄법이며, 창수의 기능 수준은 일반화 단계이다.
② (나)의 교수전략은 자기점검법이며, 창수의 기능 수준은 획득 단계이다.
③ (다)의 교수전략은 과제분석법이며, 창수의 기능 수준은 숙달 단계이다.
④ (라)의 교수전략은 모델링이며, 창수의 기능 수준은 숙달 단계이다.
⑤ (마)의 교수전략은 현장학습법이며, 창수의 기능 수준은 일반화 단계이다.

핵심테마 체크 ✔

- 지적장애 학생의 특성_일반화
- 자기기록

MY MEMO

36

정답 및 예시답안

○ **학생 S를 위한 지도 초기 단계부터 일반화를 고려해야 하는 이유**: 학생 S는 자신이 배운 내용을 일반화하는 데 어려움이 있으므로, 학습내용을 다양한 상황이나 과제에 적용하고 활용할 수 있도록, 학습과정에 일반화를 위한 중재를 포함할 필요가 있음

○ **학생 S의 정의적 측면에서의 문제와 해결방안**: 학습된 무기력 / 실제 경험을 통해 지도할 때, 학생이 해결할 수 있는 과제를 제시하여 성공적인 경험을 하는 기회를 갖도록 함. 이를 통해 자신도 과제를 성공적으로 해결할 수 있다는 자신감을 얻고 과제에 대한 동기가 향상될 수 있도록 함

○ ㉣ 습득한 기술을 다양한 자극상황에 적용하여 사용할 수 있는 것

○ ㉤ 습득한 기술이나 행동과 유사한 다른 반응을 보이는 것

○ **자기점검 방법의 장점**

① 자기주도적이고 독립적인 학습자가 될 수 있도록 한다.
(S가 주어진 문제를 스스로 해결하기보다 선생님의 눈치를 살핀다는 특성과 관련)

② 스스로의 행동을 감독하게 하여 자신의 행동을 잘 알고 보다 바람직한 방향으로 바뀌도록 한다.
(자신이 얼마나 잘 할 수 있는지를 알지 못한다는 특성과 관련)

○ **유지의 중요성과 자기점검 방법**: 유지란 습득한 기술이나 행동이 교수가 끝난 이후에도 계속 사용할 수 있는 것을 의미하며, 이러한 유지는 특히 지적장애 학생들이 기능적 기술을 지속적으로 사용하는 데 중요함. 자기점검은 자신의 행동을 기록하는 과정이므로 자기점검법은 유지를 위해 사용될 수 있고, 유지가 되는지를 점검하기 위해서 사용될 수도 있음

고득점 답안 비법 ☆ 관련 개념의 정의를 단편적으로 서술하지 말고, 제시된 상황과 관련지어 설명할 것

36

2018. 중
★답안작성

(가)는 지적장애 고등학생 S의 특성이고, (나)는 특수교사가 교육실습생에게 자문한 내용이다. 학생 S의 과제 습득, 일반화, 유지 능력을 향상시키기 위하여 특수교사가 교육실습생에게 자문한 전략과 방법을 <작성 방법>에 따라 논하시오. [10점]

(가) 학생 S의 특성

- ㉠ 새로운 과제를 제시하면 "이거 하기 싫어요.", "다음에 할래요.", "전에도 해 봤는데 어차피 못해요.", "너무 어려워요.", "저는 잘 못해요."라고 함
- 주어진 문제를 스스로 해결하기보다는 선생님의 눈치를 살핌
- 새로운 과제를 학습하는 데 어려움이 있음
- 학습할 때 자신이 스스로 얼마나 잘할 수 있는지를 알지 못함

(나) 자문 내용

교육실습생: 학생 S의 특성을 관찰해보니 ㉡ 이전에 과제 수행에 대한 실패 경험이 많아서 주어진 과제를 하려고 하지 않아요. 이 문제를 해결해야 할 것 같은데 어떻게 하면 좋을까요?

특 수 교 사: 교사는 칭찬이나 격려를 해 줄 수도 있지만, 그런 경우에는 ㉢ 과제를 해보는 실제 경험을 통해 학생 S의 문제를 지도해야 해요.

교육실습생: 학생 S는 동기적 측면뿐만 아니라 인지적 측면에서도 어려움이 있는 것 같아요. 자신이 배운 내용을 일반화하는 데 어려워하는 것 같은데, 일반화에 대하여 설명해 주시겠어요?

특 수 교 사: 일반화는 크게 ㉣ 자극일반화와 ㉤ 반응일반화로 구분되기도 합니다.

…(중략)…

교육실습생: 예, 잘 알겠습니다. 한 가지 더 궁금한 것이 있어요. 학생 S가 학습한 기술을 유지하는 데 도움이 되는 좋은 방법이 있을까요?

특 수 교 사: 예, 그런 경우에는 ㉥ 자기점검 방법을 적용해 볼 수 있을 것 같네요.

작성방법

○ 서론, 본론, 결론의 형식으로 작성할 것
○ 다음의 내용을 포함하여 논술할 것
- 학생 S를 위한 지도 초기 단계부터 일반화를 고려해야 하는 이유를 제시할 것
- 밑줄 친 ㉠과 ㉡에 근거하여 학생 S의 정의적 측면에서의 문제를 1가지 제시하고, 이 문제를 해결하기 위한 교수 방법을 ㉢에 근거하여 1가지 서술할 것
- 밑줄 친 ㉣과 ㉤의 개념을 순서대로 서술할 것
- 밑줄 친 ㉥의 장점을 학생 S의 특성에 근거하여 2가지 서술할 것
- 유지의 중요성과 자기점검 방법을 연계하여 서술할 것

핵심테마 체크 ✔

• 관찰학습

MY MEMO

37

정답 및 예시답안

1) 유치원 C
2) 유치원 C
3) ① (운동적) 재생 과정
   ② 진아의 행동을 관찰하여 나타난 대리효과로 영호의 행동 동기가 향상되었기 때문이다.

관련이론

✦ 관찰학습(Bandura)

① **주의집중**: 관찰자가 모델의 행동에 대해 주의를 집중하면서 단서를 정확히 인지
② **파지**: 한 번 관찰된 내용을 어떤 형태로든지 머릿속에 보존하고 재현하는 과정
③ **운동적 재생**: 일단 관찰되고 파지된 표상은 상징적이거나 언어적 내용으로 구성되며, 이것이 외부자극에 따라 구체적이고 표면적인 행동으로 재생되는 과정
④ **동기화**: 관찰된 행동을 기억하고, 그 행동을 실현할 때 현실적으로 거부당하거나 보상되는 과정

37

2022. 유

(가)는 발달지체 유아 영호의 통합학급 놀이 장면의 일부이고, (나)는 교사들이 나눈 대화의 일부이다. 물음에 답하시오. [5점]

(가)

(악기 이름에 관심이 많은 영호가 교실에 있는 악기로 '둥~둥~둥~' 소리를 내고 있다. 좋아하는 진아가 다가오자 미소를 짓는다.)

진 아: 이거는 뭐야?
영 호: 장구.
진 아: 장구? 아, 그렇구나. 근데 이거는 '둥~둥~' 소리가 난다. ㉠ <u>(옆에 있는 소고와 우드블록을 두드리고 트라이앵글을 치며) 이 소리 좀 들어봐. 악기마다 다 다른 소리가 난다</u>. 그치? 너는 이거 이름도 다 알아?
영 호: ㉡ <u>소고, 탬버린, 마라카스, 리듬 막대, 캐스터네츠, 실로폰</u>.

… (중략) …

진 아: 너의 달팽이는 어느 거야?
영 호: 이거.
진 아: 내 것은 제일 작은 거야. ㉢ <u>달팽이가 조금씩 작아지면 소리도 조금씩 작게 내기로 했었지</u>.

… (중략) …

진 아: 그러니까 다 같이 '시계는 아침부터 똑딱똑딱' 노래를 부를 때, '똑딱똑딱'이 나오면 한 명씩 자기가 만든 똑딱 소리를 나와서 치면 되는 거야.
유아들: 응, 알았어.

(나)

김 교사: 오늘 아이들이 '내가 만든 똑딱 소리'라는 놀이를 만들고 모두가 재미있게 참여했어요.
박 교사: 맞아요. 특히, 수줍음이 많고 자리 이탈이 심했던 영호가 이전과는 다르게 놀이에 참여하는 모습을 볼 수 있어서 참 흐뭇했어요.
김 교사: 저도 그렇게 느꼈어요. 다른 친구들이 나와서 각자 만든 리듬을 연주할 때마다 유심히 보더라고요. 가끔씩 ㉣ <u>영호는 혼잣말로 "두구두구 두구두구"라고 하며 중얼거리기도 하고, "요렇게, 아니, 아니."라고 하면서 고개를 가로젓다가 까딱거리며 리듬 막대를 살살 움직여보기</u>도 하더군요.
박 교사: 그래요. 그러다가 ㉤ <u>진아가 리듬 연주를 하고 나서 친구들에게 큰 박수를 받았잖아요. 그런 진아를 보더니 영호도 리듬 연주를 하겠다며 손을 번쩍 들었어요</u>.
김 교사: 오늘 놀이에서 영호는 자신감이 커졌을 거예요.

1) ① (가)의 ㉠에 해당하는 음악 요소를 쓰고, ② ㉡에서 [A]의 가락을 연주할 수 있는 악기를 1가지 찾아 쓰시오. [2점]

①:

②:

2) ㉢에 근거하여 [B]에 해당하는 셈여림말을 쓰시오. [1점]

3) 반두라(A. Bandura)의 관찰학습 이론에 근거하여, ① ㉣에 해당하는 용어를 쓰고, ② ㉤에서 영호가 손을 든 이유를 쓰시오. [2점]

①:

②:

38

핵심테마 체크

• 자기기록

MY MEMO

정답 및 예시답안

②

39

핵심테마 체크

• 자기교수

MY MEMO

정답 및 예시답안

⑤

문제 속 자료분석

- ㄱ. 현우가 과제의 각 단계를 속으로 생각하며 수행하도록 하였다. ➡ ⟨5⟩
- ㄴ. 현우가 과제의 각 단계를 큰 소리로 말하며 수행하도록 하였다. ➡ ⟨3⟩
- ㄷ. 현우가 과제의 각 단계를 혼잣말로 중얼거리며 수행하도록 하였다. ➡ ⟨4⟩
- ㄹ. 황 교사가 과제의 각 단계를 큰 소리로 말하며 수행하는 시범을 보였다. ➡ ⟨1⟩
- ㅁ. 황 교사가 과제의 각 단계를 수행하면서 현우에게는 각 단계를 큰 소리로 말하도록 하였다. ➡ ⟨2⟩

관련이론

✦ 자기교수

- 어떤 과제의 수행 순서를 스스로 말해가면서 실행하도록 하는 것
- 대부분의 자기교수법은 내적 언어에 강조를 둔 자기교수모델에 기초를 두고 있다.
- 실행 방법
  ① 교사가 먼저 과제의 각 단계를 말로 하면서 수행하는 시범을 보인 후
  ② 교사가 같은 과제를 하면서 학생에게 각 단계를 말로 하도록 한다.
  ③ 다음으로는 학생이 각 단계를 말로 하면서 수행하도록 하는데, 이때 필요하다면 교사가 즉각적인 도움을 줄 수 있으므로 아동이 자신감을 얻게 된다.
  ④ 마지막으로 학생이 각 단계를 작은 소리로 말하거나, 속으로 생각하면서 수행하도록 한다.

38 2009. 초

김 교사는 2008년 개정 특수학교 기본교육과정 실과의 '청소하기'를 지도하기 위한 과제분석표를 작성하여 정신지체 학생 진수가 스스로 청소를 할 수 있도록 하였다. 진수가 사용한 (가)와 (나)의 전략은?

순서	할 일	확인
1	청소에 알맞은 옷차림과 청소용구 준비하기	○
2	창문 열기	○
3	의자를 책상 위에 올리고 뒤쪽으로 밀기	○
4	앞쪽부터 비로 바닥 쓸기	○
5	책상을 다시 앞쪽으로 밀기	○
6	뒤쪽부터 비로 바닥 쓸기	○
7	책상을 제자리로 갖다 놓기	○
8	의자 내려놓기	○
9	청소용구 제자리에 놓기	×

진수는 순서에 따라 청소를 하고 (가) 각각의 순서에 제시된 일을 끝낼 때마다 확인란에 ○표를 하였다. 진수는 청소가 끝난 후에 확인란의 ○표를 세어 (나) 자기가 세운 목표 8개를 달성하였으므로, 청소를 시작하기 전에 정한 대로 컴퓨터 게임을 하였다.

	(가)	(나)
①	자기점검	자기교수
②	자기점검	자기강화
③	자기교수	자기점검
④	자기강화	자기점검
⑤	자기교수	자기강화

39 2009. 초

<보기>는 황 교사가 정신지체 학생 현우에게 두 자리 수 덧셈을 지도하기 위해 적용한 전략이다. 황 교사가 적용한 교수법의 실행 절차를 바르게 나열한 것은?

보기

ㄱ. 현우가 과제의 각 단계를 속으로 생각하며 수행하도록 하였다.
ㄴ. 현우가 과제의 각 단계를 큰 소리로 말하며 수행하도록 하였다.
ㄷ. 현우가 과제의 각 단계를 혼잣말로 중얼거리며 수행하도록 하였다.
ㄹ. 황 교사가 과제의 각 단계를 큰 소리로 말하며 수행하는 시범을 보였다.
ㅁ. 황 교사가 과제의 각 단계를 수행하면서 현우에게는 각 단계를 큰 소리로 말하도록 하였다.

① ㄱ → ㄴ → ㅁ → ㄷ → ㄹ
② ㄷ → ㄱ → ㄹ → ㅁ → ㄴ
③ ㄷ → ㄹ → ㅁ → ㄴ → ㄱ
④ ㄹ → ㄴ → ㅁ → ㄱ → ㄷ
⑤ ㄹ → ㅁ → ㄴ → ㄷ → ㄱ

핵심테마 체크 ✔

- 행동연쇄
- 자기관리기술
- 귀인이론_통제소재
- 언어발달특성
- 변별훈련

MY MEMO

40

정답 및 예시답안

1) 전체과제(전과제)
2) ① 자기평가
   ② 내적통제소
3) ① 과잉 일반화
   ② 또래에게 "안녕!"이라고 인사를 하면 강화를 제공하고, "안녕하세요!"라고 인사를 하면 강화를 제공하지 않는다.

관련이론

✦ 행동연쇄의 유형

전진형	• 처음 단계부터 마지막 단계까지 순차적으로 가르치는 것 • 초기단계의 표적행동이 짧아 한 회기에 다수의 훈련 시행이 가능하지만, 새로운 훈련단계가 시작될 때마다 표적행동의 양이 증가되어 욕구 좌절과 학습에 대한 저항을 불러올 수 있음
후진형	• 마지막 단계부터 처음 단계까지 역순으로 가르치는 것 • 마지막 단계의 행동 이전 행동 단계들은 교사가 모두 완성해 준 상태에서 마지막 단계의 행동을 학생이 하도록 하는 방법 • 학생의 입장에서는 매 회기에 마지막 단계까지 완수하게 되고 강화를 받게 된다는 장점 • 그 과제를 끝까지 여러 차례 반복할 수 있는 기회가 학생에게 주어진다는 것도 장점 • 한 시행에 소요되는 시간이 길어 초기부터 지루할 수 있고, 한 회기에 많은 훈련을 시행할 수 없다는 단점이 있음 • 일반적으로 전진형 연쇄가 보다 자연스러운 교수 계열을 제시하므로 후진형 연쇄보다는 권장
전체 과제형	• 과제분석을 통한 모든 단계를 시행하도록 하면서 아동이 독립적으로 수행하지 못하는 단계에 대해서는 훈련을 실시하는 방법 • 행동연쇄에 있는 단위행동은 습득했는데 행동을 순서대로 수행하지 못할 때 사용하면 유용 • 학습자가 하위과제 대부분을 이미 습득한 경우 • 하위과제의 수가 많지 않아 비교적 단순하고, 모방 능력이 있으며, 장애의 정도가 심하지 않은 개인을 대상으로 훈련할 때

✦ 통제소

- 개인이 삶에서 성과의 원인관계를 어디에 두느냐와 관련
- 내적통제소 / 외적통제소

✦ 언어발달 특성_과잉 일반화

- 언어를 배우는 과정에서 사용 규칙을 일반화시키는 것
- 특히 문법 습득과정에서 많이 나타나는데, 가장 대표적인 것은 주격 조사의 과잉 일반화

✦ 변별훈련

변별자극	• 특정 자극이 주어졌을 때만 특정한 반응이나 행동을 하도록 알려 주는 자극 • 어떤 행동에 대해 강화가 주어질 것을 알려 주는 역할
델타자극	• 그 행동에 대해 강화가 없을 것을 알려 주는 역할
변별훈련	• 변별자극에 대해서는 바람직한 행동에 대해 강화를 주고 델타자극에 대해서는 동일한 행동일지라도 강화를 주지 않는 과정을 통하여 변별자극이 확립 • 변별자극과 델타자극을 구별하여 변별자극에 대해서만 바른 반응을 하도록 하는 것
자극통제	• 변별자극이 확립되어 어떤 행동이 특정 자극에 대해서만 반응하여 나타나면 자극통제가 되었다고 함 • 행동 발생 전에 주어지는 선행자극의 조절에 의해 행동이 통제되는 과정

40

2024. 유

다음은 유아특수교사 최 교사와 박 교사가 나눈 대화이다. 물음에 답하시오. [5점]

[11월 ○○일]

최 교사: 다음 달에 진행할 카드 만들기는 잘 준비되고 있나요?

박 교사: 네. 다양한 재료와 도구를 활용하여 크리스마스 카드를 꾸미려고 해요. 그래서 소윤이가 모양 펀치를 활용하여 스티커를 만들어 붙이는 방법을 미리 연습하고 있는데 어려움이 있어요.

최 교사: 어떤 어려움인가요?

박 교사: 단계를 나누어서 관찰해 보니 각각의 단계는 잘 수행하지만 순서대로 수행하는 걸 계속 어려워해요.

최 교사: 소윤이가 단계를 순서대로 수행하는 데만 어려움을 보이고 과제도 복잡하지 않으니 연쇄법 중에서 (㉠)을/를 적용해 보면 좋을 것 같아요. 이 연쇄법은 매 회기마다 모든 단계를 수행하도록 하면서 어려움을 보이면 촉구를 제공하여 지도하는 방법이에요. 모든 단계를 다 수행했을 때는 강화하면 돼요. [A]

[12월 □□일]

최 교사: 이번 크리스마스 카드 만들기는 어땠어요?

박 교사: 유아들이 정말 즐거워했어요. 특히 소윤이가 모양 스티커를 활용해 카드를 잘 꾸몄어요. 그동안 소윤이의 자율성이 향상된 것이 더 도움이 된 것 같아요.

최 교사: 어떤 방법을 사용하셨어요?

박 교사: 먼저 순서에 따라 카드를 완성하면 좋아하는 트램펄린 타는 것을 약속했어요. 활동 중에는 각 단계마다 그림과제 분석표에 동그라미를 그려 점검하게 했고요. ㉡ 활동이 끝난 후에는 스스로 그림과제 분석표를 보고, 사전에 정한 기준대로 모든 단계에 동그라미가 있으면 웃는 강아지 얼굴에 스탬프를 찍게 했어요. 그랬더니 카드 만들기 활동 후 소윤이가 웃는 강아지 얼굴에 표시한 걸 가지고 와서 "소윤이 트램펄린 탈래."라고 말하더라고요.

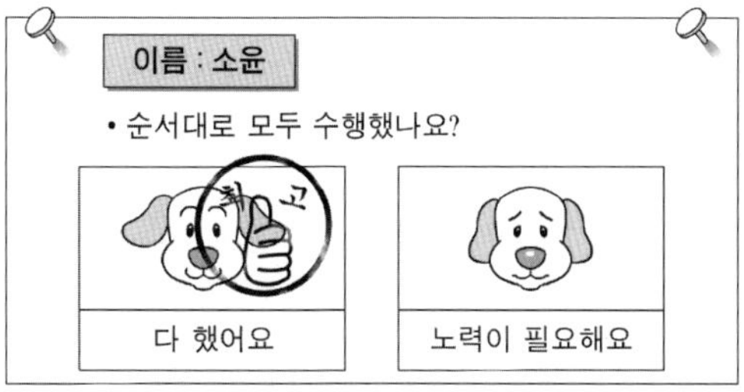

최 교사: 정말 기특하네요.

박 교사: 네. 그리고 ㉢ 소윤이가 친구들에게 "이것 봐, 이거 내가 했어. 혼자 만든 거야, 많이 연습했어. 잘했지? 예쁘지?"라고 자랑했어요. 소윤이가 자신의 노력 덕분에 잘 완성했다고 생각하더라고요.

최 교사: 소윤이의 자신감이 높아진 것 같아 기쁘네요.

… (중략) …

박 교사: 마지막으로 말씀드릴 내용은 진우 이야기예요. 진우가 ㉣ 어른에게 '안녕하세요'라고 인사를 해야 한다고 배웠잖아요. 그런데 또래나 어린 동생에게도 '안녕하세요'라고 인사를 하더라고요.

최 교사: 그럼 ㉤ 또래나 어린 동생에게 적절히 인사를 할 수 있도록 변별훈련을 하면 되겠어요.

1) [A]의 ㉠에 해당하는 용어를 쓰시오. [1점]

2) ① ㉡에서 박 교사가 지도한 자기관리 기술을 쓰고, ② 귀인 이론 중 통제 소재의 차원에서 ㉢에 해당하는 특성을 쓰시오. [2점]

①:

②:

3) ① ㉣에 해당하는 언어 발달 과정에서의 특성이 무엇인지 쓰고, ② ㉤의 예를 1가지 쓰시오. [2점]

①:

②:

핵심테마 체크 ✔

• 자기교수

MY MEMO

41

정답 및 예시답안

1) 유치원 교육과정
2) 유치원 교육과정
3) ㉡ 지우는 교사의 행동을 관찰한다.
   ㉢ 지우는 교사의 말을 큰 소리로 따라 말하면서 줄을 선다.

관련이론

✦ 자기교수

단계 1	인지적 모델링 단계로 성인 모델이 큰 소리로 말하면서 과제를 수행하고 아동이 관찰한다.
단계 2	외현적 교수단계로 성인 모델이 하는 말을 아동이 큰 소리로 따라 말하면서 과제를 수행한다.
단계 3	외현적 자기교수 단계로 아동이 혼자서 큰 소리로 말하면서 과제를 수행한다.
단계 4	외현적 자기교수 감소단계로 아동이 작은 소리로 혼잣말을 하면서 과제를 수행한다.
단계 5	내재적 자기교수 단계로 아동이 마음속으로 말을 하면서 과제를 수행한다.

41 | 2023. 유 ★답안작성

(가)는 5세 발달지체 유아 지우에 대한 통합학급 교사들의 대화이고, (나)는 통합학급 놀이 장면이며, (다)는 지우의 자기교수 훈련 과정의 예시이다. 물음에 답하시오. [5점]

(가)

김 교사: 우리 반 친구들이 지역 축제에서 풍물놀이 하는 것을 본 이후에 전통악기에 대한 관심이 참 많아졌어요. 정말 재미있었나 봐요. 교실에서도 난타놀이를 한다고 '개구리' 노래를 부르며 자유롭게 연주도 하고 신나게 놀았잖아요.

박 교사: 나중에는 지우가 혼자서 북놀이를 하다가 악보를 바라보고 있어서 ㉠ <u>'개구리' 노래를 부를 때 앞 두 마디는 노래로 부르다가, '꽥꽥~' 하는 두 마디에서만 북을 두드리고, 나머지는 다시 노래하는 방법</u>을 알려주었더니 재미있어 했어요.

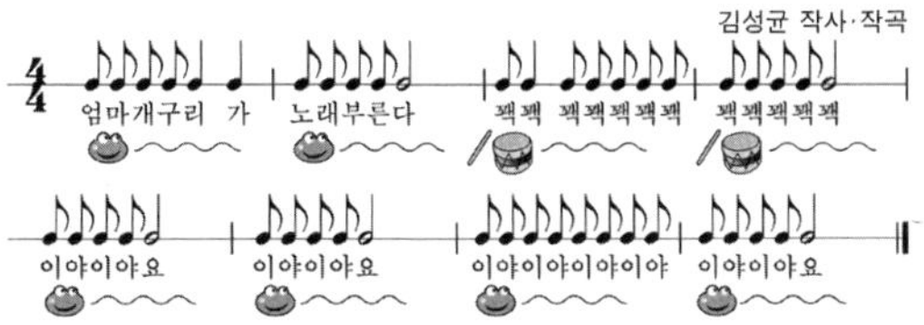

[A]

…(중략)…

김 교사: 지우가 장구도 많이 좋아하는 것 같아요. 그런데, 악기놀이를 할 때 다른 친구들의 장구채를 빼앗거나 밀치고 먼저 하려는 행동을 하는 것 같아요.

박 교사: 네, 맞아요. 지우가 이제 곧 초등학교 진학도 하게 될 테니, 입학 전 적응기술을 가르치기 위해 마이켄바움과 굿맨(D. Meichenbaum & J. Goodman)의 자기교수 훈련을 시작하려고요. [B]

(나)

송이: 지금 장구 치고 싶은 친구가 너무 많으니까 우리 줄 서서 차례차례 하자.

지우: 장구, 내 거야! (후다닥 송이를 밀치고 두 손으로 장구를 마구 두드리며 이리저리 탐색하다가 조이개를 발견하고 나서) 이거 뭐야?

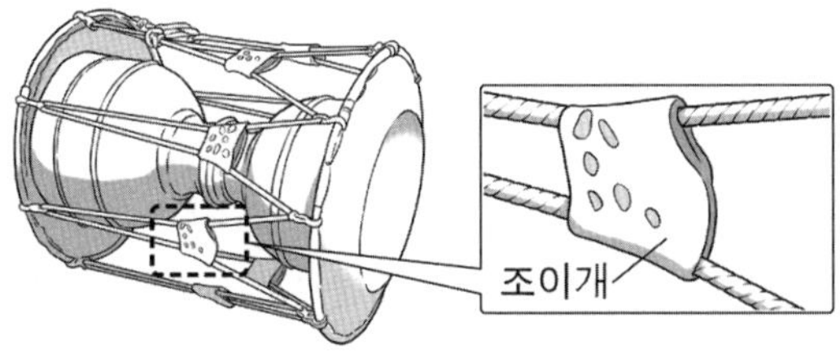

(다)

[자기교수 훈련 과정]	
박 교사의 행동	지우의 행동
"줄을 서서 차례를 기다려요."라고 큰 소리로 말하면서 줄을 선다.	㉡
(생략)	㉢
지우의 행동을 관찰하고 피드백을 제공한다.	(생략)
(생략)	(속삭이듯 작은 목소리로) "줄을 서서 차례를 기다려요."라고 말하면서 줄을 선다.
(생략)	('줄을 서서 차례를 기다려요.'라고 속으로 말하면서) 줄을 선다.

1) (가)의 ① 박 교사가 [A]에서 ㉠과 같이 지도한 악기 연주 방법을 쓰고, ② [A]에서 반복된 리듬 패턴을 찾아 그에 해당하는 노랫말을 모두 쓰시오. [2점]

①:

②:

2) (나)의 '조이개'의 용도를 쓰시오. [1점]

3) (가)의 [B]에 근거하여 (다)의 ㉡과 ㉢에 해당하는 지우의 행동을 각각 쓰시오. [2점]

㉡:

㉢:

핵심테마 체크 ✔

• 자기교수

MY MEMO

42

정답 및 예시답안

1) ① 자기교수
② 민수가 큰 목소리로 "책을 꽂아요."라고 말하고, 책을 제자리에 꽂는다.
2) ① 이야기가 형성되지 않은 그림읽기 단계
② (강아지 그림을 가리키며) 강아지 / (고양이 침대를 보고) 민수 코 자 / (토끼가 잠자는 장면을 보고 자는 흉내를 낸다.) 중 2가지

관련이론

✦ 자기교수의 훈련 절차

단계	내용
1단계: 인지적 모방	아동은 교사가 소리 내어 혼잣말을 하면서 과제를 수행하는 것을 관찰한다.
2단계: 외적 모방	아동은 교사가 말하는 자기교수의 내용을 그대로 따라 말하면서 동시에 교사가 수행하는 것과 같은 과제를 수행한다.
3단계: 외적 자기 안내	아동은 교사의 시범 없이 혼자서 큰 소리를 내어 교사가 한 것과 똑같은 자기교수를 하면서 과제를 수행한다.
4단계: 외적 자기 안내의 제거	아동은 자기교수를 속으로 중얼거리면서 과제를 수행한다.
5단계: 내적 자기교수	아동은 내적 언어를 통하여 자기를 지도하면서 과제를 수행한다.

42

2018. 유

(가)는 5세 지적장애 유아 민수의 특성이고, (나)는 민수를 위한 책 정리 지도 방법이며, (다)는 언어 영역에서 나타난 민수의 행동에 대한 기록이다. 물음에 답하시오. [5점]

(가)

- 2~3개 단어를 이용해서 자신의 요구나 의사를 말로 표현할 수 있음
- 동물 그림을 보고 이름을 말할 수 있음
- 책 읽는 것은 좋아하지만 책을 제자리에 정리하지 못함

(나)

단계	활동 내용
인지적 모델링	교사가 큰 소리로 "책을 꽂아요."라고 말하면서 책을 제자리에 꽂는다.
외현적 지도	교사가 큰 소리로 "책을 꽂아요."라고 말을 하고, 민수는 교사의 말을 큰 소리로 따라 하면서 책을 제자리에 꽂는다.
외현적 자기 지도	( )
외현적 자기 지도의 감소	민수가 점점 작은 목소리로 "책을 꽂아요."라고 말하고, 책을 제자리에 꽂는다.
내재적 자기 지도	마음속으로 '책을 꽂아요.'를 생각하며 책을 제자리에 꽂는다.

(다)

민수는 언어 영역에서 자신이 좋아하는 동물 그림책을 골라 의자에 앉는다.

수진: 민수야, 나랑 같이 볼래?
민수: (자신이 보고 있던 책을 수진에게 주면서) 응.
수진: 그래, 내가 읽어 줄게. 오리가 뒤뚱뒤뚱 걸어가요.
민수: (강아지 그림을 가리키며) 강아지.
수진: 늦잠을 잔 고양이가 바쁘게 뛰어 가요.
민수: (고양이 침대를 보고) 민수 코 자.

… (중략) …

민수: (책장을 넘긴다.)
수진: 토끼가 깡충깡충 뛰어가요.
민수: (토끼가 잠자는 장면을 보고 자는 흉내를 낸다.)

… (중략) …

민수: (다 읽은 책을 제자리에 꽂아 둔다.)

1) (가)에 근거하여 ① (나)에서 민수에게 적용한 지도 방법의 명칭과 ② (   )에 들어갈 활동 내용을 쓰시오. [2점]

①:

②:

2) (다)에 나타난 민수의 행동은 ① 설즈비(E. Sulzby)의 읽기 행동 발달 단계 중 어디에 해당하는지 쓰고, ② 이 단계에 해당하는 민수의 읽기 행동 2가지를 찾아 쓰시오. [3점]

①:

②:

핵심테마 체크 ✔

- 지적장애 학생의 교육과정 구성 및 운영을 위한 기본 전제
- 지적장애의 특성_주의
- AAIDD_적응행동의 유형
- 자기결정

MY MEMO

43

정답 및 예시답안

1) 기본 교육과정
2) 교사의 판단에 의해 민지가 좋아하는 나뭇잎을 스스로 선택할 기회를 차단하는 부정적인 교육적 결과를 초래하게 되므로, 최소한의 위험을 가정하여 학생에게 학습경험을 최대한 제공해야 한다는 최소위험 가정 기준에 비추어 적절하지 않다.
3) 주의집중의 범위(시간)
4) 사회적 적응기술
5) ⓐ 자율성
   ⓑ 자기조정

관련이론

✦ 최소위험 가정 기준

- 결정적인 자료가 있지 않는 한 교사는 학생에게 최소한의 위험스러운 결과를 가져오는 가정에 기반하여 교육적 결정을 내려야 한다는 개념이다.
- 지적장애 학생이 배우지 못할 것이 있다는 점이 증명된 것이 없기 때문에, 결정적인 증거가 없는 한 아무리 지적장애의 정도가 심해도 최선의 시도를 통해 교육 가능성(educability)의 신념을 실현해야 한다.

✦ 주의집중의 범위(시간)

- 과제를 수행하기 위해 일정시간 동안 주의집중을 지속하는 시간의 양

✦ 자기결정

- 자기결정은 자신의 노력과 동기화의 결과로서 목표를 성취하고 있다는 믿음을 의미
- 부당한 외부의 영향이나 방해를 받지 않고 자신의 삶의 질에 관한 선택과 결정을 내릴 수 있는 자신의 삶에서 주도적인 역할을 수행하는 것(위마이어)

자율성	• 선택하기	• 의사결정	• 문제해결
자기조정	• 목표설정 및 성취기술	• 자기관리	
심리적 역량강화	• 자기옹호와 리더십	• 자기효능	• 내적통제소
자아실현	• 자기인식	• 자기지식	

43

2018. 초
★답안작성

(가)는 지적장애 학생 세호와 민지의 특성이고, (나)는 교사가 작성한 2015 개정 특수교육 교육과정 중 기본 교육과정 미술과 3~4학년 수업을 위한 아이디어 노트이다. 물음에 답하시오. [6점]

(가)

세호	• ㉠ 과잉 행동과 공격성이 강함 • 주의 집중이 어려움
민지	• 중도・중복장애를 지님 • 구어 사용이 어려움

(나)

○ 제재 : 재미있는 찍기 놀이
○ 수업 활동

<활동 1> 체험 영역(지각)

• 자신이 좋아하는 나뭇잎을 선택하고 학교 주변에서 찾기
– 나뭇잎 목록표 사용하기
– ㉡ 민지에게는 미리 준비한 나뭇잎을 제공하기

<활동 2> 표현 영역(활용)

• 여러 가지 나뭇잎을 찍어 작품 만들기
– 다양한 찍기 활동을 할 수 있도록 기회 제공하기
– ㉢ 찍기 재료별로 점차 활동 시간을 늘려 나가고 각 활동을 마칠 때마다 칭찬 스티커로 강화하기
– ㉣ 자존감을 높이기 위해 학생들이 이미 알고 있는 나뭇잎 이름을 말할 수 있는 기회 주기
– ㉤ 책임감을 향상시키기 위해 도화지를 친구들에게 나누어 주는 역할 부여하기

<활동 3> 감상 영역(㉥)

• 완성된 작품 소개하기

1) ① (가)의 밑줄 친 ㉠을 표출하고 이완시키기 위해 〈활동 2〉에서 고려해야 할 활동 제공 방법을 2015 개정 특수교육 교육과정 중 기본 교육과정 미술과 '교수・학습 방법' 중 표현 영역 지도 시 유의 사항에 근거하여 쓰고, ② ㉥에 들어갈 내용을 2015 개정 특수교육 교육과정 중 기본 교육과정 미술과 '내용 체계'에 근거하여 쓰시오. [2점]

①:

②:

2) 교사의 임의적 판단에 따른 (나)의 밑줄 친 ㉡이 적절하지 않은 이유를 최소 위험 가정 기준(criterion of the least dangerous assumption) 측면에서 쓰시오. [1점]

3) 세호의 주의 집중 특성과 관련하여 (나)의 밑줄 친 ㉢의 효과를 쓰시오. [1점]

4) (나)의 밑줄 친 ㉣과 밑줄 친 ㉤을 통해 향상시키고자 하는 적응 기술 유형을 2010년에 미국 지적장애 및 발달장애협회(AAIDD)에서 제시한 11차 정의에 근거하여 쓰시오. [1점]

5) 다음은 〈활동 1〉에서 세호가 사용한 나뭇잎 목록표와 지도 내용이다. 위마이어(L. Wehmeyer)가 제시한 자기 결정 행동 주요 특성에 따라 ⓐ와 ⓑ에 들어갈 내용을 순서대로 쓰시오. [1점]

세호가 사용한 나뭇잎 목록표

종류	찾고 싶은 나뭇잎	찾은 나뭇잎
단풍잎 	✓	✓
은행잎 	✓	✓
솔잎 		
감나무잎 	✓	✓

자기 결정 행동 향상을 위한 지도 내용

심리적 역량	세호의 자기 효능감 향상을 위해 나뭇잎 수집 활동의 성공을 위한 환경을 제공함.
ⓐ	나뭇잎 목록표에서 세호가 찾고 싶은 나뭇잎을 스스로 표시하도록 지도함.
ⓑ	나뭇잎 목록표에 세호가 자신이 찾은 나뭇잎을 표시하여 파악할 수 있도록 지도함.
자아실현	자기 지식 향상을 위해 나뭇잎 수집 활동 후 세호가 수행한 활동에 대한 자기 평가 기회를 제공함.

ⓐ:

ⓑ:

핵심테마 체크 ✔

- 위마이어의 자기결정의 특성
- 일반사례 교수법

MY MEMO

44

정답 및 예시답안

1) 행동적 자율성, 자기조절 행동, 심리적 역량강화, 자기실현
2) ㉤ / '자기옹호 기술' → 자기인식
3) ㉥ 일반사례 교수법
   ㉦ **지도 내용**: A 슈퍼마켓에서 자극과 반응 유형(과제분석한 내용)을 지도한다(A 슈퍼마켓은 훈련사례).
   ㉧ **지도 내용**: B 슈퍼마켓에서 자극과 반응 유형이 일반화되는지 평가한다(B 슈퍼마켓은 평가사례).

관련이론

✦ 위마이어의 자기결정 특성

자율성	• 자율성은 본인이 필요하다고 느낄 때 결정하고 선택할 수 있는 능력이다. 선택에 관한 기호, 관심과 능력에 대한 행동이다. • 독립, 위험 무릅쓰기, 안전기술 / 선택결정 / 의사결정 / 문제해결
자기 조정	• 자기조정 행동은 자신의 행동에 대하여 스스로 통제하거나 조정할 수 있는 능력을 말하며, 자기 모니터링, 자기교수, 자기평가, 자기강화와 같이 자기조절전략 등이 포함된다. • 자기관리전략 / 목적설정 / 자기교시
심리적 역량	• 심리적 역량은 자신이 한 행동을 스스로 통제하고 그 행동의 결과에 대해 예측할 수 있는 능력을 의미한다. 자신이 할 수 있다는 느낌과 그것을 행동으로 옮길 수 있다는 심리적 상태를 의미한다. • 내적통제소재 / 자기효능감 / 성과기대감 / 자기옹호 및 지도력
자아 실현	• 자아실현은 환경과의 상호작용을 통해 자신의 입장을 알고 자신과 다른 사람과의 관계를 이해하고 평가할 수 있는 능력을 의미한다. • 자아인식 / 자기지식

✦ 일반사례 교수법

의미	• 어떤 조건이나 상황에서도 목표행동을 할 수 있도록 여러 관련 자극과 반응 유형을 포함하는 충분한 예들을 이용하여 교수하는 방법이다. • 교수의 전 영역, 즉 학습되어야 하는 행동 기술의 일반화가 필요한 모든 자극과 반응의 다양성을 포함한 교수의 예를 선정하여 교수하는 것을 의미한다. • 일반사례 교수의 핵심은 훈련시키는 자극의 선택이라고 할 수 있다. 동일한 반응을 일으키는 자극 집단을 자극군이라고 하는데, 일반사례 교수는 자극군을 충분히 제공해서 일련의 자극에 대해서 반응을 수행할 수 있도록 가르치는 것이다. • 일반사례 교수법은 치밀한 계획과 정확성을 강조한다. 정확성이란 학생이 다양한 자료로 다양한 사람에게 다양한 환경에서 학습한 행동 기술을 적절하게 수행할 수 있어야 할 뿐 아니라 습득한 행동 기술이 일반화 상황에서 부적절하게 발생하지 않아야 함을 뜻한다. • 즉, 행동 기술이 요구되는 모든 상황에서 행동 기술을 수행할 수 있어야 하고, 동시에 행동 기술이 요구되지 않는 상황에서는 수행하지 않을 수 있어야 한다는 것이다.
절차	① 교수할 전 영역의 정의 ② 관련된 자극과 반응의 다양성의 범위 조사 ③ 교수와 평가에 사용될 예들의 선정 ④ 교수사례의 계열화 ⑤ 계획된 교수사례 순서에 따른 교수 ⑥ 비교수 지역에서 훈련하지 않은 실례들의 평가

44

2014. 초

(가)는 정신지체 학생 진아에 대해 통합학급 김 교사와 특수학급 박 교사가 나눈 대화 내용이고, (나)는 진아를 위해 박 교사가 제안한 지도 내용이다. 물음에 답하시오. [5점]

(가) 김 교사와 박 교사의 대화 내용

김 교사: 이번에 ㉠ 자기결정에 대한 연수를 받고 왔는데 내용이 어려웠어요. 박 선생님께서 자기결정행동에 대해 설명해 주시겠어요?

박 교사: 네, 선생님. 자기결정행동에는 여러 가지 구성 요소가 있어요.

박 교사: (자기결정행동의 구성 요소를 메모지에 적으면서 자세하게 설명한다.)

> 메모 내용
>
> ○ 자신이 기대하는 결과를 성취할 능력이 있다고 믿는 것을 ㉡ '효능성에 대한 긍정적 인식'이라고 함
>
> ○ 가능한 정보들을 이용하여 문제에 대한 다양한 해결책을 찾아보고 구상하는 것을 ㉢ '문제해결 기술'이라고 함
>
> ○ 개인의 선호도를 확인하고 두 가지 이상의 선택 상황에서 자신이 선호하는 것을 분명하게 표현하는 것을 ㉣ '선택하기 기술'이라고 함
>
> ○ 자신의 강점이나 능력, 요구 등에 대해 합리적이며 정확하게 이해하는 것을 ㉤ '자기옹호 기술'이라고 함

… (중략) …

박 교사: 김 선생님, 지난번에 말씀드린 대로 진아는 슈퍼마켓에서 물건을 사는 데 어려움이 있어요. 그래서 진아에게 지역사회중심교수를 체계적으로 실시할 수 있는 (㉥)을(를) 적용하여 지도해 보면 좋겠어요.

(나) 박 교사가 제안한 (㉥)의 지도 내용

단계	지도 내용
교수목표 범위 정의하기	교사는 '진아가 지역사회에 있는 다양한 슈퍼마켓에서 물건을 살 수 있다.'를 교수목표로 정한다.
일반적 과제분석 작성하기	교사는 슈퍼마켓에서 물건을 살 때 필요한 일반적인 단계를 과제분석한 후, 지역사회에 있는 다양한 슈퍼마켓의 대표적인 형태가 되는 몇 곳을 선정하고, 자극과 반응 유형을 분석한다.
교수와 평가에 사용할 예 선택하기	교사는 자극과 반응 유형을 분석한 대표적인 형태의 슈퍼마켓 몇 곳 중 지역사회에서 가장 일반적인 유형인 A 슈퍼마켓을 우선 지도할 장소로 정하고, 이와 동일한 유형의 B 슈퍼마켓을 평가할 장소로 정한다.
교수하기	(㉦)
평가하기	(㉧)
자극과 반응 유형이 분석된 슈퍼마켓에서 반복하여 지도한다.	

1) 위마이어(M. Wehmeyer)가 분류한 ㉠의 특성 4가지를 쓰시오. [1점]

2) ㉡~㉤ 중에서 설명에 맞지 않는 자기결정행동 구성 요소 1가지를 찾아 기호를 쓰고, 설명에 맞는 구성 요소로 고쳐 쓰시오. [1점]

• 기호와 구성 요소 :

3) (나)의 지도 내용을 참조하여 ㉥의 명칭을 쓰고, ㉦과 ㉧에 들어갈 지도 내용을 각각 쓰시오. [3점]

㉥ :

㉦ 지도 내용 :

㉧ 지도 내용 :

핵심테마 체크 ✔

- 외적통제소
- 지역사회 교수
- 위마이어의 자기결정

MY MEMO

45

정답 및 예시답안

1) ① 자신의 성패에 대한 원인이나 책임을 외적 요소에 두는 경향을 보인다.
   ② 초과정
2) 초과정
3) ① 지역사회 중심교수
   ② 자기결정

관련이론

✦ 통제소

- 개인이 삶에서 성과의 원인관계를 어디에 두느냐와 관련이 있다.
- 외적통제소를 가진 사람들은 성과의 원인을 다른 사람들에게서 구하는 경향이 있다.
- 내적통제소를 가진 사람들은 성과의 원인을 자신에게서 찾고, 자기안내에 더 의존하고, 개인적 책임을 더 강조하는 경향이 있다.
- 통제소는 개인이 외현적으로 동기화되는지, 내현적으로 동기화되는지에 영향을 미칠 수 있다.

✦ 지역사회 교수

- 지역사회 중심교수(CBI : Community-Based Instruction)는 지역사회 기반교수라고도 한다.
- 생태학적 접근으로 지역사회 기능을 증진시키기 위하여 사용되는 교수적 접근으로, 기능적 생활 중심 교육과정을 실현하기 위한 전략이라고 할 수 있다.
- 장애학생의 지역사회 통합을 기본 전제로 하고, 장애학생이 지역사회의 다양한 환경에서 일어나는 활동에 참여하는 데 필요한 기술을 직접적으로 교수하는 것을 의미한다.
- 또한 교실에서 습득한 기술을 다른 환경에서 적용하는 일반화 기술에 효과적이고, 지역사회 안에서 사람과 자연스럽게 접촉하는 경험을 갖게 되고, 직업적인 측면에서는 다양한 직업 훈련을 실습할 기회를 갖게 함으로써 직업 경쟁력과 적절한 근무 자세를 배우게 할 수 있다.
- 지역사회 중심교수가 토대를 두고 있는 생태학적 접근에서는 다양한 환경 자체가 교수할 '내용'을 제공하는 자원이면서 동시에 교수를 제공할 적합한 장소로서 인식된다.
- 생태학적 접근은 가르치는 행동의 형태보다는 행동의 결정적인 기능을 강조하며, 지역사회의 다양한 환경에서의 부분참여 원칙하에 개별화된 수정을 적용하여 장애학생의 기능을 확립시켜 나간다.

✦ 위마이어의 자기결정 특성

자율성	• 자율성은 본인이 필요하다고 느낄 때 결정하고 선택할 수 있는 능력이다. 선택에 관한 기호, 관심과 능력에 대한 행동이다. • 독립, 위험 무릅쓰기, 안전기술 / 선택결정 / 의사결정 / 문제해결
자기 조정	• 자기조정 행동은 자신의 행동에 대하여 스스로 통제하거나 조정할 수 있는 능력을 말하며, 자기 모니터링, 자기교수, 자기평가, 자기강화와 같이 자기조절전략 등이 포함된다. • 자기관리전략 / 목적설정 / 자기교시
심리적 역량	• 심리적 역량은 자신이 한 행동을 스스로 통제하고 그 행동의 결과에 대해 예측할 수 있는 능력을 의미한다. 자신이 할 수 있다는 느낌과 그것을 행동으로 옮길 수 있다는 심리적 상태를 의미한다. • 내적통제소재 / 자기효능감 / 성과기대감 / 자기옹호 및 지도력
자아 실현	• 자아실현은 환경과의 상호작용을 통해 자신의 입장을 알고 자신과 다른 사람과의 관계를 이해하고 평가할 수 있는 능력을 의미한다. • 자아인식 / 자기지식

45

2023. 초

(가)는 특수학교 6학년 지적장애 학생 경아의 특성이고, (나)는 사회과 '도서관 이용하기' 단원 지도 계획의 일부이다. 물음에 답하시오. [6점]

(가) 학생 특성

ㅇ경도 지적장애를 가지고 있음 ㅇ그림책 보기를 좋아함 ㅇ4어절 수준의 문장으로 대화가 가능함 ㅇ㉠ 외적통제소 특성을 지님

(나) 단원 지도 계획

<개요>
- 단원명: 도서관 이용하기
- 수업목표: ㉡ 도서관을 이용하는 방법을 알고 실천할 수 있다.

<활동 1>
- 도서관 살펴보기
  - '도서관에 가면~' 노랫말 만들어 봄
  - 예) 도서관에 가면 책도 있고 ♪~, 도서관에 가면 책상도 있고 ♬~

<활동 2>
- 도서관을 이용하는 방법 알아보기
  - ㉢ 교실을 도서관으로 꾸미고 학생들이 서로 돌아가며 사서 교사와 대출하는 학생을 선정하여 시연해 보도록 함. 이때 다른 학생들은 그 상황을 지켜보고 평가하도록 함

<활동 3> 학교 도서관 이용해 보기

<차시 예고>
- ㉣ '도서관 이용하기'를 배운 후 현장체험학습을 통해 학교 근처 도서관으로 가서 직접 그림책을 대출하기
  - 도서관에서 다른 사람에게 의존하지 않고 책을 대출함
  - 그림책을 성공적으로 대출하는 경험을 통해 자기효능감을 느끼게 함
  - 자기 자리에 앉아 정해진 시간 동안 큰 소리로 이야기하지 않음

  [A]

1) ① (가)의 ㉠의 특성을 쓰고, ② (나)의 ㉡을 통해 중점적으로 기르고자 하는 교과 핵심 역량을 2015 개정 사회과 교육과정에 근거하여 쓰시오. [2점]

①:

②:

2) ① (나)의 ㉢에 적절한 사회과 수업 모형을 쓰고, ② ㉢이 효과적인 이유를 (가)의 ㉠과 연계하여 쓰시오. [2점]

①:

②:

3) ① (나)의 ㉣에 해당하는 교수 방법의 명칭을 쓰고, ② [A]에서 설명하고 있는 것을 위마이어(M. Wehmeyer)가 제시한 개념으로 쓰시오. [2점]

①:

②:

46

핵심테마 체크

• 자기교수

MY MEMO

정답 및 예시답안

②

알찬 지문풀이

• ㄱ. 기능적 읽기: 경수가 ~~위인전을 반복~~해서 읽도록 한다. ➡ 기능적 읽기는 실제 생활에 필요한 읽기 기술을 지도하는 것인데 위인전을 반복하여 읽는 것은 기능적인 읽기 기술과 관련이 없다.

• ㄴ. 선행조직자: 경수에게 글을 읽기 전에 글의 개요와 그에 관련된 질문을 준다. ➡ 본 활동을 하기 전에 미리 관련 정보를 제공하는 것

• ㄷ. 줄 따라가기: 경수가 읽는 도중에 줄을 놓치지 않도록 문장에 선을 그어준다.

• ㄹ. 정밀교수: ~~김 교사가 직접 읽으면서 구두점을 따라 쉬어 읽는 방법이나 모르는 단어가 나왔을 때 사전을 찾는 방법을 보여준다~~. ➡ 정밀교수는 교수전략이 아니라 학생의 수행을 매일 측정하여 학습의 성취도와 진전도를 점검하는 것을 의미한다.

47

핵심테마 체크

• CSA

MY MEMO

정답 및 예시답안

⑤

관련이론

✦ CSA

• 구체적 수준: 3차원, 구체물, 실물 등
• 반구체적 수준: 2차원, 간단한 그림, 선 등
• 추상적 수준: 상징, 기호, 언어, 숫자, 수식 등

46

2009. 초

<보기>는 김 교사가 정신지체 학생 경수에게 읽기 지도를 할 때 적용하려고 하는 전략이다. 각각의 전략에 부합하는 활동을 모두 고른 것은?

보기

ㄱ. 기능적 읽기: 경수가 위인전을 반복해서 읽도록 한다.
ㄴ. 선행조직자: 경수에게 글을 읽기 전에 글의 개요와 그에 관련된 질문을 준다.
ㄷ. 줄 따라가기: 경수가 읽는 도중에 줄을 놓치지 않도록 문장에 선을 그어 준다.
ㄹ. 정밀교수: 김 교사가 직접 읽으면서 구두점을 따라 쉬어 읽는 방법이나 모르는 단어가 나왔을 때 사전을 찾는 방법을 보여준다.

① ㄱ, ㄴ　② ㄴ, ㄷ
③ ㄷ, ㄹ　④ ㄱ, ㄴ, ㄷ
⑤ ㄴ, ㄷ, ㄹ

47

2009. 중

정신지체학생 A가 덧셈한 방법은 명시적 교수법(explicit instruction)의 어느 수준인가?

A는 '받아 올림이 없는 한 자리 수 더하기 한 자리 수' 덧셈을 할 때 아래와 같이 숫자 위에 그 수만큼의 동그라미를 그리고 그 수를 세어 계산하였다.

○○○○　　○○
4　+　2　=　*6*

① 구체물 수준　② 추상적 수준
③ 활동적 수준　④ 상징적 수준
⑤ 반구체물 수준

48

핵심테마 체크 ✓

• 또래교수

MY MEMO

정답 및 예시답안

④

알찬 지문풀이

• ㄱ. 또래교수는 장애학생의 학업과 사회적 수용을 향상시키기 위하여 ~~학급 교사의 역할과 책임을 또래교사를 하는 학생에게 위임하는 것~~이다. ➡ 또래교수자에게 교사의 역할과 책임을 위임하는 것이 아님

• ㄹ. 또래지원학습전략(PALS)은 ~~비상보적~~ 또래교수전략 중의 하나로 학급에서 자연스럽게 또래교수의 형성이 이루어지지 않을 때, 고학년 일반학생이 저학년 장애학생의 짝이 되도록 지도하는 것이다. ➡ PALS는 상보적 또래교수전략에 해당

49

핵심테마 체크 ✓

• 기능적 활동/기능적 기술의 의미

MY MEMO

정답 및 예시답안

②

알찬 지문풀이

• ㄴ. <u>알맞은 분량</u>의 세제를 세탁기 세제 투입구에 넣는다. ➡ 수 영역 활동이 아니라 측정 영역 활동에 해당

• ㄷ. 식사 준비를 위해 밥통에서 밥을 퍼서 그릇에 담는다. ➡ 기능적이나 수 영역 활동이 아님

• ㅁ. 빨래가 다 된 옷들을 세탁기에서 꺼내 건조대에 넌다. ➡ 기능적이나 수 영역 활동이 아님

문제 속 자료분석

• ㄱ. <u>빨래통에서 흰옷만 골라서</u> 세탁기에 넣는다. ➡ 기능적 활동, 분류하기
• ㄹ. 현관에 놓여 있는 <u>신발들을 짝지어</u> 가지런히 정리한다. ➡ 기능적 활동, 짝짓기
• ㅂ. 식사 준비를 위해 수저통에서 수저를 꺼내 <u>한 벌씩</u> 식탁 위해 놓는다. ➡ 기능적 활동, 짝짓기

48

2013. 중

경도 정신지체 학생이 통합된 학급에서 교사가 또래교수(peer tutoring)를 실시하고자 한다. 또래교수에 대한 특성과 유형에 대한 설명으로 옳은 것을 <보기>에서 고른 것은?

보기

ㄱ. 또래교수는 장애학생의 학업과 사회적 수용을 향상시키기 위하여 학급 교사의 역할과 책임을 또래교사를 하는 학생에게 위임하는 것이다.
ㄴ. 또래교수를 실시하기 위해 교사는 또래교사 역할을 할 학생을 훈련시키고, 역할을 수시로 변경할 경우 누가 먼저 또래교사가 되고 학습자가 될 것인지 결정한다.
ㄷ. 또래교수에서 또래지도를 받던 장애학생이 특정 영역에서 뛰어난 능력을 보이는 경우, 역할을 바꾸어 또래교사가 되어 일반학생을 돕도록 하는 것은 상보적 또래교수방법의 예이다.
ㄹ. 또래지원학습전략(PALS)은 비상보적 또래교수전략 중의 하나로 학급에서 자연스럽게 또래교수의 형성이 이루어지지 않을 때, 고학년 일반학생이 저학년 장애학생의 짝이 되도록 지도하는 것이다.
ㅁ. 전학급또래교수(CWPT)는 교사가 학생들에게 개별적인 지도를 하기 어려운 학급에서 모든 학생들이 일대일 방식의 지원을 받을 수 있도록 하는 방법으로, 학생들이 짝을 지어 역할을 바꾸어 가면서 서로를 가르친다.

① ㄱ, ㄴ, ㄷ
② ㄱ, ㄷ, ㄹ
③ ㄱ, ㄹ, ㅁ
④ ㄴ, ㄷ, ㅁ
⑤ ㄴ, ㄹ, ㅁ

49

2010. 초

최 교사는 특수학교에 다니는 중도 정신지체 학생 영희에게 2008년 개정 특수학교 기본교육과정 수학과의 수 영역 Ⅰ 단계 내용을 일상생활에서 기능적 활동을 통해 가르치려고 한다. 이를 위한 적절한 활동을 <보기>에서 고른 것은?

보기

ㄱ. 빨래통에서 흰옷만 골라서 세탁기에 넣는다.
ㄴ. 알맞은 분량의 세제를 세탁기 세제 투입구에 넣는다.
ㄷ. 식사 준비를 위해 밥통에서 밥을 퍼서 그릇에 담는다.
ㄹ. 현관에 놓여 있는 신발들을 짝지어 가지런히 정리한다.
ㅁ. 빨래가 다 된 옷들을 세탁기에서 꺼내 건조대에 넌다.
ㅂ. 식사 준비를 위해 수저통에서 수저를 꺼내 한 벌씩 식탁 위에 놓는다.

① ㄱ, ㄷ, ㅁ
② ㄱ, ㄹ, ㅂ
③ ㄴ, ㄷ, ㄹ
④ ㄴ, ㄹ, ㅁ
⑤ ㄷ, ㅁ, ㅂ

50

핵심테마 체크

- 기능적 생활중심 교육과정

MY MEMO

정답 및 예시답안

③

알찬 지문풀이

- ③ ㉢을 교수한 후 장애정도가 심한 학생에게 이 내용을 좀 더 확장하여 교수할 때 유의할 점은 ~~발달연령~~에 적합한 교수자료를 사용해야 한다는 것이다. ➡ 생활연령

51

핵심테마 체크

- 기능적 생활중심 교육과정
- 생태학적 접근

MY MEMO

정답 및 예시답안

⑤

알찬 지문풀이

- ㄱ. ~~발달 연령~~을 기준으로 하여 언어 지도 내용을 구성하여야 한다. ➡ 생활연령
- ㄴ. 목표 어휘는 ~~현재 생활환경에서 필요로 하는 어휘 내에서~~ 선정하여야 한다. ➡ 미래 환경을 고려해야 함

관련이론

✦ 기능적 생활중심 교육과정

- 기능적 생활중심 교육과정은 경도장애 학생을 대상으로 할 수 있는 전통적인 학업중심 교육과정보다는 실생활에서 활용할 수 있는 기능을 중심으로 가르치자는 취지에서 시작된 중등도 및 중도장애 학생을 대상으로 한 교육과정으로 볼 수 있다.

✦ 기능적 기술

- 기능적 기술은 다양한 환경에서 아동의 삶에 의미 있고 즉시 사용 가능한 기술들을 말한다. 자연스러운 환경인 가정, 직업, 지역사회 환경에서 요구되는 기술들로, 특히 중도장애 학생들이 활동하도록 기대되는 환경에서 찾아볼 수 있는 기술들을 의미한다.
- 일반학생들의 정상적인 발달과정에서 볼 수 있는 미리 정해진 순서대로 기술을 습득하는 상향식 접근법이나 발달적 접근법과는 달리, 기능적 접근법을 이용한 교육과정의 개발은 아동의 필수 전제기술 습득과는 상관없이 아동의 현재와 미래 환경에서 필요한 기술들을 교사가 조사하고 그 기술을 가르치는 하향식 접근법이라 할 수 있다.

✦ 생태학적 목록

- 아동의 현재의 환경에 대한 자료 조사를 통하여, 아동의 미래 환경에서의 적응을 위한 교육의 목표를 선정하는 데 사용되는 평가 조사, 면담, 또는 관찰평가의 방법을 사용하며 보호자나 부모에게 전화를 하거나 또는 가정을 방문하여 정보를 얻을 수 있다.
- 영역 ➡ 환경 ➡ 하위환경 ➡ 활동 ➡ 기술의 하향식 접근

52

핵심테마 체크

- 기능적 생활중심 교육과정

MY MEMO

정답 및 예시답안

①

알찬 지문풀이

- ㄷ. 학생의 현재와 미래 환경을 바탕으로 기술을 가르치는 ~~상향식~~ 접근 방법이다. ➡ 하향식
- ㄹ. ~~학생이 일정한 능력 수준을 갖추기 전에는 상위의 독립적 기술을 가르치지 않는다~~. ➡ 기능적 교육과정은 발달 수준에 따라 기술을 지도하는 것이 아님
- ㅁ. 기술을 습득하기 위해서는 좀 더 많은 시간을 필요로 하는데, 학습의 단계와 위계에 따라 영역별로 발달 ~~단계에 맞추어~~ 학습해야 한다.

50

2012. 초

다음은 정신지체 학생을 대상으로 기본교육과정 수학과를 지도하기 위한 계획의 일부이다. 이에 대한 설명으로 적절하지 않은 것은?

주제	㉠ 물건값 계산하기
학습 목표	㉡ 계산기를 사용하여 사고 싶은 물건의 물건값을 계산할 수 있다.
학습 활동	〈물건값 구하기〉 ㉢ 교과서에 제시된 물건의 이름과 가격을 읽어본다. ㉣ 계산기로 물건값의 합을 구해본다. ㉤ 광고지에서 교사가 정해준 물건값의 총액을 구해본다.

① ㉠과 같은 기술을 가르치기 위해 지역사회중심 교수를 적용할 때에는 실제 환경에서 수업하는 것이 기술의 일반화에 도움이 된다.
② ㉡과 같은 활동을 계획할 때에는 계산 원리의 이해나 능숙한 연산 기술의 습득이 전제되지는 않는다.
③ ㉢을 교수한 후 장애정도가 심한 학생에게 이 내용을 좀 더 확장하여 교수할 때 유의할 점은 발달연령에 적합한 교수자료를 사용해야 한다는 것이다.
④ ㉣과 같은 계산기의 사용은 학생으로 하여금 실생활의 문제 해결 과정과 전략에 더욱 초점을 맞추게 할 수 있다.
⑤ ㉤과 같이 실제적인 자료를 활용하는 것은 기술의 자극일반화를 촉진할 수 있다.

51

2011. 중

다음은 정신지체 특수학교에 재학 중인 중학생 A의 의사소통 특성을 기술한 것이다. 교사는 학생 A의 특성을 고려하여 국어과 교육 목표 및 내용을 기능중심 언어교육에 초점을 두고자 한다. 교사가 교육 프로그램 작성 시 고려하여야 할 내용으로 옳은 것을 〈보기〉에서 고른 것은?

- 의사소통에 소극적이며 상황에 맞지 않게 발화하는 경향이 있음
- 상대방의 언어적 지시에 대한 기본적인 이해는 가능하나, 자신의 의사를 말로 표현하는 데 어려움이 있음
- 교실에서 배운 언어를 일상생활에서 거의 적용하지 못하며, 낯선 사람과 의사소통하는 데 어려움이 있음

보기

ㄱ. 발달 연령을 기준으로 하여 언어 지도 내용을 구성하여야 한다.
ㄴ. 목표 어휘는 현재 생활환경에서 필요로 하는 어휘 내에서 선정하여야 한다.
ㄷ. 의사소통 기술 훈련은 독립성과 잠재력을 키우는 방향으로 이루어져야 한다.
ㄹ. 통합교육 환경과 지역사회 환경 내의 요구를 고려한 언어교수를 필수적으로 제공하여야 한다.
ㅁ. 생태학적 요인을 고려하여 의사소통 내용을 선정하고, 그 내용 교수를 위한 과제 분석이 선행되어야 한다.

① ㄱ, ㄴ, ㄹ
② ㄱ, ㄴ, ㅁ
③ ㄱ, ㄷ, ㄹ
④ ㄴ, ㄷ, ㅁ
⑤ ㄷ, ㄹ, ㅁ

52

2013. 중

중도 정신지체 학생을 지도하기 위해 교사가 사용한 교육과정적 접근이다. 이 중에서 기능적 접근에 대한 설명으로 옳은 것을 〈보기〉에서 고른 것은? [1.5점]

보기

ㄱ. 기능적 교육과정을 결정하기 위해 생태학적인 목록을 활용한다.
ㄴ. 학생의 생활연령을 고려하여 다양한 환경에서 가르칠 기술들을 선택한다.
ㄷ. 학생의 현재와 미래 환경을 바탕으로 기술을 가르치는 상향식 접근 방법이다.
ㄹ. 학생이 일정한 능력 수준을 갖추기 전에는 상위의 독립적 기술을 가르치지 않는다.
ㅁ. 기술을 습득하기 위해서는 좀 더 많은 시간을 필요로 하는데, 학습의 단계와 위계에 따라 영역별로 발달 단계에 맞추어 학습해야 한다.

① ㄱ, ㄴ
② ㄱ, ㄹ
③ ㄴ, ㄷ
④ ㄷ, ㅁ
⑤ ㄹ, ㅁ

핵심테마 체크 ✔

- 기능적 생활중심 교육과정
- 생태학적 목록

MY MEMO

53

정답 및 예시답안

1) 생태학적 목록
2) 다양한 기능적 기술 중 궁극적 미래 환경에서 사용할 수 있는 기술을 우선적으로 지도해야 하는데 청소하기는 이에 해당하므로 학습목표로서 적절하다.
3) 학생은 청소기를 사용하여 청소하는 연습을 한다.
4) • 평가방법은 측정하려는 목적에 따라 다양한 방법을 활용하여 평가할 수 있도록 사전에 계획이 수립되어야 한다.
   • 학교에서 습득한 내용을 가정과 지역사회 등과 연계하여 생활 속에서 지속적으로 활용할 수 있는 기술이 되도록 기준을 제시하고 그 결과를 반영한다.

관련이론

✦ 기능적 생활중심 교육과정을 위한 생태학적 목록

1) 생태학적 접근의 특징
   - 아동의 환경에서 기능적이고 연령에 맞는 기술 지도를 강조하여, 한 상황에서 배운 것을 다른 상황에 일반화하는 데 있어서의 어려움을 극복할 수 있게 한다.
   - 지역사회 중심의 교수를 강조한다.
   - 정상적인 환경에의 접근과 비장애인과의 상호작용을 강조한다.
   - 선정된 기술은 일반학생들이 수행하는 것이기 때문에 장애학생들은 같은 활동에 더 많이 참여할 수 있는 기회를 주어야 한다.
   - 가족의 참여를 높인다.

2) 생태학적 목록을 통한 교육과정 개발

영역	여러 영역 중 하나의 영역을 선택한다.
환경	영역 내의 환경을 선택한다.
하위 환경	중요한 하위 환경을 선택한다.
활동	하위 환경 내에서 참여할 활동을 확인한다.
기술	중요 활동을 과제 분석하여 기술을 선정한다.

✦ 기능적 기술

- 기능적 기술이란 자신이 성취하지 않으면 누군가에 의해 성취되어야 하는 기술로 현재 환경에서 학생이 필요로 하는 기술, 학생이 다음 환경에서 필요한 기술 및 학생이 학교를 졸업한 이후 지역사회에서 필요한 기술을 의미한다.
- 우선순위: 궁극적 기능화 → 미래 환경의 기능화 → 현재 환경의 기능화

53

2014. 초

(가)는 정신지체 특수학교 교사가 교육 실습 중인 예비교사와 나눈 대화이고, (나)는 예비교사가 실과과 '청소하기' 단원을 지도하기 위해 구상한 수업 계획안이다. 물음에 답하시오. [5점]

(가) 교사와 예비교사의 대화

교　　사: 선생님, 연구수업을 위한 교과와 주제를 정하셨나요?

예비교사: 아직 못 정했어요. 하지만 학생들이 생활하는 데 꼭 필요한 기능적 기술을 가르치는 수업을 해보고 싶어요.

교　　사: 그렇군요. 그렇다면 학생들에게 필요한 기술이 무엇인지부터 파악해 보세요.

예비교사: 네, 그래서 저는 (㉠)을(를) 사용해 보려고 해요. ㉡ <u>각 학생의 주요 생활 영역에서 현재와 미래의 환경을 파악하고, 그 환경의 하위 환경에서 요구되는 활동을 하는 데 필요한 기술을 확인해 보고 싶어서요</u>. 그런데 그렇게 확인한 다양한 기술 중 어떤 기술을 먼저 가르쳐야 할지는 잘 모르겠어요.

교　　사: 다양한 기술 중에서 '우선 가르쳐야 하는 기능적 기술'을 선정하는 기준이나 고려 사항이 있어요. 먼저 여러 생활 영역에 걸쳐서 중요하거나 유용한 기술인지 살펴봐야 되죠. 그리고 그 밖에 몇 가지 다른 기준도 있으니 꼭 살펴보세요.

예비교사: 네, 그렇게 하겠습니다. 수업 계획안을 구상한 후 다시 의논을 드리겠습니다. 감사합니다.

(나) 예비교사가 구상한 수업 계획안

- 교과: 실과
- 단원명: 청소하기
- 제재: 깨끗하게 청소하기
- 학습 목표: 청소기로 바닥을 밀어 청소할 수 있다.
- 수업 모형: 기능학습 모형
- 수업 절차
  1. 교사는 학생들에게 청소기의 기능과 사용 방법을 설명한다.
  2. 교사는 학생들에게 청소기로 청소하는 과정을 시범 보인다.
  3. ______㉢______
  4. 교사는 학생들이 배운 기술을 이용하여 깨끗이 청소했는지 평가한다.
  5. 교사는 학생들에게 '수업 시간에 배운 기술을 이용하여 청소하기'를 과제로 낸다.
- 평가 계획

평가 목적	평가 방법
청소기 기능과 사용 방법을 아는지 확인한다.	구술평가, 수행평가
청소기를 사용하여 깨끗이 청소했는지 확인한다.	수행평가, 자기평가
가정에서 청소기로 깨끗이 청소할 수 있는지 확인한다.	관찰(부모의 평정기록)

유의점: 부모님께 가정에서의 청소기 사용에 대한 지도 내용과 평가 방법을 안내하고 협조를 요청한다.

1) (가)에서 예비교사가 학생들에게 필요한 기술을 확인하기 위해 언급한 ㉠의 명칭을 쓰시오. [1점]

2) (나)의 학습 목표가 '우선 가르쳐야 할 기능적 기술'로서 적절한 이유를 ㉡의 내용을 바탕으로 1가지 쓰시오[단, (가)에서 교사가 언급한 기준을 제외하고 작성할 것]. [1점]

3) (나)의 수업 절차에 맞게 ㉢에 해당하는 교수 · 학습 활동을 쓰시오. [1점]

4) (나)의 평가 계획이 실과과에 적절한 이유를 2010 개정 특수교육 기본 교육과정 실과과 '5. 평가'에 제시된 내용을 근거로 2가지 쓰시오. [2점]

핵심테마 체크 ✔

- 생태학적 목록
- 지역사회 중심교수
- 일반사례 교수법

MY MEMO

54

정답 및 예시답안

1) 생태학적 목록
2) ㉡ 지역사회 모의교수
   ㉢ 지역사회 참조교수
3) ① 일반사례 교수법
   ② 교수와 평가에 사용될 예들의 선정

관련이론

✦ 생태학적 목록

- 아동의 현재의 환경에 대한 자료 조사를 통하여, 아동의 미래 환경에서의 적응을 위한 교육의 목표를 선정하는 데 사용되는 평가 조사, 면담, 또는 관찰평가의 방법을 사용하며 보호자나 부모에게 전화를 하거나 또는 가정을 방문하여 정보를 얻을 수 있다.
- 영역 ➡ 환경 ➡ 하위환경 ➡ 활동 ➡ 기술의 하향식 접근

✦ 지역사회 중심교수

- 지역사회 중심 / 지역사회 참조 / 지역사회 모의
- 지역사회 중심교수의 실제는 학생들이 학교에서 배운 후 그 기술을 일반화할 것이라고 추측하지 말 것을 요구하는 '영수준의 추측' 전략과 일반화가 저절로 된다는 증거가 없는 한 학생들로 하여금 자연스러운 환경에서 기능적 기술을 배울 수 있도록 하는 것이 학생들에게 덜 위험하다는 '최소위험 가정'을 토대로 하기 때문에 교통수단 활용을 위한 비용이나 위험 등을 감수한다.

✦ 일반사례 교수법

- 학습한 기술은 어떤 상황이나 조건에서도 그 기술의 수행이 요구될 때 사용될 수 있어야 한다는 목표를 가지고 발달된 주요 전략으로 '교수사례의 선택과 계열화를 강조'하는 교수방법이다.
- 어떤 조건이나 상황에서도 목표행동을 할 수 있도록 여러 관련 자극과 반응 유형을 포함하는 충분한 예들을 이용하여 교수하는 방법이다.
  ① 교수할 전 영역의 정의
  ② 관련된 자극과 반응의 다양성의 범위 조사
  ③ 교수와 평가에 사용될 예들의 선정
  ④ 교수사례의 계열화
  ⑤ 계획된 교수사례 순서에 따른 교수
  ⑥ 비교수 지역에서 훈련하지 않은 실례들의 평가

54

2018. 유

(가)는 통합학급 5세반 김 교사와 유아특수교사 박 교사가 나눈 대화이고, (나)는 박 교사가 은지를 위해 작성한 교수 계획의 일부이다. 물음에 답하시오. [5점]

(가)

박 교사:	선생님, 우리가 ㉠은지가 생활하는 환경과 그 환경 내에서 이루어지는 활동, 필요한 기술들을 조사해서 교육 계획에 반영했잖아요. 이번에는 그 중에서 횡단보도 건너기 기술을 가르치려고 해요.
김 교사:	그럼, ㉡횡단보도 건너기 상황극, 신호 따라 건너기 게임과 같은 활동도 하고, ㉢유치원 내에 설치된 횡단보도 건너기도 해 보면 좋겠네요.
박 교사:	참 좋은 생각이네요. 저는 은지의 경우 추가적으로 개별화된 교수가 더 필요해 보여서 실제 상황에서 직접 지도해 보려고 해요. 은지가 실제 상황에서도 신호를 확인하여 횡단보도 건너기를 할 수 있도록 다양한 자극과 반응들을 조사하고 계열화해서 가르치려고요.

(나)

단계 1.	은지의 도보 통학 반경 내에서 교수 범위를 선택한다.
단계 2.	'신호등이 있는 횡단보도 건너기' 기술을 과제 분석하여 이와 관련된 자극과 반응을 조사한다.
단계 3.	( )
단계 4.	교수 순서를 계열화하여 등·하원 시에 교수한다.
단계 5.	비교수 상황에서 평가한다.

1) 밑줄 친 ㉠에서 기능적 기술을 교수하기 위해 사용한 진단 방법이 무엇인지 쓰시오. [1점]

2) 밑줄 친 ㉡과 ㉢에 해당하는 기능적 기술 교수 방법을 쓰시오. [2점]

㉡ :

㉢ :

3) ① (나)의 교수 방법을 쓰고, ② 그 교수 방법의 실시 단계 중 (   )에 해당하는 내용을 쓰시오. [2점]

① :

② :

핵심테마 체크

- 자기옹호 프로그램
- 일상생활 활동
- 지역사회 중심교수
- AAIDD_지원의 유형
- 지적장애 학생의 교육과정 구성 및 운영을 위한 기본 전제

MY MEMO

55

정답 및 예시답안

1) ① 자기인식
   ② 수단적 일상생활 활동
2) 지역사회 모의교수
3) 학급 내에 주어진 환경의 인적·물적 자원을 활용한 예시 제시
4) ㉤ 초등학생인 민기에게 유아용 동화책을 읽게 하는 것은 생활연령에 적합한 내용으로 구성해야 한다는 연령에 적절한 교육과정 원리에 근거하여 적절하지 않다.
   ㉥ 현재 환경에서만 기능적인 학교 통학버스 이용하기는 성인이 되어 사용할 기능적인 기술이 아니므로, 성인이 되어 궁극적으로 생활하게 되는 환경에서 기능적일 수 있도록 교육해야 한다는 궁극적 기능성의 기준에 어긋나므로 적절하지 않다.

관련이론

✦ 자기옹호 프로그램

- 자기옹호(self-advocacy)란 자신에 대한 전반적인 지식과 기본적인 권리를 인식하고 이를 기반으로 다양한 대상과 상황 속에서 자신의 욕구, 필요, 신념, 권리 등을 적합한 의사소통 방법으로 표현하는 것을 의미한다.
- 높은 수준의 자기옹호 기술을 지닌 학생일수록 다양한 맥락과 상황에서 효과적으로 자기결정을 할 수 있으며 현재뿐만 아니라 미래의 성공적인 삶을 위해 목표를 설정하고 실행하기 위한 전략을 효과적으로 사용할 수 있다.
- 자기옹호의 네 가지 구성요소로 자기지식(knowledge of self), 권리지식(knowledge of right), 의사소통(communication) 및 리더십(leadership)을 제시하였다.

자기지식	학습장애 학생이 자신의 장애와 강약점, 관심, 필요, 학습 양식을 명확하게 인식하는 것을 의미하고, 권리지식은 학습장애 학생이 인간·시민·학생으로서의 기본적인 권리를 아는 것
권리지식	자신의 장애로 인하여 겪는 어려움을 극복하는 데 필요한 지원을 받을 권리를 인식하는 것
의사소통	장애학생이 자기지식과 권리지식을 바탕으로 자신의 생각을 대화 기술, 듣기 기술, 신체적 언어 기술을 사용하여 적절하게 표현하는 것
리더십	개인과 집단의 구성원으로서 자신의 역할을 알고 적극적으로 수행하는 것

✦ 지역사회 중심교수

유형	• 지역사회 중심 / 지역사회 참조 / 지역사회 모의
실제	• 지역사회 중심교수의 실제는 학생들이 학교에서 배운 후 그 기술을 일반화할 것이라고 추측하지 말 것을 요구하는 '영수준의 추측' 전략과 일반화가 저절로 된다는 증거가 없는 한 학생들로 하여금 자연스러운 환경에서 기능적 기술을 배울 수 있도록 하는 것이 학생들에게 덜 위험하다는 '최소위험 가정'을 토대로 하기 때문에 교통수단 활용을 위한 비용이나 위험 등을 감수한다.

✦ AAIDD_지원의 유형

- 자연적 지원: 주어진 환경 내에서 자연스럽게 제공될 수 있는 인적·물적 자원을 통해 지원되는 것을 말한다.
- 서비스를 중심으로 제공되는 지원: 한 개인의 자연스러운 환경의 일부가 아닌 사람들이나 장비 등에 의해 제공되는 지원을 말한다.

✦ 지적장애 학생의 교육과정 구성 및 운영을 위한 기본 전제

연령에 적절한 교육과정	• 지적장애 학생의 교육과정은 생활연령에 적합한 내용으로 구성되고 적용되어야 한다. • 특히 중도 지적장애 학생은 일반 또래 학생들을 위한 활동에도 참여할 필요가 있다. 그들을 위한 개별화교육 프로그램 수립을 위해서는 기능과 연령에 적합한 기술을 고려하는 것이 중요하다.
궁극적 기능성의 기준	• 중도장애 학생을 위한 교육목표로서, 그들이 성인이 되어 '최소제한환경'에서 일반인들과 함께 자신의 잠재력을 최대한 발휘하여 기능할 수 있도록 하는 것이다. • 사회적·직업적·가정적으로 통합된 성인 사회 환경에서 최대한 생산적이고 독립적으로 활동하기 위해서 개개인이 꼭 소유하고 있어야 할 요소들이며, 학생이 성인으로서 또는 다음해나 5년 후에 궁극적으로 일하게 될 환경으로서 학생과 가족의 선호도, 생활연령의 적합성(또래와 비교하기), 문화적 요소를 고려해야 한다는 것이기도 하다. 따라서 지적장애 학생의 교육과정은 '생태학적 접근'에서 논의되어야 한다는 것이다.

55 2017. 초 ★답안작성

(가)는 초등학교 5학년 지적장애 학생 희수에 대해 특수교사와 일반교사가 나눈 대화의 일부이고, (나)는 초등학교 6학년 지적장애 학생 민기에 대해 특수교사와 어머니가 나눈 대화의 일부이다. 물음에 답하시오. [6점]

(가)

특수교사: 지난주에 우리가 계획했던 사회과 모둠학습에 희수가 잘 참여했는지 궁금해요.

일반교사: 친구들과 모둠학습을 하는 것은 좋아했는데 자신의 의견이나 권리를 주장하지 못해서 피해를 보는 경우가 있었어요.

특수교사: 희수가 아직은 자기옹호기술이 부족해서 그래요. 무엇보다 ㉠ 희수가 자신이 좋아하고 싫어하는 것을 아는 것이 중요해요. 그러면 모둠학습을 할 때 다른 학생들이 부당한 것을 요구해도 거절하거나 협상할 수 있을 거예요.

… (중략) …

특수교사: 희수는 스스로 화장실 이용하기, 옷 입기 등의 일상생활 활동은 잘하는데, ㉡ 휴대전화 사용하기, 물건 사기 등과 같이 조금 더 복잡한 환경적 상호작용을 요구하는 일상생활 활동을 하는 데에는 어려움이 있어요.

일반교사: 선생님, 희수에게 물건 사기와 같은 일상생활 활동은 어떻게 지도하면 좋을까요?

특수교사: 직접 가게에 가서 물건을 사는 활동을 하는 것이 좋아요.

일반교사: 한 번도 해보지 않은 일이라 희수가 잘 할 수 있을까요?

특수교사: 그래서 저는 ㉢ 교실을 가게처럼 꾸며놓고 실제와 유사한 물건과 화폐를 이용하여 물건 사기 활동을 지도하고 있어요.

(나)

특수교사: 학교에서는 ㉣ 민기의 읽기능력 향상을 위해 책읽기 지도를 꾸준히 하고 있어요.

어 머 니: 저도 집에서 ㉤ 민기에게 유아용 동화책을 읽게 하고 있어요. 그런데 제가 잘하고 있는지 모르겠어요.

… (중략) …

특수교사: 민기가 곧 중학교에 입학하니까 버스 이용하기를 가르치고 있어요.

어 머 니: 그런데 선생님, ㉥ 민기가 지금은 학교 통학 버스를 이용하고 있어서 아직은 배울 필요가 없을 것 같아요.

1) (가)의 ① ㉠에 해당하는 자기옹호기술을 쓰고, ② ㉡에 해당하는 일상생활 활동의 유형을 쓰시오. [2점]

①:

②:

2) (가)의 ㉢에 해당하는 교수 방법의 명칭을 쓰시오. [1점]

3) (나)의 ㉣을 위해 교사가 학급에서 활용할 수 있는 '자연적 지원'의 예 1가지를 쓰시오. [1점]

4) (나)의 ㉤과 ㉥이 적절하지 않은 이유를 지적장애 학생을 위한 교육과정 구성 시 고려해야 할 기본원리(전제)에 근거하여 각각 1가지씩 쓰시오. [2점]

㉤:

㉥:

핵심테마 체크

- 일상생활 활동_유형
- 기능적 생활중심 교육과정
- 지원 유형
- 기능적 교육과정의 기본 전제
- STAD와 Jigsaw I
- 자기옹호 구성요소

MY MEMO

56

정답 및 예시답안

1) ① 수단적 일상생활 활동
   ② 생활연령에 맞는 기능적 기술을 학습하여 또래 학생들이 포함된 통합된 환경에 참여할 수 있도록 하기 위해서이다.
2) ① 자연적 지원
   ② 영수준의 추측
3) ① ㉣은 집단보상이 없어 상호의존성이 떨어지나 ㉤은 개별 학생의 수행이 집단보상에 반영되어 민호가 팀 구성원과 보다 상호의존적으로 참여할 수 있기 때문이다. (민호가 집단보상에 기여하게 되어 집단 활동에 참여하게 된다 등 집단보상, 보상의존성과 관련지어 작성)
   ② 리더십

관련이론

✦ 일상생활 활동(ADL)

- ADL은 모든 인간이 일상에서 관찰할 수 있는 기본적이고 공통된 활동으로, 이들 활동을 다른 사람의 도움 없이 매일의 삶에서 독립적으로 수행하는 것은 개인의 자기관리능력 유지, 가정생활뿐 아니라 주위 환경에의 적응행동을 가능하게 하고 삶의 질을 향상시킨다.
- 또한 활동에서 자신의 역할을 수행함으로써 자신감과 지적 능력을 향상시키고, 동기를 부여하며, 신체적·심리적 요인에 대한 긍정적인 지지로 작용한다.
- 더 나아가 성공적인 역할 수행을 통해 사회의 일원으로 자부심을 갖게 하고, 인간의 궁극적인 목표인 자아성취를 이룰 수 있는 바탕이 된다.
- 일상생활 활동의 범위

기본적 일상생활 활동(BADL)	수단적 일상생활 활동(IADL)
• 목욕하기, 샤워하기 • 대소변관리 • 옷 입고 벗기 • 먹기 • 식사하기 • 기능적 이동 • 개인용품관리 • 개인위생과 몸단장 • 성생활 • 화장실 위생	• 다른 사람 돌보기 • 애완동물 돌보기 • 아이 돌보기 • 의사소통관리 • 지역사회 이동 • 재정관리 • 건강관리와 유지 • 가정관리 • 식사 준비와 설거지 • 종교 행사 • 안전과 응급상황관리 • 쇼핑하기

✦ 지적장애 학생의 교육과정 구성 및 운영을 위한 기본 전제

영수준의 추측	• 궁극적 기능의 기준에 도달하기 위해서는 다양한 전략이 필요한데, 그중 영수준의 추측(zero degree of inference) 전략이 있다. • 학급에서 배운 기술들을 실제 사회생활에서 일반화하지 못할 수도 있다는 전제에 기반을 두고, 배운 기술들을 여러 환경에서 일반화할 수 있는지를 시험해 봐야 한다는 개념이다.

56 2023. 초 ★답안작성

(가)는 지적장애 학생 민호 부모의 요구이고, (나)는 특수교사가 작성한 요구 분석 및 지원 계획이다. 물음에 답하시오. [6점]

(가) 부모의 요구

- 본인의 방을 스스로 청소하고 간단한 식사 준비하기 ┐
- 스마트폰을 활용하여 혼자 지하철 타기 ┘ [A]
- 친구들과 함께하는 활동에서 소외되지 않고 즐겁게 참여하기
- 자기가 원하는 것을 말로 표현하기
- 독립적으로 학교생활 하기

(나) 요구 분석 및 지원 계획

1. ㉠ 기능적 생활 중심 교육과정을 계획할 때, 민호의 발달연령보다 생활연령을 고려할 것

2. ㉡ 일상생활 속에서 민호에게 도움을 줄 수 있는 사물이나 사람(예: 같은 반 친구 등)을 파악하여 수업과 생활환경에서 활용할 것

3. 민호가 수업에서 배운 기능적 기술들을 여러 환경에서 일반화할 수 있도록 지도할 것
   - ㉢ 수업에서 배운 기능적 기술을 실생활에 모두 적용할 수 없다는 점을 전제하여, 민호가 배운 내용을 다양한 환경에서 일반화할 수 있는지 확인하고 평가해 볼 필요가 있음

4. 현재는 ㉣ 과제분담학습 Ⅰ(Jigsaw Ⅰ)을 적용하고 있으나, 민호와 같은 팀이 되는 것을 학급 친구들이 좋아하지 않음
   - 협동학습의 유형 중 ㉤ 능력별 팀 학습(Student Teams-Achievement Divisions: STAD)을 적용해 볼 필요가 있음

5. 협동학습 수업의 '모둠별 학습' 단계에서 모둠 구성원들이 협동해서 과제를 해결해야 하는데 민호가 잘 참여하지 않는 경우가 많음
   - ㉥ 민호가 집단의 구성원으로 협동학습 과정에서 자신의 역할을 제대로 알고 집단의 문제해결 과정에 적극적으로 참여해야 함을 알려 줄 필요가 있음

1) ① (가)의 [A]에 해당하는 일상생활 활동의 유형을 쓰고, ② (나)의 ㉠의 이유를 1가지 쓰시오. [2점]

①:

②:

2) ① (나)의 ㉡에 해당하는 지원의 유형을 쓰고, ② 교육과정을 구성하고 운영하기 위한 기본 전제 중에서 (나)의 ㉢에 해당하는 개념을 쓰시오. [2점]

①:

②:

3) ① (나)의 ㉣과 비교하여 민호에게 ㉤이 효과적인 이유를 보상의 측면에서 1가지 쓰고, ② (나)의 ㉥에 해당하는 자기옹호 기술을 쓰시오. [2점]

①:

②:

핵심테마 체크 ✔

- 지적장애 학생의 교육과정 구성 및 운영을 위한 기본 전제
- 지역사회 중심교수
- 일반사례 교수법

MY MEMO

57

정답 및 예시답안

1) 영수준의 추측
2) ① 지역사회 참조교수
   ② 보다 안전한 상황에서 기능적 기술을 미리 연습할 수 있다, 시간을 절약하고 위험성을 줄일 수 있다, 위험한 상황에 처할 수 있는 내용 등을 먼저 실행해 볼 수 있다 등
3) ① ㉣ / 관련 자극과 반응의 변수가 포함되어 있는 최소한의 사례를 통해 효율적으로 지도하는 것이 바람직하므로 틀린 설명이다.
   ② ㉦ / 교수하지 않은 도서관에서 책을 빌리고 반납하는 기술을 평가한다.

관련이론

✦ 지적장애 학생의 교육과정 구성 및 운영을 위한 기본 전제

연령에 적절한 교육과정	• 지적장애 학생의 교육과정은 생활연령에 적합한 내용으로 구성되고 적용되어야 한다. • 특히 중도 지적장애 학생은 일반 또래 학생들을 위한 활동에도 참여할 필요가 있다. 그들을 위한 개별화교육프로그램 수립을 위해서는 기능과 연령에 적합한 기술을 고려하는 것이 중요하다.
궁극적 기능성의 기준	• 중도장애 학생을 위한 교육목표로서, 그들이 성인이 되어 '최소제한환경'에서 일반인들과 함께 자신의 잠재력을 최대한 발휘하여 기능할 수 있도록 하는 것이다. • 사회적 · 직업적 · 가정적으로 통합된 성인 사회 환경에서 최대한 생산적이고 독립적으로 활동하기 위해서 개개인이 꼭 소유하고 있어야 할 요소들이며, 학생이 성인으로서 또는 다음해나 5년 후에 궁극적으로 일하게 될 환경으로서 학생과 가족의 선호도, 생활연령의 적합성(또래와 비교하기), 문화적 요소를 고려해야 한다는 것이기도 하다. 따라서 지적장애 학생의 교육과정은 '생태학적 접근'에서 논의되어야 한다는 것이다.
최소위험 가정 기준	• 결정적인 자료가 있지 않는 한 교사는 학생에게 최소한의 위험스러운 결과를 가져오는 가정에 기반하여 교육적 결정을 내려야 한다는 개념이다. • 지적장애 학생이 배우지 못할 것이 있다는 점이 증명된 것이 없기 때문에, 결정적인 증거가 없는 한 아무리 지적장애의 정도가 심해도 최선의 시도를 통해 교육 가능성(educability)의 신념을 실현해야 한다.
영수준의 추측	• 궁극적 기능의 기준에 도달하기 위해서는 다양한 전략이 필요한데, 그중 영수준의 추측(zero degree of inference) 전략이 있다. • 학급에서 배운 기술들을 실제 사회생활에서 일반화하지 못할 수도 있다는 전제에 기반을 두고, 배운 기술들을 여러 환경에서 일반화할 수 있는지를 시험해 봐야 한다는 개념이다.
자기결정 증진	• 자기결정은 개인이 어떤 방식으로 행동하게 하는 원인이 바로 자기 자신(자아)이라는 것을 의미하는데, 지적장애 학생에게 자기결정된 모델을 이행하는 것은 어려운 일일 수 있다. • 지적장애 학생이 청소년이 되면 자기결정의 중요성이 부각되는데, 그 학생이 어른이 되기 전에 가능한 한 가장 높은 수준의 자립을 얻을 수 있도록 해야 하기 때문이다.

✦ 일반사례 교수법

의미	• 학습한 기술은 어떤 상황이나 조건에서도 그 기술의 수행이 요구될 때 사용될 수 있어야 한다는 목표를 가지고 발달된 주요 전략으로 '교수사례의 선택과 계열화를 강조'하는 교수 방법이다. • 어떤 조건이나 상황에서도 목표행동을 할 수 있도록 여러 관련 자극과 반응 유형을 포함하는 충분한 예들을 이용하여 교수하는 방법이다.
절차	① 교수할 전 영역의 정의 ② 관련된 자극과 반응의 다양성의 범위 조사 ③ 교수와 평가에 사용될 예들의 선정 ④ 교수사례의 계열화 ⑤ 계획된 교수사례 순서에 따른 교수 ⑥ 비교수 지역에서 훈련하지 않은 실례들의 평가

고득점 답안 비법 ✰ 실제 도서관에서 자연스럽게 습득한다는 것은 '일반화'를 의미하며, [A]에 이어지는 내용 또한 일반화의 어려움을 고려하라는 것

57

2024. 유
★답안작성

(가)는 지적장애 유아 희수에 관한 유아특수교사 최 교사와 유아교사 강 교사의 대화 내용이고, (나)는 최 교사가 희수를 위해 작성한 일반사례교수 계획의 일부이다. 물음에 답하시오. [5점]

(가)

강 교사: 선생님, 희수에게 도서관에서 책을 빌리고 반납하는 기술을 가르쳤었는데, 이를 실제 도서관에서 적용하려면 어떤 점을 유의해야 할까요?

최 교사: 여러 가지가 고려되어야 하지만 우선 전제되어야 할 것이 있어요. 무엇보다 교사는 유아에 대해 미리 판단하거나 추측하지 말아야겠지요. 예를 들어, 희수가 실제 도서관에서 책을 빌리고 반납하는 기술을 자연스럽게 습득할 것이라고 미리 단정하지 않아야 해요. [A]
배운 내용이나 기술들을 실제 생활이나 여러 환경에 적용하는 데 어려움이 있을 수도 있다는 점을 유념해야 해요.

… (중략) …

강 교사: 선생님, 희수가 도서관을 잘 이용할 수 있도록 교실을 도서관으로 꾸민 후 역할극을 통해 책을 빌리고 반납하는 모의활동도 하고, ㉠ <u>유치원 안에 있는 도서실을 이용해서 책을 빌리고 반납하는 활동</u>도 자주 하려고 해요. 또한 ㉡ <u>동네 도서관에서 책을 빌리고 반납하는 활동</u>도 계획하고 있어요.

최 교사: 네. 좋을 것 같아요.

… (중략) …

강 교사: 지난번에 말씀하신 바와 같이 일반사례교수를 활용해보려고 하는데요. 도서관에서 책을 빌리고 반납하는 활동을 위해 사례를 선정할 때 고려할 점은 무엇인가요?

최 교사: 먼저 ㉢ <u>자연스러운 상황에서 가르칠 수 있는 사례를 선택</u>해야겠지요. 그리고 ㉣ <u>가능한 많은 사례를 선택하여 다양한 자극과 반응이 포함</u>되도록 하는 것이 좋겠고요. 또한 ㉤ <u>희수가 해야 할 것과 하지 말아야 할 것을 가르칠 수 있는 사례를 선정</u>하도록 하고, ㉥ <u>예외적인 상황도 포함</u>하는 것이 필요해요.

… (하략) …

(나)

도서관에서 책을 빌리고 반납하기

교수 영역 선정하기
교수목표를 적용할 영역을 유치원 인근 도서관으로 정한다.

↓

관련 자극과 반응 조사하기
책을 빌리고 반납하는 방법과 관련된 다양한 자극과 반응의 유형을 조사한다.

↓

사례 선정하기
(생략)

↓

가르칠 사례의 순서 정하기
(생략)

↓

순서에 따라 사례 가르치기
(생략)

↓

평가하기
㉦

1) (가)의 [A]는 지적장애 유아 교육 시 고려해야 할 기본 전제 중 무엇에 해당하는지 쓰시오. [1점]

2) (가)의 ① ㉠에 해당하는 기능적 기술 교수방법의 명칭을 쓰고, ② ㉡과 비교하여 ㉠의 장점을 1가지 쓰시오. [2점]

①:

②:

3) ① (가)의 ㉢~㉥ 중 적절하지 <u>않은</u> 것 1가지를 찾아 기호와 함께 그 이유를 쓰고, ② (나)의 ㉦에 들어갈 내용을 쓰시오. [2점]

①:

②:

핵심테마 체크 ✔

- 증후군별 행동표현형
- 지적장애 학생의 교육과정 구성 및 운영을 위한 기본 전제
- 지역사회 중심교수
- 행동연쇄

MY MEMO

58

정답 및 예시답안

○ ㉠의 내용상 학생 G는 프래더-윌리증후군이다.
○ ㉡은 학생들이 학교에서 배운 후 그 기술을 일반화할 것이라고 추측하지 말아야 한다는 의미이다.
○ ㉣에 해당하는 용어는 지역사회 참조교수이다.
○ ㉢은 과제분석한 내용을 첫 단계부터 순서대로 지도하여 모든 단계를 도움 없이 할 수 있을 때까지 지도하는 것이다.

관련이론

✦ 프래더-윌리증후군

- 약 70%에서는 아버지로부터 전달받은 15번째 염색체의 장완 부분이 미세하게 결손되어 있다.
- 일부에서는 15번째 염색체쌍이 모두 어머니에게서 전달받는 현상인 UPD(uniparental disomy)가 나타나기도 한다.
- 신생아와 영아기에 근긴장 저하와 수유곤란, 발달지연이 나타나다가 유아기부터 중증비만이 온다.
- 가장 심각한 증상은 비만이라고 볼 수 있는데, 이는 비만이 심장병, 당뇨병, 고혈압, 뇌혈관 질환, 수면장애 등의 합병증을 초래할 수 있기 때문이다.
- 비만은 시상하부의 병변으로 인한 과식증, 적은 신체활동과 신진대사율 때문으로 추정된다.

✦ 지역사회 교수

의미	• 생태학적 접근으로 지역사회 기능을 증진시키기 위하여 사용되는 교수적 접근으로, 기능적 생활중심 교육과정을 실현하기 위한 전략이라고 할 수 있다. • 장애학생의 지역사회 통합을 기본 전제로 하고, 장애학생이 지역사회의 다양한 환경에서 일어나는 활동에 참여하는 데 필요한 기술을 직접적으로 교수하는 것을 의미한다. • 교실에서 습득한 기술을 다른 환경에서 적용하는 일반화기술에 효과적이고, 지역사회 안에서 사람과 자연스럽게 접촉하는 경험을 갖게 되고, 직업적인 측면에서는 다양한 직업 훈련을 실습할 기회를 갖게 함으로써 직업 경쟁력과 적절한 근무자세를 배우게 할 수 있다.
절차	① 목표설정 ② 과제분석 ③ 교수적 전략 선정 및 적용 ④ 평가를 위한 자료 수집
유형	• 지역사회 중심 / 지역사회 참조 / 지역사회 모의
실제	• 지역사회 중심교수의 실제는 학생들이 학교에서 배운 후 그 기술을 일반화할 것이라고 추측하지 말 것을 요구하는 '영수준의 추측' 전략과 일반화가 저절로 된다는 증거가 없는 한 학생들로 하여금 자연스러운 환경에서 기능적 기술을 배울 수 있도록 하는 것이 학생들에게 덜 위험하다는 '최소위험 가정'을 토대로 하기 때문에 교통수단 활용을 위한 비용이나 위험 등을 감수한다.

✦ 행동연쇄

전진형	• 처음 단계부터 마지막 단계까지 순차적으로 가르치는 것 • 초기단계의 표적행동이 짧아 한 회기에 다수의 훈련 시행이 가능하지만, 새로운 훈련단계가 시작될 때마다 표적행동의 양이 증가되어 욕구 좌절과 학습에 대한 저항을 불러올 수 있음
후진형	• 마지막 단계부터 처음 단계까지 역순으로 가르치는 것 • 마지막 단계의 행동 이전 행동 단계들은 교사가 모두 완성해 준 상태에서 마지막 단계의 행동을 학생이 하도록 하는 방법 • 학생의 입장에서는 매 회기에 마지막 단계까지 완수하게 되고 강화를 받게 된다는 장점 • 그 과제를 끝까지 여러 차례 반복할 수 있는 기회가 학생에게 주어진다는 것도 장점 • 한 시행에 소요되는 시간이 길어 초기부터 지루할 수 있고, 한 회기에 많은 훈련을 시행할 수 없다는 단점이 있음 • 일반적으로 전진형 연쇄가 보다 자연스러운 교수 계열을 제시하므로 후진형 연쇄보다는 권장
전체 과제형	• 과제분석을 통한 모든 단계를 시행하도록 하면서 아동이 독립적으로 수행하지 못하는 단계에 대해서는 훈련을 실시하는 방법 • 행동연쇄에 있는 단위행동은 습득했는데 행동을 순서대로 수행하지 못할 때 사용하면 유용 • 학습자가 하위과제 대부분을 이미 습득한 경우 • 하위과제의 수가 많지 않아 비교적 단순하고, 모방 능력이 있으며, 장애의 정도가 심하지 않은 개인을 대상으로 훈련할 때

58 2020. 중 ★답안작성

(가)는 지적장애 학생 G의 학부모가 특수교사와 상담한 내용의 일부이고, (나)는 기본 교육과정 중학교 사회과 '마트에서 물건 구입하기'를 주제로 지역사회중심교수에 기반하여 작성한 수업 지도 계획의 일부이다. 〈작성 방법〉에 따라 서술하시오. [4점]

(가) 상담

학 부 모:	안녕하세요. 학생 G의 엄마입니다. 우리 아이와 같은 증후군의 아이들은 15번 염색체 이상이 원인인데, 가장 큰 특징은 과도한 식욕으로 인한 비만이라고 해요. 그래서 저는 늘 우리 아이의 비만과 합병증이 염려됩니다. ㉠
특수교사:	가정에서도 식단 관리와 꾸준한 운동으로 체중 조절을 해 주시면 좋겠어요. 학교에서도 학생 G를 위해 급식 지도와 체육활동에 신경 쓰겠습니다.
학 부 모:	네, 그리고 교과 공부도 중요하지만 학생 G가 성인기에 지역사회에서 살아가기 위해 필요한 실제적인 기술을 지도해 주시면 좋겠어요.
특수교사:	알겠습니다. 학급에서 배운 기술을 지역사회 환경에 적용할 수 있도록 ㉡'영수준 추측'과 '최소위험가정기준'을 바탕으로 지역사회중심교수를 하려고 합니다.

(나) 수업 지도 계획

학습 주제	마트에서 물건 구입하기
지역사회 모의수업	• 과제분석하기 필요한 물건 말하기 → 구입할 물건 정하기 → 메모하기 … (중략) … → 거스름 돈 확인하기 → 영수증과 구매 물건 비교하기 → 장바구니에 물건 담기 • 과제분석에 따라 ㉢ 전진형 행동연쇄법으로 지도하기 • 교실에서 모의 수업하기
(㉣)	• 학교 매점에서 과제 실행하기 －학교 매점에서 판매하는 물건 알아보기 －학교 매점에서 구입할 물건 정하기 －학교 매점에서 물건 구입하기
지역사회 중심교수	• 마트에서 과제 실행하기

작성방법

- (가)의 ㉠을 참고하여 학생 G의 증후군 명칭을 쓸 것
- (가)의 밑줄 친 ㉡의 의미를 서술하고, (나)의 괄호 안의 ㉣에 해당하는 용어를 쓸 것
- (나)의 밑줄 친 ㉢의 지도 방법을 서술할 것

핵심테마 체크 ✔

- 지적장애 학생을 위한 교육과정의 전제(원리)
- 강화된 환경중심 언어중재
- 자기결정의 구성요소
- 자기결정 교수학습모델 (SDLMI)

MY MEMO

59

정답 및 예시답안

1) ① 최소위험 가정 기준
   ② 기능적 생활중심 교육과정
2) 강화된 환경중심 언어중재
3) ① 자기교수
   ② 내가 배운 것은 무엇인가?

관련이론

✦ 강화된 환경중심 언어중재

- 환경중심 언어중재의 수정된 형태로서, 기존의 우발교수, 시간지연, 요구－모델 등의 전략에 물리적 환경 조절전략과 반응적 상호작용전략이 결합된 중재
- 일반화와 충분한 의사소통의 기회를 증진시키는 데 보다 많은 초점

✦ 자기결정 교수학습모델(SDLMI)

- 학생의 학업 영역에서부터 기능 영역에 이르기까지 학생 자신이 목표를 세우고 계획을 세울 수 있도록 고안된 교수모델
- 자기결정 교수학습모형은 다중전략모형으로 삶의 주체로서, 외적인 영향력과 침해로부터 자유로이 선택과 결정을 하도록 돕는다.
- 학생들이 자신의 삶의 원인 주체가 되어 자신을 관리, 통제하는 힘을 가지며, 자기주도적 학습의 기회를 증가시킴으로써 학생들이 교육 프로그램에 활발히 참여할 수 있도록 교사가 도와주는 교수모형
- 교사 주도적인 기존 모형과 달리 학생 스스로 주도하여 학습목표를 설정하고 이를 달성할 수 있도록 교사는 다양한 의사결정기술을 습득시키고 연습하게 한다.

교수적 지원 ➡ / ⬅ 교사목표

1단계 : 목표 설정(나의 목표는 무엇인가?)
학생질문 1 : 내가 배우고 싶은 것은 무엇인가?
학생질문 2 : 그것에 대해 지금 내가 알고 있는 것은 무엇인가?
학생질문 3 : 내가 모르는 것을 배우기 위해 무엇이 변해야 하는가?
학생질문 4 : 이것을 위해 내가 할 수 있는 것은 무엇인가?

⇩

2단계 : 계획 및 실행(나의 계획은 무엇인가?)
학생질문 5 : 모르는 것을 배우기 위해 내가 할 수 있는 것은 무엇인가?
학생질문 6 : 내가 계획을 실행하는 데 방해가 되는 것은 무엇인가?
학생질문 7 : 장애물을 제거하기 위해 내가 할 수 있는 것은 무엇인가?
학생질문 8 : 나는 언제 계획을 실행할 것인가?

⇩

3단계 : 목표 및 계획 수정(내가 배운 것은 무엇인가?)
학생질문 9 : 내가 실행한 계획은 무엇인가?
학생질문 10 : 어떤 장애물이 제거되었는가?
학생질문 11 : 내가 모르던 것에 대해 어떤 변화가 있었는가?
학생질문 12 : 알고 싶어 하던 것을 나는 알게 되었는가?

[출처: 이숙향(2013), 장애학생을 위한 자기결정교수학습모델(SDLMI)의 효과 및 적용 방안 고찰, 특수교육연구, 12(3)]

59

2021. 초

(가)는 민지의 특성이고, (나)는 교육실습생과 지도 교사의 대화이다. 물음에 답하시오. [5점]

(가) 민지의 특성

- 간단한 문장을 읽고 이해할 수 있다.
- 자신의 의사를 간단하게 표현할 수 있다.
- 학교에서 배운 것을 일상생활에 잘 적용하지 못한다.

(나) 교육실습생과 지도 교사의 대화

교육실습생: 다음 국어시간에는 '바른 말 고운 말 사용하기' 수업을 역할 놀이로 진행한다고 들었어요. 선생님, 지적장애 학생을 교육할 때 어떤 점을 유의해야 할까요?

지도 교사: 교사는 ㉠ 결정적인 자료가 없는 한 학생을 수업 활동에 배제하지 않고 교육적 지원을 계속해야 하고, 학교에서 배운 것이 학습 결과로 바로 나타난다고 생각하기보다 ㉡ 학생의 생활, 경험, 흥미 등을 중심으로 현재 필요한 것이면서 미래의 가정과 직업, 지역사회, 여가활동 등에 활용될 수 있는 생활 기술들을 지도해야 합니다.

교육실습생: 네, 감사합니다.

… (중략) …

교육실습생: 민지의 의사소통 능력 증진을 위한 교수 전략을 추천해 주실 수 있을까요?

지도 교사: 일상의 의사소통 상황을 자연스럽게 구조화하여 지속적인 반응적 상호작용을 통해 의사소통을 촉진하는 대화 중심의 교수법을 추천하고 싶습니다. [A]

… (중략) …

교육실습생: 이 수업에 자기결정 교수학습 모델을 적용할 수 있을까요?

지도 교사: 네, 가능합니다. ㉢ 자기결정 행동의 구성요소 중에서 '학생이 학습 문제를 해결하도록 학생 스스로 말해 가면서 실행하는 것'과 같은 요소를 중심으로 지도하면 좋겠네요. 이 때 자기결정 교수학습 모델을 단계별로 적용하면 됩니다.

교육실습생: 네, 감사합니다.

1) ① 발달장애 학생을 위한 교육과정을 결정하고 운영할 때 고려해야 할 교수 원리로 ㉠에 해당하는 가정(가설)을 쓰고, ② ㉡에 해당하는 교육과정의 유형을 쓰시오. [2점]

①:

②:

2) [A]에 해당하는 교수법을 쓰시오. [1점]

3) ① ㉢에 해당하는 기술을 쓰고, ② 다음 ⓐ에 들어갈 말을 쓰시오. [2점]

자기결정 교수학습 모델		
구분	성취해야 할 학생의 과제	교수적 지원
1단계	나의 목표는 무엇인가?	선택하기 교수, 목표설정 교수
2단계	나의 계획은 무엇인가?	자기일정(계획), 목표달성 전략
3단계	ⓐ	자기평가 전략, 자기점검

①:

②:

핵심테마 체크 ✔

- 학습된 무기력
- UDL가이드라인의 지침
- SDLMI

MY MEMO

60

정답 및 예시답안

○ ㉠은 학습된 무기력이다.
○ ㉢에 적용된 지침은 인지 방법의 다양한 선택권 제공이다.
○ ㉡은 문제해결이다.
○ ㉣에 들어갈 내용은 필요하다면 행동계획을 바꾸도록 지원함이다.

관련이론

✦ 보편적 학습설계 2.2

	다양한 참여수단 제공하기 • 정서적 신경망 • 학습의 이유	다양한 표상수단 제공하기 • 인지적 신경망 • 학습의 내용	다양한 행동과 표현수단 제공하기 • 전략적 신경망 • 학습의 방법
접근	흥미를 돋우는 선택권 제공하기	지각을 위한 선택권 제공하기	신체적 행동의 선택권 제공하기
	• 개인의 선택과 자율성 최적화하기 • 관련성, 가치, 진정성 최적화하기 • 위협과 혼란(주의산만) 최소화하기	• 정보제공을 맞춤화하는 방식 제공하기 • 청각 정보의 대안 제공하기 • 시각 정보의 대안 제공하기	• 응답 및 탐색 방식 다양화하기 • 도구, 보조공학에 대한 접근 최적화하기
증강	노력과 일관성의 지속을 돕는 선택권 제공하기	언어 및 상징의 선택권 제공하기	표현 및 의사소통의 선택권 제공하기
	• 목적과 목표의 중요성 강조하기 • 도전을 최적화하기 위해 요구와 자원을 변경하기 • 협력과 공동체 육성하기 • 숙달 지향적 피드백 증대하기	• 어휘와 상징 명확히 하기 • 구문과 구조 명확히 하기 • 텍스트, 수학표기법, 상징의 해독 지원하기 • 언어에 관계없이 이해 촉진하기 • 멀티미디어로 설명하기	• 의사소통을 위해 멀티미디어 사용하기 • 구조와 구성을 위해 다양한 도구 사용하기 • 연습과 수행에 대한 지원을 점차 줄이면서 유창성 구축하기
내면화	자기조절을 돕는 선택권 제공하기	이해를 돕는 선택권 제공하기	실행기능을 돕는 선택권 제공하기
	• 동기부여를 최적화하는 기대와 신념 장려하기 • 개인적 대처기술과 전략 촉진하기 • 자기평가와 반성 개발하기	• 배경지식을 활성화하거나 보완하기 • 패턴, 중요한 특징, 빅 아이디어, 관계 강조하기 • 정보처리 및 시각화 안내하기 • 전이와 일반화 최대화하기	• 적절한 목적 설정 안내하기 • 계획과 전략 개발 지원하기 • 정보 및 자원관리 촉진하기 • 진보 점검 능력 증강하기
목적	목적이 있고 동기화된 학습자	자원 및 지식이 풍부한 학습자	전략적이고 목적 지향적인 학습자

고득점 답안 비법 ✰ UDL가이드라인 2.0(CAST, 2011)의 '지침'을 써야 함. UDL가이드라인 2.2는 '지각을 위한 선택권 제공'으로 제시하고 있으며, 이는 의미상 유사하므로 정답이 될 수 있음

60

2023. 중
★답안작성

(가)는 학생의 특성이고, (나)는 수업 지도 계획을 위한 특수 교사의 메모이다. (다)는 자기결정교수학습모델(Self-Determined Learning Model of Instruction : SDLMI) 3단계를 학생 A에게 적용한 교사목표의 일부이다. <작성 방법>에 따라 서술하시오. [4점]

(가) 학생의 특성

학생 A	○ 지적장애와 저시력을 중복으로 지님 ○ 목표를 세워 본 경험이 부족하고, 교사나 부모의 도움을 받아 과제를 수행하려 함
학생 B	○ 지적장애 학생임 ○ 역량이 충분히 있음에도 불구하고 ㉠ 반복된 실패의 경험이 누적되어 학습 동기가 낮음 ○ 자신의 상황에 맞지 않는 진로 목표를 설정함

(나) 수업 지도 계획을 위한 특수 교사의 메모

○ 자기결정교수학습모델(SDLMI) 적용
- 학생질문으로 (㉡)의 과정을 지도함

1단계	2단계	3단계
학생질문	학생질문	학생질문
1. 내가 배우고 싶은 것? 2. 내가 알고 있는 것? 3. 변화되어야 하는 것? 4. 내가 할 수 있는 것?	5. 배우기 위해 내가 할 수 있는 것? 6. 계획 실행에 방해가 될 수 있는 것? 7. 장애물 제거를 위해 할 수 있는 것? 8. 계획 실행? 언제?	9. 내가 실행한 계획? 10. 제거된 장애물? 11. 어떠한 변화가 있었는가? 12. 알고 싶은 것을 알게 되었나?

○ 학생 A의 지도
- SDLMI에서 사용할 '학생질문'의 제시 방식을 학생 A에게 맞게 제공함 ┐
- 시각 정보의 대안을 제공함 ┘ [㉢]

○ 학생 B의 지도
- 학생이 성공하는 경험을 할 수 있도록 지도함

(다) SDLMI 3단계를 학생 A에게 적용한 교사목표의 일부

학생질문 11번: 내가 모르던 것에 대해 어떤 변화가 있었나요?

교사목표		지원결과
학생이 목표를 달성하지 못했다면, 목표를 재평가 하도록 학생을 지원함	→	학생이 설정한 목표를 달성하지 못했다고 대답하여 목표를 재평가하도록 지도함
학생 스스로 목표의 변경 여부에 대해 결정하도록 지원함	→	학생이 수립했던 목표를 현행대로 유지하겠다고 대답함
유지한 목표를 달성하기 위해 수립했던 행동계획의 적절성을 확인하도록 지원함	→	행동계획을 확인한 결과, 부적절하다고 대답함
(㉣)	→	…(중략)…

작성방법

- (가)의 밑줄 친 ㉠과 관련된 특성을 쓸 것
- (가)에 제시된 학생 A의 특성을 고려하여 (나)의 ㉢에 적용된 보편적 학습설계의 지침을 쓸 것 [단, 응용특수공학센터(CAST, 2011)의 보편적 학습설계 가이드라인에 근거할 것]
- (나)의 괄호 안의 ㉡에 해당하는 내용을 쓰고, (다)의 괄호 안의 ㉣에 해당하는 내용을 1가지 서술할 것

핵심테마 체크

• 지역사회 중심교수

MY MEMO

61

정답 및 예시답안

1) • **계통성**: 기초적인 내용을 토대로 새로운 개념을 통합하거나 형성하는 특성으로 수학과의 대표적 특성 중 하나이다.
   • **이유**: 학생은 화폐의 단위를 모르기 때문에 제시된 활동에 대한 기초적인 토대가 형성되어 있지 않다. 따라서 계통성에 따라 학생의 수준에 적절한 활동이 아니다.
2) 화폐계산을 지도할 때에는 실제 생활 속에서 자신의 필요에 의한 구매, 계획성 있는 용돈 사용 등을 실천할 수 있도록 지도하여 바람직한 경제생활 습관을 장착시킨다.
3) • ㉠ 지역사회 모의교수
   • ㉡ 학교 매점에서 물건 구입하기
   • **차이점**: 지역사회 모의교수는 교실 내에서 모의상황을 설정하는 반면, 지역사회 참조교수는 지역사회 환경과 유사한 학교 내 실제 상황에서 교수를 실시한다.

관련이론

✦ 지역사회 중심교수

의미	• 생태학적 접근으로 지역사회 기능을 증진시키기 위하여 사용되는 교수적 접근으로, 기능적 생활중심 교육과정을 실현하기 위한 전략이라고 할 수 있다. • 장애학생의 지역사회 통합을 기본 전제로 하고, 장애학생이 지역사회의 다양한 환경에서 일어나는 활동에 참여하는 데 필요한 기술을 직접적으로 교수하는 것을 의미한다. • 교실에서 습득한 기술을 다른 환경에서 적용하는 일반화기술에 효과적이고, 지역사회 안에서 사람과 자연스럽게 접촉하는 경험을 갖게 되고, 직업적인 측면에서는 다양한 직업 훈련을 실습할 기회를 갖게 함으로써 직업 경쟁력과 적절한 근무자세를 배우게 할 수 있다.
절차	① 목표설정 ② 과제분석 ③ 교수적 전략 선정 및 적용 ④ 평가를 위한 자료 수집
유형	• 지역사회 중심 / 지역사회 참조 / 지역사회 모의
실제	• 지역사회 중심교수의 실제는 학생들이 학교에서 배운 후 그 기술을 일반화할 것이라고 추측하지 말 것을 요구하는 '영수준의 추측' 전략과 일반화가 저절로 된다는 증거가 없는 한 학생들로 하여금 자연스러운 환경에서 기능적 기술을 배울 수 있도록 하는 것이 학생들에게 덜 위험하다는 '최소위험 가정'을 토대로 하기 때문에 교통수단 활용을 위한 비용이나 위험 등을 감수한다.

61

2013. 초

다음의 (가)는 정신지체 학생인 선진이의 '화폐' 관련 수행 수준이다. (나)는 교육실습생이 선진이를 지도하기 위하여 '2010 개정 특수교육 교육과정' 중 기본 교육과정 수학과에 근거해 수립한 지도 계획의 일부이다. 물음에 답하시오. [6점]

(가) 선진이의 수행 수준

- 화폐와 화폐가 아닌 것을 구별할 수 있음
- 같은 모양의 화폐를 찾을 수 있음
- 화폐의 단위를 모름
- 화폐의 금액을 모르고 세지 못함

(나) 지도 계획

- 제재: 화폐 계산하기
- 학습 목표: 단위가 다른 화폐를 모았을 때 얼마인지 알 수 있다.
- 학습 활동 1: 모형 화폐를 세어보고 얼마인지 알아보기
- 학습 활동 2: 화폐 그림을 보고 얼마인지 알아보기

1) (가)에 비추어 볼 때, (나)의 지도 계획은 수학과 성격 중 하나인 '계통성'에 부합하지 않은 측면이 있다. 계통성에 대해 설명하고, (나)의 지도 계획이 계통성에 부합하지 않은 이유를 쓰시오. [2점]

- 계통성 :

- 이유 :

2) '수학과 교수 · 학습 방법'에 근거하여 (나)의 '화폐 계산하기' 제재 지도 시 유의사항을 쓰시오. [1점]

3) 교육실습 지도 교사는 화폐 관련 수업 시 다음과 같은 교수 전략을 활용해 보라고 제안하였다. ㉠의 명칭과 ㉡에 해당하는 활동의 예를 쓰시오. 그리고 ㉠과 '지역사회 참조교수'의 차이점 1가지를 쓰시오. [3점]

교수 전략	화폐 계산하기 활동의 예
㉠	시장 놀이나 가게 놀이 하기
지역사회 참조교수	㉡

- ㉠ :

- ㉡ :

- 차이점 :

핵심테마 체크 ✔

- 과제분석
- 지역사회 교수

MY MEMO

62

정답 및 예시답안

1) 유치원 C
2) 유치원 C
3) ① 과제분석
   ② 지역사회 모의교수

관련이론

✦ 과제분석

① 과제분석은 행동연쇄를 구성하는 여러 개의 자극과 반응 요소들로 과제를 나누는 것이다.
② 과제분석은 복잡한 과제를 분석하여, 가르칠 수 있는 작은 단계로 나누는 것을 의미한다.
③ 과제분석이란 가르치고자 하는 행동의 최종목표를 찾아서 그 행동을 구성하는 단위행동을 분석하는 기법이다.
④ 과제분석을 하는 이유는 과제를 완수하기 위해 아동의 수준에 맞게 과제행동을 단계별로 작게 나누어 지도하기 위함이다.
⑤ 과제분석을 행동연쇄와 연결 지어 설명하면, 과제분석이란 행동연쇄법을 적용하기 위한 과정이며, 행동연쇄상에 있는 각 단위행동들을 순서에 따라 단계별로 나누는 것을 의미한다. 그러므로 행동연쇄를 적용하기 위해서는 반드시 과제분석이 이루어져야 한다.
⑥ 과제분석은 아동의 능력에 따라 이루어져야 한다. 과제분석이 잘 되었는지 알아보기 위해서는 아동이 각 단계를 수행하는 것을 관찰해 보면 알 수 있다. 만일 아동이 어떤 단계에서 어려워한다면 그 단계는 더 세분화시킬 필요가 있고, 아동이 능력이 좋으면 몇 단계를 묶어서 한 단계로 가르칠 수도 있다.

고득점 답안 비법 ✰ [B]는 도장 찍기 기술을 세분화 한 것을 보여준 것이지, 연쇄적으로 지도한다는 것을 보여주는 것이 아님

62

2022. 유

(가)는 통합학급의 놀이 기록화 작업 내용이며, (나)는 유아특수 교사가 작성한 일지의 일부이다. 물음에 답하시오. [5점]

(가)

유치원에서
봉숭아 물들이기를 함

꽃 축제를 다녀 온 아영이가 자신 있게 말함

아영 : 파랑 꽃으로 물들이면 파랑 손톱이 될 거야.
현서 : 파랑 좋아.
영수 : 정말? 파랑 손톱 본 적 있어?
신우 : 너 해봤어? 나도 해 보고 싶었는데…….
민호 : 직접 해 보기 전에는 알 수 없으니까 해 보고 말하자.

유아들은 파랑 손톱이 된다는 팀과 안 된다는 팀으로 나누어짐

교사 : 다 같이 꽃 축제에 가서 파랑 꽃으로 물들이기를 하면 어떨까?

교사는 꽃 축제 현장체험학습을 계획하고 실행함

유아들은 꽃 축제 체험관에서 파란색 꽃으로 손톱 물들이기를 함

선물 받은 꽃을 한 송이씩 유치원에 가지고 옴

[A]
유아들은 같은 색깔의 꽃 끼리 모아 왕국을 만들어 놀이하기로 함

진아 : 우리 모둠은 분홍왕국이야. 분홍 꽃은 다 우리한테 줘.
혜지 : 그럼 우리 모둠은 노랑왕국. 노랑 꽃은 우리 거야.

다음날 유아들은 손톱에 파란색 물이 들었는지에 대해 이야기를 나눔

교사는 유아들이 ㉠ 'ㄹ물체의 특성과 변화를 여러 가지 방법으로 탐색'할 수 있도록 물들이기의 확장활동을 계획함

(나)

현장체험학습 사전답사를 가 보니, '미션! 지도에 도장 찍기' 코너가 인기가 있었다. 도장 찍기에 어려움이 있는 현서를 위해 아래와 같이 도장 찍기 기술을 세분화하고 연쇄법을 적용하여 지도하였다.

[B]
지도 꺼내기 → 지도 펼치기 → 도장 찍을 곳 확인하기 → 도장에 잉크 묻히기 → 도장 찍기 → 지도 접기 → 지도 넣기

[C]
현장체험학습에 필요한 기술을 연습할 수 있도록 교실 환경을 꽃 축제의 코너와 유사하게 꾸몄다. 그리고 '미션! 지도에 도장 찍기' 활동에 필요한 자료를 구비하여 현서가 연습할 수 있게 하였다.

1) (가)에서 ① 과학적 태도 유형 중 판단유보가 나타난 유아의 말을 찾아 쓰고, ② [A]에 나타난 과학적 과정 기술을 쓰시오. [2점]

①:

②:

2) (가)의 ㉠에 해당하는 예를 1가지 쓰시오. [1점]

3) (나)에서 ① 교사가 실시한 [B]가 무엇인지 쓰고, ② [C]에 해당하는 교수방법을 쓰시오. [2점]

①:

②:

핵심테마 체크 ✔

- 지역사회 중심교수
- 일반사례 교수법

MY MEMO

63

정답 및 예시답안

③

알찬 지문풀이

- ㄴ. 장애학생들이 성인이 되었을 때 필요한 기술들을 습득할 수 있도록 현장학습이나 적응훈련 중심으로 ~~비구조적인 교수~~를 계획한다. ➡ 학생이 목표기술을 실제 지역사회 환경에서 습득하고 적용할 수 있도록 체계적으로 계획하는 것이다.

- ㄹ. 지역사회중심교수의 효과를 극대화하기 위해서는 장애의 정도와 유형에 상관없이 지역사회에 접근할 수 있어야 하고, ~~특수학급의 수업 맥락에서~~ 이루어져야 한다. ➡ 통합된 환경에서 이루어져야 한다.

관련이론

✦ 일반사례 교수법

의미	• 전통적인 과제분석 절차를 확장하여 수행 상황에서의 단계와 자극 변인을 나타낸 개념이다. • 교사가 지역 내에 있는 모든 현금 인출기에 대한 과제분석과 훈련을 하기보다는 상황에서 가장 일반적인 변인이 될 은행을 골라 훈련하면 쉽게 접근할 수 있을 것이다.
6가지 원리	① 학생이 활동을 완성할 가능성이 높은 상황을 선정한다. ② 활동에서 학생이 수행할 범위를 선정한다. ③ 일반적인 활동 단계를 정한다. ④ 각 단계에서 일반적인 자극 내용을 선정한다. ⑤ 기대되는 수행 장면을 선정한다. ⑥ 훈련 상황을 선정한다.
관련 자극 및 변인 설정 시 고려할 점	• 훈련이 이루어지는 곳과 가장 가까운 장소를 선정하여 시작한다. • 단계 및 자극 변인이 학생에게 해당되는 변인들인지 확인한다. • 교수가 이루어지기 쉽고 시간을 절약할 수 있는 곳으로 선정한다. • 처음 선정한 장소와 많이 다른 곳을 선정한다. • 단계 및 자극 변인은 학생이 가장 폭넓게 노출될 수 있는 내용으로 선정한다. • 단계 및 자극 변인은 가능한 한 꼭 필요한 최소한의 숫자로 정한다.
5단계	① 어떤 것을 가르칠 것인지 교수 영역을 정의한다. ② 교수 영역이 정해지면 그 영역에서 사용할 교수사례와 검사사례를 선택한다. ③ 교수사례를 계열화한다. ④ 계획된 교수사례 순서에 맞추어 교수를 실시한다. ⑤ 검사사례에서 평가한다.

핵심테마 체크 ✔

- 일반사례 교수법
- 지역사회 교수

MY MEMO

64

정답 및 예시답안

○ (가) 일반사례 교수법

○ (나) 지역사회 참조교수

63

2013. 중

교사가 중도 정신지체 학생을 지도하기 위해 지역사회중심교수를 실시하고자 한다. 옳은 것을 <보기>에서 고른 것은?

보기

ㄱ. 지역사회라는 의미 있는 자연적 맥락에서 기능적 기술을 가르치는 교수적 실제이다.
ㄴ. 장애학생들이 성인이 되었을 때 필요한 기술들을 습득할 수 있도록 현장학습이나 적응훈련 중심으로 비구조적인 교수를 계획한다.
ㄷ. 학교 안에서는 지역사회중심교수를 구현하기 위해 지역사회참조교수와 지역사회시뮬레이션을 활용할 수 있다.
ㄹ. 지역사회중심교수의 효과를 극대화하기 위해서는 장애의 정도와 유형에 상관없이 지역사회에 접근할 수 있어야 하고, 특수학급의 수업 맥락에서 이루어져야 한다.
ㅁ. 지도방법 중에는 학습한 기술이 다양한 상황이나 조건에서도 사용될 수 있도록 하는 일반사례 교수법(general case instruction)이 있다.

① ㄱ, ㄴ, ㄷ
② ㄱ, ㄴ, ㅁ
③ ㄱ, ㄷ, ㅁ
④ ㄴ, ㄷ, ㄹ
⑤ ㄷ, ㄹ, ㅁ

64

2015. 중

다음은 정신지체 학생 A와 B에게 마트 이용하기 기술의 일반화를 촉진하기 위한 지역사회 중심 교수 전략들이다. (가)와 (나)에 해당하는 지도 전략의 명칭을 순서대로 쓰시오. [2점]

(가) 학생 A가 이용할 것으로 예상되는 집 근처 마트를 조사하여 10곳을 정한다. 선정한 마트 10곳의 이용 방법을 모두 분석한 후, 이용 방법에 따라 범주화한다. 범주화된 유형에 대해 각각 과제 분석을 하고, 유형별로 마트를 1곳씩 정하여 지도한다. 교사는 학생 A가 학습한 것을 나머지 마트에서도 수행할 수 있는지 평가한다.

(나) 학생 B에게 학교 안에 있는 매점을 활용하여 지역사회 마트 이용하기 기술을 가르친다. 학교 매점에서 물건 고르기, 물건 가격 확인하기, 계산대 앞에서 줄 서기, 돈 지불하기, 거스름돈 확인하기를 지도한다.

핵심테마 체크 ✔

- 다운증후군
- AAIDD의 3단계 예방
- 지역사회 중심교수
- 일반사례 교수법

MY MEMO

65

정답 및 예시답안

○ 학생 C는 다운증후군이다.
○ 3차 예방은 ㉡과 같이 장애로 인해 나타날 수 있는 기능상의 어려움을 최소화하여, 개인의 전반적인 기능을 향상시키는 것을 목적으로 한다.
○ ㉢은 지역사회 중심교수, ㉣은 일반사례 교수법이다.

관련이론

✦ AAIDD에서 제시한 3단계 예방적 노력

1차적 예방	• 1차적 예방이란 질병이나 장애 자체의 출현을 예방하기 위한 지원을 말한다. • 예를 들어, 예방접종을 통해 아동들이 심각한 질병에 노출되지 않게 한다든지, 임산부에게 술이나 약물과 같은 기형 유발물질에 접근하지 못하도록 교육하고 지원한다든지, 낙상의 위험이 있는 장소에는 아동이 접근하지 못하게 한다든지 하는 사전 예방 프로그램을 말한다. 이러한 지원을 통해 태아와 아동 그리고 부모는 건강한 상태를 유지할 수 있게 된다.
2차적 예방	• 2차적 예방이란 이미 어떤 상태나 질병의 영향을 받고 있는 개인에게서 장애나 증상이 나타나는 것을 예방하는 지원을 말한다. 다시 말해, 장애를 초래할 위험이 현재 있음을 파악하고, 즉시적으로 조치를 취하여 장애로 진척되지 않도록 하는 노력을 말한다. • 예를 들어, 극도의 저체중아로 태어난 아동은 여러 가지 질병에 노출되거나 발달이 지체될 위험을 안고 있다. 그러나 적절한 의학적 관리와 치료를 제공하고, 적절한 조기중재 프로그램을 제공한다면 저체중이라는 상태를 없앨 수는 없지만 그로 인해 초래될 수 있는 문제는 발생하지 않게 할 수 있다. • 또 다른 예로는 페닐케톤뇨증과 같은 대사장애가 있는 신생아를 위해 선별검사를 하는 것을 들 수 있다. 모든 신생아를 대상으로 생후 7일 이내에 신생아 선별검사를 실시한다면 페닐케톤뇨증 자체를 없앨 수는 없지만 페닐케톤뇨증이 있는 영아에게 식이요법을 통해 질환의 영향을 최소화하여 정상적으로 건강한 상태를 유지할 수 있게 할 수 있다. 이렇듯 2차적 예방은 장애 위험을 발견하는 것과 발견된 위험의 영향을 최소화하여 장애로 발전하지 않도록 조치를 취하거나 중재를 하는 과정 모두를 포함한다.
3차적 예방	• 3차적 예방은 장애로 인해 나타날 수 있는 기능상의 어려움을 최소화하기 위한 지원이다. 3차적 예방은 개인의 전반적인 기능을 향상시키는 것을 목표로 한다. • 예를 들어, 중도 지적장애가 있는 아동에게 통합된 지역사회에서 독립적인 삶을 살 수 있도록 기능적인 교육과정으로 교수하고, 적절한 전환교육을 통해 직업 기술과 태도를 갖추게 하여 취업이 가능하도록 지원하는 것이 3차적 예방에 해당될 것이다. • 이미 장애가 있는 아동의 가정에서 빈곤으로 인해 겪는 여러 어려움을 최소화하기 위해 부모에게 직업교육을 하여 취업 기회를 제공하고, 위험하지 않은 주거지역에서 정착하여 살 수 있도록 지원하며, 자녀가 꾸준히 특수교육을 받을 수 있도록 안정된 삶의 기반을 마련해 준다면 역시 3차적 예방이 될 것이다. 이렇듯 3차적 예방은 장애의 영향을 최소화하여 전반적인 기능을 향상시키는 것에 중점을 둔다.

고득점 답안 비법 ✩ 3차 예방의 정의를 쓰는 것이 아니라, 3차 예방의 목적을 서술해야 함. 문제의 요구를 정확히 반영할 것

65

2022. 중
★답안작성

(가)는 지적장애 학생 C의 특성이고, (나)는 학생 C의 학부모와 특수 교사가 나눈 대화의 일부이다. 〈작성 방법〉에 따라 서술하시오. [4점]

(가) 특성

◦ ㉠ 장애의 원인은 21번째 상염색체가 3개인 염색체 이상으로 생의학적 · 출생 전 원인에 해당함
◦ 성격이 밝고, 사회성이 좋음
◦ 간헐적 지원 요구가 있음
◦ ㉡ 장애 특성상 갑상선 질병에 걸리기 쉽기 때문에 정기적인 검진을 받고 있음

(나) 대화

학 부 모: 선생님, 안녕하세요. 저희 아이가 곧 고등학교를 졸업하는데, 그때가 되면 혼자 시내버스를 타고 다닐 수 있으면 좋겠어요.
특수 교사: 예, 마침 사회 시간에 '우리 동네 살펴보기' 학습을 할 예정이어서 시내버스를 이용해 보려고 해요. 지역사회에서 사용할 기술을 지역사회 환경에서 직접 가르치는 방법을 (㉢)(이)라고 합니다. 그런데 시간, 비용, 위험성의 문제로 실제 버스를 타러 가기 전에 우선 교실에서 모의 환경을 만들어 미리 연습하는 지역사회모의교수를 해 보려고 합니다.
학 부 모: 그렇군요. 그런데 교실의 모의 환경에서 연습을 하면 실제 환경과 다른 점이 많아서 나중에 제대로 버스를 탈 수 있을까요?
특수 교사: 그래서 지역사회모의교수를 실시한 후에 실제 환경에서 발생할 수 있는 여러 상황이나 조건 중 대표적인 사례를 선택하고 계열화하여 가르치는 (㉣)(으)로 지도하려고 합니다.
학 부 모: 어떤 방법인지 예를 들어 설명해 주시면 좋겠어요.
특수 교사: 편의점 이용하기를 예로 들자면, 편의점마다 물품이나 계산대의 위치가 다르잖아요. 그래서 먼저 과제 분석을 합니다. 그다음에는 기술을 지도할 대표적인 편의점 A와 평가할 다른 편의점 B를 정합니다. 그 후 편의점 A에서 물건 사기 기술을 지도하고, 편의점 B에 가서 이 기술이 일반화되었는지를 평가하는 방식이지요.

작성방법

- (가)의 밑줄 친 ㉠을 참조하여 학생 C의 증후군 명칭을 쓸 것
- (가)의 밑줄 친 ㉡을 고려하여 미국 지적장애 및 발달장애 협회(AAIDD, 2010)의 매뉴얼에서 제시한 3차 예방의 목적을 1가지 서술할 것
- (나)의 괄호 안 ㉢, ㉣에 해당하는 교수 전략을 기호와 함께 각각 쓸 것

핵심테마 체크

• 부분참여의 원리

MY MEMO

66

정답 및 예시답안

⑤

알찬 지문풀이

• ㄱ. 2단계에서는 다칠 위험이 있기 때문에 ~~교사가 대신~~ 해 준다. ➡ 수동적 참여

• ㄹ. 7단계에서는 으깬 감자 샐러드를 식빵에 바르는 친구들의 활동을 ~~관찰하게 한다~~. ➡ 수동적 참여

관련이론

✦ 부분참여의 원리

의미	• 부분적 참여 원리는 본질적으로, 모든 중도장애 학생들은 최소한으로 제한된 다양한 학교 내외 환경과 활동들에서 부분적으로라도 자신들이 기능할 수 있도록 많은 기술을 습득할 수 있다는 사실에 대한 긍정적 단어이다. • 아동이 다른 사람의 눈에 더욱 가치 있게 보이도록 하는 가운데, 아동이 제외되거나 차별받는 것을 방지할 수 있다.	
핵심	• 일반 또래들이 참여하는 활동에 함께 참여하기 위하여 굳이 기술을 독립적으로 행할 수 있어야 할 필요가 없다는 것이 핵심이다. • 대신에 다른 형식을 통해서 기술의 기능을 행할 수 있는 조정이 적용될 수 있다. • 개별화된 조정은 특정 개인에게 적용될 수 있으며 특정한 학생이 생활연령에 적절하고 기능적인 활동에 적어도 부분적으로나마 참여할 수 있도록 하는 것이다(Baumgart). • 조정은 아래의 것들을 포함할 수 있다. – 의사소통 기기와 같은 '물품과 도구들' – 휠체어를 밀어주는 '개인적인 도움' – 바지를 벗기 위해 의자에 앉는 것과 같은 조정된 '기술 순서' – 놀이장소의 크기를 줄이는 것과 같은 '조정된 규칙' – 보조기구를 달고 팀 경기에 참여하는 것을 허락하는 '사회적인 태도의 조정'	
오류 유형	수동적 참여	장애를 가진 학생들이 자연스러운 환경에 배치되었으나 적극적으로 활동들에 참여하도록 허락하는 대신에, 또래들이 활동에 참여하는 것을 관찰하는 기회만 제공하는 것이다.
	근시안적 참여	교사가 교육과정의 관점들 중 한 가지 혹은 몇 가지만을 좁은 시야로 집중하고, 학생이 학습의 전반적인 기회들로부터 이득을 보지 못하도록 하는 것이다.
	단편적 참여	학생이 몇몇 활동들에 부정기적으로 참여하는 것을 말한다.
	참여기회 상실	학생이 독립적으로 활동을 하기 위해 너무 많은 시간과 노력을 기울이게 함으로써 학생으로 하여금 더 많은 수의 활동들에 참여할 기회를 상실하게 하는 것을 말한다.

66

2011. 초

최 교사는 2008년 개정 특수학교 기본교육과정 실과 가정생활 영역 '음식 만들기와 식사하기' 내용을 지도하기 위해 다음과 같이 '감자 샌드위치 만들기 활동' 단계를 분석하였다. 〈보기〉는 중도 정신지체 학생 희수가 혼자서 할 수 없는 단계에 대한 활동참여 계획이다. 이 중 Baumgart 등이 제시한 '부분 참여 원리'를 적절하게 적용한 내용을 모두 고른 것은?

감자 샌드위치 만들기 활동	희수의 수행 수준
1단계 : 흐르는 물에 감자를 씻는다.	◎
2단계 : 칼로 감자를 깎는다.	×
3단계 : 냄비에 감자를 넣고 삶는다.	×
4단계 : 식은 감자를 움푹한 그릇에 넣어 으깬다.	×
5단계 : 으깬 감자에 치즈와 마요네즈를 넣는다.	◎
6단계 : 5단계 재료에 잘게 썬 채소를 넣어 감자 샐러드를 만든다.	◎
7단계 : 6단계에서 준비된 으깬 감자 샐러드를 식빵에 바른다.	×
8단계 : 감자 샐러드를 바른 식빵 위에 식빵 한 장을 덮는다.	◎
9단계 : 감자 샌드위치를 세모 모양으로 잘라 접시에 담는다.	×

◎ : 혼자서 할 수 있음, × : 혼자서 할 수 없음

보기

ㄱ. 2단계에서는 다칠 위험이 있기 때문에 교사가 대신 해준다.
ㄴ. 3단계에서는 현재 할 수 있는 기술인 '냄비에 감자 넣기'를 하게 한다.
ㄷ. 4단계에서는 움푹한 그릇 대신 자동으로 으깨는 기구에 식은 감자를 넣어주고, 작동버튼을 누르게 한다.
ㄹ. 7단계에서는 으깬 감자 샐러드를 식빵에 바르는 친구들의 활동을 관찰하게 한다.
ㅁ. 9단계에서는 감자 샌드위치를 자르지 않고 그대로 접시에 담게 한다.

① ㄱ, ㄹ　② ㄴ, ㄷ
③ ㄷ, ㅁ　④ ㄴ, ㄷ, ㄹ
⑤ ㄴ, ㄷ, ㅁ

핵심테마 체크 ✔

- 개정 특수교육 기본교육과정 진로와 직업
- 기억전략
- 사회적 기술 훈련 전략

MY MEMO

67

정답 및 예시답안

- ㉠ 작업표본평가
- ㉢ 두문자어 전략
- ㉣ 적절한 행동에 대한 연습 기회
- ㉤ 역할분담 후 역할에 맞는 대본 작성(카페 상황에 맞는 역할을 구분하고 대본 작성)

관련이론

✦ 기억전략

두문자어 전략	• 기억해야 할 정보의 첫 글자를 따서 또 다른 단어를 만드는 형태 • 구체적인 순서대로 정보를 기억해야 하는 경우와 순서가 필요 없는 경우 모두 활용
어구 만들기	• 단어의 첫 글자가 다른 단어를 대신하도록 하는 문장을 만드는 방법 • 어크로스틱은 두문자어와 유사하지만, 목록에 있는 단어들의 첫 글자로 구나 문장을 나타내는 새로운 단어를 만들어 낸다는 점에서 다름 • 시각적인 그림을 동반한 두문자어와 어크로스틱은 두문자어를 단독으로 가르치는 것보다 더 성공적일 수 있음
핵심어 전략	• 친숙한 정보를 가지고 새롭고 친숙하지 않은 단어와 연결시킬 때 유용 • 관련이 없어 보이는 2개 이상의 정보를 연합하여 정보의 회상을 도와주는 전략 • 이미 학습한 용어·개념에 대해 음성학적으로 유사한 정보를 연결시키는 것 • 절차: ① 재부호화하기 ② 연관시키기 ③ 인출하기
페그워드 전략	• 기억되는 정보를 순서적으로 번호를 매길 때 숫자에 대한 운율적 단어들을 사용하는 방법 • 핵심은 외울 단어의 운을 사용하여 순서 혹은 번호가 매겨진 정보를 암기하는 것
시연	• 가장 간단한 형식의 전략으로, 주어진 정보를 단순히 반복하여 되뇌는 인지적 조작
심상화	• 사물에 대한 기억을 마음속에 영상화하여 기억하는 방법
언어적 정교화	• 주어진 자료의 내용을 보다 의미 있는 단위로 만들어서 기억하거나 회상하는 데 사용되는 기억전략
범주화	• 주어진 정보를 공통된 속성에 따라 분류하여 기억하는 방법

67

2018. 중

(가)는 지적장애 특수학교 고등학교 과정의 진로와 직업 수업 운영을 위한 김 교사와 최 교사의 대화이고, (나)는 진로와 직업 수업 계획의 일부이다. 〈작성 방법〉에 따라 서술하시오. [4점]

(가) 진로와 직업 수업 운영을 위한 두 교사의 대화

김 교사: 맞춤형 직업체험 활동을 진행하기 위해서는 먼저 학생 개개인을 대상으로 직업 흥미와 적성 등을 분석해야 하고, 분석을 위한 평가 방법으로는 심리검사 및 (㉠), 상황평가, 현장평가 등이 있습니다.

최 교사: 그렇군요. 저도 우리 학생들에게 ㉡ <u>실제 작업에 쓰이고 있는 재료, 도구, 기계, 공정을 작업 과제로 추출하고, 그 과제에 대한 작업 공정 중 핵심적인 목록을 평가도구로 하여 작업 결과를 질적, 양적으로 평가하고 있습니다. 이때 평가실에서 실제 직무나 모의 직무를 평가한답니다.</u>

(나) 진로와 직업 수업 계획

영역		진로 준비
단원		지역사회 대인 서비스
제재		카페에서 대인 서비스하기
주요 학습 활동	1차시	• 카페에서의 대인 서비스에 필요한 문장 학습하기 〈학습할 문장〉 • **안**녕하세요? • **무**엇을 주문하시겠습니까? • **여**기 주문하신 ○○입니다. • **고**맙습니다. 위의 4가지 문장을 연습하기 위해 ㉢ <u>'**안무여고**'라고 알려주고 암기하게 함</u>
	2~3차시	• 카페에서 대인 서비스를 위한 ㉣ <u>역할극</u> 하기 카페에서 주문 받고 서빙하는 상황 설정하기 ⇩ (㉤) ⇩ 작성한 대본 연습하기 ⇩ 카페에서 주문 받고 서빙하는 장면 실연하기 ⇩ 카페에서 대인 서비스 역할극에 대해 평가하기

작성방법

• 「2015 개정 특수교육 교육과정(교육부 고시 제2015-81호)」 중 기본 교육과정 진로와 직업 '교수 · 학습 및 평가'와 밑줄 친 ㉡의 내용에 근거하여 ㉠에 들어갈 평가의 명칭을 쓸 것
• 밑줄 친 ㉢에 해당하는 기억 전략의 명칭을 쓸 것
• 밑줄 친 ㉣의 장점을 1가지 서술할 것
• ㉤에 들어갈 내용을 1가지 서술할 것

테마별 기출분포도

테마		연도별 기출분포	셀프체크
이해	법적 정의_대상자 선정 기준	⑨중	□□□□□
	정의, 분류 및 특성	⑩중 ⑬중 ⑰초 ⑱초	□□□□□
개념적 지도모델의 개념 및 관련전략	신체생리적 모델	⑩중 ⑫중 ⓭유 ⓭초 ⓭중 ⑰중 ㉔중	□□□□□
	심리역동적 모델	⑩중 ⑫중 ⓭유 ⓭초 ⓭중 ⑯유	□□□□□
	인지주의적 모델	⑩중 ⑫중 ⓭유 ⓭초 ⓭중 ⑭유 ⑭초 ⑮초 ⑯중 ⑰유 ⑲초 ⑳중 ㉒초	□□□□□
	행동주의적 모델	⑩중 ⑫중 ⑭유 ㉔중	□□□□□
	생태주의적 모델	⑨유 ⑫중 ⑯유 ㉑유 ㉒중	□□□□□
DSM _진단기준 _관련전략	불안장애	⑪유 ⑪초 ⑫유 ⑫중 ⑱중 ⑳중 ㉓유	□□□□□
	외상 및 스트레스 장애	⑪유 ⑪초 ⑫중	□□□□□
	강박-충동 및 관련 장애	⑪유 ⑪초 ⑫유 ⑫중	□□□□□
	우울장애	⑩중 ⑫유 ⑫중	□□□□□
	품행장애	⑪중 ⑫중 ⑬초 ⑯초 ⑱중 ⑲중 ⑳초 ㉒중 ㉓초	□□□□□
	적대적 반항장애	⑨중 ㉒초	□□□□□
	주의력결핍 과잉행동 장애	⑩유 ⑬중	□□□□□
	틱 장애와 기타 장애	⓭유 ⓭초 ⓭중 ⑮중	□□□□□

PART

07

정서 및 행동장애

핵심테마 체크 ✔

- 장애인 등에 대한 특수교육법의 대상자 선정기준

MY MEMO

01

정답 및 예시답안

①

관련이론

✦ 정서행동장애 대상자 선정기준

- 지적 · 감각적 · 건강상의 이유로 설명할 수 없는 학습상의 어려움을 지닌 사람
- 또래나 교사와의 대인관계에 어려움이 있어 학습에 어려움을 겪는 사람
- 일반적인 상황에서 부적절한 행동이나 감정을 나타내어 학습에 어려움이 있는 사람
- 전반적인 불행감이나 우울증을 나타내어 학습에 어려움이 있는 사람
- 학교나 개인 문제에 관련된 신체적인 통증이나 공포를 나타내어 학습에 어려움이 있는 사람

01

2009. 중

「장애인 등에 대한 특수교육법 시행령」에 명시된 정서 · 행동장애를 지닌 특수교육대상자 선정기준에 해당하는 것을 〈보기〉에서 고른 것은?

보기
장기간에 걸쳐 다음 각 목의 어느 하나에 해당하여, 특별한 교육적 조치가 필요한 사람 ㄱ. 또래나 교사와의 대인관계에 어려움이 있어 학습에 어려움을 겪는 사람 ㄴ. 지적 · 감각적 · 건강상의 이유로 설명할 수 없는 학습상의 어려움을 지닌 사람 ㄷ. 인지능력에 비하여 언어 수용 및 표현능력이 낮아 학습에 어려움이 있는 사람 ㄹ. 사회적 상호작용과 의사소통에 결함이 있어 학교생활 적응에 어려움이 있는 사람 ㅁ. 일반적인 상황에서 부적절한 행동이나 감정을 나타내어 학습에 어려움이 있는 사람 ㅂ. 학교나 개인 문제에 관련된 신체적인 통증이나 공포를 나타내어 학습에 어려움이 있는 사람

① ㄱ, ㄴ, ㅁ, ㅂ
② ㄱ, ㄷ, ㄹ, ㅂ
③ ㄱ, ㄹ, ㅁ, ㅂ
④ ㄴ, ㄷ, ㄹ, ㅁ
⑤ ㄷ, ㄹ, ㅁ, ㅂ

핵심테마 체크 ✔

- 정서 및 행동장애의 교육적 분류
- 집단강화
- 직접 관찰 기록법
- 기준(준거)변경설계

MY MEMO

02

정답 및 예시답안

1) 외현화 장애
2) ① 독립적 집단강화
   ② 강화의 여부는 개인의(개별적인) 수행에 따라 결정된다.
   (강화 여부에 학생들이 상호영향을 주고받지 않으므로 집단응집력에 영향을 주지 않는다.)
3) ① 지연시간 기록법
   ② 기초선 조건으로 반전시키기

관련이론

✦ 정서행동장애의 분류

임상적 분류	• 대표적인 분류체계가 「정신장애의 진단 및 통계 편람(DSM)」 • DSM은 임상적 합의에 의해 정신장애를 범주로 분류하고 함께 발생하는 특성들을 그 범주의 진단 준거로 선택하는 과정을 거쳐 개발됨
교육적 분류	• 경험적 분류, 차원적 분류, 범주적 분류 내면화 장애: • 내재화 요인 • 과잉통제 • 불안, 우울, 위축 외현화 장애: • 외현화 요인 • 통제결여
공존장애	• 어떤 분류체계를 사용하든 두 가지 이상의 유형이 함께 나타나는 경우가 종종 있음 • 장애의 공존, 동시발생, 합병, 동반이환 등

✦ 집단강화

독립적	• 동일한 후속 (강화)자극이 집단 구성원 모두에게 동등하게 제공되지만 특정한 개인이나 소수집단 또는 전체집단의 행동과는 상관없이 구성원 각자의 행동에 따라 개별적으로 강화 여부 결정
의존적	• 집단 전체에게 제공되는 보상은 한 개인의 행동 또는 소수 구성원의 행동에 의하여 결정
상호의존적	• 집단 내 모든 구성원의 행동에 의하여 결정되며, 집단강화를 얻기 위해서는 구성원 모두가 공동목표에 기여하여야 함

✦ 사건기록법

빈도 기록	• 전체 관찰시간을 짧은 시간 간격으로 구분하여, 아동을 관찰하고 하나의 시간 간격 안에 발생한 행동의 빈도를 기록 • 장점: 수업을 직접적으로 방해하지 않으며, 비교적 사용하기가 쉽고, 시간 간격마다 행동 발생빈도를 기록하였기 때문에 시간 흐름에 따른 행동 발생 분포를 알 수 있음 • 단점: 행동의 빈도만 가지고는 행동 형태가 어떤지를 설명해 주지 못하며 지나치게 짧은 시간 간격으로 자주 또는 오랜 시간에 걸쳐 일어나는 행동에는 적합하지 않음
지속시간 기록	• 행동이 지속되는 시간 길이에 관심이 있을 때에 사용 • 단점: 지나치게 짧은 시간 간격으로 발생하는 행동에는 적용하기 어렵고, 행동의 강도를 설명해 주지 못함
지연시간 기록	• 선행사건과 표적행동 발생 사이에 지연되는 시간을 계산하여 기록
반응기회 기록법	• 행동의 기회가 주어졌을 때 표적행동의 발생 유무를 기록 • 교사나 치료자에 의해 학생이 반응할 기회가 통제된다는 특징을 제외하면 빈도 기록과 같은 방법
기준치 도달 기록	• 도달해야 하는 기준이 설정되어 있는 경우에 그 기준치에 도달했는지의 여부를 기록하는 것

✦ 기준(준거)변경설계

개념	• 기초선 상황(A)에 이어서 중재 상황(B)을 시작하는데, 중재 상황은 종속변수의 변화 기준(중간 준거)을 달리 설정한 여러 하위 중재 상황(B1, B2, B3 등)으로 구성
고려사항	• 하위 중재 상황의 수 • 하위 중재 상황의 길이 • 종속변수 수행수준의 크기 • 종속변수 수행수준 변화의 방향
내적 타당도	• 기준변경설계에서는 종속변수의 수행수준이 설정된 변화 기준에 따라 변화하는 것을 보여 주어야 그 변화가 중재 때문이라고 할 수 있고 내적 타당도를 보여 주는 것
장점	• 중재제거설계에서 요구하는 반치료적 행동 변화를 요구하지 않음 • 복수기초선설계에서 요구하는 기능적으로 독립적인 여러 표적행동을 필요로 하지 않고 하나의 표적행동을 요구 • 복수기초선설계처럼 중재를 보류하고 오랫동안 기초선 자료를 수집을 할 필요 없음
변형	• 기준범위변경설계 • 분산된 기준변경설계

02

2018. 초
★답안작성

(가)는 정서 · 행동장애 학생 정우의 행동 특성이고, (나)는 정우의 행동 지원을 위한 통합교사와 특수교사의 대화이다. 물음에 답하시오. [5점]

(가)

- 친구들을 자주 때리고 친구들에게 물건을 집어던짐
- 교사의 지시에 대해 소리 지르고 거친 말을 하며 저항함
- 수업 시작종이 울려도 제자리에 앉지 않고 교실을 돌아다님

(나)

통합교사: 저희 학급에서는 ㉠ <u>시작종이 울리자마자 제자리에 앉는 학생은 누구나 토큰을 받도록 하는 방법</u>을 쓰고 있는데, 정우에게는 그 방법이 효과가 없는 것 같아요.

… (중략) …

특수교사: 현재 정우가 시작종이 울린 후에 제자리에 앉기까지 걸리는 평균 시간이 어느 정도죠?
통합교사: 대략 5분은 되는 것 같아요.
특수교사: 그렇다면 ㉡ <u>처음에는 정우가 시작종이 울린 후 제자리에 앉기까지 걸리는 현재의 평균 시간보다 약간 짧은 시간 내에 자리에 앉으면 토큰을 주고, 그것이 성공하면 그 시간을 단계적으로 단축해 가면서 토큰을 주는 방법</u>을 적용할 수 있어요.
통합교사: 아! 그 방법이 좋겠네요. 한번 사용해 볼게요.

1) (가)는 정서 · 행동장애를 이분하는 교육적 분류 중 어느 유형에 해당하는지 쓰시오. [1점]

2) ① (나)의 밑줄 친 ㉠과 같은 집단 강화 방법의 명칭을 쓰고, ② 이 방법이 다른 집단 강화 방법들과 구별되는 점을 쓰시오. [2점]

①:

②:

3) 다음은 통합교사가 (나)의 밑줄 친 ㉡을 수행하는 과정을 보여 주는 기준 변경 설계 그래프이다. 이 설계를 사용할 때 ① 정우의 행동을 측정할 수 있는 관찰 기록 방법 명칭을 쓰고, ② 내적 타당도를 높이기 위해 [A]에서 적용할 수 있는 방법 1가지를 쓰시오. [2점]

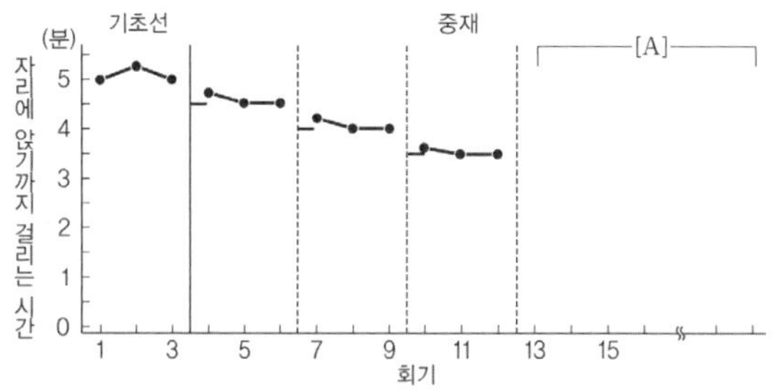

※ 각 구간에 있는 X축과 평행한 선(−)은 그 구간의 기준 수준을 의미한다.

①:

②:

핵심테마 체크 ✔

- 정서 및 행동장애의 교육적 분류

MY MEMO

03

정답 및 예시답안

②

알찬 지문풀이

- ㄱ. 행동적·차원적 분류체계는 문제행동의 유형을 두 가지 차원으로 범주화하는데, 그중 하나는 외현화 문제행동의 범주로 ~~과잉통제행동~~이라고도 하며, 반항, 불복종, 불안 등이 포함된다. ➡ **통제결여이며 불안은 내현화 행동**

- ㄹ. 정신장애진단통계편람(DSM-Ⅳ-TR)과 같은 의학적 분류체계는 정서·행동장애의 각 하위 유형을 식별하는 데 초점을 두는 분류체계로 특수교육대상학생들에 대한 표찰(labeling) 문제를 ~~줄일 수 있다~~. ➡ **분류체계로 학생들을 식별하는 것은 특정 장애명으로 표찰하는 것**

관련이론

✦ 정서 및 행동장애의 교육적 분류(경험적 분류, 범주적 분류)

내재화 요인	• 과잉통제(overcontrolled)라고도 부른다. • 우울, 위축, 불안 등과 같은 개인의 정서 및 행동상의 어려움이 외적으로 표출되기보다는 내면적인 어려움을 야기하는 상태를 포함한다. • 내재화 문제를 가진 학생들은 가시적인 문제행동을 일으키지 않는 경우가 많기 때문에 다수의 학생이 함께 공부하는 학교 상황에서는 교사의 주목을 받지 못할 가능성이 높으며, 이로 인해 적절한 중재와 지원을 받지 못하는 가운데 내재화 문제가 더욱 심각해질 가능성이 크다.
외현화 요인	• 통제결여(undercontrolled)라고도 부른다. • 공격성이나 반항행동 등과 같이 개인의 정서 및 행동상의 어려움이 타인이나 환경을 향해 표출되는 상태를 포함한다.

✦ 장애의 공존

- 분류체계가 아무리 정교하다고 하더라도 정서·행동장애의 분류가 쉽지 않은 또 하나의 이유가 있는데 그것은 바로 장애의 공존(comorbidity) 또는 동시발생(co-occurrence) 때문이다.
- 장애의 공존이란 한 개인에게 두 가지 이상의 장애 상태가 동시에 나타나는 것을 말한다.
- 이 용어는 정서·행동장애가 다른 장애(예 학습장애)와 함께 나타나는 것뿐 아니라 정서·행동장애에 포함되는 하위 범주들이 함께 나타나는 것(예 우울장애와 품행장애)도 의미한다.
- 외현화 문제와 내재화 문제 간에는 유사점보다는 상반된 행동특성이 많지만, 상당수의 정서·행동장애 학생들은 외현화 문제와 내재화 문제를 동시에 가지고 있다.
- 정서·행동장애 학생을 지도하는 교사는 이 점을 기억하고, 학생의 외현적 행동 이면에 존재할 수 있는 내재화 장애의 가능성을 고려할 수 있어야 한다.

03

2013. 중

정서 · 행동장애의 진단 · 분류체계와 관련된 설명 중 옳은 것만을 <보기>에서 있는 대로 고른 것은?

보기

ㄱ. 행동적 · 차원적 분류체계는 문제행동의 유형을 두 가지 차원으로 범주화하는데, 그중 하나는 외현화 문제행동의 범주로 과잉통제행동이라고도 하며, 반항, 불복종, 불안 등이 포함된다.

ㄴ. 행동적 · 차원적 분류체계의 내재화 문제행동 범주에는 사회적 위축, 우울 등과 같이 개인의 정서 및 행동적 어려움을 야기하는 문제가 포함된다.

ㄷ. 정서 · 행동장애가 학습장애 등과 같이 다른 장애와 함께 나타나거나, 정서 · 행동장애의 하위 유형인 품행장애와 우울장애 등이 함께 나타나는 경우, 이를 장애의 공존(comorbidity) 또는 동시발생이라고 한다.

ㄹ. 정신장애진단통계편람(DSM-Ⅳ-TR)과 같은 의학적 분류체계는 정서 · 행동장애의 각 하위 유형을 식별하는 데 초점을 두는 분류체계로 특수교육대상학생들에 대한 표찰(labeling) 문제를 줄일 수 있다.

① ㄱ, ㄴ
② ㄴ, ㄷ
③ ㄱ, ㄴ, ㄷ
④ ㄱ, ㄷ, ㄹ
⑤ ㄴ, ㄷ, ㄹ

핵심테마 체크 ✔

• K-CBCL

MY MEMO

04

정답 및 예시답안

④

알찬 지문풀이

• ④ 어머니가 작성한 프로파일에 의하면 은비는 ~~외현화문제보다 내재화문제를 더 많이 나타내는 것으로~~ 보인다. ➡ 주의집중은 기타 영역에 해당하고, 비행, 공격성은 외현화 문제에 해당함

관련이론

✦ K-ASEBA_아동 · 청소년 행동 평가척도(CBCL 6-18)

<table>
<tr><td>목적 및 대상</td><td>• CBCL 6-18은 만 6~18세 아동 및 청소년을 대상으로 부모가 사회적 적응 능력 및 정서행동문제를 지필식 설문으로 평가하는 도구로서 정서행동장애 학생의 선별과 진단에 사용된다.</td></tr>
<tr><td>구성체계</td><td>• K-ASEBA는 K-CBCL 6-18과 TRF 그리고 YSR의 세 가지 검사로 구성되어 있다.
• 이 세 검사에는 공통적으로 불안/우울, 위축/우울, 신체증상, 사회적 미성숙, 사고문제, 주의집중문제, 규칙위반, 공격행동, 기타문제의 10개 하위 영역으로 구성되어 있다.
<table>
<tr><th>척도</th><th colspan="2">하위척도</th><th>CBCL 6-18 문항 수</th><th>YSR 문항 수</th><th>TRF 문항 수</th><th>비고</th></tr>
<tr><td rowspan="12">증후군 척도</td><td rowspan="4">내재화</td><td>① 불안/우울</td><td>13</td><td>13</td><td>16</td><td></td></tr>
<tr><td>② 위축/우울</td><td>8</td><td>8</td><td>8</td><td></td></tr>
<tr><td>③ 신체증상</td><td>11</td><td>10</td><td>9</td><td></td></tr>
<tr><td>⑩ 소계</td><td>32</td><td>31</td><td>33</td><td>①+②+③</td></tr>
<tr><td rowspan="3">외현화</td><td>④ 규칙위반</td><td>17</td><td>15</td><td>12</td><td></td></tr>
<tr><td>⑤ 공격행동</td><td>18</td><td>17</td><td>20</td><td></td></tr>
<tr><td>⑪ 소계</td><td>35</td><td>32</td><td>32</td><td>④+⑤</td></tr>
<tr><td colspan="2">⑥ 사회적 미성숙</td><td>11</td><td>11</td><td>11</td><td></td></tr>
<tr><td colspan="2">⑦ 사고문제</td><td>15</td><td>12</td><td>10</td><td></td></tr>
<tr><td colspan="2">⑧ 주의집중문제</td><td>10</td><td>9</td><td>26</td><td></td></tr>
<tr><td colspan="2">⑨ 기타문제</td><td>17</td><td>10</td><td>8</td><td></td></tr>
<tr><td colspan="2">⑫ 총 문제행동</td><td>120</td><td>105</td><td>120</td><td>⑥+⑦+⑧+⑨+⑩+⑪</td></tr>
</table></td></tr>
<tr><td>실시 방법 및 채점</td><td>• K-ASEBA는 검사 실시 대상에 따라 실시하는 검사가 다르게 구성되어 있다. 그러므로 부모가 검사에 참여하는 경우에는 CBCL 6-18을 실시하고, 피검 아동이 직접 검사에 참여할 때에는 YSR를 실시한다. 그리고 교사가 검사에 참여할 때에는 TRF를 실시하여야 한다.
• 전반적인 검사 시간은 약 15~25분 정도가 소요된다. 부모, 교사, 아동은 각각 자신에게 맞는 검사(CBCL 6-18, YSR, TRF)의 문항을 자세히 읽고 적절한 응답을 하면 된다. 응답은 문제행동 및 적응력과 관련된 행동이 얼마나 나타나는지에 대한 빈도(0점 : 전혀 해당하지 않음, 1점 : 자주 그런 일이 있음, 2점 : 많이 그러함)를 선택한다.</td></tr>
<tr><td>결과 및 해석</td><td>• K-ASEBA의 결과는 문제행동증후군 척도, DSM 진단척도, 문제행동 특수척도라는 하위 척도에 대하여 산출된다.
• 결과 해석에는 원점수, T점수, 백분위점수가 활용되는데, 주로 T점수로 문제의 정도를 분류한다.
• 문제의 분류는 정상범위, 준임상범위, 임상범위의 세 가지로 구성되어 있다.
• 문제행동증후군 소척도(9개 하위영역), DSM 진단척도, 문제행동 특수척도의 경우에는 표준점수가 70점(백분위 98) 이상이면 임상범위, 65점(백분위 93) 이상 70점 미만이면 준임상범위로 해석한다.
• 문제행동증후군 소척도 중 내재화 척도(불안/우울, 위축/우울, 신체증상)와 외현화 척도(규칙위반, 공격행동)를 합산한 문제행동 총점의 경우, 표준점수 64점(백분위 92) 이상이면 임상범위, 60점(백분위 84) 이상 64점 미만이면 준임상범위로 해석한다.
• 적응척도에서는 적응척도의 총점과 사회성, 학업수행 척도의 점수에 대한 표준점수 기준이 다르다. 사회성과 학업수행 척도는 표준점수 30점(백분위 2) 이하이면 임상범위, 표준점수 30점 초과 35점 이하이면 준임상범위로, 적응척도의 총점에 대해서는 표준점수 36점(백분위 8) 이하이면 임상범위, 표준점수 36점 초과 40점(백분위 16) 이하이면 준임상범위로 본다. 적응척도는 표준점수가 기준치보다 낮을 때 증상이 심각한 상태로 해석된다.</td></tr>
</table>

04

2009. 유

다음은 정서 및 행동 문제를 보이는 11세 은비의 부모가 작성한 아동·청소년 행동평가척도(K-CBCL) 프로파일의 일부이다. 이 프로파일에 대한 해석으로 적절하지 <u>않은</u> 것은?

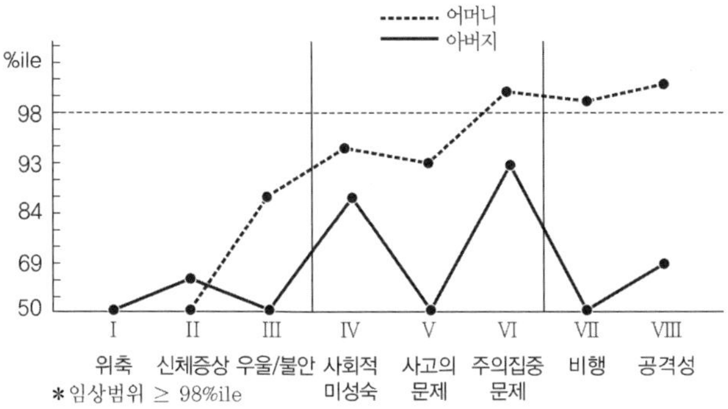

① 아버지와 어머니 반응의 차이는 두 정보 제공자의 관점의 차이로도 볼 수 있다.

② 전반적으로 아버지보다 어머니가 은비의 행동을 더 우려하고 있는 것으로 보인다.

③ 어머니가 작성한 프로파일에 의하면 은비는 3개의 척도에서 임상범위 내에 있다.

④ 어머니가 작성한 프로파일에 의하면 은비는 외현화문제보다 내재화문제를 더 많이 나타내는 것으로 보인다.

⑤ 은비의 정서 및 행동 문제에 대한 판단을 내리기 위해서는 다른 검사들을 통해 더 많은 정보를 수집할 필요가 있을 것으로 보인다.

핵심테마 체크 ✓

• 개념적 지도모델

MY MEMO

05

정답 및 예시답안

②

알찬 지문풀이

• ㄱ. 문제행동의 원인을 ~~정신내적과정상의 기능장애~~에 의한 것으로 보고, 자기점검 및 행동형성 절차를 적용하여 학생의 행동 변화를 이끌어 낸다. ➡ 행동형성 절차를 적용하는 것은 행동의 원인을 외부 자극으로 보는 것

• ㄹ. 문제행동이 사고, 감정, 행동 간 상호작용에 의해 발생하는 것으로 보고, ➡ 인지주의적 관점 학생이 자신의 욕구와 갈등을 표현할 수 있도록 환경을 지원하여 건강한 성격발달이 이루어지도록 한다. ➡ 심리역동적 관점

관련이론

✦ 개념적 지도모델

모델	원인		중재	
생물학적 모델	• 생물학적 결함	• 유전적 영향 • 뇌장애 • 까다로운 기질	• 약물치료 • 영양치료 • 뉴로피드백치료 • 감각통합치료	
정신분석적 모델	• 발달단계(심리성적 발달단계 또는 심리사회적 발달단계)에서 해결되지 못한 갈등 • 무의식 수준의 갈등 • 방어기제의 과도한 사용		• 정신분석적 심리치료 • 정신분석적 놀이치료 • 정신분석적 미술치료	
행동적 모델	• 부적절한 학습		• 전통적 행동중재 • 긍정적 행동지원(PBS) • 학교 차원의 긍정적 행동지원(SW-PBS)	
인지적 모델	• 부적응적인 인지적 과정	• 인지적 왜곡	• 인지적 재구조화	• Ellis의 합리적-정서행동치료 • Beck의 인지적 치료
		• 인지적 결함	• 인지적 대처기술 훈련	• D'Zurilla와 Goldfried의 문제해결 훈련 • Meichenbaum과 Goodman의 자기교수 훈련
	• 자기통제의 결여		• 자기관리 훈련	• 자기점검 • 자기평가 • 자기강화
생태학적 모델	• 개인과 환경의 부조화		• Re-ED • 랩어라운드	

05

2010. 중

정서 · 행동장애학생의 문제행동에 대한 특수교사의 관점에 따른 지도 내용을 바르게 설명한 것을 <보기>에서 모두 고른 것은?

보기

ㄱ. 문제행동의 원인을 정신내적과정상의 기능장애에 의한 것으로 보고, 자기점검 및 행동형성 절차를 적용하여 학생의 행동 변화를 이끌어 낸다.
ㄴ. 문제행동의 원인을 잘못된 학습에 의한 것으로 보고, 문제행동과 관련된 환경적 변인을 파악하고, 이를 조작하여 학생들의 행동 변화를 이끌어 낸다.
ㄷ. 문제행동은 개인의 기질 등에 기인하나 이러한 문제가 환경적 요인으로 발현될 수 있다고 보고, 문제행동을 직접 중재하기보다는 의사 등 관련 전문가에게 의뢰한다.
ㄹ. 문제행동이 사고, 감정, 행동 간 상호작용에 의해 발생하는 것으로 보고, 학생이 자신의 욕구와 갈등을 표현할 수 있도록 환경을 지원하여 건강한 성격발달이 이루어지도록 한다.

① ㄱ, ㄷ
② ㄴ, ㄷ
③ ㄴ, ㄹ
④ ㄱ, ㄴ, ㄹ
⑤ ㄱ, ㄷ, ㄹ

핵심테마 체크 ✓

• 개념적 지도모델

MY MEMO

06

정답 및 예시답안

④

알찬 지문풀이

- ① (가)는 신체생리학적 모델을 근거로 교사가 학교에서 약물요법을 실행한 것이다. ➡ 병원에서 의사가 처방
- ② (나)는 생태학적 모델을 근거로 교사가 분노통제훈련을 실행한 것이다. ➡ 환경을 중재하였음
- ③ (다)는 심리역동적 모델을 근거로 합리적 정서치료의 절차를 적용한 것이다. ➡ 인지주의적 관점
- ⑤ (마)는 인지 모델을 근거로 자기교수 절차를 적용한 것이다. ➡ 심리역동적 관점

문제 속 자료분석

- (가) 학생 A는 학교에서 과잉행동과 충동성을 보였다. 이에 교사는 부모에게 병원에서 진단을 받도록 권유하였다. 학생 A는 병원에서 약물을 처방받아 복용하고 있다. 약물처방 후의 학생 행동에 대하여 교사는 주의를 기울였다. ➡ 신체생리학적 관점
- (나) 학생 B는 인근 작업장에서 일하고부터 감정 기복이 심하고, 친구들에게 자주 분노를 표출하였다. 이에 교사는 작업장, 가정, 학교의 환경을 조사하고, 일어날 수 있는 사건에 대한 체크리스트를 만들었다. ➡ 생태학적 관점
- (다) 학생 C는 무단결석을 빈번히 하고, 친구들과 자주 싸운다. 이에 교사는 학생에게 자신이 처한 상황에서의 문제를 파악해 기록하게 한 후, 그 문제를 해결할 수 있는 여러 방법과 결과에 대해 생각해보도록 하였다. 그리고 자신이 선택하여 실행한 방법과 결과를 기록하도록 지도하였다. ➡ 인지주의적 관점
- (라) 학생 D는 여러 사람 앞에서 소리 내어 책을 읽는 것을 두려워하여, 그런 상황을 자주 회피한다. 이에 교사는 두려움 유발 자극을 낮은 단계부터 높은 단계로 서서히 직면하도록 하는 이완훈련을 통해 두려움을 극복할 수 있도록 지도하였다. ➡ 행동주의적 관점
- (마) 학생 E는 경쟁적 학습과 스트레스 등으로 인해 스스로 좌절하고 친구들과 어울리지 못한다. 이에 교사는 타인 위로하기, 감정 공유하기 등과 같은 집단 프로그램을 통해 소외당하거나 우울해하는 학생 E가 자존감을 회복할 수 있도록 지도하였다. ➡ 심리역동적 관점

06

2012. 중

(가)~(마)의 정서 · 행동장애학생들의 사례에 나타난 이론적 모델과 중재방법으로 옳은 것은?

(가) 학생 A는 학교에서 과잉행동과 충동성을 보였다. 이에 교사는 부모에게 병원에서 진단을 받도록 권유하였다. 학생 A는 병원에서 약물을 처방받아 복용하고 있다. 약물처방 후의 학생 행동에 대하여 교사는 주의를 기울였다.

(나) 학생 B는 인근 작업장에서 일하고부터 감정 기복이 심하고, 친구들에게 자주 분노를 표출하였다. 이에 교사는 작업장, 가정, 학교의 환경을 조사하고, 일어날 수 있는 사건에 대한 체크리스트를 만들었다.

(다) 학생 C는 무단결석을 빈번히 하고, 친구들과 자주 싸운다. 이에 교사는 학생에게 자신이 처한 상황에서의 문제를 파악해 기록하게 한 후, 그 문제를 해결할 수 있는 여러 방법과 결과에 대해 생각해보도록 하였다. 그리고 자신이 선택하여 실행한 방법과 결과를 기록하도록 지도하였다.

(라) 학생 D는 여러 사람 앞에서 소리 내어 책을 읽는 것을 두려워하여, 그런 상황을 자주 회피한다. 이에 교사는 두려움 유발 자극을 낮은 단계부터 높은 단계로 서서히 직면하도록 하는 이완훈련을 통해 두려움을 극복할 수 있도록 지도하였다.

(마) 학생 E는 경쟁적 학습과 스트레스 등으로 인해 스스로 좌절하고 친구들과 어울리지 못한다. 이에 교사는 타인 위로하기, 감정 공유하기 등과 같은 집단 프로그램을 통해 소외당하거나 우울해 하는 학생 E가 자존감을 회복할 수 있도록 지도하였다.

① (가)는 신체생리학적 모델을 근거로 교사가 학교에서 약물요법을 실행한 것이다.
② (나)는 생태학적 모델을 근거로 교사가 분노통제훈련을 실행한 것이다.
③ (다)는 심리역동적 모델을 근거로 합리적 정서치료의 절차를 적용한 것이다.
④ (라)는 행동주의 모델을 근거로 체계적 둔감화 절차를 적용한 것이다.
⑤ (마)는 인지 모델을 근거로 자기교수 절차를 적용한 것이다.

핵심테마 체크 ✓

- 개념적 지도모델
- 사회적 타당도

MY MEMO

07

정답 및 예시답안

○ ㉠은 신체생리학적 관점, ㉡은 행동주의적 관점이다.
○ ㉢의 측면에서 중재가 사용하기 쉬운지, 중재가 강압적이지는 않은지, 내용이 긍정적인지 등의 적절성을 점검한다. (*TIP: 1가지만 쓸 것)
○ ㉣은 중재 효과의 실용성이다.

관련이론

✦ 신체생리학적 모델

원인	• 정서 및 행동장애의 원인을 주로 생물학적 요인과 신체적 요인들로 보며 신체 질환과 같은 특성을 지니고 있다고 보는 관점 • 유전적 요인, 생화학적 요인, 신경학적 요인, 기질적 요인 • 기질: 생득적 경향성뿐만 아니라 환경적인 영향으로 표출되는 행동 스타일. 순한/느린/까다로운 기질
평가	• 발달력 조사 • 신경학적 평가 • 행동의 기능적 분석
중재	• 의료나 건강 관련 전문가들이 치료에 대한 일차적인 책임을 지게 되면, 교사는 주로 학교 상황에서 학생의 행동을 관찰하고 점검하는 역할

✦ 행동주의적 모델

원인	• 인간의 모든 행동, 즉 장애행동이나 정상행동 모두가 학습된 것이라고 봄 • 장애행동과 정상행동의 차이는 행동의 빈도, 강도, 사회적 적응성에 의해 설명될 수 있다고 봄
평가	• 행동검목표와 행동평정척도, 행동관찰 기록, 기능적 행동평가(행동사정) 등
중재	• 여러 가지 행동수정 기법들, 위기관리, 긍정적 행동지원 등

✦ 사회적 타당도를 보는 3가지 요소

중재 목표의 중요성	중재 목표가 대상에게 정말로 유익하고 중요한 것인지 그 중요성을 물어야 한다.
중재 절차의 적절성	사용된 중재가 사용하기 쉬운지, 강압적이지는 않은지, 내용이 긍정적인지 등의 적절성을 알아보아야 한다.
중재 효과의 실용성	중재 대상의 연구 결과 자료를 중재 대상이 아닌 또래나 동료의 수준과 객관성으로 비교하여 효과의 실용성을 평가할 수 있어야 한다.

PART 07

07

2024. 중

다음은 정서 · 행동장애 학생 A에 대한 특수 교사 A와 B의 대화이다. 〈작성 방법〉에 따라 서술하시오. [4점]

특수 교사 A: 선생님, 우리 학교에 재학 중인 학생 A가 최근 운동장에서 흙을 입에 넣는 모습을 봤어요. 바로 뛰어갔는데, 벌써 삼켜서 말릴 수가 없었어요. 그런 행동을 예전에도 여러 번 봤어요. ㉠ 학생 A와 같은 행동이 나타나면 의사와 먼저 상담을 하고 진단을 받아 봐야 할 것 같아요. 혹시 특정 영양소가 결핍되어 그런 행동이 발생할 수도 있지 않나 싶습니다.

특수 교사 B: 그럴 수도 있겠네요. 일전에 학생 A의 담임 선생님과 이야기 나눌 기회가 있었는데 ㉡ 학생 A가 2개월 전부터 갑자기 그런 행동을 했다고 하더라고요. 담임 선생님도 걱정이 많아요. 혹시 학생 A가 그 행동을 했을 때 누군가 관심을 줬고, 그 행동이 계속 관심을 받아서 지속되는 건 아닐까 하는 생각도 들어요. 일단 그 행동의 기능을 파악하는 것이 좋겠습니다.

특수 교사 A: 일단 원인이 파악되면 시급하게 중재를 시작해야 할 것 같아요.

특수 교사 B: 네, 그런데 아무리 시급한 상황이라 할지라도 어떤 중재를 도입하고 실행할 때에는 중재 목표의 중요성, ㉢ 중재 절차의 적절성, (㉣) 측면에서 사회적 타당도를 살펴보는 것이 필요하지요.

작성방법

- 밑줄 친 ㉠, ㉡의 정서 · 행동 문제를 바라보는 관점은 어떤 개념적 모델에 근거한 것인지 순서대로 쓸 것
- 교사가 학생 A의 행동 특성을 고려하여 밑줄 친 ㉢의 측면에서 점검해야 할 내용을 1가지 서술하고, 괄호 안의 ㉣에 해당하는 내용을 순서대로 쓸 것

핵심테마 체크 ✔

- 개념적 지도모델
- 기능평가

MY MEMO

08

정답 및 예시답안

1) ㉠ 심리역동적(정신역동적) 관점
   ㉡ 생태학적 관점
2) 기능평가(기능진단)
3) ㉣ 전이지원
   ㉤ 전이 추후지원

관련이론

✦ 심리역동적 모델

원인	• 무의식적 충동과 의식적 욕구 간의 갈등, 개인과 사회적 가치 간의 갈등, 방어기제의 과도한 사용, 생물학적(심리성적) 혹은 대인관계(심리사회적) 발달상의 위기 해소 실패 등 • 정신 내적 기능의 정상/비정상적 발달과 개인의 욕구에 초점 • 정서행동 문제는 해결되지 못한 갈등, 방어기제의 과도한 의존, 성격 구조의 심한 일탈 등 정신 내적 장애가 가시적으로 드러난 것이라고 보는 관점
평가	• 개인의 무의식적 충동, 욕구, 불안, 죄의식, 갈등 등을 주로 평가 • 투사적 기법, 자기보고식 측정 등
중재	• 인본주의 교육, 환경치료, 집단중재 과정, 심리치료, 정서교육 등

✦ 생태학적 관점

원인		• 유기체요인, 가족요인, 교사요인, 또래요인, 지역사회요인, 대중매체요인 등 • 아동은 자신을 둘러싼 많은 복잡한 사회적 체계와 분리될 수 없다고 가정함 • 문제행동은 아동과 아동에 대한 사회적 기대감 간의 상호작용이 서로 불일치할 때 발생한다고 보는 관점
평가		• 훌륭한 생태학적 평가는 환경을 서술하고, 학생에 대한 요구(환경 내 다른 사람들의 기대를 포함하여)를 목록화하며, 학생이 그 환경에서 성공적으로 되기 위해 필요한 기술과 행동을 정의하는 것을 포함 • 교수환경척도(TIES), 행동 및 정서평가척도(BERS-2), 행동평정 프로파일-2(BRP-2), 아벤바흐 경험적 사정체계(ASEBA) 등
브론펜브레너	미시체계	• 아동이 살고 있는 환경, 즉 아동에게 가장 인접해 있는 환경 • 부모, 형제, 학교와 또래집단 등과 같이 아동을 둘러싼 중요한 영향력 있는 환경 • 관계는 쌍방향적이며 상호적
	중간체계	• 미시체계 내에 있는 구성물들 간의 관계로 이루어지는 환경 • 가족이 상호작용하는 다른 환경과 가족 사이의 상호관련성
	외체계	• 그 자체는 인간이 포함되지 않지만 그 사람이 속해 있는 즉각적인 환경을 포함 • 아동이 직접 참여하지는 않지만 아동에게 영향을 미치는 사회적 환경 • 부모직장, 교육위원회, 사회복지기관 등의 구성물이 포함 • 아동은 이러한 구성물들과 직접적인 상호작용은 하지 않지만 이런 구성물로부터 간접적으로 영향을 받게 됨
	거시체계	• 아동이 살고 있는 문화적 환경 • 아동의 삶에 직접적으로 개입하지는 않으나 아동의 발달에 지속적이고 강력한 영향을 미친다고 할 수 있음 • 문화적 신념, 가치, 법률과 이념뿐만 아니라 테러범들이 9월 11일에 미국을 공격한 사건이나 전쟁, 가난과 인종차별과 같은 세계적인 사건들과 현상들로 구성
	시간체계	• 시간이 흐르면서 발생하는 특정 사건들과 문화의 변화와 같은 시간적 영향을 설명하는 체계 • 개인의 환경에서 발생하는 사건들의 양식과 생애에 있어서 전환점이 되는 중요한 역사적 · 사회적 사건들로 이루어지는 환경적 조건 • 전 생애에 걸쳐 일어나는 사건과 사회역사적 조건이 포함
중재		• 가족 관련 중재 • **학교 중심의 생태학적 프로그램**: Re-ED 프로젝트, 아동청소년 서비스체계 프로그램(CASSP), 랩어라운드 모델 등

08

2016. 유

다음은 통합학급 유아교사인 김 교사와 유아특수교사인 박 교사의 대화이다. 물음에 답하시오. [5점]

김 교사: 선생님, 현수가 근래에 들어서 자꾸 친구를 때리는데, 걱정이 많아요. 장점이 참 많은 아이인데…. 그런 행동만 하지 않으면 좋을 텐데요. 게다가 곧 초등학교에 입학해야 하는 상황이라….
박 교사: 현수 부모님과 상담은 해 보셨나요?
김 교사: 네. 어머니 말씀을 들어 보니, 현수가 아기일 때 가족과 떨어져 친척 집에 머물면서 ㉠ 심리적으로 무척 위축되고 불안한 시기를 보낸 것 같아요. 그러한 부정적인 경험들이 내재되어 있다가 지금 친구를 때리는 공격 행동으로 나타나는 것은 아닌가 생각되더군요.
박 교사: 그럴 수도 있지만, 현수의 행동을 어느 한 가지 이유가 아니라 ㉡ 가족 관계, 또래 관계, 유치원 생활, 지역사회 환경 등 현수와 직·간접적으로 연결되어 있는 다양한 환경 맥락과 상황 속에서 이해하는 것이 필요할 수도 있어요.
김 교사: 그렇군요. 그런데 당장 입학을 앞두고 있고, 친구를 때리는 행동이 본인뿐 아니라 다른 유아들에게도 영향을 미칠 수 있으니, 빨리 그 원인을 알고 싶어요. 방법이 없을까요?
박 교사: 그러면 현수가 보이는 행동의 원인과 의도를 파악하기 위한 (㉢)을/를 해 보면 좋겠어요. 이를 위해서 현수의 행동을 관찰해 볼 수 있는 ABC평가, 면접, 질문지 등 다양하고 체계적인 방법을 사용할 수 있어요.
김 교사: 아, 그런 방법이 있군요. 현수의 행동 문제가 개선되어 내년에 초등학교에 가서도 잘 적응했으면 좋겠네요.
박 교사: 사실 지난해에 초등학교에 들어간 문주가 비슷한 상황이었어요. 그때 담임 선생님과 함께 행동 중재를 해서, 초등학교에 입학할 즈음에는 행동이 좋아졌어요.
김 교사: ㉣ 초등학교 취학 과정에서 아이들은 많은 변화를 경험하기 때문에 새로운 환경에서 잘 적응할 수 있도록 유치원에서부터 지원을 하는 것이 필요해요. 현수처럼 행동 문제를 보이는 아이들에게는 더욱 중요하지요.
박 교사: 그래요. 그리고 문주의 경우에는 그 마지막 단계로 ㉤ 초등학교에 입학한 이후에 잘 적응하고 있는지 몇 회에 걸쳐 방문하여 점검했고, 담임 선생님과 상담도 했어요.

1) ㉠과 ㉡에 반영된 이론적 관점이 무엇인지 각각 쓰시오. [2점]

㉠:

㉡:

2) ㉢에 들어갈 용어를 쓰시오. [1점]

3) ㉣과 ㉤에 해당하는 지원의 명칭을 각각 쓰시오. [2점]

㉣:

㉤:

PART 07

핵심테마 체크 ✓

- 자기교수
- 기질의 특성
- 개념적 지도모델
- 뚜렛증후군

MY MEMO

09

정답 및 예시답안

1) ① 교사는 과제를 수행하는 과정에 대하여 큰 소리로 말하며 시범을 보인다.
   ② 속삭이는 소리로 자기교수의 내용을 말하며 실행한다.
2) 순한 기질, 어려운 기질, 전반적으로 느린 기질
3) 심리역동적 모델
4) 뚜렛증후군

문제 속 자료분석

- 은지는 2년 전 자신을 키워 준 할머니가 돌아가신 후부터 수업 시간마다 눈을 깜빡이거나 코를 찡그리고 쉬는 시간에는 코를 킁킁거려서 친구들로부터 "조용히 해."라는 소리를 많이 듣는다. 한동안 자신의 물건에 집착하는 행동을 보여서 심리극을 실시한 결과 집착 행동이 많이 줄어들었다. 그러나 학습에 대한 흥미는 점점 떨어지고 있다. 소아정신과 의사는 은지의 행동이 내과적 질환에 의한 것은 아니라고 했다. ➡ 2년 전부터 운동 틱과 음성 틱이 나타나므로 뚜렛증후군

관련이론

✦ 자기교수

단계 1	인지적 모델링 단계로 성인 모델이 큰 소리로 말하면서 과제를 수행하고 아동이 관찰한다.
단계 2	외현적 교수단계로 성인 모델이 하는 말을 아동이 큰 소리로 따라 말하면서 과제를 수행한다.
단계 3	외현적 자기교수 단계로 아동이 혼자서 큰 소리로 말하면서 과제를 수행한다.
단계 4	외현적 자기교수 감소단계로 아동이 작은 소리로 혼잣말을 하면서 과제를 수행한다.
단계 5	내재적 자기교수 단계로 아동이 마음속으로 말을 하면서 과제를 수행한다.

✦ 기질

- 어떤 아동은 '순한(easy)' 기질의 아동으로 묘사되기도 한다. 이러한 아동들은 규칙적이고 적응을 잘하며, 새로운 자극에 긍정적인 반응을 보이고, 일반적으로 부드러운 반응과 긍정적인 기분을 보인다.
- '다루기 어려운(difficult)' 기질(난기질)을 가진 아동들은 문제를 일으키는 행동을 더 많이 하는 경향이 있다. 다루기 어려운 기질을 가진 아동은 생물학적 기능의 불규칙성, 새로운 자극에 대해 부정적이거나 위축된 반응, 환경의 변화에 대한 느린 적응, 부정적인 기분을 자주 보이거나, 대부분 강하게 반응하는 경향 등으로 묘사될 수 있다.
- 어떤 아동의 기질은 '전반적으로 느리게 행동한다(긍정적 반응이 느린 아동)'라거나 또 다른 형태의 기질로서 '통제가 안 된다', '내성적이다', '활달하다', '게으르다', '잘 적응한다' 등의 형태로 묘사되기도 한다.

✦ 심리역동적 모델

원인	• 무의식적 충동과 의식적 욕구 간의 갈등, 개인과 사회적 가치 간의 갈등, 방어기제의 과도한 사용, 생물학적(심리성적) 혹은 대인관계(심리사회적) 발달상의 위기 해소 실패 등 • 정신 내적 기능의 정상/비정상적 발달과 개인의 욕구에 초점 • 정서행동 문제는 해결되지 못한 갈등, 방어기제의 과도한 의존, 성격 구조의 심한 일탈 등 정신 내적 장애가 가시적으로 드러난 것이라고 보는 관점
평가	• 개인의 무의식적 충동, 욕구, 불안, 죄의식, 갈등 등을 주로 평가 • 투사적 기법, 자기보고식 측정 등
중재	• 인본주의 교육, 환경치료, 집단중재 과정, 심리치료, 정서교육 등

✦ 뚜렛증후군

- 여러 가지 운동성 틱과 한 가지 또는 그 이상의 음성 틱이 질병 경과 중 일부 기간 동안 나타난다. 2가지 틱이 반드시 동시에 나타날 필요는 없다.
- 틱 증상은 자주 악화와 완화를 반복하지만 처음 틱이 나타난 시점으로부터 1년 이상 지속된다.
- 18세 이전에 발병한다.

09

2013. 유·초·중

다음은 정서·행동 문제가 있는 영수와 은지의 행동 특성을 기술한 것이다. 물음에 답하시오. [4점]

영수의 행동 특성	영수는 잠시도 가만히 있지 못하며 발을 꼼지락거린다. 때로는 멍하니 딴 생각을 하다가 교사가 주의를 주면 바른 자세를 취한다. 그리고 친구를 때리고 괴롭히는 행동이 잦아 ㉠ 자기교수 훈련을 실시했더니, 때리는 행동이 조금 줄어들었다. 그러나 친구들의 놀이를 방해하는 행동은 여전히 심하다. 특히, 과제를 수행할 때 실수를 자주 범한다. 소아정신과 의사는 영수의 이런 특성이 ㉡ 기질과 관련이 있을 수 있다고 했다.
은지의 행동 특성	은지는 2년 전 자신을 키워준 할머니가 돌아가신 후부터 수업 시간마다 눈을 깜빡이거나 코를 찡그리고 쉬는 시간에는 코를 킁킁거려서 친구들로부터 "조용히 해."라는 소리를 많이 듣는다. 한동안 ㉢ 자신의 물건에 집착하는 행동을 보여서 심리극을 실시한 결과 집착 행동이 많이 줄어들었다. 그러나 학습에 대한 흥미는 점점 떨어지고 있다. 소아정신과 의사는 은지의 행동이 내과적 질환에 의한 것은 아니라고 했다.

1) 다음은 ㉠의 단계별 교수·학습 활동이다. ①과 ②에 들어갈 알맞은 활동을 쓰시오. [2점]

단계	교수·학습 활동
1단계 : 인지적 모델링	교사 : ① ________ 아동 : 이를 관찰한다.
2단계 : 외현적 외부 지도	아동 : 교사의 지시에 따라 ①에서 교사가 보여준 것을 그대로 한다. 교사 : 아동이 과제를 수행하는 동안 큰 소리로 자기교수의 내용을 말한다.
3단계 : 외현적 자기교수	아동 : 큰 소리로 자기교수의 내용을 말하면서 교사가 보여준 것을 그대로 한다. 교사 : 이를 관찰하고 피드백을 제공한다.
4단계 : 자기교수 용암	아동 : ② ________ 교사 : 이를 관찰하고 피드백을 제공한다.
5단계 : 내재적 자기교수	아동 : 자기교수의 내용을 속으로 말하며 그대로 행동한다.

① :

② :

2) 토마스(A. Thomas)와 체스(S. Chess)가 분류한 ㉡의 3가지 유형을 쓰시오. [1점]

• 유형 :

3) 정서·행동장애 학생에게 적용 가능한 개념적 지도 모델 중 ㉢에 해당하는 모델을 쓰시오. [1점]

• 모델 :

4) DSM-IV-TR(2000)의 장애 진단 기준에 의하면 은지의 행동 특성은 어떤 장애에 해당하는지 쓰시오. [1점]

• 장애 :

핵심테마 체크

- 개념적 지도모델
- 차별강화

MY MEMO

10

정답 및 예시답안

○ 김 교사: 심리역동적 모델
○ 박 교사: 행동주의적 모델
○ 대체행동 차별강화 / 바람직한 행동은 증가시키고, 바람직하지 못한 행동은 감소시킬 수 있다.

관련이론

✦ 심리역동적 모델

원인	• 무의식적 충동과 의식적 욕구 간의 갈등, 개인과 사회적 가치 간의 갈등, 방어기제의 과도한 사용, 생물학적(심리성적) 혹은 대인관계(심리사회적) 발달상의 위기 해소 실패 등 • 정신 내적 기능의 정상/비정상적 발달과 개인의 욕구에 초점 • 정서행동 문제는 해결되지 못한 갈등, 방어기제의 과도한 의존, 성격 구조의 심한 일탈 등 정신 내적 장애가 가시적으로 드러난 것이라고 보는 관점
평가	• 개인의 무의식적 충동, 욕구, 불안, 죄의식, 갈등 등을 주로 평가 • 투사적 기법, 자기보고식 측정 등
중재	• 인본주의 교육, 환경치료, 집단중재 과정, 심리치료, 정서교육 등

✦ 행동주의적 모델

원인	• 인간의 모든 행동, 즉 장애행동이나 정상행동 모두가 학습된 것이라고 봄 • 장애행동과 정상행동의 차이는 행동의 빈도, 강도, 사회적 적응성에 의해 설명될 수 있다고 봄
평가	• 행동검목표와 행동평정척도, 행동관찰 기록, 기능적 행동평가(행동사정) 등
중재	• 여러 가지 행동수정 기법들, 위기관리, 긍정적 행동지원 등

✦ 차별강화

개념	• 차별강화란 바람직한 행동에는 강화를 제공하고, 바람직하지 못한 행동에는 강화를 제공하지 않음으로써 강화를 받지 못하는 행동을 감소시키는 방법
DRL	• 정해진 시간 안에 발생한 반응의 비율이 미리 정해진 기준치보다 낮게 발생할 때마다 차별적으로 강화함으로써 반응비율을 점차적으로 감소시키는 방법 – 전회기 DRL – 기준선 변경설계의 변용 – 동간격 DRL – 반응 간 시간 차별강화
DRO	• 정해진 시간 동안 표적행동이 발생하지 않았을 때 '표적행동의 중단' 자체를 차별적으로 강화함으로써 표적행동의 발생비율을 점차적으로 감소시키는 방법 – 전회기 DRO(고정/전체간격) – 동간격 DRO – 순간적 DRO – DRO 재설정 간격 – DRO 증진간격/용암계획
DRI	• 제거되어야 할 표적행동과 공존할 수 없는(양립할 수 없는) 행동을 하면 강화
DRA	• 문제행동과 동일한 기능을 가진 바람직한 행동을 하면 강화

종류별 특성

차별강화의 종류	강화받는 행동	목적
저비율 행동 차별강화	정해진 기준치 이하의 표적행동	표적행동 발생빈도의 감소
다른 행동 차별강화	표적행동 외의 모든 행동	표적행동이 발생하지 않는 시간의 증가
대체행동 차별강화	표적행동과 동일한 기능의 대체 행동	대체행동의 강화를 통한 표적행동의 제거
상반행동 차별강화	표적행동의 상반행동	상반행동을 통한 표적행동의 제거

10

2017. 중

다음은 정서 · 행동장애 학생 A에 대해 교사들 간에 나눈 대화 내용이다. 김 교사와 박 교사가 A의 행동을 바라보는 정서 · 행동 장애의 이론적 관점을 순서대로 쓰시오. 그리고 최 교사가 A에게 적용하고자 하는 차별강화기법을 쓰고, 이 기법의 장점을 1가지 제시하시오. [4점]

김 교사: A는 생후 13개월 즈음에 위탁 가정에 맡겨져, 4살 때 지금의 가정으로 입양되어 성장했다고 합니다. A는 영아기 때 정서적 박탈을 경험하면서 불안정한 심리와 정서를 갖게 되었고, 유아기 때 안정애착이 형성되지 않아서 수업 시간에 이상한 소리를 내며 주변 사람들의 주의를 끌려고 한 것 같습니다.

박 교사: A가 영유아기에 자신이 한 행동에 적절한 반응을 받지 못한 것 같아요. 잘 지내고 있을 때보다 부적절한 행동을 했을 때 선생님에게 관심을 더 받는다는 것을 알고, 지금의 부적절한 행동이 계속 유지되고 있는 것 같습니다.

최 교사: 두 분의 말씀 잘 들었습니다. 이제부터는 교사의 주의를 끌기 위해 A가 소리를 내면 반응해 주기보다, 손을 들도록 가르치고 손드는 행동에 반응을 해 줘야겠어요.

핵심테마 체크 ✔

• 범불안장애
• 합리적 정서행동치료

MY MEMO

11

정답 및 예시답안

○ 범불안장애(일반화된 불안장애)
○ ㉠ 합리적 정서행동치료

관련이론

✦ 범불안장애

• 최소한 6개월 이상 몇 개의 사건이나 활동에 대해 과도하게 불안해하며 걱정한다.
• 자신이 걱정하는 것을 통제할 수 없다.
• 불안이나 걱정은 6가지 증상 중 3가지 이상이 최소한 6개월 동안 나타난다.

✦ 합리적 정서행동치료(REBT)

<table>
<tr><td>REBT의 의미</td><td colspan="3">• 문제해결과정을 촉진하는 다양한 종류의 인지적 · 정서적 · 행동적 그리고 대인관계적 기법을 활용하는 중다양식적인 형태의 치료법이다.
• 합리적 정서행동치료는 아동의 현재 문제뿐만 아니라 미래의 문제까지 다루는 데 도움이 되는 합리적 원리를 아동이 학습할 수 있도록 자기 조력적이며 교육적인 방법으로 문제의 예방을 강조하고 있다.
• 합리적 정서행동치료는 인간을 이루는 3가지 핵심영역인 인지, 정서, 행동이 상호작용하는 과정에서 인지가 핵심이 되어 정서와 행동에 영향을 준다고 강조한다.</td></tr>
<tr><td>가정</td><td colspan="3">• 인간의 정서와 인지는 분리된 것이 아니라 서로 연계되어 있다.
• 사고의 대부분은 감정이 원인이다. 부정적인 상황이 학생의 정서 · 행동 문제에 직접적으로 작용하지는 않는다. 즉, 학생이 문제를 일으키는 것은 상황에 대한 학생의 비합리적인 신념 때문이다. 이것이 정서행동치료의 A-B-C 체계이다.</td></tr>
<tr><td>목표</td><td colspan="3">• 학생이 비합리적 신념을 합리적 신념으로 바꾸는 것이다.</td></tr>
<tr><td>초점</td><td colspan="3">• 학생의 신념을 비합리적인 것에서 합리적인 것으로 전환시키는 인지 재구조화에 있다.
• 교사는 학생의 비합리적 신념을 논박하여 인지 재구조화를 촉진한다.
• 논박 기법은 비합리적 신념의 논리, 증거, 유용성이 부족하다는 것을 설명한다. 이 논박이 성공적이라면, 인지 재구조화는 정서 · 행동장애에서 나타나는 사고 체계를 변화시킨다. 이러한 종류의 변화는 일반화와 유지에 필수적이다.</td></tr>
<tr><td rowspan="3">ABC요소</td><td>A</td><td>선행사건</td><td>관찰 가능한 상황과 그 상황에 대한 학생의 해석</td></tr>
<tr><td>B</td><td>신념</td><td>발생한 상황에 대한 다양한 평가 및 조망, 학생의 삶에 대한 철학 및 신념</td></tr>
<tr><td>C</td><td>결과</td><td>학생의 신념에 뒤따르는 정서 및 행동</td></tr>
<tr><td>ABCDE 모형</td><td colspan="3">• A는 사건, 사실, 상황, 환경 또는 다른 사람의 행동이나 태도 등의 선행사건을 말하며, C는 각 개인의 반응이나 정서적 · 행동적 결과, 이 반응은 적절할 수도 있고 부적절할 수도 있다.
• 합리적 정서행동치료에서는 A(반응을 일으키는 사건)가 C(정서적 · 행동적 결과)를 초래한다고 보는 것이 아니라, 각 개인의 선행사건(A)에 대한 생각이나 신념(B)이 정서적 · 행동적 결과(C)를 초래한다고 본다.
• 합리적 정서행동치료의 핵심은 자신의 정서반응이나 장애를 일으키는 비합리적인 사고를 합리적인 사고로 변화시킬 수 있는 방법을 제시하는 바로 D로 표현되는 논박이다. 상담과정에서 가장 중요한 핵심인 논박(D)은 아동 자신의 비합리적인 생각을 고치는 데 적용될 수 있는 과학적 방법으로 비현실적이고 검증할 수 없는 자기 파괴적인 가설들을 논리의 원리로 학습함으로써 포기하게 한다. 논박 단계에서는 모델링, 소크라테스식 질문법, 설득, 유머, 역할 바꾸기, 합리적 · 정서적 심상법 등과 같은 다양한 방법을 통해서 내담자의 신념체계에 도전하는 것이다.
• Ellis에 따르면, 성공적인 상담은 비합리적 사고를 계속적으로 논박하여 어느 정도 재교육에 성공하느냐에 의해 좌우된다고 강조하고 있다. 일단 논박이 성공을 하면 아동에게 적절한 정서와 적응적 행동을 일으키는 효과(E)가 나타나게 된다.</td></tr>
<tr><td>상담자의 역할</td><td colspan="3">• 합리적 정서행동치료는 상담자와 아동 간의 관계가 상담과정에서 가장 중요한 것은 아니며, 아동이 바람직한 사고와 행동의 변화를 가져오는 활동을 하도록 도전 · 직면 · 탐색 · 확신하는 상담자의 능력과 의지를 강조한다.</td></tr>
<tr><td rowspan="3">REBT의 기술</td><td>인지적 기법</td><td colspan="2">비합리적 생각과 그에 근거한 비합리적이고 자기 파괴적인 자기진술을 더 이상 계속하지 않도록 하기 위하여 합리적 생각과 그에 근거한 합리적 자기진술로 바꾸도록 하는 것이다.</td></tr>
<tr><td>정서적 기법</td><td colspan="2">무조건적 수용, 합리적 · 정서적 상상, 유머, 수치−공격 연습, 합리적 · 정서적 역할놀이 등이 있다.</td></tr>
<tr><td>행동적 기법</td><td colspan="2">아동이 더 합리적으로 행동하도록 돕기 위하여 활동을 강조하는 과제를 사용한다. 이런 과제를 자기 힘으로 하는 것을 상상해 보는 과정을 통해 이를 도와주며, 이를 실생활에서 실행하도록 한다.</td></tr>
</table>

11

2020. 중

(가)의 학생 A의 특성에 해당하는 장애 명칭을 '정신장애의 진단 및 통계 편람 제5판(DSM-5)' 진단 기준에 근거하여 쓰고, (나)의 대화에서 괄호 안의 ㉠에 해당하는 용어를 쓰시오. [2점]

(가) 학생 A의 특성

- 최근 7개월간 학교와 가정에서 과도한 불안을 보인 날이 그렇지 않은 날보다 더 많음
- 자신의 걱정을 스스로 통제하는 것이 어렵다고 호소함
- 과제에 집중하기 힘들어 하고 근육의 긴장을 보이며 쉽게 피곤해 함
- 학교, 가정 등 일상생활에서 불안이나 걱정 때문에 고통을 받고 있음
- 특정 물질의 생리적 영향이나 다른 의학적 상태 때문에 나타난 증상이 아님
- 이 장애는 다른 정신장애에 의해 더 잘 설명되지 않음

(나) 대화

통합학급 교사: 학생 A의 어려움을 줄여줄 수 있는 방안에는 어떠한 것이 있나요?

특 수 교 사: 네, 선생님, 다양한 중재 방법이 있습니다. 그중 하나는 인지적 모델을 바탕으로 하는 (㉠)입니다. 이 중재 방법에서는 정서·행동장애 학생이 보이는 부정적 정서 반응과 행동의 원인을 비합리적 신념 때문이라고 봅니다. 그래서 학생 A의 비합리적 신념을 논박하면, 비합리적 신념이 합리적 신념으로 변화하여 바람직한 정서를 보이고 적절한 행동을 하게 된다고 봅니다.

핵심테마 체크

- 비디오 자기관찰
- 정적 강화
- 합리적 정서행동치료

MY MEMO

12

정답 및 예시답안

1) 신체활동에 참여하기
2) (비디오) 자기관찰, 정적강화
3) ① 신념
   ② 떨어진 공을 다시 주워 공놀이 활동에 참여한다.

관련이론

✦ 자신이 모델이 되는 방법

자기관찰 or 비디오테이프 -자기관찰	• 자신의 바람직한 행동과 바람직하지 못한 행동을 모두 보여주는 경우 • 아동이 자신의 바람직하지 않은 행동은 보지 않으려고 하는 등 중재 도중에 부정적인 정서를 표출하게 되는 단점을 보인다.
자기모델링 or 비디오 자기모델링	• 자신의 적절한 행동만 보여 주는 편집된 비디오테이프를 관찰하는 경우 • 아동이 자신의 바람직한 행동만 관찰하게 되면 보다 나은 자기상을 갖게 되고 더 나은 자기 효력을 발휘하게 되어 아동 행동이 더 바람직한 방향으로 변화하기 때문에 자신의 바람직한 행동만 관찰하는 것이 더 효과적이라는 것이다.

✦ 합리적 정서행동치료(REBT)

- 왜곡된 신념의 수정
- 일반적인 목표는 학생의 비합리적 신념을 합리적 신념으로 바꾸는 것
- A-B-C 체계

A	선행사건	관찰 가능한 상황과 그 상황에 대한 학생의 해석
B	신념	발생한 상황에 대한 다양한 평가 및 조망, 학생의 삶에 대한 철학 및 신념
C	결과	학생의 신념에 뒤따르는 정서 및 행동

- 인지 재구조화: 자동적 사고 – 인지적 왜곡 – 합리적 반응
- ABCDE 과정: 선행사건 – 비합리적 신념 – 결과 – 논박 – 효과
- 비합리적 신념의 예: 막다른 생각, 참을 수 없다는 생각, 마술적 사고, 비난, 흑백논리적 사고 등

12

2014. 유

통합유치원에 다니는 은수는 5세로 정서 및 행동상의 문제를 보이고 있다. (가)는 은수의 행동 특성이고, (나)는 활동계획안의 일부이다. 물음에 답하시오. [5점]

(가) 은수의 행동 특성

- 작은 실수에도 안절부절못하면서 울어버림
- 놀이 활동 시 주의를 기울이지 않고 규칙을 잘 따르지 않음

(나) 활동계획안

<table>
<tr><td>활동명</td><td colspan="3">친구야, 함께 공놀이 하자</td></tr>
<tr><td>활동 목표</td><td>• 공놀이에 적극적으로 참여한다.
• 공을 다양한 방법으로 전달한다.
• 서로 협동하며 함께 하는 즐거움을 느낀다.</td><td>누리 과정 관련 요소</td><td>• 신체운동 · 건강: ㉠
• 사회관계: 다른 사람과 더불어 생활하기 - 친구와 사이좋게 지내기</td></tr>
<tr><td>활동 자료</td><td colspan="3">고무공</td></tr>
<tr><td>활동 방법</td><td colspan="3">• 공을 탐색하고 공을 전달하는 다양한 방법에 대해 이야기를 나눈다.
-4~5명이 같은 방향을 바라보고 한 줄로 서서 머리 위로 공을 전달한다.
-공을 전달받은 마지막 사람은 줄의 제일 앞으로 뛰어가 다시 머리 위로 공을 전달한다.
-처음 섰던 줄 순서가 될 때까지 계속한다.
… (중략) …</td></tr>
<tr><td>활동 관찰 내용</td><td colspan="3">• ㉡ <u>은수가 차례를 기다리지 못하고 친구를 밀어버림</u>
• 은수는 머리 위로 공을 전달하다 갑자기 ㉢ <u>공을 떨어뜨리자 "나는 바보야"라고 울며 공놀이를 하지 않겠다고 함</u></td></tr>
</table>

1) '3~5세 누리과정'의 신체활동 · 건강 영역에서 (나)의 ㉠에 들어갈 '내용범주' 중 1가지를 쓰시오. [1점]

- 내용범주 ㉠ :

2) (나)의 ㉡과 같이 행동한 은수를 위해 교사는 다음과 같이 지도하였다. 다음에서 사용된 교수전략 2가지를 쓰시오. [2점]

> 교사는 차례 지키기를 잘 하는 친구의 모습을 찍은 동영상을 은수와 함께 보면서 순서와 기다리기에 대한 이야기를 나누었다. 교사는 은수에게 친구를 밀어버리는 자신의 모습을 촬영한 동영상을 관찰하게 한 후 고쳐야 할 행동을 찾게 하고, 친구의 바람직한 행동을 따라해 보게 하였다. 그 후 바깥놀이를 할 때, 은수가 운동장에서 줄을 서서 기다리자 교사는 웃으면서 칭찬하였다.

- 교수전략 ① :
- 교수전략 ② :

3) 다음은 (나)의 ㉢에 나타난 은수의 행동을 엘리스(A. Ellis)의 합리적 정서행동치료 이론에 근거하여 ABC를 작성한 것이다. ①과 ②에 해당하는 내용을 각각 쓰시오. [2점]

<table>
<tr><td>A
(활성화 사건)</td><td>B
(①)</td><td>C
(결과)</td></tr>
<tr><td rowspan="2">공을 떨어뜨렸다.</td><td>나는 바보다.</td><td>울면서 공놀이에 참여하지 않는다.</td></tr>
<tr><td>괜찮아, 누구나 실수로 공을 떨어뜨릴 수 있어.</td><td>②</td></tr>
</table>

① :

② :

핵심테마 체크 ✔

• 합리적 정서행동치료

MY MEMO

13

정답 및 예시답안

1) ① 친구들은 내가 이상해서 나를 쳐다보는 것 같아.
② 논박
③ 비합리적 신념
④ 합리적 신념

2) • **모형 명칭**: 문제해결 학습 모형
• ㉠ 문제 확인
• ㉡ 가설 수립

관련이론

✦ 합리적 정서행동치료(REBT)

• 왜곡된 신념의 수정
• 일반적인 목표는 학생의 비합리적 신념을 합리적 신념으로 바꾸는 것
• A-B-C 체계

A	선행사건	관찰 가능한 상황과 그 상황에 대한 학생의 해석
B	신념	발생한 상황에 대한 다양한 평가 및 조망, 학생의 삶에 대한 철학 및 신념
C	결과	학생의 신념에 뒤따르는 정서 및 행동

• **인지 재구조화**: 자동적 사고 – 인지적 왜곡 – 합리적 반응
• **ABCDE 과정**: 선행사건 – 비합리적 신념 – 결과 – 논박 – 효과
• **비합리적 신념의 예**: 막다른 생각, 참을 수 없다는 생각, 마술적 사고, 비난, 흑백논리적 사고 등

13 | 2014. 초

(가)는 정서 · 행동장애 학생 영희의 특성이고, (나)는 통합학급 김 교사가 사회과 '사회 변화와 우리 생활' 단원을 지도하기 위해 작성한 교수 · 학습 과정안이다. 물음에 답하시오. [5점]

(가) 영희의 특성

- 외국인 어머니에게 태어난 다문화 가정의 자녀임
- 친구들이 자신을 자꾸 쳐다보는 상황에 대해 '자신이 너무 이상하게 생겼기 때문'이라고 생각하여 친구들 눈에 띄지 않게 항상 혼자 다님
- 영희의 행동을 이해하지 못하는 친구들로부터 놀림과 따돌림을 당함

(나) 교수 · 학습 과정안

단원명	사회 변화와 우리 생활
제재	사회의 다양성과 소수자의 권리
학습 목표	서로의 차이를 이해하고 존중하는 태도를 기르고 실천한다.
단계	교수 · 학습 활동
(생략)	• 따돌림 동영상 자료를 보고 상황에 대한 심각성 인식, 관심과 공감 갖기 • 친구 간의 갈등 경험에 대해 이야기 나누기
㉠	• 소집단별로 따돌림의 원인을 다양한 측면에서 토론하기 • 토론 내용을 기초로 <u>'서로의 차이를 이해하지 못하기 때문에 따돌림 문제가 나타난다.'라는 (㉡)하기</u>
정보 수집	• 따돌림의 대처 방안에 대한 다양한 자료 조사하기 • 수집된 자료를 토대로 따돌림의 이유와 대처 방안 찾기
대안 제시	• 다양한 측면에서 따돌림에 대한 대처 방안 생각해 보기 • 작성한 평가 기준에 따라 각 대처 방안을 평가한 후 최선책 선택하기
검증	• 최선책을 실천하기 위한 계획 세우기 • 단기적 방안과 장기적 방안을 정리 · 보고하기

1) 김 교사는 영희에게 엘리스(A. Ellis)의 합리적 정서행동 치료(REBT) 전략을 사용하여 지도 방안을 수립하였다. 다음의 ①에 들어갈 내용을 쓰고, ②~④에 들어갈 내용을 각각 쓰시오. [2점]

A	B	C
친구들이 자꾸 쳐다본다. ⇨	① ⇨	눈에 띄지 않게 항상 혼자 다닌다.

⬇

D
지도방안: (②)을(를) 통해 영희가 자신의 (③)을(를) 인식하고, (④)(으)로 바꿀 수 있도록 지도한다.

①:

②:

③:

④:

2) (나)의 교수 · 학습 과정안에 적용된 교수 · 학습 모형의 명칭을 쓰고, ㉠ 단계의 명칭과 ㉡에 해당하는 활동을 쓰시오. [3점]

- 모형 명칭:
- ㉠:
- ㉡:

핵심테마 체크 ✔

- 합리적 정서행동치료
- 모델링

MY MEMO

14

정답 및 예시답안

○ (가) 합리적 정서행동치료
○ (나) 모델링

14 | 2016. 중

다음은 정서 및 행동의 문제를 이해하기 위한 이론적 관점이 적용된 사례이다. (가)와 (나)에서 사용된 전략의 명칭을 순서대로 쓰시오. [2점]

늘 우울해하는 민수가 창가를 정리하다가 화분을 깨뜨렸다.

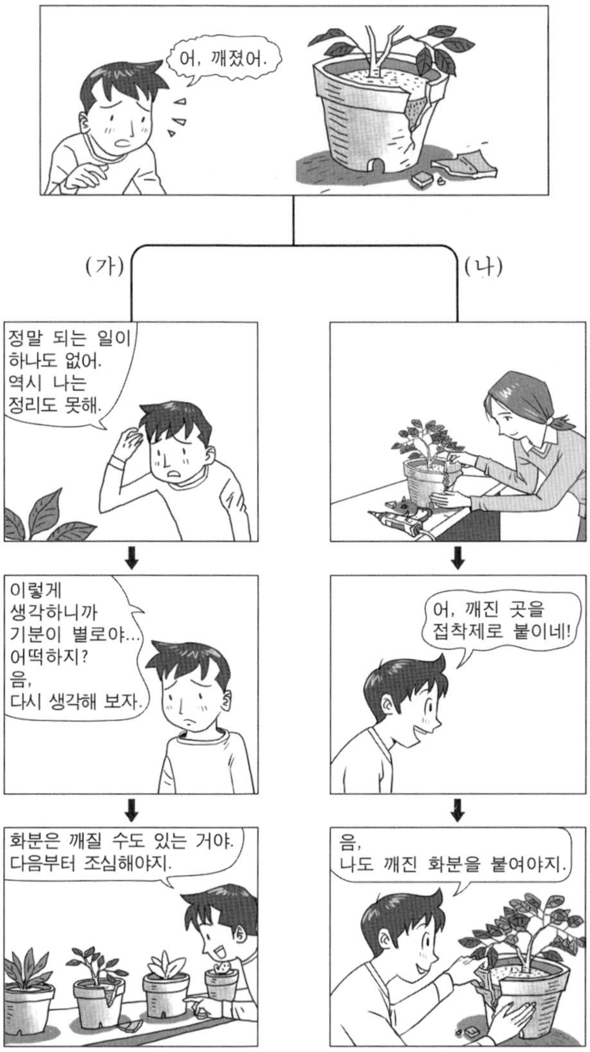

(가) :

(나) :

핵심테마 체크

- 자기관리
- 통제소
- 귀인 재훈련

MY MEMO

15

정답 및 예시답안

1) 자기점검
2) ① 외적통제소
 ② 성과의 원인을 외부에 두는 외적통제소를 가지고 있는 학생에게 자기관리와 관련된 ㉠과 같은 자기점검 전략은 적절하지 않기 때문이다.
3) 귀인 재훈련

관련이론

✦ 통제소

- 개인이 삶에서 성과의 원인관계를 어디에 두느냐와 관련
- 내적통제소 / 외적통제소

✦ 귀인

- 귀인은 일상생활에서 경험하는 사건의 원인에 대해 학생이 생각하는 신념으로, 수행에 대한 성공과 실패의 원인이 어디에 있는지를 설명한다.
- 귀인의 종류에는 능력, 노력, 과제 곤란도, 행운, 타인의 도움 등이 있으며, 그 특성에 따라 안정성, 원인의 소재, 통제성으로 분류된다.

귀인	특성		
	안정성	원인의 소재	통제성
능력	안정	내적	통제 불가능
노력	불안정	내적	통제 가능
과제 곤란도	안정	외적	통제 불가능
행운	불안정	외적	통제 불가능
타인의 도움	불안정	외적	통제 가능

15

2017. 유

다음은 정서 · 행동문제를 가진 5세 유아 영우에 대해 방과 후 과정 교사인 민 교사, 통합학급 교사인 박 교사, 그리고 유아특수 교사인 강 교사가 나눈 대화이다. 물음에 답하시오. [4점]

> 민 교사: 자유놀이 시간에 영우가 색칠하기를 하고 있었어요. 그런데 색칠하던 크레파스가 부러지자 옆에 있던 민영이에게 "야, 네가 방해해서 크레파스가 부러졌잖아." 하고 화를 내면서 들고 있던 크레파스를 교실 바닥에 내동댕이쳤어요. 영우는 자신의 실수로 크레파스가 부러진 것을 민영이 탓으로 돌리며 화를 낸 거죠.
> 박 교사: 우리 반에서도 자신이 실수할 때면 항상 다른 친구들이 방해했기 때문이라며 화를 내고 물건을 던졌어요. 영우의 이런 행동을 지도하기 위해 ㉠ 영우가 물건을 던질 때마다 달력에 스스로 표시하도록 가르치려고 하는데, 이 방법이 영우에게 도움이 될까요?
> 강 교사: 박 선생님께서 선택하신 중재방법은 영우의 귀인 성향으로 보아 ㉡ 영우에게 바로 적용하기는 어려울 것으로 보여요. 영우의 행동은 누적된 실패 경험에서 비롯된 것일 수 있어요. 그러므로 성공 경험을 통해 ㉢ 영우의 귀인 성향을 바꿀 수 있도록 지도하는 것이 우선되어야 해요.

1) ㉠에 해당하는 자기 관리 기술을 쓰시오. [1점]

2) 위 대화에서 나타난 ① 영우의 귀인 성향을 쓰고, 이에 근거하여 ② 강 교사가 ㉡과 같이 판단한 이유를 쓰시오. [2점]

①:

②:

3) 강 교사의 대화를 근거로 ㉢에 해당하는 인지적 중재 기법을 쓰시오. [1점]

핵심테마 체크 ✔

• 자기교수

MY MEMO

16

정답 및 예시답안

1) 문제 확인 및 문제정의
2) 지우의 수행을 관찰하고 피드백을 제공한다.
3) ⓐ 메기고 받는 형식
   ⓑ 자진모리 장단
4) 말 붙임새를 활용하여 노래 가사를 바꾸어 부를 수 있다.

관련이론

✦ 자기교수의 기본 요소

문제 정의 교수	학생은 우선 문제를 정의하는 것을 학습한다.
문제 접근 교수	학생은 문제를 해결할 수 있는 가능성 있는 전략을 말로 표현한다.
주의집중 교수	학생은 자신의 전략을 사용하고 있는지를 점검하며 문제에 주의집중한다.
대처진술 사용 교수	실수를 하면 학생은 실수에 대처하고 다시 한번 시도를 격려하기 위한 진술문을 사용한다.
자기강화 교수	학생은 자신이 잘하고 있음에 대해 스스로에게 강화를 한다.

✦ 자기교수의 예

문제 정의	• 내가 해야 하는 일이 무엇인가? 나는 좋은 글을 써야 한다. 좋은 글은 말이 되어야 하며, 다양한 행위 단어를 사용한다.
계획하기	• 그림을 보고 좋은 행위 단어를 쓴다. 좋은 이야기를 생각해 본다. • 나의 이야기를 쓴다: 말이 되고 좋은 행위 단어를 사용한다.
자기평가	• 나의 이야기를 읽고 스스로에게 묻는다: “좋은 글을 썼는가? 행위 단어를 사용하였는가?” • 이야기를 수정해 본다: 보다 많은 행위 단어를 사용할 수 있는가?
자기강화	• 정말 좋은 이야기로군!

✦ 자기교수의 단계

1단계: 인지적 모델링	교사는 자기교수를 사용하는 동안 과제 수행의 시범을 보인다. 이 단계에서 교사는 큰 소리로 말하면서 시범을 보인다. 학생은 이를 관찰한다.
2단계: 외적 안내	학생은 교사의 지시에 따라 같은 과제를 수행한다. 교사는 학생이 과제를 수행하는 동안 큰 소리로 자기교수를 말한다.
3단계: 외적 자기교수	학생은 큰 소리로 자기교수를 말하면서 같은 과제를 수행한다. 교사는 관찰하며 피드백을 제공한다.
4단계: 자기교수 용암	자기교수를 속삭이면서 과제를 수행한다. 교사는 관찰하고 피드백을 제공한다.
5단계: 내적 자기교수	학생은 소리 내지 않고 내어로 자기교수를 사용하며 과제를 수행한다.

16

2015. 초

(가)는 정서 · 행동장애학생 지우의 특성이고, (나)는 통합학급 교사와 특수학급 교사가 지우의 수업 참여 증진을 위해 협의하여 지도한 자기교수 전략이다. (다)는 '2009 개정 교육과정' 음악과 3~4학년군 '덕석몰자'를 제재로 지우를 고려하여 작성한 교수 · 학습 계획서의 일부이다. 물음에 답하시오. [5점]

(가) 지우의 특성

- 대부분의 시간에 위축되어 있고 다른 친구들과 상호작용을 하지 않음
- 자기표현을 하지 않고 수업 활동에 참여하지 않음
- 음악 시간에 따라 부르기를 할 때에 소리를 내지 않고 창밖만 응시함

(나) 자기교수 전략

자기교수 단계와 자기진술문의 예시

- (㉠): "나는 지금 무엇을 해야 하지?"
- 계획: "이제 어떻게 하지?"
- 자기 평가: "어떻게 했지?"
- 자기 강화: "잘했어."

자기교수 전략을 가르치기 위한 교수 활동

1단계: 인지적 모델링
2단계: 외현적 자기교수 안내
3단계: ㉡ <u>외현적 자기교수</u>
4단계: 자기교수 용암
5단계: 내재적 자기교수

(다) 교수 · 학습 계획서

〈활동 1〉 ㉢ <u>'덕석몰자'</u> 노래 듣고 따라 부르기

〈활동 2〉 '덕석몰자'의 노랫말 바꾸어 부르기

- 짝을 지어 선생님이 바꾸어 준 노랫말로 부르기
  - '놀자 놀자 친구야 놀자'로 바꾸어 부르기

놀자 놀자 지우야 놀자 / 놀자 놀자 ○○ 놀자 노올-자 지우야 놀자 / 노올-자 ○○놀자

  - '안녕 안녕 친구야 안녕'으로 바꾸어 부르기
  - '사랑 사랑 친구야 사랑'으로 바꾸어 부르기

1) (나)의 ㉠ 단계의 명칭을 쓰시오. [1점]

2) 다음은 (나)의 ㉡에 해당되는 활동이다. 괄호에 들어갈 교사의 활동을 쓰시오. [1점]

지우가 큰 소리로 자기교수를 말하면서 과제를 수행한다. 그리고 교사는 ( ).

3) (다)의 수업 제재곡인 ㉢ '덕석몰자'의 ⓐ <u>노래 형식</u>과 ⓑ <u>장단</u>을 쓰시오. [2점]

ⓐ :

ⓑ :

4) 교사가 지우의 특성을 고려하여 ㉢의 노래 형식을 응용한 수업을 계획할 때, 〈활동 2〉에 근거하여 지우를 위한 학습 목표를 쓰시오. [1점]

핵심테마 체크 ✔

• 브론펜브레너

MY MEMO

17

정답 및 예시답안

①

알찬 지문풀이

• ② 건우 부모와 순회교사의 관계는 ~~미시체계(소구조)~~에 해당된다. ➡ 중간구조

• ③ 건우 가족에게 도움을 주는 종교단체는 ~~중간체계(중간구조)~~에 해당된다. ➡ 외부구조

• ④ 건우가 현장학습을 갈 지역사회 동물원은 ~~거시체계(대구조)~~에 해당된다. ➡ 외부구조

• ⑤ 건우가 받는 순회교육의 법적 근거인 현행 장애인 등에 대한 특수교육법은 ~~외부체계(외부구조)~~에 해당된다. ➡ 거시체계(대구조)

문제 속 자료분석

• 병원, 순회교사, 어머니 ➡ 미시체계
• 순회교사와 어머니와의 관계 ➡ 중간체계
• 종교단체 ➡ 외체계

관련이론

✦ 브론펜브레너의 환경체계

미시체계	• 아동이 살고 있는 환경, 즉 아동에게 가장 인접해 있는 환경이다. • 미시체계에는 가족, 또래, 학교, 이웃 등의 구성물이 포함된다. 아동은 부모, 친구, 교사들과 대부분 직접적이고 능동적인 상호작용을 한다. • 예를 들어, 부모의 부적절한 양육방식이 아동의 문제행동을 초래하기도 하지만 아동의 문제행동이 부모에게서 엄격한 규칙과 벌을 유발시킬 수도 있다.
중간체계	• 중간체계란 미시체계 내에 있는 구성물들 간의 관계로 이루어지는 환경이다. • 즉, 부모와 친구의 관계, 부모와 교사의 관계, 친구와 교사의 관계 등으로 이루어지는데 아동은 이러한 관계들로부터 영향을 받게 된다. • 미시체계 구성물들 간의 관계가 부정적이며 중간체계의 질이 떨어지는데 여기에는 미시체계 구성물들 간의 의미 있는 연결이 거의 없거나 전혀 없는 경우도 포함된다. 예 부모가 자녀의 친구에 대해 모르거나 교사가 아동의 친구에 대해 모르는 경우 • 이와 같은 경우 특히 미시체계 구성물들이 제각기 다른 가치관을 표방하게 되면 잠재적인 위험도 따른다. 예 친구들은 음주, 흡연 등을 부추기고 강화하는 반면 부모나 교사는 이러한 행동들을 금지하고 벌하는 경우
외부체계	• 아동이 직접 참여하지는 않지만 아동에게 영향을 미치는 사회적 환경이다. • 부모직장, 교육위원회, 사회복지기관 등의 구성물이 포함된다. 아동은 이러한 구성물들과 직접적인 상호작용은 하지 않지만 이런 구성물로부터 간접적으로 영향을 받게 된다. • 예를 들어, 부모의 직장환경이 불만족스럽고 억압적이면 부모와 자녀의 상호작용 방식에 영향을 줄 수 있으며 육아휴직의 가능 여부도 아동의 발달에 영향을 미칠 것이다. • 또한 아동은 교육위원회에 참여하지는 않지만 교육위원회의 결정에 의해 영향을 받는다.
거시체계	• 아동이 살고 있는 문화적 환경이다. • 거시체계는 아동의 삶에 직접적으로 개입하지는 않으나 아동의 발달에 지속적이고 강력한 영향을 미친다고 할 수 있다.
시간체계	• 시간이 흐르면서 발생하는 특정 사건들과 문화의 변화와 같은 시간적 영향을 설명하는 체계이다. • 개인의 환경에서 발생하는 사건들의 양식과 생애에 있어서 전환점이 되는 중요한 역사적 · 사회적 사건들로 이루어지는 환경적 조건이다. • 시간체계에는 전 생애에 걸쳐 일어나는 사건과 사회역사적 조건이 포함된다. 전 생애에 걸쳐 일어나는 사건이란 아동이 성장함에 따라 겪게 되는 사건을 말하는데, 이러한 사건들은 외적인 사건이거나 내적인 사건일 수 있고 통상적인 사건이거나 비통상적인 사건일 수도 있다. 사회역사적 조건이란 사회역사적으로 발생하는 상황을 말하는데 이러한 상황의 예로는 전쟁 또는 경제적 공황 등이 있다.

17

2009. 유

다음은 건강장애 영아인 건우의 환경을 기술한 내용이다. 브론펜브레너(U. Bronfenbrenner)의 생태학적 모델에 근거하여 건우의 환경을 바르게 분류한 것은?

28개월 된 건우는 건강문제로 인하여 가정에서 보내는 시간보다 병원에 입원해 있는 시간이 훨씬 더 많으며, 병원에서 순회교육을 받고 있다. 순회교사는 동물에 관심을 보이는 건우를 데리고 동물원으로 현장학습을 가는 것에 대하여 어머니와 상의하였다. 순회교사는 어머니와의 대화를 통하여, 부모가 건우의 교육에 대해 높은 관심을 갖고 있으며, 장기입원으로 인한 여러 가지 어려움을 해결하기 위하여 종교단체의 도움을 받고 있다는 사실도 알게 되었다.

① 건우가 입원해 있는 병원은 미시체계(소구조)에 해당된다.
② 건우 부모와 순회교사의 관계는 미시체계(소구조)에 해당된다.
③ 건우 가족에게 도움을 주는 종교단체는 중간체계(중간구조)에 해당된다.
④ 건우가 현장학습을 갈 지역사회 동물원은 거시체계(대구조)에 해당된다.
⑤ 건우가 받는 순회교육의 법적 근거인 현행 장애인 등에 대한 특수교육법은 외부체계(외부구조)에 해당된다.

핵심테마 체크

- 가족 지원_가족의 자원
- 가족 지원_의사소통기술
- 브론펜브레너의 환경체계

MY MEMO

18

정답 및 예시답안

1) ① 할머니
 ② 할머니의 양육방식
2) ① 공감적 경청
 ② 할머니께서 서아가 스스로 할 수 있는 것까지 모두 해 주시고, 최근에 서아에게 고집스러운 행동이 생겨 걱정이 된다는 말씀이시군요.
3) 어머니의 직장

관련이론

✦ 브론펜브레너의 환경체계

미시체계	• 브론펜브레너는 미시체계를 '성장하는 사람과 그 사람을 포함하는 직접적인 상황 내에서의 환경과의 복잡한 관계'라고 정의하였다. 이 체계는 아동의 직접적인 가족 내에서의 관계와 상호작용을 말한다. • 아동이 살고 있는 환경, 즉 아동에게 가장 인접해 있는 환경이다
중간체계	• 브론펜브레너는 중간체계가 성장하는 인간의 생애 중 특정 시기의 주요 환경들 간의 상호관계로 구성된다고 하였다. 즉, 미시체계 내에 있는 구성물들 간의 관계로 이루어지는 환경이다.
외체계	• 외체계란 그 자체는 인간이 포함되지 않지만 그 사람이 속해 있는 즉각적인 환경을 포함하며, 이로 인해서 그 환경 내에서 무슨 일이 발생하는지에 영향을 미치고 제한하며 심지어는 결정하기까지 하는 형식적이고 비형식적인 기타 특정 사회적 구조를 포함한다.
거시체계	• 아동이 살고 있는 문화적 환경이다. • 거시체계는 아동의 삶에 직접적으로 개입하지는 않으나 아동의 발달에 지속적이고 강력한 영향을 미친다고 할 수 있다.
시간체계	• 시간이 흐르면서 발생하는 특정 사건들과 문화의 변화와 같은 시간적 영향을 설명하는 체계이다. • 개인의 환경에서 발생하는 사건들의 양식과 생애에 있어서 전환점이 되는 중요한 역사적·사회적 사건들로 이루어지는 환경적 조건이다.

18

2023. 유

다음은 특수교육지원센터 유아특수교사와 서아 어머니의 면담 내용 중 일부이다. 물음에 답하시오. [5점]

어머니: 서아는 지금 23개월인데, 임신 30주에 이른둥이로 태어났어요.
교 사: 네. 이른둥이로 태어나 어려움이 있으셨나요?
어머니: 자라면서 또래에 비해 발육이 늦었어요. 걷는 것도, 말도 늦게 시작해 걱정을 했어요.
교 사: ㉠ 발달이 늦어 걱정이 많으셨겠네요. 그럼 양육은 주로 누가 하시나요?
어머니: 제가 직장을 다녀서 낮에는 주로 서아 할머니께서 저희 집으로 오셔서 서아를 돌봐 주시고 있어요. 제가 다니는 직장은 일이 너무 많아 외출이나 휴가를 신청하는 데 눈치가 보여요.
교 사: 그렇군요. 현재 가장 큰 걱정거리가 무엇인가요?
어머니: 할머니는 서아를 늘 업고 다니시고 매번 밥도 떠먹이고, 옷도 다 입혀 주세요. 서아가 원하는 것은 다 들어주세요. 그래서인지 요즘 서아가 원하는 대로 되지 않으면 울며 떼를 써서 걱정이에요.
교 사: 할머니께서 서아가 스스로 할 수 있는 것까지 모두 해 주시고, 최근에 서아에게 고집스러운 행동이 생겨 걱정이 된다는 말씀이시군요.
어머니: 맞아요.
교 사: 그럼 서아 어머니는 어떻게 양육하시나요?
어머니: 저는 서아가 느리고 서툴러도 스스로 하게 해요.
교 사: 어머니는 서아가 스스로 하게 하시는군요.
어머니: 네, 할머니께 서아 스스로 하게 하시라고 말씀드리지만, 서아가 아직 어려 괜찮다고만 하셔서 걱정도 되고, 화도 나고 그래요. 이 문제를 어떻게 해결해야 할지 고민이 돼요.
교 사: 생각하시는 해결 방법이 있나요?
어머니: 직장에서 시간 내기도 어렵고, 서아를 일관성 있게 돌보려면 휴직을 해야 하나 고민하고 있어요.
교 사: 그러시군요.

… (하략) …

1) 어머니와 교사의 대화에 근거하여 서아 가족이 가지고 있는 ① 자원과 ② 약점을 각각 1가지씩 쓰시오. [2점]

①:

②:

2) 적극적 경청 기술 중 ① ㉠에 해당하는 기술이 무엇인지 쓰고, ② '바꿔 말하기'에 해당하는 문장을 찾아 쓰시오. [2점]

①:

②:

3) 어머니와 교사의 대화에 근거하여 브론펜브레너(U. Bronfenbrenner)의 생태학적 체계모델의 외체계에 해당하는 것을 1가지 쓰시오. [1점]

핵심테마 체크

- 개념적 모델
- 직접 관찰
- 행동의 기능

MY MEMO

19

정답 및 예시답안

1) 중간체계
2) ① 산점도(산포도, 행동분포도 등)
   ② (유아들과의) 신체적 접촉 회피
3) 유치원 C

관련이론

✦ 브론펜브레너의 환경체계

미시체계	• 아동이 살고 있는 환경, 즉 아동에게 가장 인접해 있는 환경 • 부모, 형제, 학교와 또래집단 등과 같이 아동을 둘러싼 중요한 영향력 있는 환경 • 관계는 쌍방향적이며 상호적
중간체계	• 미시체계 내에 있는 구성물들 간의 관계로 이루어지는 환경 • 가족이 상호작용하는 다른 환경과 가족 사이의 상호관련성
외체계	• 그 자체는 인간이 포함되지 않지만 그 사람이 속해 있는 즉각적인 환경을 포함 • 아동이 직접 참여하지는 않지만 아동에게 영향을 미치는 사회적 환경 • 부모직장, 교육위원회, 사회복지기관 등의 구성물이 포함 • 아동은 이러한 구성물들과 직접적인 상호작용은 하지 않지만 이런 구성물로부터 간접적으로 영향을 받게 됨
거시체계	• 아동이 살고 있는 문화적 환경 • 아동의 삶에 직접적으로 개입하지는 않으나 아동의 발달에 지속적이고 강력한 영향을 미친다고 할 수 있음 • 문화적 신념, 가치, 법률과 이념뿐만 아니라 테러범들이 9월 11일에 미국을 공격한 사건이나 전쟁, 가난과 인종차별과 같은 세계적인 사건들과 현상들로 구성
시간체계	• 시간이 흐르면서 발생하는 특정 사건들과 문화의 변화와 같은 시간적 영향을 설명하는 체계 • 개인의 환경에서 발생하는 사건들의 양식과 생애에 있어서 전환점이 되는 중요한 역사적·사회적 사건들로 이루어지는 환경적 조건 • 전 생애에 걸쳐 일어나는 사건과 사회역사적 조건이 포함

✦ 기능진단 방법

간접평가	• 학생을 가장 잘 아는 사람이나 당사자인 학생과 직접 면담하거나 그들에게 평가척도, 질문지 등을 작성하게 하는 평가
직접평가	• 일정 기간 동안 자연스러운 상황에서 학생 행동을 직접 관찰하는 관찰 평가 • **산점도**: 더 자세한 정보를 수집해야 할 시간대를 결정하는 데 도움 • **일화 관찰 기록**: 학생의 행동을 직접 관찰한 내용을 이야기식으로 기록하는 것으로, 일정한 형식이 없는 비공식적 방법 • **ABC 관찰**: 자연스러운 상황에서 문제행동의 선행사건(A), 문제행동(B), 후속결과(C)를 시간의 흐름에 따라 직접 관찰하여 기록하는 방법 • **ABC 행동관찰 검목표**: 관찰자가 학생의 계속되는 행동에 크게 방해받지 않고 빨리 기재할 수 있다는 장점이 있지만 행동에 대한 자세한 정보를 제공하지 못한다는 단점 • **행동의 기능평가 관찰지**: A-B-C 행동관찰 검목표를 더욱 발전시킨 것
기능분석	• 자연스러운 상황이나 인위적인 상황에서 문제행동에 영향을 미치는 변수에 대한 가설을 설정하고 그 변수를 체계적으로 조작하여 평가하는 것

19

2021. 유

(가)는 유아특수교사 박 교사와 최 교사, 통합학급 김 교사가 5세 발달지체 유아 지호에 대해 나눈 대화이고, (나)는 지호의 울음 행동 원인을 알기 위해 실시한 실험적 기능평가 결과이다. (다)는 박 교사가 계획한 놀이 지원의 일부이다. 물음에 답하시오. [5점]

(가)

[9월 7일]

김 교사: 신입 원아 지호가 일과 중에 갑자기 울음을 터뜨리는 일이 많은데 기질상의 문제일까요?

박 교사: 글쎄요. 지호가 울기 전과 후에 어떤 일이 있었는지 자세히 살펴봐야 할 것 같아요.

최 교사: 지호를 둘러싼 사회적 맥락과의 상호작용도 중요한 것 같아요. 지호가 다녔던 기관은 소규모이고 굉장히 허용적인 곳이었다니, 지호에게 요구하는 것이 크게 달라진 것이죠. 지호뿐만 아니라 ㉠ <u>지호 어머니도 새 선생님들과 관계를 맺고 소통하는 것</u>이 큰 부담이시래요. 이런 점도 영향이 있겠지요? [A]

박 교사: 네, 다양한 관점을 통합하여 봐야 할 것 같습니다. 다음 회의 때까지 울음 행동 자료를 직접 관찰 방법으로 수집해 볼게요.

[9월 14일]

김 교사: 박 선생님, 지호의 울음 행동이 주로 어떤 시간에 발생하던가요?

박 교사: 어느 시간에 많이 발생하는지, 또 혹시 발생하지 않는 시간은 있는지 시간대별로 알아본 결과 큰 책 읽기 시간에 울음 행동이 가장 많이 발생 하고, 실외 활동 시간에 가장 적었어요. [B]

최 교사: 큰 책 읽기 시간에는 아마도 유아들이 붙어 앉다 보니 신체적 접촉이 생겨서 그러는 것 같아요.

김 교사: 지호가 좋아하는 박 선생님이 앞에서 책 읽어주시느라 지호와 멀어지게 되는 것도 이유인 것 같아요.

박 교사: 그럼, 두 가지 이유 중 어떤 것이 맞는지 가설로 설정하여 검증해 봐야겠어요.

(나)

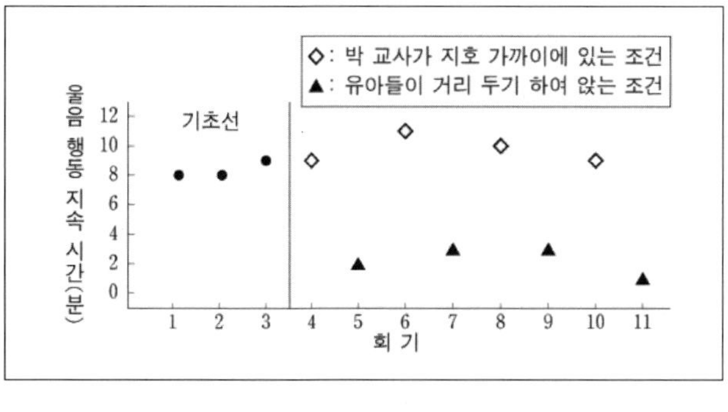

(다)

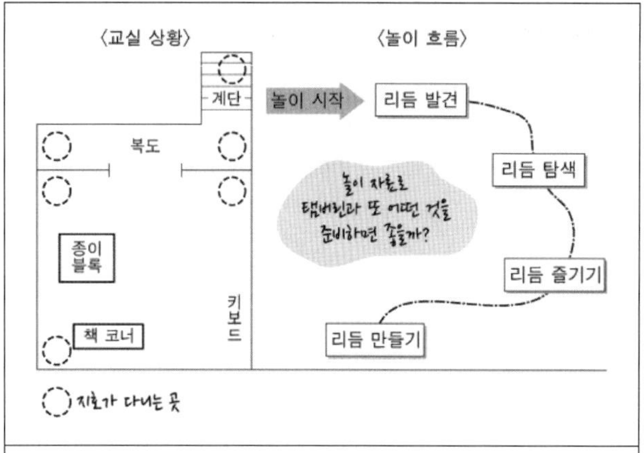

★ 이제 지호의 울음 행동은 거의 일어나지 않는 것을 보니 우리 유치원에 잘 적응하고 있음

★ 지호의 관심 :
- 요즘 지호는 탬버린으로 여러 가지 소리를 내며 다님
- 조용한 곳을 찾아 돌아다니며 소리를 들음

★ 나의 고민 :
- ㉡ <u>지호한테는 이게 재미있는 놀이인 것 같은데 어떻게 지원해야 할까?</u>

1) [A]와 같이 유아의 정서·행동문제를 바라보는 모델에 근거하여, ㉠에 해당하는 체계가 무엇인지 쓰시오. [1점]

2) ① [B]에서 박 교사가 사용한 직접 관찰 방법은 무엇인지 쓰고, ② 지호의 울음 행동 기능은 무엇인지 (나)에 근거하여 쓰시오. [2점]

①:

②:

3) 2019 개정 유치원 교육과정 교수·학습 사항 '다. 유아가 다양한 놀이와 활동을 경험할 수 있도록 실내외 환경을 구성한다.'와 (다)를 고려하여 ① ㉡의 예를 놀이 공간 측면에서 1가지 쓰고, ② 이때 유의하여야 할 사항을 쓰시오. [2점]

①:

②:

핵심테마 체크 ✔

- 범불안장애
- 강박장애
- 우울장애

MY MEMO

20

정답 및 예시답안

③

문제 속 자료분석

- (가) 여러 사건이나 활동에 대한 지나친 불안 또는 걱정(염려스러운 예견)이 적어도 6개월 동안, 최소한 한 번에 며칠 이상 발생한다. 걱정을 조절하는 것이 어렵다는 것을 스스로 인식한다. 안절부절못함, 쉽게 피로해짐, 집중 곤란, 쉽게 화를 냄, 과민 기분, 근육 긴장, 수면 문제 등과 같은 부수적 증상을 3개 이상 동반한다. ➡ 범불안장애
- (나) 비합리적인 생각을 반복하거나 특정 의식 또는 행동을 반복한다. 이러한 소모적이고 심각한 사고 또는 행동이 과도하거나 불합리하다는 것을 스스로 인식한다. 흔히 오염에 대한 생각, 반복적 의심 등과 더불어 반복적인 손 씻기, 정돈하기 등의 행동을 한다. ➡ 강박장애
- (다) 적어도 2년 동안 하루의 대부분이 우울하고, 우울하지 않은 날보다 우울한 날이 더 많다. 아동과 청소년은 최소한 1년 이상 과민한 상태를 보이기도 한다. 식욕 부진 또는 과식, 불면 또는 수면과다, 기력 저하 또는 피로감, 자존감 저하, 절망감 등과 같은 부수적 증상을 2개 이상 동반한다. ➡ 기분부전장애(DSM-Ⅳ)

관련이론

✦ 범불안장애

- 최소한 6개월 이상 몇 개의 사건이나 활동에 대해 과도하게 불안해하며 걱정한다.
- 자신이 걱정하는 것을 통제할 수 없다.
- 불안이나 걱정은 6가지 증상 중 3가지 이상이 최소한 6개월 동안 나타난다.

✦ 강박-충동장애

- 강박, 충동 또는 둘 다 나타난다.
  - 강박은 다음 2가지 증상에 의해 정의된다.
    ① 대부분의 사람에게 불안이나 고통을 일으킬 만한 생각, 충동, 또는 영상을 지속적으로 반복하여 경험
    ② 본인 스스로 강박적인 생각, 충동, 또는 영상을 무시하고 억누르려고 하거나 다른 생각이나 행동으로 중화시키려고 시도
  - 충동은 다음 2가지 증상에 의해 정의된다.
    ① 강박 또는 규칙을 철저하게 지켜야 한다는 생각으로 인해 수행되는 반복적인 행동
    ② 이러한 행동이나 정신적 활동은 불안이나 고통을 예방하거나 감소시키기 위해서 또는 두려운 사건이나 상황을 예방하기 위해서 수행되지만, 현실에서 이러한 행동이나 정신적 활동은 예방하려는 사건이나 상황과는 무관
- 강박 또는 충동은 시간 소모적이며(예 하루에 한 시간 이상 소요), 사회적, 학업적, 직업적 및 다른 중요한 기능 영역에 임상적으로 중요한 손상 또는 결함을 초래한다.

✦ 주요 우울장애

- 우울 증상 9가지 가운데 5가지(또는 그 이상) 증상이 2주 연속으로 지속되며, 이러한 상태가 이전 기능으로부터의 변화를 나타내는 경우
- 증상 가운데 적어도 하나는 우울 기분이거나, 흥미나 즐거움의 상실이어야 한다.

20

2012. 중

다음은 『정신장애진단통계편람』을 근거로 하여 제시한 정서 · 행동장애 유형의 주요 특성 중 일부이다. (가)~(다)에 해당하는 장애 유형이 바르게 짝지어진 것은?

(가) 여러 사건이나 활동에 대한 지나친 불안 또는 걱정(염려스런 예견)이 적어도 6개월 동안, 최소한 한 번에 며칠 이상 발생한다. 걱정을 조절하는 것이 어렵다는 것을 스스로 인식한다. 안절부절못함, 쉽게 피로해짐, 집중 곤란, 쉽게 화를 냄, 과민 기분, 근육 긴장, 수면 문제 등과 같은 부수적 증상을 3개 이상 동반한다.

(나) 비합리적인 생각을 반복하거나 특정 의식 또는 행동을 반복한다. 이러한 소모적이고 심각한 사고 또는 행동이 과도하거나 불합리하다는 것을 스스로 인식한다. 흔히 오염에 대한 생각, 반복적 의심 등과 더불어 반복적인 손 씻기, 정돈하기 등의 행동을 한다.

(다) 적어도 2년 동안 하루의 대부분이 우울하고, 우울하지 않은 날보다 우울한 날이 더 많다. 아동과 청소년은 최소한 1년 이상 과민한 상태를 보이기도 한다. 식욕 부진 또는 과식, 불면 또는 수면 과다, 기력 저하 또는 피로감, 자존감 저하, 절망감 등과 같은 부수적 증상을 2개 이상 동반한다.

	(가)	(나)	(다)
①	외상후스트레스 장애	기분부전장애	양극성장애
②	외상후스트레스 장애	강박장애	주요우울장애
③	범불안장애	강박장애	기분부전장애
④	공황장애	분리불안장애	기분부전장애
⑤	범불안장애	공황장애	주요우울장애

핵심테마 체크 ✔

• 불안장애의 중재

MY MEMO

21

정답 및 예시답안

○ ㉠ 실제 상황 둔감법
○ ㉡ 비디오 모델링

관련이론

✦ 불안장애 중재

행동수정	이완훈련	• 공포와 불안문제를 구성하는 자율적 각성의 경험을 감소시키는 전략이다. • 특정한 이완행동에 참여하는 개인은 자율적 각성에 반대되는 신체적 반응을 하게 된다. • 이완훈련은 근육의 긴장, 빠른 심장박동, 차가운 손, 빠른 호흡 등 자율적 각성이 되는 신체반응 대신, 근육의 긴장을 감소시키고 심장박동과 호흡을 느리게 하며 손을 따뜻하게 한다. 이러한 신체적 반응을 경험한 사람들은 불안 감소를 보고하게 된다. • 가장 많이 알려진 4가지 이완훈련으로는 점진적 근육이완, 횡격막 호흡, 주의집중 연습, 행동이완훈련이 있다.
	체계적 둔감법	• 공포를 야기하는 자극을 상상하면서 공포를 이완에 이용하는 것 • 치료자가 불안을 야기하는 장면을 점진적으로 묘사하는 것을 상상하면서 이완하는 것을 학습하여 공포 반응을 감소시킬 수 있다고 주장한다. • 내담자에게 중요한 것은 공포를 야기하는 자극을 상상하면서도 이완반응을 유지하는 것이다. • 3단계로 이루어진다. ① 1단계: 내담자는 앞서 기술된 절차들 중 하나를 사용하는 이완기술을 획득한다. ② 2단계: 치료자와 내담자는 공포를 야기하는 자극의 위계를 만든다. ③ 3단계: 내담자는 치료자가 위계에 따라 장면을 묘사하는 동안 이완기술을 연습한다. 내담자가 위계에 따른 모든 장면을 상상하는 동안 이완반응을 유지할 수 있게 되면 체계적 둔감법을 마치게 된다. 그러면 내담자는 실제 삶에서 공포를 야기하는 자극에 직면하더라도 공포 반응(불안과 회피 행동)에서 자유로워지게 된다.
	실제 상황 둔감법	• 접촉둔감법으로도 불리는 실제 상황 둔감법은 내담자가 실제 공포를 야기하는 자극에 점진적으로 접근하거나 점진적으로 노출된다는 점을 제외하고는 체계적 둔감법과 유사하다. • 실제 상황 둔감법 절차를 사용하기 위해서 내담자는 우선 이완반응을 학습해야 한다. 다음으로 내담자와 치료자는 공포를 야기하는 자극을 수반하는 상황의 위계를 만든다. 실제 상황 둔감법에서는 내담자가 위계의 각 장면을 상상하는 것이 아니라 공포 반응을 대체하는 반응으로서 이완을 유지하면서 각 위계 상황을 직접 경험하도록 한다.
	홍수법	• 개인이 오랫동안 충분한 강도로 공포자극에 노출되는 절차다. • 우선 내담자는 공포자극이 있을 때보다 높아진 불안을 경험하지만, 시간이 지나면서 소거 저항의 과정을 통해 불안 수준이 감소한다. • 홍수법은 전문가에 의해서만 수행되어야 한다. 내담자가 최초로 공포자극에 노출되면 공포로 인해 매우 불안해지기 때문에 홍수법 절차가 진행되는 상황에서 회피할 수 있고 공포가 더 악화될 수 있기 때문이다.
	모델링	• 모델링은 아동의 공포에 있어 성공적인 치료법이다. • 모델링 절차에서 아동은 다른 사람이 공포자극에 접근하거나 공포활동에 참여하는 것을 관찰한 후에 유사한 행동을 더욱 쉽게 수행할 수 있게 된다. • 공포를 가진 사람은 살아 있는 모델을 관찰하거나 영화 또는 비디오 모델을 볼 수 있다.
인지행동치료		• 불안해하는 아동의 생각, 신념, 지각을 변화시키기 위한 여러 가지 방법들이 포함되어 있다. 이러한 방법들은 아동의 비적응적 인지구조를 변화시키면 불안해하거나 회피하는 행동도 변화할 것이라는 전제하에 사용되고 있다. • 인지적 자기관리법, 스스로 말하기 방법, 유쾌한 상상 등이 포함된다. • 이 치료법은 아동에게 사고의 형태에 대한 인식과 사고의 여러 대안적인 방법들을 제공함으로써 전형적으로 정적 강화와 이완과 같은 다른 행동치료 절차와 노출법을 결합하여 사용하고 있다.
가족중재		• 가족 프로그램에는 부모에게 아동을 다루는 법, 불안을 다루는 법, 의사소통 및 문제해결 기술 등을 훈련시키는 것이 포함된다.
약물치료		• 선별적 세로토닌 재흡수 억제제 • 삼환계 • 불안완화제(벤조다이아제핀) 등

21

2018. 중

다음은 학생 B가 보이는 행동 특성에 대해 특수교사와 방과 후 교사가 나눈 대화이다. 밑줄 친 ㉠과 ㉡에 해당하는 중재 방법을 순서대로 쓰시오. [2점]

특 수 교 사: 안녕하세요? 학생 B는 방과 후 활동 시간에 잘 참여하고 있습니까?

방과 후 교사: 예, 잘 참여하고 있습니다. 그런데 그리기 활동 후 감상 시간에 본인의 작품을 발표하는 순서가 되면 극도의 불안감을 나타내면서 손을 벌벌 떨거나 안절부절못하는 행동을 보입니다. 그러다 갑자기 화를 내고 심한 경우 소리 내며 우는 행동까지 이어집니다. 학생 B의 불안감을 줄이기 위해 어떻게 하면 좋을까요?

특 수 교 사: 예, 여러 가지 방법이 있는데 그중에서 두 가지 정도가 학생 B에게 적절할 것 같습니다. 첫 번째는 ㉠ 이완 기술을 습득하고 유지하면서 짝, 모둠, 학급 전체로 점차 대상을 확대하여 발표를 해보도록 하는 방법입니다. 두 번째는 ㉡'발표 성공 사례' 영상을 보고 영상 속 주인공의 발표 행동을 따라하는 절차를 반복하는 방법이 있습니다.

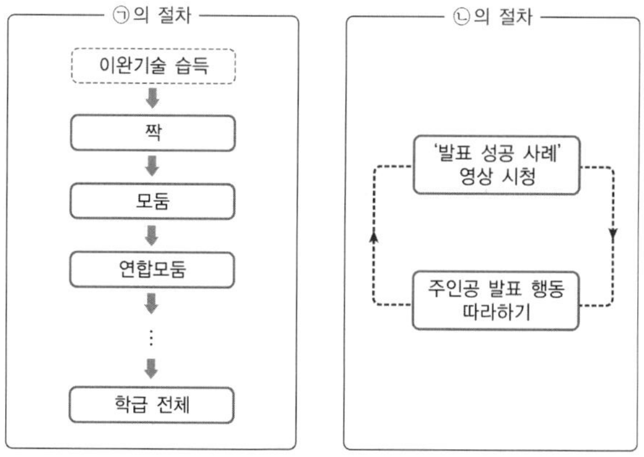

㉠:

㉡:

핵심테마 체크 ✔

- 이완훈련
- 건강장애 학생을 위한 중재

MY MEMO

22

정답 및 예시답안

○ ㉠ 이완훈련
○ ㉡ 부작용

관련이론

✦ 이완훈련

- 공포와 불안문제를 구성하는 자율적 각성의 경험을 감소시키는 전략이다.
- 특정한 이완행동에 참여하는 개인은 자율적 각성에 반대되는 신체적 반응을 하게 된다.
- 이완훈련은 근육의 긴장, 빠른 심장박동, 차가운 손, 빠른 호흡 등 자율적 각성이 되는 신체반응 대신 근육의 긴장을 감소시키고 심장박동과 호흡을 느리게 하며 손을 따뜻하게 한다. 이러한 신체적 반응을 경험한 사람들은 불안 감소를 보고하게 된다.
- 가장 많이 알려진 4가지 이완훈련으로는 점진적 근육이완, 횡격막 호흡, 주의집중 연습, 행동이완 훈련이 있다.

고득점 답안 비법 ☆ 기본개념에 대한 지식과 주어진 맥락에 대한 기본적인 이해를 통해 풀 수 있는 문제

22 2019. 중

다음은 ○○중학교 건강장애 학생 K의 보호자와 송 교사가 나눈 대화이다. 밑줄 친 ㉠에 해당하는 인지행동중재 방법의 명칭을 쓰고, 괄호 안의 ㉡에 해당하는 내용 1가지를 쓰시오. [2점]

> 보 호 자: 선생님, 학생 K가 퇴원 후 학교에 복귀하게 되었는데, 학습 결손도 걱정이지만 오랜만에 학교에 가서 그런지 불안과 긴장이 심해지는 것 같아요.
> 송 교사: 개별적인 지원 방법을 고민해 봐야겠군요. 먼저, 학업지원 측면에서 학습 결손 보충과 평가 조정 등을 고려하겠습니다. 불안과 긴장에 대해서는 ㉠ <u>깊고 느린 호흡, 심상(mental image) 등을 통해 근육의 긴장을 감소시키는 방법</u>을 고려해보면 좋겠네요.
> 보 호 자: 학생 K가 병원에서 처방받은 약을 복용해야 하는데, 건강관리 측면에서는 어떠한 지원이 가능한가요?
> 송 교사: 개별화교육지원팀에서 약물 투여 담당자 지정을 포함하여 건강관리에 관한 제반 사항을 논의하고 결정할 것입니다. 교사들은 학생 K가 정해진 시간에 약을 복용하는지 확인할 것이고, 약물 복용에 따른 (㉡)을/를 관찰하겠습니다. 그리고 혹시 있을지 모르는 응급상황 대처 요령을 숙지할 것입니다.

핵심테마 체크 ✔

- 반두라의 관찰학습
- 체계적 둔감법과 실제 상황 둔감법

MY MEMO

23

정답 및 예시답안

1) 유치원 C
2) ① 주의집중
   ② 대리강화
3) ㉣ 실제 불안자극 없이도 상상하면서 이완하는 것을 학습할 수 있다.
   ㉤ 불안을 야기하는 자극이나 상황에 대해 직접 경험하며 이완하도록 한다.

관련이론

✦ 반두라의 관찰학습

① 주의집중: 관찰자가 모델의 행동에 대해 주의를 집중하면서 단서를 정확히 인지
② 파지: 한 번 관찰된 내용을 어떤 형태로든지 머릿속에 보존하고 재현하는 과정
③ 운동적 재생: 일단 관찰되고 파지된 표상은 상징적이거나 언어적 내용으로 구성되며, 이것이 외부자극에 따라 구체적이고 표면적인 행동으로 재생되는 과정
④ 동기화: 관찰된 행동을 기억하고, 그 행동을 실현할 때 현실적으로 거부당하거나 보상되는 과정

✦ 체계적 둔감법과 실제 상황 둔감법

- 체계적 둔감법은 공포를 야기하는 자극을 상상하면서 공포를 이완에 이용하는 것이다. 치료자가 불안을 야기하는 장면을 점진적으로 묘사하는 것을 상상하면서 이완하는 것을 학습하여 공포 반응을 감소시킬 수 있다. 내담자에게 중요한 것은 공포를 야기하는 자극을 상상하면서도 이완반응을 유지하는 것이다.
- 실제상황 둔감법에서는 내담자가 위계의 각 장면을 상상하는 것이 아니라 공포 반응을 대체하는 반응으로서 이완을 유지하면서 각 위계 상황을 직접 경험하도록 한다.

– 윤점룡 외, 『정서 및 행동장애아 교육 3판』, 학지사, 2018.

- 체계적 탈감법이란 두려움을 유발하는 자극이나 상황을 최소부터 최대까지 위계적으로 배열해 놓고 이완된 상태로 그 위계에 따라 자극이나 상황을 상상하면서 점차 두려움을 중화시켜 나가는 것으로서 극단적 두려움이라고 할 수 있는 공포증을 극복하는 절차이다. 내담자가 위계에 따른 모든 장면을 상상하는 동안 이완상태를 유지할 수 있으면 체계적 탈감법을 종료한다.
- 실제상황 탈감법은 이완기술을 배운 다음 두려움을 유발하는 자극이나 상황을 최소부터 최대까지 위계적으로 배열해 놓고 위계의 각 단계에서 이완상태로 두려움을 유발하는 실제 자극이나 상황을 접하면서 두려움을 중화시켜 나가는 것으로서 각 위계 상황에 실제로 노출된다는 점을 제외하고는 체계적 탈감법과 유사하다.
- 체계적 자기－탈감법은 내담자가 다양한 단계를 스스로 진행한다는 것을 제외하면 체계적 탈감법 또는 실제상황 탈감법과 동일한 절차를 밟는다.

– 이승희, 『정서행동장애개론』, 학지사, 2018.

23

2019. 유

원기는 손을 흔드는 상동 행동을 하는 5세 발달지체 유아이다. 다음은 현장 체험학습을 다녀온 후에 통합학급 김 교사와 특수학급 박 교사가 평가회에서 나눈 대화의 일부이다. 물음에 답하시오. [5점]

박 교사: 김 선생님, 지난 현장 체험학습 때 원기에게 일어난 일 기억하시죠?
김 교사: 물론이죠. 다른 아이들이 원기가 손을 반복적으로 흔드는 행동을 쳐다보며 흉내 내고 놀렸잖아요. 그때 아이들이 원기를 도와주었고, 박 선생님과 제가 칭찬을 많이 해 주었죠.
박 교사: 그랬죠. 그래서 평소에 우리 아이들이 장애에 대해 올바른 태도를 가질 수 있도록 사전 교육이나 활동이 꼭 필요합니다.
김 교사: 네. 저도 박 선생님의 생각에 동의해요. 그리고 장애가 있는 친구들에 대한 태도에서 ㉠ 대상과 관련된 정보나 지식 또는 신념 등이 부족하거나 왜곡되면 장애가 있는 친구들에 대한 태도에 매우 부정적인 영향을 미치기도 한대요.

… (중략) …

김 교사: 아이들은 교사의 말이나 행동을 그대로 따라 하는 것 같아요. 지난번 현장 체험학습 때 놀림을 받은 원기에게 아이들이 다가가 안아 주거나 토닥거려 주고, 함께 손을 잡고 다녔죠. ㉡ 평소 박 선생님과 제가 원기에게 하던 행동을 아이들이 자세히 본 것 같아요. 교사의 행동이 아이들에게 참 중요하다는 것을 다시 알았어요.
박 교사: 네. 그리고 아이들끼리도 서로 영향을 주고받는 것 같아요. ㉢ 지난번 현장 체험학습 때 제가 원기를 도와주었던 친구들을 칭찬해 줬더니, 그 모습을 보고 몇몇 유아들은 원기를 도와주는 행동을 따라 하는 것 같아요.

… (중략) …

김 교사: 참, 선생님. 원기가 혼자 화장실에 가는 것을 좀 불안해 해요. 꼭 저와 같이 가려고 하고 화장실 문도 못 닫게 하네요. 이때는 어떻게 하면 좋을까요?
박 교사: 저는 원기의 불안감을 줄여 주는 것이 무엇보다 중요하다고 봐요. 불안감을 줄여 주는 방법에는 여러 가지가 있는데, 그중에 ㉣ 체계적 둔감법과 ㉤ 실제 상황 둔감법이 생각나네요.

… (하략) …

1) ㉠은 태도의 세 가지 기본 요소 가운데 무엇에 해당하는지 쓰시오. [1점]

2) 반두라(A. Bandura)의 사회학습이론에 근거하여, ① ㉡은 관찰학습과정 중 어디에 해당하는지 쓰고, ② ㉢에 해당하는 강화의 유형을 쓰시오. [2점]

①:

②:

3) ㉣과 ㉤의 장점을 각각 1가지 쓰시오. [2점]

㉣:

㉤:

핵심테마 체크

• 불안장애 중재

MY MEMO

24

정답 및 예시답안

1) 유치원 교육과정
2) 유치원 교육과정
3) ① 실제 상황 둔감법
   ② 이완기술

관련이론

✦ 체계적 둔감법과 실제 상황 둔감법

• 체계적 둔감법은 공포를 야기하는 자극을 상상하면서 공포를 이완에 이용하는 것이다. 치료자가 불안을 야기하는 장면을 점진적으로 묘사하는 것을 상상하면서 이완하는 것을 학습하여 공포 반응을 감소시킬 수 있다. 내담자에게 중요한 것은 공포를 야기하는 자극을 상상하면서도 이완반응을 유지하는 것이다.
• 실제상황 둔감법에서는 내담자가 위계의 각 장면을 상상하는 것이 아니라 공포 반응을 대체하는 반응으로써 이완을 유지하면서 각 위계 상황을 직접 경험하도록 한다.

– 윤점룡 외, 『정서 및 행동장애아 교육 3판』, 학지사, 2018.

• 체계적 탈감법이란 두려움을 유발하는 자극이나 상황을 최소부터 최대까지 위계적으로 배열해 놓고 이완된 상태로 그 위계에 따라 자극이나 상황을 상상하면서 점차 두려움을 중화시켜 나가는 것으로서 극단적 두려움이라고 할 수 있는 공포증을 극복하는 절차이다. 내담자가 위계에 따른 모든 장면을 상상하는 동안 이완상태를 유지할 수 있으면 체계적 탈감법을 종료한다.
• 실제상황 탈감법은 이완기술을 배운 다음 두려움을 유발하는 자극이나 상황을 최소부터 최대까지 위계적으로 배열해 놓고 위계의 각 단계에서 이완상태로 두려움을 유발하는 실제 자극이나 상황을 접하면서 두려움을 중화시켜 나가는 것으로써 각 위계 상황에 실제로 노출된다는 점을 제외하고는 체계적 탈감법과 유사하다.
• 체계적 자기–탈감법은 내담자가 다양한 단계를 스스로 진행한다는 것을 제외하면 체계적 탈감법 또는 실제상황 탈감법과 동일한 절차를 밟는다.

– 이승희, 『정서행동장애개론』, 학지사, 2018.

24

2023. 유

(가)와 (나)는 발달지체 유아 민지의 통합학급 놀이 장면이고, (다)는 유아특수교사 박 교사와 통합학급 김 교사의 대화이다. 물음에 답하시오. [5점]

(가)

(유아들이 모여 앉아 블록놀이를 하고 있다.)
지 혜: 우와, 민지는 버스 만들고 있네. 나도 만들어야지.
다 연: (책을 가져오며) 나는 이걸로 2층 주차장 만들어줄게. 민지 버스 들어오세요.
민 지: (버스를 굴리며) 빵빵~
김 교사: 우와~ 멋진 버스와 주차장이네요.
우 재: 버스랑 주차장이 있네. 얘들아, 우리 다 함께 우리 동네 만들자. 우리 동네에는 마트랑 병원이랑 유치원이 있어야 돼.
승 아: 좋아, 좋아. 그럼 나는 병원 만들 거야. 민규 너는 뭐 만들 거야?
민 규: 음, 나는 우리 유치원 만들 거야.
우 재: 나는 그러면 내가 제일 좋아하는 마트 만들 거야. 그런데 마트 만들 자리가 없네. 선생님, 마트 만들 자리가 없어요.
김 교사: 친구들이 만든 우리 동네가 너무 크네요. 그러면 복도까지 우리 동네 할까요?
유아들: 네!
(복도로 나가서 우리 동네 만들기 놀이를 이어 간다.)
민 규: 선생님, 빨간불 초록불 신호등이 필요해요.
김 교사: 선생님이 신호등 가져다줄게요.
유아들: 네.
(유아들 각자의 생각대로 키즈 카페, 아이스크림 가게 등을 더 만든다. 유아들이 계속 놀고 싶다고 요청하자 교사가 놀이 시간을 더 늘리기로 한다.)

(나)

다연: 우재야, 우리 병원놀이 하자.
우재: 좋아.
지혜: 나도 할래. 민지도 같이하자.
민지: (우는 목소리로) 싫어. 주사 싫어.
지혜: ㉠ <u>민지야, 주사 많이 무섭지. 나도 무서워.</u>
민지: (엉엉 울면서) 주사 안 맞아!
다연: ㉡ <u>나도 주사 맞기 싫은데 민지도 싫구나.</u>
민지: (소리를 지르고 울며 바닥을 구르면서) 아아아! 싫어. 병원 안 해. 병원 안 해요!

(다)

김 교사: 오늘 놀이 시간에 민지가 병원놀이를 많이 무서워했어요.
박 교사: 그래서 민지 어머니도 민지가 아플 때 병원에 가기 어렵다고 하셨어요.
김 교사: 주사가 무섭긴 하겠지만 지나치게 불안을 나타내는 것에 대해서는 걱정이 되네요. 무슨 좋은 방법이 있을까요?
박 교사: ㉢ <u>친구들이 주사기 놀잇감을 가지고 병원놀이 하는 모습을 멀리서 지켜보는 낮은 자극 수준부터 점차 높은 자극 수준으로 올라가도록 단계를 만들고, 자극 단계 순서대로 차츰 노출시켜서 민지가 불안을 줄여갈 수 있도록 연습시켜 봐요.</u>
김 교사: 네, 선생님. 그런데 민지가 각 단계마다 연습을 하다가 불안이 높아질 때에는 어떻게 하지요?
박 교사: 그럴 때를 대비해서 스스로 불안을 낮출 수 있도록 (㉣)을/를 가장 먼저 연습해야 해요.

1) ① 스밀란스키(S. Smilansky)의 인지놀이 유형 중 (가)에 해당하는 유형이 무엇인지 쓰고, ② 놀이 과정 중 (가)에서 김 교사가 지원한 공간과 자료에 해당하는 내용을 각각 찾아 쓰시오. [2점]

①:

②:

2) 골만(D. Goleman)이 제시한 정서지능의 구성 요소 중 (나)의 ㉠과 ㉡에 공통적으로 해당하는 것을 쓰시오. [1점]

3) (다)의 ① ㉢에 해당하는 중재 방법이 무엇인지 쓰고, ② ㉢과 관련하여 ㉣에 들어갈 용어를 쓰시오. [2점]

①:

②:

핵심테마 체크 ✔

- 강박장애
- 범불안장애
- 선택적 함묵증
- 외상 후 스트레스 장애
- 분리불안장애

MY MEMO

25

정답 및 예시답안

④

알찬 지문풀이

- ① 손 씻기와 같은 반복적인 행동이 적어도 하루에 한 시간 이상 나타난다. ➡ 강박장애
- ② 여러 사건이나 활동에 대한 과도한 불안이나 걱정이 적어도 6개월 이상, 최소한 한 번에 며칠 이상 일어난다. ➡ 범불안장애
- ③ 말을 해야 하는 특정한 사회적 상황에서 말을 할 수 있음에도 불구하고 1개월 이상 지속적으로 말을 하지 않는다. ➡ 선택적 함묵증
- ④ 외상과 관련된 사건의 재경험, 그 사건과 관련된 자극의 회피, 일반적인 반응의 마비, 각성 상태의 증가가 1개월 이상 지속적으로 나타난다. ➡ 외상 후 스트레스 장애
- ⑤ 애착이 형성된 사람으로부터 분리되는 것에 대해 부적절하고 과다하게 반응하며, 이러한 반응은 4주 이상 지속되고 18세 이전에 나타난다. ➡ 분리불안장애

문제 속 자료분석

- 영기는 어느 날 집 앞에서 심한 교통사고를 당한 후, 지금까지 자동차를 보면 몹시 초조해하고 집 앞 도로를 혼자 다니지 못한다. 또한 혼자서 장난감 자동차 충돌을 재연하며 논다.
- 인수는 엄마와 함께 지하철을 타고 가다 화재로 심한 화상을 입은 후, 밤에 잠을 이루지 못하고 자주 악몽을 꾼다. 또한 텔레비전에서 불이 나오는 장면만 보면 심하게 울면서 안절부절못하며 엄마에게 안긴다.

관련이론

✦ 강박-충동장애

- 강박, 충동 또는 둘 다 나타난다.
  - 강박은 다음 2가지 증상에 의해 정의된다.
    ① 대부분의 사람에게 불안이나 고통을 일으킬 만한 생각, 충동, 또는 영상을 지속적으로 반복하여 경험
    ② 본인 스스로 강박적인 생각, 충동, 또는 영상을 무시하고 억누르려고 하거나 다른 생각이나 행동으로 중화시키려고 시도
  - 충동은 다음 2가지 증상에 의해 정의된다.
    ① 강박 또는 규칙을 철저하게 지켜야 한다는 생각으로 인해 수행되는 반복적인 행동
    ② 이러한 행동이나 정신적 활동은 불안이나 고통을 예방하거나 감소시키기 위해서 또는 두려운 사건이나 상황을 예방하기 위해서 수행되지만, 현실에서 이러한 행동이나 정신적 활동은 예방하려는 사건이나 상황과는 무관
- 강박 또는 충동은 시간 소모적이며(예 하루에 한 시간 이상 소요), 사회적, 학업적, 직업적 및 다른 중요한 기능 영역에 임상적으로 중요한 손상 또는 결함을 초래한다.

✦ 범불안장애

- 최소한 6개월 이상 몇 개의 사건이나 활동에 대해 과도하게 불안해하며 걱정한다.
- 자신이 걱정하는 것을 통제할 수 없다.
- 불안이나 걱정은 6가지 증상 중 3가지 이상이 최소한 6개월 동안 나타난다.

✦ 외상 후 스트레스 장애

- 외상 후 스트레스 장애는 사람이 전쟁, 고문, 자연재해, 사고 등의 심각한 사건을 경험한 후 그 사건에 공포감을 느끼고 사건 후에도 계속적인 재경험을 통해 고통을 느끼며 그로부터 벗어나기 위해 에너지를 소비하게 되는 질환으로, 정상적인 사회생활에 부정적인 영향을 끼치게 된다.

✦ 분리불안장애

- 집 또는 애착 대상과 분리되는 상황에 대해 발달 수준에 비해 부적절하게 심한 수준의 공포, 불안 반응을 보여 적응상의 문제를 초래하는 장애

25

2011. 유

다음의 영기와 인수는 공통된 장애가 있다. 정신장애 진단 및 통계 편람 제4판(DSM-Ⅳ-TR)에 제시된 이 장애의 진단준거에 해당하는 것은?

> • 영기는 어느 날 집 앞에서 심한 교통사고를 당한 후, 지금까지 자동차를 보면 몹시 초조해하고 집 앞 도로를 혼자 다니지 못한다. 또한 혼자서 장난감 자동차 충돌을 재연하며 논다.
> • 인수는 엄마와 함께 지하철을 타고 가다 화재로 심한 화상을 입은 후, 밤에 잠을 이루지 못하고 자주 악몽을 꾼다. 또한 텔레비전에서 불이 나오는 장면만 보면 심하게 울면서 안절부절못하며 엄마에게 안긴다.

① 손 씻기와 같은 반복적인 행동이 적어도 하루에 한 시간 이상 나타난다.
② 여러 사건이나 활동에 대한 과도한 불안이나 걱정이 적어도 6개월 이상, 최소한 한 번에 며칠 이상 일어난다.
③ 말을 해야 하는 특정한 사회적 상황에서 말을 할 수 있음에도 불구하고 1개월 이상 지속적으로 말을 하지 않는다.
④ 외상과 관련된 사건의 재경험, 그 사건과 관련된 자극의 회피, 일반적인 반응의 마비, 각성 상태의 증가가 1개월 이상 지속적으로 나타난다.
⑤ 애착이 형성된 사람으로부터 분리되는 것에 대해 부적절하고 과다하게 반응하며, 이러한 반응은 4주 이상 지속되고 18세 이전에 나타난다.

핵심테마 체크

- 우울장애
- 귀인의 유형

MY MEMO

26

정답 및 예시답안

①

문제 속 자료분석

- ㉠ 민지는 평소 학급 활동에 매우 소극적이고 수업에 잘 집중하지 못합니다. 사소한 일에도 부적절한 죄책감을 가지고 있으며, 또래들과 잘 어울리지 못하는 아이입니다. 민지 어머니도 민지가 지난달 초부터는 매사 흥미를 잃고 피곤하다고 하면서 별로 먹지도 않고 과민해져서 걱정이 많으시더군요. ➡ 우울장애
- ㉡ 자기가 게임에서 진 것은 자신의 무능함 때문이라고 말하더군요. ➡ 내적
- ㉢ 자기는 언제나 시험을 잘 치지 못하고, ➡ 안정적
- ㉣ 학급의 모든 활동에서 다른 친구들에게 뒤지고 잘하지 못한다고 하더군요. ➡ 전체적

관련이론

✦ 주요 우울장애

- 우울 증상 9가지 가운데 5가지(또는 그 이상) 증상이 2주 연속으로 지속되며, 이러한 상태가 이전 기능으로부터의 변화를 나타내는 경우
- 증상 가운데 적어도 하나는 우울 기분이거나, 흥미나 즐거움의 상실이어야 한다.

✦ 귀인 재훈련

- 귀인은 일상생활에서 경험하는 사건의 원인에 대해 학생이 생각하는 신념으로, 수행에 대한 성공과 실패의 원인이 어디에 있는지를 설명한다.
- 귀인의 종류에는 능력, 노력, 과제 곤란도, 행운, 타인의 도움 등이 있으며, 그 특성에 따라 안정성, 원인의 소재, 통제성으로 분류된다.

귀인	특성		
	안정성	원인의 소재	통제성
능력	안정	내적	통제 불가능
노력	불안정	내적	통제 가능
과제 곤란도	안정	외적	통제 불가능
행운	불안정	외적	통제 불가능
타인의 도움	불안정	외적	통제 가능

26

2012. 유 · 초

다음은 일반학급의 김 교사가 자신의 학급에 통합되어 있는 민지에 대해서 특수학급 교사에게 한 이야기이다. 김 교사의 이야기를 근거로 할 때, 민지가 보이는 DSM-Ⅳ 분류상의 장애 유형(㉠)과 귀인 유형(㉡~㉣)을 바르게 제시한 것은?

> ㉠ 민지는 평소 학급 활동에 매우 소극적이고 수업에 잘 집중하지 못합니다. 사소한 일에도 부적절한 죄책감을 가지고 있으며, 또래들과 잘 어울리지 못하는 아이입니다. 민지 어머니도 민지가 지난 달 초부터는 매사 흥미를 잃고 피곤하다고 하면서 별로 먹지도 않고 과민해져서 걱정이 많으시더군요.
> 제가 보기에는 충분히 해낼 수 있는 과제에 대해서도 자신을 스스로 낮게 평가하고 과제를 회피하는 것 같습니다. 어제는 수업 중에 친구들과 게임을 하였는데, ㉡ 자기가 게임에서 진 것은 자신의 무능함 때문이라고 말하더군요. 또한 ㉢ 자기는 언제나 시험을 잘 치지 못하고, ㉣ 학급의 모든 활동에서 다른 친구들에게 뒤지고 잘하지 못한다고 하더군요.

	장애 유형	귀인 유형		
	㉠	㉡	㉢	㉣
①	우울장애	내적	안정적	전체적
②	우울장애	외적	불안정적	전체적
③	범불안장애	내적	안정적	특정적
④	범불안장애	외적	불안정적	특정적
⑤	강박장애	내적	불안정적	전체적

27

핵심테마 체크 ✔

- 우울장애에 대한 다양한 중재

MY MEMO

정답 및 예시답안

⑤

알찬 지문풀이

- ⑤ 정동홍수법을 사용하여 ~~주어진 과제를 완수하게 하고 단기간에 학업 성취도를 높일 수 있도록 지도한다.~~ ➡ 정동홍수법은 불안자극을 강한 강도로 제공하는 중재전략

관련이론

✦ 정동홍수법

- 중재 초기에 불안을 일으키는 정도가 가장 심한 자극에 아동을 오랫동안 노출시키는 방법이다.
- 체계적 둔감법의 점진적인 접근방법과는 대조된다.
- 이는 불안을 일으키는 정도가 가장 심한 자극에 노출되더라도 사람은 계속 높은 각성상태를 유지할 수 없으므로 결국 불안 반응은 약화된다는 이론에 근거한다.

27

2010. 중

다음 사례와 같이 우울증이 있는 정서 · 행동장애학생에 대한 지도방법으로 가장 거리가 먼 것은?

> • 대상: 중학교 2학년 특수교육대상자
> • 관찰 및 상담 내용:
> 일반교사에 의하면, 학생은 평소 우유부단함을 보이고 꾸중을 듣거나 일이 자기 뜻대로 되지 않으면 잘 울며, 자주 죽고 싶다고 말하기도 한다. 친구들과 함께 있을 때에도 대부분 혼자서 무관심하게 시간을 보내고, 수업 시간에 과제를 완수하지 못하거나 종종 실패하기도 한다. 1학기에 실시한 중간고사와 기말고사에서 성적이 부진했다. 부모에 의하면, 밤에 쉽게 잠들지 못하고 만성적 피로감을 호소한다고 한다. 학생의 성격검사 결과, 자신에 대한 지나친 죄책감을 지니고 있는 것으로 나타났으며, 현재 의사의 처방에 따라 약물 치료를 받고 있다.

① 이완훈련으로 충동 조절을 할 수 있도록 지도한다.
② 멘토를 지정해 사회적 관계를 확대하고 교우관계의 범위를 넓혀가도록 지도한다.
③ 부정적인 자동적 사고에 대한 신념을 논박하고 왜곡된 사고를 재구조화할 수 있도록 지도한다.
④ 일반교사, 상담교사, 부모 등과 팀을 이루어 다양한 인지적 접근방법으로 학생의 문제를 지도한다.
⑤ 정동홍수법을 사용하여 주어진 과제를 완수하게 하고 단기간에 학업 성취도를 높일 수 있도록 지도한다.

핵심테마 체크 ✔

- 품행장애
- 적대적 반항장애

MY MEMO

28

정답 및 예시답안

④

문제 속 자료분석

2008년 1월부터 현재까지 A는 의도적으로 부모나 교사가 화낼 일을 자주해 왔다. 부모나 교사가 주의를 줄 때마다 그들과 말다툼을 하거나 성질을 부리면서 화를 낸다. 또한 자신이 실수를 하거나 나쁜 행동을 하고도 다른 친구 때문이라고 그 친구들을 비난하는 일이 잦다. ➡ 적대적 반항장애의 키워드

관련이론

✦ 적대적 반항장애와 품행장애

- 품행장애는 타인의 기본 권리를 침해하고 연령에 적합한 사회적 규범을 위반하는 반사회적 행동을 지속적이며 반복적으로 보이는 것이다.
- 품행장애에서 나타나는 행동에는 크게 공격행동과 규칙위반 행동이 있다. 다른 사람의 기본 권리를 침해하는 반사회적 행동은 공격행동으로, 연령에 적합한 사회적 규범을 어기는 반사회적 행동은 규칙위반 행동(비행)으로 구분할 수 있다.
- 경도의 품행장애라고도 볼 수 있는 적대적 반항장애는 화난 민감한 기분, 시비를 걸거나 반항하는 행동, 보복적인 행동이 최소 6개월간 지속적으로 나타난다. 전문가들은 적대적 반항장애를 품행장애의 발달적 전조라고도 한다.
- 적대적 반항장애는 사회적 규범의 위반과 타인 권리의 침해를 보이지 않으므로 품행장애보다 심각하지 않은 장애로 간주한다.

✦ 적대적 반항장애

A. 화난 민감한 기분, 시비를 걸거나 반항하는 행동, 보복적인 행동이 최소 6개월간 지속되고, 형제가 아닌 다른 사람 1인 이상과의 상호작용에서 다음 항목 중 적어도 네 가지 증후를 보인다.

화난 민감한 기분

1) 자주 화를 낸다.
2) 자주 다른 사람에 의해 쉽게 기분이 상하거나 신경질을 부린다(짜증을 낸다).
3) 자주 화를 내고 쉽게 화를 낸다.

시비를 걸거나 반항하는 행동

4) 권위적인 사람 또는 성인과 자주 말싸움(논쟁)을 한다.
5) 권위적인 사람의 요구에 응하거나 규칙 따르기를 거절 또는 무시하는 행동을 자주 보인다.
6) 의도적으로 다른 사람을 자주 괴롭힌다.
7) 자신의 실수나 비행을 다른 사람의 탓으로 자주 돌린다.

보복적인 행동

8) 지난 6개월간 두 차례 이상 다른 사람에게 악의에 차 있거나 보복적인 행동을 한 적이 있다.

※ 비고: 행동의 지속성과 빈도에 따라 장애의 증후적인 행동과 정상적인 제한 내에서의 행동을 구별해야 한다. 5세 이하의 아동을 대상으로 적용할 때에는 최소한 6개월 동안 일상생활의 대부분 시간에 행동이 나타나지 않을 경우 진단을 내리지 않는다. 5세 이상의 경우, 최소한 6개월 동안 일주일에 적어도 한 차례 나타나야 준거에 부합하는 것이다. 이러한 빈도 준거는 증후를 판별하는 데 적용할 수 있는 최소한의 빈도 수준으로, 행동의 빈도와 강도는 개인의 발달 수준, 성별, 문화별로 수용될 수 있는 기준이 다름을 감안해야 한다.

(1) 행동의 장애가 개인의 사회적 맥락(예 가정, 또래집단, 직장동료)에서 개인 또는 다른 사람에게 고통을 주는 것과 관련이 있거나, 사회적·학업적·직업적 또는 다른 중요한 기능수행 영역에 부정적인 영향을 미친다.

(2) 행동이 정신병적 장애, 물질사용장애, 우울장애, 양극성 장애에 의해 주로 나타나는 것이 아니다. 또한 준거는 파괴적 기분조절장애(disruptive mood dysregulation disorder)에 부합하지 않는다.

- 장애 정도
  - 경도: 증후가 단지 한 상황에서만 나타난다(예 가정에서, 학교에서, 일터에서, 또는 또래와의 관계에서).
  - 중등도: 일부 증후가 최소 두 가지 상황에서 나타난다.
  - 중도: 일부 증후가 세 가지 이상의 상황에서 나타난다.

28

2009. 중

A중학생이 보이는 행동 특징에 가장 적합한 장애는?

[1.5점]

> 2008년 1월부터 현재까지 A는 의도적으로 부모나 교사가 화낼 일을 자주해 왔다. 부모나 교사가 주의를 줄 때마다 그들과 말다툼을 하거나 성질을 부리면서 화를 낸다. 또한 자신이 실수를 하거나 나쁜 행동을 하고도 다른 친구 때문이라고 그 친구들을 비난하는 일이 잦다.

① 틱장애(tic disorder)
② 품행장애(conduct disorder)
③ 투렛장애(Tourette disorder)
④ 반항성장애(oppositional defiant disorder)
⑤ 주의력결핍 과잉행동장애(attention deficit hyperactivity disorder)

핵심테마 체크

- DSM진단기준_적대적 반항장애
- 인지왜곡 중재

MY MEMO

29

정답 및 예시답안

1) 적대적 반항장애
2) 초과정
3) ① 왜곡된 비합리적 신념을 합리적 신념으로 재구조화하기 위함이다.
   ② 게임에서 질 수도 있어, 게임에서 져도 괜찮아 등

관련이론

✦ 인지왜곡에 대한 중재

분노대처 프로그램	• 왜곡된 정보처리의 수정 • 구성 ① 목표설정 ② 자기대화 ③ 분노개념 ④ 분노에 대한 대안 행동 ⑤ 사회적 조망수용 ⑥ 분노대처 실행의 활성화
합리적 정서행동 치료 (REBT)	• 왜곡된 신념의 수정 • 일반적인 목표는 학생의 비합리적 신념을 합리적 신념으로 바꾸는 것 • A-B-C 체계 A / 선행사건 / 관찰 가능한 상황과 그 상황에 대한 학생의 해석 B / 신념 / 발생한 상황에 대한 다양한 평가 및 조망, 학생의 삶에 대한 철학 및 신념 C / 결과 / 학생의 신념에 뒤따르는 정서 및 행동 • 인지 재구조화: 자동적 사고 – 인지적 왜곡 – 합리적 반응 • ABCDE 과정: 선행사건 – 비합리적 신념 – 결과 – 논박 – 효과 • 비합리적 신념의 예: 막다른 생각, 참을 수 없다는 생각, 마술적 사고, 비난, 흑백논리적 사고 등
귀인 재훈련	• 귀인은 일상생활에서 경험하는 사건의 원인에 대해 학생이 생각하는 신념 • 수행에 대한 성공과 실패의 원인이 어디에 있는지를 설명 • 귀인의 종류에는 능력, 노력, 과제 곤란도, 행운, 타인의 도움 등이 있으며, 그 특성에 따라 안정성, 원인의 소재, 통제성으로 분류함

A-B-C 체계:

A	선행사건	관찰 가능한 상황과 그 상황에 대한 학생의 해석
B	신념	발생한 상황에 대한 다양한 평가 및 조망, 학생의 삶에 대한 철학 및 신념
C	결과	학생의 신념에 뒤따르는 정서 및 행동

귀인 재훈련:

귀인	특성		
	안정성	원인의 소재	통제성
능력	안정	내적	통제 불가능
노력	불안정	내적	통제 가능
과제 곤란도	안정	외적	통제 불가능
행운	불안정	외적	통제 불가능
타인의 도움	불안정	외적	통제 가능

✦ 분노대처 프로그램

구분	내용
목표설정	• 학생은 프로그램 초기에 수업과 관련된 목표를 세우고, 실천하며, 평가하는 방법을 배운다.
자기대화	• 학생이 조롱과 경솔한 분노를 참는 방법을 배울 때, 인형과 역할극의 모델링을 통해서 자기대화를 배운다. • 자기교수와 유사한 자기대화는 학생의 분노를 진정시킬 수 있다.
분노 개념	• 분노 개념은 분노와 연관된 행동, 정서, 사고, 생리적 반응을 포함한다. • 교사는 이러한 개인적인 반응들을 시청각 매체를 통해 정의하고, 논의하며, 조사한다.
분노에 대한 대안행동	• 교사는 갈등 상황에서 분노에 대한 대안행동을 조사한다. • 교사는 학생이 대안행동의 과정을 순서대로 생각할 수 있도록 돕는다.
사회적 조망수용	• 사회적 조망수용은 분노대처 프로그램의 중요한 특징이다. • 교사는 학생이 다양한 상황에서 수용할 수 있는 조망들을 찾게 하기 위해 다양한 수업과 기법을 사용한다.
분노대처 실행의 활성화	• 학생은 분노 개념의 학습과 더불어 분노대처 실행을 활성화하기 위한 전략을 배운다. • 학생은 자기 자신에게 다음과 같은 질문을 한다. – 무엇이 문제인가? – 나는 어떻게 느끼는가? – 내가 할 수 있는 대안은 무엇인가? – 결과는 어떠한가?

29

2022. 초

(가)는 특수교사가 체크한 5학년 지호의 특성이고, (나)는 2015 개정 도덕과 교육과정 5~6학년군 '내 안의 소중한 친구' 단원 교수 · 학습 과정안의 일부이며, (다)는 특수교사가 특수학급에서 분노조절 중재를 실시한 후에 지호가 작성한 분노조절 기록지의 일부이다. 물음에 답하시오. [5점]

(가) 지호의 특성

최근 지호는 수업 활동으로 게임을 하다 질 때마다 심하게 화를 내며 성질을 부리고 좌절하는 모습을 보인다.	
• 자주 또는 쉽게 화를 낸다.	√
• 자주 다른 사람에 의해 쉽게 기분이 상하거나 신경질을 부린다.	√
• 자주 화가 나 있고 원망스러워 한다.	√
• 자주 권위자 또는 성인과 논쟁한다.	
• 자주 권위자의 요구나 규칙 따르기를 적극적으로 무시하거나 거부한다.	
• 자주 고의적으로 타인을 귀찮게 한다.	
• 자주 본인의 실수나 잘못된 행동을 타인의 탓으로 돌린다.	√
• 위와 같은 행동이 적어도 6개월 동안 지속되었다.	√

(나) 교수 · 학습 과정안

단원	㉠2. 내 안의 소중한 친구		
학습목표	감정과 욕구를 적절하고 바르게 표현하는 방법을 알고 실천할 수 있다.		
단계	교수·학습 활동		
학습 문제 인식 및 동기 유발	• 동기 유발하기 - 그림 속 인물들이 감정과 욕구를 표현하는 방식을 살펴보며 앞으로 일어날 결과 예상하기		
모범 행동의 실습 실연	• 감정과 욕구 조절 방법 실천하기 - 마음 신호등 3단계 활동		
	1단계	멈추기	- 상황을 있는 그대로 바라보고 감정과 욕구를 진정시키기
	2단계	생각하기	- 상황에 맞는 행동을 생각하며 감정과 욕구를 긍정적으로 바꾸어 보기
	3단계	표현하기	- 감정과 욕구를 조절하여 적절하게 표현하기 - ㉡'나 전달법'을 사용해 친구에게 마음을 전달하기

(다) 지호가 작성한 분노조절 기록지

나의 감정 기록지	
• 지난 수업시간 경험했던 부정적 느낌을 쓰세요.	너무 화가 나고 속상했어
• 부정적 느낌이 들기 직전에 무슨 일이 있었는지 쓰세요.	철수와 한 팀이 되어 게임했더니 져 버렸어
• 이 상황이 발생한 이후 든 생각을 쓰세요.	게임에서 지는 것은 절대 있을 수 없어
• 이 상황 이후에 나 자신에게 한 말을 쓰세요.	나는 항상 철수 때문에 게임에 져
• 현재 갖게 된 합리적 신념을 자기 말로 쓰세요.	(㉢)

1) 「정신장애진단 및 통계편람 제5판 DSM-5」에 근거하여 (가)의 지호 특성에 해당하는 장애 진단명을 쓰시오. [1점]

2) ① 2015 개정 초등 도덕과 교육과정 '내용 체계'에 근거하여 ㉠이 해당되는 영역을 쓰고, ② 마음 신호등 3단계에서 ㉡을 사용하는 이유를 (가)와 (다)를 고려하여 쓰시오. [2점]

①:

②:

3) ① (가)와 (다)에 근거하여 특수교사가 지호에게 적용한 분노조절 중재와 같이 인지 왜곡을 중재하는 목표를 쓰고, ② 지호에게 성공적으로 중재를 실시한 후, (다)의 ㉢에 들어갈 지호의 합리적 신념을 자기말(self-talk)로 쓰시오. [2점]

①:

②:

핵심테마 체크

• 품행장애

MY MEMO

30

정답 및 예시답안

②

문제 속 자료분석

• 친구의 농담이나 장난을 적대적으로 해석하여 친구와 자주 다툰다.
• 행위의 결과에 대한 고려 없이 자주 타인의 물건을 훔치고 거짓말을 한다.
• 부모와 교사에게 매우 반항적이며, 최근 1년 동안 가출이 잦고 학교에 무단결석하는 일이 빈번해졌다.
• 부모의 금지에도 불구하고 자주 밤늦게까지 거리를 돌아다니며, 주차된 자동차의 유리를 부수고 다닌다.
• 자신의 학업성적이 반에서 최하위권에 머무는 것을 공부 잘하는 급우 탓으로 돌리며 신체적 싸움을 건다.

➡ 품행장애의 키워드

관련이론

✦ 품행장애

A. 연령에 적합한 주된 사회적 규범 및 규칙 또는 다른 사람의 권리를 위반하는 행동을 반복적이고 지속적으로 보이며, 아래의 항목 중에서 세 가지 이상을 12개월 동안 보이고 그중에서도 적어도 한 항목을 6개월 동안 지속적으로 보인다.

사람과 동물에 대한 공격성

1) 다른 사람을 괴롭히거나 위협하거나 협박한다.
2) 신체적 싸움을 먼저 시도한다.
3) 다른 사람에게 심각한 신체적 손상을 입힐 수 있는 무기(예 방망이, 벽돌, 깨진 병, 칼, 총 등)를 사용한다.
4) 사람에 대해 신체적으로 잔인한 행동을 한다.
5) 동물에 대해 신체적으로 잔인한 행동을 한다.
6) 강도, 약탈 등과 같이 피해자가 있는 상황에서 강탈을 한다.
7) 성적인 행동을 강요한다.

재산/기물 파괴

8) 심각한 손상을 입히고자 의도적으로 방화를 한다.
9) 다른 사람의 재산을 방화 이외의 방법으로 의도적으로 파괴한다.

사기 또는 절도

10) 다른 사람의 집, 건물, 차에 무단으로 침입한다.
11) 사물이나 호의를 얻기 위해 또는 의무를 회피하기 위해 자주 거짓말을 한다.
12) 피해자가 없는 상황에서 물건을 훔친다.

심각한 규칙 위반

13) 부모의 금지에도 불구하고 밤늦게까지 자주 집에 들어오지 않는다. 이러한 행동이 13세 이전부터 시작되었다.
14) 부모와 함께 사는 동안에 적어도 두 번 이상 밤늦게까지 들어오지 않고 가출한다(또는 장기간 집에 돌아오지 않는 가출을 1회 이상 한다).
15) 학교에 자주 무단결석을 하며 이러한 행동이 13세 이전부터 시작되었다.

B. 행동의 장애가 사회적·학업적·직업적 기능수행에 임상적으로 심각한 장애를 초래한다.

C. 18세 이상의 경우, 반사회적 인격장애(antisocial personality disorder)의 준거에 부합하지 않아야 한다.

• 다음 중 하나를 명시할 것
  – **아동기 발병형**: 10세 이전에 품행장애의 특징적인 증상 중 적어도 한 개 이상을 보이는 경우다.
  – **청소년기 발병형**: 10세 이전에는 품행장애의 증상을 전혀 충족하지 않는 경우다.
  – **명시되지 않는 발병**: 품행장애의 진단기준을 충족하지만, 첫 증상을 10세 이전에 보였는지 또는 10세 이후에 보였는지에 대한 정보가 없어서 확실히 결정하기 어려운 경우다.

30

2011. 중

학생 A(중1, 13세)는 2년 전부터 다음과 같은 행동문제가 심화되었다. 학생 A의 행동에 대한 설명으로 옳은 것만을 <보기>에서 모두 고른 것은?

- 친구의 농담이나 장난을 적대적으로 해석하여 친구와 자주 다툰다.
- 행위의 결과에 대한 고려 없이 자주 타인의 물건을 훔치고 거짓말을 한다.
- 부모와 교사에게 매우 반항적이며, 최근 1년 동안 가출이 잦고 학교에 무단결석하는 일이 빈번해졌다.
- 부모의 금지에도 불구하고 자주 밤늦게까지 거리를 돌아다니며, 주차된 자동차의 유리를 부수고 다닌다.
- 자신의 학업성적이 반에서 최하위권에 머무는 것을 공부 잘하는 급우 탓으로 돌리며 신체적 싸움을 건다.

보기

ㄱ. 학생 A의 행동은 DSM-Ⅳ-TR의 진단 준거에 따르면 적대적 반항장애이다.
ㄴ. 학생 A의 대인관계 기술은 다양한 행동중재 기법을 종합적으로 적용하는 사회적 기술 훈련(SST)을 통하여 향상될 수 있다.
ㄷ. 학생 A가 보이는 행동의 원인으로 신경생리적 요인, 뇌 기능 관련 요인, 기질과 같은 생물학적 요인을 배제할 수 없다.
ㄹ. 학생 A가 보이는 공격행동의 외적 변인을 통제하고자 한다면, 인지처리과정의 문제를 다루는 인지행동적 중재가 적합하다.

① ㄱ, ㄴ
② ㄴ, ㄷ
③ ㄷ, ㄹ
④ ㄱ, ㄴ, ㄹ
⑤ ㄱ, ㄷ, ㄹ

핵심테마 체크 ✔

- DSM_품행장애
- 상황이야기_문장유형
- 행동계약

MY MEMO

31

정답 및 예시답안

1) 품행장애
2) ① 초과정
   ② 지시문(청자코칭문)
3) ① 초과정
   ② 보상

관련이론

✦ 품행장애

- 품행장애는 타인의 기본 권리를 침해하고 연령에 적합한 사회적 규범을 위반하는 반사회적 행동을 지속적이며 반복적으로 보이는 것이다.
- 품행장애에서 나타나는 행동에는 크게 공격행동과 규칙위반 행동이 있다. 다른 사람의 기본 권리를 침해하는 반사회적 행동은 공격행동으로, 연령에 적합한 사회적 규범을 어기는 반사회적 행동은 규칙위반 행동(비행)으로 구분할 수 있다.
- 경도의 품행장애라고도 볼 수 있는 적대적 반항장애는 화난 민감한 기분, 시비를 걸거나 반항하는 행동, 보복적인 행동이 최소 6개월간 지속적으로 나타난다. 전문가들은 적대적 반항장애를 품행장애의 발달적 전조라고도 한다.
- 적대적 반항장애는 사회적 규범의 위반과 타인 권리의 침해를 보이지 않으므로 품행장애보다 심각하지 않은 장애로 간주한다.

✦ 상황이야기의 문장유형

설명문	• 이 문장은 관찰 가능한 상황적 사실을 설명하는 문장과 사실에 관련한 사회적인 가치나 통념에 관련한 내용을 제시한다.
조망문	• 이 문장은 다른 사람의 마음 상태나 생각, 느낌, 믿음, 의견, 동기, 건강 및 다른 사람이 알고 있는 것에 대한 정보 등에 관련한 정보를 제시한다.
긍정문	• 이 문장은 일반적인 사실이나 사회적 규범 및 규칙 등과 관련한 내용을 강조하기 위한 문장으로 '확정문' 또는 '강조문' 등으로 소개된 바 있다.
청자 코칭문	• 이 문장은 이야기를 듣는 학생이 할 수 있는 행동이나 반응을 제안하며, 기존의 지시문에 해당한다.
팀원 코칭문	• 이 문장은 양육자나 교사와 같은 팀 구성원이 학생을 위해 할 수 있는 행동을 제안하거나 떠올리도록 하며, 기존의 협조문에 해당한다.
자기 코칭문	• 이 문장은 학생이 부모나 교사와 함께 이야기를 검토하면서 이야기 구성에 참여하는 것이다. • 이 문장은 학생의 주도권을 인정하고 스스로 이야기를 회상하며 다양한 시간과 장소에서 이야기의 내용을 일반화시킬 수 있도록 도우며, 기존의 통제문에 해당한다.
미완성문	• 이 문장은 다음에 어떠한 일이 일어날지를 예측하게 하는 것으로 다른 사람의 반응과 이 반응에 대한 자신의 반응 및 느낌에 대해 추측하는 문장을 의미한다. • 이 문장은 이해를 확인하기 위해 빈칸을 채우게 하는 진술로, 사용자로 하여금 상황의 다음 단계와 다른 사람의 반응, 자기 자신의 반응을 추측해 보도록 격려한다.

✦ 행동계약

행동 계약의 구성요소	• 과제에 대한 설명 • 과제 완성에 따라 주어지는 보상에 대한 설명 • 과제 수행 여부에 대한 기록 • 계약자와 피계약자의 서명
적절한 계약의 특성	• 계약은 정당해야 한다. • 계약내용은 분명해야 한다. • 계약문은 긍정적이어야 한다. • 행동계약 내용은 순종을 강조하기보다는 학생의 성취에 대해 학생에게 주어지는 결과가 강조되어야 한다.

31

2023. 초

(가)는 특수교사 성찰일지의 일부이고, (나)는 수업 설계 노트이다. 물음에 답하시오. [5점]

(가) 성찰일지

- 오늘은 동물보호협회와 협력수업으로 '반려견과 친구 되기' 수업을 진행함
  - 지우가 수업 시간에 강아지를 괴롭히고 강아지에게 위협적인 행동을 자주 함
- 지우의 부모 면담 내용
  - 집에서 키우는 강아지를 학대함
  - 자주 주변 사람을 괴롭히고 위협하거나 협박함
  - 이웃집 자동차를 고의적으로 망가뜨림 [A]
  - 동생에게 이유 없이 자주 시비를 걸고 몸싸움을 함
  - 이런 행동이 1년 이상 지속되고 있음
  - 현재 소아 정신과에서 치료를 받고 있음
- 지우에 대한 각별한 지도가 필요함

… (하략) …

(나) 수업 설계 노트

○ 수업 개요
- 단원(제재)명: 소중한 생명(반려견 돌보기)
- 수업 목표: ㉠ <u>반려견 돌보기 활동을 통해 생명의 소중함을 알고 실천한다.</u>
- 수업 활동

활동 1 반려견 돌보는 방법 알기

활동 2 반려견 돌보기 사회상황 이야기(social story) 스크립트 만들기

<반려견 돌보기 사회상황 이야기 스크립트 초안 일부>

우리 집에는 강아지가 살고 있다. 학교에서 돌아오면 강아지가 반갑다고 꼬리 치며 자꾸 나에게 다가온다.

	강아지가 내 앞에 앉아 있고, 나는 강아지를 쓰다듬고 있다.	(㉡)
	내가 강아지를 쓰다듬으면 강아지의 기분이 좋아진다.	조망문

활동 3 스크립트를 통해 반려견 돌보기 실천하기

○ 가정과의 수업 연계 및 협조 사항
- 가정통신문을 통한 사전 동의 및 안내
- ㉢ <u>가정으로 학습의 장소를 확대하여 실생활에서 적용·실천할 수 있는 관찰, 실습, 조사 등의 활동으로 구성</u>
- 사회상황 이야기 자료를 활용하여 지우가 반려견 돌보기 행동을 실천하도록 안내
- 행동계약서를 만들고 규칙을 실천할 때마다 (㉣)을/를 제공하면 효과적임을 안내

1) 『정신질환의 진단 및 통계 편람 제5판』에 근거하여, (가)의 [A]에 해당하는 장애 진단명을 쓰시오. [1점]

2) ① (나)의 ㉠에서 중점적으로 길러 주고자 하는 실과의 핵심 역량을 쓰고, ② ㉡에 들어갈 사회상황 이야기 문장 유형을 쓰시오. [2점]

①:

②:

3) ① (나)의 ㉢에 해당하는 실과 교수·학습 모형을 쓰고, ② ㉣에 들어갈 말을 쓰시오. [2점]

①:

②:

PART 07

핵심테마 체크 ✔

- 품행장애
- 브론펜브레너
- 집단강화

MY MEMO

32

정답 및 예시답안

○ ㉠은 사람과 동물에 대한 공격성, ㉡은 10세 이전이다.
○ ㉢은 미시체계이다.
○ 종속적 집단유관의 성취기준은 한 개인 또는 일부 구성원의 행동 수행에 따르는 반면, ㉣은 학급 구성원 각자의 행동에 따른다.

관련이론

✦ 브론펜브레너의 환경체계

체계	내용
미시체계	• 브론펜브레너는 미시체계를 '성장하는 사람과 그 사람을 포함하는 직접적인 상황 내에서의 환경과의 복잡한 관계'라고 정의하였다. 이 체계는 아동의 직접적인 가족 내에서의 관계와 상호작용을 말한다. • 아동이 살고 있는 환경, 즉 아동에게 가장 인접해 있는 환경이다. • 미시체계에는 가족, 또래, 학교, 이웃 등의 구성물이 포함된다. 아동은 부모, 친구, 교사들과 대부분 직접적이고 능동적인 상호작용을 한다.
중간체계	• 브론펜브레너는 중간체계가 성장하는 인간의 생애 중 특정 시기의 주요 환경들 간의 상호관계로 구성된다고 하였다. 즉, 미시체계 내에 있는 구성물들 간의 관계로 이루어지는 환경이다. • 중간체계는 가족이 상호작용하는 다른 환경과 가족 사이의 상호관련성을 말한다. 이러한 구조 수준에서의 주요 관계는 가족과 다른 사회적 단체, 그리고 가족과 학교가 해당한다. • 즉, 부모와 친구의 관계, 부모와 교사의 관계, 친구와 교사의 관계 등으로 이루어지는데 아동은 이러한 관계들로부터 영향을 받게 된다.
외체계	• 외체계란 그 자체는 인간이 포함되지 않지만 그 사람이 속해 있는 즉각적인 환경을 포함하며, 이로 인해서 그 환경 내에서 무슨 일이 발생하는지에 영향을 미치고 제한하며 심지어는 결정하기까지 하는 형식적이고 비형식적인 기타 특정 사회적 구조를 포함한다. • 이 구조에는 의도적으로 조직하거나 구체적인 지역 수준에서 활동함으로써 자연 발생적으로 조직된 사회의 주요기관들이 있다. • 아동이 직접 참여하지는 않지만 아동에게 영향을 미치는 사회적 환경이다. • 부모직장, 교육위원회, 사회복지기관 등의 구성물이 포함된다. 아동은 이러한 구성물들과 직접적인 상호작용은 하지 않지만 이런 구성물로부터 간접적으로 영향을 받게 된다.
거시체계	• 아동이 살고 있는 문화적 환경이다. • 거시체계는 아동의 삶에 직접적으로 개입하지는 않으나 아동의 발달에 지속적이고 강력한 영향을 미친다고 할 수 있다. • 문화적 신념, 가치, 법률과 이념뿐만 아니라 테러범들이 9월 11일에 미국을 공격한 사건이나 전쟁, 가난과 인종차별과 같은 세계적인 사건들과 현상들로 구성된다.
시간체계	• 시간이 흐르면서 발생하는 특정 사건들과 문화의 변화와 같은 시간적 영향을 설명하는 체계이다. • 개인의 환경에서 발생하는 사건들의 양식과 생애에 있어서 전환점이 되는 중요한 역사적·사회적 사건들로 이루어지는 환경적 조건이다. • 시간체계에는 전 생애에 걸쳐 일어나는 사건과 사회역사적 조건이 포함된다. 전 생애에 걸쳐 일어나는 사건이란 아동이 성장함에 따라 겪게 되는 사건을 말하는데, 이러한 사건들은 외적인 사건이거나 내적인 사건일 수 있고 통상적인 사건이거나 비통상적인 사건일 수도 있다. 사회역사적 조건이란 사회역사적으로 발생하는 상황을 말하는데 이러한 상황의 예로는 전쟁 또는 경제적 공황 등이 있다.

✦ 집단강화

독립적	• 동일한 후속 (강화)자극이 집단 구성원 모두에게 동등하게 제공되지만 특정한 개인이나 소수집단 또는 전체집단의 행동과는 상관없이 구성원 각자의 행동에 따라 개별적으로 강화 여부 결정
의존적	• 집단 전체에게 제공되는 보상은 한 개인의 행동 또는 소수 구성원의 행동에 의하여 결정
상호의존적	• 집단 내 모든 구성원의 행동에 의하여 결정되며, 집단강화를 얻기 위해서는 구성원 모두가 공동목표에 기여하여야 함

고득점 답안 비법 ✩ 문제의 조건에 충실하여 집단유관의 차이점을 '성취기준' 측면에서 서술해야 함

32

2022. 중
★답안작성

다음은 품행장애 학생 D에 관해 통합 교사와 특수 교사가 나눈 대화의 일부이다. 〈작성 방법〉에 따라 서술하시오. [4점]

통합 교사: 선생님, 우리 반에 전학 온 학생 D에게 품행장애가 있다고 합니다. 품행장애는 어떤 건가요?

특수 교사: 품행장애는 다른 사람의 기본 권리를 침해하고 나이에 맞는 규범과 규칙을 지속적이고 반복적으로 위반하는 행동을 하는 것을 말합니다.

통합 교사: 품행장애로 진단하기 위한 구체적인 기준이 있나요?

특수 교사: 예, 품행장애로 진단하려면 (㉠), 재산 파괴, 사기 또는 절도, 심각한 규칙 위반에 포함된 하위 15가지 항목 중에서 3가지 이상의 행동을 12개월 동안 보이고, 이로 인해 학업적 · 사회적으로 현저한 손상이 있어야 합니다.

통합 교사: 그렇군요. 품행장애는 아동기 발병형이 청소년기 발병형보다 예후가 더 안 좋다고 하던데요. 그 둘은 어떻게 구분하나요?

특수 교사: 예, 이 둘은 증상이 나타나는 시기로 구분할 수 있습니다. 아동기 발병형은 (㉡)에 품행장애의 특징적인 증상을 한 가지 이상 보이는 경우를 말합니다.

… (중략) …

통합 교사: 선생님, 학생 D가 보이는 문제행동의 원인이 ㉢ <u>부모의 부적절한 양육 태도나 또래와의 부정적 경험</u>과 관련이 있나요?

… (중략) …

특수 교사: 그리고 학급에서 학생 D가 모둠별 활동에 참여할 때에는 ㉣ <u>독립적 집단유관</u>을 사용하는 것이 좋을 것 같습니다.

작성방법

- 괄호 안의 ㉠, ㉡에 해당하는 내용을 '정신장애 진단 및 통계 편람 제5판(DSM-5)'의 진단 기준에 근거하여 기호와 함께 각각 쓸 것
- 밑줄 친 ㉢에 해당하는 체계명을 브론펜브레너(U. Bronfenbrenner)의 생태학적 모델에 근거하여 쓸 것
- 밑줄 친 ㉣과 '종속적 집단유관'과의 차이점을 성취기준 측면에서 1가지 서술할 것

핵심테마 체크

- 품행장애
- 또래교수
- 간격기록법

MY MEMO

33

정답 및 예시답안

1) ① 품행장애
   ② 민규는 다양한 부적응행동(부적절한 행동)에 노출되어 이를 관찰하고 실행하게 된 것이다.
2) 초과정
3) ⓐ 전학급 또래교수(CWPT)
   ⓑ 전문가 또래교수
4) 50%

관련이론

✦ 또래교수

성공적인 또래교수 유의사항	• 사전에 특별 훈련을 제공한다. • 교수의 대상인 장애학생과 자주 만나 교수가 이루어지게 한다. • 교사들의 지속적인 지도와 점검을 제공한다. • 또래교수를 시작할 때 교수자들이 장애학생들로부터 거부당할 수 있음을 인식시키고 이러한 거부는 시간이 지남에 따라 사라질 것이라는 사실도 인식시킨다.	
연령으로 분류	• 같은 연령 또래교수	• 다른 연령 또래교수
장소로 분류	• 학급전체 또래교수	• 분리된 또래교수
능력으로 분류	• 역할반전 또래교수	• 전문가 또래교수
또래도움 학습전략 (PALS)	• 특별한 지원이 필요한 학생에게 효과적인 전략 • 학습장애 학생이나 낮은 학업성취 학생에게 효과적임 • 학생들도 또래교수에 대해 긍정적으로 인식하고 있으며, 장애학생에 대한 사회적인 태도도 향상됨 • 학업성취가 향상된 이유는 학습 교재가 구체적이고 명확한 데다 친근하게 사용할 수 있는 것이었으며 필요한 기술적인 지원을 제공하였기 때문이었음. 또한 읽기 독해를 잘하기 위한 연습전략을 제공한 것과 또래와의 일대일 관계, 응답의 기회를 자주 제공한 것, 정확한 피드백, 학업시간의 증가, 사회적 지원과 격려의 제공도 원인이 된 것으로 분석하고 있음 • 단점은 교사의 지원이 없으면 효과가 떨어지며, 장애가 심할 경우 또래중재 전에 특수교사의 강도 있는 개별화교육이 필요하다는 점을 들 수 있음	
전체학급 또래교수 (CWPT)	• 학급 구성원 전체가 2~3개의 큰 형태로 나누어 또래교수에 참여하도록 하는 것 • 학업성취가 낮은 소수집단이나 장애학생 교수에 목적을 둠 • 교사가 체계적이고 의도적으로 학생을 임의로 배정함 • 모든 학생들의 학업적 행동에 관심을 가지고 수업 시간 중에 조화를 증가시킴 • 학습속도와 피드백 증가, 즉각적인 오류수정, 보다 높은 수준과 내용 이해에 도달하고자 함 • 주로 초등학교 읽기, 철자, 단어 연습에 활용됨 • 전략의 목적은 모든 학생들의 학업 행동에 관심을 가지고 수업시간 중에 조화를 증가시키며 속도와 피드백을 제공하고, 즉각적인 오류교정을 할 수 있으며 보다 높은 수준과 내용 이해에 도달하는 데 있음	
전체학급 또래교수 팀 (CSTT)	• 4~5명의 학습능력이 다른 학생이 한 팀이 되어 소그룹을 형성하고 팀별로 경쟁을 하는 학습방법 • 주로 중학교 이상 사회, 과학, 체육 시간에 활용됨 • 학급전체 또래교수팀은 3~5명의 소그룹으로 형성되며, 2개의 큰 형태를 이루는 데 비해 학급전체 또래교수는 또래 짝과 함께 공부하는 점이 다름	

✦ 간격기록법

- 시간을 중심으로 행동이 발생했는지를 기록함
- 수량화할 수 있고 행동 발생 양의 대략치를 알 수 있음
- 장점: 수업이나 치료 활동을 방해하지 않고 사용할 수 있음

전체간격	• 관찰한 시간 간격 동안 행동이 계속 지속된 경우만 그 시간 간격에 행동이 발생한 것으로 인정
부분간격	• 관찰한 시간 간격 동안에 행동이 최소한 1회 이상 발생하며 그 시간 간격에 행동이 발생한 것으로 기록하는 방법
순간표집	• 각각의 시간 간격이 끝나는 순간에 학생을 관찰하여 표적행동의 발생 여부를 기록하는 방법

33

2019. 초

(가)는 정서 · 행동장애 학생 민규의 특성이고, (나)는 2015 개정 사회과 교육과정 5~6학년 정치 · 문화사 영역 교수 · 학습 과정안의 일부이다. 물음에 답하시오. [6점]

(가) 민규의 특성

- 자주 무단결석을 함
- 주차된 차에 흠집을 내고 달아남
- 자주 밤늦게까지 집에 들어오지 않고 동네를 배회함
- 남의 물건을 함부로 가져간 후, 거짓말을 함
- 반려동물을 발로 차고 집어던지는 등 잔인한 행동을 함
- 위와 같은 행동이 12개월 이상 지속되고 있음

(나) 교수 · 학습 과정안

단계	교수 · 학습 활동	유의 사항
도입	• 조선 시대 국난을 극복한 인물 알아보기 – 임진왜란, 병자호란 등 역사적 사건 살펴보기 – 임진왜란과 병자호란에서 활약한 인물 중 내가 알고 있는 인물 발표하기	
전개	〈학습 활동 1〉 • 이순신 장군의 업적 살펴보기 – 이순신 장군의 일화 살펴보기 – 이순신 장군과 관계있는 장소 살펴보기	
	〈학습 활동 2〉 • 모둠별 학습 계획 수립하기 – 모둠별 학습 주제 정하기 – 모둠별 학습 방법 정하기 – 모둠원 역할 정하기	• ㉠ 또래 교수를 활용함
	〈학습 활동 3〉 [A] • 모둠별 학습 활동하기 – 이순신 장군 되어 보기 1모둠: 난중일기 다시 쓰기 2모둠: 적장에게 편지 쓰기 3모둠: 거북선 다시 설계하기	• 표적행동을 관찰, 기록함
정리 및 평가	• 활동 소감 발표하기 • 차시 예고하기	

1) ① (가) 민규의 특성에 해당하는 장애 명칭을 DSM-5 진단 기준을 근거로 쓰고, ② 민규의 행동 원인을 반두라(A. Bandura)의 사회학습관점에 근거하여 쓰시오. [2점]

①:

②:

2) [A]는 추체험 학습이 적용된 사례이다. 이 학습 방법의 장점 1가지를 쓰시오. [1점]

3) 다음은 (나)의 ㉠에 대한 설명이다. ⓐ와 ⓑ에 들어갈 말을 각각 쓰시오. [2점]

유형	개념
(ⓐ)	• 학급 구성원을 2~3개의 모둠으로 나누어 또래 교수에 참여하도록 함 • 학생의 과제 참여 시간, 연습 및 피드백 기회가 증가됨 • 모든 학생의 학업적 행동에 관심을 갖게 되며 수업 시간 중에 상호작용이 증가됨
일대일 또래 교수	• 특별한 지원이 필요한 학생에게 효과적인 전략임 – 역할 반전 또래 교수: 일반적으로 학습자 역할을 하는 학생이 특정 영역에서는 교수자 역할을 함 –(ⓑ): 학습 수준이 높은 학생이 낮은 학생을 가르치는 교수자 역할을 함

ⓐ:

ⓑ:

4) 다음은 민규의 행동 관찰 기록지이다. 부분간격기록법에 따라 행동 발생률(%)을 구하시오. [1점]

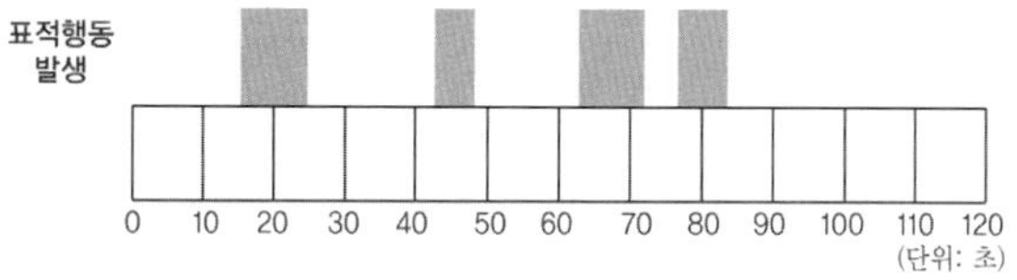

핵심테마 체크

- 품행장애
- 적대적 반항장애
- 긍정적 행동지원 3단계 예방모델
- 문제행동의 기능
- ABC 관찰요소

MY MEMO

34

정답 및 예시답안

1) ㉠ 사회적 규범의 위반
   ㉡ 타인의 권리 침해
2) ① 1단계
   ② 학급 규칙은 모든 학생들을 대상으로 모든 상황과 시간대에 적용하는 것이고, 이를 통하여 모든 학생들에게 필요한 행동지원을 하는 것이기 때문이다.
3) 원하지 않는 지시사항을 거부(과제회피)하게 되어 부적강화되었기 때문이다.
4) ① ㉮ → 행동
   ② ㉯ → 선행사건

문제 속 자료분석

1) [A] 부분 상황 분석
   ① • 교사가 학습지를 풀도록 지시 → 큰 소리로 왜 해야 하는지 질문 → 교사의 설명
   • 교사의 설명 → "안 할래요"라고 함 → 교사가 쉬었다 하라고 함
   ➡ 영우는 큰 소리를 지르거나, 안 하겠다고 거부하는 행동 등의 '지시를 거부하는 행동'을 함으로써, 교사의 지시를 따르지 않을 수 있음. 즉, 과제회피를 하게 됨. 이는 영우의 행동이 부적으로 강화된 것
   ② • 교사가 옆 친구와 짝지어 활동할 것을 지시 → 자료 던짐(하기 싫다고 거부하며) → 뒤로 가서 서 있도록 함
   • 뒤로 가서 서 있도록 함 → 그대로 즉시 일어나 뒤로 감 → (과제회피)
   ➡ 교사의 지시를 거부하는 행동을 하면 거부할 수 있게 됨. 이 또한 부적으로 강화된 것
2) ㉮~㉰ 중 잘못된 위치에 기록된 내용
   • 이 관찰지는 영우를 대상으로 한 관찰 기록이며, 따라서 '행동' 부분에는 영우의 행동에 해당하는 내용이 기록되어야 함 ➡ 따라서 ㉮는 행동에 기록되어야 함
   • 4)문항에서 잘못된 위치 2가지를 찾으라는 요구가 있었고, ㉮는 행동에 해당하는 것이므로, ㉯를 선행사건으로 보아야 함(㉮~㉰에 해당하는 내용의 의미보다 문제 상황에 따라 결정해야 하는 사항)

관련이론

✦ 학교 차원의 긍정적 행동지원 3단계 예방모델

의미 및 필요성과 목적	• 목적은 학교의 시스템과 절차를 개선하는 것을 통해 교사들의 긍정적인 행동 변화를 촉진하고 학생의 행동을 변화시켜 학교 환경을 변화시키는 것 • 학교의 모든 구성원, 즉 학생과 교직원의 행동에 바람직한 변화를 가져오려는 체계적이고, 긍정적이며, 예방적인 접근						
연속적 행동지원 체계	구분	목표	중재				
			대상범위	강도	성격	적용방법	
	1차 예방	새로운 문제행동의 발생을 예방하기	학교 전체 학생	하	보편적	범단체적	
	2차 예방	기존 문제행동의 수를 감소하기	고위험 학생과 위험 가능 학생	중	목표 내용 중심적	소집단적	
	3차 예방	기존 문제행동의 강도와 복잡성을 경감하기	고위험 학생	강	집중적	개별적	
4가지 주요요소	시스템	• 긍정적 행동지원의 실제를 정확하게 지속적으로 적용하기 위해 스텝들에게 필요한 교수적 또는 제도적 지원을 할 수 있는 조직기반을 의미					
	자료	• 증거기반의 실제들을 적용하면서 상태를 확인하고, 변화가 필요한지 진단하며, 중재의 효과를 결정하기 위해 수집되어야 할 정보를 의미					
	실제	• 성과를 성취하는 증거기반의 중재와 전략을 의미 • 주의해야 할 것은 그러한 증거기반의 실제를 충실하게 적용해야 한다는 것					
	성과	• 학생과 가정 그리고 교육자가 모두 인정하고 강조하는 학생의 사회적 능력 향상과 학업성취를 의미					

34

2016. 초

(가)는 정서 · 행동장애로 진단받은 영우에 대해 통합학급 김 교사와 특수학급 최 교사가 나눈 대화의 일부이고, (나)는 영우의 행동에 대한 ABC 관찰기록의 일부이다. 물음에 답하시오. [6점]

(가) 대화 내용

> 김 교사: 영우는 품행장애로 발전할 수 있는 적대적 반항장애가 있다고 하셨는데, 이 둘은 어떻게 다른가요?
>
> 최 교사: DSM-IV-TR이나 DSM-5의 진단 기준으로 볼 때, 적대적 반항장애는 품행장애의 주된 특성인 (㉠)와/과 (㉡)이/가 없거나 두드러지지 않는다는 점이 달라요. 그래서 적대적 반항장애를 품행장애의 아형으로 보기도 하고, 발달 전조로 보기도 해요.
>
> … (중략) …
>
> 최 교사: 제가 지난번에 말씀드린 대로 ㉢ 학급 규칙을 정해서 적용해 보셨나요?
>
> 김 교사: 네, 그렇게 했는데도 ㉣ 지시를 거부하는 영우의 행동은 여전히 자주 발생하고 있어요.
>
> … (하략) …

(나) ABC 관찰기록

학생: ○영우　　날짜: 2015. 9. 18.

관찰자: ○○○　　장소: ○○초등학교 6학년 5반 교실

상황: 통합학급의 수학 시간

	시간	선행 사건	행동	후속 결과
[A]	10:20	교사는 학생들에게 학습지를 풀도록 지시함	영우는 교사를 향해 큰 소리로 "이런 걸 왜 해야 돼요?"라고 함	교사는 "오늘 배운 것을 잘 이해했는지 보려는 거야."라고 함
[A]		✓	영우는 책상에 엎드리며 "안 할래요!"라고 함	교사는 "그러면 좀 쉬었다 하거라."라고 함
[A]	10:30	교사는 옆 친구와 짝을 지어 학습 활동을 하도록 지시함	영우는 "하기 싫어요!" 하면서, 활동 자료를 바닥으로 던져버림	교사는 "영우야, 자료 올려놓고, 교실 뒤로 가서 서 있어."라고 단호히 말함
[A]		✓	영우는 그대로 즉시 일어나서 뒤로 감	
	10:35	㉮ 영우가 의자 위로 올라 앉아 교실을 둘러봄	㉯ 진성이는 "야, 너 때문에 안 보여."라고 함	㉰ 교사는 "영우야, 바르게 앉아."라고 함

※ √는 바로 앞의 후속 결과가 그 다음 행동의 선행 사건도 됨을 의미함

※ [A]는 반복되는 영우의 문제 행동 발생 상황임

1) (가)의 ㉠과 ㉡에 해당하는 내용을 각각 쓰시오. [2점]

㉠:

㉡:

2) (가)의 ㉢이 학급 차원의 '긍정적 행동 지원 3단계 예방 모델' 중 ① 어디에 해당하는지 쓰고, ② 그렇게 판단한 이유를 해당 모델의 개념적 특성과 관련하여 쓰시오. [2점]

①:

②:

3) (가)의 ㉣과 같은 상황이 나타나고 있는 이유를 (나)의 [A]에 근거하여 쓰시오. [1점]

4) (나)의 ㉮~㉰ 중에서 잘못된 위치에 기록된 내용의 기호 2가지를 찾아 쓰고, 각 기호의 내용이 ABC 관찰 요소(선행 사건, 행동, 후속 결과) 중 어디에 해당하는지 <예시>와 같이 쓰시오. [1점]

> **예시**
>
> ㉱ → 행동

①:

②:

핵심테마 체크 ✔

- 품행장애
- 협동학습
- K-ASEBA

MY MEMO

35

정답 및 예시답안

1) 타인에 대한 권리침해가 나타나지 않았기 때문이다.
2) ㉢ 모둠 구성원들의 개별책무성을 강화할 수 있도록 능력별로 역할을 분담할 수 있는 과제를 제공한다.
   ㉣ 개인적인 보상 없이 집단에게 보상을 하는 집단보상을 (강화)한다.
3) 초과정
4) ㉦ / 93%ile은 +1SD와 +2SSD 사이에 해당한다.
   ㉧ / '신체증상' 척도는 특정한 의학적 원인이 없음에도 불구하고 신체증상을 호소하는 것을 반영하는 것이다.

관련이론

✦ K-CBCL

- 검사군: CBC 1.5-5 / C-TRF / CBCL 6-18 / TRF / YSR 등
- 구성
  - 문제행동척도: 내재화(불안/우울, 위축/우울 신체증상), 외현화(규칙위반, 공격행동), 사회적 미성숙, 사고문제, 주의집중문제, 기타문제
  - 적응척도: 성적, 학교적응

고득점 답안 비법 ☆ 1)의 답안작성 시, 제시된 내용 자체가 품행장애와 관련이 없으므로 증상이 나타난 개월 수는 고려할 사항이 아님

☆ 2) 답안의 이론적 근거 및 답안의 키워드는 집단보상과 개별책무성

35

2020. 초
★답안작성

(가)는 정서 · 행동장애 학생 성우의 사회과 수업 참여 방안에 대해 특수교사와 일반교사가 나눈 대화의 일부이고, (나)는 '아동 · 청소년 행동평가척도(Child Behavior Checklist : CBCL 6-18)' 문제행동증후군 하위 척도와 설명이다. 물음에 답하시오. [6점]

(가) 대화 내용

> 일반교사: 성우는 교실에서 자주 화를 내고 주변 친구를 귀찮게 합니다. 제가 잘못된 행동을 지적해도 자꾸 남의 탓으로 돌려요. 그리고 교사가 어떤 일을 시켰을 때 무시하거나 거부하기도 합니다. 이 모든 문제행동이 7개월 넘게 지속되고 있어요. [A]
> 성우가 품행장애인지 궁금합니다.
> 특수교사: 제 생각에는 ㉠ <u>품행장애가 아닙니다</u>. 관찰된 행동만으로 판단하는 것은 어렵지만, '아동 · 청소년 행동 평가척도(CBCL 6-18)' 검사 결과를 참고하면 좋겠어요.
> … (중략) …
> 일반교사: 성우는 성적도 낮은 편이라 모둠 활동을 할 때 환영받지 못하는 경우가 많아서 사회과 수업에 협동 학습을 적용하려고 해요. 그런데 협동학습에서도 ㉡ <u>능력이 뛰어난 학생이 모둠 활동에 지나치게 개입하여 주도하려는 현상</u>이 나타날 수 있어요.
> 특수교사: 맞습니다. 교사는 그러한 현상을 방지하기 위해서 ㉢ <u>과제 부여 방법</u>이나 ㉣ <u>보상 제공 방법</u>을 면밀하게 고려해 보아야 하지요.
> 일반교사: 그렇군요. 집단 활동에서 성우의 학습 수행을 평가할 수 있는 방법은 무엇인가요?
> 특수교사: 관찰이나 면접을 활용하여 성우의 ㉤ <u>공감 능력, 친사회적 행동 실천 능력</u>의 변화를 평가하면 좋을 것 같습니다.
> … (하략) …

(나) 'CBCL 6-18' 문제행동증후군 하위 척도와 설명

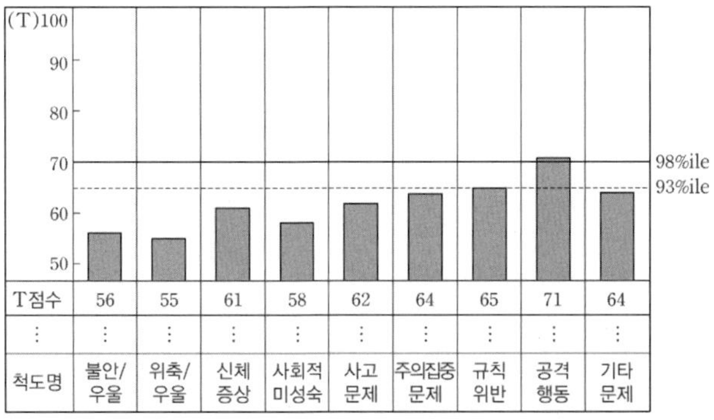

T점수	56	55	61	58	62	64	65	71	64
⋮	⋮	⋮	⋮	⋮	⋮	⋮	⋮	⋮	⋮
척도명	불안/우울	위축/우울	신체증상	사회적 미성숙	사고문제	주의집중문제	규칙위반	공격행동	기타문제

설명

㉥ 70은 T점수를 의미하고 98%ile에 해당됨
㉦ 93%ile은 표준편차(SD)를 활용하면 +1 SD에 해당됨
㉧ '불안/우울', '위축/우울', '신체증상' 척도는 내재화 요인에 해당됨
㉨ '신체증상' 척도는 특정한 의학적 원인으로 인해 두통, 복통, 구토 등과 같은 신체증상을 호소하는 정도를 반영함
㉩ 막대그래프가 점선 위로 올라오면 '준 임상' 범위이며, 실선 위로 올라오면 '임상' 범위라고 볼 수 있음

1) (가)의 [A]를 참고하여 ㉠의 이유를 DSM-5에 근거하여 1가지 쓰시오. [1점]

2) (가)의 ㉡을 방지하기 위해 교사가 할 수 있는 ㉢과 ㉣의 구체적인 내용을 각각 쓰시오. [2점]

㉢:

㉣:

3) 2015 개정 사회과 교육과정 중 '교수 · 학습 및 평가의 방향'의 '평가의 원칙'에 근거하여 (가)의 ㉤이 해당되는 평가 영역을 쓰시오. [1점]

4) (나)의 ㉥~㉩ 중 적절하지 <u>않은</u> 내용 2가지를 골라 기호를 쓰고 바르게 고쳐 쓰시오. [2점]

핵심테마 체크 ✔

- 품행장애
- 적대적 반항장애

MY MEMO

36

정답 및 예시답안

②

알찬 지문풀이

- ㄱ. ~~적대적 반항장애의 전조~~가 되는 외현화 장애이다. ➡ 적대적 반항장애가 품행장애의 전조가 될 수 있음
- ㄴ. ~~만 18세 이전~~은 아동기 품행장애로 구분되며, 성인의 경우에는 반사회적 성격장애의 기준에 부~~합하여야 한다~~. ➡ 아동기 발병형은 만 10세 이전에 발병한 경우, 반사회적 성격장애 기준에 부합하지 않아야 함
- ㄹ. 사람과 사물에 대한 공격성, 재산 파괴, 사기 또는 절도 등의 행동들이 품행장애의 진단준거에 포함되나, ~~방화와 심각한 규칙위반 행동은 제외~~된다. ➡ 방화나 규칙위반도 진단기준

36

2012. 중

품행장애에 대한 설명으로 적절한 것만을 <보기>에서 있는 대로 고른 것은? [1.5점]

보기

ㄱ. 적대적 반항장애의 전조가 되는 외현화 장애이다.
ㄴ. 만 18세 이전은 아동기 품행장애로 구분되며, 성인의 경우에는 반사회적 성격장애의 기준에 부합하여야 한다.
ㄷ. 교사의 차별 대우, 폭력, 무관심으로 인한 적개심, 낮은 학업 성취, 일탈 또래와의 상호작용 경험 등이 품행장애의 발현에 영향을 미칠 수 있다.
ㄹ. 사람과 사물에 대한 공격성, 재산 파괴, 사기 또는 절도 등의 행동들이 품행장애의 진단준거에 포함되나, 방화와 심각한 규칙위반 행동은 제외된다.
ㅁ. 부모의 부정적 양육 태도, 가정 내 학대 등이 품행장애의 원인이 될 수 있으므로, 가족 내의 긍정적 요인을 증가시키는 것이 품행장애 예방의 한 가지 방법이다.

① ㄱ, ㄴ
② ㄷ, ㅁ
③ ㄱ, ㄷ, ㄹ
④ ㄴ, ㄹ, ㅁ
⑤ ㄱ, ㄷ, ㄹ, ㅁ

핵심테마 체크 ✔
- 품행장애
- 행동계약

MY MEMO

37

정답 및 예시답안

1) 무단결석을 자주 하는 특성, 친구들의 학용품이나 학급 물품을 부수는 특성
2) ㉠ 정의적 요소
   ㉡ 행동적 요소
   ㉢ 인지적 요소
3) • **활동**: 토론하기
   • **이유**: 토론을 통하여 실제 상황에서의 문제해결력을 기르고 적용하도록 한다.
4) ㉤ 행동계약

관련이론

✦ 품행장애

- 연령에 적합한 주된 사회적 규범 및 규칙 또는 다른 사람의 권리를 위반하는 행동을 반복적이고 지속적으로 보이며, 15가지의 항목 중 3가지 이상을 12개월 동안 보이고 그중에서 적어도 한 항목을 6개월 동안 지속적으로 보인다.
  - 사람과 동물에 대한 공격성
  - 재산/기물 파괴
  - 사기 또는 절도
  - 심각한 규칙 위반

✦ 행동계약

구성요소	• 과제에 대한 설명 • 과제 완성에 따라 주어지는 보상에 대한 설명 • 과제 수행 여부에 대한 기록 • 계약자와 피계약자의 서명
장점	• 학생참여 가능 • 개별화 용이 • 계약 내용 영구적으로 남김 • IEP 작성에 도움

37

2013. 초

다음의 (가)는 통합학급에 입급된 정서 · 행동장애 학생 은수의 특성이다. (나)는 '2007 개정 초등학교 교육과정' 도덕과 4학년 수업을 계획하기 위해 통합학급 교사와 특수학급 교사가 협의한 내용의 일부이다. 물음에 답하시오. [6점]

(가) 은수의 특성

- 무단결석을 자주 한다.
- 친구로부터 따돌림을 당한다.
- 교사의 요구를 자주 무시한다.
- 친구들의 학용품이나 학급 물품을 부순다.
- 수업시간에 5분 이상 자기 자리에 앉아 있지 못한다.

(나) 수업 계획 협의 내용

- 단원: 따스한 손길 행복한 세상
- 단원 목표: 남을 배려하는 태도의 중요성을 알고 진정한 배려가 무엇인지 바르게 판단하여, 생활 속에서 실천한다.

〈협의 내용〉
- ㉠ 따돌림을 당하는 친구의 감정과 정서를 학급 학생들이 느낄 수 있도록 한다.
- ㉡ 학급 학생들이 서로에게 존중하고 배려하는 말과 행동을 한 가지씩 해 보도록 한다.
- ㉢ 친구들 간에 배려해야 할 필요성과 실천 방법을 알고, 이에 대한 판단력을 기르도록 한다.
- ㉣ 역할놀이의 대본을 만들어 배역을 설정하고 직접 시연해 보도록 한다.
- 은수를 위해 표적행동, 표적행동의 조건과 준거, 강화의 내용과 방법, 계약기간, 계약자와 피계약자의 서명란이 포함된 (㉤)을(를) 은수와 함께 작성한다.

1) (가)에서 DSM-Ⅳ-TR에 따른 품행장애의 주된 진단 기준에 해당하는 특성 2가지를 찾아 쓰시오. [2점]

2) (나)의 ㉠~㉢이 해당되는 도덕과 교육 목표의 3가지 요소를 쓰시오. [1점]

㉠:

㉡:

㉢:

3) (나)의 ㉣의 역할놀이에서 '시연' 다음 단계에 이루어져야 할 활동을 쓰고, 그 활동을 해야 하는 이유 1가지를 쓰시오. [2점]

- 활동:
- 이유:

4) (나)의 ㉤에 들어갈 말을 쓰시오. [1점]

㉤:

핵심테마 체크 ✔

• ADHD의 원인_억제력 결여

MY MEMO

38

정답 및 예시답안

③

관련이론

✦ 억제기능과 실행기능

- ADHD 아동은 계획, 조직화, 목표지향적 행동 실현 등에 필요한 고차원 기술인 실행기능의 결여를 보인다. 실행기능의 한 가지 요소는 반응을 억제하는 능력이다. ADHD 아동에게서 많이 나타나는 억제력 결여는 이 장애를 설명하는 데 핵심적이다.
- 과잉행동-충동성 우세형에게만 적용된 Barkley(1998; 2006)의 다면 모형은 반응억제가 이 장애의 핵심 요소라고 본다. 행동과 관련된 운동통제에 영향을 미치는 4가지 실행기능의 작동에 가장 중요한 것이 행동억제다.
- **행동억제는 3가지 능력요소로 구성된다.** 첫째는 강화를 받은 적이 있거나 강화를 받을 가능성이 큰 강력한 반응을 **억제하는 능력**이다. ADHD에서 가장 심하게 결여된 것이 이 능력일 것이다. 둘째는 이미 진행 중이지만 효과가 없다고 판명된 반응을 **중지하는 능력**이다. 이 능력은 자기조절을 위해 실행기능이 작동될 수 있는 시간을 만들어 준다. 셋째는 경쟁자극을 억제해서 실행기능이 방해받지 않고 작동하도록 **보호하는 능력**이다. 이 능력은 방해자극으로부터의 자유로 간주될 수 있다. 강력한 반응을 억제하고 비효율적인 반응을 중지하여 방해자극을 차단하면 행동억제를 통해 자기조절이 이루어지며, 그 과정에 실행기능이 포함된다.
- 이 모형에 포함된 4가지 실행기능은 비언어적 작업기억, 언어의 내재화, 정서·동기·각성에 대한 자기조절, 재구성이다. 먼저, **비언어적 작업기억**은 정보를 마음속에 온라인 상태로 유지시켜 주는 기억체계의 일부로서, 뒤에 올 반응을 통제하는 데 사용될 수 있다. 여기에는 감각-운동 반응 표상과 과거 감각경험의 이미지를 마음속에 불러일으키는 능력이 포함된다. 둘째, **언어의 내재화**는 언어적 작업기억으로 간주할 수 있다. 이것은 행동지침으로 내재화된 규칙과 지시를 마음속으로 생각할 수 있게 해 준다. 셋째, 정서·동기·각성에 대한 자기 조절은 정서와 동기를 조절할 수 있게 해주는 처리과정들을 포함한다. 그 안에는, 예컨대 동기와 각성을 변화시키는 분노를 지연시키거나 가라앉히는 것이 포함될 수 있다. 넷째, **재구성**을 통해 언어적·비언어적 정보들을 분석·통합하고 해체·재조합할 수 있다. 재구성은 새롭고 창조적인 행동 또는 일련의 그러한 행동들을 할 수 있게 해 준다.

38 2010. 유

다음은 정신장애 진단 통계편람(DSM-Ⅳ-TR)에 따라 주의력 결핍과잉행동장애 하위 유형 중 하나로 진단된 나래의 행동 관찰 기록이다. 이에 비추어 나래에게 나타나는 장애 유형의 특성과 이를 개선하기 위한 교수 전략을 가장 적절하게 짝지은 것은?

〈행동 관찰〉

- 이름: 이나래
- 관찰자: 교사 박민수
- 관찰 기간: 2009년 3월 9일~10월 15일
- 관찰 내용
  - 수업시간에 이유 없이 자리를 뜬다.
  - 다른 사람의 활동을 방해하고 간섭한다.
  - 여가활동에 조용히 참여하거나 놀지 못한다.
  - 선생님의 질문이 끝나기 전에 성급하게 대답한다.
  - 점심시간에 식당에서 자기 차례를 기다리지 못한다.
  - 책상에 앉아 있을 때 손이나 발을 가만히 있지 못하고 계속 움직인다.
- 관찰자 의견: 학교생활에서 위와 같은 행동이 자주 나타난다.

	특성		교수 전략
①	능력 결여	–	인지적 능력을 증진시키기 위하여 행동계약 전략을 사용한다.
②	동기 결여	–	주어진 과제에 집중하는 시간을 증가시키기 위하여 모델링 전략을 사용한다.
③	억제력 결여	–	행동의 지침이 될 규칙을 마음속으로 생각해보도록 자기대화 전략을 사용한다.
④	작업기억 결여	–	단기기억을 증진시키기 위하여 자기교수 전략을 사용한다.
⑤	자기조절력 결여	–	자기가 행동을 통제하도록 주기적 전략을 사용한다.

핵심테마 체크 ✔

• ADHD

MY MEMO

39

정답 및 예시답안

④

알찬 지문풀이

• ① 손상을 초래하는 과잉행동 및 충동 또는 부주의 증상들이 ~~만 3세 이전~~에 나타난다. ➡ DSM-Ⅳ-TR은 만 7세, DSM-5는 만 12세 이전

• ② ~~부주의~~에는 흔히 질문이 채 끝나기도 전에 성급하게 대답하는 증상이 포함된다. ➡ 충동성

• ③ ~~충동성~~에는 흔히 다른 사람이 직접적으로 말을 할 때 경청하지 않는 것처럼 보이는 증상이 포함된다. ➡ 부주의

• ⑤ 주의력결핍과잉행동장애 복합형은 부주의와 충동성에 관한 증상들 중 ~~5가지가 2개월~~ 동안 부적응적이고 발달수준에 적합하지 않은 정도로 지속되는 경우이다. ➡ 6가지, 6개월

관련이론

✦ ADHD

A. 기능 또는 발달을 저해하는 지속적인 부주의 및 과잉행동-충동성이 1. 그리고/또는 2.의 특징을 갖는다.
1. 부주의: 다음 9개 증상 가운데 6개 이상이 적어도 6개월 동안 발달 수준에 적합하지 않고 사회적·학업적/직업적 활동에 직접적으로 부정적인 영향을 미칠 정도로 지속된다.
※ 주의점: 이러한 증상은 단지 반항적 행동, 적대감 또는 과제나 지시 이해의 실패로 인한 양상이 아니어야 한다. 후기 청소년이나 성인(17세 이상)의 경우에는 적어도 5가지의 증상을 만족해야 한다.
(a) 흔히 세부적인 면에 대해 면밀한 주의를 기울이지 못하거나, 학업, 직업, 또는 다른 활동에서 부주의한 실수를 저지른다(예 세부적인 것을 간과하거나 놓친다, 일을 정확하게 하지 못한다).
(b) 흔히 일 또는 놀이를 할 때 지속적인 주의집중에 어려움이 있다(예 수업, 대화, 또는 긴 문장을 읽을 때 지속적으로 집중하기 어렵다).
(c) 흔히 다른 사람이 직접적으로 말을 할 때 경청하지 않는 것처럼 보인다(예 분명한 주의산만이 없음에도 생각이 다른 데 있는 것 같다).
(d) 흔히 지시를 따르지 못하고, 학업, 잡일, 또는 직장에서의 임무를 수행하지 못한다(예 과제를 시작하지만 빨리 집중력을 잃고, 쉽게 곁길로 빠진다).
(e) 흔히 과업과 활동조직에 어려움이 있다(예 순차적 과제 수행의 어려움, 물건과 소유물 정돈의 어려움, 지저분하고 조직적이지 못한 작업, 시간관리 미숙, 마감 시간을 맞추지 못함).
(f) 흔히 지속적인 정신적 노력을 요하는 과업에의 참여를 피하고, 싫어하고, 저항한다(예 학업 또는 숙제, 청소년과 성인들에게는 보고서 준비, 서식 완성, 긴 논문 검토).
(g) 흔히 과제나 활동에 필요한 물건들을 분실한다(예 학교 준비물 연필, 책, 도구, 지갑, 열쇠, 서류, 안경, 휴대폰).
(h) 흔히 외부자극에 의해 쉽게 산만해진다(청소년과 성인에게는 관련 없는 생각이 포함된다).
(i) 흔히 일상 활동에서 잘 잊어버린다(예 잡일하기, 심부름하기, 청소년과 성인에게는 전화 회답하기, 청구서 납부하기, 약속 지키기).
2. 과잉행동-충동성: 다음 9개 증상 가운데 6개 이상이 적어도 6개월 동안 발달 수준에 적합하지 않고 사회적, 학업적/직업적 활동에 직접적으로 부정적인 영향을 미칠 정도로 지속된다.
※ 주의점: 이러한 증상은 단지 반항적 행동, 적대감 또는 과제나 지시 이해의 실패로 인한 양상이 아니어야 한다. 후기 청소년이나 성인(17세 이상)의 경우, 적어도 5가지의 증상을 만족해야 한다.
(a) 흔히 손발을 가만히 두지 못하거나 의자에 앉아서도 몸을 움직거린다.
(b) 흔히 앉아 있도록 기대되는 교실이나 기타 상황에서 자리를 뜬다(예 교실, 사무실이나 작업장, 또는 자리에 있어야 할 다른 상황에서 자리를 이탈한다).
(c) 흔히 부적절한 상황에서 지나치게 뛰어다니거나 기어오른다(주의: 청소년이나 성인에게는 주관적 안절부절못함으로 제한될 수 있다).
(d) 흔히 여가활동에 조용히 참여하거나 놀지 못한다.
(e) 흔히 끊임없이 움직이거나 마치 자동차에 쫓기는 것처럼 행동한다(예 식당, 회의장과 같은 곳에서 시간이 오래 지나면 편안하게 있지 못한다, 지루해서 가만히 있지 못하거나 지속하기 어렵다는 것을 다른 사람들이 경험한다).
(f) 흔히 지나치게 수다스럽게 말한다.
(g) 흔히 질문이 채 끝나기 전에 성급하게 대답한다(예 다른 사람의 말에 끼어들어 자기가 마무리한다. 대화에서 차례를 기다리지 못한다).
(h) 흔히 차례를 기다리지 못한다(예 줄서서 기다리는 동안).
(i) 흔히 다른 사람의 활동을 방해하고 간섭한다(예 대화, 게임, 또는 활동에 참견함, 요청이나 허락 없이 다른 사람의 물건을 사용함, 청소년이나 성인에게는 다른 사람이 하는 일에 간섭하거나 떠맡음).

B. 몇 가지의 부주의 또는 과잉행동-충동성 증상이 12세 이전에 나타난다.

C. 몇 자기의 부주의 또는 과잉행동-충동성 증상이 2가지 또는 그 이상의 환경에서 존재한다(예 가정, 학교나 직장, 친구들 또는 친척들과의 관계, 다른 활동에서).

• 다음 중 하나를 명시할 것
 – 복합형: 지난 6개월 동안 진단기준 A1(부주의)과 진단기준 A2(과잉행동-충동성)를 모두 충족한다.
 – 주의력결핍 우세형: 지난 6개월 동안 진단기준 A1(부주의)은 충족하지만 A2(과잉행동-충동성)는 충족하지 않는다.
 – 과잉행동/충동 우세형: 지난 6개월 동안 진단기준 A2(과잉행동-충동성)는 충족하지만 A1(부주의)은 충족하지 않는다.

PART 07

39 2013. 중

정신장애진단통계편람(DSM-IV-TR)에 근거하여 주의력 결핍과잉행동장애(ADHD)에 관련된 내용을 기술한 것 중 옳은 것은? [1.5점]

① 손상을 초래하는 과잉행동 및 충동 또는 부주의 증상들이 만 3세 이전에 나타난다.
② 부주의에는 흔히 질문이 채 끝나기도 전에 성급하게 대답하는 증상이 포함된다.
③ 충동성에는 흔히 다른 사람이 직접적으로 말을 할 때 경청하지 않는 것처럼 보이는 증상이 포함된다.
④ 과잉행동에는 흔히 손발을 가만히 두지 못하거나 의자에 앉아서도 몸을 움직이는 증상이 포함된다.
⑤ 주의력결핍과잉행동장애 복합형은 부주의와 충동성에 관한 증상들 중 5가지가 2개월 동안 부적응적이고 발달수준에 적합하지 않은 정도로 지속되는 경우이다.

핵심테마 체크 ✔

- ADHD
- 산점도
- 직접 관찰

MY MEMO

40

정답 및 예시답안

○ 증상이 나타나는 시기(7세~12세), 최소증상의 수(17세 미만 6가지, 17세 이상 5가지), 심각도(경도, 중등도, 중도) 명시
○ 산점도 / 문제행동이 자주 발생하는 시간대 파악
○ 행동에 대한 구체적인 정보(선행사건, 행동, 후속결과 등)를 얻기 위하여

관련이론

✦ ADHD

- 부주의 그리고/또는 과잉행동－충동성의 지속적인 패턴이 기능이나 발달을 저해한다.
  - **부주의**: 증상들 중 6가지 이상이 발달 수준에 적합하지 않고, 사회적 활동과 학업적/작업적 활동에 직접적으로 부정적인 영향을 미칠 정도로 적어도 6개월 동안 지속된다. (*증상이 과제나 교수를 이해하는 데 있어 단지 적대적 행동, 반항, 적개심 또는 실패를 표현하는 것이 아니라, 청소년과 성인(17세 이상)에게는 적어도 5가지 증상이 요구된다.)
  - **과잉행동 및 충동성**: 증상들 중 6가지 이상이 발달 수준에 적합하지 않고, 사회적 활동과 학업적/작업적 활동에 직접적으로 부정적인 영향을 미칠 정도로 적어도 6개월 동안 지속된다. (*증상이 과제나 교수를 이해하는 데 있어 단지 적대적 행동, 반항, 적개심 또는 실패를 표현하는 것이 아니라, 청소년과 성인(17세 이상)에게는 적어도 5가지 증상이 요구된다.)
- 몇몇 부주의 또는 과잉행동－충동 증상이 만 12세 이전에 나타난다.
- 몇몇 부주의 또는 과잉행동－충동 증상이 2가지 이상의 장면에서 나타난다.

✦ 기능진단 방법

간접평가	• 학생을 가장 잘 아는 사람이나 당사자인 학생과 직접 면담하거나 그들에게 평가척도, 질문지 등을 작성하게 하는 평가
직접평가	• 일정 기간 동안 자연스러운 상황에서 학생 행동을 직접 관찰하는 관찰 평가 • **산점도**: 더 자세한 정보를 수집해야 할 시간대를 결정하는 데 도움 • **일화 관찰 기록**: 학생의 행동을 직접 관찰한 내용을 이야기식으로 기록하는 것으로, 일정한 형식이 없는 비공식적 방법 • **ABC 관찰**: 자연스러운 상황에서 문제행동의 선행사건(A), 문제행동(B), 후속결과(C)를 시간의 흐름에 따라 직접 관찰하여 기록하는 방법 • **ABC 행동관찰 검목표**: 관찰자가 학생의 계속되는 행동에 크게 방해받지 않고 빨리 기재할 수 있다는 장점이 있지만 행동에 대한 자세한 정보를 제공하지 못한다는 단점 • **행동의 기능평가 관찰지**: A-B-C 행동관찰 검목표를 더욱 발전시킨 것
기능분석	• 자연스러운 상황이나 인위적인 상황에서 문제행동에 영향을 미치는 변수에 대한 가설을 설정하고 그 변수를 체계적으로 조작하여 평가하는 것

40

2018. 중
★답안작성

(가)는 주의력결핍과잉행동장애 학생 H와 관련하여 특수교사와 통합학급 교사가 나눈 대화이고, (나)는 특수교사가 학생 H의 문제행동을 관찰한 결과이다. 〈작성 방법〉에 따라 서술하시오. [4점]

(가) 특수교사와 통합학급 교사의 대화

통합학급 교사: 「정신장애의 진단 및 통계 편람 제5판(DSM-5)」에서 주의력결핍과잉행동장애의 진단 준거가 바뀌었다면서요?

특 수 교 사: 예, 주의력결핍과잉행동장애의 진단 준거가 「정신장애의 진단 및 통계 편람 제4판 개정판(DSM-Ⅳ-TR)」에 비해 DSM-5에서는 ㉠ 몇 가지 변화가 있습니다.

… (중략) …

통합학급 교사: 학생 H가 통합학급에서 수업 중에 자리이탈 행동을 종종 보입니다. 이에 대한 적절한 지원방법이 없을까요?

특 수 교 사: 예, 학생 H의 문제행동에 대한 긍정적 행동지원을 할 수 있습니다. 이를 위해 먼저 학생 H의 문제행동을 관찰하는 것이 필요합니다. 이때에는 (나)와 같은 관찰기록 방법을 사용할 수 있습니다.

통합학급 교사: 그렇다면 (나)의 관찰기록 결과만 살펴보면 될까요?

특 수 교 사: 아니요. ㉡ (나)의 관찰기록 결과를 분석한 다음에 다른 방식의 직접관찰을 할 필요가 있습니다.

(나) 학생 H의 문제행동 관찰기록 결과지

○ 이름: 학생 H　　○ 문제 행동: 수업 중 자리이탈 행동

미발생: □　　1회: ⧄　　2회: ☒　　3회 이상: ■

시간	내용 \ 일자	11/13 월	11/14 화	11/15 수	11/16 목	11/17 금	11/20 월	11/21 화	11/22 수	11/23 목	11/24 금
09:00~09:50	1교시										
10:00~10:50	2교시							⧄			
11:00~11:50	3교시	■		⧄		■		■	⧄	■	■
12:00~12:50	4교시	■	■	■	■	■	■	☒	■	■	☒
13:40~14:30	5교시	⧄	☒	⧄		☒			⧄		☒
14:40~15:30	6교시							⧄			
15:40~16:30	7교시										

작성방법

- 밑줄 친 ㉠에 해당하는 내용을 2가지 쓸 것
- (나)에 제시된 관찰기록 방법의 명칭을 적고, 그 목적을 1가지 쓸 것
- 밑줄 친 ㉡을 실시하는 이유를 1가지 서술할 것

PART 07

핵심테마 체크

• 틱 장애

MY MEMO

41

정답 및 예시답안

○ 만성 음성 틱
○ 뚜렛증후군

문제 속 자료분석

〈학생 A의 행동 특성〉
지난 1년 4개월 동안 콧바람 불기 행동과 "시끄러"하는 고함지르기 행동이 본인의 의지와 상관없이 나타나고 있다. 이러한 행동들은 버스를 탈 때에나 영화를 관람할 때에도 나타난다. 그래서 학생 A는 여러 사람이 있는 장소에 가기를 싫어하고, 다른 사람에 의해 관찰되는 상황에 대해 두려움을 나타내고 있다. 또한 친구들로부터 자주 놀림을 받기도 하였고, 수차례 무단결석을 하였다. 이로 인해 학업에 어려움을 겪고 있으며, 우울, 자기 비하 등의 정서적 문제를 보이고 있다. ➡ 만성 음성 틱

〈학생 B의 행동 특성〉
다른 사람과 대화를 할 때나 혼자 있을 때, 본인의 의지와 상관없이 거의 매일 어깨 움츠리기 행동과 반복적 발 구르기 행동(운동 틱)이 작년 1월부터 10월까지 10개월간 나타났고, 작년 11월 한 달 동안은 이 행동들이 나타나지 않다가(틱이 나타나지 않는 기간이 3개월을 넘지 않음) 작년 12월부터 올해 2월까지 3개월간 다시 나타났다. 올해 3월부터는 이전 행동들이 나타나지 않았으나, 다른 행동인 킁킁거리기 행동과 상대방이 마지막으로 말한 단어를 반복하는 행동(음성 틱)이 9개월째 나타나고 있다. 이로 인해 사회적 대인관계에 고통을 호소하고 있다. ➡ 뚜렛증후군

관련이론

✦ 틱 장애

뚜렛장애
• 여러 가지 운동성 틱과 한 가지 또는 그 이상의 음성 틱이 질병 경과 중 일부 기간 동안 나타난다. 2가지 틱이 반드시 동시에 나타날 필요는 없다. • 틱 증상은 자주 악화와 완화를 반복하지만 처음 틱이 나타난 시점으로부터 1년 이상 지속된다. • 18세 이전에 발병한다.
지속성(만성) 운동 또는 음성 틱 장애
• 한 가지 또는 여러 가지 운동 틱 또는 음성 틱이 장애의 경과 중 일부 기간 동안 존재하지만, 운동 틱과 음성 틱이 모두 나타나지 않는다. • 틱 증상은 자주 악화와 완화를 반복하지만 처음 틱이 나타난 시점으로부터 1년 이상 지속된다. • 18세 이전에 발병한다.
잠정적 틱 장애
• 한 가지 또는 다수의 운동 틱 또는 음성 틱이 존재한다. • 틱은 처음 틱이 나타난 시점으로부터 1년 미만으로 나타난다. • 18세 이전에 발병한다.

41

2015. 중

다음은 학생 A와 B에게 나타나는 행동 특성으로, 이 행동들은 약물이나 기타 일반적인 의학적 문제로 발생하는 것은 아니다. 정신장애의 진단 및 통계 편람(DSM-IV-TR)의 진단 준거에 근거하여 학생 A와 B의 장애 진단명을 순서대로 쓰시오. [2점]

〈학생 A의 행동 특성〉

지난 1년 4개월 동안 콧바람 불기 행동과 "시끄러"하는 고함지르기 행동이 본인의 의지와 상관없이 나타나고 있다. 이러한 행동들은 버스를 탈 때에나 영화를 관람할 때에도 나타난다. 그래서 학생 A는 여러 사람이 있는 장소에 가기 싫어하고, 다른 사람에 의해 관찰되는 상황에 대해 두려움을 나타내고 있다. 또한 친구들로부터 자주 놀림을 받기도 하였고, 수차례 무단결석을 하였다. 이로 인해 학업에 어려움을 겪고 있으며, 우울, 자기 비하 등의 정서적 문제를 보이고 있다.

〈학생 B의 행동 특성〉

다른 사람과 대화를 할 때나 혼자 있을 때, 본인의 의지와 상관없이 거의 매일 어깨 움츠리기 행동과 반복적 발 구르기 행동이 작년 1월부터 10월까지 10개월간 나타났고, 작년 11월 한 달 동안은 이 행동들이 나타나지 않다가 작년 12월부터 올해 2월까지 3개월간 다시 나타났다. 올해 3월부터는 이전 행동들이 나타나지 않았으나, 다른 행동인 킁킁거리기 행동과 상대방이 마지막으로 말한 단어를 반복하는 행동이 9개월째 나타나고 있다. 이로 인해 사회적 대인관계에 고통을 호소하고 있다.

핵심테마 체크 ✓

• DSM5_틱
• 간격기록법
• 관찰자 간 일치도

MY MEMO

42

정답 및 예시답안

○ 학생 A는 지속성(만성) 운동 틱이다.
○ 전체간격기록법은 행동이 지속된 경우에만 발생한 것으로 인정하여, 실제 행동 발생보다 적게 나타난 것으로 기록될 수 있다(과소추정). 부분간격기록법은 행동이 간격 내에서 어느 순간에라도 나타나면 발생한 것으로 기록하여, 실제 행동 발생보다 더 많이 발생한 것으로 기록될 수 있다(과대추정).
○ (다)의 과정은 두 관찰자의 관찰 결과가 일치하는 정도를 확인하여 관찰자료의 타당도를 확보하기 위해 필요하다.

관련이론

✦ 틱 장애

뚜렛장애
• 여러 가지 운동성 틱과 한 가지 또는 그 이상의 음성 틱이 질병 경과 중 일부 기간 동안 나타난다. 2가지 틱이 반드시 동시에 나타날 필요는 없다. • 틱 증상은 자주 악화와 완화를 반복하지만 처음 틱이 나타난 시점으로부터 1년 이상 지속된다. • 18세 이전에 발병한다.
지속성(만성) 운동 또는 음성 틱 장애
• 한 가지 또는 여러 가지 운동 틱 또는 음성 틱이 장애의 경과 중 일부 기간 동안 존재하지만, 운동 틱과 음성 틱이 모두 나타나지 않는다. • 틱 증상은 자주 악화와 완화를 반복하지만 처음 틱이 나타난 시점으로부터 1년 이상 지속된다. • 18세 이전에 발병한다.
잠정적 틱 장애
• 한 가지 또는 다수의 운동 틱 또는 음성 틱이 존재한다. • 틱은 처음 틱이 나타난 시점으로부터 1년 미만으로 나타난다. • 18세 이전에 발병한다.

✦ 간격기록법

전체간격	• 관찰한 시간 간격 동안 행동이 계속 지속된 경우만 그 시간 간격에 행동이 발생한 것으로 인정
부분간격	• 관찰한 시간 간격 동안에 행동이 최소한 1회 이상 발생하며 그 시간 간격에 행동이 발생한 것으로 기록하는 방법
순간표집	• 각각의 시간 간격이 끝나는 순간에 학생을 관찰하여 표적행동의 발생 여부를 기록하는 방법

✦ 관찰자 간 일치도

의미	• 관찰과 측정의 일치도란 같은 것을 측정할 때 일관되게 같은 결과를 산출할 수 있는 정도를 의미한다.
유의 및 고려사항	• 관찰하고자 하는 행동을 관찰 가능하고 측정 가능한 용어로 조작적 정의를 해야 한다. • 행동을 관찰하는 장소와 시간이 일관성 있고 규칙적이어야 한다. • 직접적이고 형성적인 관찰을 해야 한다. • 관찰, 측정, 기록의 절차를 명확하게 명시한다. • 실제 상황에서 관찰하기 전에 충분히 연습을 한다. • 관찰 즉시 자료를 기록한다. • 관찰자가 중재 목적을 모르는 것이 좋다. • 관찰 장소에서 관찰을 시작하기 전에 관찰자 훈련을 하는 기간에 높은 신뢰도 기준을 설정하여 관찰 훈련을 하는 것이 좋다. • 훈련이 끝나고 관찰을 시작한 후에도 관찰자 간의 일치도를 정기적으로 조사해야 한다. • **관찰자 표류**: 관찰자의 관찰 기준이 점진적으로 바뀌는 현상이다. • 관찰자가 두 명 이상이라면 관찰 도중에는 두 관찰자가 서로 영향을 받지 않도록 관찰자 간의 접촉을 최소화하는 것이 좋다. • **반동(반응성)**: 학생이 다른 사람이 자신의 행동을 관찰한다는 것을 의식하여 행동을 더 잘하게 되거나 긴장하여 더 못하게 될 수가 있는 현상이다. • **관찰자반응성**: 행동을 관찰하고 기록하고 있는 관찰자가 다른 사람으로부터 자신의 관찰 과정이 평가받고 있다고 인식하여 '다른 사람'의 의도를 파악하려 하고 '다른 사람'의 의도에 따라 측정을 변화시키는 경우이다.

42

2023. 중
★답안작성

(가)는 특수학급에 재학 중인 학생 A의 특성이다. (나)는 학생 A의 행동에 대한 관찰 기록 자료의 일부이고, (다)는 부분간격 기록법을 사용한 관찰자 A와 B의 자료를 비교한 결과이다. 〈작성 방법〉에 따라 서술하시오. [4점]

(가) 학생 A의 특성

ㅇ일상생활 중 자신의 의지와 상관없이 다음과 같은 행동을 보임
- 갑자기 손목을 꺾으면서 앞·뒤로 빨리 반복적으로 파닥거림
- 다른 소리(예: 헛기침하기, 킁킁거리기)는 내지 않음
- 초등학교 입학 이후 지속적으로 이와 같은 행동 특성을 보였음

ㅇ현재 특별한 약물을 복용하거나 다른 질병은 없음

(나) 학생 A의 행동 관찰 기록 자료

ㅇ목표행동: 갑자기 손목을 꺾으면서 앞·뒤로 빨리 반복적으로 파닥거리는 행동

ㅇ관찰 기록 방법: 전체간격기록법, 부분간격기록법

(실제 행동 발생: ▨)

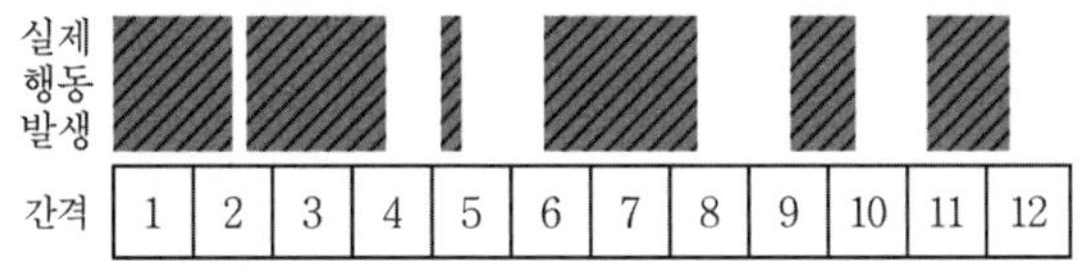

ㅇ전체간격기록법 사용 시 행동발생비율: 25%
ㅇ부분간격기록법 사용 시 행동발생비율: 100%
[㉠]

(다) 부분간격기록법을 사용한 관찰자 A와 B의 자료 비교

ㅇ기록 자료

간격 / 관찰자	1	2	3	4	5	6	7	8	9	10	11	12
관찰자 A	+	+	+	−	+	+	+	+	−	+	+	+
관찰자 B	+	+	+	+	+	+	+	+	+	+	+	+

※ 행동 발생: +, 행동 비발생: −

ㅇ관찰자 간 자료 비교를 위한 계산식과 결과

$$\frac{\text{관찰 일치 간격 수}}{\text{관찰 일치 간격 수}+\text{관찰 불일치 간격 수}} \times 100 = 83.33\%$$

작성방법

- (가)의 학생 A의 행동 특성에 해당하는 장애명을 쓸 것 (단, DSM-5의 신경발달장애 하위 범주 기준에 근거할 것)
- (나)의 ㉠에서 사용한 2가지 기록법의 특성을 순서대로 서술할 것 (단, 실제 행동 발생과 비교한 기록의 정확성 측면에서 쓸 것)
- (다)의 과정이 필요한 이유를 1가지 서술할 것

핵심테마 체크

• 정서행동장애 학생 대상 다양한 교수전략

MY MEMO

43

정답 및 예시답안

④

알찬 지문풀이

• ㉠ ➡ 지그소우(Jigsaw)는 협동학습의 한 유형이며, 이 사례는 교사의 도움을 받아 과제를 수행한 것으로 협동학습과 관련이 없음

• ㉡ ➡ 자기관리

• ㉢ ➡ 지역사회 중심교수

• ㉤ ➡ 생태학적 목록검사는 학생의 기능적 교육과정 내용을 결정하기 위한 방법

43

2011. 초

다음은 특수학급 최 교사가 정서 · 행동장애 학생 민재의 통합학급 김 교사와 협의하여 작성한 사회과 현장학습 계획서이다. 현장학습 계획서의 ㉠~㉤에 대한 설명 중 가장 적절한 것은?

장소	해양수산 박물관
대상	5학년 36명(정서 · 행동장애 학생 1명 포함)
인솔 교사	특수학급 교사, 통합학급 교사
사전 활동	• 박물관에 가 본 경험 이야기하기 • 박물관 이용 시 지켜야 할 규칙에 대해 자유롭게 발표하기 • 해양수산 박물관 관련 자료를 찾아 사전 조사 학습지 완성하기 ※ ㉠ <u>민재는 통합학급 교사의 도움을 받아 인터넷에서 해양 수산 박물관 관련 자료를 찾아 사전 조사학습지를 완성한다</u>. • 해양수산 박물관 견학 시 주의 사항 지도하기 ※ ㉡ <u>특수학급 교사는 민재가 해양수산 박물관을 견학할 때 다음과 같은 내용을 혼자 할 수 있도록 지도하고 점검하게 한다</u>. – 해양수산 박물관 전시물 알아보기 – 해양수산 박물관에서 지켜야 할 규칙 알기
㉢ 견학 활동	• ㉣ <u>학급을 두 집단으로 나누어 민재가 속한 집단은 특수학급 교사가 인솔하여 지도한다</u>. • 주의 사항을 주지시키면서 질서 있게 관람할 수 있도록 지도한다.
평가	• ㉤ <u>박물관에 무엇이 전시되어 있는지 아는가?</u> • 박물관에서 지켜야 할 규칙을 아는가?

① ㉠은 지그소우 I(Jigsaw I)을 활용한 협력학습이다.
② ㉡은 비연속 시행 훈련을 활용한 지도이다.
③ ㉢은 지역사회참조 교수법을 활용한 수업이다.
④ ㉣은 평행교수법을 적용한 협력교수이다.
⑤ ㉤의 평가방법은 학습목표 달성을 확인하기 위한 생태학적 목록검사이다.

脈 테마별 기출분포도

테마		연도별 기출분포	셀프체크
정의	법적 정의_대상자 선정 기준	⑭유	□□□□□
	DSM 진단기준	⑪초 ⑬유 ⑰유 ⑰중 ⑱중	□□□□□
특성	사회-정서적 특성	⑫유 ⑫초 ⑯중 ⑲중 ㉒초	□□□□□
	의사소통 특성	⑩초 ⑪유 ⑫유 ⑫초 ⓭유 ⑭유 ⑮유 ⑱중 ⑳유 ㉓유 ㉔유	□□□□□
	인지적 특성	⑩중 ⑫유 ⑫초 ⑮유 ⑱초 ⑱중 ⑳유 ⑳초 ⑳중 ㉒초 ㉒중 ㉓초	□□□□□
	행동적 특성	⑫유 ⑫초 ⑮유 ⑮초 ⑳유 ⑳초	□□□□□
	감각적 특성	⑱유 ⑳초 ㉔유 ㉔초 ㉔중	□□□□□
교육	구조화의 개념 및 전략	⑪유 ⓭유 ⑱초 ⑲초 ㉓초	□□□□□
	TEACCH	⑪중 ⑯초 ㉑중	□□□□□
	비연속개별시행훈련(DTT)	⑪유 ⑪중 ⑮초 ⑰중 ⑲중 ㉒유	□□□□□
	그림교환의사소통훈련(PECS)	⑨유 ⑨초 ⑪유 ⑭중 ⑯유 ⑲초 ⑳유 ㉑초 ㉓유	□□□□□
	중심축 반응훈련(PRT)	⑨유 ⑨초 ⑪중 ⑬초 ⑰유 ⑰초 ⑲중 ㉒유 ㉓중 ㉔유	□□□□□
	상황이야기	⑨중 ⑪유 ⑬유 ⑮유 ⑱중 ⑳유 ㉑초 ㉒초 ㉒중 ㉓유 ㉓초	□□□□□
	사회적 도해	⑪초 ⑬유 ⑳초	□□□□□
	파워카드	⑪초 ⑮유 ⑲초 ⑳중 ㉒초	□□□□□
	연재(짧은)만화대화	⑱중 ㉔유	□□□□□
	환경중심 언어중재(MT/EMT)	⑪유 ⑫중 ⑰중 ⑲초 ⑲중	□□□□□
	공동행동일과	⑪유	□□□□□
	비디오 모델링	⑱초 ㉔유 ㉔중	□□□□□

PART

08

자폐범주성장애

핵심테마 체크 ✔

- DSM-5의 자폐스펙트럼 장애(ASD)

MY MEMO

01

정답 및 예시답안

1) 반복적이고 상동행동적인 유형의 제한된 행동
2) ㉡ 과학적 탐구하기
   ㉢ 물체와 물질 알아보기
3) ① / 다양하게 바뀌는 자료에 대해 과민한 반응을 보이기 때문에 다양한 자료를 제시하는 것은 부적절하다.
   ⑤ / 선호 활동과 비선호 활동을 활용하는 것은 프리맥의 원리에 따른 것이며, 이에 따라 비선호 활동을 하면 선호 활동을 제공하여 비선호 활동에 보다 잘 참여할 수 있도록 하는 것이다.

문제 속 자료분석

(다) 민지 지원 방안

- ② ➡ 다양하게 바뀌는 자료에 민감하고, 좋아하지 않는 활동에 잘 참여하지 않는 특성이 있으므로, 자료를 미리 제시하여 관심을 가지게 하는 것은 적절함
- ③ ➡ 시각적 정보 처리 능력이 뛰어난 특성을 가지므로, 그림이나 사진으로 활동 순서를 제시하는 것은 적절함
- ④ ➡ '자유선택활동' 시간에 해당 활동을 민지가 '좋아하는' 활동 영역에서 하도록 하는 것은, 좋아하지 않는 활동에 참여하지 않으려는 특성을 가진 민지에게 적절함
- ⑤ ➡ 민지는 좋아하지 않는 활동(비선호 활동)에 잘 참여하지 않는 특성이 있으며, 이를 위해 좋아하는 활동(선호 활동)을 활용하는 전략에 해당함. 고확률요구절차는 선호/비선호 활동의 개념보다, 고확률/저확률 요구의 개념을 적용하는 것이며, 선호 활동과 고확률 요구를 동일 의미로 보기 어려움

관련이론

✦ 자폐학생을 위한 교수적 맥락 만들기: 시간의 구조화 중 활동의 변화

활동들을 어떻게 순서화할 것인가를 결정할 때, 교사는 프리맥의 원리와 하나의 활동을 완수하는 데 필요한 노력의 양을 고려할 수 있다.

1) 프리맥의 원리
   - "후식을 먹으려면 먼저 채소를 먹어라"라는 것처럼 '할머니의 법칙'이라고도 하는 프리맥의 원리는 활동들을 신중하게 순서화할 것을 권고하고 있다.
   - 어떤 학생은 그 학생이 선호하지 않는 활동에 참여하도록 동기부여하기 위해 비선호 활동을 일정에 넣어 활동이 완수된 후 매우 좋아하는 활동이 뒤따르도록 한다.
   - 어떤 학생의 초기 일정표에는 좋아하지 않는 과제들이 매우 좋아하는 활동에 참여할 기회를 매번 선행한다.
2) 높은 수준의 에너지와 노력을 요구하는 활동 다음에는 더 적은 에너지와 노력을 요구하는 활동이 따라올 필요가 있다.
   - 수동적인 참여를 포함하는 활동은 능동적인 참여를 요구하는 활동들의 중간중간에 배치한다.
   - 쉬운 과제와 어려운 과제들을 섞어 놓은 것은 자폐증을 지닌 학생들에게도 문제행동을 감소시키고 참여를 증진시키는 것으로 나타났다.
   - 과제를 완수하고자 하는 동기는 행동 타성의 활용을 통해 촉진될 수 있다.
   - 행동 타성: 학생은 빠르고 쉽게 해결할 수 있는 과제 몇 가지를 더 어렵거나 덜 좋아하는 과제를 도입하기 전에 완수하게 된다. 먼저 한 과제들을 성공적으로 완수함으로써 학생이 타성을 확립할 것으로 기대되며, 더 어렵거나 덜 좋아하는 과제를 시도하는 데 저항을 덜 하게 된다.

01

2013. 유

다음은 통합유치원에 재원 중인 만 5세 자폐성 장애 유아 민지에 관한 내용이다. 물음에 답하시오. [5점]

(가) 민지의 특성

- 시각적 정보 처리 능력이 뛰어난 편이다.
- 좋아하지 않는 활동에 잘 참여하지 않는다.
- 다양하게 바뀌는 자료에 대해 과민하게 반응한다.
- ㉠ 장난감 자동차 바퀴를 돌리는 행동을 계속 반복한다.
- 다른 사람과 대화를 시작하거나 유지하는 데 어려움을 보인다.

(나) 교수 · 학습계획

세부내용: 주변의 여러 가지 물체와 물질의 기본 특성을 알아본다.

목표	교수 · 학습 활동
친숙한 물체와 물질의 특성을 파악한다.	• 여러 가지 물건(다양한 공, 블록, 털 뭉치 등)의 크기, 모양, 색 알아보기 • 여러 가지 물건을 굴려 그 특성을 알아보기 • 비밀상자 안에 들어 있는 다양한 물건을 만져 보고 느낌 표현하기 

(다) 민지 지원 방안

① 다양한 자료를 제시하여 각 활동에 적극적으로 참여할 수 있도록 지원한다.
② 활동에 사용할 자료를 자유선택활동 시간에 미리 제시하여 관심을 가지게 한다.
③ 전체적인 활동 순서를 그림이나 사진으로 제시하여 각 활동의 순서를 쉽게 이해하도록 지원한다.
④ 자유선택활동 시간에 여러 가지 물건 굴리기 활동을 민지가 좋아하는 도서 활동 영역에서 해보도록 한다.
⑤ 비선호 활동을 수행하기 전에 선호하는 활동을 먼저 수행하도록 하여, 비선호 활동에 보다 잘 참여할 수 있도록 한다.

1) 다음 괄호 안에 들어갈 말을 쓰시오. [1점]

> (가)의 ㉠에 나타난 민지의 행동은 '정신장애진단통계편람(DSM-IV-TR)'에 제시된 자폐성 장애의 진단 기준 3가지 중 (　　　　　)에 해당한다.

2) 다음 글의 ㉡과 ㉢에 알맞은 말을 쓰시오. [2점]

> (나)는 '2012 개정 유치원 교육과정' 자연탐구 영역의 내용 범주 (　㉡　)와(과) 내용 (　㉢　)에 해당한다.

㉡:

㉢:

3) (다)에서 민지의 지원 방안으로 적절하지 않은 것 2가지를 ①~⑤에서 찾아 기호를 적고, 그 이유를 각각 쓰시오. [2점]

- 기호: (　　　), 이유:
- 기호: (　　　), 이유:

핵심테마 체크

- DSM-5의 자폐스펙트럼 장애(ASD)
- 중심축 반응훈련(PRT)

MY MEMO

02

정답 및 예시답안

1) ① 정도나 초점이 비정상적인 매우 제한적이고 한정된 흥미
   ② 감각 자극에 대한 둔감 혹은 민감 반응 환경의 감각 양상에 대한 특이한 감각적 관심
2) 중심축 반응훈련(PRT)
3) 동기
4) 민수는 원하는 것에 대하여 요구하는 질문을 할 수 있다.

관련이론

✦ DSM-5의 자폐범주성장애 진단기준

A. 다양한 분야에 걸쳐 나타나는 사회적 의사소통 및 사회적 상호작용의 지속적인 결함으로 현재 또는 과거력상 다음과 같은 특징으로 나타난다.
   1) 사회적-감정적 상호성의 결함(예 비정상적인 사회적 접근과 정상적인 대화의 실패, 흥미나 감정 공유의 감소, 사회적 상호작용의 시작 및 반응의 실패)
   2) 사회적 상호작용을 위한 비언어적 의사소통 행동의 결함(예 언어적, 비언어적 의사소통의 불완전한 통합, 비정상적인 눈맞춤과 몸짓 언어, 몸짓의 이해와 사용의 결함, 얼굴 표정과 비언어적 의사소통의 전반적 결핍)
   3) 관계 발전, 유지 및 관계에 대한 이해의 결함(예 다양한 사회적 상황에 적합한 적응적 행동의 어려움, 상상 놀이를 공유하거나 친구 사귀기가 어려움, 동료들에 대한 관심 결여)

   현재의 심각도를 명시할 것: 심각도는 사회적 의사소통 손상과 제한적이고 반복적인 행동 양상에 기초하여 평가한다.

B. 제한적이고 반복적인 행동이나 흥미, 활동이 현재 또는 과거력상 다음 항목들 가운데 적어도 2가지 이상 나타난다.
   1) 상동증적이거나 반복적인 운동적 동작, 물건 사용 또는 말하기(예 단순 운동 상동증, 장난감 정렬하기, 또는 물체 튕기기, 반향어, 특이한 문구 사용)
   2) 동일성에 대한 고집, 일상적인 것에 대한 융통성 없는 집착, 또는 의례적인 언어나 비언어적 행동 양상(예 작은 변화에 대한 극심한 고통, 변화의 어려움, 완고한 사고방식, 의례적인 인사, 같은 길로만 다니기, 매일 같은 음식 먹기)
   3) 강도나 초점에 있어서 비정상적으로 극도로 제한되고 고정된 흥미(예 특이한 물체에 대한 강한 애착 또는 집착, 과도하게 국한되거나 고집스러운 흥미)
   4) 감각 정보에 대한 과잉 또는 과소 반응, 또는 환경의 감각 영역에 대한 특이한 관심(예 통증/온도에 대한 명백한 무관심, 특정 소리나 감촉에 대한 부정적 반응, 과도한 냄새 맡기 또는 물체 만지기, 빛이나 움직임에 대한 시각적 매료)

✦ 중심축 반응훈련(PRT)

- 중심반응훈련(Pivotal Response Training)은 자폐성장애 아동의 전반적인 사회적 능력을 향상시키는 데 효과가 있는 것으로 밝혀진 증거기반의 중재 방법이다.
- 중심반응훈련은 응용행동분석원리를 기반으로 하였으나 성인중심의 전통적인 응용행동분석 방법과 같이 분리된 개별행동을 중재 목표로 하기보다는 자연적 환경에서 자연적 중재 절차를 사용하므로 자연적 중재모델이다.
- 중심반응훈련은 자폐성장애 학생에게 반드시 필요한 중심영역을 중재하고 일반화하는 것을 주요 목표로 하는데, 자폐성장애 학생에게 필요한 구체적인 중심반응행동은 눈맞춤, 시작행동, 공동관심, 조망수용, 도움 요청하기 등이다. 이러한 기술이 중심행동인 것은 이와 같은 능력을 습득할 경우 일상생활 속에서 여러 다양한 행동에 일반화시켜 사용할 수 있는 기본적인 기술이기 때문이다.
- 중심반응행동을 지도하기 위한 중심반응훈련 영역은 다음과 같다. → 동기유발, 복합 단서 반응하기, 자기관리하기, 스스로 시작행동하기, 공감하기
- 일반적으로 중심반응훈련 영역을 이처럼 다섯 가지로 제시하고 있으나 대부분은 훈련 프로그램에서 동기유발, 복합단서에 반응하기, 자기관리, 스스로 시작행동하기를 제시한다.

02

2017. 유

다음은 유아특수교사인 김 교사와 유아교사인 최 교사 간 협력적 자문 내용의 일부이다. 물음에 답하시오.

[5점]

최 교사: 선생님, 지난 회의에서 자폐성 장애의 주요 특성은 '사회적 의사소통 및 사회적 상호작용에서의 어려움'과 '제한된 반복 행동, 흥미, 활동'을 보이는 것이라고 하셨지요? 이와 관련해서 민수를 조금 더 잘 이해하고 싶은데 어떻게 하면 좋을까요?

김 교사: 민수를 잘 이해하시려면 민수의 사회적 의사소통 특성을 아는 것이 중요해요. 그리고 '제한된 반복 행동, 흥미, 활동'을 이해하는 것도 필요한데, 여기에는 상동행동, 동일성에 대한 고집과 그 외에 ㉠ 다른 특성들이 더 있어요.

최 교사: 그리고 활동 시간에 민수를 잘 지도할 수 있는 구체적인 방법을 알고 싶어요. 예를 들어, 교실에서 ㉡ 민수가 원하는 것을 요구할 수 있도록 가르치기 위해 제가 할 수 있는 일에는 무엇이 있을까요?

김 교사: 요구하기를 지도하기 위한 방법에는 여러 가지가 있는데요, 저는 요즘 민수에게 (㉢)을/를 적용하고 있어요. 이 방법은 핵심영역에서의 지도가 다른 기술들을 배우는 데 도움을 주어 의사소통 능력과 사회적 상호작용을 촉진하는 데 효과적입니다. 이 방법에서는 주로 (㉣), 복합 단서에 반응하기, 자기 관리, ㉤ 자기 시도를 핵심영역으로 제시하고 있습니다. 민수에게 이를 적용한 결과, 핵심영역에서 배운 기술을 통해 다른 영역의 기술을 수월하게 익혀 가는 것을 볼 수 있었어요.

1) DSM-5의 자폐스펙트럼장애(자폐성 장애) 진단 기준에 근거하여 ㉠에 해당하는 특성 2가지를 쓰시오. [2점]

① :

② :

2) ㉢에 들어갈 중재방법의 명칭을 쓰시오. [1점]

3) ㉣에 들어갈 핵심영역을 쓰시오. [1점]

4) ㉡과 관련하여 ㉤의 핵심영역에서 설정할 수 있는 민수의 목표행동을 쓰시오. [1점]

핵심테마 체크

- DSM-5의 자폐스펙트럼장애(ASD)

MY MEMO

03

정답 및 예시답안

- ㉠ 사회 및 정서적 상호성
- ㉡ 언어 및 비언어적 의사소통을 통합적으로 사용하는 데 어려움, 눈맞춤과 몸짓과 같은 비언어적 행동에서의 비정상성, 몸짓의 이해 및 사용의 결함, 안면표정과 비언어적 의사소통에서의 전반적 결함 등

관련이론

✦ DSM-5의 자폐범주성장애 진단기준

A. 다양한 분야에 걸쳐 나타나는 사회적 의사소통 및 사회적 상호작용의 지속적인 결함으로 현재 또는 과거력상 다음과 같은 특징으로 나타난다.

1) 사회적-감정적 상호성의 결함(예 비정상적인 사회적 접근과 정상적인 대화의 실패, 흥미나 감정 공유의 감소, 사회적 상호작용의 시작 및 반응의 실패)
2) 사회적 상호작용을 위한 비언어적 의사소통 행동의 결함(예 언어적, 비언어적 의사소통의 불완전한 통합, 비정상적인 눈맞춤과 몸짓 언어, 몸짓의 이해와 사용의 결함, 얼굴 표정과 비언어적 의사소통의 전반적 결핍)
3) 관계 발전, 유지 및 관계에 대한 이해의 결함(예 다양한 사회적 상황에 적합한 적응적 행동의 어려움, 상상 놀이를 공유하거나 친구 사귀기가 어려움, 동료들에 대한 관심 결여)

현재의 심각도를 명시할 것: 심각도는 사회적 의사소통 손상과 제한적이고 반복적인 행동 양상에 기초하여 평가한다.

B. 제한적이고 반복적인 행동이나 흥미, 활동이 현재 또는 과거력상 다음 항목들 가운데 적어도 2가지 이상 나타난다.

1) 상동증적이거나 반복적인 운동적 동작, 물건 사용 또는 말하기(예 단순 운동 상동증, 장난감 정렬하기, 또는 물체 튕기기, 반향어, 특이한 문구 사용)
2) 동일성에 대한 고집, 일상적인 것에 대한 융통성 없는 집착, 또는 의례적인 언어나 비언어적 행동 양상(예 작은 변화에 대한 극심한 고통, 변화의 어려움, 완고한 사고방식, 의례적인 인사, 같은 길로만 다니기, 매일 같은 음식 먹기)
3) 강도나 초점에 있어서 비정상적으로 극도로 제한되고 고정된 흥미(예 특이한 물체에 대한 강한 애착 또는 집착, 과도하게 국한되거나 고집스러운 흥미)
4) 감각 정보에 대한 과잉 또는 과소 반응, 또는 환경의 감각 영역에 대한 특이한 관심(예 통증/온도에 대한 명백한 무관심, 특정 소리나 감촉에 대한 부정적 반응, 과도한 냄새 맡기 또는 물체 만지기, 빛이나 움직임에 대한 시각적 매료)

C. 증상은 반드시 초기 발달 시기부터 나타나야 한다(그러나 사회적 요구가 개인의 제한된 능력을 넘어서기 전까지는 증상이 완전히 나타나지 않을 수 있고, 나중에는 학습된 전략에 의해 증상이 감춰질 수 있다).

※ 주의점: DSM-Ⅳ의 진단기준상 자폐성장애, 아스퍼거장애 또는 달리 분류되지 않는 광범위성 발달장애로 진단된 경우에서는 자폐스펙트럼장애의 진단이 내려져야 한다. 사회적 의사소통에 뚜렷한 결함이 있으나 자폐스펙트럼장애의 다른 진단항목을 만족하지 않는 경우에는 사회적(실용적) 의사소통장애로 평가해야 한다.

✦ 자폐스펙트럼장애의 심각도 수준

심각도 수준
3단계 "상당히 많은 지원을 필요로 하는 수준"
2단계 "많은 지원을 필요로 하는 수준"
1단계 "지원이 필요한 수준"

03

2017. 중

다음은 「정신장애의 진단 및 통계 편람 제5판(DSM-5)」의 자폐스펙트럼장애(자폐성장애) 진단 기준과 관련하여 일반교사와 특수교사가 나눈 대화의 일부이다. ㉠에 들어갈 내용을 쓰고, ㉡에 해당하는 예를 1가지 쓰시오. [2점]

> 일반교사: 최근에 자폐스펙트럼장애의 진단 기준이 새롭게 제시되었다면서요?
> 특수교사: 네. DSM-5에 의하면, 자폐스펙트럼장애의 대표적인 특징에는 2가지가 있습니다. 첫째, 다양한 분야에 걸쳐 사회적 의사소통 및 사회적 상호작용의 지속적인 결함이 현재 또는 과거력상 나타나야 합니다. 둘째, 제한적이고 반복적인 행동, 흥미, 활동이 현재 또는 과거력상 나타나야 합니다.
> 일반교사: 네, 그렇군요. 첫 번째 특징인 사회적 의사소통 및 사회적 상호작용의 지속적 결함에는 어떤 것들이 있나요?
> 특수교사: 여기에는 3가지 하위 특징이 있습니다. 첫째, (㉠)의 결함을 보입니다. 예를 들어, 사회적 상호작용의 시작 및 반응에서 실패하는 것을 말합니다. 둘째, ㉡ <u>사회적 상호작용을 위한 비언어적 의사소통 행동의 결함</u>입니다. 셋째, 관계 발전, 유지 및 관계에 대한 이해의 결함을 보입니다. 예를 들면, 상상 놀이를 공유하거나 친구를 사귀는 것이 어렵습니다.
>
> … (하략) …

핵심테마 체크 ✔

- 장애인 등에 대한 특수교육법
- 반향어와 반향어의 기능
- 과잉교정
- 촉진의 유형

MY MEMO

04

정답 및 예시답안

1) 제한적이고 반복적인 관심과 활동을 보인다.
2) • ① 지연 반향어
   • 의사소통 기능: 요청하기
3) 정적연습 과잉교정
4) ㉢ 시각적 촉진
   ㉣ 공간적 촉진

관련이론

✦ 장애인 등에 대한 특수교육법의 정의

- 사회적 상호작용과 의사소통에 결함이 있고, 제한적이고 반복적인 관심과 활동을 보임으로써 교육적 성취 및 일상생활 적응에 도움이 필요한 사람

✦ 지연된 반향어의 기능적 범주

범주	기능	내용
상호작용적 기능	차례 지키기	번갈아가며 언어를 교환하는 데 있어 화자가 바뀔 때 사용되는 말
	언어의 완료	다른 사람들이 시작한, 익숙한 언어 일과를 완성하는 말
	정보 제공	상황에 따른 맥락에서 분명하지 않은 새로운 정보를 제공하는 말
	명명하기	주위에 있는 물건들이나 행동들을 명명하는 말
	항의	다른 사람들의 행동에 항의하는 말. 다른 사람들의 행동을 막는 데 사용될 수도 있음
	요청	물건들이나 행동들을 요청하는 데 사용되는 말
	부름	자신에게 주의를 돌리게 하거나 상호작용을 수립·유지하게 하기 위해 사용되는 말
	확인	이전에 나왔던 말을 확인함을 가리키는 데 사용되는 말
	지시	다른 사람들의 행동을 지시하는 데 사용되는 말(종종 명령)
비상호작용적 기능	분명치 않음	분명한 의사소통 의도가 없거나 상황에 따른 맥락에 적절하지 않은 말
	상황 연계	분명한 의사소통 의도가 없는 말. 어떤 물건이나 사람, 상황, 혹은 활동에 의해 촉발되는 것으로 보임
	자기 지시	자신의 행동을 조절하는 데 사용되는 말. 운동기능을 이용한 행동과 동시에 산출됨
	시연	낮은 소리로 산출되는 말로 더 커다란 상호작용적 음성 산출이 뒤따름. 후속 산출을 위한 연습일 수 있음
	명명	분명한 의사소통 의도가 없이 주위에 있는 물건들이나 행동들을 명명하는 말. 언어를 학습하기 위해 연습하는 것일 수도 있음

04

2014. 유

보라는 특수학교 유치부에 다니는 4세의 자폐성장애 여아이다. (가)는 보라의 행동 특성이고, (나)는 보라를 지원하기 위한 활동계획안이다. 물음에 답하시오. [6점]

(가) 보라의 행동 특성

- 교실이나 화장실에 있는 ㉠ 전등 스위치만 보면 계속 반복적으로 누른다.
- ㉡ 타인의 말을 반복한다.
- 용변 후 물을 내려야 한다는 것을 모른다.
- 용변 후 손을 제대로 씻지 않고 나온다.
- 배변 실수를 자주 한다.

(나) 활동계획안

활동명	화장실을 사용해요	
활동 목표	• 화장실을 사용하는 순서를 안다. • 화장실에서 지켜야 할 규칙을 안다.	
활동 자료	PPT 자료	보라를 위한 지원방안
활동 방법	1. PPT 자료를 보며 화장실의 사용 순서에 대해 알아보기 –화장실 문을 열고 들어가요. –문을 닫고 옷을 내려요. –화장실 변기에 앉아 용변을 봐요. –옷을 올리고 물을 내려요. –문을 열고 나가요. –손을 씻어요. 2. 화장실에서 지켜야 할 규칙에 대해 알아보기 (화장실로 이동한다.)	• 화장실에 가고 싶을 때 용변 의사를 표현하도록 가르친다. • 화장실 사용 순서 중 옷 올리기 기술을 작은 단계로 나누어 교수한다. • 화장실 변기의 물 내리는 스위치 부분에 스티커를 붙여준다. • ㉢ 세면대 거울에 손 씻기 수행 순서를 사진으로 붙여 놓는다. • 손을 씻을 때 교사는 ㉣ 물 비누통을 세면대 위 눈에 잘 띄는 곳에 놓아둔다.

1) 현행 '「장애인 등에 대한 특수교육법 시행령」 [별표] 특수교육대상자 선정 기준(제10조 관련) 6. 자폐성장애를 지닌 특수교육대상자'에 제시된 내용에서 (가)의 ㉠ 행동이 해당되는 내용을 쓰시오. [1점]

2) 다음은 (가)의 ㉡과 관련하여 교사가 관찰한 내용이다. ①에서 나타난 자폐성장애의 의사소통 특성을 쓰고, 보라의 말이 의도하는 의사소통 기능을 쓰시오. [2점]

> 오전 자유선택활동이 끝나고 정리 정돈하는 시간이 되자 보라는 교사를 화장실 쪽으로 끌면서 ① 며칠 전 들었던 "화장실 갈래?"라는 말을 반복하였다. 교사는 "화장실에 가고 싶어요."라고 말한 후 화장실로 데리고 갔더니 용변을 보았다.

- ① :
- 의사소통 기능 :

3) 보라가 배변 실수를 하였을 때 교사는 다음과 같은 후속절차를 실시하였다. 이에 해당하는 행동수정 전략을 쓰시오. [1점]

> 보라를 화장실에 데리고 가 옷을 내리고 5초 정도 변기에 앉아 있게 한 뒤 일어나 옷을 입게 한다. 이러한 절차를 연속적으로 여러 차례 반복하여 실시한다.

- 행동수정 전략 :

4) (나)의 ㉢과 ㉣에 해당하는 촉진방법을 각각 쓰시오. [2점]

㉢ :

㉣ :

핵심테마 체크 ✔

• 자폐검사도구 _K-CARS-2

MY MEMO

05

정답 및 예시답안

○ ㉠ 고기능형
○ ㉡ T점수

관련이론

✦ 아동기 자폐증 평정척도 2(CARS-2)

<table>
<tr><td>목적 및 대상</td><td colspan="2">• 자폐범주성장애를 판별하고 다른 장애와 구별하기 위하여 개발된 평가도구이다.
• 이 검사의 목적은 피검자의 자폐적 특성과 정도를 명확하게 확인하고, 자폐범주성장애를 진단하는 데 필요한 종합적인 정보를 제공하는 데 있다.
• 이 검사는 만 2세부터 36세까지의 아동, 청소년, 성인을 대상으로 실시할 수 있다.</td></tr>
<tr><td rowspan="5">구성 체계</td><td colspan="2">• 표준형 평가지(standard version : ST)와 고기능형 평가지(highfunctioning version : HF)로 구성되어 있고, 두 평가 결과를 객관적이고 타당하게 분석하기 위하여 부모/양육자 질문지 (questionnaire for parent or caregivers : QPC)가 포함되어 있다.</td></tr>
<tr><td>표준형 평가지(ST)</td><td>• 표준형 평가지(ST)는 피검자의 지능지수(IQ)가 79 이하이면서 의사소통능력이 손상되었거나 측정된 지능지수(IQ)와 상관없이 6세 미만의 피검자에게 실시한다.</td></tr>
<tr><td>고기능형 평가지(HF)</td><td>• 고기능형 평가지(HF)는 지능지수가 80 이상이고 구어 기술이 비교적 양호한 6세 이상의 피검자에게 실시한다.</td></tr>
<tr><td>두 평가지의 차이점</td><td>• 표준형 평가지(ST)와 고기능형 평가지(HF)의 차이는 고기능형 평가지를 작성할 때 반드시 다양한 정보에 근거해야 한다는 것이다. 예를 들어, 표준형 평가지는 부모 면담이나 직접 관찰과 같은 단일 근거로부터 얻은 정보에 근거하여 작성할 수 있지만, 고기능형 평가지는 피검자가 다양한 상황에서 보이는 행동에 대하여 잘 아는 사람과의 면담과 직접 관찰로부터 수집된 정보 등에 근거하여 작성하여야 한다.</td></tr>
<tr><td>평가지 작성 시 유의점</td><td>• 평가지를 작성할 때, 부모에게 표준형 평가지나 고기능형 평가지를 직접 작성하게 하는 것은 부적절하다. 부모에게서 피검자에 대한 정보를 얻고자 할 때에는 부모/양육자 질문지(QPC)와 직접 면담을 통하여 자료를 수집하여야 한다.</td></tr>
<tr><td>실시 방법 및 채점</td><td colspan="2">• K-CARS-2를 실시하기 위해서는 피검자의 연령이나 인지능력을 먼저 파악하고, 피검자의 상황에 맞게 표준형 평가지나 고기능형 평가지를 선택하여야 한다.
• 검사자는 기본적으로 표준형이나 고기능형 평가지에서 제시하고 있는 15개 항목을 모두 평가하여야 한다. 이때 평가자는 다양한 상황에서 피검자를 관찰하여야 하고, 자녀에 대한 부모의 보고와 종합적인 임상 기록 등을 참고하여야 한다.
• 관찰을 할 때 피검자가 보이는 행동의 특이함이나 빈도, 강도, 지속시간 등을 모두 고려하여야 한다.
• 검사자가 평가를 할 때에는 피검자에 대한 관찰에 근거하여 표준형 평가지나 고기능형 평가지에서 제시된 각 문항에 대하여 7점 척도 중에 하나를 선택하고, 각 문항에 대하여 관찰한 내용을 기록하여야 한다.
• 15개 항목에 대하여 주어진 평정값을 모두 합해서 총점을 산출하고, T점수와 백분위점수를 활용하여 검사 결과를 산출한다.</td></tr>
<tr><td>결과 및 해석</td><td colspan="2">• K-CARS-2는 표준형 평가지(ST)와 고기능형 평가지(HF)에 대하여 원점수와 T점수 및 백분위점수를 제공한다.
• 표준형 평가지(ST)에서는 원점수가 30점 이상일 경우 자폐범주에 포함되고, 고기능형(HF)에서는 원점수가 26.5점 이상인 경우에 자폐, 아스퍼거장애 등이 있음을 의미한다.
• K-CARS-2는 T점수를 이용하여 자폐의 정도를 나타내고 있다.

✦ K-CARS-2-ST 또는 K-CARS-2-HF의 T점수 범위와 관련된 해석
<table><tr><th>T점수 범위</th><th>설명</th></tr><tr><td>>70</td><td>자폐로 진단된 사람과 비교할 때 극심한 수준의 자폐 관련 증상</td></tr><tr><td>60~70</td><td>자폐로 진단된 사람과 비교할 때 매우 높은 수준의 자폐 관련 증상</td></tr><tr><td>55~59</td><td>자폐로 진단된 사람과 비교할 때 높은 수준의 자폐 관련 증상</td></tr><tr><td>45~54</td><td>자폐로 진단된 사람과 비교할 때 평균 수준의 자폐 관련 증상</td></tr><tr><td>40~44</td><td>자폐로 진단된 사람과 비교할 때 낮은 수준의 자폐 관련 증상</td></tr><tr><td>25~39</td><td>자폐로 진단된 사람과 비교할 때 매우 낮은 수준의 자폐 관련 증상</td></tr><tr><td><25</td><td>자폐로 진단된 사람과 비교할 때 최소한에서 전혀 없는 수준의 자폐 관련 증상</td></tr></table></td></tr>
</table>

05

2024. 중

다음은 특수교육지원센터 특수 교사 A와 B의 대화이다. 괄호 안의 ㉠에 해당하는 명칭을 쓰고, 괄호 안의 ㉡에 해당하는 점수의 유형을 쓰시오. [2점]

> 특수 교사 A: 안녕하세요? 지난번에 한국판 아동기 자폐 평정 척도 2(Korean Childhood Autism Rating Scale, 2nd Edition: K-CARS2)에 대한 연수를 받으셨지요? 어떠셨어요?
> 특수 교사 B: 네, 도움이 많이 됐어요.
> 특수 교사 A: 기존의 아동기 자폐 평정 척도(Childhood Autism Rating Scale: CARS)와 비교해서 달라진 점이 있나요?
> 특수 교사 B: 네, K-CARS2는 표준형 평가지, (㉠) 평가지, 부모/양육자 질문지로 개발되어 있어요. (㉠) 평가지는 IQ가 80 이상이면서 구어 기술이 비교적 양호한 6세 이상의 피검자를 대상으로 합니다.
> 특수 교사 A: 그렇군요. 검사 결과는 어떻게 제공되나요?
> 특수 교사 B: 이번 도구는 표준화되었기 때문에 원점수 이외에 (㉡), 백분위 점수가 제공돼요. 예를 들어 (㉡)이/가 45~54 사이에 있다면 자폐로 진단된 사람과 비교할 때 평균 수준의 자폐 관련 증상을 보인다는 의미예요.

06

핵심테마 체크 ✔

• 자폐학생의 일반적인 특성

MY MEMO

정답 및 예시답안

③

알찬 지문풀이

• ③ 갑작스러운 일에도 잘 적응하도록 ~~자주 예기치 않은 상황을 만들어~~ 준다. ➡ 앞으로 일어날 일을 예상할 수 있도록 구조화해 주어야 함

07

핵심테마 체크 ✔

• 자폐학생의 일반적인 특성

MY MEMO

정답 및 예시답안

⑤

알찬 지문풀이

• ㄱ. 유아의 주요 문제는 인지적 어려움이므로 ~~과민감성 줄어거~~를 목표로 정하여 지도해 나가도록 한다. ➡ 감각적인 과민감성이 나타나지 않음

• ㄴ. 의미 없는 말이나 엉뚱한 말을 하므로 ~~정확한 문법의 문장을 따라 말할 수 있도록 큰소리로 반복 지~~도한다. ➡ 말의 기능을 파악하여 적절한 말이나 표현을 할 수 있도록 지도

06

2012. 유·초

다음은 자폐성장애 유아의 일반적인 특성과 이에 따른 교수 전략을 설명한 것이다. 적절한 교수 전략이 아닌 것은?

	일반적인 특성	교수 전략
①	상동적이고 반복적인 동작을 한다.	의미 없어 보이는 상동행동이라도 행동의 기능이나 원인이 무엇인지 먼저 파악하여 접근한다.
②	시각적인 정보처리에 강점을 보인다.	복잡한 내용을 설명할 때는 마인드 맵(mind map)을 활용한다.
③	정해진 순서나 규칙에 집착하거나 변화에 매우 민감하다.	갑작스러운 일에도 잘 적응하도록 자주 예기치 않은 상황을 만들어 준다.
④	사회적 관습이나 규칙에 대해 이해하는 데 어려움을 보인다.	사회적인 상황이나 문제를 설명해 주는 간단한 상황 이야기(social stories)를 활용한다.
⑤	제한된 범위의 관심 영역에 지나치게 집중하거나 특별한 흥미를 보이는 행동을 한다.	유아가 보이는 특별한 흥미를 강점으로 이해하고 이를 동기로 활용할 수 있는 교수방법을 찾아본다.

07

2012. 유·초

다음은 일반학급 교사와 정호 어머니가 정호에 대해 특수학급 교사에게 제공한 정보이다. 〈보기〉에서 특수학급 교사가 이 정보에 근거하여 파악한 정호의 특성과 교육적 조치로 적절한 것을 고르면?

〈관찰 일지〉

유아명	김정호	반	초롱반
관찰 기간	2011. 3.~ 2011. 7.	담당 교사	이세명
관찰 내용 요약			
○ 스스로 간단한 문장 표현은 가능하나, 질문에 간혹 엉뚱한 말을 하거나 특정 구나 말을 반복하여 의사소통이 곤란함 ○ 익숙한 몇몇 친구의 접촉은 거부하지 않으나, 놀이를 할 때 언어적 상호작용을 잘 못하며, 혼자 원 그리는 놀이에 몰두함 ○ 간단한 지시나 수업 내용은 수행 가능하나, 최근 짜증을 잘 내고 산만하며 과잉행동성이 증가함 ♧ 행복초등학교 병설유치원 ♧			

선생님께
정호의 상태에 대해 간단히 적어 보내 드립니다.
○ 출생: 정상분만
○ 1~2세: 간단한 말을 하였으나 점차 의미 있는 말이 줄고, 가족들과 사람들에게 관심이 없어지고 시선을 회피함
○ 현재: 말을 의미 없이 즉각 따라하는 것이 늘고, 일일학습지 지도 시 자주 자리에서 일어나며, 억지로 앉히려고 하면 괴성을 지르고 짜증을 자주 내어 걱정됨

잘 부탁드립니다!
2011.9.5.
정호 엄마 드림

보기

ㄱ. 유아의 주요 문제는 인지적 어려움이므로 과민감성 줄이기를 목표로 정하여 지도해 나가도록 한다.
ㄴ. 의미 없는 말이나 엉뚱한 말을 하므로 정확한 문법의 문장을 따라 말할 수 있도록 큰소리로 반복 지도한다.
ㄷ. 관심이나 성취 등을 타인과 자발적으로 나누는 데 어려움이 있으므로 사회적 또는 정서적 상호성을 신장시킨다.
ㄹ. 언어의 형태에 비해 언어의 내용과 사용 측면에 어려움이 두드러진 유아이므로 심층적인 언어평가를 받도록 안내한다.
ㅁ. 언어행동의 문제가 있으므로 반향어와 의도적인 구어 반복 구별하기 등의 적절한 언어 중재를 통해 부적절한 언어 사용 행동을 개선한다.

① ㄱ, ㄴ, ㄷ　② ㄱ, ㄷ, ㅁ
③ ㄴ, ㄷ, ㄹ　④ ㄴ, ㄹ, ㅁ
⑤ ㄷ, ㄹ, ㅁ

PART 08

핵심테마 체크 ✔

- 자폐범주성장애 학생의 언어적 특성

MY MEMO

08

정답 및 예시답안

③

알찬 지문풀이

- ㄱ. 명료화 요구하기가 ~~가능~~하다. ➡ 대화 과정에서 상대에게 다시 되묻는 기능을 보이지 않음
- ㄷ. 비언어적 의사소통 수단을 ~~사용~~한다. ➡ 표정, 몸짓 등의 비언어적 의사소통 수단의 사용이 나타나지 않음
- ㅁ. 주격조사를 ~~정확하게~~ 사용하며 말하고 있다. ➡ '선생님이가'와 같이 오류를 보임

08

2010. 초

다음은 장 교사가 자폐성장애 학생 동수와 국어 수업 시간에 나눈 대화이다. 장 교사가 말하기 지도를 위해 동수의 의사소통 특징을 바르게 분석한 것을 <보기>에서 고른 것은?

> 장 교사: 이번에는 순서대로 해보자.
> 동　 수: 내가도 집에 있어.
> 장 교사: 동수가 하겠다고?
> 동　 수: (단음조의 억양으로) 내가도 집에 있어.
> 장 교사: (학생이 알아듣기 어려울 정도로 작게 말하며) 동수가 해야지.
> 동　 수: (아무런 반응 없이 대답이 없다.)
> 장 교사: 이제 누가 할 차례지?
> 동　 수: 선생님이가 있어.

보기

ㄱ. 명료화 요구하기가 가능하다.
ㄴ. 대명사를 사용하여 말하고 있다.
ㄷ. 비언어적 의사소통 수단을 사용한다.
ㄹ. 말 차례 지키기(turn-taking)가 가능하다.
ㅁ. 주격조사를 정확하게 사용하며 말하고 있다.

① ㄱ, ㄴ　② ㄱ, ㄷ
③ ㄴ, ㄹ　④ ㄷ, ㅁ
⑤ ㄹ, ㅁ

핵심테마 체크

- 반향어의 이해

MY MEMO

09

정답 및 예시답안

1) 사회적 가치를 알고 지키기
2) ① / 반향어의 기능을 파악하여 학생의 특성에 적절한 의사표현방법을 지도한다.
3) 교재 수정(유치원 학급에서의 교육과정 수정 전략에 근거)
4) 우정 활동

관련이론

✦ 즉각적 반향어의 기능적 범주

범주	기능	내용
상호 작용적 기능	차례 지키기	번갈아가며 언어를 교환하는 데 있어 화자가 바뀔 때 사용되는 말
	진술	물건들이나 행동들, 혹은 장소를 명명하는 말(겉으로 드러나는 몸짓이 수반됨)
	긍정 대답	이전에 나왔던 말을 확인한다는 것을 보여주는 데 사용하는 말
	요청	물건이나 다른 사람들의 행동을 요청하는 데 사용되는 말. 보통 가벼운 형태의 반향어가 포함됨
비상호 작용적 기능	분명치 않음	분명한 의도 없이 산출되는 말. 종종 두려움이나 고통 등 각성수준이 높은 상태에서 하게 됨
	시연	처리를 위한 보조도구로 사용되는 말로 반향된 말을 이해했음을 가리키는 말이나 행동이 뒤따름
	자기 조절	자신의 행동들을 조절하는 데 사용하는 말. 운동기능을 이용한 행동과 동시에 산출됨

✦ 지연된 반향어의 기능적 범주

범주	기능	내용
상호 작용적 기능	차례 지키기	번갈아가며 언어를 교환하는 데 있어 화자가 바뀔 때 사용되는 말
	언어의 완료	다른 사람들이 시작한, 익숙한 언어 일과를 완성하는 말
	정보 제공	상황에 따른 맥락에서 분명하지 않은 새로운 정보를 제공하는 말
	명명하기	주위에 있는 물건들이나 행동들을 명명하는 말
	항의	다른 사람들의 행동에 항의하는 말. 다른 사람들의 행동을 막는 데 사용될 수도 있음
	요청	물건들이나 행동들을 요청하는 데 사용되는 말
	부름	자신에게 주의를 돌리게 하거나 상호작용을 수립·유지하게 하기 위해 사용되는 말
	확인	이전에 나왔던 말을 확인함을 가리키는 데 사용되는 말
	지시	다른 사람들의 행동을 지시하는 데 사용되는 말(종종 명령)
비상호 작용적 기능	분명치 않음	분명한 의사소통 의도가 없거나 상황에 따른 맥락에 적절하지 않은 말
	상황 연계	분명한 의사소통 의도가 없는 말. 어떤 물건이나 사람, 상황, 혹은 활동에 의해 촉발되는 것으로 보임
	자기 지시	자신의 행동을 조절하는 데 사용되는 말. 운동기능을 이용한 행동과 동시에 산출됨
	시연	낮은 소리로 산출되는 말로 더 커다란 상호작용적 음성 산출이 뒤따름. 후속 산출을 위한 연습일 수 있음
	명명	분명한 의사소통 의도가 없이 주위에 있는 물건들이나 행동들을 명명하는 말. 언어를 학습하기 위해 연습하는 것일 수도 있음

09

2013추. 유

준이는 통합유치원에 다니는 만 5세 자폐성장애 유아이다. 물음에 답하시오. [5점]

(가) 준이의 행동 특성

- 단체 활동에서 차례를 기다리는 것을 어려워한다.
- 친구가 인사를 하면 눈을 피하면서 ㉠반향어 형태의 말만 하고 지나간다.
- 친구가 제안하는 경우 놀이에 참여하나 자발적으로 친구에게 놀이를 제안하거나 시작행동을 보이지는 않는다.

(나) 활동계획안

활동명	친구와 나의 그림자
활동 목표	• 그림자를 보면서 나와 친구의 모습을 인식한다. • 빛과 그림자를 탐색한다.
활동 자료	• 빔 프로젝터, 동물 관련 동요 CD • ㉡ 재생과 정지 버튼에 스티커를 붙인 녹음기
활동 방법	1. 빔 프로젝터를 통해 비치는 자신의 그림자를 탐색해 본다. • 유아의 순서를 네 번째 정도로 배치해 차례 기다리기를 지도한다. 2. 신체를 움직여 보면서 달라지는 그림자를 관찰한다. 3. 다양한 동작을 이용하여 그림자를 만들어 본다. • 유아들이 그림자 모양을 만들 때, ㉢ 친구와 손잡고 돌기, 친구 껴안기, 친구와 하트 만들기, 간지럼 태우기 등 유아 간의 신체적 접촉이 일어나도록 그림자 활동을 구조화하여 지도한다. • 동요를 들으며 유아가 선호하는 동물모양을 친구와 함께 다양한 동작으로 표현하도록 지도한다.

1) 다음은 2012 개정 유치원 교육과정(누리과정) 사회관계 영역 중 '다른 사람과 더불어 생활하기' 내용 범주이다. (나)의 활동계획안과 관련하여 다음 ①에 해당하는 '내용'을 쓰시오. [1점]

내용 범주	내용
다른 사람과 더불어 생활하기	친구와 사이좋게 지내기
	공동체에서 화목하게 지내기
	①

2) 다음은 ㉠에 나타난 준이의 특성에 비추어 교사가 고려해야 할 점이다. 적절하지 않은 내용 1가지를 찾아 번호를 쓰고 바르게 고쳐 쓰시오. [2점]

① 자폐성장애 아동의 반향어는 언어 발달을 저해하므로 소거해야 한다.
② 자폐성장애 아동이 여러 단어로 구성된 반향어를 사용하더라도 그 표현은 하나의 단위로 인식할 수 있다.
③ 반향어를 환경 내의 행위나 사물에 연결시켜 반향어와 환경적인 요소들 사이의 관계를 강조하도록 해야 한다.
④ 반향어는 주로 아동이 자신이 들은 언어를 분할하지 못할 때와 이해력이 제한되었을 때 발생하므로, 교사는 아동의 정보 처리 능력에 적합한 언어를 사용한다.

- 번호 :
- 수정내용 :

3) ㉡에 해당하는 교육과정 수정 전략을 쓰시오. [1점]

4) 교사는 그림자 활동 중 준이의 또래 상호작용을 촉진하기 위해 ㉢과 같은 전략을 활용하였다. ㉢에 해당하는 교수 전략을 쓰시오. [1점]

핵심테마 체크 ✔

- 예측 가능성
- 중재 충실도
- 사회적 타당도

MY MEMO

10

정답 및 예시답안

1) 예측 가능성
2) • 준언어적 요소(초분절적 요소)
   • 이유: 자폐아동들은 의사소통의 교환적(상호성) 개념을 잘 알지 못하기 때문이다(말은 잘 할 수 있는 반면, 상대방의 반응에 대한 의미에는 관심이 없어, 언어를 사회적 상호작용을 위한 수단으로 사용하지 못함).
3) ㉢ 중재 충실도
   ㉣ 사회적 타당도

관련이론

✦ 예측 가능성

- 가능한 한 많은 세부사항들이 규칙적이고 습관적이며 예측 가능하도록 교육적 실제를 개발해 나가야 한다.
- 예측 가능하고 신뢰할 수 있는 일과가 되도록 하루를 구조화하는 것은 자폐학생들을 위한 최선의 교육적 실제에서 핵심이다.
- 반드시 일관성 있고 예측 가능한 것이어야 하는 핵심 영역
  - 언어와 의사소통: 하루 일과의 주요 요소나 아동이 어려워하는 활동에 대해서는 관용어구나 상징을 사용하도록 한다. 어려운 일과를 진행할 때는 아동의 처리 기술이 현저히 감소될 수 있음을 유념하여 최소한의 언어만을 사용하도록 한다.
  - 전이 시간: 전이 시간은 자폐아동에게 항상 스트레스가 많은 시간이므로 조심스럽게 기술적으로 운영할 필요가 있다. 전이의 규칙을 일러주고, 등교와 저녁 식사 시간이나 화장실 사용과 같은 규칙적인 전이는 정해진 시간에 정해진 패턴으로 이루어진다는 것을 일러주도록 한다.
  - 하루 일과 수립: 하루 일과를 수립하고 이에 대해 효과적으로 아동과 의사소통해야 한다. 일과는 글로 쓰거나 상징을 사용할 수 있고 그림으로 그릴 수도 있다. 자폐아동에게 일정표를 사용하는 것은 좋은 교육적 실제로 간주될 수 있지만, 일정표의 길이는 이후 아동의 일정 수행능력에 따라 다양해질 수 있다. 예측 가능한 표지나 이정표 같은 것을 활용해서 언제나 같은 시간에 같은 장소에서 같은 방법으로 하는 활동임을 알려 주는 방식으로 아동에게 하루를 정의해 준다.

✦ 자폐장애 아동의 언어적 특성: 비구어적 언어 특성

- 무언가를 요구하거나 흥미가 있다는 것을 표현하기 위해서 손가락으로 가리키는 행동은 하지만 다른 사람에게 무엇을 보게 하려고 동작을 하지는 않는 경향이 있다.
- 의사표현을 위한 소리나 몸짓 등을 적극적으로 사용하지 않는다.
- 상대방의 준언어적 요소(억양, 강세, 속도)와 비언어적 요소(몸짓, 자세, 표정)를 해석하고 자신의 의사소통 기술로서 사용하는 능력이 부족하다.
- 사회적 상호작용은 구어적 의사소통뿐만 아니라 비구어적 의사소통(예 얼굴 표정이나 몸짓 등)을 통해서 이루어지기도 한다.
- 언어습득이 이루어지기 이전 단계에서 일반 아동들은 비구어적 신호들을 통해 자신이 원하는 바를 표현하고 이를 통해 상호작용을 한다. 그러나 자폐아동들은 그것들을 상호관계 속에서 언어수단으로 사용하는 능력에 결함을 보인다. 그에 대한 원인은 자폐아동들이 의사소통의 교환적 개념, 즉 의사소통을 매개로 하여 자신이 원하는 어떤 결과를 획득한다는 것을 잘 알지 못하기 때문이다. 자신의 불만이나 불쾌함을 상대방에게 전달하고 설명하는 능력이 부족하며, 때로는 상대방을 의사소통 파트너로 인식하는 데에도 문제를 보인다.

고득점 답안 비법 2) 답안작성 시 자폐성장애 아동의 '사회적 의사소통'의 특성에 초점을 두고 서술해야 함

10

2013추. 유

다음은 교사 협의회 중 2명의 유아특수교사가 나눈 대화 내용이다. 물음에 답하시오. [5점]

박 교사: 선생님, 저는 ㉠ 요즘 혜수를 위해 학급의 일과를 일정하게 하고 등원 후에는 하루 일과를 그림으로 안내해 줘요. 그리고 활동이 끝나기 5분 전에 종을 쳐서 알려 줘요.
김 교사: 그래서인지 혜수가 활동에 잘 참여하는 것 같아요. 그런데 걱정하시던 혜수의 언어 평가 결과는 어때요?
박 교사: 다른 부분은 다 좋아졌는데, ㉡ 말의 높낮이, 강세, 리듬, 속도와 같은 언어의 (　　) 측면에는 전혀 변화가 없어요.
김 교사: 그런 부분은 자폐성장애의 특성 중 하나지요.
박 교사: 그런데 ㉢ 제가 계획한 대로 교수 활동이나 중재 전략을 정확하고 일관성 있게 적용하고 있는지 객관적으로 점검해 보고 싶은 생각이 들어요.
김 교사: 좋은 생각이네요. 교사들도 지속적으로 자신의 교수 실행을 점검할 필요가 있어요. 저는 ㉣ 부모님이나 주변 사람들이 아이들의 변화를 느끼고 있는지, 이런 변화가 생활 속에서 의미 있다고 생각하는지도 알아보고 있어요.
박 교사: 맞아요. 그렇게 하면 우리 아이들의 변화를 좀 더 객관적으로 알 수 있겠네요.

1) 다음 문장을 완성하시오. [1점]

> ㉠과 같이 일과와 환경에서의 구조화는 (　　)을(를) 높여 혜수의 활동 참여를 증가시킬 수 있다.

2) ㉡의 (　　) 안에 적합한 말을 쓰고 ㉡의 이유를 자폐성장애 아동의 사회적 의사소통 특성에 근거하여 쓰시오. [2점]

- ______________________ 측면
- 이유 :

3) ㉢과 ㉣에서 두 교사가 평가하고자 하는 것이 무엇인지 각각 쓰시오. [2점]

㉢ :

㉣ :

핵심테마 체크

• 사회적 기술 결함의 유형

MY MEMO

11

정답 및 예시답안

○ ㉠ 습득 결함 / 필요한 사회적 기술을 학습하지 않았기 때문이다.
○ ㉡ 수행 결함 / 습득한 행동에 대한 동기가 부족하거나 수행할 기회가 부족했기 때문이다.

문제 속 자료분석

• ㉠ 준철이: 차례 지키기를 어떻게 해야 하는지 모름 ➡ 기술을 습득하지 못하였음
• ㉡ 민경이: 어떻게 해야 하는지 알면서도 안 함 ➡ 기술을 습득하였으나 수행이 어려움

관련이론

✦ 사회적 능력의 결함 유형

	획득 결함	수행력 결함
정서적 각성 반응의 부재	기술 결함	수행력 결함
정서적 각성 반응의 존재	자기통제 기술 결함	자기통제 수행력 결함

1) 기술 결함
  • 사회적 기술 결함은 적응적이거나 사회적인 방법으로 행동하는 데 필수적인 사회적 능력이 없거나 위계적인 행동을 수행하는 데 있어서 중요한 단계를 알지 못하는 것이다.
  • 이 기술 결함은 습득 결함 혹은 학습 결함과 비슷하다.
  • 사회적 기술 획득 결함을 중재할 때는 직접지도, 모델링, 행동시연, 코칭 등의 기법을 이용하는 것이 효과적이다.

2) 수행력 결함
  • 개인의 수행력 결함은 주어진 행동을 수행하는 방법은 알지만 인정할 만한 수준에서 행동을 수행하지 못하는 것이다.
  • 수행력 결함은 동기유발 부족과 관련이 있고 행동을 수행하는 기회 부족이 그 원인이 될 수 있다.
  • 수행력 결함은 선행사건과 후속결과를 조절함으로써 개선될 수 있으며, 또래주도, 유관강화, 집단강화를 중재방법으로 사용한다.

3) 자기통제 기술 결함
  • 자기통제 기술 결함 유형의 사회적 능력 결함을 가진 사람은 특정 유형의 정서적 각성 반응이 기술의 습득을 방해하기 때문에 특정한 기술을 배우지 못한다.
  • 학습을 방해하는 정서적 각성 반응으로는 불안을 들 수 있다.
  • 불안으로 인하여 사회적 기술을 획득하지 못할 때는 불안을 줄이기 위한 둔감법이나 홍수법과 더불어 자기대화, 자기감독, 자기강화 등을 함께 사용한다.
  • 분노는 사회적 능력의 습득을 방해하는 또 다른 정서적 각성 반응이다.
  • 신체적 및 언어적 공격, 부주의, 과도한 움직임 등과 같은 행동장애로 인하여 사회적 기술을 획득하지 못할 경우에는 강화기법, 집단강화, 가벼운 혐오기법(꾸중 · 격리 · 반응대가 · 과잉교정)과 같은 행동 감소 절차를 적용한다.

4) 자기통제 수행력 결함
  • 자기통제 수행력 결함이 있는 아동은 그들의 사회적 기술 목록에 특정 기술이 있지만 정서적 각성 반응과 선행 혹은 후속결과 통제문제 때문에 기술을 수행하지 못한다.
  • 아동은 기술을 수행하는 방법을 알고 있지만 부적절하고 일관성 없이 사용한다.
  • 충동성은 자기통제 수행력 결함의 예다.
  • 이러한 아동들을 지도하기 위하여 부적절한 행동을 억제하는 자기통제 전략, 변별 기술을 지도하는 자극 통제 훈련, 적절한 사회적 행동을 증대시키는 유관강화 등을 이용한다.

11

2016. 중

다음은 자폐성장애 학생의 사회적 상호작용 증진을 위한 두 교사의 대화이다. 밑줄 친 ㉠과 ㉡에서 나타난 준철이와 민경이의 사회적 기술 결함을 순서대로 쓰고, 해당 결함이 나타나게 된 이유를 각각 1가지 쓰시오. [4점]

> 김 교사: 자폐성장애 학생의 사회성 지도를 효과적으로 하기 위해서는 먼저 학생이 가진 어려움이 무엇인지 파악해서 그에 따른 적절한 중재를 선택해야 해요.
> 정 교사: 그럼요. 어제 선생님 반 준철이가 급식 줄에 끼어들어서 소란스러웠어요.
> 김 교사: 네, 준철이는 ㉠ <u>차례 지키기를 어떻게 해야 하는지 몰라요. 식당에서 밥을 먹으려면 줄을 서야 하는데도 그냥 앞으로 나가기도 하고 끼어들기도 해요</u>.
> 정 교사: 아, 그랬군요. 민경이는 ㉡ <u>1 : 1 교수에서 잘 모르면 도와 달라고 하는데, 소집단 활동에서는 소리를 질러요. 잘 모를 때는 어떻게 해야 하는지 알면서도 안 해요</u>.
> 김 교사: 우리 학생들이 사회적 기술을 가지고 있다고 해도 여전히 또래 관계에 어려움이 있으니 좀 더 신경써서 지도해야겠어요.

핵심테마 체크 ✓

- 실행기능
- 중앙응집능력 결함
- 마음읽기능력 결함

MY MEMO

12

정답 및 예시답안

①

관련이론

✦ 실행기능

- 실행기능(executive functions)은 두뇌의 전두엽에 의해 조정되는 인지적 변인이다. 실행기능은 앞으로 발생할 행동을 안내하는 적절한 문제해결 방안을 계획하고 충동을 억제하며 행동과 사고를 유연하게 하도록 돕는다.
- 실행기능은 일부 기억이나 주의집중과 중복되는 특성을 지니고 있으나 기억이나 주의집중에 비해 보다 포괄적인 기능을 한다.
- 실행기능의 주요 요소와 역할은 다음과 같다.
  - 조직 및 계획능력
  - 반응 억제 및 충동조절
  - 시간 관리 및 우선순위 결정
  - 새로운 전략 및 유연한 사고
  - 작업 기억
  - 자기반성 및 자기점검
  - 복합적이거나 추상적인 개념의 이해

✦ 중앙응집능력

- 중앙응집능력(central coherence)이란 외부 환경에서 입력된 정보를 의미 있게 연계하고 총체적인 형태로 처리하는 능력을 의미한다.
- 자폐성장애인들은 지엽적이고 세부적인 정보를 보다 잘 처리하고 전체적이고 상황과 관련된 정보를 처리하는 데 어려움을 보이는 독특한 인지 양식을 나타내어 중앙응집능력이 낮은 것으로 알려졌다. 그러나 자폐성장애 학생들의 약한 중앙응집능력을 결함으로 이해하기보다 인지적 성향으로 이해해야 하며, 세부적인 과제를 잘 수행할 수 있는 강점이 될 수도 있다는 점에 보다 많은 관심을 기울여야 한다.

✦ 마음읽기

- 마음이론(theory of mind)으로 일반인에게 잘 알려진 마음이해능력은 다른 사람의 생각과 마음을 이해하는 능력을 의미한다.
- 마음이해능력은 다른 사람의 행동을 이해하고 그 사람의 행동을 통해 그 사람이 다음에 어떤 일을 하게 될 것인지를 추론하는 능력을 의미한다. 즉, 다른 사람이 생각하는 것, 믿고 있는 것, 원하는 것, 의도 등을 인식하고 이해하는 능력이다. '마음읽기' 혹은 '생각의 원리'라고도 소개된 바 있다. 일반 아동은 대개 5세 정도가 되면 다른 사람의 생각이나 느낌을 나타내는 여러 가지 사회적 단서를 이해하고 파악하는 능력이 발달된다.
- 마음이해능력은 사회인지발달영역의 한 부분이며 조망수용능력(perspective taking)이나 공감(empathy), 조금 더 일반적인 용어로는 '눈치' 등과 같이 다른 사람의 입장과 견해를 이해하는 능력을 포함한다.

12

2010. 중

다음은 자폐성장애의 특징을 설명한 것이다. (가)와 (나)에 해당하는 특징으로 옳은 것은?

(가) 스스로 계획하는 데 어려움이 있고, 억제력이 부족하여 하고 싶은 일을 충동적으로 하므로 부적절한 행동을 하게 된다. 또한 생각과 행동의 융통성이 부족하여 학습한 내용을 일반화하는 데 어려움이 있다.
(나) 정보처리 방식이 상향식이어서 임의로 주변 환경에 의미를 부여함으로 인하여, 의미 있는 환경을 받아들이는 데 어려움을 겪는다. 따라서 사소하거나 중요하지 않은 일에 사로잡히게 된다.

	(가)	(나)
①	실행기능 결함	중앙응집 결함
②	마음읽기 결함	실행기능 결함
③	중앙응집 결함	감각적 정보처리 결함
④	마음읽기 결함	중앙응집 결함
⑤	실행기능 결함	선택적 주의집중 결함

핵심테마 체크 ✔

- 중앙응집능력 결함
- 자폐성장애의 언어적 특성

MY MEMO

13

정답 및 예시답안

1) 중앙응집이론(중앙응집능력의 결함)
2) 초분절적 요소(준언어적 요소)
3) ㉢ 언어성, 동작성
   ㉣ 독립적 적응행동, 문제행동
4) 영수에게 적용한 표준화검사도구와 같은 규준참조검사 도구는 개별 아동의 프로그램 계획에 필요한 실질적인 내용을 제시해 주지 못하므로, 이 검사도구들의 결과를 바탕으로 개별화교육계획을 수립하는 것은 적절하지 않다.

문제 속 자료분석

(가) • 숫자의 큰 형태를 보지 않고, 그 숫자를 무늬처럼 채우고 있는 다른 숫자에 초점을 두고 3이라고 하였음 ➡ 중앙응집이론(중앙응집능력의 결함)
• 가방을 보지 않고 가방의 일부에 있는 꽃 모양을 보고 꽃이라고 함 ➡ 중앙응집이론(중앙응집능력의 결함)

관련이론

✦ 자폐아동의 언어발달 특성

1) 의미론적 언어발달 특성
   - 일반화 과정으로 넘어가지 못하고 특정 사물을 특정 낱말로만 명명하는 특정화 단계에 머무르는 경우가 많다.
   - 사물의 기능보다는 물리적 유사점에 근거하여 분류해 나간다.
   - 초기 어휘는 비생동적인 사물에 국한되며, 어휘의 대부분이 명사인 경향이 있다.
   - 관계어의 습득에 어려움이 있다.
   - 외적행동을 나타내는 행위동사들에 비해 내적 상태를 나타내거나 상태의 변화를 나타내는 상태동사들을 습득하는 데 큰 어려움이 있다.
   - 시제를 나타내는 형태소 사용에 결함을 보인다.
   - 문장을 이용하거나 표현할 때 낱말들 간의 의미론적 결합보다는 낱말의 순서에 따라서 처리한다.
2) 화용론적 언어발달 특성
   - 고기능 자폐아동이나 성인자폐들은 화자와 청자가 교대로 말을 한다는 것을 이해하지 못하며, 화자와 청자의 역할이 수시로 바뀔 수 있다는 것을 인식하는 데 어려움을 겪는다.
   - 저기능 자폐아동들은 비구어적 교대활동에서도 어려움을 보인다.
   - 시선 맞추기 행동에 어려움이 있다.
   - 대화를 시작할 때 상대방의 주의를 끄는 행동에 있어서도 어려움을 나타낸다.
   - 일반적으로 다른 사람과 의사소통을 하려는 의욕 자체가 부족한 것으로 보인다.
   - 일반 아동들과 마찬가지로 다양한 의사소통 기능들을 짧은 시기에 습득하기보다는 오랜 기간에 걸쳐서 단계적으로 습득해 나간다.
   - 정보제공 및 통제기능이 유의하게 제한되어 있으며 부적절한 문장이 많이 포함되어 있다.
   - 상대방의 입장이나 감정에 대한 인식이 부족하기 때문에 언제 주제를 바꿀지, 상대방이 그 주제에 흥미를 갖고 있는지 또는 상대방이 무엇을 원하는지에 대하여 민감하게 반응하지 못한다.
3) 비구어 의사소통
   - 눈맞춤 행동에 질적 결함을 보이며 감정을 표현하기 위해 얼굴 표정을 사용하지 못하고 의미 있는 몸짓을 사용하는 데 있어서 양적·질적으로 다를 뿐만 아니라, 특히 공동관심을 위한 가리키는 행동에 있어서 결정적인 결함을 보인다.
   - 상대방을 모방하는 것이 의사소통의 형성에 있어서 중요한 역할을 한다는 사실을 이해하지 못할 뿐만 아니라 모방 기술 자체도 많이 제한되어 있다.
   - 다른 사람들과 신체적으로 접촉하는 것을 좋아하지 않기 때문에 의사소통 기술의 발달에 영향을 받는다.
4) 준언어적 측면
   - 억양이 단조롭다.
   - 평서문과 의문문의 억양에서 차이가 없다.
   - 리듬과 강세가 없다.
   - 말에서 쉼이 문맥에 따라 적절하게 이루어지지 않는다.

고득점 답안 비법 ✩ 2) 답안 : 문제에서 '음운론적 요소'에 해당하는 것을 쓰도록 하였으므로 초분절적 요소가 우선적인 답안이라 할 수 있으나(음운론에 따라 발음의 요소를 두 가지로 구분할 때 분절적 요소와 초분절적 요소로 구분) 초분절적 요소와 준언어적 요소는 포함되는 의미가 동일함

13 | 2015. 유

영수는 ○○유치원 5세 반에 다니고 있다. (가)는 담임 교사인 박 교사의 관찰 메모이고, (나)는 박 교사와 특수교육지원센터 순회교사인 최 교사와의 대화 내용이다. 물음에 답하시오. [5점]

(가) 박 교사의 관찰 메모

관찰대상 : 영수	관찰일 : 4월 2일	관찰 장면 : 자유선택활동

다른 아이들은 아래 그림을 보고 '5'와 '가방'이라고 말했는데, ㉠ 영수는 '3'과 '꽃'이라고 대답했다.

아이들이 퍼즐놀이를 하면서 항상 ㉡ 높낮이의 변화 없이 같은 톤으로 말하는 영수를 보고, "선생님, 영수는 말하는 게 똑같아요."라고 했다.

(나) 두 교사의 대화

박 교사 : 선생님, 지난번 특수교육지원센터에서 영수의 발달 문제로 검사를 하셨잖아요.
최 교사 : 네. ㉢ 한국 웩슬러유아지능검사(K-WPPSI)와 ㉣ 한국판 적응행동검사(K-SIB-R)를 했어요. 그 외 여러 가지 장애진단 검사들도 실시했어요.
박 교사 : 그래요? 그럼 결과는 언제쯤 나오나요?
최 교사 : 다음 주에 나올 것 같아요.
박 교사 : ㉤ 검사 결과가 나오면 그것을 토대로 개별화교육지원팀이 영수의 개별화교육계획을 수립할 수 있겠네요.

1) 자폐성 장애 유아에게 나타나는 ㉠과 같은 인지적 결함은 무엇인지 쓰시오. [1점]

2) ㉡과 관련하여, 다음의 A에 들어갈 알맞은 말을 쓰시오. [1점]

> 영수의 특성은 자폐성 장애 유아의 언어적 결함 중 하나로 음운론적 영역 가운데 (A) 사용의 제한을 보인다.

• A :

3) ㉢과 ㉣의 하위 검사 영역 2가지를 각각 쓰시오. [2점]

㉢ :

㉣ :

4) ㉤이 적절하지 않은 이유 1가지를 쓰시오. [1점]

핵심테마 체크 ✓

- 자폐의 인지적 특성
- 촉구
- 시각적 일과표

MY MEMO

14

정답 및 예시답안

1) 중앙응집능력의 결함
2) ① 제자리에 신발 그림카드를 붙여준다, 제자리에 신발 사진을 붙여준다 등
3) ① 매일 해야 하는 활동이나 수업의 순서를 그림카드로 제시한다, 일일일정표를 제시하여 하루의 활동 순서를 알려주고 다음 활동을 예측하도록 한다 등
   ② 시각적 일과표에서 점심시간과 다음 시간 사이에 이동 장소에 대한 내용을 시각적으로 제시한다.

관련이론

✦ 중앙응집능력

- 중앙응집능력(central coherence)이란 외부 환경에서 입력된 정보를 의미 있게 연계하고 총체적인 형태로 처리하는 능력을 의미한다.
- 자폐성장애인들은 지엽적이고 세부적인 정보를 보다 잘 처리하고 전체적이고 상황과 관련된 정보를 처리하는 데 어려움을 보이는 독특한 인지 양식을 나타내어 중앙응집능력이 낮은 것으로 알려졌다. 그러나 자폐성장애 학생들의 약한 중앙응집능력을 결함으로 이해하기보다 인지적 성향으로 이해해야 하며, 세부적인 과제를 잘 수행할 수 있는 강점이 될 수도 있다는 점에 보다 많은 관심을 기울여야 한다.

✦ 자극촉구

자극 내 촉구	• 변별자극을 변화시켜 제공하는 촉구들
자극 외 촉구	• 다른 자극을 추가하거나 변별자극에 대한 단서를 주는 것 • 가외자극촉구

✦ 시각적 일과표

- 시간의 구조화를 확립하는 대표적인 방법은 시각적 일과표의 활용이다. 시각적 일과표는 학생의 독립성을 향상시키고 교사의 지속적 감독과 지원에 대한 요구를 줄여 줄 수 있다.
- 시각적 일과표는 하루의 대부분, 하루 전체, 일주일, 한 달, 또는 일 년에 관한 정보를 제공하는 일정에 관한 대표적인 시각적 지원이다.
- 시각적 일과표를 통해 학생은 해당 일의 활동을 순서에 맞게 진행할 수 있고 시간구조와 환경적 배열을 이해할 수 있다.
- 시각적 일과표에서 제시되는 상징의 유형은 다양하다. 낮은 수준인 몸짓에서부터 실제 크기 사물, 소형 모형 사물, 사진, 컬러 그림, 흑백 선 그림, 단어, 문장이나 구절, 수화 아이콘의 높은 수준까지 시각적 표상의 수준은 다양하다.
- 시각적 일과표를 활용하여 학생 스스로 일과를 점검하고 조정할 수 있도록 지도하면 이후 독립적 기능수행을 촉진하는 데 도움이 된다.
- 시각적 일과표는 다양한 정보를 매우 효과적으로 전달한다.
- 시각적 일과표는 구조를 제공하며 프리맥 원리가 적용될 수 있고, 시간에 관한 교수가 가능하며 예측과 선택을 학습할 수 있으며 독립심을 증진시킬 수 있고, 일과와 관련한 담화를 강화할 수 있으며 학생의 시각적 강점을 활용하는 장점을 가지고 있다.
- 자폐성장애 학생을 위한 시각적 일과표를 개발할 때, 학생의 요구와 강점에 근거하여 시각적 제시 수준, 시각적 제시 배열, 학생의 참여 정도를 결정해야 한다.
- 시각적 일과표는 학생이 어떠한 활동을 해야 하는지, 그날에 해야 하는 활동의 순서는 어떻게 되는지를 구체적으로 알 수 있도록 조직된 것이다. 잘 조직된 시각적 일과표는 학생이 독립적으로 수행하고 활동 간 전이/전환을 할 수 있고 보다 더 유연해져서 변화를 수용할 수 있게 한다.

14

2023. 초
★답안작성

(가)는 특수학교의 김 교사가 작성한 자폐성장애 1학년 학생 동호의 행동 관찰 노트이고, (나)는 교사들이 나눈 대화 내용의 일부이다. 물음에 답하시오. [5점]

(가) 행동 관찰 노트

- 관 찰 자: 김 ○○ 교사
- 관찰 기간: 2022년 3월 7일 ~ 3월 11일(5일간)
- 관찰 결과
  - 구어보다 그림 카드를 더 잘 이해함
  - 손 씻기 지도를 위해 비누를 제시했을 때, 비누는 보지 않고 비누통에 붙은 캐릭터에만 집중함 ┐
  - 수업 중에 교사가 칠판을 가리키며 "여기를 보세요."라고 할 때 칠판은 보지 않고 교사의 단추만 보고 있음 ┘[A]

(나) 대화 내용

김 교사: 학기 초라서 그런지 동호가 학교생활에 적응을 잘 못 하네요.
최 교사: 예를 들면, 어떤 문제가 있나요?
김 교사: 교실도 못 찾고, 자기 책상도 못 찾고, 신발도 제자리에 못 넣습니다.
최 교사: 그러면 동호에게 가외자극 촉구를 적용해서 ㉠ <u>신발장에 신발을 제자리에 놓을 수 있도록 도와주는 방법</u>을 한번 써 보면 좋을 것 같아요.
김 교사: 감사합니다.

… (중략) …

김 교사: 다음 주 슬기로운 생활 수업 주제는 '학교에서 보내는 하루'예요. 어떤 방식으로 수업을 하면 좋을까요?
최 교사: 제 경험에 비춰 보면, 그 수업에서 ㉡ <u>학생들이 자신의 주변 장소나 사람, 환경과 같은 주변의 모습에 관심을 가지고 이해하도록 학교에서의 일과를 사진 찍는 활동</u>으로 하니 참 좋아했습니다.
김 교사: 그렇군요. 그리고 ㉢ <u>동호는 수업이 끝나고 쉬는 시간마다 가방을 메고 집에 가겠다고 해요.</u>

… (중략) …

㉣ <u>급식실에서 밥을 먹고 나면 어디로 가야 할지 몰라 복도를 서성거려요.</u>
최 교사: 그럼, 동호에게 시각적 일과표를 한번 활용해 보는 건 어떨까요?
김 교사: 좋은 생각이네요. 동호는 시각적인 자료를 사용하면 더 쉽게 이해하니까요.

1) (가)의 [A]에 나타난 자폐성장애의 인지적 특성을 1가지 쓰시오. [1점]

2) ① (나)의 ㉠에 해당하는 가외자극 촉구의 예를 1가지 쓰고, ② ㉡과 관련된 '슬기로운 생활' 교과의 성격을 쓰시오. [2점]

①:

②:

3) 시각적 일과표를 제작할 때 (나)의 ㉢과 ㉣을 해결하기 위한 방안을 각각 1가지씩 쓰시오. [2점]

①:

②:

PART 08

핵심테마 체크 ✔

- 자폐학생의 인지적 특성_중앙응집 결함
- 그림교환의사소통체계(PECS)
- 상황이야기

MY MEMO

15

정답 및 예시답안

1) 중앙응집능력의 결함
2) ⓒ / 훈련 초기에는 구체적인 그림을 제공해요.
ⓔ / PECS를 훈련할 때는 유아와 그림카드의 거리를 점차 넓혀가면서 지도해요.
3) ① 상황이야기(사회적 이야기, 사회적 상황이야기)
② 친구들도 즐겁게 웃고 있어요.

관련이론

✦ PECS의 단계

구분	설명 ①	설명 ②
1단계	다양한 그림으로 기본적인 교환을 수행한다.	그림이나 물건의 교환과 함께 항목이나 활동의 요청이 포함된다.
2단계	성인이나 또래의 관심을 얻고 거리를 조절하기 위하여 지속적으로 연습한다.	해당 학생과 의사소통을 위한 공책이나 판, 혹은 그림 사이의 거리가 멀어지고 학생은 그 그림이나 물건을 찾아서 주위에 있는 누군가와 그것을 교환함으로써 의도를 표현하도록 배운다.
3단계	다양한 그림들을 식별한다.	학생들이 더 많은 선택권을 가질 수 있도록 그림들 사이의 차이를 변별하도록 배운다.
4단계	그림을 이용하여 문장을 만든다.	요청하기
5단계	그림을 이용하여 질문에 대답한다.	"뭘 원하냐?"라는 질문에 대답하기
6단계	이전에 습득한 상호작용을 확장한다.	질문에 대한 반응에 의견을 말하게 된다.

✦ 상황이야기

- 상황이야기는 다른 사람의 마음이해능력을 발달시킬 수 있는 중요한 정보를 제공하는데, 주로 다른 사람들이 알고 있는 것과 이들의 생각, 믿음, 그리고 그러한 상황과 관련된 느낌 등을 잘 설명한다.
- 또한 상황이야기는 심리적 상태를 표현하는 용어에 대한 이해와 어휘 능력을 향상시킬 수 있다.
- 상황이야기(social story, social narrative)는 자폐성장애 학생의 특성을 고려하여 이들이 매일 접하게 되는 비구어적인 사회적 정보를 구체적이고 명시적인 정보로 설명하여 사회적 상황을 예측하게 하고 기대되는 사회적 행동을 할 수 있도록 돕는 것을 목적으로 한다(Gray, 2015).
- 상황이야기는 사회적 상황에 대한 구체적 정보를 제공하여 현재 어떤 일이 일어나고 있는지, 왜 그러한 일이 일어났는지 등을 알게 하고 그러한 상황 속에서 다른 사람들은 어떻게 행동할 것인지 혹은 나는 어떤 행동을 해야 하는지와 다른 사람들의 정서적 반응은 어떠할지 등에 대한 구체적인 정보를 제공한다(Gray, 2015).

✦ 상황이야기의 문장유형

유형	내용
설명문	이 문장은 관찰 가능한 상황적 사실을 설명하는 문장과 사실에 관련한 사회적인 가치나 통념에 관련한 내용을 제시한다.
조망문	이 문장은 다른 사람의 마음 상태나 생각, 느낌, 믿음, 의견, 동기, 건강 및 다른 사람이 알고 있는 것에 대한 정보 등에 관련한 정보를 제시한다.
긍정문	이 문장은 일반적인 사실이나 사회적 규범이나 규칙 등과 관련한 내용을 강조하기 위한 문장으로 '확정문' 또는 '강조문' 등으로 소개된 바 있다.
청자 코칭문	이 문장은 이야기를 듣는 학생이 할 수 있는 행동이나 반응을 제안한다. 기존의 지시문에 해당한다.
팀원 코칭문	이 문장은 양육자나 교사와 같은 팀 구성원이 학생을 위해 할 수 있는 행동을 제안하거나 떠올리도록 한다. 기존의 협조문에 해당한다.
자기 코칭문	이 문장은 학생이 부모나 교사와 함께 이야기를 검토하면서 학생이 이야기 구성에 참여하는 것이다. 자기 코칭문은 학생의 주도권을 인정하고 스스로 이야기를 회상하며 다양한 시간과 장소에서 이야기의 내용을 일반화시킬 수 있도록 돕는다. 기존의 통제문에 해당한다.

15

2020. 유
★답안작성

(가)는 5세 자폐범주성 장애 민호와 진우의 특성이고, (나)는 민호 어머니가 가입한 장애아동 부모 커뮤니티의 게시물이며, (다)는 교사의 반성적 저널의 일부이다. 물음에 답하시오. [5점]

(가)

	특성
민호	• 주위 사람들에게 친밀감을 보이지 않고 상호작용을 하지 않음 • 구어적 의사소통을 거의 하지 않음 • 그림과 사진 등의 자료에 관심을 보이기 시작함
진우	• ㉠ <u>사물의 전체가 아니라 부분에 집중함. 예를 들면 코끼리 그림을 보면 전체적인 코끼리 그림을 보는 것이 아니라, 코끼리의 꼬리나 발과 같은 작은 부분에만 집중하여 그림이 코끼리인지 아는 것에 결함</u>이 있음 • 동화책의 재미있는 부분만 큰 소리로 읽음 • 자신의 기분을 표현하기 어려워하고 다른 사람의 감정을 이해하지 못함 • 또래들과 어울리지 못함

(나)

지식 Q&A

질문 PECS(그림교환의사소통체계)에 대해서 알려주실 분?

답변

- 선주아빠 ⓐ 구어가 어려운 아이들에게 적용할 수 있어요.
- 민호엄마 ⓑ 요구하기 기술을 익히는 데 효율적인 방법이에요.
- 준혁아빠 ⓒ 훈련 초기단계에는 추상적인 그림을 제공해요.
- 선주아빠 ⓓ 즉각적인 보상을 통해 의사소통 기술을 습득할 수 있어요.
- 희망이맘 ⓔ PECS를 훈련할 때는 유아와 그림카드의 거리를 점차 좁혀가면서 지도해요.
- 민호엄마 ⓕ PECS를 통해서 우리 민호의 자발적인 의사소통이 늘어날 거래요.
- 선주아빠 ⓖ PECS는 기능적인 의사소통 증진을 목표로 해요.

(다)

우리 반 진우는 생일잔치에 참여하는 데 어려움이 있다. 그래서 다음과 같은 문장을 활용하여 지도하였다.

[A]
오늘은 ○○ 생일이에요.
교실에서 생일잔치를 해요.
케이크와 과자가 있어요.
나는 기분이 참 좋아요.
친구들도 즐겁게 웃고 있어요.
모두 신났어요.
나는 박수를 쳐요.
선생님도 기뻐해요.
앞으로 나는 친구들과 생일잔치에서 즐겁게 놀 거예요.

… (하략) …

1) (가)의 ㉠에서 진우가 결함을 보이는 인지적 특성을 무엇이라고 하는지 쓰시오. [1점]

2) (나)의 ⓐ~ⓖ 중 <u>틀린</u> 것을 2가지 찾아 기호를 쓰고, 각각 바르게 고쳐 쓰시오. [2점]

3) (다)의 [A]는 5세반 담임교사가 진우의 마음이해 능력을 촉진하기 위한 전략에 활용한 것이다. ① 이 전략을 무엇이라고 하는지 쓰고, ② [A]에서 친구들의 마음을 잘 읽을 수 있는 문장 중 1가지를 찾아 쓰시오. [2점]

①:

②:

핵심테마 체크 ✔

- 자폐학생의 인지적 특성_중앙응집능력
- 자폐성 장애를 위한 구조화

MY MEMO

16

정답 및 예시답안

1) 유치원 C
2) 중앙응집능력의 결함
3) ① 시각적 일정표로 활동 간 전이(하나의 활동에서 다른 활동으로의 이동)를 알려준다.
   ② 점심시간 시작을 알리기 위해 '점심시간 노래'를 부른다.

관련이론

✦ 시간적 지원

• 추상적인 시간 개념에 대한 이해를 돕기 위해 시간의 구조를 확립하는 것		
시간구조 확립	• 시간적 구조(시간적 지원)는 학습에 대한 동기와 가능성에 영향 • 시간적 구조는 시간이 어떻게 사용되는지를 의미 • 일과를 예상할 수 있도록 지원해 주고 심리적 불안을 완화하여 학습에 대한 동기와 가능성을 향상 • 시간의 구조화는 활동에 걸리는 시간, 활동의 변화와 순서, 해야 할 활동에 대한 묘사, 시작과 끝에 대한 안내, 활동의 전환 안내 등을 제공	
시간적 지원을 위한 전략	일정	• 하루의 한 부분, 하루 전체, 일주일, 한 달, 또는 일 년에 대한 정보를 제공
	완료지침	• 활동이 언제 종료되는지에 관한 정보를 제공하는 활동 종료에 대한 신호를 제공 • 종료 신호의 표상수준은 학생의 기능수준을 고려하여 적절한 시각적 표상수준을 적용
	대기지원	• 기다려야 할 때 어느 정도 기다려야 하는지에 대한 정보를 제공하고 기다리면서 할 수 있는 활동에 대한 정보를 제공
	시간변화 수용전략	• 예기치 못한 시간변화에 대처할 수 있는 전략에 대한 정보를 제공 • 변화를 이해하도록 무슨 일이 일어나는지에 대한 시각적 자료를 활용하여 정보를 제공하고 대체할 수 있는 활동을 찾아보도록 하며 이 또한 일과임을 안내하는 것이 도움
시각적 일과표	• 시간의 구조화를 확립하는 대표적인 방법 • 하루의 대부분, 하루 전체, 일주일, 한 달, 또는 일 년에 관한 정보를 제공하는 일정에 관한 대표적인 시각적 지원 • 시각적 일과표에서 제시되는 상징의 유형은 다양 • 학생의 요구와 강점에 근거하여 시각적 제시 수준, 시각적 제시 배열, 학생의 참여 정도를 결정 • **일일 일정표**: 하루의 활동순서를 알려주는 표 • **작업 일정표**: 작업을 얼마만큼 해야 하고 언제 끝내야 하는지를 알려주는 시각적인 그림 또는 목록	
예측 가능한 일과 확립을 위한 요소	• 활동에 걸리는 시간 • **활동의 변화**: 프리맥의 원리, 행동타성 등 적용 • 활동에 대한 묘사 방법 • 활동의 시작 및 종료 시기 • 전환을 알리는 신호	

16 | 2021. 유

다음은 유아특수교사의 놀이 기록 일부이다. 물음에 답하시오. [5점]

[A] '종이꽃으로 놀아 보자'라는 주제로 유아들에게 다양한 미술 재료와 도구를 이용하여 마음대로 꽃을 표현하도록 하였다. 정우는 큰 박스의 표면을 긁어내어 울퉁불퉁한 골판지 꽃밭을 만들었고, 연진이는 부드러운 한지를 가위로 작게 잘라서 위로 뿌리고, 바닥에 떨어진 한지를 다시 모아 위로 뿌리기를 반복하였다. 우진이는 매끈한 기름 종이를 입에 대고 불어서 날리기도 하고, 동글동글 말아서 꽃을 표현하기도 하였다.

자폐성장애 선우에게는 선우가 좋아하는 색종이로 꽃을 만들 수 있도록 '꽃 만드는 그림순서표 카드'를 제시하였다.

[B] 그런데 선우는 카드에 그려진 꽃에는 관심이 없고, 카드의 테두리 선에만 반응을 보였다. 이처럼 주요 단서가 되는 자극에 주의를 기울이지 못하는 선우에게는 변별훈련을 통해서 과제해결을 더 잘할 수 있도록 지도해야겠다.

… (중략) …

다양한 꽃들로 교실이 가득할 때 갑자기 우진이가 "얘들아, 우리 '오소리네 집 꽃밭' 동화로 극놀이 하자."라고 큰 소리로 말했다. 그러자 ㉠ 아이들은 동화의 줄거리를 이야기하고, 극놀이에 필요한 배경과 소품을 만들었다. 소품이 완성된 후 "선생님, 점심 먹을 시간이에요. 우리 점심 먹고 와서 극놀이 준비를 계속 해요."라고 우진이가 말했다. 점심을 먹기 위해 아이들과 이동하려고 하는데 선우가 "아니야, 아니야." 하면서 소품을 만지작거렸다. "선우야, 지금은 점심시간이야. 밥 먹으러 가자."라고 말했지만, 선우는 그 자리에서 움직이지 않았다. 선우에게는 ㉡ 활동 간 전이 계획이 필요한 것 같다.

1) ① [A]의 밑줄 친 부분에서 유아들이 공통적으로 탐색할 수 있는 미술의 기본 요소를 쓰고, ② ㉠ 이후에 이루어질 수 있는 극놀이 과정을 1가지 쓰시오. [2점]

①:

②:

2) [B]에서 알 수 있는 선우의 인지적 특성을 쓰시오. [1점]

3) ㉡에서 교사가 선우에게 사용할 수 있는 방법을 ① 시각적 측면과 ② 청각적 측면에서 1가지씩 쓰시오. [2점]

①:

②:

핵심테마 체크

• 마음읽기능력 결함

MY MEMO

17

정답 및 예시답안

③

관련이론

✦ 마음읽기능력

- 자폐성장애 학생의 모방능력은 이들의 전반적인 인지능력에 비해 낮은 수행을 보인다.
- 다른 사람의 행동을 이해하고 그 사람의 행동을 통해 그 사람이 다음에 어떤 일을 하게 될 것인지를 추론하는 능력
- 타인이 생각하는 것, 믿고 있는 것, 원하는 것, 의도 등을 인식하고 이해하는 능력
- 사회적 인지, 마음읽기, 관점바꾸기 등의 용어로도 대체하여 쓰임
- 마음이해능력은 넓은 의미와 좁은 의미로 이해할 수 있다.

넓은 의미	넓은 의미의 마음이해능력은 다른 사람의 마음에 대한 모든 지식을 모두 포함한다.
좁은 의미	보다 제한된 의미의 마음이해능력은 다른 사람의 믿음과 바람, 의도 등과 같이 다른 사람의 행동을 보면서 직접적으로 관찰할 수 없는 정신적 상태를 추론하고 이러한 추론에 의하여 다른 사람의 정서적 상태나 정보적 상태를 예측하도록 하는 심리적 체계이다.

- 마음읽기능력 결함의 영향
  - 다른 사람의 얼굴 표정에 나타나는 사회·정서적 메시지 이해의 어려움
  - 글자 그대로 해석하기
  - 다른 사람을 존중하지 않는 듯한 태도
  - 지나친 솔직함
  - 다른 사람의 실수, 장난과 의도적 행동 구분의 어려움
  - 갈등관리의 어려움
  - 당황스러운 정서이해의 어려움
  - 다른 사람의 정서적 상태이해의 어려움
  - 심리적 상태 관련 어휘사용의 어려움
  - 다른 사람의 정보적 상태이해의 어려움
  - 목소리 톤이나 운율 이해와 사용의 어려움

17

2012. 유

다음은 유아의 '마음 이론(theory of mind)' 발달을 측정하는 과제이고, (가)는 이 과제의 질문에 대한 유아 A와 유아 B의 반응이다. 두 유아의 '마음 이론' 발달의 특징을 기술한 것으로 적절하지 <u>않은</u> 것은?

	㉠ 철수는 찬장 X에 초콜릿을 넣어 두고 놀러 나간다.
	㉡ 철수가 나간 사이에 어머니가 들어와 초콜릿을 찬장 Y로 옮겨 놓고 나간다.
	㉢ 철수가 돌아온다.

유아 A와 유아 B에게 위의 ㉠~㉢ 장면을 보여 주고 설명한 후, "철수는 초콜릿을 찾기 위해 어디로 갔을까?"라고 묻는다.

(가)
- 유아 A: 철수는 찬장 X로 가요.
- 유아 B: 철수는 찬장 Y로 가요.

① 유아 A는 유아 B보다 철수의 관점을 더 잘 읽을 수 있다.
② 유아 A는 유아 B보다 마음 이론이 더 잘 발달되어 있을 수 있다.
③ 유아 B는 유아 A보다 상위인지 능력이 더 발달되어 있을 가능성이 높다.
④ 유아 A는 철수의 생각이나 믿음이 실제와 다를 수 있다는 것을 이해한다.
⑤ 유아 B는 자기가 알게 된 정보를 이용하여 철수의 행동을 자기중심적으로 설명한다.

핵심테마 체크 ✔

- 비디오 모델링
- 자폐학생의 인지적 특성_마음읽기 결함

MY MEMO

18

정답 및 예시답안

1) 비디오 모델링
2) 초과정
3) 초과정
4) 자폐성장애는 생각의 원리(마음이론)에 따라 다른 사람의 입장에서 생각하는 것이 어렵기 때문에 지호는 민희의 입장에서 판단하는 것에 대한 오반응을 보인 것이다.

문제 속 자료분석

- 4)의 지도 장면: 지호가 민희의 입장에서 생각하지 못하고, 자신의 입장에서 답변을 하고 있다는 점이 핵심

관련이론

✦ 비디오 모델링

구분	유형	장점	단점
의미	• 학생이 수행해야 하는 바람직한 행동을 비디오를 통해 시범 보이는 기법 • 비디오 모델링의 시범자는 또래, 성인, 대상자 자신이 될 수 있음		
유형별 특징	또래/성인	• 쉽게 연출할 수 있다. • 유지가 잘 된다.	• 모델이 높은 관심을 불러일으키지 않는다. • 일반화에 대한 결과가 일관적이지 않다.
	자기관점	• 자신감 부족이 문제가 되는 경우에 유용하다. • 다른 유형에 비해 높은 관심을 불러일으킬 수 있다. • 일반화가 잘 된다. • 쉽게 연출할 수 있다. • 실제 생활을 묘사한다. • 편집의 필요가 적다.	• 연출하기 어려울 수 있다. • 편집이 더 복잡하다. • 행동의 범위가 제한적이다. • 아직 연구가 거의 없다.
	애니메이션	• 아동에게 인기 있는 형식이다. • 보통 전문적으로 제작된다.	• 모델과의 관련성이 적다. • 행동의 범위와 구체성이 제한적이다.

18

2018. 초
★답안작성

(가)는 자폐성장애 학생 지호의 특성이고, (나)는 최 교사가 2015 개정 특수교육 교육과정 중 기본 교육과정 과학과 3~4학년 '지구와 우주' 영역을 주제로 작성한 교수 · 학습 과정안의 일부이다. 물음에 답하시오. [5점]

(가)

- 모방이 가능함
- 낮과 밤을 구분할 수 있음
- 동적 시각 자료에 대한 주의 집중이 양호함

(나)

영역	일반화된 지식
지구와 우주	지구와 달의 운동은 생활에 영향을 준다.

단계	활동	자료 및 유의점
탐색 및 문제 파악	• ㉠ <u>실험실에서 지켜야 할 일반적인 규칙</u> 상기하기 • 낮과 밤의 모습 살펴보기 • 낮과 밤이 생기는 까닭 예측하기	㉡ <u>실험실 수업 규칙 영상</u>
가설 설정	• 가설 수립하기 수립한 가설: (㉢)	다양한 의견을 수렴하고 교사 안내로 가설 수립
실험 설계	• 실험 과정 미리 안내하기 • 실험 설계하기 -같게 할 조건과 다르게 할 조건 알아보기	모형 실험 영상, 지구의, 손전등
실험	• 지구의를 돌리며 모형 실험하기	
가설 검증	• 실험 결과에 따라 가설 검증하기 • ㉣ <u>지구 자전 놀이로 알게 된 내용 정리하기</u>	대형 지구의, 손전등
적용	(㉤)	가설 검증 결과와 연결 지을 수 있도록 지도

1) 최 교사는 (가)를 고려하여 (나)의 밑줄 친 ㉠을 습득시키고자 실험실에서 이루어지는 수업을 할 때마다 지호에게 (나)의 밑줄 친 ㉡을 보며 따라 하도록 지도하였다. 이 전략의 명칭을 쓰시오. [1점]

2) ① (나)의 ㉢에 들어갈 가설을 쓰고, ② ㉤에 해당하는 예 1가지를 쓰시오. [2점]

①:

②:

3) (나)의 실험에서 모형을 활용할 때, 오개념 형성을 방지하기 위해 고려할 점을 2015 개정 특수교육 교육과정 중 기본 교육과정 과학과 '교수 · 학습' 중 유의사항에 근거하여 쓰시오. [1점]

4) 다음은 (나)의 밑줄 친 ㉣의 지도 장면이다. 지호가 밑줄 친 ⓐ와 같이 오반응을 보이는 이유를 자폐성장애의 결함 특성과 관련하여 쓰시오. [1점]

최 교사: (실험실의 조명을 어둡게 한다.) 지호, 민희, 승우 모두 실험 결과를 잘 이해하고 있군요. 이제 지구 자전 놀이로 실험 내용을 정리해 봅시다.
(학생들을 [그림 자료]와 같이 배치한다.)
지호야, 지호가 바라보는 지구는 지금 낮과 밤 중 어느 쪽일까요?
지 호: 낮이요.
최 교사: 잘했어요. 지호야, 그렇다면 민희가 바라보는 지구는 지금 낮과 밤 중 어느 쪽일까요?
지 호: ⓐ <u>낮이요.</u>

[그림 자료]

핵심테마 체크 ✔

- 자폐학생의 인지적 특성_실행기능
- DSM-5의 자폐스펙트럼장애

MY MEMO

19

정답 및 예시답안

○ ㉠ 실행기능의 결함
○ ㉡ 화용적(실용적 · 사회적) 의사소통장애

관련이론

✦ 자폐스펙트럼장애 DSM-5 진단기준

A. 다양한 분야에 걸쳐 나타나는 사회적 의사소통 및 사회적 상호작용의 지속적인 결함으로 현재 또는 과거력상 다음과 같은 특징으로 나타난다.
  1) 사회적-감정적 상호성의 결함(예 비정상적인 사회적 접근과 정상적인 대화의 실패, 흥미나 감정 공유의 감소, 사회적 상호작용의 시작 및 반응의 실패)
  2) 사회적 상호작용을 위한 비언어적 의사소통 행동의 결함(예 언어적, 비언어적 의사소통의 불완전한 통합, 비정상적인 눈맞춤과 몸짓 언어, 몸짓의 이해와 사용의 결함, 얼굴 표정과 비언어적 의사소통의 전반적 결핍)
  3) 관계 발전, 유지 및 관계에 대한 이해의 결함(예 다양한 사회적 상황에 적합한 적응적 행동의 어려움, 상상 놀이를 공유하거나 친구 사귀기가 어려움, 동료들에 대한 관심 결여)

  현재의 심각도를 명시할 것: 심각도는 사회적 의사소통 손상과 제한적이고 반복적인 행동 양상에 기초하여 평가한다.

B. 제한적이고 반복적인 행동이나 흥미, 활동이 현재 또는 과거력상 다음 항목들 가운데 적어도 2가지 이상 나타난다.
  1) 상동증적이거나 반복적인 운동적 동작, 물건 사용 또는 말하기(예 단순 운동 상동증, 장난감 정렬하기, 또는 물체 튕기기, 반향어, 특이한 문구 사용)
  2) 동일성에 대한 고집, 일상적인 것에 대한 융통성 없는 집착, 또는 의례적인 언어나 비언어적 행동 양상(예 작은 변화에 대한 극심한 고통, 변화의 어려움, 완고한 사고방식, 의례적인 인사, 같은 길로만 다니기, 매일 같은 음식 먹기)
  3) 강도나 초점에 있어서 비정상적으로 극도로 제한되고 고정된 흥미(예 특이한 물체에 대한 강한 애착 또는 집착, 과도하게 국한되거나 고집스러운 흥미)
  4) 감각 정보에 대한 과잉 또는 과소 반응, 또는 환경의 감각 영역에 대한 특이한 관심(예 통증/온도에 대한 명백한 무관심, 특정 소리나 감촉에 대한 부정적 반응, 과도한 냄새 맡기 또는 물체 만지기, 빛이나 움직임에 대한 시각적 매료)

19

2018. 중

다음은 자폐스펙트럼장애와 관련하여 오 교수와 예비 특수교사가 나눈 대화의 일부이다. ㉠에 공통으로 들어갈 내용과 ㉡에 들어갈 내용을 순서대로 쓰시오. [2점]

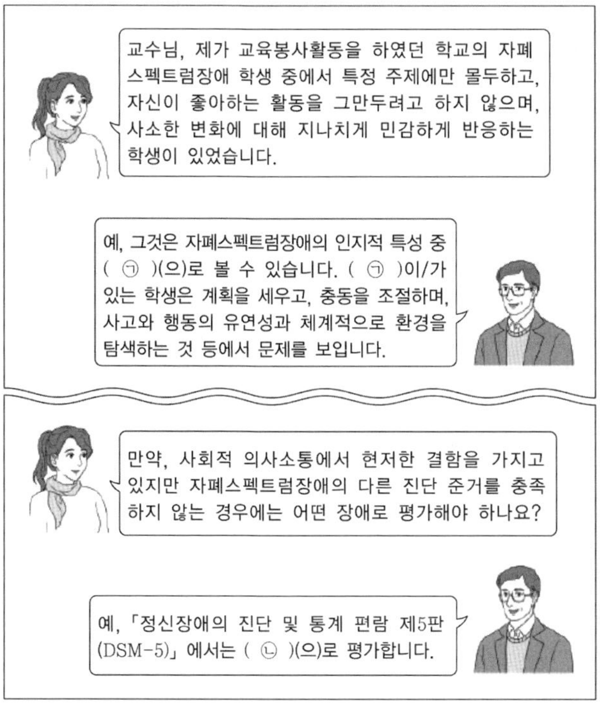

핵심테마 체크

- 자폐학생의 인지적 특성_실행기능
- 학습의 단계
- 강화계획

MY MEMO

20

정답 및 예시답안

1) 실행기능의 결함
2) 숙달
3) ① 간헐강화계획
   ② 습득한 기술의 일반화를 위해 자연적 강화제를 사용한 것이다.

관련이론

✦ 실행기능

- 두뇌의 전두엽에 의해 조정되는 인지적 변인
- 우리의 관심을 한 가지 활동이나 대상에서 다른 것으로 유연하고 용이하게 옮겨갈 수 있게 하는 기제
- 전략적으로 계획하고 문제를 해결하며 스스로 목표를 설정하고, 계획적이고 의미 있는 방식으로 행동을 통제할 수 있게 해줌
- 이 기제가 결여되면 모든 행동은 환경의 통제를 받게 되어 단서와 자극에 따라 반응하고 의미 없는 행동을 하게 됨
- 행동 및 사고와 관련하여 실행기능은 인지적 유연성, 계획 및 조직, 행동억제 능력의 3가지 하위요인으로 구성
- ASD 학생은 인지적 유연성에서 심각한 결함을 보여 다른 다양한 상황적 요구에 맞게 사고과정 및 행동을 변화시키지 못하고 동일한 인지적 틀을 적용하여 동일성에 대한 고집과 행동문제를 보임
- 실행기능 검사방법
  - 위스콘신 카드분류 검사(WCST)
  - 델리스-카플란 실행기능검사(D-KEFS)
  - Go-no-go 과제
  - 스트룹 검사
  - Rey 복합도형 검사

✦ 학습의 단계

단계	내용
획득 (습득)	'획득'은 새로운 개념, 기술, 행동의 최초 학습을 의미한다. 즉, 기술이 없는 상태에서 기본적인 습득 수준까지의 이동을 획득이라고 할 수 있다. 학습에서 획득의 목표는 정확성이 전혀 없는 수준에서 85%까지 도달하면 수행한 것으로 본다.
숙달	'숙달'은 한 기술이 자연스러운 환경에서 유용하도록 정확성과 속도의 결합을 의미한다.
일반화	'일반화'는 새로운 방법 또는 낯선 조건에서도 기술을 사용할 수 있는 것을 의미한다. 이것은 교수가 끝난 후에도 이미 배운 지식이나 기술을 새로운 사람, 장소 또는 일에 적용하는 것, 다른 형태의 행위를 사용하기 위해 그 기술을 수정하거나 변경하는 것을 포함한다.
유지	유지는 교수가 끝난 뒤 한참 후에 개인의 지식과 기술을 사용하는 것을 의미한다.

✦ 강화계획

<table>
<tr><td>개념</td><td colspan="3">• 강화자극을 언제, 어떻게 제공할 것인지에 관한 체계적인 계획</td></tr>
<tr><td>계속
강화</td><td colspan="3">• 표적반응이 발생할 때마다 놓치지 않고 매번 강화하는 방법
• 새로운 행동을 학습시킬 때, 소거과정에 있는 과소행동을 증가시키려 할 때 활용
• 문제점: 포화가능성, 강화에 대한 의존성, 반응의 유지에는 부적절한 방법</td></tr>
<tr><td rowspan="4">간헐
강화</td><td colspan="3">• 모든 반응에 대해 매번 강화하는 것이 아니라 일부 반응만을 선택적으로 강화하는 방법
• 학습 후기에 행동의 발생비율과 소거저항을 높이기 위하여 사용되는 강화계획간헐강화는 계속강화보다 소거저항이 강하고, 포화를 예방할 수 있는 이점도 있지만, 새로운 행동을 형성할 때는 계속강화가 더 효과적
• 간헐강화의 부정적 효과: 비율 긴장, 가리비 현상 등</td></tr>
<tr><td>비율</td><td>• 고정비율계획</td><td>• 변동비율계획</td></tr>
<tr><td>간격</td><td>• 고정간격계획
• 반응시한간격계획</td><td>• 변동간격계획</td></tr>
<tr><td>지속시간</td><td>• 고정지속시간계획</td><td>• 변동지속시간계획</td></tr>
</table>

20

2020. 초
★답안작성

(가)는 초등학교 6학년 자폐성장애 학생 민호의 특성이고, (나)는 '지폐 변별하기' 지도 계획의 일부이다. 물음에 답하시오. [4점]

(가) 민호의 특성

- 물건 사기와 같은 일상생활의 문제를 해결하기 위해 스스로 계획하고 수행하는 데 어려움이 있음
- 점심시간과 같이 일상적으로 반복되던 시간에 작은 변화가 생기면 유연하게 대처하기보다 우는 행동을 보임
- 수업시간 중 과자를 먹고 싶을 때 충동적으로 과자를 요구하거나 자리이탈 행동을 자주 보임

  ─ [A] (위 세 항목)
- 다른 사람의 감정과 사고를 파악하는 데 어려움이 있음
- 시각적 자극으로 이루어진 교수 자료에 관심을 보임
- 지폐의 구분과 사용에 어려움이 있음

(나) '지폐 변별하기' 지도 계획

- 표적 학습 기술: 지폐 변별하기
- 준비물: 1,000원짜리 지폐, 5,000원짜리 지폐
- 학습 단계 1
  - 교사가 민호에게 "천 원 주세요."라고 말했을 때, 1,000원짜리 지폐를 찾아 교사에게 주도록 지도함
  - 교사가 민호에게 "오천 원 주세요."라고 말했을 때, 5,000원짜리 지폐를 찾아 교사에게 주도록 지도함
  - 민호가 정반응을 보일 때마다 칭찬으로 강화함
  - 민호가 정해진 수행 기준에 따라 '지폐 변별하기'를 습득하면 다음 학습 단계로 넘어감
- 학습 단계 2
  - ㉠ <u>민호가 '지폐 변별하기' 반응을 5분 내에 15번 정확하게 수행할 수 있도록 지도한 다음, 더 짧은 시간 내에 15번 정확하게 수행할 수 있도록 연습하게 함</u>

  … (중략) …
- 유의 사항
  - ㉡ <u>민호가 습득한 '지폐 변별하기' 기술을 시간이 지난 뒤에도 수행할 수 있도록 '학습단계 1'의 강화 계획(스케줄)을 조정함</u>
  - 민호가 ㉢ <u>습득한 '지폐 변별하기' 기술을 일상생활에서 사용할 수 있도록 다양한 실제 상황(편의점, 학교 매점, 문구점 등)에서 1,000원짜리 지폐와 5,000원짜리 지폐를 변별하여 민호가 좋아하는 과자를 구입하도록 지도</u>함

1) (가)의 [A]와 같은 행동 양상이 나타나는 이유를 자폐성장애의 인지적 특성과 관련지어 쓰시오. [1점]

2) (나)의 ㉠은 학습자의 반응 수행 수준에 따른 학습 단계 중 어느 단계에 해당하는지 쓰시오. [1점]

3) ① (나)의 ㉡을 위한 강화 계획(스케줄) 종류를 쓰고, ② ㉢의 이유를 강화제 측면에서 쓰시오. [2점]

①:

②:

핵심테마 체크 ✓

- 아스퍼거증후군
- 생각의 원리(마음읽기)

MY MEMO

21

정답 및 예시답안

②

알찬 지문풀이

- ㄱ. 민규는 기계적 암기력이 부족하기 때문에 문장으로 된 연산 문제를 푸는 데 기본적인 어려움이 있다. ➡ 대화내용에 제시된 민규의 답변을 보면 민규는 기계적인 암기력이 뛰어남
- ㄹ. 민규는 풀이과정에서 연산의 기본 원리를 잘못 파악하고 있으므로 직접교수를 이용하여 덧셈의 기본 원리를 먼저 이해하도록 한다. ➡ 민규는 연산을 할 수 있음
- ㅁ. 아스퍼거장애(증후군) 학생이 보이는 전형적인 '생각의 원리(theory of mind)'상의 결함을 보여주는 예이므로 시간지연 전략을 사용할 수 있다. ➡ 생각의 원리는 상대방의 생각이나 마음을 이해하지 못하는 것이며, 시간지연 전략은 기다려주는 전략. 이 둘은 상관이 없음

관련이론

✦ 생각의 원리

- ASD 특성 중 하나로 관심을 받고 있는 또 다른 가정이 ASD 학생의 의사소통 및 사회작용의 결함이 '생각의 원리(theory of mind; ToM)', 다른 말로는 '마음이해능력'의 결함에 기인한다는 것이다.
- 이는 ASD 학생이 타인의 신념, 태도 그리고 정서를 이해하는 데 어려움이 있다는 것이다.
- ToM은 아동이 타인의 생각, 감정, 사고 그리고 의도를 아는 능력이며, 이는 다른 사람의 행동을 예측하는 데 사용하는 능력으로, 사회적 환경을 이해하고 사회적 요구에 맞게 행동하는 데 필요한 선수기술이다.
- 타인의 마음을 이해하기 위해서는 특정 대상 및 상황(표상대상 : referent)을 특정 방식(표상내용 : content)으로 나타내는 표상(representation)의 개념과 관련하여, 표상대상과 표상내용은 대체로 같지만 마음 또는 생각에서는 표상내용을 다르게 표상할 수 있다는 틀린 믿음(false belief)에 대한 이해가 있어야 한다.
- 생각 원리의 결함은 고기능 ASD 학생이 아스퍼거장애 학생보다 더 심각한 결함을 보인다. 이는 아스퍼거장애 학생이 정상적인 언어발달을 보인다는 점에서 생각의 원리와 관련된 능력이 언어능력과 관련이 있다고 할 수 있다.

21 2012. 초

다음은 수학시간에 문장으로 된 문제해결에 어려움을 보이는 아스퍼거장애(증후군) 학생과 일반학급 교사의 대화이다. 이 학생의 특성과 그에 따른 지도 방법으로 옳은 것을 <보기>에서 모두 고르면?

교사: 민규야, 2133 더하기 4217은 뭐지?
민규: (바로 대답하며) 6350이지요.
교사: 그렇지. 정말 빠르구나. (문장으로 된 문제를 보여주며) 이 문제를 소리 내어 읽어 보겠니?
민규: 영화관에 사람들이 영화를 보러 왔습니다. 금요일에 영화를 보러 온 사람은 2133명, 토요일에 영화를 보러 온 사람은 4217명입니다. 금요일과 토요일에 영화를 보러 온 사람은 모두 몇 명입니까?
교사: 잘 읽었어. 어떻게 풀면 될까?
민규: 모르겠어요.
교사: 먼저, 금요일에 온 사람이 몇 명이었지?
민규: 2011년 11월 4일 금요일인가요? 2011년 11월 11일 금요일인가요?
교사: 그건 이 문제를 푸는 데 꼭 알아야 하는 것은 아니잖니?

보기

ㄱ. 민규는 기계적 암기력이 부족하기 때문에 문장으로 된 연산 문제를 푸는 데 기본적인 어려움이 있다.
ㄴ. 중요하지 않은 정보에 집중하는 민규의 특성을 고려하여 문제의 핵심어를 진하게 표시하여 제시한다.
ㄷ. 문장으로 된 문제의 해결능력을 향상시키기 위하여 학생이 문제 유형에 맞는 도식을 사용하도록 가르친다.
ㄹ. 민규는 풀이과정에서 연산의 기본 원리를 잘못 파악하고 있으므로 직접교수를 이용하여 덧셈의 기본 원리를 먼저 이해하도록 한다.
ㅁ. 아스퍼거장애(증후군) 학생이 보이는 전형적인 '생각의 원리(theory of mind)'상의 결함을 보여주는 예이므로 시간지연 전략을 사용할 수 있다.

① ㄱ, ㄴ
② ㄴ, ㄷ
③ ㄷ, ㄹ
④ ㄱ, ㄴ, ㅁ
⑤ ㄷ, ㄹ, ㅁ

핵심테마 체크 ✔

- 컴퓨터 보조수업(CAI)의 유형
- 감각처리패턴
- 사회적 도해
- 예측 가능성

MY MEMO

22

정답 및 예시답안

1) ① 시뮬레이션형
   ② 확대경을 사용하여 관찰한다.
2) 기본 C
3) 정민이는 촉각자극에 대해 민감하게 반응하고 회피하려 할 것이다.
4) ① 실수를 하지 않도록 하기 위한 계획을 수립하기
   ② 정민이와 경태가 식물원에 대해 미리 예측할 수 있도록 하기 때문이다.

관련이론

✦ 감각자극에 대한 비정상적 반응

<table>
<tr><td>반응유형</td><td>• 과잉반응: 민감함, 낮은 역치 • 과소반응: 둔감함, 높은 역치</td></tr>
<tr><td>Dunn 감각처리 모델</td><td>
<table>
<tr><td>자기조절전략(행동반응) / 신경학적 역치</td><td colspan="2">수동적 ◀——▶ 적극적</td></tr>
<tr><td rowspan="2">높음 ↕ 낮음</td><td>낮은 등록</td><td>감각추구</td></tr>
<tr><td>감각민감</td><td>감각회피</td></tr>
</table>
• Dunn은 개인의 신경학적 역치와 자기조절 전략 간에 관계가 있으며 이들 변인 간의 상호작용에 의해 네 가지 기본적인 감각처리 패턴이 나타난다고 한다.
• 신경학적 역치(neurological thresholds)는 행동이 발생할 수 있는 감각자극의 수준으로 우리가 주목하거나 반응하는 데 필요한 자극의 양을 의미한다.
• 행동반응이라고도 하는 자기조절 전략은 자극과 반응을 조절하기 위해 적극적인 자기조절 전략을 사용하는 것과 수동적인 자기조절 전략을 사용하는 것으로 구분된다. 수동적인 자기조절 전략을 사용하는 학생은 자신의 주변에서 일이 일어난 후에 반응을 한다. 적극적인 자기조절 전략을 사용하는 학생은 자신이 이용할 수 있는 자극의 양과 유형을 조절하기 위한 행동을 한다.
• 행동반응과 신경학적 역치라는 이 두 가지 변인은 각각 두 가지 양상으로 구분되는 것이 아니라 연속체라 할 수 있다. 이 두 연속체의 상호작용에 의해 낮은 등록, 감각추구, 감각민감, 감각회피라는 네 가지 감각처리과정 패턴이 나타난다. 각 패턴에서 나타나는 특징적인 행동은 진단적 준거가 아니라 개별학생이 보이는 패턴을 파악하여 이에 대한 적절한 지원을 제공하는 데 근거가 되는 행동으로 이해되어야 한다.
</td></tr>
</table>

✦ 사회적 도해

<table>
<tr><td>의미</td><td>• 아동들의 행동 중에 보인 사회적 실수에 대한 이해를 돕기 위한 전략
• 사회적 실수를 저지른 다음에 시행하며 회상적인 형태를 취함
• 학생과 교사는 실수를 하게 된 주변 환경에 대해 기술하기 위하여, 사회적 실수로 인하여 상처를 받을 수 있는 사람을 구분해 내기 위하여, 이러한 실수를 하지 않도록 하기 위한 계획수립을 위하여 협력하는 것</td></tr>
<tr><td>단계</td><td>① 자신이 한 실수 확인하기
② 실수로 인해 상처를 받은 사람 확인하기
③ 문제해결책 알아보기
④ 실수를 반복하지 않기 위한 계획 수립하기</td></tr>
</table>

22 | 2020. 초

다음은 자폐성장애 학생들이 포함되어 있는 학급의 특수 교사가 2015 개정 특수교육 교육과정 중 기본 교육과정 과학과 3~4학년군 '생물과 무생물' 단원의 '새싹 채소가 자라는 모습을 살펴보기' 수업을 준비하며 작성한 수업 설계의 일부이다. 물음에 답하시오. [6점]

> 1. 예상되는 어려움과 대안
>   가. 새싹이 자라는 기간이 길기 때문에 이를 살펴보고 이해하는 것이 학생들에게 어려울 수 있음
>   → ㉠ 컴퓨터 보조수업 활용: 실제 활동 전 새싹 채소를 키우는 것과 유사한 상황에서 씨앗 불리기, 씨앗 뿌리기, 물 주기 등 필요한 행동을 선택해 나가며 새싹 키우는 과정을 체험해보게 함
>   나. 학생 간 수행 수준의 차이가 큼
>   → 개별 지도가 필요한 학생의 경우 개인 교수형 컴퓨터 보조수업을 활용함
>
> 2. 새싹 채소 키우기 활동(교과서 ○○쪽)
>   물 속에서 씨앗 불리기 → 플라스틱 용기에 넣은 솜이 젖을 정도로 물 뿌리기 → … (중략) … → ㉡ 씨앗의 모양이 어떻게 변해 가는지, 만졌을 때의 느낌은 어떠한지 등을 오감을 통해 살펴보기
>
> 3. 과학 수업의 방향 고려
>   초등학교 수업은 (㉢) 지식을 중심으로 계획함
>
> 4. 자폐성장애 학생들의 특성 및 지도상의 유의점
>   가. 정민이의 경우 ㉣ 촉각자극에 대한 역치가 매우 낮고 감각 등록이 높으므로 물체를 탐색하는 과정에서 이를 고려함
>   나. 경태의 경우 수업 중 규칙을 잘 지키지 않아 친구를 당황하게 하는 경우가 많음
>   → 계속해서 문제가 발생할 경우 아래와 같이 사회적 도해(사회적 분석, social autopsies) 방법으로 자신의 실수를 이해하고 수정하도록 함
>
> | |
> |---|
> | • 수업 중 자신이 한 실수가 무엇인가? → 실수로 인해 상처를 받은 사람은 누구인가? → 문제해결책은 무엇인가? → (㉤) |
>
>   다. 새싹 채소 키우기 학습을 모두 마친 후 식물원 견학 시 정민이와 경태의 ㉥ 불안감 감소, 학습 참여 증진 방안을 고려함
>   → 견학 전 미리 준비한 동영상을 통해 식물원 가는 길이나 식물원의 모습 등을 보여줌
>   → 식물원에서는 새로운 식물을 살펴보기 전에 사진 자료를 활용하여 식물에 대해 설명해 줌 [A]

1) ① ㉠에서 활용한 컴퓨터 보조수업 유형을 쓰고, ② ㉡의 활동에 적용된 기초탐구과정 요소를 효과적으로 수행할 수 있는 방법을 '감각 기관의 확장을 위한 도구' 측면에서 1가지 쓰시오. [2점]

①:

②:

2) 2015 개정 특수교육 교육과정 중 기본 교육과정 과학과의 '교수 · 학습 방향'에 근거하여 ㉢에 들어갈 말을 쓰시오. [1점]

3) ㉣로 인해 나타날 수 있는 반응 특성을 1가지 쓰시오. [1점]

4) ① ㉤에 들어갈 내용을 쓰고, ② [A] 활동을 통해 ㉥이 될 수 있는 이유를 1가지 쓰시오. [2점]

①:

②:

핵심테마 체크 ✔

• 감각체계 특성

MY MEMO

23

정답 및 예시답안

1) ① 촉각에 대한 민감함, 촉각에 대한 과잉반응, 촉각적 과민반응 등
 ② 교재
2) 유치원 C
3) 유치원 C

관련이론

✦ 감각자극에 대한 비정상적 반응

<table>
<tr><td>반응유형</td><td>• 과잉반응: 민감함, 낮은 역치   • 과소반응: 둔감함, 높은 역치</td></tr>
<tr><td>Dunn
감각처리
모델</td><td>
<table>
<tr><td>자기조절전략
(행동반응)
신경학적 역치</td><td colspan="2">수동적 ◀——▶ 적극적</td></tr>
<tr><td rowspan="2">높음
▲
▼
낮음</td><td>낮은 등록</td><td>감각추구</td></tr>
<tr><td>감각민감</td><td>감각회피</td></tr>
</table>
• Dunn은 개인의 신경학적 역치와 자기조절 전략 간에 관계가 있으며 이들 변인 간의 상호작용에 의해 네 가지 기본적인 감각처리 패턴이 나타난다고 한다.
• 신경학적 역치(neurological thresholds)는 행동이 발생할 수 있는 감각자극의 수준으로 우리가 주목하거나 반응하는 데 필요한 자극의 양을 의미한다.
• 행동반응이라고도 하는 자기조절 전략은 자극과 반응을 조절하기 위해 적극적인 자기조절 전략을 사용하는 것과 수동적인 자기조절 전략을 사용하는 것으로 구분된다. 수동적인 자기조절 전략을 사용하는 학생은 자신의 주변에서 일이 일어난 후에 반응을 한다. 적극적인 자기조절 전략을 사용하는 학생은 자신이 이용할 수 있는 자극의 양과 유형을 조절하기 위한 행동을 한다.
• 행동반응과 신경학적 역치라는 이 두 가지 변인은 각각 두 가지 양상으로 구분되는 것이 아니라 연속체라 할 수 있다. 이 두 연속체의 상호작용에 의해 낮은 등록, 감각추구, 감각민감, 감각회피라는 네 가지 감각처리과정 패턴이 나타난다. 각 패턴에서 나타나는 특징적인 행동은 진단적 준거가 아니라 개별학생이 보이는 패턴을 파악하여 이에 대한 적절한 지원을 제공하는 데 근거가 되는 행동으로 이해되어야 한다.
</td></tr>
</table>

고득점 답안 비법 ✰ Dunn의 모델에 근거하여 답안을 쓰는 문제가 아니므로, 신경학적 역치나 자기조절 전략 유형 등을 언급할 필요 없음. 혜진이가 보이는 감각체계의 특성을 명확히 쓰면 됨

23

2024. 유

(가)와 (나)는 5세 자폐성장애 유아 혜진이에 대한 6월 가정 통신문의 일부이다. 물음에 답하시오. [5점]

(가)

혜진이의 놀이 이야기(6월)

혜진이의 놀이

요즘 바다반 친구들이 물감놀이를 즐기고 있습니다. 평소에 ㉠ <u>끈적이고 미끌거리는 액체를 만지는 것에 대해 강한 거부감</u>을 보이던 혜진이는 물감놀이에 참여하는 것을 어려워했습니다.

그래서 혜진이와 친구들이 모두 즐겁게 참여하도록 '데칼코마니' 활동을 준비했습니다. ㉡ <u>평소에 치약 냄새를 아주 좋아하는 혜진이를 위해 도화지 위에 혜진이가 짜놓은 치약에 물감을 조금씩 섞어 주었습니다</u>. 그랬더니 혜진이가 손에 물감을 직접 묻히지 않는 치약물감놀이에는 참여하기 시작하였습니다. [A]

… (하략) …

(나)

혜진이의 성장 이야기(6월)

개별화교육계획 목표

- 소근육 운동 목표: 도형 2개 이상을 결합하여 다양한 형태를 그릴 수 있다.

혜진이의 발달 상황

- ㉢ <u>5월에 혜진이는 동그라미, 세모, 네모, 십자형 등 단순한 도형을 주로 그렸으나 6월 현재 도형 2개 이상이 합쳐진 그림을 그려 목표를 성취함</u>

5월 2일	6월 30일 [B]
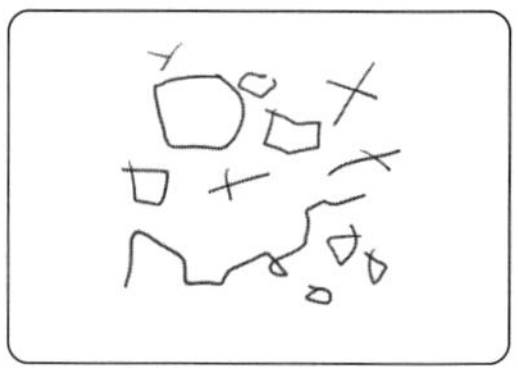	

가정연계

- 가정에서도 혜진이가 도형을 서로 연결한 그림을 자주 그려보도록 기회를 주세요.

… (하략) …

1) (가)를 참고하여 ① ㉠의 혜진이가 보이는 감각 체계 특성을 쓰고, ② ㉡에 해당하는 교육과정 수정 요소를 쓰시오. [2점]

①:

②:

2) (가)의 [A]에 제시된 미술 활동 요소 2가지를 쓰시오. [1점]

3) (나)에서 ① 개별화교육계획 목표와 연계하여 실시한 ㉢의 평가목적을 쓰고, ② 켈로그(R. Kellogg)의 그림 표현 발달 단계에 근거하여 [B]에서 보이는 그림 형태의 명칭을 쓰시오. [2점]

①:

②:

핵심테마 체크 ✔

- 행동연쇄
- 부분참여의 원리

MY MEMO

24

정답 및 예시답안

1) ① 초과정
   ② 후진형 행동연쇄
2) ① 부분참여의 원리
   ② ㉢은 활동의 전반적인 기회로부터 이득을 보지 못하도록 하는 근시안적 참여의 문제점이 있다.
3) 초과정

관련이론

✦ 행동연쇄의 유형

전진형	• 처음 단계부터 마지막 단계까지 순차적으로 가르치는 것 • 초기단계의 표적행동이 짧아 한 회기에 다수의 훈련 시행이 가능하지만, 새로운 훈련단계가 시작될 때마다 표적행동의 양이 증가되어 욕구 좌절과 학습에 대한 저항을 불러올 수 있음
후진형	• 마지막 단계부터 처음 단계까지 역순으로 가르치는 것 • 마지막 단계의 행동 이전 행동 단계들은 교사가 모두 완성해 준 상태에서 마지막 단계의 행동을 학생이 하도록 하는 방법 • 학생의 입장에서는 매 회기에 마지막 단계까지 완수하게 되고 강화를 받게 된다는 장점 • 그 과제를 끝까지 여러 차례 반복할 수 있는 기회가 학생에게 주어진다는 것도 장점 • 한 시행에 소요되는 시간이 길어 초기부터 지루할 수 있고, 한 회기에 많은 훈련을 시행할 수 없다는 단점이 있음 • 일반적으로 전진형 연쇄가 보다 자연스러운 교수 계열을 제시하므로 후진형 연쇄보다는 권장
전체 과제형	• 과제분석을 통한 모든 단계를 시행하도록 하면서 아동이 독립적으로 수행하지 못하는 단계에 대해서는 훈련을 실시하는 방법 • 행동연쇄에 있는 단위행동은 습득했는데 행동을 순서대로 수행하지 못할 때 사용하면 유용 • 학습자가 하위과제 대부분을 이미 습득한 경우 • 하위과제의 수가 많지 않아 비교적 단순하고, 모방 능력이 있으며, 장애의 정도가 심하지 않은 개인을 대상으로 훈련할 때

✦ 부분참여의 원리

의미	• 부분적 참여 원리는 본질적으로, 모든 중도장애 학생들은 최소한으로 제한된 다양한 학교 내외 환경과 활동들에서 부분적으로라도 자신들이 기능할 수 있도록 많은 기술을 습득할 수 있다는 사실에 대한 긍정적 단어이다. • 아동이 다른 사람의 눈에 더욱 가치 있게 보이도록 하는 가운데, 아동이 제외되거나 차별받는 것을 방지할 수 있다.	
핵심	• 일반 또래들이 참여하는 활동에 함께 참여하기 위하여 굳이 기술을 독립적으로 행할 수 있어야 할 필요가 없다는 것이 핵심이다. • 대신에 다른 형식을 통해서 기술의 기능을 행할 수 있는 조정이 적용될 수 있다. • 개별화된 조정은 특정 개인에게 적용될 수 있으며 특정한 학생이 생활연령에 적절하고 기능적인 활동에 적어도 부분적으로나마 참여할 수 있도록 하는 것이다(Baumgart). • 조정은 아래의 것들을 포함할 수 있다. – 의사소통 기기와 같은 '물품과 도구들' – 휠체어를 밀어주는 '개인적인 도움' – 바지를 벗기 위해 의자에 앉는 것과 같은 조정된 '기술 순서' – 놀이장소의 크기를 줄이는 것과 같은 '조정된 규칙' – 보조기구를 달고 팀 경기에 참여하는 것을 허락하는 '사회적인 태도의 조정'	
오류 유형	수동적 참여	장애를 가진 학생들이 자연스러운 환경에 배치되었으나 적극적으로 활동들에 참여하도록 허락하는 대신에, 또래들이 활동에 참여하는 것을 관찰하는 기회만 제공하는 것이다.
	근시안적 참여	교사가 교육과정의 관점들 중 한 가지 혹은 몇 가지만을 좁은 시야로 집중하고, 학생이 학습의 전반적인 기회들로부터 이득을 보지 못하도록 하는 것이다.
	단편적 참여	학생이 몇몇 활동들에 부정기적으로 참여하는 것을 말한다.
	참여기회 상실	학생이 독립적으로 활동을 하기 위해 너무 많은 시간과 노력을 기울이게 함으로써 학생으로 하여금 더 많은 수의 활동들에 참여할 기회를 상실하게 하는 것을 말한다.

24

2024. 초

(가)는 특수교사와 통합학급 교사가 실과 6학년 수업 계획에 대해 나눈 대화의 일부이고, (나)는 특수교사가 민우의 '프로그래밍 요소와 구조' 수업을 위해 만든 수업 자료의 일부이다. 물음에 답하시오. [6점]

(가)

통합학급 교사: 이번 수업에서는 간단한 음식 만드는 순서를 알고리즘과 함께 지도하고, 학생들이 코딩 연습을 해 보게 하려고요.

특 수 교 사: 좋은 생각입니다. 학생들이 재미있어 하겠어요.

통합학급 교사: 전자레인지로 간단한 음식 만들기 활동을 하려니 ㉠ <u>교차 오염이 걱정되어서, 학생들이 수업 전 자기점검법</u>을 사용하도록 해야겠어요.

자기점검표

점검내용	○/×
ⓐ	
그릇과 조리도구는 세척되었는지 확인했나요?	
전자레인지의 청결 상태를 확인했나요?	

… (중략) …

통합학급 교사: 민우가 움직임에 제한이 많아서 간단한 음식 만들기 활동에 참여할 수 있을지 고민이에요.

특 수 교 사: ㉡ <u>과제분석이 된 각 단계를 '완료되면 음식 꺼내기'부터 하나씩 배울 수 있도록 지도</u>하면 될 거예요.

[A] 그리고 민우가 전체 활동에 항상 동일하게 참여해야 하는 것은 아니에요. 민우가 최대한 독립적으로 참여할 수 있도록 각 단계를 조정해 주면, 민우가 적극적으로 참여할 수 있을 거예요. 민우가 전자레인지에 시간 설정하는 방법을 배우는 것은 의미 있을 것 같아요.

통합학급 교사: 그럼 ㉢ <u>다른 학생들이 간단한 음식 만들기를 하는 동안 민우는 시간 설정을 하기 위해 숫자 쓰기를 연습할 수 있도록 해야겠어요.</u>

특 수 교 사: 선생님, 그것은 적절한 활동이 아닌 것 같아요.

(나)

○ 전자레인지로 간단한 음식 만들기 활동 속에서 프로그램의 구조 익히기

① 전자레인지 문을 연다.	④ 시간을 설정한다.	[B]
② 음식을 넣는다.	⑤ 시작 버튼을 누른다.	
③ 전자레인지 문을 닫는다.	⑥ 완료되면 음식을 꺼낸다.	

○ 전자레인지로 간단한 음식 만들기 순서 나열하기

… (중략) …

○ 음식 만들기 로봇이 다음과 같이 움직이도록 블록을 조립하고 실행하기

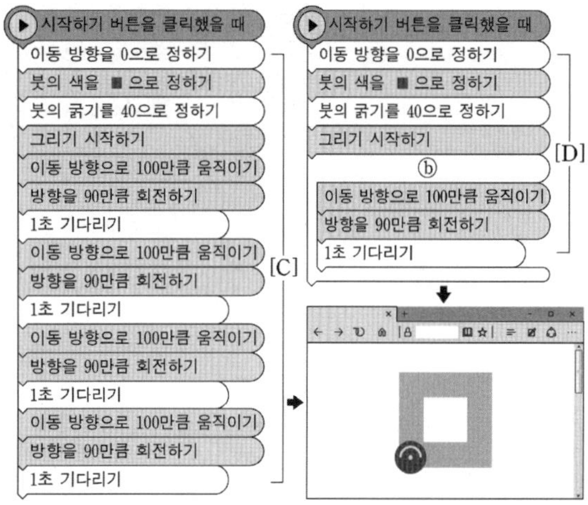

1) ① (가)의 ㉠에서 고려해야 할 ⓐ에 해당하는 예시를 1가지 쓰고, ② (나)의 [B]를 고려하여 (가)의 ㉡에 해당하는 행동 지도 방법의 명칭을 쓰시오. [2점]

①:

②:

2) ① (가)의 [A]에 해당하는 중도중복장애 학생의 교수 원리를 쓰고, ② [A]를 근거로 ㉢의 문제점을 1가지 쓰시오. [2점]

①:

②:

3) ① (나)에서 [C]에 적용된 프로그램의 구조를 쓰고, ② [D]의 ⓑ에 들어갈 명령어를 쓰시오(단, 필요한 경우 적합한 수를 넣어 명령어를 완성할 것). [2점]

①:

②:

핵심테마 체크 ✔

- 감각역치
- 촉구의 유형
- 시각적 지원
- 상징의 도상성

MY MEMO

25

정답 및 예시답안

○ ⓒ은 신체적 촉구이며, 학생 A는 낮은 촉각 역치를 보여 신체적 접촉에 민감할 수 있으므로 적절하지 않은 지도 방법이다.
○ ⓜ은 (행동 규칙에 대한) 시각적 지원(행동 규칙 스크립트)이다.
○ ⓗ은 도상성이다.

관련이론

✦ 촉구와 용암

촉구의 정의	• 바람직한 반응을 보일 수 있도록 도와주는 부가적인 자극 • 정확한 반응을 할 가능성을 증가시키는 데 사용되는 것		
촉구의 유형	반응촉구	• 언어적 • 자세(몸짓) • 신체적	• 시각적 • 모델링(시범) • 혼합된 촉구
	자극촉구	• 자극 내 촉구	• 자극 외 촉구
촉구의 용암	반응촉구 용암	• 도움감소법 • 촉구지연법	• 도움증가법 • 점진적 안내
	자극촉구 용암	• 자극촉구의 점진적 변화는 변별자극을 점차 분명하게 또는 점차 불분명하게 변화시키거나, 변별자극에 추가적 단서를 주는 것	

✦ 자폐학생을 위한 시각적 지원

- 시각적 지원은 자폐성장애 학생의 독특한 학습 및 사회적 요구에 부합하는 지원
- 시각적 지원은 너무 많은 언어적 정보처리과정이 요구될 때 초래될 수 있는 혼란과 불안을 감소시킴
- 관련 구체적 정보를 제공하며, 무엇을 해야 하는지, 어떻게 말해야 하는지를 구체적으로 상기시킬 수 있는 단서를 제공하고, 독립적으로 수행할 수 있는 기회를 제공
- 시각적 전략
  - 시각단서 교수
  - 미리 보여주기(프라이밍)
  - 활동 시간표
  - PECS
  - 상황이야기
  - 그래픽 조직자
  - 두문자어 사용
  - 짧은만화대화
  - 파워카드
  - 비디오 모델링

✦ 상징의 도상성

- 보통 독립적인 의미의 명쾌함 정도라고 할 수 있는 도상성에 따라 분류
- 도상성에 따라 분류하면 사진과 실물은 어떠한 추가 정보가 없더라도 그 의미가 명확하기 때문에 '투명'하고, 문자는 글을 읽을 수 있는 사람만 이해할 수 있기 때문에 '불투명'한 것으로 간주. 선화는 의미가 명확할 수도 있고 불명확할 수도 있기 때문에 '반투명'함

25

2024. 중
★답안작성

(가)는 중복장애 학생 A에 대한 담임 교사와 수석 교사의 대화이고, (나)는 학생 A를 위한 학급 규칙 자료이다. 〈작성 방법〉에 따라 서술하시오. [4점]

(가) 담임 교사와 수석 교사의 대화

> 담임 교사: 학생 A는 지체장애와 자폐성장애를 같이 가지고 있는데, 낮은 촉각 역치를 보입니다. 학생 A에게 손 씻기를 지도하는데 어떤 방법으로 지도할까요?
>
> 수석 교사: 다양한 방법으로 지도할 수 있습니다. ㉠ <u>세면대 거울에 손 씻는 단계 그림을 붙여서 학생 A에게 손 씻기를 지도할</u> 수 있고, ㉡ <u>손을 씻어야 한다는 의미로 선생님이 손으로 수도꼭지를 살짝 건드려서 학생 A에게 손 씻기를 알려 줘도</u> 됩니다. 그리고 다른 방법으로는 ㉢ <u>학생 A가 손을 씻을 수 있도록 손목을 잡아 줄 수 있으며</u>, ㉣ <u>선생님이 손을 씻는 모습을 학생 A에게 보여 주고 학생 A가 이를 모방하도록</u> 할 수도 있습니다.
>
> 담임 교사: 잘 알겠습니다. 그러면 학생 A에게 학급 규칙을 어떻게 지도해야 할까요?
>
> 수석 교사: 학생 A는 규칙을 언어적으로 이해하는 데 어려움이 있으니, 학생이 지켜야 할 학급 규칙을 그림으로 제시하는 (㉤)의 방법으로 지도해 보세요. 이것은 교사가 학생에게 기대하는 행동에 대한 구체적인 목표가 있을 때 효과적인 방법입니다.
>
> 담임 교사: 그렇게 하면 학생 A에게 다른 규칙도 지도할 수 있겠네요.
>
> 수석 교사: 네, 학생의 수준에 맞는 다양한 그림이나 상징으로 지도할 수 있어요.
>
> 담임 교사: 그러면 어떤 기준으로 그림이나 상징을 선택하면 좋을까요?
>
> 수석 교사: 학생의 수준에 맞게 ㉥ <u>그림이나 상징을 보고 그것이 나타내는 것이 무엇인지 알 수 있는 정도</u>를 고려해서 선택하면 좋겠어요.

(나) 학생 A를 위한 학급 규칙 자료

우리 학급 규칙

작성방법

- (가)의 밑줄 친 ㉠~㉣ 중 학생 A에게 적절하지 않은 지도 방법을 1가지 찾아 기호와 그 명칭을 쓰고, 그 이유를 1가지 서술할 것
- (가)의 괄호 안의 ㉤에 해당하는 용어를 (나)를 참조하여 쓸 것
- (가)의 밑줄 친 ㉥에 해당하는 용어를 쓸 것

핵심테마 체크 ✔

- 시간의 구조화
- 학습의 단계

MY MEMO

26

정답 및 예시답안

1) 비참여적 행동
2) ㉡ 유형
   ㉢ 양
3) 시각적 일과표
4) ㉤ 숙달

관련이론

✦ 시각적 일과표의 활용

- 시간의 구조화를 확립하는 대표적인 방법은 시각적 일과표의 활용이다. 시각적 일과표는 학생의 독립성을 향상시키고 교사의 지속적 감독과 지원에 대한 요구를 줄여 줄 수 있다.
- 시각적 일과표는 하루의 대부분, 하루 전체, 일주일, 한 달, 또는 일 년에 관한 정보를 제공하는 일정에 관한 대표적인 시각적 지원이다.
- 시각적 일과표를 통해 학생은 해당 일의 활동을 순서에 맞게 진행할 수 있고 시간 구조와 환경적 배열을 이해할 수 있다.
- 시각적 일과표에서 제시되는 상징의 유형은 다양하다. 낮은 수준인 몸짓에서부터 실제 크기 사물, 소형 모형 사물, 사진, 컬러 그림, 흑백 선 그림, 단어, 문장이나 구절, 수화 아이콘의 높은 수준까지 시각적 표상의 수준은 다양하다.
- 시각적 일과표를 활용하여 학생 스스로 일과를 점검하고 조정할 수 있도록 지도하면 이후 독립적 기능 수행을 촉진하는 데 도움이 된다.
- 시각적 일과표는 다양한 정보를 매우 효과적으로 전달한다.
- 시각적 일과표는 구조를 제공하고 프리맥 원리가 적용될 수 있으며, 시간에 관한 교수가 가능하고, 예측과 선택을 학습할 수 있으며, 독립심을 증진시킬 수 있고, 일과와 관련한 담화를 강화할 수 있으며, 학생의 시각적 강점을 활용하는 장점을 가지고 있다.
- 자폐성장애 학생을 위한 시각적 일과표를 개발할 때, 학생의 요구와 강점에 근거하여 시각적 제시 수준, 시각적 제시 배열, 학생의 참여 정도를 결정해야 한다.
- 시각적 일과표는 학생이 어떠한 활동을 해야 하는지, 그날에 해야 하는 활동의 순서는 어떻게 되는지를 구체적으로 알 수 있도록 조직된 것이다. 잘 조직된 시각적 일과표는 학생이 독립적으로 수행하고 활동 간 전이/전환을 할 수 있고 보다 더 유연해져서 변화를 수용할 수 있게 한다.

26

2015. 유

다음은 발달지체 유아 지우에 대해 통합학급 김 교사와 특수학급 박 교사가 나눈 대화 내용이다. 물음에 답하시오. [5점]

> 김 교사: 선생님, 지우 때문에 의논드리고 싶은 일이 있어요. 오늘 ㉠ <u>친구들이 역할놀이 영역에서 집안 꾸미기를 하는데, 지우는 목적 없이 교실을 돌아다니기만 해요. 제가 놀이하는 모습을 보여 주려고 해도 쳐다보지 않아요.</u>
> 박 교사: 그렇다면 지우의 참여 행동을 구체적으로 점검해 봐야 할 것 같아요. 참여 행동을 진단하려면 맥윌리엄(R. McWilliam)의 이론에 따라 참여 수준과 함께 (㉡)와(과) (㉢)을(를) 살펴보는 게 좋겠어요.
> 김 교사: 네, 그래야 할 것 같아요. 또 지우는 한 활동이 끝나고 다른 활동으로 전이하는 것도 힘들어하는 것 같아요.
> 박 교사: 그러면 ㉣ <u>지우에게 그림 일과표를 보여 주세요. 활동을 마칠 때마다 그림 카드를 떼어 다음 활동을 알 수 있도록 하면 좋을 것</u> 같아요.
> 김 교사: 아! 그러면 지우의 참여 행동에 도움이 될 수 있겠네요. 참여를 해야 비로소 학습이 시작되고, 그래야 학습한 내용을 습득할 수 있겠지요. 그 다음에 (㉤), 유지와 일반화가 이루어지므로 참여가 중요한 것 같아요.

1) ㉠에 나타난 지우의 활동 참여 수준을 맥윌리엄(R. McWilliam)의 이론에 근거하여 쓰시오. [1점]

2) ㉡과 ㉢에 해당하는 참여 요소를 쓰시오. [2점]

㉡:

㉢:

3) ㉣에서 박 교사가 물리적 환경을 구조화하기 위해 제안한 방법 1가지를 쓰시오. [1점]

4) ㉤에 들어갈 내용을 학습 단계에 근거하여 쓰시오. [1점]

㉤:

핵심테마 체크 ✔

• TEACCH

MY MEMO

27

정답 및 예시답안

④

알찬 지문풀이

- ① 각각의 조립 순서를 그림으로 상세히 제시한다. ➡ 과제의 조직화
- ② 사무용 칸막이를 이용하여 별도의 작업 공간을 정해 준다. ➡ 물리적 조직화
- ③ 각 시간대별 활동 계획표를 작성해 주어 다음 작업을 예측할 수 있도록 한다. ➡ 시각적 계획표
- ⑤ 작업대 위에 견본 한 개와 일일 작업량만큼의 부품들을 올려놓고 작업대 옆 완성품을 담는 상자에 작업 수당에 해당하는 액수를 적어 놓는다. ➡ 작업체계

관련이론

✦ TEACCH

- 구조화된 교수의 원리 및 전략을 체계적으로 적용한 대표적인 프로그램의 예로 TEACCH를 들 수 있다. 1990년대에 TEACCH 프로그램 전문가들은 자폐 문화라 불리는 자폐성장애의 이론적 개념화를 이루고 이러한 개념화를 통해 도출된 구조화된 교수라 불리는 교육적 접근을 개발하였다.

물리적 구조화	• 물리적 구조화는 학생이 어디에 있어야 하는지 그리고 거기서 해야 하는 과제와 활동이 무엇인지에 대한 정보를 제공한다. • 분명한 특정 경계를 제시하는 것과 같은 예측 가능한 방법으로 학생이 해야 할 활동을 알려 주는 시각 정보를 제공한다.
일과의 구조화	• 일과의 구조화는 하루에 일어나는 일의 계열을 조직하고 의사소통을 위해 일과를 구조화하는 것이다. • 주로 일과표(schedule)의 개발과 활용을 통해 이루어진다. • 학생은 일과표를 통해 자신이 언제 무슨 과제 또는 활동을 할 것인지를 알 수 있다. 이는 언제 활동이 일어날 것인지, 다음에 어떤 활동을 할 것인지, 자신이 좋아하는 활동은 언제 일어날 것인지 등에 관한 정보를 제공한다. • 시각적 일과표는 활동의 예측 가능성을 제공하므로 학생의 불안 감소에 도움이 된다. • 일과표의 가장 중요한 특징은 학생에게 시각적이고 의미 있는 정보를 제공하며 변경 또는 갱신이 용이하다는 점이다.
과제 조직	• 개별과제 조직은 학생이 수행할 과제의 자료를 조직하는 것으로, 학생이 해야 하는 과제가 무엇인지, 어떻게 과제를 수행해야 하는지, 얼마 동안 과제를 해야 하는지, 얼마나 많은 과제를 해야 하는지, 과제를 완수할 때까지 자신의 수행을 어떻게 점검할 수 있는지, 과제의 완성을 어떻게 확인할 수 있는지, 다음에 해야 하는 것이 무엇인지에 관한 정보를 시각적 지원을 활용하여 학생에게 제공하는 것이다. • 시각적 지원은 이러한 조직화된 개별과제를 지도하는 데 필수 요소이다. 시각적 지원을 통해 학생이 과제 완성 전략을 학습하고 무엇을 성취해야 하는지를 명확하게 학습할 수 있다.
작업 시스템	• 개별 작업 시스템이라고도 하는 구조화된 작업 시스템은 교사의 직접적인 지도와 감독을 통해 습득된 개별과제를 연습하거나 숙달하는 시각적으로 조직화된 공간을 의미한다. • 작업 시스템의 목적은 학생에게 독립적으로 작업하는 것을 지도하는 것이다. 이는 학생이 어떤 활동을 독립적인 작업 영역에서 수행해야 하는지를 알게 해 준다. • 작업 시스템은 학생이 해야 하는 작업(어떤 작업을 수행해야 하는지), 해야 하는 작업의 양(얼마나 많은 작업을 해야 하는지), 작업이 종료되는 시점(작업은 언제 끝나는지)에 관한 정보를 제공한다.

핵심테마 체크 ✔

• TEACCH

MY MEMO

28

정답 및 예시답안

○ ㉠은 일과의 구조화(시각적 일과표 등), ㉡은 물리적 조직화(물리적 구성 등)이다.
○ ㉢을 적용하기 위한 과제는 교사의 직접적인 지도와 감독을 통해 습득된 개별과제이다.
○ ㉣은 '작업은 언제 끝나는가?'(작업이 종료되는 시점에 대한 정보)이다.

고득점 답안 비법 ✰ 과제 조건의 핵심은 '습득'된 과제라는 것임. 작업체계는 습득한 기술을 유창하게 숙달할 수 있도록 독립적으로 작업하는 것을 지도하는 것

✰ ㉣에 해당하는 내용의 핵심은 '작업이 종료되는 시점'에 대한 내용이나, 제시된 예문과 유사하게 질문의 형태로 서술하는 것이 바람직함

27

2011. 중

김 교사는 전공과에서 직업교육을 받고 있는 자폐성장애 학생의 작업환경 조정을 위하여 구조화된 교수(TEACCH) 프로그램을 적용하려고 한다. 김 교사가 적용하려는 프로그램의 4가지 주요 요소에 해당하는 내용으로 적절하지 않은 것은?

① 각각의 조립 순서를 그림으로 상세히 제시한다.
② 사무용 칸막이를 이용하여 별도의 작업 공간을 정해 준다.
③ 각 시간대별 활동 계획표를 작성해 주어 다음 작업을 예측할 수 있도록 한다.
④ 일과가 끝나면 작업 내용에 대하여 토의하고 다음날의 작업에 대하여 학생에게 설명한다.
⑤ 작업대 위에 견본 한 개와 일일 작업량만큼의 부품들을 올려놓고 작업대 옆 완성품을 담는 상자에 작업 수당에 해당하는 액수를 적어 놓는다.

28

2021. 중
★답안작성

다음은 자폐성장애 학생 D를 지원하기 위한 TEACCH (Treatment and Education of Autistic and Related Communication Handicapped Children)의 구조화된 교수 요소이다. 〈작성 방법〉에 따라 서술하시오. [4점]

〈구조화된 교수 요소〉

교수 요소	교사가 학생에게 제공해야 할 정보
(㉠)	• 어떤 활동이 어떤 순서로 일어나는가?
과제 구성	• 무엇을 해야 하는가? • 얼마나 많은 항목을 해야 하는가? • 최종 결과물은 어떠한 것인가?
(㉡)	• 특정 활동을 어디서 해야 하는가? (글, 상징, 사진 등의 시각적 단서 제공)
㉢ 작업 체계	• 수행해야 할 작업은 무엇인가? • 어느 정도 많은 작업을 해야 하는가? • (㉣)

작성방법

- 괄호 안의 ㉠, ㉡에 들어갈 교수 요소의 명칭을 순서대로 쓸 것
- 밑줄 친 ㉢을 적용하기 위한 과제로 선정될 수 있는 조건을 1가지 서술하고, 괄호 안의 ㉣에서 제공해야 할 정보를 1가지 제시할 것

핵심테마 체크 ✔

- 점진적 시간지연
- TEACCH

MY MEMO

29

정답 및 예시답안

1) ① 점진적 시간지연
   ② 학생 스스로 반응할 수 있는 기회를 제공한다.
2) 한 바구니에는 수행할 학습지를 제공하고, 완성한 학습지는 다른 한 바구니에 담도록 한다.
3) 사진 또는 컬러선화[흑백선화보다 구체적인(도상성이 높은) 시각적 단서는 모두 가능]
4) ① 기본적 사회기술
   ② 실천영역

관련이론

✦ TEACCH

- 구조화된 교수의 원리 및 전략을 체계적으로 적용한 대표적인 프로그램의 예로 TEACCH를 들 수 있다. 1990년대에 TEACCH 프로그램 전문가들은 자폐 문화라 불리는 자폐성장애의 이론적 개념화를 이루고 이러한 개념화를 통해 도출된 구조화된 교수라 불리는 교육적 접근을 개발하였다.
- 분명히 짚고 넘어가야 하는 것은 TEACCH는 자폐성장애 학생의 학습참여를 지원하기 위해 교수 환경의 구조화를 체계적으로 적용한 대표적인 사례인 것이지 TEACCH의 구성요소가 구조화된 교수의 전부가 아님을 분명히 이해해야 한다는 점이다.

물리적 구조화	• 물리적 구조화는 학생이 어디에 있어야 하는지 그리고 거기서 해야 하는 과제와 활동이 무엇인지에 대한 정보를 제공한다. • 분명한 특정 경계를 제시하는 것과 같은 예측 가능한 방법으로 학생이 해야 할 활동을 알려 주는 시각 정보를 제공한다. • 학생의 주의집중 분산이나 감각자극의 과부화를 유발할 수 있는 환경적 요소를 줄여 준다. • 물리적 구조화는 환경적 지원 중 물리적 지원에 해당한다고 볼 수 있다.
일과의 구조화	• 일과의 구조화는 하루에 일어나는 일의 계열을 조직하고 의사소통을 위해 일과를 구조화하는 것이다. • 주로 일과표(schedule)의 개발과 활용을 통해 이루어진다. • 학생은 일과표를 통해 자신이 언제 무슨 과제 또는 활동을 할 것인지를 알 수 있다. 이는 언제 활동이 일어날 것인지, 다음에 어떤 활동을 할 것인지, 자신이 좋아하는 활동은 언제 일어날 것인지 등에 관한 정보를 제공한다. • 시각적 일과표는 활동의 예측 가능성을 제공하므로 학생의 불안 감소에 도움이 된다. • 일과표의 가장 중요한 특징은 학생에게 시각적이고 의미 있는 정보를 제공하며 변경 또는 갱신이 용이하다는 점이다. • 일과의 구조화는 시간적 지원에 해당한다고 볼 수 있다.
과제 조직	• 개별과제 조직은 학생이 수행할 과제의 자료를 조직하는 것으로, 학생이 해야 하는 과제가 무엇인지, 어떻게 과제를 수행해야 하는지, 얼마 동안 과제를 해야 하는지, 얼마나 많은 과제를 해야 하는지, 과제를 완수할 때까지 자신의 수행을 어떻게 점검할 수 있는지, 과제의 완성을 어떻게 확인할 수 있는지, 다음에 해야 하는 것이 무엇인지에 관한 정보를 시각적 지원을 활용하여 학생에게 제공하는 것이다. • 시각적 지원은 이러한 조직화된 개별과제를 지도하는 데 필수 요소이다. 시각적 지원을 통해 학생이 과제 완성 전략을 학습하고 무엇을 성취해야 하는지를 명확하게 학습할 수 있다.
작업 시스템	• 개별 작업 시스템이라고도 하는 구조화된 작업 시스템은 교사의 직접적인 지도와 감독을 통해 습득된 개별과제를 연습하거나 숙달하는 시각적으로 조직화된 공간을 의미한다. • 작업 시스템의 목적은 학생에게 독립적으로 작업하는 것을 지도하는 것이다. 이는 학생이 어떤 활동을 독립적인 작업 영역에서 수행해야 하는지를 알게 해 준다. • 작업 시스템은 학생이 해야 하는 작업(어떤 작업을 수행해야 하는지), 해야 하는 작업의 양(얼마나 많은 작업을 해야 하는지), 작업이 종료되는 시점(작업은 언제 끝나는지)에 관한 정보를 제공한다.

29 | 2016. 초

다음은 자폐성장애 학생을 지도하기 위해 작성한 '2011 개정 특수교육 교육과정' 중 기본 교육과정 사회과 1~2학년군 '마음을 나누는 친구' 단원의 교수·학습 과정안의 일부이다. 물음에 답하시오. [6점]

<table>
<tr><td>단원</td><td>마음을 나누는 친구</td><td>제재</td><td>친구의 표정을 보고 마음 알기</td></tr>
<tr><td>단계</td><td>교수·학습 활동</td><td colspan="2">자료(재) 및 유의 사항 (유)</td></tr>
<tr><td>전개</td><td>〈활동 1〉
• 같은 얼굴표정 그림카드끼리 짝짓기
• 같은 얼굴표정 상징카드끼리 짝짓기

〈활동 2〉
• 같은 얼굴표정 그림카드와 상징카드를 짝짓기
• 학습지 풀기

〈활동 3〉
…(생략)…</td><td colspan="2">재 얼굴표정 그림카드

얼굴표정 상징카드

재 ㉠ <u>바구니 2개, 학습지 4장</u>
유 (㉡)
재 〈학습 활동 순서〉
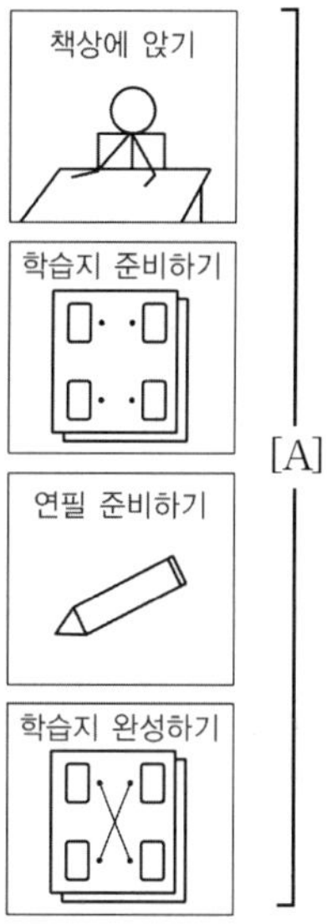
유 ㉢ <u>학생이 학습 활동 순서에 따라 학습지를 완성할 수 있도록 시각적 단서를 제공한다.</u></td></tr>
<tr><td>정리 및 평가</td><td>• 학습 내용 정리하기
• 형성 평가: 실제 학교생활에서 친구의 얼굴을 보며 친구의 마음을 표정으로 표현하기</td><td colspan="2">유 ㉣ <u>학생의 일상생활 및 학교생활 등 실제 생활 장면과 연계하는 다양한 평가 방법을 활용한다.</u></td></tr>
</table>

1) 다음은 교사가 <활동 1>에서 학생이 촉진 없이 스스로 같은 얼굴표정 상징카드끼리 짝지을 수 있도록 가르치기 위해 사용하려는 전략의 예이다. ① 이 전략이 무엇인지 쓰고, 이 전략을 사용할 때 ② 기대할 수 있는 효과를 쓰시오. [2점]

> • 교사는 "같은 얼굴표정 상징카드끼리 짝지어 보세요."라고 말한 후 바로 촉진을 제공한다. 학생이 정반응을 보이면 강화한다. 정해진 수행 기준을 달성하면 다음으로 넘어간다.
> • 교사는 "같은 얼굴표정 상징카드끼리 짝지어 보세요."라고 말한 후 3초간 학생의 반응을 기다린다. 학생이 반응을 보이지 않으면 그때 촉진을 제공한다. 학생이 정반응을 보이면 강화한다. 정해진 수행 기준을 달성하면 다음으로 넘어간다.
> • 교사는 "같은 얼굴표정 상징카드끼리 짝지어 보세요."라고 말한 후 7초간 학생의 반응을 기다린다. 학생이 반응을 보이지 않으면 그때 촉진을 제공한다. 학생이 정반응을 보이면 강화한다. 정해진 수행 기준을 달성하면 다음으로 넘어간다.
> …(하략)…

①:

②:

2) 교사가 <활동 2>에서 '자폐성장애와 관련 의사소통장애 아동의 중재와 교육(TEACCH)'의 구성 요소 중 하나인 '작업 체계(work system)'를 적용하려고 한다. ㉠을 활용하여 ㉡에 들어갈 유의 사항의 예를 쓰시오. [1점]

3) 교사는 ㉢을 위해 [A]와 같은 흑백 선화를 활용하였다. 학생이 [A]의 <학습 활동 순서>에 따라 학습 활동을 스스로 하지 못하자, 교사는 다른 시각적 단서를 제공하고자 한다. 이때 교사가 제공할 수 있는 시각적 단서의 예를 도상성 수준을 고려하여 1가지 쓰시오. [1점]

4) '2011 개정 특수교육 교육과정' 중 기본 교육과정 사회과 '평가 목표와 내용'에 근거하여 ㉣에 해당하는 평가 영역 2가지를 쓰시오. [2점]

①:

②:

핵심테마 체크 ✔

- DTT의 기본 요소
- 강화계획
- 변별자극과 자극통제

MY MEMO

30

정답 및 예시답안

1) ① 노란색 주세요.
   ② 동물 스티커 제공
2) ① 계속강화(연속강화)
   ② 습득된 행동을 유지시키기 위해 ⓒ의 강화 스케줄을 사용한다.
3) 변별자극이 제시될 때마다 같은 행동 반응을 보이는 자극통제를 위해서이다, 변별자극에 대해 동일한 반응이 나타날 수 있도록 하기 위해 일관성 있는 자극을 사용하는 것이다 등

관련이론

✦ 비연속개별시도훈련(DTT)

개념	• 특정 기술을 가르치기 위해 구조화된 환경 내에서 'ABA 원리를 강력하게 적용하는 것' • 긍정적 학습 성과가 바람직한 행동과 강화 간의 즉각성을 증진시키고, 강화물의 가치를 높이며, 식별자극이 명확할 때 이루어질 수 있다는 이론적 기초에 기반	
목표	• 지시하면 반응하지만, 지시하지 않으면 반응하지 않는 것을 가르치는 것(자극 의존성)	
적용 전 고려사항	• 교수자는 교수환경을 통제할 수 있어야 함 • 아동의 기술 수준을 충분히 이해하고 있어야 함 • 동기 유지를 위해 다양한 전략을 사용함	
기본요소	주의집중	• 시행을 시작하기 위해서는 학생의 주의를 끌어야 함. 그렇지 않으면 학생이 자극을 놓칠 수 있음
	자극제시	• 교수 혹은 지시 • 일관성, 간결성, 명확성이 있는 자극제시
	촉진	• 자극의 제공과 동시 또는 자극 제공 후 바로 교사는 학생이 변별자극에 올바르게 반응하도록 지원
	학생반응	• 차별자극을 제시한 다음에 학생반응을 기다림 • 단지 3가지 반응만이 가능: 정반응, 오반응, 무반응
	후속결과	• 학생의 반응에 따라 후속결과를 제공 – 정반응 → 피드백으로 강화 제공 – 오반응이나 무반응 → 지시에 반응하도록 촉구함으로써 피드백으로 오류를 수정
	시행 간 간격	• 후속자극을 제시한 후에 교사는 대략 1~5초 정도의 간격을 두고, 다음 개별시행의 단서를 제공 • 강화를 제공하거나 기록을 하는 짧은 간격
비연속 시행의 유형	집중시행	• 기술을 빨리 가르치는 데 효과적 • 정보를 빨리 잃어버리는 경향, 연속해서 같은 반응을 여러 번 요구했을 때 불순종, 공격 등의 행동 우려
	분산시행	• 학습한 반응은 시간이 지나도 유지되는 것 • 학습하는 데 오래 걸릴 수 있음
	집단시행	• 스포트라이트의 공유 • 다른 사람으로부터 배우는 것을 허용 • 모델링으로 얻는 이익을 허용 • 학생에게 직접 질문하지 않으면 주의를 기울이지 않음 • 일부 학생들은 다른 사람이 하는 것을 이해하지 못해서 모델링으로부터 배우지 못함
특징	• 구조화된 환경에서 교사가 중심이 되어 가르친 기술은 일반화를 위하여 좀 더 자연적인 환경으로 확장시킬 필요가 있음 • 주로 새로운 기술을 습득시킬 때나 시작하는 기술을 가르치기 시작할 때 사용 • 개별시행이 매우 짧기 때문에 학생이 많은 학습기회를 가질 수 있음 • 학생의 개별적인 요구에 맞게 교수수정을 할 수 있음 • 개별시행의 시작점과 종료점이 매번 명확하고 구성요소가 분명하고 간략	
제한점	• 분명한 단서 없이 행동을 시작하는 것은 학습하지 못함 • 획득한 기술을 다른 환경으로 전이시키지 못할 수 있음 • 학생과 개별적으로 상호작용하고 지속적으로 단서를 제공해야 한다는 점에서 매우 노동집약적인 방법	

30

2022. 유
★답안작성

다음은 통합학급 김 교사와 유아특수교사 박 교사가 나눈 대화의 일부이다. 물음에 답하시오. [5점]

박 교사: 선생님, 유아들이 '색깔 빙고놀이'와 같은 색 관련 놀이를 자주 하는데 수미가 색을 구분하지 못해서 놀이 참여에 어려움이 있는 것 같아요.

김 교사: 네. 요즘 수미가 친구들과 함께 하는 놀이에 관심을 보이기 시작하니 색깔을 잘 구분해서 즐겁게 놀이에 참여할 수 있도록 지원해야겠어요. 그런데 놀면서 자연스럽게 색깔을 알도록 하기에는 한계가 있는 것 같아요.

박 교사: 네. 수미가 놀이 속에서 자연스럽게 알게 되면 참 좋겠지만, 필요한 경우에는 비연속시행교수와 같이 구조화된 중재 방법을 적용해서 새로운 행동을 습득하도록 지도할 수 있어요.

김 교사: 그러면 수미가 노랑반이 되었으니 노란색부터 알게 하고 싶은데 비연속시행교수는 어떻게 하는 건가요?

박 교사: 먼저, 파란색 블록과 노란색 블록을 수미 앞에 놓고 선생님이 "수미야!"하고 부른 후, "선생님 보세요."라고 말해요. 그 다음 "노란색 주세요."라고 해요. 수미가 제대로 노란색을 주는 정반응을 보이면 바로 "잘했어요."라고 칭찬하면서 수미가 좋아하는 동물 스티커를 주면 돼요. [A]

김 교사: 동물 스티커는 매번 주어야 하나요?

박 교사: 네. 새로운 행동을 습득하는 초기에는 ㉠ 수미가 정반응을 할 때마다 동물 스티커를 주세요. 그러다가 수미가 습득 기준에 도달하면 점차 강화 스케줄을 변경하시면 됩니다. ㉡ 예를 들어, 정반응이 세 번 나올 때마다 혹은 평균 세 번 정반응이 나타날 때 동물 스티커를 주는 거죠.

김 교사: 그 외에 또 유의할 점은 없을까요?

박 교사: 이 방법을 적용하는 초기에는 동일한 변별자극을 사용해야 해요. [B]

1) [A]에서 비연속시행교수(Discrete Trial Training : DTT) 구성 요소 중 ① 변별자극과 ② 후속결과를 찾아 각각 쓰시오. [2점]

①:

②:

2) ① ㉠에 해당하는 강화 스케줄이 무엇인지 쓰고, ② ㉡과 같은 강화 스케줄을 사용하는 이유를 1가지 쓰시오. [2점]

①:

②:

3) 박 교사가 [B]와 같이 설명한 이유를 1가지 쓰시오. [1점]

핵심테마 체크 ✓

- 비연속시행훈련(DTT)
- 중심축 반응훈련(PRT)
- 촉구지연법

MY MEMO

31

정답 및 예시답안

○ ㉠은 반응기회기록법(통제제시기록법)이다.
○ ㉡은 촉진의 형태가 바뀌는 것이 아니라, 촉진하는 시간을 바꿔가는 것이라는 특성이 있다.
○ ㉢을 할 때 학생 J에게 활동에 대한 선택권을 제공하고, ㉣을 할 때 질문에 대한 모든 응답에 칭찬을 하여 시도에 대해 강화한다.
○ ㉤을 할 때 학생 J에게 조리 도구의 용도를 모를 때 스스로 질문하는 것을 지도한다.

관련이론

✦ 촉구지연법

- 도움감소법이나 도움증가법은 촉구 자체의 형태가 바뀌는 것인데, 촉구지연법은 촉구 자체의 형태가 바뀌는 다른 용암 형식과는 달리 촉구하는 시간을 바꿔가는 것이다.
- 자극이 제시된 후에 촉구를 제시하기까지의 시간을 지연시킴으로써 촉구에서 변별자극으로 자극통제를 전이하는 것이다.
- 도움감소법이나 도움증가법은 아동의 반응 뒤에 반응촉구가 주어지지만, 촉구지연법은 아동의 반응 전에 반응촉구가 주어진다. 따라서 처음에는 0초 간격으로 변별자극과 동시에 반응촉구를 제시한다. 이런 동시촉구를 몇 차례 시행해야 하는지에 대한 기준은 없고, 과제가 얼마나 어려운지 아동의 능력이 어느 정도인지에 따라 결정할 수 있다. 그다음에는 점진적으로 촉구를 지연하는 시간을 보통 1초 간격으로 늘려간다. 그러므로 아동은 대부분 반응하기 전에 반응촉구를 받게 된다.

✦ 비연속시행훈련(DTT)

개념		• 특정 기술을 가르치기 위해 구조화된 환경 내에서 'ABA 원리를 강력하게 적용하는 것' • 긍정적 학습 성과가 바람직한 행동과 강화 간의 즉각성을 증진시키고, 강화물의 가치를 높이며, 식별자극이 명확할 때 이루어질 수 있다는 이론적 기초에 기반
목표		• 지시하면 반응하지만, 지시하지 않으면 반응하지 않는 것을 가르치는 것(자극 의존성)
적용 전 고려사항		• 교수자는 교수환경을 통제할 수 있어야 함 • 아동의 기술 수준을 충분히 이해하고 있어야 함 • 동기 유지를 위해 다양한 전략을 사용함
기본요소	주의집중	• 시행을 시작하기 위해서는 학생의 주의를 끌어야 함. 그렇지 않으면 학생이 자극을 놓칠 수 있음
	자극제시	• 교수 혹은 지시 • 일관성, 간결성, 명확성이 있는 자극제시
	촉진	• 자극의 제공과 동시 또는 자극 제공 후 바로 교사는 학생이 변별자극에 올바르게 반응하도록 지원
	학생반응	• 차별자극을 제시한 다음에 학생반응을 기다림 • 단지 3가지 반응만이 가능: 정반응, 오반응, 무반응
	후속결과	• 학생의 반응에 따라 후속결과를 제공 – 정반응 → 피드백으로 강화 제공 – 오반응이나 무반응 → 지시에 반응하도록 촉구함으로써 피드백으로 오류를 수정
	시행 간 간격	• 후속자극을 제시한 후에 교사는 대략 1~5초 정도의 간격을 두고, 다음 개별시행의 단서를 제공 • 강화를 제공하거나 기록을 하는 짧은 간격

✦ 중심축 반응훈련(PRT)의 중심축 반응_동기, 자기주도

동기	• 동기유발 요소 ① 선택 기회 제공하기 ② 기존에 학습하였던 내용과 새로운 내용을 같이 제시하기 ③ 아동의 시도 강화하기 ④ 자연적이고 직접적인 강화 제공하기 • 동기유발 방법 ① 학습자의 관심 유발하기 ② 함께 조절하기 ③ 학습자의 선택 활용하기 ④ 다양한 활동·다양한 교재·다양한 반응 활용하기 ⑤ 습득한 과제와 유지과제 같이 사용하기 ⑥ 아동의 시도 강화하기 ⑦ 직접적이고 자연적인 강화 사용하기
자기주도	• 자발적으로 시작행동을 하는 것 • 사회적 상황에서 상호작용 대상자에게 먼저 말을 걸거나 몸짓으로 의사소통을 시도하는 행동 등 • 다른 사람에게 질문하는 것은 중요한 시작행동의 예

31 2019. 중 ★답안작성

(가)는 자폐성장애 학생 J를 위한 기본 교육과정 고등학교 과학과 '주방의 전기 기구' 수업 지도 계획의 일부이고, (나)는 '주방의 조리 도구' 수업 지도 계획의 일부이다. <작성 방법>에 따라 서술하시오. [5점]

(가) '주방의 전기 기구' 수업 지도 계획

학습 목표	주방에서 사용하는 전열기의 이름을 안다.
〈비연속 시행 훈련(DTT) 적용〉 • ㉠ 수업 차시마다 주방 전열기 사진 5장을 3번씩 무작위 순서로 제시하여 총 15번의 질문에 학생이 바르게 답하는 빈도를 기록함 – ㉡ 점진적 시간 지연법을 이용함	〈유의 사항〉 • 학생이 선호하는 강화제 사용 • 학생에게 익숙한 주방 전열기 사진 제시

(나) '주방의 조리 도구' 수업 지도 계획

학습 목표	여러 가지 조리 도구의 용도를 안다.
〈중심축 반응 훈련(PRT) 적용〉 • ㉢ '조리 도구 그리기', '인터넷을 통해 조리 도구 알아보기', '조리 도구 관찰하기' 활동을 준비하여 지도함 • ㉣ 조리 도구의 용도를 묻는 질문에 답하도록 지도함 • ㉤ 조리 도구의 용도를 모를 때 학생이 할 수 있는 행동을 지도함	〈유의 사항〉 • 학생이 할 수 있는 다른 활동과 함께 제시 • 자연스러운 강화제 사용 • 다양한 활동, 자료, 과제량 준비

작성방법

- 밑줄 친 ㉠에서 사용한 사건(빈도)기록법의 유형을 쓰고, '촉진의 형태가 바뀌는 용암 체계'에 비해 밑줄 친 ㉡이 갖는 특성 1가지를 서술할 것
- 밑줄 친 ㉢과 ㉣을 할 때 '동기' 반응을 향상시키기 위한 방법을 순서대로 서술할 것 (단, <유의 사항>에서 제시된 방법을 제외할 것)
- 밑줄 친 ㉤을 할 때 교사가 가르칠 내용을 '자기주도(self-initiation)' 반응 측면에서 서술할 것

핵심테마 체크 ✔

- 중심축 반응훈련(PRT)
- 상황이야기

MY MEMO

32

정답 및 예시답안

⑤

알찬 지문풀이

- ㄱ. 특정한 사회적 상황과 그에 대한 적절한 반응을 설명해 주는 이야기를 지도한다. ➡ 상황이야기

관련이론

✦ 중심축 반응훈련(PRT)

의미 및 목표		• 전반적인 사회적 능력을 향상시키는 데 효과가 있는 것으로 밝혀진 증거기반의 중재 • 자연적 환경에서 자연적 중재 절차를 사용하므로 자연적 중재모델 • 반드시 필요한 중심 영역을 중재하고 일반화하는 것을 주요 목표로 함 • 중심축 반응: 자연스럽게 발생하는 후속결과에 의해서 다른 행동으로 일반화되고, 유지되는 행동, 훈련으로 향상될 경우 훈련받지 않은 다른 행동에도 변화를 가져올 수 있는 행동, 중심축 영역은 다양한 행동에 영향을 미치며, 이에 따라 기타 중요한 발달영역들에서 상당한 부수적인 습득이 발생
중심축 반응	동기	• 동기유발 요소 ① 선택 기회 제공하기 ② 기존에 학습하였던 내용과 새로운 내용을 같이 제시하기 ③ 아동의 시도 강화하기 ④ 자연적이고 직접적인 강화 제공하기 • 동기유발 방법 ① 학습자의 관심 유발하기 ② 함께 조절하기 ③ 학습자의 선택 활용하기 ④ 다양한 활동·다양한 교재·다양한 반응 활용하기 ⑤ 습득한 과제와 유지과제 같이 사용하기 ⑥ 아동의 시도 강화하기 ⑦ 직접적이고 자연적인 강화 사용하기
	복합 단서에 반응하기	• 자극을 다양화하고 단서 증가시키기 ① 한 가지 속성의 단서를 지닌 자극에 반응하게 한다. ② 두 가지 단서를 제공하여 학습자가 이러한 하나 이상의 단서에 반응할 수 있도록 한다. ③ 보다 복잡한 단서에 반응하게 한다. • 강화 스케줄 활용하기 ① 다양한 강화인을 활용하여 동기 향상 ② 연속강화로 목표기술 수행유도 ③ 점차 강화 스케줄을 변경하여 간헐강화를 제공
	자기관리	• 자기관리기술을 가르치는 것은 부모나 교사에 대해 의존하는 정도를 줄이고 스스로 행동하게 하려는 것 • 학습자가 스스로 목표기술이 무엇인지 확실히 알아야 하고 다음으로 목표기술의 발생 여부를 기록하고 모니터링 할 수 있어야 함
	자기주도	• 자발적으로 시작행동을 하는 것 • 사회적 상황에서 상호작용 대상자에게 먼저 말을 걸거나 몸짓으로 의사소통을 시도하는 행동 등 • 다른 사람에게 질문하는 것은 중요한 시작행동의 예

DTT와 PRT

구분	비연속 개별시행교수	중심축 반응훈련
교재 (Stimulus item)	• 치료자가 선택 • 준거에 도달할 때까지 반복 훈련 • 중재 절차의 시작은 자연적 환경에서 기능적인지 여부를 고려하지 않고 목표과제와 관련된 교재 제시	• 아동이 선택 • 매 시도마다 다양하게 제시 • 아동의 일상환경에서 쉽게 찾을 수 있는 연령에 적합한 교재 사용
상호작용	• 훈련자가 교재를 들고 있음 • 아동에게 반응하도록 요구함 • 교재는 상호작용하는 동안 기능적이지 않음	• 훈련자와 아동이 교재를 가지고 놀이에 참여함(예 교재는 상호작용과 가족들과의 일과 중에 기능적인 것임)
반응	• 정반응이나 정반응에 가까운 반응을 강화함	• 반응하고자 하는 시도(자기자극행동 제외)는 대부분 강화함
결과	• 먹을 수 있는 강화제를 사회적 강화와 함께 제공	• 자연적 강화(예 교재를 가지고 놀 수 있는 기회 제공)를 사회적 강화와 함께 제공

32

2009. 초

자폐성장애 학생의 사회적 의사소통 지도 방법 중 하나인 중심축 반응 훈련(pivotal response training : PRT)에 대한 적절한 진술을 〈보기〉에서 모두 고른 것은?

보기

ㄱ. 특정한 사회적 상황과 그에 대한 적절한 반응을 설명해 주는 이야기를 지도한다.
ㄴ. 자연적 환경에서 발생하는 다양한 학습 기회와 사회적 상호작용에 반응하도록 지도한다.
ㄷ. 학습 상황에서 습득한 중심축 반응을 유사한 다른 상황에서도 보일 수 있도록 일반화를 강조한다.
ㄹ. 동기화, 환경 내의 다양한 단서에 대한 반응, 자기주도, 자기관리 능력의 증진에 초점을 둔다.

① ㄱ, ㄴ
② ㄱ, ㄷ
③ ㄷ, ㄹ
④ ㄱ, ㄴ, ㄷ
⑤ ㄴ, ㄷ, ㄹ

핵심테마 체크

• 중심축 반응훈련(PRT)

MY MEMO

33

정답 및 예시답안

1) 기술의 세계
2) ㉠ / 프로젝트 접근법에서는 학생이 스스로 결정하는 과정이 중요하므로 적합하지 않다.
   ㉡ / 프로젝트 접근법은 학생이 방법과 절차를 알아가도록 지도해야 하므로 교사가 가르치는 것은 적합하지 않다.
3) ㉤ / 아동의 동기를 향상시킬 수 있도록 세희의 시도를 강화한다.
   ㉦ / 다양한 단서와 자극에 반응할 수 있도록 환경을 구조화한다.

문제 속 자료분석

(나) 중심축 반응 교수 전략
- ㉥ ➡ 중심축 반응 중 동기에 해당
- ㉧ ➡ 중심축 반응 중 자기주도에 해당

관련이론

✦ 중심축 반응

1) 동기

요소	설명
선택 기회 제공하기	아동과 상호작용을 하는 동안 아동에게 선택 기회를 제공할 경우 동기가 강화될 수 있음. 선택 기회 제공이란 아동이 선호하는 교재를 선택하도록 하는 것임
기존에 학습하였던 내용과 새로운 내용을 같이 제시하기	아동에게 이미 성취하였던 과제와 새로운 과제를 같이 섞어서 제시할 경우 학습동기가 강화될 수 있음
아동의 시도 강화하기	아동이 무엇인가를 하고자 하는 모든 시도를 강화함. 비록 그 시도가 틀린 반응이거나 적절한 반응이 아니라 하더라도 무엇인가를 하고자 하는 시도가 명확하다면 이러한 모든 시도를 강화하여 아동의 동기를 강화할 수 있음
자연적이고 직접적인 강화 제공하기	자연적이고 직접적인 강화는 아동의 학습동기 강화에 매우 효과적임

2) 복합단서에 반응하기
- 복합단서에 반응하기는 중심반응 중 하나인데 그 이유는 많은 학습 상황에서 다양한 단서에 반응해야 하는 일이 많기 때문이다.
- 복합단서에 반응하기란 학생이 이미 습득한 중심행동을 여러 다양한 속성과 특징을 지닌 복잡한 요구에 반응하도록 하는 것이다.
- 예를 들어, 학생이 '크레파스'라는 명칭을 이미 알고 있다면 이것을 활용하여 새로운 자극인 색깔 자극을 더 제시하여 '파란색 크레파스'에 반응하도록 하는 것이다.
- 전략
  ① 자극을 다양화하고 단서 증가시키기
  ② 강화 스케줄 활용하기

3) 자기관리
- 자기관리(self-management)를 중심행동으로 선정한 이유는 자기관리기술은 여러 상황 속에서 많은 사람과 다양한 행동을 하도록 일반화를 촉진할 수 있으며, 다른 사람의 도움이나 훈련된 중재자의 도움을 거의 받지 않고도 습득된 행동을 할 수 있기 때문이다.
- 즉, 자기관리기술을 가르치는 것은 부모나 교사에 대해 의존하는 정도를 줄이고 스스로 행동하게 하려는 것이다.
- 자기관리를 촉진하려면 학습자가 스스로 목표기술이 무엇인지 확실히 알아야 하고 다음으로 목표기술의 발생 여부를 기록하고 모니터링할 수 있어야 한다.

4) 자발적으로 시작행동하기
- 중심반응훈련에서 목표로 하는 네 번째 주요 사회적 기술은 자발적으로 시작행동을 하는 것(self-initiation)이다.
- 자발적 시작행동을 중심행동으로 선정한 이유는 스스로 시작하는 상호작용을 통해 학습이 일어나는 일이 많기 때문이다. 사회적 상황에서 상호작용 대상자에게 먼저 말을 걸거나 몸짓으로 의사소통을 시도하는 행동 등이다.
- 예를 들어, 친구들이 놀고 있을 때, "나도 같이 놀자"라고 말하거나 공을 던지면서 "자, 받아"라고 말하는 것 등이 시작행동을 하는 것에 해당한다.
- 다른 사람에게 질문하는 것은 중요한 시작행동의 예이다. 따라서 다른 사람에게 질문하는 것을 가르치는 것도 시작행동을 가르치는 것이다. 아동이 할 수 있는 질문의 예는 "이게 뭐야?", "어디 가요?" 등이 있다.
- 스스로 시작행동하기는 또래를 매개로 하거나 학습자 주도적인 전략을 사용하도록 하여 지도할 수 있다.

33

2013. 초
★답안작성

다음의 (가)는 특수학교 초임교사가 실과시간에 '간단한 생활용품 만들기' 단원을 지도하기 위해 수석교사와 나눈 대화 내용의 일부이다. 이 수업에 참여하는 세희는 사회적 의사소통에 어려움을 보이는 자폐성장애 학생이다. (나)는 초임교사가 적용하고자 하는 중심축 반응 교수(Pivotal Response Training) 전략이다. 물음에 답하시오. [5점]

(가) 대화 내용

수석교사: 프로젝트 활동 수업은 어떻게 준비되고 있나요?
초임교사: ㉠ 학생들이 만들고 싶어 하는 생활용품이 매우 다양해서 제가 그냥 연필꽂이로 결정했어요. 먼저 ㉡ 연필꽂이를 만드는 정확한 방법과 절차를 가르치려고 해요. 그리고 ㉢ 모둠 활동에서 상호작용과 역할 분담이 이루어지는지 확인할 거예요. ㉣ 활동이 끝나면 만든 작품들을 전시하고 발표하는 시간을 가질 거예요.
수석교사: 그러면 세희는 프로젝트 활동에 참여하는 것이 조금 어려울 것 같은데 지원 계획은 있나요?
초임교사: 네, 세희가 활동에 보다 의미 있게 참여하도록 하기 위하여 중심축 반응 교수 전략을 사용하려고 해요.

(나) 중심축 반응 교수 전략

㉤ 세희가 질문에 정확하게 반응할 경우에만 강화를 제공한다.
㉥ 다양한 연필꽂이 만들기 재료 중에서 세희가 요구하는 것을 준다.
㉦ 세희를 위해 하나의 단서와 자극에 반응할 수 있도록 환경을 구조화한다.
㉧ 세희가 연필꽂이 만드는 순서를 모를 때, 도움을 요청할 수 있도록 가르친다.

1) '2010 개정 특수교육 교육과정' 중 기본 교육과정 실과에서 '간단한 생활용품 만들기'는 어느 내용 영역에 해당하는지 쓰시오. [1점]

2) (가)의 ㉠~㉣에서 프로젝트 접근법에 적합하지 않은 것 2개를 찾아 기호를 쓰고, 그 이유를 쓰시오. [2점]

• 기호와 이유 :

• 기호와 이유 :

3) (나)의 ㉤~㉧에서 적절하지 않은 것 2개를 찾아 기호를 쓰고, 바르게 고쳐 쓰시오.

• 기호와 수정 내용 :

• 기호와 수정 내용 :

핵심테마 체크 ✓

• 중심축 반응훈련(PRT)
• 자극촉진

MY MEMO

34

정답 및 예시답안

1) ① 물의 양을 직관적으로 비교하도록
② 활동적(작동적 · 동작적) 표상
2) ① 복합단서에 반응하기는 다양한 단서를 포함하여 지시해야 하는데, ㉢은 하나의 단서만을 포함한 지시문이기 때문이다.
② 빨간색 테이프 주세요, 또는 파란색 테이프 주세요.
3) ① 그림 자료 1을 크게, 진하게, 다른 색으로, 가까이 등
② 그림 자료 1에 스티커 등 다른 단서 추가하기

관련이론

✦ 중심축 반응 중 복합단서

• 복합단서에 반응하기는 중심반응 중 하나인데 그 이유는 많은 학습 상황에서 다양한 단서에 반응해야 하는 일이 많기 때문이다.
• 복합단서에 반응하기란 학생이 이미 습득한 중심행동을 여러 다양한 속성과 특징을 지닌 복잡한 요구에 반응하도록 하는 것이다.
• 예를 들어, 학생이 '크레파스'라는 명칭을 이미 알고 있다면 이것을 활용하여 새로운 자극인 색깔 자극을 더 제시하여 '파란색 크레파스'에 반응하도록 하는 것이다.
• 전략
① 자극을 다양화하고 단서 증가시키기
② 강화 스케줄 활용하기

고득점 답안 비법 ✰ 복합단서의 개념을 명확하게 이해하고 적용해야 정확한 답안을 작성할 수 있는 문제. 복합단서는 학생이 '다양한 단서에' 반응하도록 하는 것이 핵심. 이를 위해 학생에게 다양한 단서를 제시하는 것

34 2017. 초 ★답안작성

(가)는 특수교육 수학교육연구회에서 계획한 2015 개정 특수교육 교육과정 중 기본 교육과정 수학과 1~2학년 '측정' 영역에 해당하는 수업 개요이고, (나)는 자폐성장애 학생에게 (가)를 적용할 때 예측 가능한 학생 반응을 고려하여 구상한 수업 시나리오의 일부이다. 물음에 답하시오. [6점]

(가)

- 공부할 문제: 물의 양이 같은 것을 찾아보아요.
- 학습 활동

〈활동 1〉 같은 양의 물이 들어 있는 컵 살펴보기
- 같은 양의 물이 들어 있는 2개의 컵 살펴보기
- 준비물: 투명하고 ㉠ 모양과 크기가 같은 컵 2개, 물, 주전자

〈활동 2〉 컵에 같은 양의 물 따르기
- ㉡ 같은 위치에 표시선이 있는 2개의 컵에 표시선까지 물 따르기
- 준비물: 투명하고 모양과 크기가 같은 컵 2개, 물, 주전자, 빨간색 테이프, 파란색 테이프, 빨간색 사인펜, 파란색 사인펜

〈활동 3〉 컵에 같은 양의 물이 들어 있는 그림 찾기
- 2개의 그림 자료 중 같은 양의 물이 들어 있는 그림 자료 찾기
- 준비물:

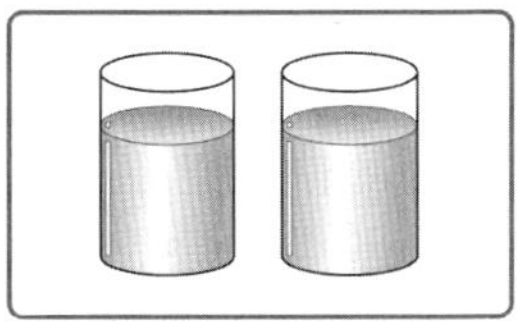

[그림 자료 1]
같은 양의 물이 들어 있는 컵 2개가 그려진 자료

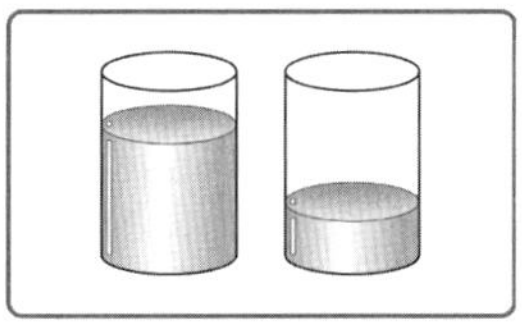

[그림 자료 2]
다른 양의 물이 들어 있는 컵 2개가 그려진 자료

(나)

〈활동 2〉
교사: (컵 2개를 학생에게 보여주며) 선생님이 컵에 표시선을 나타낼 거예요. (책상 위에 놓여 있는 빨간색 테이프, 파란색 테이프, 빨간색 사인펜, 파란색 사인펜을 가리키며) ㉢ 테이프 주세요.
학생: (색 테이프 하나를 선생님에게 건네준다.)
교사: (2개의 컵에 색 테이프로 표시선을 만든다.) 이제 표시선까지 물을 채워 봅시다.
…(중략)…

〈활동 3〉
교사: (학생에게 [그림 자료 1]과 [그림 자료 2]를 제시하며) 물의 양이 같은 것은 어느 것인가요?
학생: (머뭇거리며 교사를 쳐다본다.)
교사: (㉣ 학생에게 [그림 자료 1]과 [그림 자료 2]를 다시 제시하며) 물의 양이 같은 것은 어느 것인가요?

1) (가)의 ① ㉠이 〈활동 1〉을 하기에 적합한 이유를 쓰고, ② 〈활동 2〉에서 교사가 학생에게 들이의 개념을 지도하기 위해 ㉡을 하도록 하는 것은 브루너(J. Bruner)의 어떤 표상 양식에 해당하는지 쓰시오. [2점]

①:

②:

2) 중심축 반응 훈련(PRT)을 통해 '복합단서에 반응하기'를 지도하고자 할 때 ① (나)의 〈활동 2〉에서 교사의 지시문 ㉢이 적절하지 않은 이유를 쓰고, ② 적절한 지시문의 예 1가지를 쓰시오. [2점]

①:

②:

3) (나)의 〈활동 3〉에서 교사가 ㉣을 할 때 학생의 정반응을 이끌어 내기 위해 사용할 수 있는 ① 자극 내 촉진의 예와 ② 자극 외 촉진의 예 1가지를 각각 쓰시오. [2점]

①:

②:

핵심테마 체크 ✓

- 자기관리 전략
- 자극과잉 선택성
- 중심축 반응훈련

MY MEMO

35

정답 및 예시답안

1) 교육서비스로부터 가족이 원하는 것
2) ① 자기점검
   ② 재우는 성인의 지시가 있어야만 수행하는 특성이 있으므로, 재우 스스로 행동을 점검하며 수행하도록 하기 위해 자기점검 전략을 적용한 것이다.
3) ① ⓒ, ⓓ
   ② 복합단서(에 반응하기)

관련이론

✦ 자기관리

장점	• 행동을 외적으로 통제하는 것이 아니라 학생이 주도적으로 접근하게 함 • 교사의 지속적인 관리·감독 없이도 보다 적절하게 행동하는 것을 학습 • 자기관리는 행동의 일반화를 가능하게 함	
하위기술	• 선행사건 변화시키기 • 자기점검 • 자기강화/자기처벌	• 목표설정 • 자기평가 • 자기교수

✦ 중심축 반응 중 복합단서

- 복합단서에 반응하기는 중심반응 중 하나인데 그 이유는 많은 학습 상황에서 다양한 단서에 반응해야 하는 일이 많기 때문이다.
- 복합단서에 반응하기란 학생이 이미 습득한 중심행동을 여러 다양한 속성과 특징을 지닌 복잡한 요구에 반응하도록 하는 것이다.
- 예를 들어, 학생이 '크레파스'라는 명칭을 이미 알고 있다면 이것을 활용하여 새로운 자극인 색깔 자극을 더 제시하여 '파란색 크레파스'에 반응하도록 하는 것이다.
- 전략

자극을 다양화하고 단서 증가시키기	• 첫째, 한 가지 속성의 단서를 지닌 자극에 반응하게 한다. 예를 들어, 친구에게 인사를 가르치고자 할 경우 처음에는 '친구'라는 한 가지 속성을 지닌 단서에만 반응할 수 있도록 친구에게 인사하기를 가르치는데, 이때 처음에는 1명의 친구에게 인사할 수 있도록 하고 점차 여러 친구에게 인사하기를 할 수 있게 가르친다. • 둘째, 두 가지 단서를 제공하여 학습자가 이러한 하나 이상의 단서에 반응할 수 있도록 한다. 예를 들어, 친구에게 인사하기를 가르칠 경우, 빨간 옷을 입은 친구에게 인사하도록 가르칠 수 있다. 여기서 두 개의 단서는 '친구'와 '빨간 옷'이다. • 셋째, 보다 복잡한 단서에 반응하게 한다. 예를 들어, '노란 핀을 꽂고 빨간 외투를 입은 친구'에게 인사하기 등과 같이 여러 단서를 제공하여 그에 반응하게 가르친다. 여기서 제시된 단서는 '노란 핀, 빨간 외투, 친구'라는 세 가지 단서이다.
강화 스케줄 활용하기	• 첫째, 다양한 강화인을 활용하여 학습자들에게 목표기술을 가르치기 위해 동기를 향상시킨다. 예를 들어, 학습자가 만화 보기를 좋아한다거나 컴퓨터 게임하기를 좋아할 경우 그들이 좋아하는 것을 강화인으로 활용할 수 있다. • 둘째, 학습자가 목표기술을 잘 사용할 수 있도록 연속강화를 제공할 수 있다. 예를 들어, 교사의 질문에 대답할 때마다 매번 간단한 만화를 보게 할 수 있다. • 셋째, 학습자가 새로운 기술을 어느 정도 습득하고 나면 점차 강화 스케줄을 변경하여 간헐강화를 제공할 수 있다. 예를 들어, 처음에는 교사의 질문에 반응할 때마다 강화를 하다가 점차 세 번 반응할 때마다 강화를 제공하거나 혹은 평균 세 번 반응할 때 강화를 하는 방법 등과 같이 간헐강화 방법을 사용할 수 있는데 이러한 간헐강화의 가장 커다란 강점은 습득된 행동을 유지시키는 데 효과적이라는 것이다.

35 2022. 유

(가)는 자폐성장애 유아 재우의 행동 특성이고, (나)는 유아특수교사 최 교사와 홍 교사가 나눈 대화 내용이다. 물음에 답하시오. [5점]

(가)

ⓐ 매일 다니던 길로 가지 않으면 울면서 주저앉는다.
ⓑ 이 닦기, 손 씻기, 마스크 쓰기를 할 수 있지만 성인의 지시가 있어야만 수행한다.
ⓒ 이 닦기 시간에 "이게 뭐야?"라고 물으면 칫솔을 아는데도 칫솔에 있는 안경 쓴 펭귄을 보고 "안경"이라고 대답한다.
ⓓ 1가지 속성(예: 색깔 또는 모양)만 요구하면 정확히 반응하는데 2가지 속성(예: 색깔과 모양)이 포함된 지시에는 오반응이 많다.

(나)

최 교사: 선생님, 재우에 대한 가족진단 내용을 보면서 지원 방안을 협의해 봐요.

홍 교사: 네. 재우 부모님은 재우의 교육목표에 대해 다양한 요구가 있으신데, 그 중에서도 재우가 혼자 할 수 있는 일은 시키지 않아도 스스로 하기를 가장 원한다는 의견을 주셨어요. [A] 그리고 교육에도 적극적이셔서 가정에서 사용할 수 있는 지도방법에 관심이 많으세요.

최 교사: 그럼, 부모님의 의견을 반영해서 개별화교육계획 목표를 '성인의 지시 없이 스스로 하기'로 정해요. 재우의 행동특성을 고려해 보면 중심축반응훈련을 적용해서 지도하면 좋을 것 같아요.

홍 교사: 네. 지시가 있어야만 행동하는 특성에는 중심(축)반응 중에서 자기관리 기술을 습득하도록 지도해야겠지요?

최 교사: 네. 먼저 이 닦기부터 적용해 보죠. 재우가 이 닦기 그림을 보고 이를 닦고 난 후, 스티커를 붙여서 수행 여부를 확인하는 시각적 자료를 활용하면 좋을 것 같아요. [B]

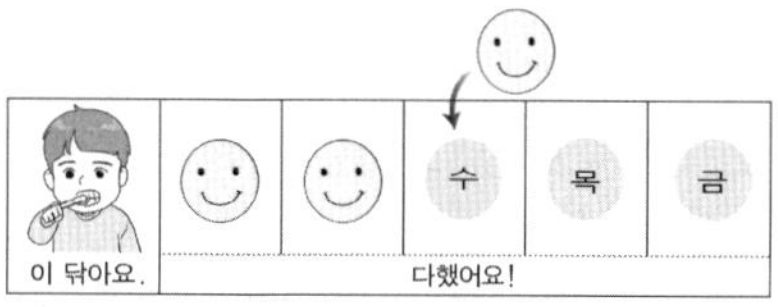

홍 교사: 이 자료를 재우 어머니에게 보내 드려서 가정에서도 지도할 수 있게 해야겠어요.

최 교사: 좋아요. 그리고 재우는 ㉠ <u>제한적인 자극이나 관련없는 자극에 반응하는 특성</u>이 있기 때문에 중심(축)반응 중 (㉡)을/를 증진시켜야겠어요.

… (하략) …

1) (나)의 [A]는 가족진단의 3가지 주요 요소 중 무엇에 해당하는지 쓰시오. [1점]

2) ① (나)의 [B]에서 재우에게 적용하고자 하는 자기관리 전략의 유형을 쓰고, ② 이 전략의 지도 목적을 재우의 행동 특성에 근거하여 1가지 쓰시오. [2점]

①:

②:

3) ① (가)의 ⓐ~ⓓ 중 ㉠에 해당하는 재우의 행동 특성을 2가지 찾아 기호를 쓰고, ② 중심(축)반응 4가지 중 ㉡에 들어갈 말을 쓰시오. [2점]

①:

②:

PART 08

핵심테마 체크 ✔

- PRT_동기
- 무오류 학습

MY MEMO

36

정답 및 예시답안

○ ㉠은 준비한 수업자료 중 학생 A가 원하는 자료를 선택하도록 하는 것이다.
○ ㉡은 학생 A의 시도 강화하기이다.
○ ㉢은 무오류 학습, ㉣은 의존성이다.

관련이론

✦ 중심축 반응훈련

동기	• 동기유발 요소 ① 선택 기회 제공하기 ② 기존에 학습하였던 내용과 새로운 내용을 같이 제시하기 ③ 아동의 시도 강화하기 ④ 자연적이고 직접적인 강화 제공하기 • 동기유발 방법 ① 학습자의 관심 유발하기 ② 함께 조절하기 ③ 학습자의 선택 활용하기 ④ 다양한 활동·다양한 교재·다양한 반응 활용하기 ⑤ 습득한 과제와 유지과제 같이 사용하기 ⑥ 아동의 시도 강화하기 ⑦ 직접적이고 자연적인 강화 사용하기
복합 단서에 반응 하기	• 자극을 다양화하고 단서 증가시키기 ① 한 가지 속성의 단서를 지닌 자극에 반응하게 한다. ② 두 가지 단서를 제공하여 학습자가 이러한 하나 이상의 단서에 반응할 수 있도록 한다. ③ 보다 복잡한 단서에 반응하게 한다. • 강화 스케줄 활용하기 ① 다양한 강화인을 활용하여 동기 향상 ② 연속강화로 목표기술 수행유도 ③ 점차 강화 스케줄을 변경하여 간헐강화를 제공
자기 관리	• 자기관리기술을 가르치는 것은 부모나 교사에 대해 의존하는 정도를 줄이고 스스로 행동하게 하려는 것 • 학습자가 스스로 목표기술이 무엇인지 확실히 알아야 하고 다음으로 목표기술의 발생 여부를 기록하고 모니터링할 수 있어야 함
자기 주도	• 자발적으로 시작행동을 하는 것 • 사회적 상황에서 상호작용 대상자에게 먼저 말을 걸거나 몸짓으로 의사소통을 시도하는 행동 등 • 다른 사람에게 질문하는 것은 중요한 시작행동의 예

✦ 무오류 학습

- 무오류 학습은 중재자가 회기 중에 대상자가 오류를 보이지 않도록 대상자의 오류나 시도를 허용하지 않는 것을 말한다.
- 무오류 학습을 통해 새로운 반응을 소개할 때 중재자는 식별자극을 제시한 직후에 즉각적으로 촉진을 제공해 대상자가 확실하게 정반응을 보일 수 있도록 한다.
- 촉진을 빠르게 소거하는 노력도 이루어진다.
- 중재자는 오반응을 막고 정반응을 위한 촉진을 신속하게 제공한다.
- 무오류 학습은 시행착오로 불리는 많은 절차와 대조된다. 시행착오 절차가 사용되는 경우 대상자의 오반응이 나타나면 중재자는 중립적으로 “아니”라고 말하거나, 무시하거나, 자료를 치우거나, 과제를 다시 제시하는 등의 행동을 하게 된다.

36

2023. 중

다음은 자폐성장애 학생 A에게 일상생활 활동 기술을 지도하기 위해 특수 교사가 작성한 수업 구상 메모의 일부이다. 〈작성 방법〉에 따라 서술하시오. [4점]

<수업 구상 메모>

○ 목적: 일상생활 활동 기술 지도
○ 수업 시간에 사용할 전략과 유의사항
- 전략: 중심축 반응 훈련(PRT)
- 유의사항
  - 학생의 특성과 흥미를 고려하여 다양한 수업 자료를 준비함
  - ㉠ <u>PRT의 중심축 반응 중 '동기(motivation)'를 향상시키기 위해 준비한 수업 자료를 사용</u>함
  - PRT의 중심축 반응 중 '동기'를 향상시키기 위해 수업활동 중 다음 요소를 고려하여 지도함

요소	지도 중점
(㉡)	• 질문에 응답하기 위한 모든 노력에 칭찬하기 • 질문에 응답하기 위한 비언어적 행동에도 긍정적으로 반응하기 • 틀린 반응이더라도 학생의 노력에 긍정적으로 반응하기

○ 촉진 감소 방법: (㉢)
- 학생이 정반응만 보일 수 있는 자극 촉진을 사용함
- 반복된 오반응으로 인한 학생의 좌절감 발생을 예방하도록 자극 촉진을 사용함
- 최대-최소 촉진을 이용한 용암법을 통해 촉진을 제거함

○ 최대-최소 촉진 적용 시 (㉣)을/를 예방하기 위한 고려사항
- 촉진은 가능한 빨리 제거함
- 촉진의 수준과 양을 너무 빠르거나 느리지 않게 점진적으로 감소시킴
- 촉진을 필요 이상으로 제공하지 않음

… (하략) …

작성방법

- 밑줄 친 ㉠에 해당하는 방법 1가지를 서술할 것 (단, 학생의 행위 측면에서 서술할 것)
- 괄호 안의 ㉡에 해당하는 내용을 쓸 것
- 괄호 안의 ㉢과 ㉣에 해당하는 용어를 순서대로 쓸 것

핵심테마 체크 ✓

- 공동관심 기술
- 촉구용암
- 일반화를 위한 지도
- 중심축반응훈련
- 비디오 모델링

MY MEMO

37

정답 및 예시답안

1) ① 보여주기
   ② 최대－최소(도움 감소시키기 등)
2) 유아의 반응이 일반화될 수 있는 효과가 있다.
3) ① 자기주도
   ② 비디오 모델링

관련이론

✦ 공동관심 기술

유형	기술	정의
공동관심 시작하기	협동적인 공동주시	아동은 성인과 사물을 번갈아 쳐다보고 관심을 공유하기 위해서 다시 성인을 바라본다. (이러한 행동은 사물을 보고 성인을 본 후에 다시 사물을 보는 반대 순서로 행해질 수도 있다.) 이러한 몸짓은 "저거 봐, 재미있는데!"라는 뜻이다.
	보여주기	아동은 손에 놀잇감을 들고 관심을 끌기 위해서 성인 앞에 들고 보여 준다. 아동은 성인에게 놀잇감을 주지는 않는다. 이러한 몸짓은 "내가 뭐 가졌는지 봐!"를 의미한다.
	공유하기 위해 건네주기	아동은 놀잇감에 대한 도움을 얻기 위해서가 아니라 단순히 공유하기 위해서 성인에게 놀잇감을 준다. 이러한 몸짓은 "여기 놀잇감이 있으니까 너도 놀아도 돼!" 또는 "네 차례야!"라는 뜻이다.
	가리키기	아동은 단순히 성인의 관심을 흥미로운 어떤 것으로 이끌기 위해 사물을 가리킨다. 아동은 성인이 놀잇감에 대해 행동하기를 원하지 않는다. 이러한 몸짓은 "저거 봐요! 재미있어요."라고 의사소통 하는 것이다.
공동관심 반응하기	가리키는 곳 따르기	성인이 사물을 가리킨 후에 아동은 가리킨 곳을 따라 동일한 사물을 바라보는 것으로 반응한다.
	시선 따르기	아동은 성인이 바라보고 있는 것으로 성인의 시선을 따른다.

✦ 비디오 모델링

구분	유형	장점	단점
의미	• 학생이 수행해야 하는 바람직한 행동을 비디오를 통해 시범 보이는 기법 • 비디오 모델링의 시범자는 또래, 성인, 대상자 자신이 될 수 있음		
유형별 특징	또래/성인	• 쉽게 연출할 수 있다. • 유지가 잘 된다.	• 모델이 높은 관심을 불러일으키지 않는다. • 일반화에 대한 결과가 일관적이지 않다.
	자기관점	• 자신감 부족이 문제가 되는 경우에 유용하다. • 다른 유형에 비해 높은 관심을 불러일으킬 수 있다. • 일반화가 잘 된다. • 쉽게 연출할 수 있다. • 실제 생활을 묘사한다. • 편집의 필요가 적다.	• 연출하기 어려울 수 있다. • 편집이 더 복잡하다. • 행동의 범위가 제한적이다. • 아직 연구가 거의 없다.
	애니메이션	• 아동에게 인기 있는 형식이다. • 보통 전문적으로 제작된다.	• 모델과의 관련성이 적다. • 행동의 범위와 구체성이 제한적이다.

고득점 답안 비법 ☆ (나): 가장 강도 높은 마지막 단계부터 용암한 것(도움감소)

☆ (다): 동영상에서 구어 시범을 보이다가, 이 장면을 삭제하고 독립적으로 수행하는 모습을 제시함(도움감소)

☆ 이론적 근거

— 도움감소법: 반응촉구를 혼합하여 사용하는 경우에는 강제성이 강한 것부터 차례로 제거하는 것이 도움감소라고 볼 수 있다. 반응촉구를 한 가지만 사용하는 경우에는 그 강도 또는 단계를 줄여가는 것이 도움감소이다.

37

2024. 유

(가)는 자폐성장애 유아 동주의 특성이고, (나)와 (다)는 유아특수교사 임 교사와 유아교사 배 교사가 동주의 놀이를 지원하는 장면과 임 교사의 지도 노트이다. 물음에 답하시오. [5점]

(가)

- 곤충을 좋아함
- 동영상 보기를 좋아함
- 상호작용을 위한 말을 거의 하지 않음
- 상호작용 중 상대방이 가리키거나 쳐다보는 사물, 사람, 혹은 사건을 함께 쳐다볼 수 있음

(나)

동　　주: (배 교사를 쳐다보지만 통을 보여 주지는 않는다.)
배 교사: 동주 왔구나.
동　　주: (반응하지 않는다.)
임 교사: 동주야, 무당벌레 보여 드리자.
동　　주: (반응하지 않는다.)
임 교사: (통을 든 동주의 팔꿈치를 살짝 밀어 주며) 보여 드리자.
동　　주: (반응하지 않는다.)
임 교사: (동주의 손을 겹쳐 잡아 통에 든 무당벌레를 배 교사에게 보여 주며) 보여 드리자.
배 교사: 와, 동주가 좋아하는 무당벌레구나!
동　　주: (교사를 쳐다보며 환하게 웃는다.)

동주의 손을 잡아 곤충을 보여 주도록 지도한 날로부터 2주가 지났다. 촉구가 성공적으로 용암되고 있다. 오늘 내가 팔꿈치를 살짝 밀어 주며 "보여 드리자."라고 말해 주는 단계까지 진행했을 때 동주가 배 선생님에게 곤충을 보여 주었다. 마지막 단계가 용암되어 기뻤다. 나와 배 선생님이 일과 중 자연스럽게 대화 상대자와 촉구 제공자의 역할을 바꾸어 가며 지도해 온 결과이다.

(다)

동　　주: (배 교사의 손을 잡아 그림책에 있는 곤충에 갖다 댄다.)
배 교사: 무당벌레.
동　　주: (책장을 넘겨 배 교사의 손을 잡아 곤충 그림에 갖다 댄다.)
임 교사: 뭐예요?
동　　주: 뭐예요?
배 교사: 사슴벌레.
동　　주: (책장을 넘긴다.)
임 교사: 뭐예요?
동　　주: 뭐예요?
배 교사: 애벌레.
동　　주: (책장을 넘긴다.)

[A]
동주에게 제공하고 있는 구어 시범을 용암시키기 위해 며칠 전 놀이시간에 찍어 둔 동영상을 편집했다. 동영상 내용 중에서 내가 구어 시범을 제공하는 장면만 삭제하여 동주가 독립적이고 성공적으로 수행하는 모습이 되도록 했다. 동영상은 동주가 곤충 그림책을 보며 책장을 넘길 때마다 스스로 교사에게 "뭐예요?"라고 묻고 배 선생님이 대답해 주는 장면으로 구성되었다. 내일부터 놀이시간 직전에 동주와 이 동영상을 함께 시청하며 지도해야겠다.

1) (나)에서 ① 교사들이 지도하고 있는 공동관심 행동의 목표를 (가)를 참고하여 쓰고, ② 교사들이 실시하고 있는 촉구 용암 절차가 무엇인지 쓰시오. [2점]

①:

②:

2) (나)에서 두 교사가 서로 역할을 바꿔 지도함으로써 얻을 수 있는 효과를 유아 측면에서 쓰시오. [1점]

3) (다)의 ① 중심(축)반응훈련을 통해 동주에게 지도하는 중심(축)반응 영역이 무엇인지 쓰고, ② [A]에서 임 교사가 사용할 중재 기법이 무엇인지 쓰시오. [2점]

①:

②:

38

핵심테마 체크

• 그림교환의사소통체계(PECS) 단계

MY MEMO

정답 및 예시답안

②

관련이론

✦ 그림교환의사소통체계(PECS)

의미 및 특징		• 표현언어가 부족한 전반적 발달장애나 기타 장애를 가진 아동들을 위하여 개발한 것이며, 응용행동분석에 근거한 전략 • 아동들이 원하는 물건을 얻기 위하여 사물 그림을 교환하도록 훈련 • 시각적인 의사소통 방법
단계	1	교환의 개념 지도하기 • 아동의 선호도를 파악 • 다양한 그림으로 기본적인 교환을 수행 • 원하는 사물을 얻기 위한 아동의 '의사소통 대상자'를 향한 촉진된 그림교환
	2	자발적 교환하기 • 교환을 하려면 의사소통 대상자에게 가까이 가서 그림을 가져야 한다는 것을 학습 • 아동과 의사소통 대상자 간의 간격 넓히기, 촉진 소거하기
	3	그림 식별하기 • 학생들이 더 많은 선택권을 가질 수 있도록 그림들 사이의 차이를 변별하도록 함 • 아동에게 촉진이나 도움을 제공하여 그림들 간의 차이를 변별할 수 있도록 지속적으로 연습 • 원하는 새로운 그림카드를 계속 추가하여 훈련할 수도 있고 그 외에 그림의 크기나 색깔을 달리하여 연습하도록 할 수도 있음
	4	문장 만들기 • 그림을 이용하여 문장 만들기 • "나는 ~을 원해요."라는 문장을 사용하여 '원하는 것 요청하기'를 지도
	5	"뭘 줄까?"라는 질문에 답하기 • "뭘 원하냐?"라는 질문에 그림으로 답하기 • 아동의 일상 환경을 구조화하여 하루 일과 전체를 통해 다양한 의사소통 기회 속에서 연습할 수 있을 때까지 계속 • 이 단계의 목표는 아동이 일상생활 중 "뭘 줄까?"라는 질문에 대답하고 스스로 원하거나 필요한 물건과 행동을 요청하게 되는 것
	6	질문에 답하면서 설명하기 • 이전에 습득한 상호작용을 확장 • "무엇을 보았니/들었니?", "이게 뭐지?" 등의 질문에 대답하기 위해서 그림(+ 발성) 사용하기 • 6단계의 목적은 '새로운 의사소통 기능을 가르치는 것'이다. 명명하기 또는 이름 붙이기, 즉 "무엇을 보고 있니?"라는 새로운 질문과 앞서 습득한 "뭘 줄까?"라는 질문에 적절히 대답하도록 하는 것

39

핵심테마 체크

• 그림교환의사소통체계(PECS) 단계

MY MEMO

정답 및 예시답안

○ 더 많은 선택권을 가질 수 있도록 다양한 그림들 사이의 차이를 변별하도록 한다.

문제 속 자료분석

학생 A와 의사소통 상대자인 박 교사는 서로 마주 보고 앉고, 실무원은 학생 A의 뒤에 앉는다. 실무원은 학생 A가 테이블 위에 놓여 있는 그림 카드를 집어서 박 교사에게 줄 수 있도록 신체적 촉진을 제공한다. 이때 실무원은 언어적 촉진은 제공하지 않는다. 학생 A가 박 교사에게 자신이 좋아하는 야구공이 그려진 그림 카드를 집어 주면, 박 교사는 "야구공을 갖고 싶었구나!"라고 하면서 학생 A에게 즉시 야구공을 준다. 이와 같은 방식으로 <u>학생 A가 하나의 그림 카드로 그 카드에 그려진 실제 물건과의 교환을 독립적으로 하게 되면, 박 교사는 학생 A와의 거리를 점점 넓힌다</u>. 학생 A가 박 교사와 떨어져 있는 상황에서도 하나의 그림 카드를 박 교사에게 자발적으로 갖다 주면, 박 교사는 학생 A에게 그 그림 카드에 그려진 실제 물건을 준다. ➡ 2단계까지 수행한 내용. 따라서 다음 단계는 3단계

38

2009. 초

<보기>는 구어가 전혀 발달되지 않았을 뿐 아니라, 비언어적 의사소통에도 어려움을 보이는 동건이에게 유 교사가 그림교환 의사소통체계(Picture Exchange Communication System : PECS)를 지도한 방법의 예시이다. 지도 절차가 순서대로 제시된 것은?

보기

ㄱ. 동건이가 그림카드를 사용하여 문장판에 문장을 만들고 그것을 교사에게 제시하도록 지도하였다.
ㄴ. 동건이가 원하는 그림카드를 교사에게 주면 해당하는 사물을 주어 교환의 개념을 알도록 지도하였다.
ㄷ. 동건이가 선호하는 사물의 그림카드와 선호하지 않는 사물의 그림카드 중 선호하는 것을 식별하도록 지도하였다.
ㄹ. 동건이가 자신의 의사소통판으로 가서 그림카드를 가져와 교사에게 주면 해당하는 사물을 주어 자발적으로 교환하도록 지도하였다.

① ㄴ → ㄷ → ㄱ → ㄹ
② ㄴ → ㄹ → ㄷ → ㄱ
③ ㄷ → ㄴ → ㄹ → ㄱ
④ ㄷ → ㄹ → ㄱ → ㄴ
⑤ ㄹ → ㄴ → ㄷ → ㄱ

39

2014. 중

다음은 특수학교에 재학 중인 자폐성장애학생 A를 위해 특수교사인 박 교사와 특수교육실무원이 그림교환 의사소통체계(Picture Exchange Communication System : PECS) 훈련 6단계 중 일부 단계를 실시한 내용이다. 제시된 내용의 바로 다음 단계에서 학생 A가 배우게 되는 과제를 쓰시오. [2점]

학생 A와 의사소통 상대자인 박 교사는 서로 마주 보고 앉고, 실무원은 학생 A의 뒤에 앉는다. 실무원은 학생 A가 테이블 위에 놓여 있는 그림 카드를 집어서 박 교사에게 줄 수 있도록 신체적 촉진을 제공한다. 이때 실무원은 언어적 촉진은 제공하지 않는다. 학생 A가 박 교사에게 자신이 좋아하는 야구공이 그려진 그림 카드를 집어 주면, 박 교사는 "야구공을 갖고 싶었구나!"라고 하면서 학생 A에게 즉시 야구공을 준다. 이와 같은 방식으로 학생 A가 하나의 그림 카드로 그 카드에 그려진 실제 물건과의 교환을 독립적으로 하게 되면, 박 교사는 학생 A와의 거리를 점점 넓힌다. 학생 A가 박 교사와 떨어져 있는 상황에서도 하나의 그림 카드를 박 교사에게 자발적으로 갖다 주면, 박 교사는 학생 A에게 그 그림 카드에 그려진 실제 물건을 준다.

핵심테마 체크 ✔

• 그림교환의사소통체계(PECS) 단계

MY MEMO

40

정답 및 예시답안

1) 이름 붙이는 난화기
2) 미술활동으로 표현하기
3) 그림 식별하기
4) ㉠ 의인화식 표현
   ㉡ 열거식 표현

관련이론

✦ 그림교환의사소통체계(PECS)

의미 및 특징		• 표현언어가 부족한 전반적 발달장애나 기타 장애를 가진 아동들을 위하여 개발한 것이며, 응용행동분석에 근거한 전략 • 아동들이 원하는 물건을 얻기 위하여 사물 그림을 교환하도록 훈련 • 시각적인 의사소통 방법
기본원리		• 단어를 통한 의사소통의 교환 자리에 그림카드가 사용된다는 원칙을 알게 함 • 인과적 관계를 확실히 알도록 함 • 아동이 선호하는 사물이 무엇인가를 사전에 조사한 후 리스트를 만들어야 함
단계	1	교환의 개념 지도하기 • 아동의 선호도를 파악 • 다양한 그림으로 기본적인 교환을 수행 • 원하는 사물을 얻기 위한 아동의 '의사소통 대상자'를 향한 촉진된 그림 교환
	2	자발적 교환하기 • 교환을 하려면 의사소통 대상자에게 가까이 가서 그림을 가져야 한다는 것을 학습 • 아동과 의사소통 대상자 간의 간격 넓히기, 촉진 소거하기
	3	그림 식별하기 • 학생들이 더 많은 선택권을 가질 수 있도록 그림들 사이의 차이를 변별하도록 함 • 아동에게 촉진이나 도움을 제공하여 그림들 간의 차이를 변별할 수 있도록 지속적으로 연습 • 원하는 새로운 그림카드를 계속 추가하여 훈련할 수도 있고 그 외에 그림의 크기나 색깔을 달리하여 연습하도록 할 수도 있음
	4	문장 만들기 • 그림을 이용하여 문장 만들기 • "나는 ~을 원해요."라는 문장을 사용하여 '원하는 것 요청하기'를 지도
	5	"뭘 줄까?"라는 질문에 답하기 • "뭘 원하니?"라는 질문에 그림으로 답하기 • 아동의 일상 환경을 구조화하여 하루 일과 전체를 통해 다양한 의사소통 기회 속에서 연습할 수 있을 때까지 계속 • 이 단계의 목표는 아동이 일상생활 중 "뭘 줄까?"라는 질문에 대답하고 스스로 원하거나 필요한 물건과 행동을 요청하게 되는 것
	6	질문에 답하면서 설명하기 • 이전에 습득한 상호작용을 확장 • "무엇을 보았니/들었니?", "이게 뭐지?" 등의 질문에 대답하기 위해서 그림(+ 발성) 사용하기 • 6단계의 목적은 '새로운 의사소통 기능을 가르치는 것'이다. 명명하기 또는 이름 붙이기, 즉 "무엇을 보고 있니?"라는 새로운 질문과 앞서 습득한 "뭘 줄까?"라는 질문에 적절히 대답하도록 하는 것
PECS의 융통성		• 매우 보편적인 언어인 그림을 이용 • 눈맞춤을 유지하도록 요구하지도 않으며, 시선 응시는 교환의 과정에서 자연스럽게 나타남
장점		• 언어적 촉구 없이도 자발적으로 의사소통을 시작하는 것에 초점 • 촉구에 의존하게 될 가능성을 줄이기 위해 촉구는 체계적으로 철회 • 훈련 시작단계에는 절대로 언어적 촉구가 포함되지 않음 • '주고-받기'의 교환성의 개념, 상호작용 촉진, 자발성의 강화
단점		• 초기 훈련단계에서는 2명의 강사가 필요하며, 목적이 자발적인 의사소통의 시작이기 때문에 의사소통 상대는 해당 학생에게 그림을 교환하도록 촉구하는 사람과 같은 사람일 수 없음

40

2016. 유

(가)와 (나)는 통합학급 5세반 활동의 예시이다. 물음에 답하시오. [5점]

(가)

유아들은 여러 가지 재료로 교통기관을 그리고 있다. 발달 지체 유아인 민수도 도화지에 색연필로 자유롭게 그리고 있다. 김 교사: 민수가 그림을 그리고 있구나. 민 수: (열중하여 소용돌이 모양과 비뚤어진 원을 그린다.) 김 교사: 무엇을 그리고 있어요? 민 수: 부~웅! 김 교사: 아! 부~웅을 그렸어요. 부~웅이 빵빵하며 가고 있어요? 민 수: 응. (신이 나서 계속 그리며) 부웅~! 부웅~!

(나)

자폐성장애 유아인 정호는 버스 그리기를 좋아하며, 직선과 원을 그릴 수 있어 최근에는 십자형태 그리기를 배우고 있다. 박 교사는 교통기관 그리기 활동 시간에 그림교환의사소통체계(Picture Exchange Communication System, PECS)를 활용하여 정호의 자발적 의사소통도 지도하고 있다. 박 교사: (버스 밑그림이 그려진 도화지를 들고 있다.) 정 호: (도화지를 보자마자 가져가려고 한다.) 박 교사: (도화지를 주지 않고, 버스 그림 카드와 기차 그림 카드가 붙어 있는 그림교환의사소통판을 보여 주고, 정호가 고를 때까지 기다린다.) ┐ 정 호: (손에 잡히는 대로 기차 그림 카드를 떼어서 교사에게 건넨다.) │ 박 교사: (그림교환의사소통판에 기차 그림 카드를 붙여 다시 보여 주고, 정호가 고를 때까지 기다린다.) [A] 정 호: (그림교환의사소통판을 바라보고 버스 그림 카드를 떼어서 교사에게 건넨다.) │ 박 교사: (버스 밑그림이 그려진 도화지를 정호에게 건네준다.) ┘ 정 호: (신이 나서 ㉠ <u>버스에 눈, 코, 입을 그린다</u>. 십자형이 들어간 원을 그린다.) 박 교사: 와! 바퀴도 그렸네요. 정 호: (㉡ <u>도화지의 여백에 십자형이 들어간 원 여러 개를 한 줄로 나열하여 그린다</u>.)

1) (가)에서 나타난 민수의 미술 표현 특성은 로웬펠드(V. Lowenfeld)가 제시한 영유아기 난화기 중 어느 단계에 해당하는지 쓰시오. [1점]

2) (가)는 2015 개정 유치원 교육과정 '예술경험' 영역의 내용 범주 '예술적 표현하기'에 해당한다. 이 내용 범주에 해당하는 내용 1가지를 쓰시오. [1점]

3) 그림교환의사소통체계(PECS) 6단계 중 (나)의 [A]에 해당하는 단계의 지도 목적을 쓰시오. [1점]

4) (나)의 ㉠과 ㉡에 해당하는 아동미술의 표현 특성을 각각 쓰시오. [2점]

㉠:

㉡:

핵심테마 체크

- 그림교환의사소통체계(PECS) 단계
- 시간의 구조화

MY MEMO

41

정답 및 예시답안

1) 초과정
2) 초과정
3) 일일 일정표(시각적 일과표)
4) ① ⓐ / 교환 개념 훈련 단계에서 교환 개념을 획득시킬 때 학생의 선호도를 고려한 그림카드를 우선적으로 사용한다.
   ② ⓔ / 변별학습 단계에서는 목표로 하는 그림카드에 대해서만 보상을 해 준다.

관련이론

✦ 시각적 일과표

- 시간의 구조화를 확립하는 대표적인 방법
- 하루의 대부분, 하루 전체, 일주일, 한 달, 또는 일 년에 관한 정보를 제공하는 일정에 관한 대표적인 시각적 지원
- 시각적 일과표에서 제시되는 상징의 유형은 다양
- 학생의 요구와 강점에 근거하여 시각적 제시 수준, 시각적 제시 배열, 학생의 참여 정도를 결정
- 일일 일정표: 하루의 활동순서를 알려주는 표
- 작업 일정표: 작업을 얼마만큼 해야 하고 언제 끝내야 하는지를 알려주는 시각적인 그림 또는 목록

✦ 그림교환의사소통체계의 단계

단계	1	교환의 개념 지도하기 • 아동의 선호도를 파악 • 다양한 그림으로 기본적인 교환을 수행 • 원하는 사물을 얻기 위한 아동의 '의사소통 대상자'를 향한 촉진된 그림 교환
	2	자발적 교환하기 • 교환을 하려면 의사소통 대상자에게 가까이 가서 그림을 가져야 한다는 것을 학습 • 아동과 의사소통 대상자 간의 간격 넓히기, 촉진 소거하기
	3	그림 식별하기 • 학생들이 더 많은 선택권을 가질 수 있도록 그림들 사이의 차이를 변별하도록 함 • 아동에게 촉진이나 도움을 제공하여 그림들 간의 차이를 변별할 수 있도록 지속적으로 연습 • 원하는 새로운 그림카드를 계속 추가하여 훈련할 수도 있고 그 외에 그림의 크기나 색깔을 달리하여 연습하도록 할 수도 있음
	4	문장 만들기 • 그림을 이용하여 문장 만들기 • "나는 ~을 원해요."라는 문장을 사용하여 '원하는 것 요청하기'를 지도
	5	"뭘 줄까?"라는 질문에 답하기 • "뭘 원하냐?"라는 질문에 그림으로 답하기 • 아동의 일상 환경을 구조화하여 하루 일과 전체를 통해 다양한 의사소통 기회 속에서 연습할 수 있을 때까지 계속 • 이 단계의 목표는 아동이 일상생활 중 "뭘 줄까?"라는 질문에 대답하고 스스로 원하거나 필요한 물건과 행동을 요청하게 되는 것
	6	질문에 답하면서 설명하기 • 이전에 습득한 상호작용을 확장 • "무엇을 보았니/들었니?", "이게 뭐지?" 등의 질문에 대답하기 위해서 그림(+ 발성) 사용하기 • 6단계의 목적은 '새로운 의사소통 기능을 가르치는 것'이다. 명명하기 또는 이름 붙이기, 즉 "무엇을 보고 있니?"라는 새로운 질문과 앞서 습득한 "뭘 줄까?"라는 질문에 적절히 대답하도록 하는 것

41

2019. 초
★답안작성

다음은 특수학교 5학년 학생을 지도하는 특수교사의 음악수업 성찰 일지이다. 물음에 답하시오. [6점]

〈수업 성찰 일지〉

(2018년 ○월 ○일)

11월 학예회에서 우리 반은 기악 연주를 할 예정이다. 어떤 종류의 악기가 좋을까? 바이올린 같은 현악기, 리코더 같은 단선율악기, 피아노와 같은 건반악기로 연주하는 것도 좋겠지만, 우리 반 학생들은 개인차가 너무 커서 그런 여러 가지 가락악기를 모두 사용하기는 어려울 것 같다. 마침 요즘 음악시간에 ㉠ 핸드벨을 배우고 있으니 핸드벨 중심으로 발표를 해야겠다.
연주곡으로는 평소 학생들이 좋아하고 익숙하게 느끼는 '숲속을 걸어요'가 적절할 것 같다. 그런데 학생들이 이 노래의 박자나 음악 기호에 맞추어 연주할 수 있을지 모르겠다. 우선 코다이의 리듬음절 읽기를 적용하여 연습해 본 후, 추가로 지도방법 수정이 필요할지 검토해 봐야겠다.

숲속을 걸어요

… (생략) …

[A]
발표 준비를 위해서 교과 수업 운영 시간을 조정해야겠다. 음악수업이 한 시간씩 떨어져 있어 아무래도 집중적인 연습이 어려울 것 같다. 두세 시간을 묶는 방식으로 수업시간을 조정해야겠다. 그런데 이미 정해진 일과가 흐트러지면 자폐성장애 학생인 지수가 혼란스러워할 텐데 어떻게 해야 할까?
지난번 연수 후 지수를 위한 환경 구조화의 일환으로 제작해 사용하고 있는 (㉣)을/를 적용해 봐야겠다. 벨크로를 이용해 만들었기 때문에 과목카드를 쉽게 붙였다 떼었다 할 수 있다. 그것으로 지수에게 음악시간과 원래 교과 시간이 바뀌었음을 설명해 주면 금방 이해하고 안정을 찾을 것 같다.

그리고 구어 사용이 어려운 지수에게 악기 연습 시간에 사용할 수 있는 그림카드를 만들어 주어야겠다. 연주를 시작할 때, 핸드벨 카드를 제시하면 핸드벨을 주는 방식으로 지도해 봐야겠다. 지수는 시각적 학습에 익숙한 편이니, ㉤ 그림교환 의사소통체계를 활용해 봐야겠다.

1) ㉠은 2015 개정 기본 교육과정 음악과 5~6학년 교육과정에서 중점을 두고 가르치도록 선정한 가락악기 중 하나이다. ㉠은 가락악기 중 어떤 악기인지 분류명을 쓰시오. [1점]

2) '숲속을 걸어요' 악보에 있는 ① ㉡ 부분을 코다이(Z. Kodaly)의 리듬음절 읽기로 쓰고, ② ㉢ 음악 기호의 의미를 쓰시오. [2점]

①:

②:

3) [A]를 참조하여 ㉣에 들어갈 구조화된 지원 방법을 쓰시오. [1점]

4) 다음은 ㉤에 대한 설명이다. 적절하지 않은 것 2가지를 찾아 ①과 ②에 각각 기호를 쓰고 바르게 고쳐 쓰시오. [2점]

ⓐ 교환 개념 훈련 단계에서 교환 개념을 획득시킬 때, 학생의 선호도보다 교과에서 사용되는 단어의 그림카드를 우선적으로 사용한다.
ⓑ 자발적 교환훈련 단계에서는 '아, ○○을 좋아하는구나!' 등과 같은 사회적 강화를 제공한다.
ⓒ 자발적 교환훈련 단계에서는 보조교사가 신체적 지원을 서서히 줄여 나가야 한다.
ⓓ 변별학습 단계에서 제시하는 그림카드는 선호도의 차이가 큰 세트부터 먼저 지도한다.
ⓔ 변별학습 단계에서는 목표로 하는 그림카드가 아닌 다른 그림카드를 제시하는 행동에 대해서도 보상을 해 준다.

①:

②:

핵심테마 체크

• 그림교환의사소통체계(PECS) 단계

MY MEMO

42

정답 및 예시답안

1) 초과정
2) ① 그림교환의사소통체계
   ② 원하는 사물의 그림카드를 의사소통 상대자에게 준다.
3) 초과정

관련이론

✦ 그림교환의사소통체계의 단계

구분	설명 ①	설명 ②
1단계	다양한 그림으로 기본적인 교환을 수행한다.	그림이나 물건의 교환과 함께 항목이나 활동의 요청이 포함된다.
2단계	성인이나 또래의 관심을 얻고 거리를 조절하기 위하여 지속적으로 연습한다.	해당 학생과 의사소통을 위한 공책이나 판, 혹은 그림 사이의 거리가 멀어지고 학생은 그 그림이나 물건을 찾아서 주위에 있는 누군가와 그것을 교환함으로써 의도를 표현하도록 배운다.
3단계	다양한 그림들을 식별한다.	학생들이 더 많은 선택권을 가질 수 있도록 그림들 사이의 차이를 변별하도록 배운다.
4단계	그림을 이용하여 문장을 만든다.	요청하기
5단계	그림을 이용하여 질문에 대답한다.	"뭘 원하냐?"라는 질문에 대답하기
6단계	이전에 습득한 상호작용을 확장한다.	질문에 대한 반응에 의견을 말하게 된다.

42 | 2021. 초

(가)는 2015 개정 특수교육 기본 교육과정 미술과 5~6 학년군 '이미지로 말해요' 단원의 수업 활동 아이디어 노트이고, (나)는 수업 중 교사가 자폐성장애 학생 희주와 나눈 대화이다. 물음에 답하시오. [5점]

(가) 수업 활동 아이디어 노트

• 성취기준

㉠ 일상생활 속에 나타난 이미지를 활용하여 표현한다.

• 수업 개요

㉡ 본 수업은 픽토그램 카드를 만들고, 그 결과물을 학생의 사회성 기술 교수를 위한 자료로 활용하고자 한다.

• 픽토그램의 개념

픽토그램은 의미하는 내용을 (㉢)(으)로 시각화하여 사전에 교육을 받지 않고도 모든 사람이 즉각적으로 이해할 수 있어야 하므로 단순하고 의미가 명료해야 한다.

• 수업 활동

활동1	• 픽토그램에서 사용한 모양 이해하기  • 픽토그램에서 사용한 색의 의미 알기
활동2	• 픽토그램 카드 만들기
활동3	• 픽토그램 카드 활용하기 교환 가치 형성하기 → ㉣ 자발적 교환하기 → 변별 훈련하기 → 문장으로 만들어 이야기하기 → 단어를 사용하여 질문에 반응하기→ 의견 설명하기 [A]

(나) 수업 중 교사와 학생의 대화

교사: (검정 도화지에 노랑 색종이를 붙인 자료를 보이면서) 노랑이 잘 보이나요?
희주: 보여요. 노랑 좋아요.
교사: 그래요. 희주가 좋아하는 ㉤ 노랑을 검정과 함께 보니까 멀리서도 잘 보이는 거예요. 그렇기 때문에 교통 표지판과 같이 안전을 위한 픽토그램에 노랑과 검정을 함께 사용하는 경우가 많아요.

1) (가)의 ① ㉠과 ㉡을 통해 중점적으로 함양하고자 하는 핵심역량을 2015 개정 특수교육 기본 교육과정 미술과에 근거하여 쓰고, ② ㉢에 들어갈 단어를 쓰시오. [2점]

①:

②:

2) (가)의 [A]에 해당하는 ① 중재 방법을 쓰고, ② ㉣을 응용행동 분석 원리로 지도할 때 ⓐ에 들어갈 학생의 행동을 쓰시오. [2점]

선행 자극		행동		후속 결과
그림 카드를 학생과 먼 거리에 배치한다.	➡	ⓐ	➡	그림 카드에 해당하는 사물을 준다.

①:

②:

3) (나)의 ㉤에 활용된 색의 성질을 쓰시오. [1점]

핵심테마 체크

- PECS
- 공동관심
- AAC_참여모델
- 행동형성

MY MEMO

43

정답 및 예시답안

1) ① 자발적으로 교환하기
② 2개의 카드 중 선호하는 것과 선호하지 않는 것을 변별하기
2) ① 공동관심
② 태도장벽
3) 행동형성

관련이론

✦ 공동관심의 유형 및 기술

유형	기술	정의
공동관심 시작하기	협동적인 공동주시	아동은 성인과 사물을 번갈아 쳐다보고 관심을 공유하기 위해서 다시 성인을 바라본다(이러한 행동은 사물을 보고 성인을 본 후에 다시 사물을 보는 반대 순서로 행해질 수도 있다). 이러한 몸짓은 "저거 봐, 재미있는데!"라는 뜻이다.
	보여주기	아동은 관심을 끌기 위해서 손에 놀잇감을 들고 성인 앞에 들고 보여준다. 아동은 성인에게 놀잇감을 주지는 않는다. 이러한 몸짓은 "내가 뭐 가졌는지 봐!"를 의미한다.
	공유하기 위해 건네주기	아동은 놀잇감에 대한 도움을 얻기 위해서가 아니라 단순히 공유하기 위해서 성인에게 놀잇감을 준다. 이러한 몸짓은 "여기 놀잇감이 있으니까 너도 놀아도 돼!" 또는 "네 차례야!"라는 뜻이다.
	가리키기	아동은 단순히 성인의 관심을 흥미로운 어떤 것으로 이끌기 위해 사물을 가리킨다. 아동은 성인이 놀잇감에 대해 행동하기를 원하지 않는다. 이러한 몸짓은 "저거 봐요! 재미있어요."라고 의사소통하는 것이다.
공동관심 반응하기	가리키는 곳 따르기	성인이 사물을 가리킨 후에 아동은 가리킨 곳을 따라 동일한 사물을 바라보는 것으로 반응한다.
	시선 따르기	아동은 성인이 바라보고 있는 곳으로 성인의 시선을 따른다.

✦ 참여모델

이 모델은 AAC를 통해 의사소통할 개인과 생활연령이 같은 또래의 기능적인 참여에 기초하여 AAC 평가를 수행하고 중재를 계획할 수 있는 체계적인 과정을 제공한다. 참여모델에서는 AAC 사용을 어렵게 하는 장벽을 기회장벽과 접근장벽으로 구분한다.

- 기회장벽: AAC 사용자가 아닌 주변 사람의 문제로 발생하는 것으로, AAC 시스템이나 중재만으로는 해결할 수 없는 장벽이다.
  - 정책장벽 · 실제장벽 · 지식장벽
  - 기술장벽 · 태도장벽
- 접근장벽: 사회나 지원체계의 제한이 아닌 AAC 사용자의 능력이나 태도, 의사소통 시스템의 제한으로 발생하는 장벽이다. 예를 들면, AAC 시스템의 어휘 저장 용량이 부족하여 의사소통의 제한을 갖는 경우이다. 이처럼 의사소통 관련 접근장벽은 물론 이동성의 부족, 사물 조작 및 관리 능력의 어려움, 인지기능과 의사결정의 문제, 읽기 및 쓰기장애, 감각 및 지각 손상 등 사용자의 다양한 능력이나 태도가 관련되어 있다.

✦ 행동형성

- 현재에는 나타나지 않는 표적행동을 발생시키기 위해서 표적행동에 점진적으로 가까운 행동을 체계적으로 차별강화하여 새로운 행동을 형성시키는 것이다.
- 표적행동에 가까운 행동들이란 표적행동을 하기 위해 필요한 행동들이거나 표적행동과 같은 행동이지만 강도, 양, 혹은 기간이 표적행동들과 다른 행동들이다.

43

2023. 유
★답안작성

(가)~(다)는 병설유치원 개별화교육지원팀 협의 내용의 일부이다. 물음에 답하시오. [5점]

(가)

임 교 사:	유치원에서 '내 친구는 그림으로 말해요'라는 주제로 경수가 사용하는 그림교환의사소통체계(Picture Exchange Communication System: PECS)의 사용 방법을 설명해 준 이후로 친구들도 경수가 그림으로 대화할 수 있다는 것을 알게 되었어요. 1단계에서 기차놀이를 즐기는 경수는 기차 그림카드를 교사에게 제시해야 기차를 받을 수 있다는 교환의 의미를 이해했어요. 2단계에서는 ㉠ <u>경수가 기차 그림카드를 찾아와 멀리 있는 제게 건네주어 기차와 교환할 수 있게 되었어요</u>. 3단계에서는 ㉡ <u>좋아하는 2개의 기차 중 경수가 더 원하는 기차의 그림카드를 교사에게 건네주어 그 기차로 바꿀 수 있었어요</u>. 4단계로, 요즘은 원하는 것을 문장으로 요청하도록 지도하고 있습니다.
경수 어머니:	그림으로 의사소통하는 방법을 체계적으로 교육해 주셔서 이제 경수는 좋아하는 것 중에서도 더 좋아하는 것을 구분할 수 있게 되었어요.

(나)

임 교 사:	민서는 보완대체의사소통(Augmentative and Alternative Communication: AAC) 기기로 자신의 요구를 표현해요. ㉢ <u>친구가 민서를 부르며 펭귄 인형을 가리키면 민서도 펭귄 인형을 보고</u> AAC 기기에서 펭귄을 찾아서 눌러요.
민서 아버지:	지도해 주셔서 감사합니다. ㉣ <u>AAC 기기를 추천 받았을 때 민서가 AAC 기기를 사용하면 아예 말을 못하고 친구들과 어울리지 못할까 봐 사용을 반대했었지요</u>.
임 교 사:	AAC 기기는 연령이나 장애 정도와 상관없이 어떤 방법으로든 의사소통할 수 있다는 가능성에 초점을 둡니다. 민서가 친구들과 긍정적으로 상호작용을 할 수 있게 되어 기쁩니다.
고 원 장:	그리고 민서에게 일관성 있는 의사소통 중재가 필요합니다.

(다)

임 교사:	동호에게 좋아하는 자동차를 보여 주면, 동호는 '주세요'라는 의미로 양손을 내미는 동작을 하였어요. 그리고 "이에"라는 음성을 내는 모습이 자주 관찰되었어요. 최근 교사가 들려주는 "주세요" 소리의 입 모양을 동호가 모방하면 강화하고, 양손을 내미는 행동만 할 때는 강화하지 않았더니 점차 "주세요"를 '주'라는 한 음절로 표현하기 시작했어요. 차별강화를 통해 동호가 점차 "주세요"를 2음절을 거쳐 한 단어로 표현하게 하려고 해요. [A]
권 교사:	유치원에서 입 모양을 따라 하도록 보여 주면 동호가 모방하려고 애쓰는 모습이 보여서 대견해요.

1) ① ㉠단계의 지도 목적을 쓰고, ② 3단계 '그림 식별하기'에서 ㉡보다 먼저 지도할 내용을 쓰시오. [2점]

①:

②:

2) ① ㉢에 나타난 의사소통 행동이 무엇인지 쓰고, ② ㉣은 보완대체의사소통(AAC) 참여모델의 기회 장벽 중 무엇에 해당하는지 쓰시오. [2점]

①:

②:

3) [A]의 행동지원 방법이 무엇인지 쓰시오. [1점]

핵심테마 체크 ✔

• 구조화

MY MEMO

44

정답 및 예시답안

④

알찬 지문풀이

• ㄴ. 아이가 짜증을 낼 때는 그 상황을 고려하여 반응합니다. ➡ **구조화와 관련이 없음**

• ㄹ. 동화책은 아이의 눈에 쉽게 띄도록 여기저기에 흩어 놓습니다. ➡ **구조화와 관련이 없음**

관련이론

✦ 구조화

- 구조화는 학생이 교수·학습활동의 순서와 과제를 예측할 수 있도록 체계적으로 계획하고 구성하는 것
- 구조화는 매우 포괄적인 개념으로, 학생이 보다 더 참여하고 쉽게 이해할 수 있도록 학습환경이 설정된 것을 의미
- 장애학생의 시각적 강점과 조직성을 선호하는 특성을 활용하여 이들의 학습참여를 촉진하도록 안정감과 동기화를 증진시키고자 하는 것
- 구조화의 목적은 자폐성장애 학생이 무엇을 해야 하는지를 이해하고 과제를 성공적으로 수행할 수 있도록 돕는 것

핵심테마 체크 ✔

• 우연교수
• 그림교환의사소통체계(PECS)
• 비연속시도훈련(DTT)

MY MEMO

45

정답 및 예시답안

②

관련이론

✦ 우연교수(우발교수)

- 우발교수는 학생의 자연스러운 환경을 의도적으로 조직할 때 발생
- 학생의 자연스러운 환경을 의도적으로 조직할 때 발생
- 미리 계획된 학습목표와 아동의 선호도를 중심으로 학습환경을 구성한 뒤, 아동이 특정 사물이나 활동에 관심을 보이기 시작하면 아동에게 질문하거나 촉구함으로써 그 관심을 격려하고 이때 아동이 적절한 반응을 보이면 선호하는 물건을 제공
- 자연적으로 발생하는 활동의 맥락에서 아동의 선호도를 중심으로 이루어짐
- 핵심은 아동이 시작하는 상호작용

✦ 그림교환의사소통체계(PECS)

의미 및 특징	• 표현언어가 부족한 전반적 발달장애나 기타 장애를 가진 아동들을 위하여 개발한 것이며, 응용행동분석에 근거한 전략 • 아동들이 원하는 물건을 얻기 위하여 사물 그림을 교환하도록 훈련 • 시각적인 의사소통 방법
기본원리	• 단어를 통한 의사소통의 교환 자리에 그림카드가 사용된다는 원칙을 알게 함 • 인과적 관계를 확실히 알도록 함 • 아동이 선호하는 사물이 무엇인가를 사전에 조사한 후 리스트를 만들어야 함

✦ 비연속시도훈련(DTT)

개념	• 특정 기술을 가르치기 위해 구조화된 환경 내에서 'ABA 원리를 강력하게 적용하는 것' • 긍정적 학습 성과가 바람직한 행동과 강화 간의 즉각성을 증진시키고, 강화물의 가치를 높이며, 식별자극이 명확할 때 이루어질 수 있다는 이론적 기초에 기반
목표	• 지시하면 반응하지만, 지시하지 않으면 반응하지 않는 것을 가르치는 것(자극 의존성)

[44-45] 다음 대화를 읽고 물음에 답하시오.

김 교 사: 오늘은 두 분 어머니께 자녀의 의사소통 발달을 위해 가정에서 하실 수 있는 방법에 대해 알려드리려고 합니다. 의사소통 발달을 돕기 위해서는 먼저 환경을 구조화하는 것이 필요합니다.
연주 어머니: 환경을 구조화하는 것이란 어떤 것인가요?
지호 어머니: 저도 그게 궁금해요.
김 교 사: 예를 들면, ㉠ ______________.
지호 어머니: 아, 그렇군요. 지호는 몇 개의 단어를 말해 보라고 시키면 말할 수 있지만 정작 그 단어를 사용해야 하는 장소에서 지호가 먼저 말하지는 않아요. 이 문제를 해결할 수 있는 방법이 없을까요?
연주 어머니: 연주는 발화가 되지 않아 갖고 싶은 것을 달라고 하지 못하니까 무조건 울어버려요. 어떻게 해야 하나요?
김 교 사: 여러 가지 방법이 있습니다.
…(이하 생략)…

44

2011. 유

㉠에 들어갈 응답으로 적절한 것을 <보기>에서 모두 고른 것은?

보기

ㄱ. 오늘의 간식 그림카드를 냉장고에 붙여 놓습니다.
ㄴ. 아이가 짜증을 낼 때는 그 상황을 고려하여 반응합니다.
ㄷ. 외출할 때는 현관문을 열기 전에 갈 곳을 묻고 대답하게 합니다.
ㄹ. 동화책은 아이의 눈에 쉽게 띄도록 여기저기 흩어 놓습니다.
ㅁ. 간식은 아이의 손이 닿지는 않으나 잘 보이는 식탁 선반 위에 둡니다.

① ㄱ, ㄹ
② ㄱ, ㅁ
③ ㄴ, ㄷ
④ ㄱ, ㄷ, ㅁ
⑤ ㄴ, ㄷ, ㄹ

45

2011. 유

어머니들의 말에 나타난 각 유아의 의사소통 특성을 고려할 때, 지호와 연주에게 적절한 언어교수법과 그 적용 이유가 바르게 연결된 것은?

구분	지호		연주	
	언어 교수법	적용 이유	언어 교수법	적용 이유
①	우연교수	자발적 구어 표현력 향상에 효과적이므로	비연속 시도훈련 (discrete trial training)	자발적 구어 표현력 향상에 효과적이므로
②	우연교수	자발적 구어 표현력 향상에 효과적이므로	그림교환 의사소통 체계 (PECS)	의사소통 의도 표현력 향상에 효과적이므로
③	그림교환 의사소통 체계	습득한 어휘의 일반화에 효과적이므로	비연속 시도훈련	발화 훈련에 효과적이므로
④	그림교환 의사소통 체계	습득한 어휘의 일반화에 효과적이므로	우연교수	발화 훈련에 효과적이므로
⑤	비연속 시도훈련	자발적 구어 표현력 향상에 효과적이므로	우연교수	의사소통 의도 표현력 향상에 효과적이므로

핵심테마 체크 ✔

- 환경중심 언어중재
- 스크립트활용 언어중재
- 언어경험 접근법

MY MEMO

46

정답 및 예시답안

①

문제 속 자료분석

- 학생 A는 일상생활에 필요한 기본적인 단어의 의미는 이해할 수 있고, 일상 사물의 이름들을 주로 한 단어(일어문)로 말할 수 있다. 그러나 자신의 관심사에만 집착하고, 타인과 의사소통하는 데 관심이 없어서 자발적으로 언어표현을 시도하는 경우가 매우 드물고 교사나 친구들과 의사소통하는 것이 어렵다. ➡ 간단하게 표현할 수 있으나, 자발적으로 언어표현을 하지 않는 것이 문제. 따라서 자발적인 의사표현을 지도해야 함
- 학생 B는 학교 일과에서 교사나 친구들과 이야기할 때에 주로 두 단어(이어문)로 의사소통을 할 수 있다. 그러나 어떤 특정한 활동 속에서 요구되는 상황적 언어를 논리적인 순서에 따라 말하는 데 어려움이 있다. 특히 지역사회 참여활동, 복지관 실습, 가사실습 시간에 요구되는 상황적 언어들을 그 활동 맥락 안에서 표현하는 데 어려움이 있다. ➡ 상황에 맞게 말하는 데 어려움이 있으므로 상황이나 맥락 속의 표현을 지도해야 함

관련이론

✦ 환경중심 언어중재

- 기능적인 의사소통을 자연스럽게 유도할 수 있도록 아동의 환경 속에서 아동의 관심과 흥미에 따라서 언어중재를 한다는 다소 포괄적인 중재접근법
- 일상생활의 의사소통 상황에서 의사소통 기술을 가르치는 자연스러운 접근방법
- 의사소통을 촉진할 수 있도록 환경을 구성하고, 아동의 관심을 고려하며, 인위적이 아닌 자연적인 촉진을 사용하고, 아동의 의사소통의 빈도와 확장을 위해 기능적 후속결과를 사용
- 행동주의 원칙과 절차를 적용한 것으로 자연적인 맥락에서 이루어지는 언어중재

✦ 스크립트 언어중재

- 스크립트: 특정한 문맥 속에서 진행되는 단계적인 일련의 사건들을 설명하는 구조
- 구조화된 상황을 만들고, 그 안에서 실제로 상호작용하면서 필요한 어휘와 문장을 습득하는 접근법
- 장점: 가장 큰 장점은 상황에 맞는 언어를 가장 일반화된 형태로 지도할 수 있다는 것
- 단점: 단점은 최소한의 구어적 능력을 가지고 있어야 실시할 수 있다는 것. 최근에는 스크립트 활용이 보완대체의사소통이나 다른 매체와 결합하여 사용되기도 함
- 5가지 구성요소: 접촉단서, 구어단서, 휴지, 구어피드백, 행동

✦ 언어경험 접근법

- 읽기 활동과 다른 언어 활동을 통합하여 프로그램이 구성되며, 아동의 학습동기유발을 통해 학습참여를 유도
- 언어경험 접근에서 사용되는 읽기 자료는 학생들이 경험한 이야기를 중심으로 구성
- 절차
  ① 아동이 재미있어 하는 주제나 활동을 선택한다.
  ② 교사, 아동이 함께 그 활동에 대해 이야기한다.
  ③ 아동 또는 교사(소집단의 경우)가 받아쓴다.
  ④ 교사가 지적한 단어를 개인별 또는 합창으로 읽는다.
  ⑤ 입력한 단어를 아동에게 제시하고, 아동은 이야기 읽는 연습을 한다.
  ⑥ 새로 나온 단어는 단어카드를 작성하여 단어 학습을 한다.

46

2012. 중

다음은 자폐성장애학생 A와 B의 언어 특성이다. 학생들의 의사소통 능력 향상을 위한 가장 적절한 중재 방법은?

> 학생 A는 일상생활에 필요한 기본적인 단어의 의미는 이해할 수 있고, 일상 사물의 이름들을 주로 한 단어(일어문)로 말할 수 있다. 그러나 자신의 관심사에만 집착하고, 타인과 의사소통하는 데 관심이 없어서 자발적으로 언어표현을 시도하는 경우가 매우 드물고 교사나 친구들과 의사소통하는 것이 어렵다.
> 학생 B는 학교 일과에서 교사나 친구들과 이야기할 때에 주로 두 단어(이어문)로 의사소통을 할 수 있다. 그러나 어떤 특정한 활동 속에서 요구되는 상황적 언어를 논리적인 순서에 따라 말하는 데 어려움이 있다. 특히 지역사회 참여 활동, 복지관 실습, 가사실습 시간에 요구되는 상황적 언어들을 그 활동 맥락 안에서 표현하는 데 어려움이 있다.

	학생 A의 중재방법	학생 B의 중재방법
①	환경중심 언어중재	스크립트활용 언어중재
②	환경중심 언어중재	언어경험 접근법
③	언어경험 접근법	스크립트활용 언어중재
④	언어경험 접근법	환경중심 언어중재
⑤	스크립트활용 언어중재	환경중심 언어중재

핵심테마 체크

- 비연속개별시도훈련(DTT)
- 우발교수

MY MEMO

47

정답 및 예시답안

○ ㉠은 비연속개별시도훈련(DTT)이다.
○ ㉡의 경우 짧은 간격(시행 간 간격)후 다시 자극을 제시하며 정반응을 유도하기 위한 촉진을 제공한다.
○ ㉢은 우발교수이다.
○ ㉣은 일반화에 용이하다는 것이다.

관련이론

✦ 비연속개별시도훈련(DTT)

- 비연속개별시행교수는 구조화된 교수환경에서 특정 기술을 가르치기 위해 응용행동분석의 원리를 적용한 기본교수 단위로, 단어재인뿐 아니라 교과 내용지도에도 적용될 수 있다.
- 비연속개별시행교수의 기본 요소에는 주의집중, 자극제시, 학생 반응, 피드백, 시행 간 간격이 포함된다.

주의 집중	• 매 교수 시행마다 시행의 시작을 위해 학생의 주의를 이끈다. • 학생의 주의집중은 학습의 과정에서 가장 중요한 첫 단계라 할 수 있다.
자극 제시	• 교수 또는 지시를 하는 것으로 학생의 반응에 대한 변별자극을 제시한다. • 변별자극은 일관되고, 명확하며, 간결해야 한다. • 학생이 해야 하는 반응에 대한 구체적이고 간략하고 분명한 지시 또는 질문을 한다.
학생 반응	• 교사의 단서(자극)에 대해 학생이 반응을 한다. • 학생은 정반응, 오반응, 무반응을 보일 수 있다. 학생이 오류 없이 학습을 할 수 있도록 변별자극과 더불어 촉진을 제공할 수 있다. • 학생이 촉진 없이도 자극이 제시되었을 때 정반응을 할 수 있도록 점진적으로 촉진을 용암시켜야 한다.
피드백	• 학생이 정확한 반응을 하면 교사는 즉시 칭찬, 안아주기, 음식물, 장난감, 활동 등 적절한 강화제를 가지고 강화를 한다. • 학생이 무반응 또는 오반응을 보이면 즉각적으로 교정적 피드백을 제공한다.
시행 간 간격	• 교사는 대략 3~5초 정도의 간격을 두고 다음 개별시행을 실시한다.

- 비연속개별시행교수는 학생이 교사가 제공하는 단서(변별자극)에 반응하는 것이기 때문에 분명한 단서가 제시되지 않을 때는 행동을 자발적으로 보이지 못하는 자극 의존성의 제한점을 가지고 있다.
- 또한 교사가 엄격하게 통제된 학습환경을 만들어 지도를 하기 때문에 비연속개별시행교수에서 획득된 기술이 학습 상황과 유사한 상황에서 나타나는 일반화의 제한을 가지고 있다.
- 또 다른 제한점으로는 교사가 학생과 일대일 상황에서 개별적으로 상호작용하고 지속적으로 자극을 제공해야 한다는 점에서 집단 활동 중심의 학교 상황에서는 매우 제한적이라는 것이다.
- 이러한 제한점을 줄이기 위해 자연적인 교수 맥락에서 비연속개별시행교수의 요소(주의집중－자극제시－반응－피드백)가 들어가도록 구성하는 것이 중요하다.

✦ 환경중심 언어중재

- 비연속개별시행교수와 같은 집중적인 교수전략이 새로운 언어기술을 습득하는 데 효과적이었다면 습득한 기술을 자연스러운 환경에서 기능적으로 활용할 수 있도록 하는 자연적 교수 또한 중요하다. 이는 우발교수와 같이 아동의 자발적인 의사소통 시도(예 원하는 물건을 가리키거나 얻기 위한 의사소통적인 행동) 직후에 피드백이나 촉진을 삽입하고 아동이 원한 물건을 자연스러운 강화제로 활용하는 방법이라고 할 수 있다.
- 따라서 이러한 의사소통 시도가 많이 일어나도록 하는 환경을 구성하는 것이 중요하며, 해당 환경에서 가장 자연스러운 대화 상대자 혹은 교수자(예 부모 혹은 교사)의 역할이 매우 중요하다.
- 환경중심 의사소통중재(milieu language intervention)는 환경중심 교수전략(milieu teaching)을 의사소통에 적용한 것으로 아동이 처한 일상생활 환경에서 아동의 관심과 흥미에 따라 의사소통 증진을 하는 접근방법이다.

47

2017. 중

다음은 자폐성장애 학생 Y의 의사소통 중재와 관련하여 김 교사와 박 교사가 나눈 대화의 일부이다. ㉠에 공통으로 들어갈 중재전략을 쓰고, ㉡의 경우에 적용하는 지도 방안을 제시하시오. 그리고 ㉢에 공통으로 들어갈 중재전략을 쓰고, ㉣을 1가지 제시하시오. [4점]

김 교사: 선생님, 우리 반의 Y가 어휘력이 부족한데 어떻게 지도해야 할까요?

박 교사: 자폐성장애 학생의 어휘력을 향상시키는 데 효과적인 전략이 있습니다. 예를 들어, Y에게 필요한 어휘목록을 10개 준비하고 주의를 집중하게 한 뒤, '지구본'이라는 단어 카드를 제시하면서 "이 단어는 무엇이지?"라고 질문하세요. Y가 "지구본"이라고 대답을 하면 "잘했어."라고 하세요. 잠시 간격을 두고 나서 다음 단어 카드를 보여주면서 앞에서 말한 절차를 반복하면 됩니다. 이와 같이 (㉠)은/는 학생이 변별자극에 정확하게 반응할 수 있을 때까지 간격을 두고 반복하여 시행하는 것입니다.

김 교사: 그런데 이 전략을 사용할 때, "이 단어는 무엇이지?"라는 질문에 ㉡ <u>Y가 대답하지 못하거나 오답을 말하면</u> 어떻게 해야 하나요?

…(중략)…

김 교사: 그리고 Y는 구어를 할 수는 있으나 필요한 상황에서 적절하게 사용하지 않습니다. 어떻게 해야 할까요?

박 교사: 네. Y에게 (㉢)을/를 적용해 볼 수 있습니다. 예를 들어, 먼저 Y가 좋아하는 '만화책'을 손이 닿지 않는 책장 위에 두고, 관심을 보일 때까지 기다려주세요. Y가 좋아하는 '만화책'에 관심을 보일 때 같이 쳐다보면서 "만화책 주세요."라고 말하도록 유도하세요. 만약 Y가 말을 하지 않고 계속해서 손가락으로 '만화책'을 가리키기만 하면, 이때 선생님께서 "만화책 주세요."라고 먼저 말하세요. Y가 "만화책 주세요."라고 따라 말하면, 그때 '만화책'을 주면 됩니다. 이처럼 학생의 선호에 맞게 환경을 구성하고, 학생이 관심을 보이면 촉진을 통해 적절한 반응을 유도하는 것입니다.

김 교사: 네, 그렇군요. 그러면 중재전략 (㉢)은/는 (㉠)에 비해 어떤 ㉣ <u>장점</u>이 있나요?

…(하략)…

핵심테마 체크 ✔
- EMT환경 구성 전략
- 공동관심의 유형

MY MEMO

48

정답 및 예시답안

- ㉠의 예: 보드게임을 해야 하는 상황에서 게임의 방법을 알려주지 않는다.
- ㉣의 예: 라면 끓일 때 필요한 재료인 면, 스프, 냄비 등의 자료를 주지 않는다(도움과 불충분한 자료의 방향에 맞게 제시되는 예시는 모두 정답 가능).
- ㉡은 공동관심 시작하기, ㉤은 공동관심 반응하기이다.
- ㉢의 예: 학생 P가 보드게임 도구와 교사를 번갈아 쳐다보고 관심을 공유하기 위해 다시 교사를 바라본다.
- ㉥의 예: 교사가 불충분하게 제공한 라면(스프, 냄비, 물 등)을 가리키면 그것을 학생 P가 함께 바라본다.

관련이론

✦ 공동관심

- 사회적 상호작용 대상자와 상호작용을 하는 과정에서 특정한 사물이나 대화 주제에 대해 서로 같은 관심을 보이는 것 또한 중심행동의 하나이다.
- 일반 아동들은 6~18개월 사이에 지적하기를 하거나 다른 사람의 시선의 움직임을 따라가면서 그 사람의 관심을 함께 공유할 수 있다. 그러나 자폐성장애 아동은 시선의 움직임이나 지적하기와 같은 시각적 단서를 따르지 못하거나, 다른 사람의 관심을 불러일으키기 위한 시작행동을 하거나, 다른 사람이 공동관심을 유도하기 위해 나타내는 비구어적 몸짓을 이해하지 못한다.
- 공동관심(joint attention)에는 '공동관심에 반응하기(response to joint attention; RJA)'와 '공동관심 시작하기(initiation of joint attention; IJA)'라고 하는 두 가지 상호보완적인 행동이 있다.
- 이러한 관심 공유 행동은 사회적 교류와 다른 사람들과의 상호작용에 대한 참여의 기초가 되는데, 자폐아동은 이러한 관심 공유 행동에서 어려움을 보인다.

✦ 공동관심 기술의 유형

유형	기술	정의
공동관심 시작하기	협동적인 공동주시	아동은 성인과 사물을 번갈아 쳐다보고 관심을 공유하기 위해서 다시 성인을 바라본다(이러한 행동은 사물을 보고 성인을 본 후에 다시 사물을 보는 반대 순서로 행해질 수도 있다). 이러한 몸짓은 "저거 봐, 재미있는데!"라는 뜻이다.
	보여주기	아동은 손에 놀잇감을 들고 관심을 끌기 위해서 성인 앞에 들고 보여준다. 아동은 성인에게 놀잇감을 주지는 않는다. 이러한 몸짓은 "내가 뭐 가졌는지 봐!"를 의미한다.
	공유하기 위해 건네주기	아동은 놀잇감에 대한 도움을 얻기 위해서가 아니라 단순히 공유하기 위해서 성인에게 놀잇감을 준다. 이러한 몸짓은 "여기 놀잇감이 있으니까 너도 놀아도 돼!" 또는 "네 차례야!"라는 뜻이다.
	가리키기	아동은 단순히 성인의 관심을 흥미로운 어떤 것으로 이끌기 위해 사물을 가리킨다. 아동은 성인이 놀잇감에 대해 행동하기를 원하지 않는다. 이러한 몸짓은 "저거 봐요! 재미있어요."라고 의사소통하는 것이다.
공동관심 반응하기	가리키는 곳 따르기	성인이 사물을 가리킨 후에 아동은 가리킨 곳을 따라 동일한 사물을 바라보는 것으로 반응한다.
	시선 따르기	아동은 성인이 바라보고 있는 곳으로 성인의 시선을 따른다.

✦ 환경중심 언어중재(MT)의 환경조성전략

- 흥미 있는 상황
- 부적절한 상황
- 도움이 필요한 상황
- 손에 닿지 않는 상황
- 선택해야 할 상황
- 예기치 못한 상황

고득점 답안 비법 ☆ 공동관심의 개념, 공동관심 시작하기, 공동관심 반응하기의 각각의 기본 의미를 잘 이해할 것

☆ 환경조성전략에서 도움이 필요한 상황과 손이 닿지 않는 곳에 물건을 올려두는 상황은 각각의 전략이므로, 도움이 필요한 상황에 다른 환경조성전략(예 손에 닿지 않는 상황)을 서술하는 것은 오답

48

2019. 중
★답안작성

(가)는 자폐성장애 학생 P의 특성이고, (나)는 김 교사가 학생 P의 선호하는 사물과 활동을 통해 학생의 공동관심을 형성하기 위한 방안이다. <작성 방법>에 따라 서술하시오. [4점]

(가) 학생 P의 특성

- '보드 게임'과 '라면 끓이기'를 좋아함
- 구어를 사용하지 않음

(나) 공동관심 형성 방안

• EMT 환경 구성 전략: 도움 • 활동: 보드게임	학생의 공동 관심 유형	교사와 학생 행동
(㉠)	(㉡)	(㉢)
• EMT 환경 구성 전략: 불충분한 자료 • 활동: 라면 끓이기	학생의 공동 관심 유형	교사와 학생 행동
(㉣)	(㉤)	(㉥)

※ EMT는 강화된 환경 교수(Enhanced Milieu Teaching)를 의미함

작성방법

- 'EMT 환경 구성 전략'과 '활동'을 고려하여 괄호 안의 ㉠, ㉣에 해당하는 예 1가지를 순서대로 서술할 것
- 괄호 안의 ㉡, ㉤에 들어갈 수 있는 '학생의 공동관심 유형'의 명칭을 순서대로 쓰고, 각 유형에 따라 괄호 안의 ㉢, ㉥에 해당하는 '교사와 학생 행동'의 예 1가지를 순서대로 서술할 것 (단, ㉡, ㉤은 교사와 학생의 행동 순서와 관련하여 서로 다른 유형임. ㉠-㉡-㉢, ㉣-㉤-㉥의 내용 연계성을 고려하여 작성할 것)

핵심테마 체크 ✔
- 중심축 반응훈련(PRT)
- 기능적 의사소통훈련(FCT)
- 비연속 시행훈련(DTT)

MY MEMO

49

정답 및 예시답안

④

관련이론

✦ 중심축 반응훈련(PRT)

- 전반적인 사회적 능력을 향상시키는 데 효과가 있는 것으로 밝혀진 증거기반의 중재
- 자연적 환경에서 자연적 중재 절차를 사용하므로 자연적 중재모델
- 반드시 필요한 중심 영역을 중재하고 일반화하는 것을 주요 목표로 함
- 중심축 반응: 자연스럽게 발생하는 후속결과에 의해서 다른 행동으로 일반화되고, 유지되는 행동, 훈련으로 향상될 경우 훈련받지 않은 다른 행동에도 변화를 가져올 수 있는 행동, 중심축 영역은 다양한 행동에 영향을 미치며, 이에 따라 기타 중요한 발달영역들에서 상당한 부수적인 습득이 발생
- 아동이 자연적 환경에서 발생하는 다양한 학습기회와 사회적 상호작용에 반응하도록 하며, 중재 제공자에 의한 지속적인 감독의 필요성을 감소시키고, 아동을 자연적 환경에서 분리시키는 서비스를 감소시키며, 일반적인 환경에서 기능수행과 자극에 대한 반응성을 높이는 데 필요한 기술을 지도하는 것을 목표로 함

✦ 기능적 의사소통훈련(FCT)

- 문제행동과 동등한 기능으로 작용하는 수용 가능한 대체행동을 가르치는 것이다.
- 학생은 동등한 기능(결과)을 달성하지만, 사회적으로 수용 가능한 대체행동을 배운다.
- 학생에 따라 언어적인 방법, 혹은 비언어적인 방법으로 의사소통을 가르친다.
- 문제행동과 동일한 기능을 가진 적절한 대체행동을 가르침으로써 문제행동을 감소시키고자 개발한 것이다.
- 긍정적 행동지원에 근거한 전략이다.
- 원하는 것이나 필요한 것을 요구하는 수단으로 혹은 도움을 요청하거나 쉬고 싶다는 것을 표현하는 수단으로 문제행동을 사용하는 것 대신에, 똑같은 기능을 지닌 적절한 의사소통 형태를 여러 환경에서 학생에게 가르침으로써 문제행동을 감소시킬 수 있다.
- 비구어적 중도 지적 손상을 지닌 자폐인들의 '문제가 되는 행동'에 대한 연구로부터 시작된다.
- 학생들에게 바람직하지 않은 행동을 대체하도록 하는 '보조적' 의사소통 도구의 사용에 대해 지도한다.
- 학생들로 하여금 좀 더 수용적인 방법으로 도움이 필요하다고 표현하거나, 관심 또는 원하는 물건을 얻거나, 원하지 않는 상황을 피할 수 있도록 해 준다.
- 의사소통능력 증진, 동시에 방해행동, 공격행동, 상동행동, 자해행동을 감소시킨다.

✦ 비연속시행훈련(DTT)

- 특정 기술을 가르치기 위해 구조화된 환경 내에서 'ABA 원리를 강력하게 적용하는 것'
- 긍정적 학습 성과가 바람직한 행동과 강화 간의 즉각성을 증진시키고, 강화물의 가치를 높이며, 식별자극이 명확할 때 이루어질 수 있다는 이론적 기초에 기반
- 지시하면 반응하지만, 지시하지 않으면 반응하지 않는 것을 가르치는 것(자극 의존성)

49 2011. 중

사회적 의사소통 능력의 결함으로 인해 대인관계에서 다양한 부적응 행동을 보이는 자폐성장애학생을 중재하기 위하여 교사는 다음과 같은 지원 전략을 세웠다. (가)~(다)에 해당하는 가장 적절한 중재 기법을 고른 것은? [2.5점]

단계	전략
1단계	학생이 보이는 문제행동의 기능을 파악한다.
2단계	문제행동과 관련된 환경 및 선행사건을 수정한다.
3단계	(가) 자연스러운 상황에서 사회적 의사소통 기술을 지도하여 문제행동의 발생을 예방함과 동시에 습득한 기술을 다른 사회적 기술로 확장시켜 학생 스스로 환경적 문제에 대처하도록 한다.
	(나) 문제행동과 동일한 기능을 가진 수용 가능한 교체 기술을 가르친다.
4단계	(다) 문제행동의 발생 빈도를 평가하고, 문제행동에 대한 반응적 중재 방법을 마련한다.
5단계	학생이 학습한 행동을 다양한 환경에서 독립적으로 수행하게 한다.

	(가)	(나)	(다)
①	촉진적 의사소통 (FC)	비연속 시행훈련 (DTT)	중심축 반응훈련 (PRT)
②	촉진적 의사소통 (FC)	기능적 의사소통 훈련(FCT)	중심축 반응훈련 (PRT)
③	중심축 반응훈련 (PRT)	촉진적 의사소통 (FC)	교수적 접근, 소거, 차별강화
④	중심축 반응훈련 (PRT)	기능적 의사소통 훈련(FCT)	교수적 접근, 소거, 차별강화
⑤	교수적 접근, 소거, 차별강화	기능적 의사소통 훈련(FCT)	비연속 시행훈련 (DTT)

핵심테마 체크 ✔

- 상황이야기

MY MEMO

50

정답 및 예시답안

④

알찬 지문풀이

- ㄱ. ㉠은 ~~지시문~~이다. ➡ 관점문
- ㄹ. 학생들이 ~~해야 할 행동~~을 기술하기 위하여 쓴 글이다. ➡ 해야 할 행동을 기술해서는 안 됨

관련이론

✦ 상황이야기

의미		• 상황이야기는 사회적 상황에 대한 설명에서 시작하여 상호작용 대상자들의 입장과 생각을 명시적으로 안내하고 그러한 상황에서 기대되는 사회적 행동이 무엇인지를 구체적으로 설명 • 사회적 인지의 기본적인 이해가 가능하도록 도와주는 인지적 접근방법 • 상황을 기술하기 위하여 쓰인 것들이지 학생들이 해야 할 행동을 기술하기 위해서 쓰인 것이 아님 • 전형적으로 1인칭(학생의 입장)의 관점에서 쓰이는데, 간혹 학생들이 의존하고 있는 사람, 즉 3인칭의 관점에서 쓰이기도 함 • ASD 학생의 시각적 인식의 강점을 활용하는 방법으로 대상의 수준에 맞게 개별화하여 글씨 외에도 사진, 그림, 실물을 간단한 상징 등을 이야기에 포함 가능
목적		• 비구어적인 사회적 정보를 구체적이고 명시적인 정보로 설명하여 사회적 상황을 예측하게 하고 기대되는 사회적 행동을 할 수 있도록 돕는 것 • 사회적 이해의 향상을 목표로 함 • 학생의 행동을 변화시킬 목적으로 쓰인 것이 아니라 그들이 사회적 상황과 상대방의 입장을 좀 더 쉽게 이해할 수 있도록 하기 위함
특성		• 글자와 그림을 기반으로 하는 시각적 자료 • 개별 학생에게 적합한 내용과 문장으로 구성 • 매우 실제적이고 개별 학생에게 적합한 내용을 구성하여 즉각적으로 적용 가능 • 이야기의 주제는 일상생활 중 개별 학생이 어려움을 겪는 사회적 상황에 관련한 것
적용지침		• 이야기는 '해야 할 일'의 목록처럼 읽혀서는 안 됨 • 아동의 학습 스타일, 흥미, 요구 그리고 능력에 맞게 주제를 작성 • 1인칭 관점으로, 긍정적 언어로, 명확하게, 문서를 쉽게 이해할 수 있도록 씀
문장유형	설명문 (진술문)	• 상황, 사건 또는 기대(누가, 무엇을, 언제, 어디서, 왜)를 기술 • 육하원칙에 해당하는 질문에 대한 답을 제공하는 것으로 정확하고 객관적인 정보를 제시
	조망문 (관점문)	• 학생들의 느낌, 믿음, 또는 알고 있는 것을 기술하기 위한 관점상의 문장 • 다른 사람의 느낌, 생각, 신념, 견해를 언급하는 것
	확정문 (긍정문)	• 중요 개념에 대한 구분을 돕기 위한 확정적 문장 • 주변 진술의 의미를 강화하고 주어진 문화에서의 보편적으로 공유되는 가치 또는 의견을 표현하는 진술
	지시문	• 청자코칭문 • 학생의 기대행동을 기술하기 위한 지시문 • 특정 상황에서 행동에 대한 긍정적 반응 및 반응범주를 자연스럽게 제공 • 긍정적이고 융통성 있는 행동을 중심으로 기술해야 함
	통제문 (자기코칭문)	• 학생들의 회상을 돕기 위해 쓰인 통제적인 문장 • 특정 상황에 의미를 부여하고 특정 상황을 회상하거나 이에 대해 적용하는 데 도움을 주기 위해 대상자 개인이 진술하는 문장을 의미
	협조문 (팀원코칭문)	• 특정 상황에서 타인의 역할을 기술하도록 하기 위한 협조적인 문장 • 다른 사람이 대상자에게 어떻게 도움을 줄 수 있는지를 제시
	미완성문	• 다음에 어떠한 일이 일어날지를 예측하게 하는 것으로 다른 사람의 반응과 이 반응에 대한 자신의 반응 및 느낌에 대해 추측하는 문장을 의미 • 이해를 확인하기 위해 빈칸을 채우게 하는 진술로 사용자로 하여금 상황의 다음 단계, 다른 사람의 반응, 자기 자신의 반응을 추측해 보도록 격려

50 2009. 중

다음은 자폐성장애학생에게 '병원에서 적절한 행동하기'를 가르치기 위해 개발된 '사회적 이야기(social stories)'의 예이다. 이 이야기에 대해 옳은 것을 <보기>에서 고른 것은?

> 병원 대기실에는 의자가 있다. 아파서 병원에 온 사람들은 진찰을 받기 위해 의자에 앉아 있다. ㉠ 일반적으로 사람들은 아프기 때문에 의자에 앉아서 기다리고 싶어 한다. 때때로 어린아이들은 대기실에서 뛰어다닌다. 어린아이들은 일반적으로 가만히 앉아 있기 힘들기 때문에 뛰어다닐 수 있다. 나는 중학생이기 때문에 가만히 앉아서 기다릴 수 있다. 아버지는 내가 가만히 앉아서 기다릴 수 있도록 나에게 퍼즐을 주시면서 "퍼즐을 맞춰라."라고 말씀하실 것이다. ㉡ 나는 가만히 앉아서 기다리기 위해 퍼즐을 맞춘 후 아버지에게 퍼즐을 다 하였다고 말할 것이다. 아버지는 내가 가만히 앉아서 퍼즐을 하고 있다면 좋아하실 것이다.

보기

ㄱ. ㉠은 지시문이다.
ㄴ. ㉡은 통제문이다.
ㄷ. 개별화된 인지적 중재 방법이다.
ㄹ. 학생들이 해야 할 행동을 기술하기 위하여 쓴 글이다.
ㅁ. 학생들이 사회적 상황과 상대방의 입장을 이해할 수 있도록 돕는다.

① ㄱ, ㄴ, ㄹ
② ㄱ, ㄴ, ㅁ
③ ㄱ, ㄷ, ㄹ
④ ㄴ, ㄷ, ㅁ
⑤ ㄷ, ㄹ, ㅁ

핵심테마 체크

- 상황이야기
- 마음읽기 결합
- 자기관리
- 차별강화

MY MEMO

51

정답 및 예시답안

⑤

알찬 지문풀이

- ㄱ. 자신과 친구의 기분을 나타내는 얼굴 표정을 찾아 문제 상황 그림에 붙이게 하고, 왜 기분이 그런지에 대해 답하게 한다. ➡ 마음읽기
- ㄴ. 친구를 밀지 않고 자신의 감정을 말로 표현하면 파란 스티커를, 친구를 밀면 빨간 스티커를 개별 기록판에 윤호가 스스로 붙이게 한다. ➡ 자기점검
- ㄷ. 화가 나기 시작하면 윤호 스스로 '멈춰, 열까지 세자.'라고 마음속으로 말하면서 팔을 움츠리고 서서 천천히 열까지 세며 화를 가라앉히게 한다. ➡ 자기교수
- ㄹ. 친구를 밀지 않고 "내 거 만지는 거 싫어."라고 말하면 칭찬한 후 장난감을 가지고 놀게 하고, 친구를 밀면 장난감을 가지고 놀 수 없게 한다. ➡ 대안행동 차별강화

관련이론

✦ 상황이야기

- 상황이야기는 사회적 상황에 대한 설명에서 시작하여 상호작용 대상자들의 입장과 생각을 명시적으로 안내하고 그러한 상황에서 기대되는 사회적 행동이 무엇인지를 구체적으로 설명
- 사회적 인지의 기본적인 이해가 가능하도록 도와주는 인지적 접근방법
- 상황을 기술하기 위하여 쓰인 것들이지 학생들이 해야 할 행동을 기술하기 위해서 쓰인 것이 아님
- 전형적으로 1인칭(학생의 입장)의 관점에서 쓰이는데, 간혹 학생들이 의존하고 있는 사람, 즉 3인칭의 관점에서 쓰이기도 함
- ASD 학생의 시각적 인식의 강점을 활용하는 방법으로 대상의 수준에 맞게 개별화하여 글씨 외에도 사진, 그림, 실물을 간단한 상징 등을 이야기에 포함 가능

✦ 마음읽기 결합

- 다른 사람의 행동을 이해하고 그 사람의 행동을 통해 그 사람이 다음에 어떤 일을 하게 될 것인지를 추론하는 능력
- 타인이 생각하는 것, 믿고 있는 것, 원하는 것, 의도 등을 인식하고 이해하는 능력
- 사회적 인지, 마음읽기, 관점바꾸기 등의 용어로도 대체하여 쓰임

✦ 자기관리

장점	• 행동을 외적으로 통제하는 것이 아니라 학생이 주도적으로 접근하게 함 • 교사의 지속적인 관리 · 감독 없이도 보다 적절하게 행동하는 것을 학습 • 자기관리는 행동의 일반화를 가능하게 함
하위기술	• 선행사건 변화시키기 • 목표설정 • 자기점검 • 자기평가 • 자기강화/자기처벌 • 자기교수

✦ 차별강화

개념	• 차별강화란 바람직한 행동에는 강화를 제공하고, 바람직하지 못한 행동에는 강화를 제공하지 않음으로써 강화를 받지 못하는 행동을 감소시키는 방법
DRL	• 정해진 시간 안에 발생한 반응의 비율이 미리 정해진 기준치보다 낮게 발생할 때마다 차별적으로 강화함으로써 반응비율을 점차적으로 감소시키는 방법 – 전회기 DRL – 기준선변경설계의 변용 – 동간격 DRL – 반응 간 시간 차별강화
DRO	• 정해진 시간 동안 표적행동이 발생하지 않았을 때 '표적행동의 중단' 자체를 차별적으로 강화함으로써 표적행동의 발생비율을 점차적으로 감소시키는 방법 – 전회기 DRO(고정/전체간격) – 동간격 DRO – 순간적 DRO – DRO 재설정 간격 – DRO 증진간격/용암계획
DRI	• 제거되어야 할 표적행동과 공존할 수 없는(양립할 수 없는) 행동을 하면 강화
DRA	• 문제행동과 동일한 기능을 가진 바람직한 행동을 하면 강화

51

2011. 유

만 5세인 윤호는 자기의 물건이나 장난감을 만지는 친구를 밀어 넘어뜨리거나 다치게 한다. 권 교사는 2007년 개정 유치원 교육과정 사회생활 영역의 내용인 '나의 감정 알고 조절하기'를 지도하면서 윤호의 문제를 해결하기 위한 지도 방법을 <보기>와 같이 고안하였다. 지도 방법과 교수 전략이 바르게 연결된 것은?

보기

ㄱ. 자신과 친구의 기분을 나타내는 얼굴 표정을 찾아 문제 상황 그림에 붙이게 하고, 왜 기분이 그런지에 대해 답하게 한다.
ㄴ. 친구를 밀지 않고 자신의 감정을 말로 표현하면 파란 스티커를, 친구를 밀면 빨간 스티커를 개별 기록판에 윤호가 스스로 붙이게 한다.
ㄷ. 화가 나기 시작하면 윤호 스스로 '멈춰, 열까지 세자.' 라고 마음속으로 말하면서 팔을 움츠리고 서서 천천히 열까지 세며 화를 가라앉히게 한다.
ㄹ. 친구를 밀지 않고 "내 거 만지는 거 싫어."라고 말하면 칭찬한 후 장난감을 가지고 놀게 하고, 친구를 밀면 장난감을 가지고 놀 수 없게 한다.

구분	ㄱ	ㄴ	ㄷ	ㄹ
①	상황 이야기 (Social Story)	자기점검	자기교수	대안행동 차별강화
②	상황 이야기	자기강화	문제해결 기술	대안행동 차별강화
③	상황 이야기	자기점검	문제해결 기술	상반(양립불가) 행동 차별강화
④	마음읽기 중재	자기강화	자기교수	상반(양립불가) 행동 차별강화
⑤	마음읽기 중재	자기점검	자기교수	대안행동 차별강화

핵심테마 체크 ✓

- 상황이야기
- 사회적 도해

MY MEMO

52

정답 및 예시답안

1) 사회적 이야기
2) • 사회적 상황을 이해하게 되어 영미와 함께 블록 쌓기 놀이를 하는 상황이라는 것을 알 수 있다.
   • 상대방의 입장을 이해하게 되어 자신과 영미가 좋아하는 색을 다양하게 사용해야 함을 알 수 있다.
3) 학생에게 기대되는 행동을 서술한 문장이다.
4) 사회적 도해

관련이론

✦ 상황이야기

의미		• 상황이야기는 사회적 상황에 대한 설명에서 시작하여 상호작용 대상자들의 입장과 생각을 명시적으로 안내하고 그러한 상황에서 기대되는 사회적 행동이 무엇인지를 구체적으로 설명 • 사회적 인지의 기본적인 이해가 가능하도록 도와주는 인지적 접근방법 • 상황을 기술하기 위하여 쓰인 것들이지 학생들이 해야 할 행동을 기술하기 위해서 쓰인 것이 아님 • 전형적으로 1인칭(학생의 입장)의 관점에서 쓰이는데, 간혹 학생들이 의존하고 있는 사람, 즉 3인칭의 관점에서 쓰이기도 함 • ASD 학생의 시각적 인식의 강점을 활용하는 방법으로 대상의 수준에 맞게 개별화하여 글씨 외에도 사진, 그림, 실물을 간단한 상징 등을 이야기에 포함 가능
목적		• 비구어적인 사회적 정보를 구체적이고 명시적인 정보로 설명하여 사회적 상황을 예측하게 하고 기대되는 사회적 행동을 할 수 있도록 돕는 것 • 사회적 이해의 향상을 목표로 함 • 학생의 행동을 변화시킬 목적으로 쓰인 것이 아니라 그들이 사회적 상황과 상대방의 입장을 좀 더 쉽게 이해할 수 있도록 하기 위함
문장유형	설명문 (진술문)	• 상황, 사건 또는 기대(누가, 무엇을, 언제, 어디서, 왜)를 기술 • 육하원칙에 해당하는 질문에 대한 답을 제공하는 것으로 정확하고 객관적인 정보를 제시
	조망문 (관점문)	• 학생들의 느낌, 믿음, 또는 알고 있는 것을 기술하기 위한 관점상의 문장 • 다른 사람의 느낌, 생각, 신념, 견해를 언급하는 것
	확정문 (긍정문)	• 중요 개념에 대한 구분을 돕기 위한 확정적 문장 • 주변 진술의 의미를 강화하고 주어진 문화에서의 보편적으로 공유되는 가치 또는 의견을 표현하는 진술
	지시문	• 청자코칭문 • 학생의 기대행동을 기술하기 위한 지시문 • 특정 상황에서 행동에 대한 긍정적 반응 및 반응범주를 자연스럽게 제공 • 긍정적이고 융통성 있는 행동을 중심으로 기술해야 함
	통제문 (자기코칭문)	• 학생들의 회상을 돕기 위해 쓰인 통제적인 문장 • 특정 상황에 의미를 부여하고 특정 상황을 회상하거나 이에 대해 적용하는 데 도움을 주기 위해 대상자 개인이 진술하는 문장을 의미
	협조문 (팀원코칭문)	• 특정 상황에서 타인의 역할을 기술하도록 하기 위한 협조적인 문장 • 다른 사람이 대상자에게 어떻게 도움을 줄 수 있는지를 제시
	미완성문	• 다음에 어떠한 일이 일어날지를 예측하게 하는 것으로 다른 사람의 반응과 이 반응에 대한 자신의 반응 및 느낌에 대해 추측하는 문장을 의미 • 이해를 확인하기 위해 빈칸을 채우게 하는 진술로 사용자로 하여금 상황의 다음 단계, 다른 사람의 반응, 자기 자신의 반응을 추측해 보도록 격려

✦ 사회적 도해

의미	• 아동들의 행동 중에 보인 사회적 실수에 대한 이해를 돕기 위한 전략 • 사회적 실수를 저지른 다음에 시행하며 회상적인 형태를 취함 • 학생과 교사는 실수를 하게 된 주변 환경에 대해 기술하기 위하여, 사회적 실수로 인하여 상처를 받을 수 있는 사람을 구분해 내기 위하여, 그리고 이러한 실수를 하지 않도록 하기 위한 계획수립을 위하여 협력하는 것
단계	① 자신이 한 실수 확인하기 ② 실수로 인해 상처를 받은 사람 확인하기 ③ 문제해결책 알아보기 ④ 실수를 반복하지 않기 위한 계획 수립하기

52

2013. 유

수호는 만 5세 고기능 자폐성 장애 유아로 유치원 통합 학급에 재원 중이다. 다음은 자유놀이 상황에 대한 김 교사의 관찰 및 중재 내용이다. 물음에 답하시오. [5점]

수호와 영미는 자유놀이 시간에 블록 쌓기를 하는 중이다. 영미는 다양한 색의 블록을 사용하여 집을 만들려고 하였다. 반면에 수호는 빨강색을 너무 좋아해서 빨강색 블록만을 사용하여 집을 만들려고 하였다. 영미가 다른 색의 블록으로 쌓으려 하면, 수호는 옆에서 블록을 쌓지 못하게 방해하였다. 결국 블록 집은 수호가 좋아하는 빨강색 블록만으로 만들어졌다. 이에 기분이 상한 영미는 수호에게 "이제 너랑 안 놀아!"라고 하며, 다른 친구에게로 갔다.
이것을 옆에서 지켜보던 김 교사는 수호를 위해 그레이(C. Grey)의 이론을 근거로 아래와 같은 (㉠)을(를) 제작하여 자유놀이 시간이 되기 전에 여러 번 함께 읽었다.

[친구와 블록 쌓기 놀이를 해요]

나는 친구들과 블록 쌓기를 해요.
친구들은 블록 쌓기를 좋아하고 나도 블록 쌓기를 좋아해요.
나와 영미는 블록으로 집을 만들어요.

나는 빨강색을 좋아하지만, 영미는 여러 색을 좋아해요.
빨강 블록 집도 예쁘지만 다른 색으로 만들어도 멋있어요.
여러 색으로 집을 만들면 더 재밌어요.
그러면 영미도 좋아해요. 나도 좋아요.
㉡ <u>나는 친구들과 여러 색으로 블록 쌓기 놀이를 할 수 있어요.</u>

또한, 김 교사는 다양한 놀이 상황에서 수호가 실수를 한 후 자신의 잘못을 깨닫게 하는 중재법을 적용하였다. ㉢ <u>이 중재법</u>은 수호가 잘못한 상황을 돌이켜보도록 함으로써, 자신의 잘못으로 인해 다른 친구들이 마음의 상처를 받을 수 있다는 것을 이해하도록 도와주는 것이다.

1) ㉠에 들어갈 말을 쓰시오. [1점]

2) 김 교사가 ㉠을 적용하였을 때, 기대할 수 있는 수호의 변화를 2가지 쓰시오. [2점]

3) ㉡과 같은 문장의 기능을 쓰시오. [1점]

4) ㉢의 중재법이 무엇인지 쓰시오. [1점]

핵심테마 체크 ✔

• 상황이야기
• 중다기초선설계

MY MEMO

53

정답 및 예시답안

1) 기본 C
2) ① 차례를 지키면 좋아요, 차례를 지켜서 즐거워요, 줄을 서면 좋아해요 등
② 통학버스를 타기 위해 학생들이 줄을 서서 기다리는 장면을 그림으로 보여준다.
3) ① 스스로 설정한 목표
② 대상자 간 중다기초선설계는 중재의 효과를 여러 대상자에게 적용하여 입증하고, 상황 간 중다기초선설계는 여러 상황에 중재를 적용하여 그 효과를 입증한다.
③ 중재 투입 후 통학버스 승하차 시에만 중재의 효과가 확인되고, 급식실에서는 변화가 없다는 점이 확인되는 것이다.

관련이론

✦ 중다기초선설계

개념		• 여러 개의 기초선을 측정하고 순차적으로 중재를 적용하며 그 이외의 조건을 동일하게 함으로써 표적행동의 변화가 오직 중재 때문임을 입증하는 설계 • 기초선이 여러 개이므로 한 개 이상의 종속변수를 동시에 분석할 수 있는 설계
내적 타당도		• 중재의 변화가 나타나고, 중재의 적용이 없으면 변화가 없는 것을 보여 주는 것으로 내적 타당도를 입증 • 적절한 시점에 중재를 순차적으로 도입하는 것이 매우 중요
장점		• 기능적 관계를 입증하기 위해서 기초선 조건으로 되돌아갈 필요 없음(이러한 점 때문에 중재제거설계보다 복수기초선설계가 현장의 실정에 더 적합한 설계)
단점		• 다수의 기초선을 동시에 측정 • 관찰자가 한 명인 경우에 동시에 여러 명 또는 여러 종류의 행동을 계속적으로 관찰하고 측정하는 것은 시간이 많이 소요될 뿐 아니라 까다롭고 비실용적 • 관찰자가 여러 명이라 할지라도 비용이 많이 든다는 문제가 발생 • 기초선 기간이 길어질 수 있음
종류	행동 간	• 이월 효과를 주의 • 행동 간 복수기초선설계를 적용할 때는 어떤 행동의 감소가 다른 부적절한 행동의 증가를 가져올 수 있으므로 주의 • 표적행동이 사회적 행동인 경우에는 한 연구 대상에게서 기능적으로 독립적인 행동들을 찾기 어렵다는 점도 주의
	상황 간	• 상황 간 복수기초선설계는 자연스러운 많은 상황에서 일반화된 중재 효과를 이끌어 낼 중재 프로그램을 찾아 입증하는 데 도움
	대상자 간	• 어떤 연구 대상에게 중재를 적용할 때 다른 연구 대상이 같은 장소에 있다면 중재의 부수적 효과, 모델링 효과, 대리적 강화 효과 등이 발생 가능 • 이런 문제를 피하기 위해서는 비슷한 행동을 나타내지만 다른 상황의 가운데 있는 연구 대상자를 찾을 필요가 있음
변형	중다간헐 조사설계	• 기초선에서 매 회기 자료를 수집하는 것이 아니라 간헐적으로 자료를 수집(조사)하여 자료 수집의 빈도를 줄이도록 한 것
	지연된 중다 기초선	• 모든 기초선에서 자료를 수집하는 것이 아니라 각각의 연구 대상, 상황, 표적행동에 대한 중재를 적용하기 직전에만 기초선 자료를 수집하는 설계

고득점 답안 비법 ☆ 은수의 수준을 반영하여, 조망문의 특성만 간단히 보여주면 됨. 왜 줄을 서야 하는지 등의 의미는 조망문 주변의 다른 문장(확정문 등)으로 설명할 수 있으므로, 단순하게 조망문이라는 것만 상황에 맞게 보여줄 것

53

2021. 초
★답안작성

(가)는 사회과 수업 설계 노트의 일부이고, (나)는 상황 간 중다기초선설계 그래프이다. 물음에 답하시오. [6점]

(가) 수업 설계 노트

○ 기본 교육과정 사회과 분석
- 내용 영역: 시민의 삶
- 내용 요소: 생활 속의 질서와 규칙, 생활 속의 규범
- 내용 조직: ㉠ <u>나선형 계열구조</u>

○ 은수의 특성 [A]
- 3어절 수준의 말과 글을 이해함
- 말이나 글보다는 그림이나 사진 자료의 이해도가 높음
- 통학버스 승하차 시, 급식실, 화장실에서 차례를 지키지 않음

○ 목표
- 순서를 기다려 차례를 지킬 수 있다.

○ 교수·학습 방법
- '사회 상황 이야기'

문제 상황
은수는 수업을 마치고 통학버스를 타러 달려간다. 학생들이 통학버스를 타려고 줄을 서서 기다리고 있을 때 맨 앞으로 끼어든다.

[B]

○ 평가 방법
- 자기평가
  - 교사에 의해 설정된 준거와 비교하기
  - (㉡)와/과 비교하기
  - 다른 학생들의 수준과 비교하기
- 교사 관찰: ㉢ <u>상황 간 중다기초선설계</u>
- 부모 면접

(나) 상황 간 중다기초선설계 그래프

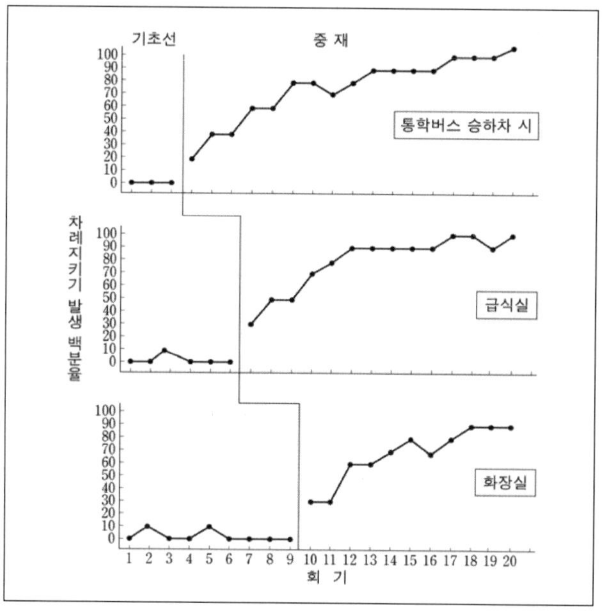

1) 2015 개정 특수교육 기본 교육과정 사회과의 내용 요소를 ㉠과 같이 조직한 이유를 쓰시오. [1점]

2) [A]와 [B]를 고려하여 '사회 상황 이야기'를 개발하려고 한다. ① 은수에게 사용할 수 있는 조망문(perspective sentences)의 예를 1가지 쓰고, ② '사회 상황 이야기' 카드 제작 시 제공할 수 있는 시각적 단서의 예를 1가지 쓰시오. [2점]

①:

②:

3) ① ㉡에 들어갈 비교 준거의 예를 1가지 쓰고, ② ㉢과 대상자 간 중다기초선설계를 비교하여 차이점을 1가지 쓰며, ③ (나)에서 첫 번째 중재 후 두 번째 중재의 투입 시점을 결정하는 기준을 1가지 쓰시오. [3점]

①:

②:

③:

핵심테마 체크 ✓

- 중앙응집능력의 결함
- 상황이야기

MY MEMO

54

정답 및 예시답안

○ ㉠은 중앙응집능력의 결함이다.
○ ㉡은 확정문이고, [A]와 같은 문장은 사회적 상황이나 다른 사람 및 자신의 반응 등을 추측해보도록 하는 기능이 있다.
○ '줄에서 벗어나면 안 돼요.'와 같이 사회상황이야기에 적절하지 않은 문장을 서술하였다. 사회상황이야기는 가능한 긍정문으로 구성해야 한다.

관련이론

✦ 상황이야기의 문장유형

진술문 (설명문)	• 상황, 사건 또는 기대(누가, 무엇을, 언제, 어디서, 왜)를 기술하기 위한 진술문 • 육하원칙에 해당하는 질문에 대한 답을 제공하는 것으로 정확하고 객관적인 정보를 제시 • 맥락 그리고/또는 관련은 있지만 말로는 잘 표현하지 않는 상황, 사람, 활동, 기술 및 개념의 측면을 묘사하는 사실적이고 객관적이고 가정과 논박에서 자유로운 진술
지시문 (사용자 지도문)	• 학생의 기대행동을 기술하기 위한 지시문 • 특정 상황에서 행동에 대한 긍정적 반응 및 반응범주를 자연스럽게 제공하는 것으로, 대상자가 할 수 있는 행동을 구조화하여 제시 • 긍정적이고 융통성 있는 행동을 중심으로 기술해야 함 • '나는 반드시 ~할 것이다'와 같은 문장은 바람직하지 않음 • 제안하는 반응 또는 반응 선택을 묘사함으로써 행동 또는 사용자를 조심스럽게 안내하는 진술
관점문 (조망문)	• 학생들의 느낌, 믿음, 또는 알고 있는 것을 기술하기 위한 관점상의 문장 • 다른 사람의 느낌, 생각, 신념, 견해를 언급하는 것 • 개인의 내적 상태 또는 그들의 지식, 사고, 느낌, 신념, 의견, 동기, 신체적 조건이나 건강을 정확히 참조하거나 묘사하는 진술
확정문 (긍정문)	• 중요 개념에 대한 구분을 돕기 위한 확정적 문장 • 주변 진술의 의미를 강화하고 주어진 문화에서의 보편적으로 공유되는 가치 또는 의견을 표현하는 진술
협조문 (팀 지도문)	• 학생으로 하여금 특정 상황에서 타인의 역할을 기술하도록 하기 위한 협조적인 문장 • 다른 사람이 대상자에게 어떻게 도움을 줄 수 있는지를 제시 • 제안하는 반응이나 반응 선택 또는 자기 지도 전략을 묘사함으로써 사용자 또는 사용자의 팀 구성원의 행동을 안내하는 진술
통제문 (자기 지도문)	• 학생들의 회상을 돕기 위해 쓰인 통제적인 문장 • 특정 상황에 의미를 부여하고 특정 상황을 회상하거나 이에 대해 적용하는 데 도움을 주기 위해 대상자 개인이 진술하는 문장을 의미
미완성문	• 다음에 어떠한 일이 일어날지를 예측하게 하는 것으로 다른 사람의 반응과 이 반응에 대한 자신의 반응 및 느낌에 대해 추측하는 문장을 의미 • 이해를 확인하기 위해 빈칸을 채우게 하는 진술로 사용자로 하여금 상황의 다음 단계, 다른 사람의 반응, 자기 자신의 반응을 추측해보도록 격려함

✦ 상황이야기의 지침

- 상황이야기에서 묘사하는 사회적 상황과 사회적 단서와 반응은 가능한 한 긍정문으로 구성해야 한다.
- 상황이야기를 구성하는 문장 수준은 개별 학생의 전반적인 인지능력이나 언어이해 수준 등에 적합해야 한다. 또한 이미 작성된 이야기를 활용할 경우 아동의 수준에 적절하게 수정하여 사용해야 한다.
- 상황이야기에서 제시하는 정보는 사회적 상황에서 어떤 일이 일어나고 있는지, 그럴 때 어떤 행동을 해야 하는지, 다른 사람들의 마음은 어떠한지, 그러므로 나는 어떤 행동을 해야 하는지 등과 같은 구체적이고 명시적인 사회적 정보와 학생이 해야 할 구체적인 사회적 행동이다.
- 이야기의 내용은 학생이 매일 접하는 일상생활과 관련된 내용으로 구성한다.
- 상황이야기는 기본적으로 글자라는 시각적 단서를 활용한다. 더불어 이러한 글로 된 이야기에 대한 이해를 도울 수 있도록 각 이야기에 그림이나 사진을 포함시킬 수 있다. 그림과 사진은 읽기 기술이 부족한 아동에게도 효과적으로 활용될 수 있다. 또한 읽기능력이 전혀 없는 학생의 경우 그림 자료나 사진 자료만으로 이야기를 구성하여 지도할 수 있다.
- 상황이야기를 구성하는 문장은 1인칭 또는 3인칭 형태로 서술한다.
- 가능한 한 짧은 이야기로 구성하고 각 페이지에 지나치게 많은 정보가 포함되지 않도록 유념한다.
- 학생의 선호도와 흥미가 이야기에 포함되도록 한다.

54 2022. 중 ★답안작성

(가)는 자폐성장애 학생 F에 관해 교육 실습생과 특수 교사가 나눈 대화의 일부이고, (나)는 교육 실습생이 작성한 사회상황이야기(Social Stories) 초안이다. <작성 방법>에 따라 서술하시오. [4점]

(가) 대화

교육 실습생: 선생님, 우리 반 학생 F는 여러 가지 정보 중에서 필요한 정보를 선택하고 이것을 의미 있게 연계하는 것을 힘들어해요. 그리고 복잡한 정보를 처리하는 것도 어려워하는 것 같아요. 국어 시간에 글을 읽고 나서 특정 부분이나 사소한 내용은 잘 기억하는데, 전체적인 흐름과 내용 파악은 어려워해요.

특수 교사: 예, 그것은 자폐성장애 학생이 흔히 보이는 인지적 결함 중에서 (㉠) 때문인 것 같아요.

… (중략) …

교육 실습생: 선생님, 학생 F는 점심시간에 자신의 차례를 지키는 것이 어려운 것 같아요. 좋은 방법이 있나요?

특수 교사: 예, 학생 F에게는 여러 가지 중재 방법 중에서 사회상황이야기를 적용해 볼 수 있을 것 같아요. 선생님이 먼저 초안을 작성해 보세요.

(나) '사회상황이야기' 초안

나는 점심시간에는 친구와 함께 식당에서 점심을 먹어요.
우리는 줄을 서서 기다리고, 줄을 서서 이동해야 해요.
줄 서서 이동할 때에는 줄에서 벗어나면 안 돼요.
선생님이 식당에 가기 전에 "여러분, 줄을 서세요."라고 말하면 나는 줄을 서려고 노력해야 해요.
내가 줄서는 것을 어려워하면 선생님이 도와줄 수 있어요.
선생님의 도움이 필요할 때에는 "선생님, 도와주세요."라고 말해요.
점심시간에 줄 서서 이동할 때에는 나와 친구는 조금 거리를 두어야 해요. ㉡ <u>이것은 매우 중요한 일이에요.</u>
조금 떨어져서 간격을 유지하는 것은 기분 좋은 일이에요.
내가 차례를 지키지 않으면 친구가 속상해할 수도 있어요.
나는 점심시간에 줄을 서서 차례를 지키려고 노력할 거예요.
점심시간에 줄을 서서 차례를 지키는 것은 ________ 일이에요. [A]

작성방법

- (가)의 괄호 안 ㉠에 해당하는 내용을 쓸 것
- (나)의 밑줄 친 ㉡의 문장 유형을 쓰고, [A]와 같은 문장 유형의 기능을 1가지 서술할 것 [단, 그레이(C. Gray, 2010)의 이론에 근거할 것]
- (나)의 '사회상황이야기' 초안에 나타난 오류 중에서 1가지를 찾아 그 이유를 서술할 것 [단, 그레이(C. Gray, 2010)의 이론에 근거할 것]

핵심테마 체크

- 시행의 유형_간격시도
- 토큰의 구성요소
- 상황이야기_문장유형

MY MEMO

55

정답 및 예시답안

1) ① 집중시행보다 학습기술의 유지에 더 효과적이다.
   ② 교환 강화제
2) ① 심심해요, 지루해요 등
   ② 지시문(청자코칭문, 독자코칭문 등)
3) 유치원 C

관련이론

✦ 시행(연습방법)의 유형

- 목표기술교수를 위해 집중시도(massed trial), 간격시도(space trial), 분산시도(distributed trial)를 사용할 수 있다.
- 집중시도는 단일과제를 집중적으로 여러 차례에 걸쳐서 가르치는 것이다. 새로운 기술을 습득하거나 유창성을 높이기 위해 1 : 1 집중시도가 효과적이다.
- 간격시도는 교사가 단일 과제를 가르친 후 학생을 쉬게 하고, 학생이 쉬는 동안 다른 학생에게 시켜 보거나 다른 과제를 하게 해서, 해당 학생이 다시 똑같은 것을 배우기 전에 조금 전에 배운 것을 생각해 보거나 친구가 하는 것을 볼 수 있는 기회를 주는 것이다.
- 분산시도는 하루 일과 중에 자연스러운 상황 속에 삽입해서 목표행동을 가르치는 것으로, 연습과 연습 사이에 다른 활동을 할 수도 있고, 다른 행동에 대해 배울 수도 있다.

✦ 토큰제도

구성요소	• 목표행동, 토큰, 교환 강화제
장점	• 강화의 수량화 가능 • 즉시 쉽게 제공, 언제든지 제공 • 최대치의 제한 없음 • 쉽게 표준화 • 다른 학생을 방해하지 않고 제공 가능 • 만족 지연 연습 가능
현장에서 유용한 이유	• 일반화된 조건 강화제이므로 학생들의 동기부여를 위한 노력이 덜 필요 • 지연된 강화의 효과 가능 • 동일한 토큰으로 학교 밖에서도 사용 가능
누적방지/동기부여	• 언제든지 원하는 강화제의 값어치만큼 토큰을 모았다면 즉시 교환하게 해 주고, 더 큰 값어치의 강화제를 원하는 경우 저축하게 하고 저축해 놓은 것을 인출할 때는 벌금을 내도록 할 수 있음 • 토큰의 색깔이나 특성을 자주 바꾸어주기 • 교환 강화제의 목록을 주기별로 바꾸어주기

고득점 답안 비법 ✰ 2)의 ① 답안의 경우 조망문의 의미, 내용에 해당하면 모두 답안이 될 수 있음

55 2023. 유

(가)는 유아특수교사가 자폐성장애 유아 지수를 위해 작성한 지원 계획이며, (나)와 (다)는 교사가 제작한 그림책이다. 물음에 답하시오. [5점]

(가)

○ 지수의 특성
- 그림책 읽기를 좋아함
- 공룡을 좋아하여 혼자만 독차지하려고 함
- 얼굴 표정(사진, 그림, 도식)을 보고 기본 정서를 말할 수 있음

○ 지원 계획
- 상황이야기 그림책과 마음읽기 그림책으로 제작하여 지도하기
- 교사가 제작한 그림책을 ㉠ 매일 지수가 등원한 직후와 놀이 시간 직전에 함께 읽기
- 참여도를 높이기 위해 지수가 그림책을 읽을 때마다 공룡 스티커를 주어 5개를 모으면 ㉡ 공룡 딱지로 바꾸어 주기

(나)

친구도 공룡을 가지고 놀고 싶어요

놀이 시간에는 교실에 있는 놀잇감을 가지고 놀아요.
나는 공룡을 가지고 노는 걸 제일 좋아해요.
나처럼 공룡을 가지고 놀고 싶어 하는 친구들도 있어요.
나만 공룡을 가지고 놀면, 친구들은 (㉢).
㉣ 나는 공룡을 바구니에 두어 친구들도 가지고 놀 수 있게 할 거예요.
이것은 친구와 사이좋게 노는 방법이에요.

(다)

유미가 공룡을 가지고 놀고 있어요.
민호가 유미의 공룡을 빼앗아 갔어요.
공룡을 빼앗긴 유미의 기분은 어떨까요?
기쁠까? 슬플까? 화날까? 겁날까?

1) (가)의 ① ㉠에서 교사가 적용한 중재 방법의 장점을 집중 시행과 비교하여 1가지 쓰고, ② ㉡은 토큰강화 체계의 구성 요소 중 무엇에 해당하는지 쓰시오. [2점]

①:

②:

2) (나)의 상황이야기에서 ① ㉢을 지수가 친구의 마음을 이해하는 내용이 되도록 쓰고, ② ㉣의 문장 유형이 무엇인지 쓰시오. [2점]

①:

②:

3) 하울린, 바론-코헨과 하드윈(P. Howlin, S. Baron-Cohen, & J. Hadwin)의 마음읽기 중재 단계에 근거하여 (다)의 단계에서 교사가 지수에게 지도하고자 하는 정서 이해의 목표를 쓰시오. [1점]

핵심테마 체크 ✓

- 조음오류
- 조음장애중재_짝자극
- 말더듬_부수행동
- 말더듬중재

MY MEMO

56

정답 및 예시답안

1) 초과정
2) ① /감자/를 /암자/로 발음함
   ② 짝자극기법
3) ① 회피행동
   ② 말더듬수정법을 통하여 말할 때의 불안과 긴장을 감소시키고, 좀 더 편하게 말을 더듬을 수 있도록 한다.

관련이론

✦ 짝자극기법

- 짝자극기법은 정조음이 가능한 핵심단어(열쇠단어)와 훈련단어의 짝에 의해 조음치료를 하는 방법이다.
- 핵심단어는 10번 가운데 9번을 정조음하는 단어로, 훈련단어는 3번 가운데 2번 이상 오조음하는 단어로 구성된다.
- 짝자극기법의 핵심은 하나의 말소리에 지나치게 집중하기보다는 아동이 정확히 산출하는 단어를 이용하여 다른 단어로 자연스럽게 정조음이 전이될 수 있다는 데 있다.
- 정확하게 산출할 수 있는 표적음소가 들어 있는 단어 하나와 표적음이 들어 있는 훈련단어들로 하나의 짝을 만들어 훈련하는 것으로서, 핵심단어가 없을 경우에는 일차적으로 핵심단어를 만들어야 한다.
- 따라서 이 경우에는 너무 많은 시간과 노력이 요구된다는 단점이 있으나, 준전문가도 쉽게 적용할 수 있으며 다양한 연령과 능력수준에 맞게 적용할 수 있다는 장점이 있다.
- 짝자극기법은 자연스러운 일상생활 상황을 반영하기에는 제한이 있다.
- 훈련은 단어, 문장, 회화 수준으로 이루어질 수 있다.

✦ 말더듬의 부수행동

탈출행동 (투쟁행동)	• 말더듬이 고착화되면서 말더듬에서 빠져 나오려는 보상행동으로 나타나는 신체적인 행동 • 탈출행동의 양상은 개인마다 차이가 있음
회피행동 (도피행동)	• 말을 더듬는 것을 피하기 위한 노력 • 회피행동의 유형 – 동의어로 바꾸어 말하기 – 돌려 말하기 – 순서 바꾸어 말하기 – 대용어 사용하기 – 간투사 사용하기 – 상황 회피 – 사람 회피

고득점 답안 비법 ✰ 3) 문제 상황에 제시된 심리적인 불안과 긴장을 완화시킬 수 있는 내용이 포함되도록 방안을 제시할 것

56

2023. 초

(가)는 3~4학년군 국어과 '생활 속 낱말 읽기' 수업에 대한 교수 · 학습 계획안의 일부이고, (나)는 의사소통에 어려움이 있는 나희와 강우의 특성에 따른 지도 시 유의점이다. 물음에 답하시오. [6점]

(가) 교수 · 학습 계획안

단원명		생활 속 낱말 읽기
학습 목표		이야기를 읽고 생활 속 낱말을 떠올려 말할 수 있다.
수업 모형		반응중심학습모형
단계	반응 준비	오늘 먹은 음식 이름 말하기 『골고루 맛있게 냠냠』 책의 한 장면을 보고 이야기 나누기
	반응 형성	<활동 1> ㉠
	반응 명료화	<활동 2> 『골고루 맛있게 냠냠』 주인공 되기 <활동 3> 『골고루 맛있게 냠냠』 책에 있는 음식 낱말 읽기
	㉡	『나는 토마토 절대 안 먹어』 책의 이야기를 들으며 『골고루 맛있게 냠냠』 이야기 다시 떠올려 말하기

(나) 학생 특성에 따른 지도 시 유의점

학생명	특성	유의점
나희	• 조음기관의 구조와 기능 및 청각에는 문제가 없으나 수용어휘능력에 비해 표현어휘능력이 현저히 떨어짐 • 우리말 조음·음운평가 검사 결과: ㉢ <u>초성에서 연구개음 생략</u>이 잦음 • 친구들과 말하는 것을 좋아하나 발음이 부정확하여 의사소통이 어려움	• ㉣ <u>나희가 발음할 수 있는 '고기'를 핵심단어로 하고 발음하지 못하는 단어를 훈련단어로 선정하여 서로 연결해 발음하도록 함</u> 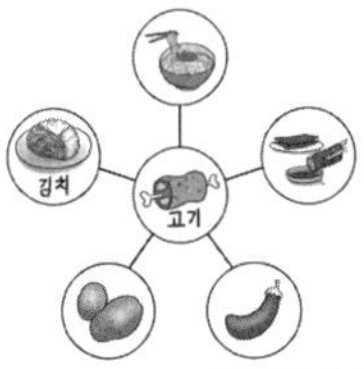
강우	• 파라다이스-유창성 검사결과: 말더듬 정도 '심함'으로 나타남 • <u>발표할 차례가 되면 자꾸 화장실이나 보건실에 다녀오겠다고 함</u> ㉤ • <u>원하지 않는 사람들과의 대화 중에는 눈을 마주치지 않고 딴 곳을 보거나 대화에 끼지 않고 싶어함</u> ㉤	• 심리적으로 불안하면 말더듬 정도가 심해짐 • 수업에서 말하기 활동을 할 때 긴장을 많이 하고 불안한 모습을 보임 • ㉥ <u>강우의 심리적 특성을 고려하여 지도함</u>

1) ① (가)의 ㉠에 해당하는 적절한 활동 예시를 1가지 쓰고, ② ㉡에 해당하는 단계명을 쓰시오. [2점]

①:

②:

2) ① (나)의 ㉢의 예시를 〈보기〉와 같은 형식으로 1가지 쓰고, ② ㉣에 사용된 중재기법을 쓰시오. [2점]

보기

/나비/를 /다비/로 발음함

①:

②:

3) ① (나)의 ㉤에 해당하는 말더듬의 부수행동 유형을 쓰고, ② ㉥에 해당하는 지도 방안을 1가지 쓰시오. [2점]

①:

②:

핵심테마 체크 ✔

- 아스퍼거장애
- 사회적 도해
- 파워카드
- DSM-5의 자폐스펙트럼 장애

MY MEMO

57

정답 및 예시답안

⑤

알찬 지문풀이

- ㄱ. ㉠의 학습문제 확인에서는 영두에게 은유법이나 상징을 사용하여 폭언이나 폭력의 심각성을 알려준다. ➡ 언어발달의 지체는 없으나 추상적이거나 상징적인 표현을 이해하는 데 어려움이 있음
- ㄴ. ㉡을 지도할 때, 영두에게 폭언이나 폭행을 하는 상황을 묘사하는 만화를 그리도록 하여 그 상황을 이해시키는 사회적 도해(social autopsy) 전략을 적용한다. ➡ 연재만화대화
- ㄷ. ㉢의 실천과제 확인하기에서 학급 동료들은 영두의 폭언이나 폭행에 대하여 1개월 동안 소거 기법을 사용하도록 한다. ➡ 폭언이나 폭행은 폭력적이며 피해를 주는 행동이기 때문에 소거 기법을 적용하는 것은 적절하지 않음

관련이론

✦ 연재만화(짧은만화)대화

- 상황이야기의 한 형태로 Gray(1994)가 개발한 연재만화대화(comic strip conversations)는 대화 시 다른 사람이 생각하고 느끼는 것이 무엇인지를 설명하기 위해 4~8개의 네모 칸에 선화를 통해 말풍선과 생각풍선 속에 대화자의 말, 생각, 정서를 표시할 수 있도록 구성되어 있다.
- 연재만화대화도 상황이야기와 마찬가지로 학생에게 타인의 생각과 느낌에 대한 정보를 사전에 알려 주고 적절하게 대처할 수 있는 기술을 지도하는 데 효과적이다.
- 연재만화대화는 ASD 학생이 주된 역할을 하고 교사, 또래, 학부모는 지원자의 역할을 한다. 연재만화대화는 대화를 하면서 친숙한 사람들을 그리고, 평상시의 사회적 상호작용을 흉내 내기 위해 날씨와 같은 주제의 짧은 대화로 시작한다.
- ASD 학생이 자신의 반응을 말하면서 그림을 그릴 수 있도록 지원자인 교사는 관련 상황 또는 상호작용에 관한 질문(예 그림에서 너는 어디 있니?, 이 사람은 누구니?, 너는 무엇을 하고 있니?, 무슨 일이 있었니?, 너는 어떻게 말했니?, 다른 사람들은 어떻게 말했니?, 네가 그렇게 말했을 때 너는 무슨 생각을 했니?, 다른 사람이 그렇게 말하거나 행동할 때 무슨 생각을 했을 것 같니?)을 한다.
- 상황에 포함된 사람들의 생각이나 느낌을 지적하면서 ASD 학생이 다른 사람의 관점을 보다 잘 이해할 수 있도록 색깔을 사용한다.
- 연재만화대화를 종료하기 전에 교사는 그려진 그림을 사용하여 사건 또는 상황을 요약해야 한다. 연재만화대화를 마친 후에는 대화과정 중에 나타난 문제에 대한 해결방안을 모색하고 미래에 이와 유사한 상황이 발생했을 때 할 수 있는 실행 계획을 학생이 세울 수 있도록 지원한다.

✦ 사회적 도해

- 아동들의 행동 중에 보인 사회적 실수에 대한 이해를 돕기 위하여 시도하는 성인 중재 전략 중의 또 다른 하나가 사회적 도해이다.
- 아동들이 사회적 실수를 저지른 다음에 시행하며 회상적인 형태를 취하고 있는데, 학생과 교사는 실수를 하게 된 주변 환경에 대해 기술하기 위하여, 사회적 실수로 인하여 상처를 받을 수 있는 사람을 구분해 내기 위하여, 그리고 이러한 실수를 하지 않도록 하기 위한 계획수립을 위하여 협력하는 것이다.

✦ 파워카드

- 학생의 강한 흥미를 이용해 이것이 행동변화의 동기가 되도록 고안되었다.
- 전형적인 파워카드는 명함 크기 정도로 작으며, 읽기가 가능한 아동이 사용하도록 만들어졌다.
- 카드에는 내용을 대표할 만한 그림과 함께 배워야 할 규칙을 따라하도록 단계들이 적혀 있다.
- 파워카드는 읽기가 가능한 고학년 학생을 위해 고안되기는 했지만, 배워야 할 개념을 명확히 나타내 주는 그림이 있다면 카드를 좀 더 크게 만들어 글자 없이도 사용할 수 있다.
- 작은 크기 때문에 여러 환경에서 쉽게 사용할 수 있으며, 지갑이나 카드지갑 등에 넣어 다닐 수 있고 코팅해 열쇠고리에 달고 다닐 수도 있다.

57

2011. 초

다음은 폭행과 폭언을 하는 아스퍼거 장애(증후군) 학생 영두를 지도하기 위하여 통합학급 김 교사와 특수학급 강 교사가 협의하여 작성한 2008년 개정 특수학교 국민공통기본교육과정 3학년 도덕과 교수·학습과정안이다. 이에 대한 바른 설명을 〈보기〉에서 고른 것은?

단원	함께 어울려 살아요.
제재	2. 같은 것과 다른 것이 함께해요.
목표	생김새나 생활 방식 등이 나와 다른 이웃과 친구들을 어떻게 대해야 하는지 바르게 판단한다.

<table>
<tr><th colspan="2">단계</th><th>교수·학습 활동</th></tr>
<tr><td colspan="2">도덕적 문제의 제시</td><td>• 전시학습 확인
• 동기유발
• ㉠ <u>학습문제 확인</u></td></tr>
<tr><td rowspan="4">도덕 판단·합리적 의사 결정의 연습</td><td>문제 사태 제시 및 상황 파악</td><td>• 폭언이나 폭행을 하는 예화 내용 파악하기</td></tr>
<tr><td>입장 선택과 근거 제시</td><td>• 자신의 입장과 이유 발표하기</td></tr>
<tr><td>잠정적 결정 및 가치원리 검사</td><td>• 가치 원리에 따른 바람직한 행동 알기
※ ㉡ <u>영두를 위한 적절한 개별화 지도법 적용</u></td></tr>
<tr><td>최종 입장 선택</td><td>• 최종 입장 결정하기</td></tr>
<tr><td colspan="2">도덕적 정서 및 의지의 강화</td><td>• 다양성을 이해하려는 마음 갖기</td></tr>
<tr><td colspan="2">정리 및 실천 생활화</td><td>• ㉢ <u>실천과제 확인하기</u>
※ ㉣ <u>영두를 위한 수정 실천과제 제시</u>
• 차시 계획</td></tr>
</table>

보기

ㄱ. ㉠의 학습문제 확인에서는 영두에게 은유법이나 상징을 사용하여 폭언이나 폭력의 심각성을 알려준다.

ㄴ. ㉡을 지도할 때, 영두에게 폭언이나 폭행을 하는 상황을 묘사하는 만화를 그리도록 하여 그 상황을 이해시키는 사회적 도해(social autopsy) 전략을 적용한다.

ㄷ. ㉢의 실천과제 확인하기에서 학급 동료들은 영두의 폭언이나 폭행에 대하여 1개월 동안 소거 기법을 사용하도록 한다.

ㄹ. ㉣의 영두를 위한 수정 실천과제 제시에서 영두에게 폭언이나 폭행 충동이 일어날 때 파워카드를 사용하도록 지도한다.

ㅁ. 정신장애 진단 및 통계 편람 제4판(DSM-Ⅳ-TR)에 근거하면, 영두와 같은 장애학생은 인지발달 또는 연령에 적절한 자조기술에서 임상적으로 유의한 지체를 보이지 않는다.

① ㄱ, ㄴ　② ㄴ, ㄷ　③ ㄴ, ㅁ
④ ㄷ, ㄹ　⑤ ㄹ, ㅁ

핵심테마 체크 ✔

- 파워카드
- 상황이야기

MY MEMO

58

정답 및 예시답안

1) 파워카드
2) ① 친구들과 어울리는 데 어려움이 있는 특성
   ② 글자와 공룡을 너무 좋아하는 특성
3) ① 타인의 기분이나 관점을 나타내는 기능
   ② 조망문(관점문)

관련이론

✦ 파워카드

<table>
<tr><td>의미 및 특성</td><td colspan="2">• 아동의 특별한 관심을 사회적 상호작용 교수에 포함시키는 시각적 지원방법
• 특별한 관심을 긍정적으로 활용한 대표적인 강점 중심의 중재 방법이자 사회적 담화의 한 유형
• 사회적 상황과 일상적 일과의 의미를 알려주고, 언어의 의미를 알려주며, 일상적 일과, 기대되는 행동, 다른 사람의 마음이해 방법, 잠재적 교육과정으로 알려진 일상생활 중 해서는 안 되는 일과 해야 할 일 등을 지도할 때 효과적으로 활용 가능</td></tr>
<tr><td rowspan="2">요소</td><td>스크립트
(시나리오)</td><td>• 학생이 영웅시하는 인물이나 특별한 관심사, 그리고 학생이 힘들어하는 행동이나 상황에 관련된 간략한 시나리오를 작성한다.
• 시나리오는 대상 학생의 인지수준으로 작성한다. 이러한 간략한 시나리오와 더불어 특별한 관심사에 해당하는 그림을 포함한다.
• 첫 번째 문단에서 영웅이나 롤 모델이 등장하여 문제 상황에 대한 해결이나 성공 경험을 제시한다. 두 번째 문단에서는 3~5단계로 나눈 구체적인 행동을 제시하여 새로운 행동을 습득할 수 있도록 한다.</td></tr>
<tr><td>파워카드</td><td>• 이 카드에는 특별한 관심 대상에 대한 작은 그림과 문제행동이나 상황에 대한 해결방안을 제시한다.
• 파워카드는 학생이 습득한 행동을 일반화하기 위한 방안으로도 활용될 수 있다.
• 파워카드는 지갑이나 주머니에 넣고 다니거나 책상 위에 두고 볼 수 있도록 한다.</td></tr>
<tr><td>활용단계</td><td colspan="2">① 문제행동이나 문제 상황 파악하기
② 아동의 특별한 관심 파악하기
③ 문제행동에 대한 기능분석 실행하기
④ 파워카드 전략이 효과적인 방법인지 확인하기
⑤ 기초선 자료 수집하기
⑥ 파워카드에 들어갈 시나리오와 카드 디자인하기
⑦ 아동에게 시나리오와 파워카드 소개하기
⑧ 효과 검증을 위하여 중재 자료 수집하기
⑨ 중재 결과를 평가하고 필요한 경우 수정하기
⑩ 파워카드 전략의 사용을 얼마나 오랫동안 사용할 것인지를 결정하기 위하여 학생이 스스로 할 수 있도록 하기
⑪ 아동의 성과를 기초로 파워카드 전략을 사용하는 동안 시나리오 읽는 것을 점점 줄이기</td></tr>
</table>

58

2015. 유

민수는 5세 고기능 자폐성 장애 유아이다. (가)는 김 교사와 민수 어머니의 상담 내용이고, (나)는 민수를 위한 지원 전략이다. 물음에 답하시오. [5점]

(가) 김 교사와 민수 어머니의 상담 내용

민수 어머니 :	선생님, 요즘 민수가 유치원에서 잘 지내는지요?
김 교 사 :	네, 많이 좋아지고 있어요. 그런데 민수가 친구들과 어울릴 때 어려움이 있어요.
민수 어머니 :	친구들과 잘 지내는 것이 힘든 것 같아요. 그리고 약간 염려스러운 것은 민수가 글자와 공룡만 너무 좋아해요. 매일 티라노 공룡을 들고 다녀요. 다른 어머니들은 민수가 글자를 안다고 부러워하시는데 저는 잘 모르겠어요.
김 교 사 :	네, 공룡을 좋아하지요. 민수는 글자를 좋아할 뿐 아니라 읽기도 잘해요. 저는 친구들과 어울리는 데 어려움이 있는 민수가 친구들과 잘 지낼 수 있도록 돕기 위해 두 가지 지원 전략을 고려하고 있어요.

(나) 지원 전략

〈 ㉠ 〉

스크립트

티라노랑 친구들은 그네 타기를 좋아해요.
어떤 때는 티라노가 좋아하는 그네를 친구들이 타고 있어요.
그럴 때 티라노는 친구에게 "나도 타고 싶어. 우리 같이 타자."라고 말해요.
㉡ <u>친구들에게 말하지 않고, 그냥 타면 친구들이 속상해해요.</u>
티라노는 친구들과 차례차례 그네를 탈 수 있어요.

타고 싶은 그네를 다른 친구가 타고 있을 때 :
① 그네를 타고 있는 친구 옆으로 간다.
② 친구를 보면서 "나도 타고 싶어. 우리 같이 타자."라고 말한다.
③ 친구가 "그래"라고 하면 그네를 탄다.

카드

① 그네를 타고 있는 친구 옆으로 간다.
② 친구를 보면서 "나도 타고 싶어. 우리 같이 타자."라고 말한다.
③ 친구가 "그래"라고 하면 그네를 탄다.

(나) 지원 전략(계속)

〈상황 이야기〉

다른 친구와 장난감 놀이를 해요.

나는 친구들과 장난감 놀이를 해요.
나와 친구들은 장난감을 아주 좋아해요.
어떤 때는 내 친구가 먼저 장난감을 가지고 놀아요.
그럴 때는 친구에게 "이 장난감 같이 가지고 놀아도 돼?"라고 물어보아요.
친구가 "그래"라고 말하면 그때 같이 가지고 놀 수 있어요.
㉢ <u>그래야 내 친구도 기분이 좋아요.</u>

나는 친구에게 "친구야, 이 장난감 같이 가지고 놀아도 돼?"라고 물어볼 수 있어요.

1) ㉠에 들어갈 지원 전략의 명칭을 쓰시오. [1점]

㉠ :

2) 김 교사가 (나)를 계획할 때 고려한 민수의 행동 특성 2가지를 (가)에서 찾아 쓰시오. [2점]

① :

② :

3) ㉡과 ㉢ 문장의 공통적 기능을 쓰고, 상황 이야기 작성 방법에 근거하여 ㉢에 해당하는 문장 유형을 쓰시오. [2점]

① 문장의 공통적 기능 :

② 문장 유형 :

핵심테마 체크 ✔

• 마음이해능력
• 파워카드

MY MEMO

59

정답 및 예시답안

○ 학생 D가 ⓐ와 같이 행동을 보이는 것은 다른 사람의 생각과 마음을 이해하는 인지적 능력인 마음이해능력이 부족하기 때문이다.
○ ㉠에 해당하는 내용은 인지이다.
○ ㉡ 학생 D가 좋아하는 가수 E가 대화할 때, 친구의 기분을 고려하여 말하는 모습을 제시한다.

관련이론

✦ 파워카드

• ASD 학생의 사회적 의사소통 촉진을 위한 시각적 접근으로 아동의 특별한 관심 영역을 활용하여 사회적 상황에 적합한 스크립트를 지도하는 것이다.
• ASD 학생의 특별한 관심 영역을 ASD 학생의 강점으로 보고 이를 적극적으로 활용한 강점 중심의 접근이라 할 수 있다.
• 파워카드 전략은 잠재적 사회적 교육과정 요소 또는 새로운 일과를 지도할 때, 사회적 상황에 적절한 언어와 행동 및 행동 결과를 설명할 때, 사회적 상황에 적절한 반응과 그 인과관계를 설명할 때, 행동의 일반화를 지도할 때 적용할 수 있다.
• (개인용) 스크립트
  – 아동이 좋아하는 영웅이나 특별한 관심 및 아동에게 문제가 되는 행동이나 상황을 이용하여 간단한 대본을 작성한다. 이때 대본은 아동의 개별적인 이해력에 맞도록 구성한다.
  – 잡지 사진, 인터넷을 통하여 컴퓨터에서 출력한 사진, 교사가 그린 그림, 학생이 그린 그림, 다양한 기호 등과 같은 아동의 특별한 관심과 관련된 사진이나 그림이 포함될 수 있다.
  – 스크립트는 아동이 좋아하는 영웅이나 모델에 대한 간단한 각본을 포함하는데, 이때 영웅이나 모델은 아동이 경험하고 있는 문제와 유사한 문제를 해결하는 것을 보여준다.
• 파워카드
  – 파워카드는 명함과 같은 작은 크기의 카드이다. 카드는 지갑에 넣어 가지고 다닐 수 있으며 공책이나 사물함 등에 벨크로를 이용하여 붙일 수도 있다. 카드는 3~5단계 전략으로 구성된다.
  – 파워카드는 또한 아동의 특별한 관심 영역이나 영웅에 대한 내용을 포함한다.
  – 일반적으로 파워카드에는 특별한 관심 영역에 대한 작은 사진들을 사용하곤 한다.
  – 파워카드는 휴대할 수 있도록 제작되어 해당 상황에 직면했을 때 해결책을 상기할 수 있는 시각적 촉구가 될 수 있다.

59

2020. 중
★답안작성

(가)는 자폐성장애 학생 D의 특성이고, (나)는 행동지원 계획안의 일부이다. 〈작성 방법〉에 따라 서술하시오. [4점]

(가) 학생 D의 특성

- 친구의 얼굴 표정이나 눈빛을 보고 감정을 이해하는 데 어려움을 보임
- 친구가 싫어할 수 있는 이야기를 지나치게 솔직하게 말함
- 친구의 관심과는 관계없이 자신이 좋아하는 주제와 관련된 이야기를 계속함

(위 세 항목: ⓐ)

- 가수 E를 매우 좋아하여 가수 E가 출연하는 프로그램은 거의 모두 시청하고 있음

(나) 행동지원 계획안

〈지원 방법 : 파워카드 전략〉

○ 개념 : 적절한 사회적 상호작용을 교수하기 위해 학생의 특별한 관심과 강점을 포함하는 시각적 지원 방법임

… (중략) …

○ 목표 행동 : ⓑ<u>대화할 때 친구의 기분을 고려하여 말하기</u>
○ 구성 요소
 1) 간략한 시나리오
  - 시나리오에 학생 D가 영웅시 하는 가수 E의 사진을 포함함
  - 시나리오는 학생 D의 (㉠) 수준을 고려하여 작성함
  - 시나리오 구성
   – 첫 번째 문단 : (㉡)
   – 두 번째 문단 : 학생 D가 친구의 기분을 고려하여 말할 수 있도록 구체적인 행동을 3~5단계로 나누어 제시함
 2) 명함 크기의 파워카드
  - 학생 D의 주머니에 넣고 다니게 하고, 책상 위에도 붙여두고 보도록 함

작성방법

- (가)의 ⓐ와 같은 행동 양상이 나타나는 이유를 자폐성장애의 인지적 특성과 관련지어 1가지 쓸 것
- (나)의 괄호 안의 ㉠에 해당하는 내용을 쓸 것
- (나)의 괄호 안의 ㉡에 해당하는 내용을 밑줄 친 ⓑ의 목표 행동을 고려하여 1가지 서술할 것

핵심테마 체크

- 물리적 환경의 구조화
- 파워카드
- 환경중심 언어중재

MY MEMO

60

정답 및 예시답안

1) ① 혼자만의 공간(진정 영역, 이완 영역, 안전 영역, 본거지, 쉼터 등)
   ② 자극 수준을 낮게 유지하는 기능, 안정을 되찾거나 유지하는 기능 등
2) ㉡ 특별한 관심
   ㉢ 스크립트
3) 요구모델은 모델링과 달리 요구(또는 질문 등)를 통해 학생이 스스로 반응할 수 있는 기회를 먼저 주고, 학생의 반응에 따라 모델링을 하는 차이가 있다, 요구모델은 모델링과 달리 요구나 질문 등의 비모방적 구어촉진을 사용한다. (박은혜 외, 『중도장애학생의 교육』, 시그마프레스, 2017.)

관련이론

✦ 구조화된 물리적 환경

- 구조화된 물리적 환경은 자폐성장애 학생에게 교실 내 어느 영역에서 개별 활동, 소집단 활동, 대집단 활동이 이루어지는지에 대한 명확한 정보를 제공하고 영역의 한계를 알게 하여 참여를 촉진시킬 수 있다.
- 구조화된 물리적 환경은 학생에게 분명한 기대를 제공하고, 상황과 관련된 단서에 주의집중을 이끌며, 학생이 목적에 부합하는 의도된 활동을 할 수 있도록 한다.
- 또한 학생의 독립성을 증대시키고, 다른 사람을 관찰하는 능력을 기르며, 사회적 상호작용을 증진시키고, 학생이 예측할 수 있고 유연하게 변화를 이룰 수 있다.
- 물리적 공간을 구조화할 때 교실 내에 특정 활동이 이루어지는 장소에 대한 정보를 제공할 수 있도록 경계를 정하여 표시할 수 있다. 해당 활동을 어디에서 해야 하는지에 대한 정보를 제공한다. 색 테이프, 카펫, 색 테이블보 등을 활용하여 경계를 표시할 수 있다.
- 자폐성장애 학생이 자신이 원하는 것에 접근하는 방법을 알기 위해서는 사물이 놓여 있는 곳을 알거나, 서랍과 같이 닫힌 공간의 외부에 붙은 그림이나 글자를 안다든지, 사물함 안에 무엇이 있는지를 알면 도움이 된다. 정돈되고 계획된 환경은 학생이 자신의 세계를 조직하고 보다 효과적으로 활용하는 데 도움이 된다.

✦ 물리적 환경 구조화의 효과 및 유의점

- 학교 내 물리적 환경을 구조화하면, 자폐성장애 학생에게 환경에 따른 기대를 보다 분명히 전달할 수 있고, 적절한 행동지원을 제공할 수 있다.
- 교사는 환경 단서에 근거한 연계행동을 지도해야 한다. 이때 교사는 시각적 단서를 활용할 수 있다.
- 자폐성장애 학생은 사적인 공간에서의 사적인 행동에 대해 잘 알지 못할 수 있다. 화장실 사용과 같은 사적인 공간을 지도할 때, 이를 자연적인 학습환경에 통합시켜 지도하는 것이 중요하다(예 쉬는 시간에 학생이 이용하는 화장실에서 지도).
- 자폐성장애 학생은 구체적이고 예측 가능한 상황에서 편안함과 안정감을 갖는다. 그렇기에 적어도 몇 달 동안은 교실 내 영역 구분을 변경하지 않고 활동이 이루어지는 영역에 대한 지정을 변경하지 않는 것이 좋다. 학생이 일정 기간이 지나 교실 영역의 구조에 편안함을 느끼면 점진적으로 작게 변화를 줄 수 있다.
- 자폐성장애 학생은 작은 변화에도 불안감을 가질 수 있으므로 변화에 대해 시각적 지원을 제공하여 학생이 최소한의 불안을 견디면서 환경에 적응할 수 있는 기회를 갖도록 할 수 있다.
- 교실 구조화에서 작은 변화가 주어졌을 때, 학생이 불안해하거나 과제이탈행동을 보이면, 교사는 필요한 경우 시각적 지원을 통해 학생이 변화에 대한 유연성을 가질 수 있도록 돕는다.

✦ 자폐성 학생을 위한 교실 공간

- 출입문 영역
- 집단 활동 영역
- 놀이 영역
- 진정 영역(혼자만의 공간)
- 일과표 부착 영역
- 개별 활동 영역
- 자료 영역
- 교사 영역

60

2019. 초

다음은 교육 봉사를 다녀온 예비 특수교사와 지도 교수의 대화 내용이다. 물음에 답하시오. [5점]

예비 특수교사: 교수님, 어제 ○○학교에 교육 봉사를 다녀왔습니다. 교실 환경이 상당히 인상 깊었는데, 가장 특이했던 것은 교실 한쪽에 있던 커다란 플라스틱 이글루였어요. 입구에 '북극곰의 집'이라고 쓰여 있고 흔들의자도 있는 것 같았어요. 아침 1교시 시작할 때였는데 자폐성장애 학생인 민우가 그 안에서 나오는 거예요. 담임 선생님께 여쭤 보니 민우가 자주 이용하는 곳이라고 하시더군요.

지 도 교 수: 아하! 아마도 (㉠)인가 봐요. 교실 한쪽이나 학교 내 별도 공간에도 둘 수 있는 건데, 물리적 배치를 통해 환경적 지원을 제공하기 위한 거죠. 유의해야 할 점은 타임아웃을 하거나 벌을 주기 위한 공간은 아니라는 겁니다.

… (중략) …

예비 특수교사: 2교시에는 민우가 흥분이 되었는지 몸을 점점 심하게 흔드는 거예요. 그때 담임 선생님께서 손짓과 함께 '민우야, 북극곰!' 하시니까, 갑자기 민우가 목에 걸고 있던 명찰 같은 것을 선생님께 보여 주면서 '민우 북극곰, 민우 북극곰' 그러더라고요. 목에 걸고 있던 거랑 똑같은 것이 민우의 책상과 이글루 안쪽에도 붙어있었어요.

지 도 교 수: 그건 자폐성장애 학생에게 주로 사용하는 파워카드 전략입니다. 자폐성장애 학생의 (㉡)을/를 활용해 행동 변화의 동기를 제공하기 위한 시각적 지원 전략의 하나죠. 파워카드에는 그림과 (㉢)이/가 사용됩니다.

예비 특수교사: 중재 전략이 정말 다양하더군요.

지 도 교 수: 중요한 것은 어떤 전략이든 ㉣ <u>자연스러운 환경에서 적용해야 일반화가 쉽다는 겁니다. 언어중재도 마찬가지예요</u>.

1) ① ㉠에 들어갈 적절한 말을 쓰고, ② 그 기능을 1가지 쓰시오. [2점]

①:

②:

2) ㉡과 ㉢에 들어갈 말을 각각 쓰시오. [2점]

㉡:

㉢:

3) ㉣에 해당하는 언어중재 방법에서 사용되는 요구모델이 모델링과 다른 점을 1가지 쓰시오. [1점]

PART 08

핵심테마 체크

- 교수적 수정_자료 수정 (유아특수교육개론)
- 파워카드

MY MEMO

61

정답 및 예시답안

1) 유치원 교육과정
2) ① 골대를 크게 제작하는 것
   ② 유치원 교육과정
3) 로봇이 진서의 특별한 관심 대상이기 때문이다.

관련이론

✦ 파워카드

의미 및 특성	• 아동의 특별한 관심을 사회적 상호작용 교수에 포함시키는 시각적 지원방법 • 특별한 관심을 긍정적으로 활용한 대표적인 강점 중심의 중재 방법이자 사회적 담화의 한 유형 • 사회적 상황과 일상적 일과의 의미를 알려주고, 언어의 의미를 알려주며, 일상적 일과, 기대되는 행동, 다른 사람의 마음이해 방법, 잠재적 교육과정으로 알려진 일상생활 중 해서는 안 되는 일과 해야 할 일 등을 지도할 때 효과적으로 활용 가능	
요소	스크립트 (시나리오)	• 학생이 영웅시하는 인물이나 특별한 관심사, 그리고 학생이 힘들어하는 행동이나 상황에 관련된 간략한 시나리오를 작성한다. • 시나리오는 대상 학생의 인지수준으로 작성한다. 이러한 간략한 시나리오와 더불어 특별한 관심사에 해당하는 그림을 포함한다. • 첫 번째 문단에서 영웅이나 롤 모델이 등장하여 문제 상황에 대한 해결이나 성공 경험을 제시한다. 두 번째 문단에서는 3~5단계로 나눈 구체적인 행동을 제시하여 새로운 행동을 습득할 수 있도록 한다.
	파워카드	• 이 카드에는 특별한 관심 대상에 대한 작은 그림과 문제행동이나 상황에 대한 해결방안을 제시한다. • 파워카드는 학생이 습득한 행동을 일반화하기 위한 방안으로도 활용될 수 있다. • 파워카드는 지갑이나 주머니에 넣고 다니거나 책상 위에 두고 볼 수 있도록 한다.
활용단계	① 문제행동이나 문제 상황 파악하기 ② 아동의 특별한 관심 파악하기 ③ 문제행동에 대한 기능분석 실행하기 ④ 파워카드 전략이 효과적인 방법인지 확인하기 ⑤ 기초선 자료 수집하기 ⑥ 파워카드에 들어갈 시나리오와 카드 디자인하기 ⑦ 아동에게 시나리오와 파워카드 소개하기 ⑧ 효과 검증을 위하여 중재 자료 수집하기 ⑨ 중재 결과를 평가하고 필요한 경우 수정하기 ⑩ 파워카드 전략의 사용을 얼마나 오랫동안 사용할 것인지를 결정하기 위하여 학생이 스스로 할 수 있도록 하기 ⑪ 아동의 성과를 기초로 파워카드 전략을 사용하는 동안 시나리오 읽는 것을 점점 줄이기	

61

2023. 유

(가)는 작은 운동회를 위한 특수학교 교사들의 사전 협의회의 일부이고, (나)는 자폐성장애 유아 진서를 위한 파워카드이다. 물음에 답하시오. [5점]

(가)

김 교사: 10월에 실시할 작은 운동회를 위한 협의회를 시작하도록 하겠습니다.

… (중략) …

김 교사: 이제 작은 운동회 내용을 정리해 보겠습니다.

이 교사: ㉠ 축구 코스에서는 아이들이 발로 미니 골대 안에 공을 넣도록 해요. 지수는 다리에 힘이 조금 부족하지만 워커로 이동할 수 있으니 (㉡).

홍 교사: ㉢ 뻥뻥 코스에서는 의자 위에 올려놓은 뻥과자를 엉덩이로 부숴 봐요.

박 교사: 터널 코스에서는 유아들이 터널을 기어서 통과하도록 하겠습니다.

김 교사: 그리고 ㉣ 출발점부터 도착점까지 유아들이 걷거나 달려도 되는데 너무 빨리 달리지 않도록 지도해 주세요.

교사들: 네, 알겠습니다.

김 교사: 그런데 홍 선생님 반의 진서가 갑자기 강당 밖으로 뛰어나간 적이 있었는데 선생님은 어떻게 지도하세요?

홍 교사: 로봇 그림을 사용한 파워카드 전략으로 강당에 올 때마다 지도하고 있어요. 작은 운동회 때도 파워카드를 사용하도록 하겠습니다.

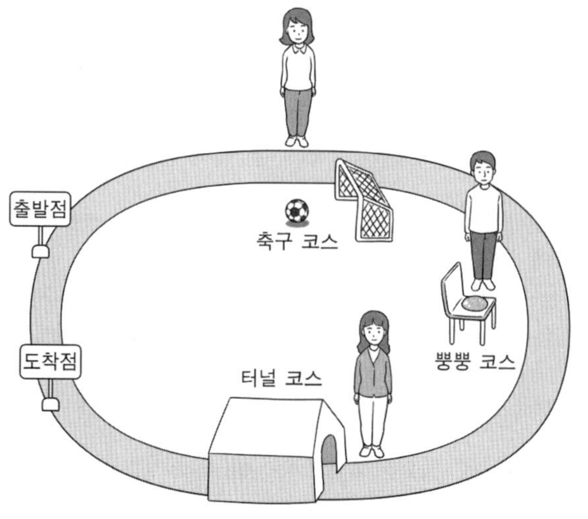

(나)

1) ① ㉠의 도구를 이용한(조작적) 운동 유형을 쓰고, ② ㉢의 제자리(비이동) 운동 유형을 쓰시오. [2점]

①:

②:

2) ① ㉡에 들어갈 교수적 수정의 예를 자료 측면에서 1가지 쓰고, ② ㉣의 걷기와 달리기를 구분하는 기준을 쓰시오. [2점]

①:

②:

3) (나)에서 홍 교사가 로봇 그림을 사용한 이유를 파워카드 전략에 근거하여 쓰시오. [1점]

핵심테마 체크 ✔

- 자폐성장애의 특성
- 행동의 기능
- 대체행동의 반응 효율성
- 변동간격강화계획

MY MEMO

62

정답 및 예시답안

1) 초과정
2) • 마음이해능력의 결함
   • 시각적 인식의 강점
3) • 스티커 얻기(구체물 얻기)
   • 초기에 변동간격강화를 사용하면 결과의 일관성이 부족하여, 대체행동의 반응 효율성이 떨어지기 때문이다, 초기에 변동간격강화를 사용하면 대체행동의 결과의 일관성이 부족하여, 대체기술이 문제행동보다 스티커를 얻는 데 더 효율적이라는 것을 알기 어렵기 때문이다 등

관련이론

✦ 대체행동 반응 효율성의 5가지 요소

- **노력**: 육체적 움직임이나 반응에 필요한 인지적 노력으로 설명될 수 있다. 모든 다른 요인들이 같다면 학생들은 가장 노력이 적게 드는, 즉 가장 효율적인 반응을 선택하게 될 것이다.
- **결과의 질 또는 강도**: 행동의 결과로 제시되는 사건이나 물건에 대한 선호도 또는 강화 정도를 의미한다. 교수는 교체행동의 결과나 강화자가 문제행동을 통하여 얻을 수 있는 결과에 비하여 질적으로 동일하거나 더 낫다는 것을 명확히 해야 한다.
- **결과의 즉각성**: 교수하게 될 교체기술은 문제행동에 비하여 더 신속하게 원하는 결과를 가져올 수 있어야 한다.
- **결과의 일관성**: 후속결과를 얻는 데 필요한 학생의 반응 횟수를 의미한다. 교수는 학생이 교체기술을 사용할 때마다, 즉 첫 번째 사용부터 매번 반응해 주어야 한다. 이것은 교수의 초기 단계에서 매우 중요하다. 특히 교체기술이 원하는 결과를 얻는 데 더욱 효과적인 방법이라는 것을 알게 하는 단계에서는 매우 중요하다.
- **처벌 개연성**: 반응에 뒤따라서 혐오적이거나 불쾌한 후속결과가 나타날 가능성을 의미한다. 반응 후에 항상 불쾌한 사건이 뒤따른다는 사실을 학습하게 되면 반응의 빈도가 감소된다는 것은 잘 알려진 학습원리다. 따라서 교체행동 후에 불쾌한 사건이 뒤따르지 않도록 확인하는 것이 교수의 기본적인 원칙이다.

✦ 간헐강화계획

- 모든 반응에 대해 매번 강화하는 것이 아니라 일부 반응만을 선택적으로 강화하는 방법
- 학습 후기에 행동의 발생비율과 소거저항을 높이기 위하여 사용되는 강화계획간헐강화는 계속강화보다 소거저항이 강하고, 포화를 예방할 수 있는 이점도 있지만, 새로운 행동을 형성할 때는 계속강화가 더 효과적
- 간헐강화의 부정적 효과: 비율 긴장, 가리비 현상 등

비율	• **고정비율계획**: 강화 후 반응의 일시 중단이라는 독특한 반응유형 산출, 고속 반응률을 산출, 비율의 크기는 반응속도에 영향을 미침 • **변동비율계획**: 반응의 중단 없이 일관성 있는 안정된 반응률을 산출, 고속반응의 경향성이 나타남, 변동비율의 크기는 반응률에 영향
간격	• **고정간격계획**: 강화 후 반응의 중단이 비교적 길게 나타남, 대체로 느리고 완만한 반응률을 산출하며 시간 간격의 길이는 반응의 중단과 반응률에 영향을 미침, 강화 후 반응의 중단현상은 고정간격강화와 고정비율강화에서 모두 나타나지만 그 형태는 서로 다름 • **변동간격계획**: 일정하고 안정된 반응률 산출, 비교적 느리고 완만한 반응률 산출, 평균간격의 길이는 반응률에 영향을 미침 • **반응시한간격계획**: 첫 번째 반응이 일어나기까지의 경과시간을 제한할 수 있는 방법
지속시간	• **고정지속시간계획**: 목표행동이 미리 정해 둔 지속시간에 도달하면 강화 제공 • **변동지속시간계획**: 목표행동의 평균 지속시간에 따라 강화 제공

고득점 답안 비법 ✰ 2) [A]에 근거해야 하며, ㉡은 친구들과의 상호작용을 돕고 지켜야 할 규칙을 알 수 있도록 사용한다고 제시되어 있음. 이에 근거하여 시각적 강점(A에 제시)을 답안으로 볼 수 있음. 특별한 관심에 대한 사항은 [A]에 제시되어 있지 않음. 상황이야기, 파워카드 모두 자폐학생의 시각적 강점을 활용한 전략

✰ 3) 대체행동의 반응 효율성 중 결과의 일관성으로 설명하는 것이 이 답안의 키워드

62

2022. 초
★답안작성

다음은 4학년 자폐성 장애 학생 성규의 통합학급 수업 지원을 위한 통합학급 교사와 특수교사의 협의록 일부이다. 물음에 답하시오. [6점]

〈통합교육 지원 협의록〉

… (중략) …

❑ 교과: 사회 단원명: 지역의 위치와 특성

가. 통합학급 수업 운영 및 지원
○ 이번 주 수업 중 행동 관찰

학습 활동	• 지도의 기본 요소 알아보기
성규의 수업 중 수행 특성	−지도 그리기에 관심이 없고 자신이 좋아하는 위치에만 스티커를 붙이려고 고집함 −함께 사용하는 스티커를 친구가 가져가면 소리를 지름 −친구들의 농담에 무표정하고 별다른 반응이 없음 −활동 안내를 그림 카드로 제시했을 때 활동의 참여도가 높아짐 [A]

○ 다음 주 수업지원 계획

학습 활동	• 우리 생활에서 지도를 어떻게 활용하는지 알아보기 • 우리 지역의 중심지 알아보기 −㉠3학년 사회과에서 다루는 학교 주변의 '우리 고장'에서 범위를 넓혀, 4학년 때는 '시·도' 규모의 지역 중심지를 탐색하고 답사하기
성규를 위한 수정 계획	−지도의 주요 위치에 스티커로 표시해주기 −시각적 일과표와 방문하게 될 장소에 대한 안내도 제시하기 −현장학습 시, 친구들과의 상호작용을 돕고 지켜야 할 규칙을 알 수 있도록 ㉡상황이야기 또는 좋아하는 캐릭터를 삽입한 파워카드 적용하기

나. 수업 참여를 위한 행동지원
○ 사회과 수업 중 소리 지르기 행동에 대한 행동지원 계획 수립
○ 성규의 소리 지르기 행동 기능분석

㉢ ABC 분석

선행사건	행동	후속결과
수업 중 제공된 스티커를 모두 사용해버림	소리 지르기	스티커 제공
스티커를 사용하지 않는 다음 활동을 위해 스티커를 회수함	소리 지르기	계속 수업 진행

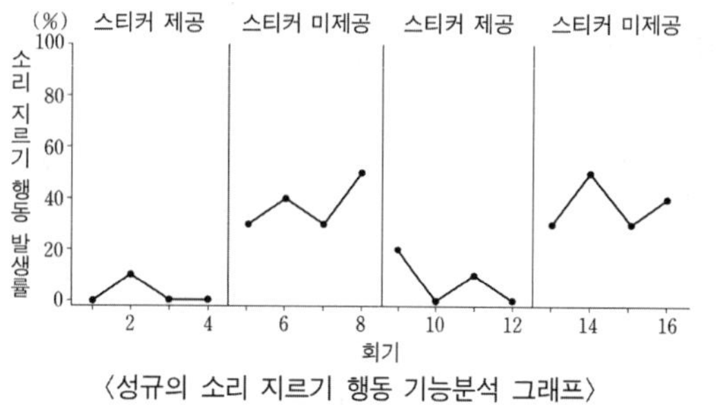

〈성규의 소리 지르기 행동 기능분석 그래프〉

◦ 중재 내용
−선행사건 중재: 스티커의 일일 사용량을 미리 정함
스티커를 사용하는 활동을 사전에 안내함
−㉣ 대체행동 중재
−강화 계획: ㉤ 대체행동의 교수 초기에는 변동간격 강화를 사용함

1) ① ㉠은 교육과정 내용 조직 원리 중 무엇을 적용한 것인지 쓰고, ② 다음의 지도에 나타난 지도의 기본 요소 2가지를 쓰시오. [2점]

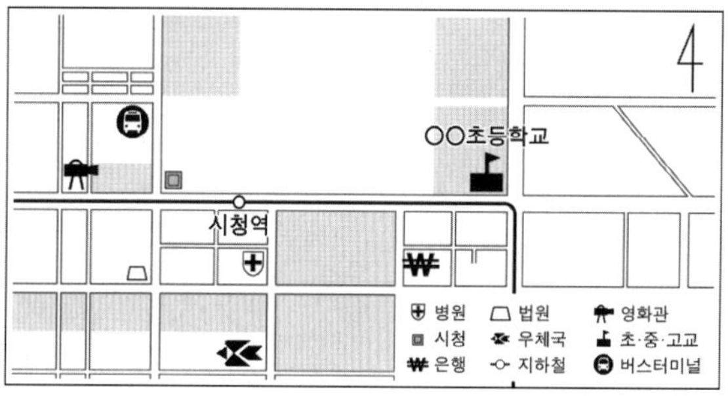

①:

②:

2) [A]에 근거하여 ㉡의 이유에 해당하는 자폐성 장애의 일반적인 특성 2가지를 쓰시오. [2점]

3) ① ㉢에 근거하여 성규에게 적용한 ㉣의 기능을 쓰고, ② 반응 효율성을 고려하여 ㉤이 적절하지 않은 이유를 쓰시오. [2점]

①:

②:

핵심테마 체크

- 반향어
- 상황이야기
- 연재만화대화

MY MEMO

63

정답 및 예시답안

○ ㉠ 지연 반향어
○ ㉡ (사회적) 상황이야기
○ ㉢ 지시문 / 학생에게 상황에 맞게 해야 하는 행동을 지시하고 설명한다.
○ ㉣ 연재만화대화 / 타인의 생각과 느낌에 대한 정보를 알려주고, 그에 적절히 대처할 수 있도록 한다.

관련이론

✦ 짧은만화(연재만화)대화

의미 및 특성		• 대화 시 다른 사람이 생각하고 느끼는 것이 무엇인지를 설명하기 위해 4~8개의 네모 칸에 선화를 통해 말풍선과 생각풍선 속에 대화자의 말, 생각, 정서를 표시할 수 있도록 구성 • 타인의 생각과 느낌에 대한 정보를 사전에 알려주고 적절하게 대처할 수 있는 기술을 지도하는 데 효과적 • 학생이 주된 역할을 하고 교사, 또래, 학부모는 지원자의 역할 • 연재만화대화를 종료하기 전에 교사는 그려진 그림을 사용하여 사건 또는 상황을 요약해야 함 • 연재만화대화를 마친 후에는 대화 과정 중에 나타난 문제에 대한 해결방안을 모색하고 미래에 이와 유사한 상황이 발생했을 때 할 수 있는 실행 계획을 학생이 세울 수 있도록 지원 • 사회적 정보를 보다 용이하게 이해할 수 있도록 시각적으로 안내하는 사회적 담화 방법의 한 유형 • 사회적 상황에 대한 이해, 즉 다른 사람의 생각과 믿음, 동기와 같은 다른 사람의 마음이해를 지원하기 위해 자주 사용 정보 수집하기 → 부모나 전문가의 관점을 학생과 공유하기 → 이야기 순서와 내용 구조화하기 → 대화 요약하기 → 해결방안 모색하기
연재만화 대화의 구성요소		• 문제를 일으키는 사건에 대한 기술 • 사건에 포함된 모든 사람의 생각과 감정 • 문제에 대한 해결방안 • 미래에 이러한 사건을 피할 수 있는 방법에 관한 생각 • 강화 • 적절한 상징(인물선화, 웃는 얼굴, 말풍선, 생각풍선) • 감정을 표현하기 위해 사용되는 색깔(예 초록 – 행복, 파랑 – 슬픔, 검정 – 화남)
적용방법		• 2명 이상의 사람들이 간단한 그림을 그리며 대화를 나누는 것을 기본으로 함 • 만화는 자폐성장애 학생의 강점 영역인 시각적 정보와 학생들이 좋아하는 만화 형식을 이용하여 학생들이 보다 적극적으로 참여할 수 있도록 함 • 학생과 의사소통 대상자가 서로 그림을 그리면서 대화 상황을 생각할 수 있도록 도움
절차	1	짧은만화대화 소개하기 • 부모나 교사와 같이 아동을 잘 아는 사람이 소개하는 것이 바람직 • 부모나 교사는 짧은만화대화를 소개할 때 수용적인 태도로 이야기를 시작 • 학생이 대화를 이끌어 나가도록 하고 대화를 이해하거나 생각을 표현할 때 도움
	2	짧은만화대화 상징사전 소개하기 • 대화상징사전: 기본적인 대화 개념인 '듣기, 방해하기, 조용한 말, 시끄러운 말, 말하기, 생각하기' 등으로 구성된 8개의 상징을 포함한다. • 사람상징사전: 사람상징은 학생들이 자주 사용하는 상징이며, 대화를 하는 과정에서 학생들의 사람상징사전이 만들어질 수 있다.
	3	'가벼운 잡담'으로 대화 시작하며 관련 내용 그림으로 표현하기 • 짧은만화대화와 일반적인 대화의 차이는 그림을 그린다는 점 • 가벼운 잡담과 같이 모든 대화가 진행되는 장소에서 시작될 수 있음
	4	대화를 하면서 나타난 상황을 그림으로 표현하기 • 가벼운 잡담을 마친 후, 이야기 주제를 소개 • 일반적으로 학생이 어려움을 겪는 장소가 짧은만화대화의 주제가 될 수 있음
	5	앞으로 일어날 상황에 대한 그림 그리기 • 자폐성장애 학생은 정보를 글자 그대로 해석하고 행동은 짧은만화대화에서 제시한 것과 동일하게 하려는 경향이 있으므로 변화 가능한 일과를 대화 속에 포함할 것 • 앞으로 일어날 일에 대해 설명할 때에는 상황이 바뀔 수도 있다는 것을 알려야 함

63

2018. 중
★답안작성

(가)는 자폐스펙트럼장애 학생 D에 대한 특수교사와 통합학급 교사의 대화이고, (나)는 학생 D를 위해 그레이(C. Gray)의 이론에 근거하여 만든 중재방법이다. 〈작성 방법〉에 따라 서술하시오. [4점]

(가) 특수교사와 통합학급 교사의 대화

통합학급 교사: 선생님, 우리 반에 있는 학생 D가 ㉠ <u>광고에 나오는 단어나 문장을 일정한 시간이 지난 뒤에 다시 말할 때가 자주 있어요.</u>

…(중략)…

통합학급 교사: 그리고 학생 D가 수업시간 중에 갑자기 일어서는 행동을 자주 보여요. 적절한 중재방법이 없을까요?

(나) 학생 D를 위한 중재방법

1. (㉡)을/를 사용하여 지도함
   - 학생 D가 통합학급 수업에 참여하기 전 다음의 글을 소리 내어 읽음

수업시간에 친구와 함께 공부하기

나는 교실에서 친구들과 함께 공부를 한다.
친구들과 함께 공부하는 것은 즐거운 일이다.
우리는 수업시간에 바른 자세로 선생님 말씀을 듣는다.
나는 때때로 가만히 앉아있는 것이 힘들다.
내가 갑자기 일어서면 친구들에게 방해가 될 수도 있다.
㉢ <u>나는 도움이 필요할 때 "선생님 도와주세요." 라고 말할 것이다.</u>
선생님이 나에게 와서 도와줄 것이다.
교실에서 친구와 함께 수업하는 것은 즐거운 일이다.

2. (㉣)을/를 사용하여 지도함
   - 학생 D가 교사와 대화하면서 다음과 같은 그림을 그림

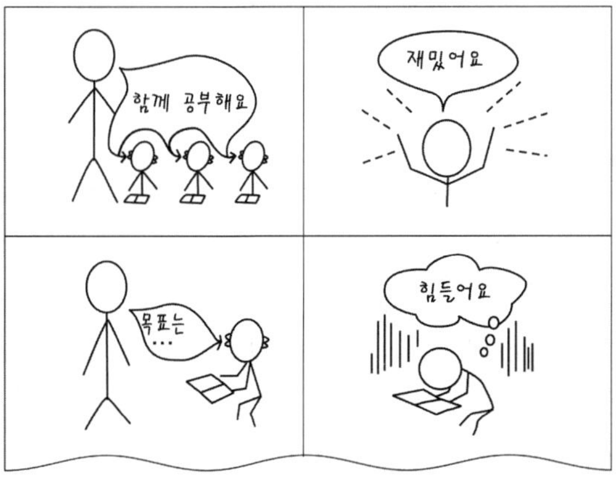

작성방법

- 밑줄 친 ㉠에 해당하는 반향어의 유형을 쓸 것
- ㉡에 들어갈 중재방법의 명칭을 쓸 것
- 밑줄 친 ㉢의 문장 유형 명칭과 그 기능을 1가지 서술할 것
- ㉣에 들어갈 중재방법의 명칭과 그 장점을 1가지 서술할 것

핵심테마 체크 ✔

• 연재만화대화

MY MEMO

64

정답 및 예시답안

1) 유치원 C
2) 유치원 C
3) ① 연재만화대화(짧은만화대화)
   ② 우리 쿠키를 하나씩 나누어 먹자!

관련이론

✦ 짧은만화(연재만화)대화

의미 및 특성		• 대화 시 다른 사람이 생각하고 느끼는 것이 무엇인지를 설명하기 위해 4~8개의 네모 칸에 선화를 통해 말풍선과 생각풍선 속에 대화자의 말, 생각, 정서를 표시할 수 있도록 구성 • 타인의 생각과 느낌에 대한 정보를 사전에 알려주고 적절하게 대처할 수 있는 기술을 지도하는 데 효과적 • 학생이 주된 역할을 하고 교사, 또래, 학부모는 지원자의 역할 • 연재만화대화를 종료하기 전에 교사는 그려진 그림을 사용하여 사건 또는 상황을 요약해야 함 • 연재만화대화를 마친 후에는 대화 과정 중에 나타난 문제에 대한 해결방안을 모색하고 미래에 이와 유사한 상황이 발생했을 때 할 수 있는 실행 계획을 학생이 세울 수 있도록 지원 • 사회적 정보를 보다 용이하게 이해할 수 있도록 시각적으로 안내하는 사회적 담화 방법의 한 유형 • 사회적 상황에 대한 이해, 즉 다른 사람의 생각과 믿음, 동기와 같은 다른 사람의 마음이해를 지원하기 위해 자주 사용 정보 수집하기 → 부모나 전문가의 관점을 학생과 공유하기 → 이야기 순서와 내용 구조화하기 → 대화 요약하기 → 해결방안 모색하기
연재만화 대화의 구성요소		• 문제를 일으키는 사건에 대한 기술 • 사건에 포함된 모든 사람의 생각과 감정 • 문제에 대한 해결방안 • 미래에 이러한 사건을 피할 수 있는 방법에 관한 생각 • 강화 • 적절한 상징(인물선화, 웃는 얼굴, 말풍선, 생각풍선) • 감정을 표현하기 위해 사용되는 색깔(예 초록-행복, 파랑-슬픔, 검정-화남)
적용방법		• 2명 이상의 사람들이 간단한 그림을 그리며 대화를 나누는 것을 기본으로 함 • 만화는 자폐성장애 학생의 강점 영역인 시각적 정보와 학생들이 좋아하는 만화 형식을 이용하여 학생들이 보다 적극적으로 참여할 수 있도록 함 • 학생과 의사소통 대상자가 서로 그림을 그리면서 대화 상황을 생각할 수 있도록 도움
절차	1	짧은만화대화 소개하기 • 부모나 교사와 같이 아동을 잘 아는 사람이 소개하는 것이 바람직 • 부모나 교사는 짧은만화대화를 소개할 때 수용적인 태도로 이야기를 시작 • 학생이 대화를 이끌어 나가도록 하고 대화를 이해하거나 생각을 표현할 때 도움
	2	짧은만화대화 상징사전 소개하기 • **대화상징사전**: 기본적인 대화 개념인 '듣기, 방해하기, 조용한 말, 시끄러운 말, 말하기, 생각하기' 등으로 구성된 8개의 상징을 포함한다. • **사람상징사전**: 사람상징은 학생들이 자주 사용하는 상징이며, 대화를 하는 과정에서 학생들의 사람상징사전이 만들어질 수 있다.
	3	'가벼운 잡담'으로 대화 시작하며 관련 내용 그림으로 표현하기 • 짧은만화대화와 일반적인 대화의 차이는 그림을 그린다는 점 • 가벼운 잡담과 같이 모든 대화가 진행되는 장소에서 시작될 수 있음
	4	대화를 하면서 나타난 상황을 그림으로 표현하기 • 가벼운 잡담을 마친 후, 이야기 주제를 소개 • 일반적으로 학생이 어려움을 겪는 장소가 짧은만화대화의 주제가 될 수 있음
	5	앞으로 일어날 상황에 대한 그림 그리기 • 자폐성장애 학생은 정보를 글자 그대로 해석하고 행동은 짧은만화대화에서 제시한 것과 동일하게 하려는 경향이 있으므로 변화 가능한 일과를 대화 속에 포함할 것 • 앞으로 일어날 일에 대해 설명할 때에는 상황이 바뀔 수도 있다는 것을 알려야 함

64

2024. 유
★답안작성

(가)는 5세반 통합학급의 간식시간 장면이고, (나)는 유아특수 교사 김 교사와 유아교사 윤 교사의 대화 장면이며, (다)는 중재 사례의 일부이다. 물음에 답하시오. [5점]

(가)

윤 교사: 오늘 간식 도우미는 채은이지요? 채은아, 친구들에게 쿠키를 한 개씩 나누어 주세요.
채 은: 네!
(㉠쿠키를 나누어 주다가 다희의 발을 보지 못하고 밟고 그냥 지나간다.)
다 희: 아야! 선생님, 채은이가 내 발 밟았어요!

… (중략) …

(채은이가 친구들의 접시에는 쿠키를 한 개씩 놓고, 마지막으로 자신의 접시에는 쿠키를 세 개 놓는다.)
하 준: 채은아, 너는 왜 쿠키를 세 개나 가져가?
채 은: 나는 쿠키를 좋아해.
하 준: 채은아, 그러면 안 돼. 우리는 사랑반이니까 모두 똑같이 나누어야 해. (채은이의 접시에 있는 쿠키를 두 개 가져가려 한다.)
채 은: 내 거야! (㉡하준이를 밀친다.)
하 준: 아야! 다른 친구들보다 네가 더 많이 가져간 거잖아!

… (하략) …

(나)

윤 교사: 선생님, 요즘 채은이가 친구 관계에서 어려움을 보이네요.
김 교사: 저도 채은이가 친구를 미는 행동이 걱정이 되었어요. 그래서 (㉢)을/를 활용해 보아야겠다고 생각했어요. 이 방법은 아이들이 좋아하는 형식의 시각적 지원을 통해 사회적 상황에서 겪는 어려움을 명시적으로 지원하는 것이에요.
윤 교사: 그렇군요. 채은이가 그림 그리기를 좋아하고, 그림으로 표현하는 능력이 뛰어난 편이니 이 방법이 적절하겠네요

(다)

채은이의 (㉢)

(생략)

ㅇ상황 파악하기

ㅇ상대방의 마음 이해하기

… (중략) …

ㅇ해결 방안 모색하기

1) 코스텔닉 등(M. Kostelnik et al.)의 공격성 유형 이론에 근거하여 (가)에서 채은이가 보인 ㉠과 ㉡의 차이점을 쓰시오. [1점]

2) 나누기 발달 단계에 근거하여 (가)의 ① 채은이의 나누기 기준과 ② 하준이의 나누기 기준을 각각 쓰시오. [2점]

①:

②:

3) ① (나)와 (다)의 ㉢이 무엇인지 쓰고, ② (다)에서 ㉣에 들어갈 채은이의 말을 쓰시오. [2점]

①:

②:

핵심테마 체크 ✔

- 중재 충실도
- 일반화 방안
- 비디오 모델링

MY MEMO

65

정답 및 예시답안

○ ㉡은 중재 충실도이다.
○ ㉢의 이유와 방안: 첫째, 교실 상황에서만 청소하는 과정을 보여주었으므로, 집을 포함한 다양한 상황에서 청소하는 과정을 보여준다. 둘째, 교실에 있는 진공청소기만으로 청소하는 과정을 보여주었으므로, 다양한 진공청소기의 사용 방법을 보여주어 일반화할 수 있도록 한다.
○ ㉤은 ㉣에 비해 학생의 높은 관심을 불러 일으킬 수 있는 장점이 있다.

관련이론

✦ 비디오 모델링

의미	• 학생이 수행해야 하는 바람직한 행동을 비디오를 통해 시범 보이는 기법 • 비디오 모델링의 시범자는 또래, 성인, 대상자 자신이 될 수 있음		
유형별 특징	유형	장점	단점
	또래/성인	• 쉽게 연출할 수 있다. • 유지가 잘 된다.	• 모델이 높은 관심을 불러일으키지 않는다. • 일반화에 대한 결과가 일관적이지 않다.
	자기관점	• 자신감 부족이 문제가 되는 경우에 유용하다. • 다른 유형에 비해 높은 관심을 불러일으킬 수 있다. • 일반화가 잘 된다. • 쉽게 연출할 수 있다. • 실제 생활을 묘사한다. • 편집의 필요가 적다.	• 연출하기 어려울 수 있다. • 편지이 더 복잡하다. • 행동의 범위가 제한적이다. • 아직 연구가 거의 없다.
	애니메이션	• 아동에게 인기 있는 형식이다. • 보통 전문적으로 제작된다.	• 모델과의 관련성이 적다. • 행동의 범위와 구체성이 제한적이다.

65

2024. 중
★답안작성

(가)는 ○○특수학교 고등학교 과정에 재학 중인 자폐성 장애 학생 A의 특성이고, (나)는 교감과 담임 교사의 대화이다. 〈작성 방법〉에 따라 서술하시오. [4점]

(가) 학생 A의 특성

- 모방이 가능함
- 시각적 자료 처리에 강점을 보임
- 동영상 보는 것을 좋아하고, 영상에 자신이 나오면 흥미를 보임

(나) 교감과 담임 교사의 대화

담임 교사: 교감 선생님, 제가 요즘 학생 A에게 비디오 모델링 중재법으로 '진공청소기로 청소하기'를 가르치고 있습니다. ㉠ 우선 제가 모델이 되어 우리 교실에서 교실에 있는 진공청소기로 청소하는 과정을 동영상으로 제작했습니다. 그리고 학생에게 그것을 시청하게 한 후 우리 교실에서 그 진공청소기로 청소를 하도록 연습시켰습니다. 학생이 청소를 완료하면 매번 좋아하는 활동을 하게 했고요. ㉡ 중재 단계를 사전에 계획한 대로 실시한 정도도 확인했습니다.

교　　감: 학생의 행동에 변화가 있나요?

담임 교사: 교실에서는 진공청소기로 청소합니다. 얼마 전 학생 A의 학부모와 상담을 해 보니 ㉢ 집에서는 진공청소기를 사용하여 청소하지 못한다고 하시더라고요. 왜 일반화가 일어나지 않는 걸까요?

교　　감: 학생 A의 '진공청소기로 청소하기' 행동의 일반화를 촉진하기 위해서는 여러 요소를 고려해 봐야 합니다. 먼저 비디오 모델링에는 선생님께서 모델을 보여 주신 것처럼 ㉣ 성인 비디오 모델링 중재법도 있지만, ㉤ 비디오 자기 모델링 중재법이라는 것도 있어요. 학생 A의 특성을 보니 비디오 자기 모델링 중재법의 활용도 고려해 보면 좋겠네요.

작성방법

- (나)의 밑줄 친 ㉡의 개념에 해당하는 용어를 쓸 것
- (나)의 밑줄 친 ㉢의 이유를 밑줄 친 ㉠에서 2가지 찾고, 그에 대한 일반화 촉진 방안을 각각 서술할 것 (단, '이유-방안' 형식으로 쓸 것)
- (나)의 밑줄 친 ㉣과 비교하여 밑줄 친 ㉤의 장점을 심리·정서적 측면에서 1가지 서술할 것

핵심테마 체크 ✓

- 시간의 구조화
- 사회극 놀이
- 또래 모델링
- 비디오 모델링

MY MEMO

66

정답 및 예시답안

①

문제 속 자료분석

㉢	• 현주는 또래 친구들이 바깥놀이를 위해 외투를 입는데 혼자 돌아다니고 있다. • 바깥놀이를 나갈 때 현주에게 <u>친구들이 옷 입는 것을 보고 따라하게</u> 한다.	~~과제 분석~~ 또래 모델링
㉣	• 유아들이 율동 시간에 침을 흘리는 현주와는 손을 잡으려고 하지 않는다. • <u>친구로부터 소외당하는 내용의 비디오를 보여 주고</u>, 반성적인 이야기 나누기를 통해 현주를 이해하도록 한다.	~~공동행동~~ ~~일과~~ 비디오 모델링

관련이론

✦ 구조화

- 구조화는 학생이 교수·학습활동의 순서와 과제를 예측할 수 있도록 체계적으로 계획하고 구성하는 것이다.
- 구조화는 매우 포괄적인 개념으로, 학생이 보다 더 참여하고 쉽게 이해할 수 있도록 학습환경이 설정된 것을 의미한다.
- 이는 자폐성장애 학생의 시각적 강점과 조직성을 선호하는 특성을 활용하여 이들의 학습참여를 촉진하도록 안정감과 동기화를 증진시키고자 하는 것이다.
- 구조화의 목적은 자폐성장애 학생이 무엇을 해야 하는지를 이해하고 과제를 성공적으로 수행할 수 있도록 돕는 것이다.
- 구조화는 활동이 이루어지는 장소가 어디인지, 사용되는 교재 또는 교구가 무엇인지, 자신의 것은 무엇이고 또래와 함께 공유해야 하는 것은 무엇인지, 해야 하는 행동이 무엇인지, 누구와 함께 해야 하는지, 얼마나 오랫동안 해야 하는지, 언제 끝내는지 등에 대해 예측할 수 있도록 구체적인 정보를 포함하여 체계적으로 교수·학습환경을 구성하는 것이다.

✦ 환경의 구조화

- 물리적 배치의 구조화: 가구 배치, 물건의 배치, 혼자만의 공간 설정
- 시간의 구조화: 일일 일정표, 작업 일정표
  - 전반적 발달장애 아동들을 위하여 예측 가능한 일정을 설정할 때 두 가지 유형의 일일 일정표와 작업 일정표를 활용할 수 있다.
  - 일정표는 일정에 대한 정보를 시각적인 형태로 제공해 줌으로써 일반적으로 시각적 처리에 강점을 보이는 전반적 발달장애 아동들에게 도움이 된다.

일일 일정표	하루의 활동 순서를 알려 주는 표라고 할 수 있다. 일일 일정표는 아동으로 하여금 다음 활동을 예측할 수 있게 한다. 또한 아동들은 일일 일정표를 통해서 다음에 해야 할 활동을 알고 전환을 준비할 수 있기 때문에 일일 일정표는 한 활동에서 다른 활동으로의 전환을 촉진시키는 역할도 한다.
작업 일정표	수업 시간 중에 수행되어야 할 작업의 진행을 나타내는 또 다른 일정표인 개별화된 작업 일정표가 필요할 수 있다. 작업 일정표란 작업을 얼마만큼 해야 하고 언제 끝내야 하는지를 알려 주는 시각적인 그림 또는 목록이라고 할 수 있는데 그림이나 다른 비언어적 단서를 사용하여 마쳐야 하는 과제를 표시해 주면 더 쉽게 지시를 따를 수 있다.

66

2011. 유

유치원 통합학급에 있는 자폐성장애 유아 은수와 발달지체 유아 현주, 일반 유아들 사이에서 일어난 상황 및 교사의 지도 내용에 대한 교수 전략을 바르게 연결한 것을 모두 고른 것은?

구분	상황 및 지도 내용	교수 전략
㉠	• 은수는 간식 시간 전인 이야기 나누기 시간에 간식을 달라고 떼를 쓰며 운다. • 그림 일과표를 제시해 주고, 이야기 나누기 시간이 시작되면 모래시계를 거꾸로 세워 놓는다.	시간의 구조화
㉡	• 은수는 머리카락 잡아당기기에 집착하여 옆에 있는 친구의 머리카락을 잡아당겨 울린다. • 은수와 다른 유아에게 적절한 사회적 행동을 가르칠 수 있는 주제로 대본을 만들어 상황에 맞는 역할을 하도록 한다.	사회극 놀이
㉢	• 현주는 또래 친구들이 바깥놀이를 위해 외투를 입는데 혼자 돌아다니고 있다. • 바깥놀이를 나갈 때 현주에게 친구들이 옷 입는 것을 보고 따라하게 한다.	과제 분석
㉣	• 유아들이 율동 시간에 침을 흘리는 현주와는 손을 잡으려고 하지 않는다. • 친구로부터 소외당하는 내용의 비디오를 보여 주고, 반성적인 이야기 나누기를 통해 현주를 이해하도록 한다.	공동행동 일과

① ㉠, ㉡
② ㉠, ㉢
③ ㉡, ㉣
④ ㉠, ㉡, ㉢
⑤ ㉡, ㉢, ㉣

脈 **테마별** 기출분포도

테마			연도별 기출분포	셀프체크
정의 및 하위 유형	하위 유형 및 특성		⑩유 ⑩초 ⑪중 ⑮초	□□□□□
진단 및 평가	불일치모델		⑨중 ⑩유 ⑩초 ㉑초 ㉑중	□□□□□
	중재반응모델(RTI)		⑨중 ⑩유 ⑩초 ⑫초 ⑲초 ⑳초 ㉑초 ㉑중	□□□□□
	내재성 처리과정 결함 접근		⑬중	□□□□□
읽기	읽기교수의 영역 및 관련전략		⑩초 ⑫중 ⑭유 ⑭초 ⑰초 ⑱유 ⑱중 ⑲중 ㉑중 ㉒유 ㉒초 ㉔초 ㉔중	□□□□□
	읽기 교육	전통적 읽기교수법	⑪중	□□□□□
		단어인지	⑰중	□□□□□
		읽기유창성	⑫중 ⑬초 ⑱중 ⑲초 ㉔초	□□□□□
		읽기이해	⑨중 ⑩중 ⑪초 ⑪중 ⑬중 ⑮중 ⑰초 ⑲중 ⑳중 ㉑초 ㉒초 ㉓중 ㉔중	□□□□□
쓰기	쓰기의 개념		⑳중 ㉓초	□□□□□
	쓰기검사 및 오류 유형		⑪초 ⑫중 ⑭중 ⑱중 ㉒중	□□□□□
	쓰기 교육_글씨 및 철자 쓰기		⑮중 ⑱중	□□□□□
	쓰기 교육_쓰기 과정적 접근		⑩중 ⑫중 ⑬중 ⑭중 ㉒중 ㉓초	□□□□□
수학	수학 LD의 특성		⑨중 ⑲중 ㉑중 ㉔중	□□□□□
	수학 LD의 진단		⑯초	□□□□□
	일반적 지도방법_직접교수 등		⑨유 ⑨초 ⑪유 ⑪초 ⑫중 ⑯중 ⑳중 ㉑중	□□□□□
	영역별 수학 지도	수	⓭유 ⓭초	□□□□□
		연산	⑪초 ⑫중 ⑬중 ⑭중 ⑯초 ⑱초 ⑲중 ㉔초	□□□□□
		문장제 문제	⑫중 ⓭유 ⓭초 ⑯초 ⑱초 ⑱중 ㉑중 ㉓중 ㉔초 ㉔중	□□□□□
전략	그래픽 조직자		⑩초 ⑩중 ⑪초 ⑪중 ⑫초 ⑫중 ⑭중 ⑮중 ⑰초 ⑰중 ⑳중 ㉓중 ㉔중	□□□□□
	기억전략		⑪초 ⓭중 ⑱중 ㉒중	□□□□□
	내용교과 전략		⑩중 ⑯중 ⑰초	□□□□□
	기타 전략_시험전략 등		⑯중 ㉒중 ㉓중	□□□□□
사회성	사회성의 개념		⑨중 ⑫중 ⑲중	□□□□□
	사회적 기술 평가		⑨중 ⑪초 ⑮중 ⑲중 ㉑유 ㉒중	□□□□□
	사회적 기술 지도		⑮중 ⑲중 ㉒중	□□□□□

PART

09

학습장애

핵심테마 체크 ✔

• 비언어성 학습장애

MY MEMO

01

정답 및 예시답안

④

알찬 지문풀이

- ① 불안, 우울 등의 감정 문제가 나타날 수 있으므로 정기적으로 관찰하고 상담한다. ➡ 비언어성
- ② 적절한 대인관계를 형성하는 데 어려움이 있으므로 사회적 기술을 명시적으로 가르친다. ➡ 비언어성
- ③ 전체와 부분의 공간적 개념을 이해하는 데 어려움이 있으므로 학습하기 전에 선행 조직자를 제공한다. ➡ 비언어성
- ④ 제한된 어휘와 불완전한 문장으로 말하므로 제스처나 표정 같은 시각적인 표현을 함께 사용하도록 지도한다 ➡ 언어성
- ⑤ 논리적이고 복합적인 정보의 처리에 어려움이 있으므로 학습 자료를 논리적인 순서로 세분화하여 제시한다. ➡ 비언어성

관련이론

✦ 언어성 학습장애와 비언어성 학습장애

- 언어성 학습장애(Verbal Learning Disabilities : VLD)
  - 좌반구의 기능장애로 인해 언어 능력에 심각한 문제를 갖는 상태
- 비언어성 학습장애(Nonverbal Learning Disabilities : NLD)
  - 뇌의 우반구 체계 결함에서 비롯되는 것
  - NLD 아동은 대체로 언어성 지능지수보다 동작성 지능지수가 유의하게 더 낮게 나타남

✦ NLD 아동이 결함을 보이는 4가지 주요 영역

운동기능장애	조정 및 균형 문제, 글 쓸 때의 운동문제
시각-공간-조직화 기능장애	심상의 부족, 빈약한 시각 기억, 잘못된 공간 지각, 집행기능(정보습득, 정보해석, 정보를 토대로 결정하는 능력)의 어려움
사회성 기능장애	비언어적 의사소통을 이해하는 능력 부족, 전환이나 새로운 상황에의 적응 문제, 사회적 판단 및 사회적 상호작용 결함
감각기능장애	시각, 청각, 촉각, 미각, 후각 중 특정 감각에서의 민감성

핵심테마 체크 ✔

• 귀인이론

MY MEMO

02

정답 및 예시답안

③

알찬 지문풀이

- ㉠ 저는 잘할 수 있는 게 전혀 없어요. ➡ 능력 / 안정 / 내적 / 통제 불가능
- ㉡ 선생님은 질문을 할 때마다 제가 모르는 것만 물어보세요. ➡ 행운 / 불안정 / 외적 / 통제 불가능
- ㉢ 저는 단어카드 놀이가 어려워서 하기 싫어요. ➡ 과제 곤란도 / 안정 / 외적 / 통제 불가능
- ㉣ 공부를 잘하는 은혜에게 도움을 받으면 할 수 있을 것 같기도 해요 ➡ 타인의 도움 / 불안정 / 외적 / 통제 가능
- ㉤ 그럼 앞으로는 열심히 해 볼게요. ➡ 노력 / 불안정 / 내적 / 통제 가능

관련이론

✦ 귀인의 특성과 유형

귀인	특성		
	안정성	원인의 소재	통제성
능력	안정	내적	통제 불가능
노력	불안정	내적	통제 가능
과제 곤란도	안정	외적	통제 불가능
행운	불안정	외적	통제 불가능
타인의 도움	불안정	외적	통제 가능

01

2011. 중

비언어성 학습장애(nonverbal learning disabilities) 학생의 특성과 교수 방안으로 적절하지 않은 것은? [1.5점]

① 불안, 우울 등의 감정 문제가 나타날 수 있으므로 정기적으로 관찰하고 상담한다.
② 적절한 대인관계를 형성하는 데 어려움이 있으므로 사회적 기술을 명시적으로 가르친다.
③ 전체와 부분의 공간적 개념을 이해하는 데 어려움이 있으므로 학습하기 전에 선행 조직자를 제공한다.
④ 제한된 어휘와 불완전한 문장으로 말하므로 제스처나 표정 같은 시각적인 표현을 함께 사용하도록 지도한다.
⑤ 논리적이고 복합적인 정보의 처리에 어려움이 있으므로 학습 자료를 논리적인 순서로 세분화하여 제시한다.

02

2010. 유 · 초

다음은 특수학급 강 교사가 학습장애 아동 영규와 나눈 대화이다. 영규의 말에 나타난 귀인과 그 특성이 바르게 연결된 것은?

강 교사: 지난 시간에 했던 단어카드 놀이 재미있었니?
영 규: (머뭇거린다.)
강 교사: 단어카드에서 나온 단어를 기억할 수 있니? 한 번 말해보렴.
영 규: 기억이 잘 안나요. ㉠ 저는 잘할 수 있는 게 전혀 없어요.
강 교사: 그렇게 생각하니? 너도 얼마든지 잘할 수 있어.
영 규: 하지만 ㉡ 선생님은 질문을 할 때마다 제가 모르는 것만 물어보세요.
강 교사: 영규는 선생님이 좀 쉬운 것을 물어봤으면 좋겠다고 생각하는구나.
영 규: 예. 그리고 ㉢ 저는 단어카드 놀이가 어려워서 하기 싫어요.
강 교사: 단어카드 놀이가 어렵니?
영 규: 예. 그래도 ㉣ 공부를 잘하는 은혜에게 도움을 받으면 할 수 있을 것 같기도 해요.
강 교사: 은혜의 도움을 받는 것도 좋지만, 네가 스스로 열심히 해야 한다고 생각하지 않니?
영 규: (머리를 긁적이며) 그럴 것 같아요. ㉤ 그럼 앞으로는 열심히 해 볼게요.

구분	영규의 말	귀인	특성		
			안정성	원인의 소재	통제성
①	㉠	노력	불안정	내적	통제 불가능
②	㉡	행운	불안정	외적	통제 가능
③	㉢	과제	안정	외적	통제 불가능
④	㉣	타인	안정	외적	통제 가능
⑤	㉤	능력	불안정	내적	통제 불가능

핵심테마 체크

- 초인지
- 선택적 주의집중
- 자기점검
- 중다수준 교육과정/중복 교육과정

MY MEMO

03

정답 및 예시답안

1) ㉠ 선택적 주의집중
   ㉡ 초인지
2) 자기점검
3) ⓐ 은수에게 일반학생과 동일한 교과 영역에 대한 다른 수준의 학습목표를 제시하였으므로 중다수준 교육과정이다.
   ⓑ 중다수준 교육과정은 같은 영역에 대한 (다른 수준의) 목표를 제시하는 것이고, 중복 교육과정은 다른 영역의 목표를 제시하는 것이다.

문제 속 자료분석

- (㉠) 능력이 부족하여, 관련 없는 정보나 자극을 무시하고 중요한 정보에 주의를 기울이는 데 어려움이 있음 ➡ 선택적 주의집중
- (㉡) 능력이 부족하여, 과제 해결을 위해 어떤 전략이 필요한지 잘 모르고, 하는 일에 대해 지속적으로 검토하지 못함 ➡ 초인지

관련이론

✦ 중다수준 교육과정과 중복 교육과정

<table>
<tr><td>중다수준 교육과정</td><td colspan="3">• 장애학생과 일반 또래들이 과학실험과 같이 함께하는 활동에 참여할 때 이루어짐
• 학생들은 같은 교과 영역 내의 여러 수준의 교육목표를 가짐
• 고전적인 교육목표의 위계 개념이 기초
• 한 학생은 기초적인 지식이나 이해 수준에서 학습할 때, 다른 학생은 보다 심화된 적용이나 종합 수준에서 배울 수 있음</td></tr>
<tr><td>중복 교육과정</td><td colspan="3">• 장애학생과 일반학생이 각자의 개별화된 교수목표를 가지고 교육활동에 참여하는 것
• 개별화된 학습목표가 둘 이상의 교육 영역에서 나온다는 점이 같은 교과 영역 내에서의 수준 차이만을 가지는 중다수준 교수와의 차이
• 교육과정 중복을 고려하기 전에 일반 또래들과 같은 목표나 중다수준 교수목표를 고려할 수 있는지를 먼저 생각해 보는 것이 중요함</td></tr>
<tr><td rowspan="3">공통점과 차이점</td><td>구분</td><td>중다수준 교육과정/교수</td><td>교육과정 중복</td></tr>
<tr><td>차이점</td><td>• 학습목표와 학습결과들은 동일한 교과목(예 사회, 과학, 수학) 안에 있고, 학생들은 학습량과 난이도를 감당해야 한다.</td><td>• 같은 교실 안의 일반학생들이 교과(예 과학, 수학, 역사 등)에 목표를 둔다면 장애학생들의 학습목표는 다른 영역, 예를 들어 의사소통, 사회화 또는 자기관리능력 등이 될 수 있다.</td></tr>
<tr><td>공통점</td><td colspan="2">• 동일한 연령의 다양한 학습 수준을 가진 학생들이 수업을 한다.
• 정규학습활동 안에서 학습이 일어난다.
• 각각의 학습자들이 적절한 수준의 난이도로 개별화된 교수학습목표를 가진다.</td></tr>
</table>

03

2015. 초
★답안작성

(가)는 학습장애 학생 은수의 인지적 특성이고, (나)는 '2009 개정 교육과정' 과학과 3~4학년군 '식물의 생활' 단원의 교수 · 학습 과정안 일부이다. 물음에 답하시오. [5점]

(가) 은수의 인지적 특성

- (㉠) 능력이 부족하여, 관련 없는 정보나 자극을 무시하고 중요한 정보에 주의를 기울이는 데 어려움이 있음
- (㉡) 능력이 부족하여, 과제 해결을 위해 어떤 전략이 필요한지 잘 모르고, 하는 일에 대해 지속적으로 검토하지 못함

(나) 교수 · 학습 과정안

단원	식물의 생활		
제재	특이한 환경에 사는 식물의 특징 알아보기		
학습 목표	일반학생	채은수	
	사막 식물의 특징을 사는 곳과 관련지어 설명할 수 있다.	선인장의 특징을 설명할 수 있다.	
	교수 · 학습 활동	교수 · 학습 활동	자료 및 유의점
전개	… (중략) … 〈활동〉 사막 식물 관찰하기 • 겉모양 관찰하기 • 속 모양 관찰하기 • 수분 관찰하기 • 사막 식물의 공통점 알아보기 • 사막에서 살아가는 데 이로운 점 생각해보기 • 관찰 기록지 완성하기 … (생략) …	… (중략) … 〈활동〉 선인장 관찰하기 • 겉모양 관찰하기 • 속 모양 관찰하기 • 수분 관찰하기 • 그래픽 조직자 완성하기 … (생략) …	• ㉢ <u>기록지</u> 제공 • 활동 단계별로 자료 구분하여 제공 • 그래픽 조직자 형식 제공

1) (가)의 ㉠과 ㉡에 들어갈 용어를 각각 쓰시오. [2점]

㉠:

㉡:

2) 은수의 ㉡ 능력을 고려하여 다음과 같은 ㉢을 제공하였다. 이는 은수에게 어떤 전략을 가르치기 위한 것인지 쓰시오. [1점]

선인장 관찰하기

이름: 채은수

나는……	○	×
1. 색을 관찰하여 적었다.		
2. 모양을 관찰하여 그렸다.		
3. 가로로 잘랐다.		
4. 가로로 자른 단면을 그렸다.		
5. 세로로 잘랐다.		
6. 세로로 자른 단면을 그렸다.		

3) (나)를 '중다수준 교육과정/교수(multilevel instruction)'가 적용된 교수 · 학습 과정안이라고 볼 수 있는 ⓐ <u>근거</u>를 1가지 쓰고, '중다수준 교육과정/교수'와 중복 교육과정(curriculum overlapping)'의 ⓑ <u>차이점</u>을 1가지 쓰시오.

ⓐ:

ⓑ:

핵심테마 체크 ✔

- 학습장애 진단모델_중재반응모델
- 학습장애 진단평가 영역

MY MEMO

04

정답 및 예시답안

○ ㉠ 중재반응모델
○ ㉢ 기초학습기능검사

관련이론

✦ 「장애인 등에 대한 특수교육법」의 학습장애 대상자 선정기준

- 개인의 내적요인으로 인하여 듣기, 말하기, 주의집중, 지각, 기억, 문제해결 등의 학습기능이나 읽기, 쓰기, 수학 등 학업성취 영역에서 현저하게 어려움이 있는 사람을 의미한다.
  ① 지능검사 ② 기초학습기능검사 ③ 학습준비도검사
  ④ 시지각발달검사 ⑤ 지각운동발달검사 ⑥ 시각운동통합발달검사

✦ 중재반응모델(RTI)

개념		• 효과적인 수업에 얼마나 반응하는가 하는 정도로 학습장애 여부를 판단 • 모든 학생을 대량으로 선별하고, 위험군 학생의 읽기와 수학 등 핵심 영역을 여러 회기에 걸쳐 반복적으로 사정하고 이를 기초로 학습장애를 판별 • 효과적인 수업: 구체적이고 명확하게 설명된 교수방법으로 객관적이고 체계적이며, 데이터에 의거한 연구들을 통해 아동의 특정한 학습목표를 향상시킨다고 증명된 교수방법
절차		• 평상시의 통합교육에 각 학생들이 어떻게 반응하는지를 교육과정중심측정(CBM)을 통해 점검. 또래에 비해 심각하게 반응도가 낮은 학생에게는 2단계에서 효과적인 중재를 일정 기간(보통 10~15주 정도) 체계적이고 집중적으로 투입하면서 역시 그 반응도를 CBM을 사용하여 추적
3단계 모델		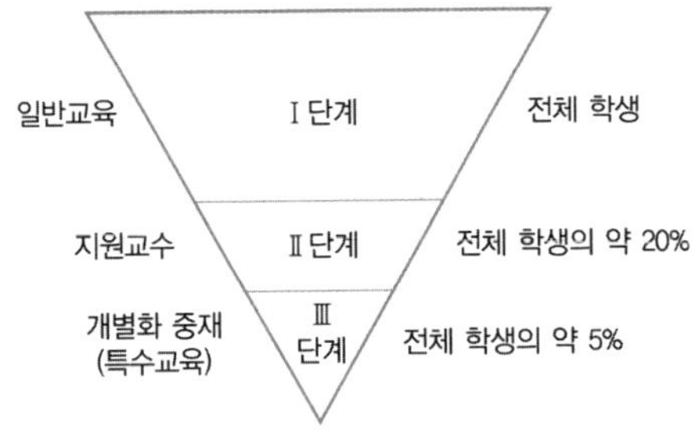
3단계 모델	1단계	• 일반아동의 학습능력보다 낮은 성취 수준과 느린 성장속도를 보이는 학생을 선별하는 단계이다. • 과학적으로 검증된 교수법으로 교육을 잘 받았음에도 불구하고, 반응을 보이지 않는 하위 약 20%에 해당하는 학생들은 1단계에서 2단계로 넘어가게 된다. • 1단계에서 모든 학생들은 1년에 적어도 2~3번 정도 평가를 받으며, 표준화검사, CBM, 관찰, 기타 검사들을 사용하고, 학생의 수행수준과 진전도율을 분석한 후 교육의 효과가 없어 좀 더 전략적으로 중재가 제공되지 않는다면 기대되는 기준에 도달하지 못할 것이라고 결정되었을 때 2단계로 넘어가기 위해 선별된다.
3단계 모델	2단계	• 전략적으로 집중교육을 제공하며, 학생들의 요구에 맞추어 중재계획을 세워야 하고, 중재 결과는 CBM을 통해 적절한 간격으로 평가하고 진전도 모니터링을 해야 한다. • 1단계에서보다 더 자주 진전도 모니터링을 하고 한 달에 적어도 두 번 이상을 평가해야 한다. • 중재의 결과, 성공적인 학생은 1단계로 가게 되지만 만일 학생이 2단계의 전략적인 집중교육을 잘 받았음에도 불구하고 기대수준에 도달하지 못하면 3단계로 넘어가서 강도 높은 중재를 받게 된다.
3단계 모델	3단계	• 특수교육 서비스와 같은 강도 높은 개별화 중재를 제공한다. • 전략적인 중재를 더 향상해서 제공할 수도 있고, 중재빈도와 지속시간을 증가시켜서 제공하여 학생의 수행수준과 발달률을 촉진시킬 수도 있다. • 특별히 훈련된 일반교사, 특수교사 등이 가르치게 되며, 표준화된 평가, CBM, 오류 분석, 면접, 관찰, 기능적인 행동평가 등의 모두가 포함되며, 직접평가에 의해 측정하여 학생이 어느 면에서 결함이나 부족함이 있는지를 평가한다. • 이 단계는 학생이 학습장애인지 아닌지를 진단평가하기 위한 의미의 성격을 지니고 있으며, 이 단계에서 성공을 하면 그 학생은 이전 단계로 갈 수 있고 성공하지 못하면 학습장애 적격성 판정을 위해 특수교육평가에 의뢰된다.

04

2021. 중

다음은 학습장애 학생의 진단 · 평가에 대해 김 교사와 교육 실습생이 나눈 대화의 일부이다. 밑줄 친 ㉠~㉦ 중 틀린 곳 2가지를 찾아 바르게 고쳐 쓰시오. [2점]

> 김 교 사: 선생님, 학습장애 진단 · 평가 모델에 대해 이야기해 볼까요?
>
> 교육 실습생: ㉠ 불일치 모델은 학기 초에 모든 학생들을 대상으로 성취도를 평가하고, 효과가 검증된 교수법을 적용한 뒤 학생의 성취 정도에 진전을 보이지 않거나, 또래들에 비해 성취 정도가 심각하게 낮게 나타나는 경우를 학습장애로 규정하는 것으로 기억하지만 확실하진 않아요.
>
> 김 교 사: 그렇군요. 학습장애를 진단하기 위해서는 어떤 표준화 검사 도구를 사용해야 하나요?
>
> 교육 실습생: 「장애인 등에 대한 특수교육법 시행규칙」 제2조에서는 학습장애 학생의 선별검사나 진단 · 평가를 할 때 ㉡ 지능검사, ㉢ 적응행동검사, ㉣ 학습준비도검사, ㉤ 시지각발달검사, ㉥ 지각운동발달검사, ㉦ 시각운동통합발달검사를 실시하도록 규정되어 있었던 것 같아요.

핵심테마 체크 ✔

• 중재반응모델

MY MEMO

05

정답 및 예시답안

④

알찬 지문풀이

• ㄱ. A가 보이는 인지결함 문제를 측정하여 그 기술을 향상시키는 방법을 활용한다. ➡ 내재성 처리 과정의 결함

• ㅁ. 학습잠재력을 측정할 수 있는 지능검사를 통해 지능지수를 파악하고 같은 학년 수준의 학업 능력에서 얼마나 벗어나 있는지 확인한다. ➡ 불일치모델

문제 속 자료분석

• ㄴ. 중재에 대한 변화를 판단하기 위해 진전도를 모니터하는 평가 방법을 활용한다.
• ㄷ. 연구에 기반을 두었으며 과학적으로 검증된 학습전략이나 중재를 도출하여 사용한다.
• ㄹ. 문제해결접근방법을 사용하여 조기에 판별이 가능하기 때문에 판별을 위해 학생이 '실패를 기다리는' 일을 감소시킬 수 있다.

➡ RTI의 핵심키워드

관련이론

✦ 중재반응모델의 기본개념과 장점

1) 기본개념
- 중재반응모델은 학습문제를 가진 학생을 조기에 선별하여 중재를 실시하고 여러 단계의 중재를 통해서 중재에 대한 학생의 반응에 따라 학습장애 학생을 선별하는 모델이다.
- '교육환경에서 제공되는 다양한 교육적 중재에 대한 아동의 반응을 연속적인 과정으로 평가하여 학습장애를 진단하는 모델'이다.
- 효과적인 교육적 중재를 제공했음에도 불구하고 학생이 중재에 반응하는 정도가 또래 학생들에 비해서 현저하게 낮을 때 학생을 학습장애로 진단한다.
- 좀 더 나아가 Fuchs 등(2002)은 중재반응모델이 중재에 반응하는 것을 단순히 수행수준만 보는 것이 아니라 중재에 반응하는 정도를 볼 때 '이중불일치(dual discrepancy)'를 사용할 것을 제한하였다. 학생이 중재에 반응하는 정도에 있어 같은 반 학생들보다 낮은 성취 수준을 보이는 동시에 학습 진전도가 낮은 경우를 학습장애로 진단하는 것으로 학습의 수행수준과 발달 속도를 모두 고려하는 것이다.

2) 중재반응모델의 장점
- 불일치모델과는 달리 진단 자체보다는 교육을 강조함으로써 최대한 빨리 학습장애 위험군 학생을 선별하여 적절한 교육적 지원을 해 줌으로써 학생의 학업성취도를 극대화할 수 있다. 즉, 불일치모델에서는 학습장애로 진단될 때까지 일반교육 이외에 교육적 지원을 받지 못하는 반면, 중재반응모델에서는 일단 학업문제가 확인되면 즉시 교육적 지원이 제공된다.
- 중재반응모델에서는 학습장애 위험군 학생에게 먼저 중재를 제공하고 중재에 대한 학생 반응에 따라 학습장애 적격성을 결정하기 때문에 외적인 요인(예 교육경험의 결핍, 가정환경 등)에 의한 학습부진과 내적 원인에 의한 학습장애의 변별이 가능하다.

✦ 불일치모델의 문제점

- 지능은 학생의 잠재능력의 척도가 아니라는 점이다.
- 불일치 점수의 신뢰성 문제와 불일치 공식 및 판단기준에 따라 학습장애 적격성 여부가 다르게 나타난다는 점이다.
- 불일치가 얼마나 타당하게 학습장애와 학습부진을 차별화하는지에 대한 의문점을 들 수 있다.
- 학생의 학교교육 이전의 교육경험에 대해 통제할 수 없으므로 내적인 원인으로 인한 학습의 어려움과 교육경험의 부족으로 인한 학습의 어려움을 차별화하는 것이 어렵다.
- 진단 과정에서 학생의 교육적 요구 및 특성에 대한 파악이 중요한 비중을 차지하지 못하고 진단 결과가 교수 계획에 주는 시사점이 부족하다.
- 표준화검사도구의 심리측정적 특성상 만 9세 이전에 학습장애로 진단하기 어려워 조기 중재가 쉽지 않다.

05 2009. 중

일반교사인 정 교사는 학습부진을 보이는 A가 혹시 학습장애일까 염려되어 특수교사인 김 교사에게 학습장애인지 판단해 달라고 요청하였다. 이에 김 교사는 학습장애 의뢰 여부를 결정하기 위해 '중재 반응 모델(RTI : Responsiveness To Intervention model)'을 활용하기로 하였다. '중재 반응 모델'과 관련된 내용으로 적절한 것을 〈보기〉에서 모두 고른 것은? [2.5점]

보기

ㄱ. A가 보이는 인지결함 문제를 측정하여 그 기술을 향상시키는 방법을 활용한다.
ㄴ. 중재에 대한 변화를 판단하기 위해 진전도를 모니터하는 평가 방법을 활용한다.
ㄷ. 연구에 기반을 두었으며 과학적으로 검증된 학습전략이나 중재를 도출하여 사용한다.
ㄹ. 문제해결접근방법을 사용하여 조기에 판별이 가능하기 때문에 판별을 위해 학생이 '실패를 기다리는' 일을 감소시킬 수 있다.
ㅁ. 학습잠재력을 측정할 수 있는 지능검사를 통해 지능지수를 파악하고 같은 학년 수준의 학업 능력에서 얼마나 벗어나 있는지 확인한다.

① ㄱ, ㄴ
② ㄱ, ㄷ, ㄹ
③ ㄱ, ㄹ, ㅁ
④ ㄴ, ㄷ, ㄹ
⑤ ㄱ, ㄷ, ㄹ, ㅁ

핵심테마 체크

- 중재반응모형의 이중불일치모델
- 불일치모델

MY MEMO

06

정답 및 예시답안

②

알찬 지문풀이

- ① 지혜에게 기대하는 학업성취 수준과 실제 학업성취 수준 사이에 차이가 발생하면 학습장애로 진단한다. ➡ 불일치 개념
- ③ 지혜의 지능지수에 기초하여 설정된 기대 수준 범위에 실제 성취 수준이 포함되어 있지 않으면 학습장애로 진단한다. ➡ 불일치모델 중 회귀공식
- ④ 지혜의 인지적 처리과정 특성을 분석하여 학업성취의 문제가 지혜의 심리처리과정에 의한 것으로 확인되면 학습장애로 진단한다. ➡ 내재성 처리과정 결함 접근
- ⑤ 지혜의 잠재능력 점수와 성취 수준 점수를 표준점수로 바꾼 후, 그 차이가 1~2 표준편차 이상으로 나타나면 학습장애로 진단한다. ➡ 불일치모델 중 표준점수 공식

문제 속 자료분석

- 두 그래프는 학생의 학업성취도 수준과 진전도가 모두 낮음을 나타냄을 의미하는 자료이다. ➡ 이중불일치모델
- ② 지혜가 또래 집단에 비해 수행 수준이 낮고 진전도가 느린 현상을 모두 보이면 학습장애로 진단한다. ➡ 이중불일치모델

관련이론

✦ 중재반응모델(RTI)의 하위 모델

1) 예언-준거모델
   - 이 중재모델들은 읽기학습에서 읽기수행을 가장 잘 예언하는 읽기 기술을 제시하는 과정과 구성기술에 초점
   - 읽기능력평가에 사용된 준거에는 읽기정확성, 읽기속도, 그리고 읽기이해가 포함
2) 이중불일치모델
   - 아동의 수행이 이중불일치를 보일 때만, 즉 교실 급우들과 비교하여 낮은 수준의 수행을 보이고 급우들보다 실제적으로 낮은 수준의 진전도를 보일 때 특수교육대상자가 된다고 지적
   - 단계: ① 문제진단 ② 문제증명

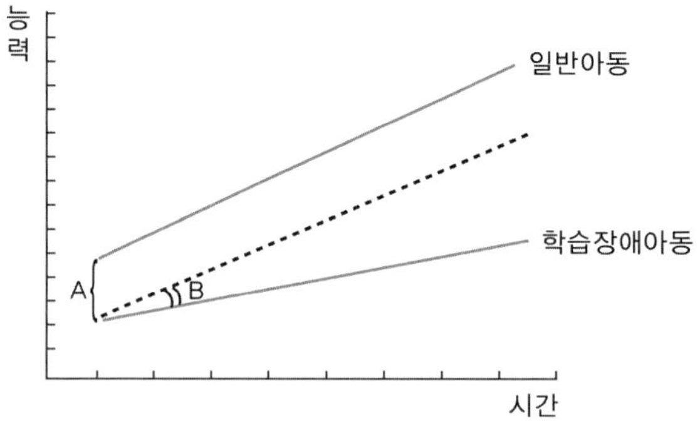

3) 기능평가모델
   - 기능적 관점에서 중재자의 역할은 낮은 수행을 설명해 줄 수 있는 요인들을 분석하고, 학업에 대한 반응을 개선하기 위한 교수적 중재를 실행하는 것

06

2010. 초

다음은 지혜의 학습장애 여부를 진단하는 방법에 대해 두 교사가 나눈 대화 내용이다. 최 교사가 제시하는 진단 모형에 대해 가장 적절하게 설명한 것은?

김 교사: 지혜는 다른 교과목에는 문제가 없는데, 읽기에 어려움을 보여요. 또래들보다 2년 정도 낮은 수행수준을 보이는데 학습장애가 아닐까요?

최 교사: 최근에는 학습장애를 진단할 때 대안적인 진단 모형을 사용해요. 효과가 검증된 읽기 교수방법으로 지도했는데도 불구하고, 지혜가 그림과 같은 양상을 나타내면 학습장애로 판단한답니다.

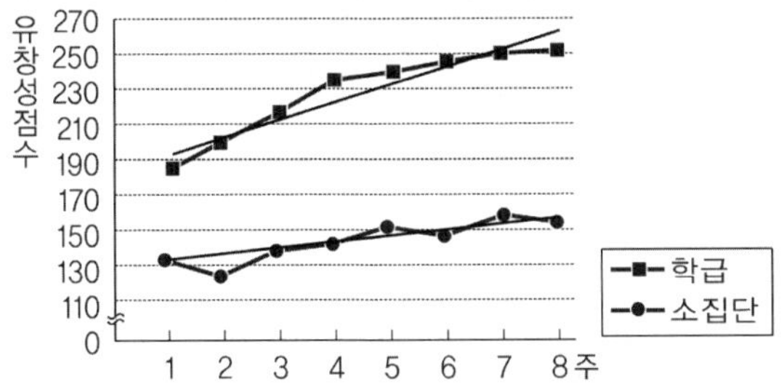

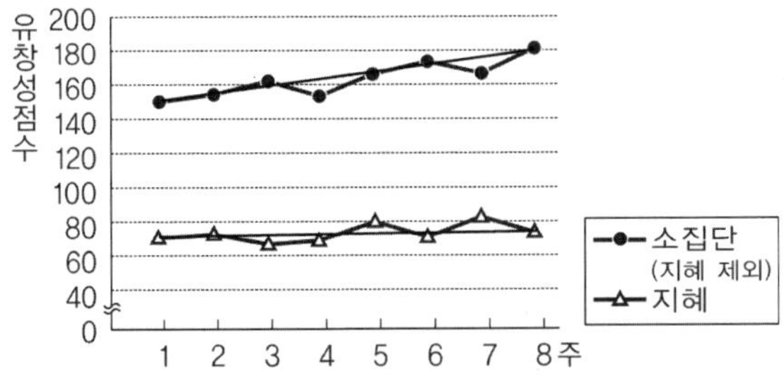

① 지혜에게 기대하는 학업성취 수준과 실제 학업성취 수준 사이에 차이가 발생하면 학습장애로 진단한다.
② 지혜가 또래 집단에 비해 수행 수준이 낮고 진전도가 느린 현상을 모두 보이면 학습장애로 진단한다.
③ 지혜의 지능지수에 기초하여 설정된 기대 수준 범위에 실제 성취 수준이 포함되어 있지 않으면 학습장애로 진단한다.
④ 지혜의 인지적 처리과정 특성을 분석하여 학업성취의 문제가 지혜의 심리처리과정에 의한 것으로 확인되면 학습장애로 진단한다.
⑤ 지혜의 잠재능력 점수와 성취 수준 점수를 표준점수로 바꾼 후, 그 차이가 1~2 표준편차 이상으로 나타나면 학습장애로 진단한다.

핵심테마 체크 ✔

- 중재반응모형
- 교육과정중심측정(CBM)

MY MEMO

07

정답 및 예시답안

1) 초과정
2) ① ⓑ / 학급 학생들이 함께 반복하여 읽게 한다.
   ② ⓒ / 묵독보다 음독 읽기 연습을 충분히 제공한다.
3) 중재반응모형은 중재에 대한 학생의 반응을 반복적으로 점검해야 하므로, 보다 타당하고 신뢰할 수 있는 검사를 실시하기 위해서 검사내용이 유사하고 난이도, 문항 수 등이 동일한 동형검사를 사용한다.
4) ⓐ 중재반응모형 1단계에서 중재의 효과가 나타나면 그 전략을 지속적으로 적용한다. 따라서 학급 전체 학생 평균 음절 수는 향상되어 반복읽기 전략이 효과적이라 볼 수 있으므로 학급 전체에 지속적으로 사용할 수 있다. / (다)의 그래프에 따르면 반복읽기 전략이 학급 전체 학생의 평균 음절 수를 향상시키는 데 효과적이기 때문이다.
   ⓑ 하위 10%의 학생들은 (정확하게 읽은 음절 수의) 성취 수준과 진전도가 모두 낮은 것으로 보아, 더욱 체계적이고 집중적인 중재를 필요로 하는 학습에 어려움이 있는 학생들이기 때문이다 (*1단계이므로 학습장애에 대한 판별이나 판단을 하지 않는 것이 적절).

관련이론

✦ 동형검사

- 검사의 내용이 유사하고 문항의 곤란도와 문항 수가 같으며 검사의 평균과 표준편차가 서로 같은 한 검사의 둘 또는 그 이상의 검사형
- 동형검사를 제작하는 이유는 동일한 검사를 두 번 이상 실시해야 하는 경우에 학습과 기억에 의한 영향을 피하기 위하여 동형검사가 필요하기 때문

✦ 중재반응모형(RTI)

- 일단 특별한 문제가 없는 평상시의 통합교육에 각 학생이 어떻게 반응하는지를 교육과정중심측정을 통해 점검해 나간다. 교육과정중심측정이란 교사가 실제로 가르친 내용을 대상으로 간편하게, 그렇지만 타당도와 신뢰도를 어느 정도 갖추어 측정한 일종의 형성평가 형태를 말한다. 반응도는 반응속도와 학업성취 수준 등 두 가지 측면을 고려한다.
- RTI 모형은 모든 학생에 대한 전체적인 판별이 가능하며, 주요 교과 영역(읽기, 수학 등)에 대한 반복 측정에 기반을 둔 판별 방법을 활용한다.
- RTI 절차의 효과적인 적용을 위한 필수적인 요건은 ① 중재에 민감하며 신뢰할 수 있고 타당한 측정 및 여러 번 반복적으로 사용할 수 있는 검사, ② 단어재인, 읽기이해와 같은 목표 달성을 위한 타당성 있는 중재 프로그램, ③ 선별, 중재, 특수교육 배치에 이르는 체계를 구축하는 학교-수준 모형 등이다.
- RTI 절차를 적용하는 모형에서는 대상 학생을 학습장애로 성급하게 결정하지 않는다. RTI는 예기치 못한 학업부진 및 불일치 개념을 유지하면서도 학습의 평가와 진전도에 기반을 두고 있다.
- 예기치 못한 저성취는 중재에 대한 비반응 정도에 근거하여 측정할 수 있으며, 중재에 대한 반응은 반복 측정된 검사에서 확인될 수 있다.

— 여승수 외, 『학습장애교육』, 학지사, 2014.

- 중재반응 접근법은 효과적인 수업에 얼마나 반응하는가 하는 정도로 학습장애 여부를 판단하는 접근이다.
- 첫 단계에서 또래에 비해 심각하게 반응도가 낮은 학생에게는 2단계에서 효과적인 수업을 일정 기간(보통 10~15주 정도) 체계적이고 집중적으로 투입하면서 그 반응도를 역시 교육과정중심측정 방법을 사용하여 추적해 나간다(반응도는 반응 속도와 학업성취 수준 등 두 가지 측면을 고려한다.).
- 핵심은 포착된 학습부진이 통합학급에서의 효과적인 교수에 의해 해결될 수 있을 만큼 경미한 것인가 아니면 그 이상인가를 확인하는 것이다. 이 과정에서도 동등한 지적 능력을 소유한 또래들에 비해 효과적인 중재에 반응하는 정도가 심각하게 낮을 경우 이를 학습장애로 규정한다.

— 김동일, 『학습장애 아동의 이해와 교육 3판』, 학지사, 2016.

고득점 답안 비법 ✰ 3) 답안의 핵심은 '동형검사'의 의미와 관련이 있음

✰ 4)에 대한 답안은 '중재반응모형 1단계의 기본 가정'에 근거하여 작성하는 것이 핵심

07

2019. 초
★답안작성

(가)는 2015 개정 국어과 교육과정의 1~2학년 읽기 영역 교수·학습 과정안의 일부이고, (나)는 읽기에 어려움이 있는 학생 성호의 담임교사인 김 교사와 특수교사인 박 교사의 대화이다. (다)는 김 교사가 9주 동안 실시한 교육과정중심측정(CBM)의 결과이다. 물음에 답하시오. [6점]

(가) 교수·학습 과정안

단원	생각을 나타내요	
학습 목표	문장을 소리 내어 읽을 수 있다.	
단계	교수·학습 활동	자료(㉶) 및 유의점(㉲)
도입	• 동기 유발하기 – 핵심단어가 포함된 문장을 듣고 연상되는 단어 말하기	㉶ 핵심단어와 관련된 실물 사진 ㉲ 음운변동이 없는 단어나 문장을 주로 평가하며, 음운변동을 다루더라도 연음현상이나 (㉠) 위주로 다룬다. • 연음현상의 예: 국어 • (㉠)의 예: 학교
전개	• 이야기를 읽고 내용 파악하기 • 문장을 소리 내어 읽기 – 여러 가지 방법으로 문장을 소리 내어 읽기	
정리	• 학습 정리 및 평가하기	

(나) 대화 내용

김 교사: 다음 주 국어 시간에는 '문장을 소리 내어 읽기' 수업을 할 예정입니다. 읽기 영역 중 유창성에 초점을 맞추려고 합니다.
박 교사: 네, 읽기 유창성은 성호뿐만 아니라 저학년의 다른 학생들에게도 매우 중요하죠.
김 교사: 문장을 소리 내어 읽어 보는 단계에서 여러 가지 활동을 해 보려고 하는데, 성호와 함께할 수 있는 읽기 전략을 추천해 주실 수 있나요?
박 교사: 네, 저는 반복읽기 전략이 효과적이라고 생각합니다.
김 교사: 그렇다면 ㉡<u>학급에서 반복읽기 전략을 효과적으로 사용하고자 할 때 고려해야 할 사항</u>을 알려 주셨으면 합니다.
…(중략)…
김 교사: 전략을 사용한 후에 읽기 능력은 어떻게 평가해야 하나요?
박 교사: 중재반응모형에서 사용되는 교육과정중심측정으로 평가하면 될 것 같습니다.
김 교사: 읽기 능력을 교육과정중심측정으로 평가해야 하는 이유는 무엇인가요?
박 교사: 교육과정중심측정은 ㉢<u>동형 검사지</u>를 사용하기 때문입니다.
김 교사: 아, 그렇군요. 선생님께서 말씀하신 교육과정중심측정을 사용하여 반복읽기 전략의 효과를 9주 동안 평가해 보겠습니다.
…(9주 후)…
김 교사: 평가 결과가 나왔는데, 한번 봐 주시겠어요? 성호가 하위 10%에 속해 있네요.

(다) 교육과정중심측정 결과(중재반응모형 1단계)

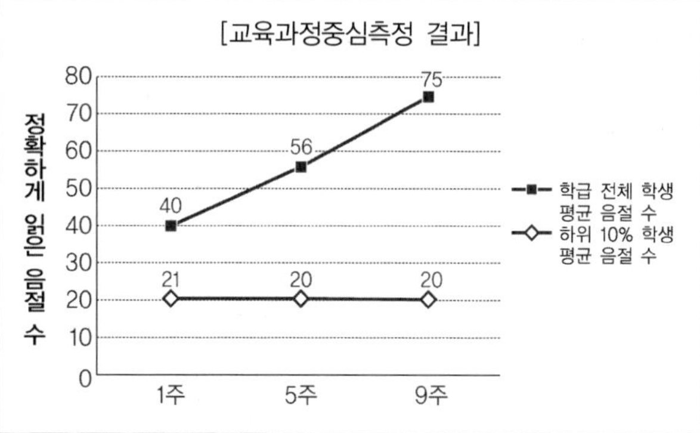

1) (가)의 ㉠에 공통으로 들어갈 말을 쓰시오. [1점]

2) 다음은 (나)의 ㉡에 관한 내용이다. 적절하지 <u>않은</u> 것 2가지를 찾아 ①과 ②에 각각 기호를 <u>쓰고</u> 바르게 고쳐 쓰시오. [2점]

> ⓐ 유창하게 글을 읽는 시범을 제공한다.
> ⓑ 주로 학생 혼자서 반복하여 읽게 한다.
> ⓒ 음독보다는 묵독 읽기 연습을 충분히 제공한다.
> ⓓ 학생들에게는 교수 수준에 적합한 지문을 사용한다.
> ⓔ 체계적인 오류 교정 절차를 제공해야 효과적이다.

①:

②:

3) (나)의 ㉢을 중재반응모형에서 사용해야 하는 이유 1가지를 쓰시오. [1점]

4) 다음은 중재반응모형 1단계의 기본 가정에 근거하여 (다)의 그래프를 해석한 결과이다. ⓐ와 ⓑ에 들어갈 말을 각각 쓰시오. [2점]

> • 김 교사의 학급에서는 반복읽기 전략을 지속적으로 사용할 수 있다. 그 이유는 (ⓐ).
> • 9주 동안 하위 10% 학생의 평균 음절 수는 증가하지 않았다. 그 이유는 (ⓑ).

ⓐ:

ⓑ:

핵심테마 체크 ✔

• 중재반응모형(RTI)

MY MEMO

08

정답 및 예시답안

1) ㉡ / 지적 능력이 정상이면서 학습상의 어려움이 있을 경우에 학습장애를 지닌 특수교육대상자로 선정되기 때문에 적절하지 않은 설명이다.
   ㉢ / 다른 장애로 인한 학습상의 어려움은 배제요인으로서 학습장애의 선정기준에 해당하지 않는다.
2) ① 중재반응모델(RTI)
   ② 다음 중 한 가지
   - 학생을 이미 나타난 결함을 대상으로 판별하기보다는 장애위험이 포착되는 시점부터 추적할 수 있다.
   - 학습장애 아동을 조기에 판별해 낼 수 있다.
   - 잘못 판별할 수 있는 가능성을 줄일 수 있다.
3) 초과정

관련이론

✦ 중재반응모형의 특징 및 장단점

특징	• 보편적, 전체 집단 중심의 선별과 진전도 점검(교수수정을 위한 데이터기반의 의사결정) • 보충중재, 집중중재와 더불어 일반학급에서 증거기반중재 실시 • 예방과 중재가 연계된 서비스 전달체계 • 특수교육을 위한 적격성 관련 정보를 제공하는 데이터 수집 • 부모 참여와 팀 기반의 의사결정
장점	• 학생을 이미 나타난 결함을 대상으로 판별하기보다는 장애위험이 포착되는 시점부터 추적 • 결과적으로 학습장애 아동을 조기에 판별 • 평가과정이나 절차에 상관없이 일단 효과적인 교육을 제공 • 잘못 판별할 수 있는 가능성 감소 • 판별을 위한 평가와 교수 계획, 성취도 점검 등을 서로 유기적으로 연결 • 학습장애의 중요한 영역인 읽기를 강조 • 수업이나 교육과정의 질이 학습문제의 원인이 아니라는 점을 확인 • 불일치모델과는 달리 진단 자체보다는 교육을 강조함으로써 최대한 빨리 학습장애 위험군 학생을 선별하여 적절한 교육적 지원을 해 줌으로써 학생의 학업성취도를 극대화 • 중재반응모델에서는 학습장애 위험군 학생에게 먼저 중재를 제공하고 중재에 대한 학생 반응에 따라 학습장애 적격성을 결정하기 때문에 외적인 요인(교육경험의 결핍, 가정환경 등)에 의한 학습부진과 내적 원인에 의한 학습장애의 변별이 가능
단점	• 전통적으로 학습장애는 중추신경계의 결함으로 인한 심리과정상의 기능 결함이 일차적인 원인으로 지목되고 있음에도 불구하고 그에 관한 어떠한 정보도 제시하지 못함 • 타당화된 중재방법과 특정 방법에 관한 합의를 도출하기가 어려움 • 설령 합의를 본다고 해도 이를 누가, 어떤 훈련을 거쳐 담당할 것인가가 문제가 됨

08

2020. 초
★답안작성

(가)는 특수학급의 교육실습생이 작성한 성찰일지의 일부이고, (나)는 지도 교사의 피드백을 받아 작성한 2015 개정 수학과 교육과정 1~2학년군 '짝수와 홀수' 수업 계획의 일부이다. 물음에 답하시오. [6점]

(가) 성찰일지

> 일자: 2019년 ○월 ○일
>
> 오늘 지도 선생님께서 일반학급 학생인 지수가 특수교육대상자로 선정되면 특수학급에서 공부하게 될 수도 있다고 하셨다. 담임 선생님과 지도 선생님은 지수의 지속적인 학습 어려움 때문에 특수교육대상자 선정을 위한 진단·평가 의뢰를 고민 중이시다. 함께 실습 중인 교육실습생들과 학습장애를 지닌 특수교육대상자 진단·평가와 선정·배치에 대해 이야기해 본 결과, 다시 한번 정확히 확인해야 할 사항이 몇 가지 발견되었다.
>
> 첫째, ㉠ <u>진단·평가 과정에서 부모 등 보호자의 의견 진술 기회가 보장되어야 한다</u>는 점
>
> 둘째, ㉡ <u>지적능력이 정상이면 학습장애를 지닌 특수교육대상자로 선정될 수 없다</u>는 점
>
> 셋째, ㉢ <u>학업성취 평가에서 낮은 점수를 받은 경우, 다른 장애 때문에 나타난 결과임이 밝혀져도 학습장애를 지닌 특수교육대상자로 선정될 수 있다</u>는 점
>
> 넷째, ㉣ <u>특수교육대상자 또는 그 보호자는 특수교육지원센터의 특수교육대상자 선정 및 배치 결과에 대해 이의가 있을 경우, 그 결과에 대해 이의신청을 할 수 있다</u>는 점
>
> …(중략)…
>
> 다음 주에는 수학과 '짝수와 홀수' 차시의 공개수업이 있다. 지도 선생님께서 주신 피드백을 반영하여 지수의 특성을 고려한 수업 계획을 세워봐야겠다. 지수의 담임선생님께서 관찰하신 바에 따르면, 학급의 모든 학생을 대상으로 하는 첫 번째 단계에서 지수는 ㉤ <u>그림이나 표시, 숫자를 활용하는 사고가 어려워 반응이 도달 기준점에 미치지 못했다</u>고 한다. 다음 단계에서는 지수의 특성을 고려한 소집단 활동을 통해 전략적인 방법을 적용하면서 진전도를 지속적으로 살펴봐야 할 것 같다. [A]

(나) 수업 계획

도입	동기유발 및 학습목표 확인
⬇	
전개	㉥ <u>짝수와 홀수 범례 제시 및 범례 분류하기</u>
	짝수와 홀수 각각의 공통 성질 추상화하기
	짝수와 홀수 정의하기
	짝수와 홀수 익히고 적용하기
⬇	
정리	오늘 학습한 내용 검토 및 차시 예고

1) (가)의 ㉠~㉣ 중 적절하지 <u>않은</u> 내용을 2가지 찾아 각각의 기호와 그 이유를 쓰시오. [2점]

2) (가)의 ① [A]에 해당하는 진단 모델을 쓰고, ② 학습장애 적격성 판별 측면에서 이 모델의 장점을 1가지 쓰시오. [2점]

①:

②:

3) ① (나)에서 사용한 수업 모형을 쓰고, ② (가)의 ㉤을 고려하여 (나)의 ㉥에서 '둘씩 짝을 지을 수 있는 경우 알아보기' 활동을 할 때 적절한 활동의 예를 1가지 쓰시오. [2점]

①:

②:

핵심테마 체크 ✔

• 중재반응모형(RTI)

MY MEMO

09

정답 및 예시답안

⑤

알찬 지문풀이

- ① 현지의 어려움은 단기기억력의 결함에 기인하므로 기억술을 가르친다. ➡ 학습의 어려움에 대한 원인은 알 수 없다.
- ② 세 명 모두 성취 점수가 향상하고 있으므로 현재의 증거기반 교수방법을 유지한다. ➡ 서현지 학생은 성취 점수가 향상하지 않았다.
- ③ 위 데이터를 종합적으로 판단해 보면, 현지를 수학 연산 학습 장애로 판별할 수 있다. ➡ 위 데이터만으로 학습장애 여부를 판단하기 어렵다.
- ④ 은지의 반응 점수를 목표 및 학급평균 점수와 비교하면 '이중 불일치'를 확인할 수 있다. ➡ 은지는 개별 목표수준에 도달하였으므로 낮은 성취도를 보인다고 보기 어렵다.
- ⑤ 민수의 개인목표를 재설정하고 현재보다 조금 더 높은 수준의 문제해결 활동을 간헐적으로 제공한다. ➡ 개인목표보다 높은 수준으로 성취를 하였으므로 목표를 재설정하고 좀 더 높은 수준의 문제를 제시할 필요가 있다.

문제 속 자료분석

- 세 명 모두 1주(초기)에는 학급평균에 크게 미치지 못하는 성취 점수를 보인다.
- 김민수와 강은지 학생은 초기에는 학급평균과 차이를 많이 보이지만 점차 그 간격이 줄어들고 10주차에는 약간의 차이를 보인다.
- 김민수 학생은 6~8주에서 목표보다 높은 점수를 획득하였다. 목표수준이 너무 낮았다고 볼 수 있다.
- 강은지 학생은 5~10주에 목표점수에 도달하였다.
- 서현지 학생은 10주차가 될 때까지 세 학생의 목표점수와 학급평균 점수에 못 미친다.

관련이론

✦ 중재반응모형(RTI)

개념	• 효과적인 수업에 얼마나 반응하는가 하는 정도로 학습장애 여부를 판단 • 모든 학생을 대량으로 선별하고, 위험군 학생의 읽기와 수학 등 핵심 영역을 여러 회기에 걸쳐 반복적으로 사정하고 이를 기초로 학습장애를 판별 • 효과적인 수업: 구체적이고 명확하게 설명된 교수방법으로 객관적이고 체계적이며, 데이터에 의거한 연구들을 통해 아동의 특정한 학습목표를 향상시킨다고 증명된 교수방법
절차	• 평상시의 통합교육에 각 학생들이 어떻게 반응하는지를 교육과정중심측정(CBM)을 통해 점검. 또래에 비해 심각하게 반응도가 낮은 학생에게는 2단계에서 효과적인 중재를 일정 기간(보통 10~15주 정도) 체계적이고 집중적으로 투입하면서 역시 그 반응도를 CBM을 사용하여 추적

09

2012. 초

특수학급 박 교사는 일반학급 최 교사와 협력하여 연산 영역에 어려움을 겪던 학생 3명의 문제를 해결하고자 중재를 하였다. 아래는 두 교사가 교육과정중심평가를 통해 중재에 대한 반응을 수집한 데이터이다. 중재반응 모형에 근거할 때, 아래 데이터에 대한 해석으로 가장 적절한 것은?

데이터 수집 시기	세 학생의 목표 점수	학급평균 점수	반응(성취) 점수		
			서현지	김민수	강은지
1주	2	8	1	1	1
3주	4	9	3	3	4
5주	6	10	4	6	6
6주	7	10	3	8	7
7주	8	11	5	9	8
8주	9	12	5	11	9
10주	10	14	6	12	10

① 현지의 어려움은 단기기억력의 결함에 기인하므로 기억술을 가르친다.
② 세 명 모두 성취 점수가 향상하고 있으므로 현재의 증거기반 교수방법을 유지한다.
③ 위 데이터를 종합적으로 판단해 보면, 현지를 수학 연산 학습장애로 판별할 수 있다.
④ 은지의 반응 점수를 목표 및 학급평균 점수와 비교하면 '이중 불일치'를 확인할 수 있다.
⑤ 민수의 개인목표를 재설정하고 현재보다 조금 더 높은 수준의 문제해결 활동을 간헐적으로 제공한다.

핵심테마 체크 ✓

- 불일치모델
- 중재반응모델

MY MEMO

10

정답 및 예시답안

1) ㉠ 100 or 평균
   ㉡ 표준
2) 교육과정중심측정은 반복적인 측정을 지속적으로 하여 진전도를 보여주기 때문이다.
3) ① 일반 또래(규준)의 중재반응 수준
   ② 일반 또래의 중재반응과 비교하여 영호의 중재반응의 수행수준과 진전도를 분석한다.

관련이론

✦ 불일치모델

<table>
<tr><td>개념</td><td colspan="2">• 연령과 능력수준에 적절한 학습경험을 제공했음에도 불구하고, 상응한 성취를 하지 못할 때 특정 학습장애가 있다고 진단</td></tr>
<tr><td rowspan="4">심각한 불일치 산출 공식</td><td>학년수준</td><td>• 기대되는 학년수준과 실제 학년수준 간의 차이를 산출하여 불일치 정도를 파악
• 기대되는 학년수준: 학생의 생활연령에 근거하여 산출된 학년
• 실제 학년수준: 학생의 학업성취도 검사를 통해 산출된 학년규준점수를 의미
• 현저한 차이의 기준: 두 점수 간에 1~2학년 이상의 차이
• 문제점: 학년규준 및 연령규준 점수를 등간척도처럼 사용하는 문제점, 측정적 문제, 주로 지능이 낮은(IQ 70~90) 학생을 과잉판별하는 반면, 평균 이상의 지능을 지니면서 학업에 어려움을 보이는 학생은 과소판별하는 결과를 초래</td></tr>
<tr><td>기대학령</td><td>• (YIS × IQ / 100 + 1.0) − AGL
(YIS: 재학 연수, IQ: 지능지수, AGL: 실제 학년수준)
• 학생의 생활연령뿐 아니라 지능 및 재학 연수 등을 고려한 불일치 공식
• 현저한 차이의 기준: 두 점수 간에 1~2학년 이상의 차이
• 문제점: 학년규준 및 연령규준 점수를 등간척도 혹은 비율척도인 것처럼 사용하는 문제점, 측정적 문제점 등</td></tr>
<tr><td>표준점수</td><td>• 지능지수 − 학업성취점수
(두 점수 모두 평균이 100, 표준편차가 15인 표준점수)
• 현저한 차이 기준: 1SD → 표준점수 15점 차이
• 문제점: 평균으로의 회귀 현상, 지능이 높은 학생은 과잉판별하고 지능이 상대적으로 낮은 학생은 과소판별하는 문제</td></tr>
<tr><td>회귀공식</td><td>• 두 측정값이 완전한 상관이 아닐 때 나타나는 평균으로 회귀하는 현상을 통계적으로 재조정한 공식
• 현저한 차이 기준: 기대되는 학업성취도 점수의 95% 신뢰구간 내에 실제 학업성취도 점수가 속하지 않을 경우</td></tr>
<tr><td>불일치 모델 적용</td><td colspan="2">① 지적 잠재능력 산출을 위한 지능검사 실시, 학업성취 수준 산출
② 불일치 수준 산출
③ 배제요인 확인, 잠정적 판별 후 정밀진단 및 최종 판결을 위한 추가 검사</td></tr>
<tr><td>문제점</td><td colspan="2">• 불일치점수의 일관성 없는 적용에서 본질적인 타당성 문제가 제기
• 학습장애를 진단하는 데 있어 통계적 기준과 임상적 판단 간의 충돌
• 학습장애 진단에 있어 핵심적인 IQ 검사점수는 실제로 유용하지 않음(읽기에 능숙한 학습자는 IQ 검사점수에서 높은 점수를 받을 가능성이 있고, 읽기장애를 가진 학생의 IQ 점수는 과소평가될 가능성이 있다)
• 학년 초기에 학습장애를 진단하기가 매우 어려움. 따라서 이 접근은 실패할 때까지 기다려야 하는 문제점을 안고 있음
• 불일치모델에 의한 학습장애 진단 결과의 일관성이 부족</td></tr>
<tr><td>수정된 불일치 모델</td><td colspan="2">• 불일치모델을 기본으로 하되, 다양한 평가를 함께 활용하여 학습장애를 판별할 것을 주장
• 불일치가 미성취를 확인하는 중요한 기능을 갖고 있음을 강조하면서, 불일치평가를 1단계에서 실시할 것을 제안
• 불일치평가가 필요조건이지 충분조건은 아님을 강조
• 다양한 평가를 함께 활용하여 학습장애 적격성 여부를 결정해야 한다고 주장</td></tr>
</table>

10

2021. 초
★답안작성

(가)는 수학 학습에 어려움이 있는 초등학교 2학년 영호의 검사결과이고, (나)는 일반 교사와 특수 교사가 나눈 대화이며, (다)는 일반 교사가 실시한 교육과정중심측정(Curriculum-Based Measurement: CBM) 결과이다. 물음에 답하시오. [5점]

(가) 검사결과

- K-WISC-Ⅴ 검사결과: 지능지수 107
- KNISE-BAAT(국립특수교육원 기초학력검사) 수학 검사결과: 학력지수 77

(나) 대화 내용

특수 교사: 영호의 검사결과를 검토해보니 한 가지 문제점이 예상되네요. 수학 검사에서 받은 77점은 영호의 실제 수행수준보다 낮은 것 같아요.
일반 교사: 왜 그렇게 생각하시죠?
특수 교사: 두 검사 점수 간의 상관계수는 1이 아니기 때문에 지능점수가 (㉠) 이상이더라도 학업점수는 낮게 추정될 수 있어요. 이러한 문제 때문에 두 점수 간의 불일치된 (㉡) 점수를 이용하는 능력-성취 불일치 모형에서는 영호를 학습장애로 과잉 진단할 수 있어요.
일반 교사: 학습장애가 아닐 수 있는 영호를 학습장애로 진단하는 것은 큰 문제네요.
특수 교사: 네, 그렇죠.
일반 교사: 다른 대안은 없을까요?
특수 교사: 다단계 중재반응모형이 대안이 될 수 있어요. 이 모형에서는 ㉢ <u>교육과정중심측정</u>을 사용하여 학생의 반응을 지속적으로 점검해요. 이러한 검사 결과를 고려하면 과잉진단의 문제점을 어느 정도 예방할 수 있어요.

(다) 교육과정중심측정(CBM) 결과

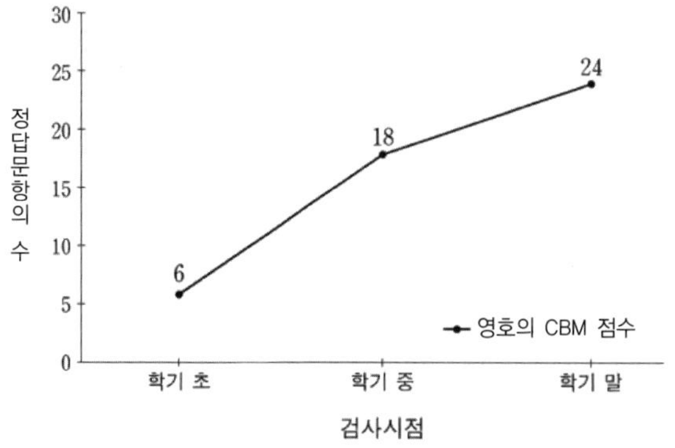

1) (나)의 ㉠과 ㉡에 해당하는 단어를 쓰시오. [2점]

㉠:

㉡:

2) (나)의 ㉢을 장기교육목표 성취도 평가 방법으로 사용하는 이유를 쓰시오. [1점]

3) 중재반응모형 1단계에서 영호의 중재반응 수준을 평가할 때, ① (다)의 그래프에서 필요한 정보를 1가지 쓰고, ② 중재반응을 평가하는 방법을 1가지 쓰시오. [2점]

①:

②:

핵심테마 체크 ✔

- 읽기 관련 인지처리과정 변인
- 내재성 처리과정 결함 접근

MY MEMO

11

정답 및 예시답안

④

알찬 지문풀이

- ㉠ 일반학생들의 T점수는 A, B, C 영역 ~~모두에서 평균 이상~~이고, ➡ T점수는 50점이 평균이다.
- ㉡ IQ 70 이상 75 미만 읽기 부진 학생들의 A 영역 결과는 ~~하위 2 퍼센타일에 해당~~합니다. ➡ T점수는 평균 50, 표준편차 10인 점수이므로, 2 퍼센타일은 30점을 기준으로 보아야 한다.
- ㉢ C 영역은 읽기학습에 영향을 미치는 인지처리과정 변인 중의 하나로 보입니다. ➡ 읽기 부진 집단에서 모두 낮은 수준을 보였으므로 읽기학습과 연관이 있는 것으로 볼 수 있다.
- ㉣ 중등과정에서 읽기학습장애 선별을 위해 읽기중재에 대한 반응결과를 계속 기다릴 필요는 없겠네요. ➡ 인지처리과정 변인이 밝혀진다면, 위 결과를 바탕으로 선별을 할 수 있다.

문제 속 자료분석

- IQ 75 이상 읽기 부진 집단 ➡ A와 B 영역에 비해 C 영역이 더 부진함
- IQ 70~75 미만 읽기 부진 집단 ➡ A와 C 영역에서 심한 차이를 보이며, B 영역은 일반학생 집단과 유사한 수준을 보임

관련이론

✦ 내재성 처리과정 결함 접근

개념	• 정보처리이론 관점에 따른 접근 • 처리과정: 시간의 흐름 속에서 자극으로 들어온 정보를 변형시키고 조작하여 특정 형태로 반응하는 일련의 정신적 행위나 조작 • 내재성 처리과정 결함 접근은 인지적 처리과정 변인이나 해당 교과 기본학습 기능에서의 수행정도를 바탕으로, 개인 내 혹은 개인 간 여타 기능의 수행정도와 어떤 차이가 있는지, 그리고 그러한 차이가 해당 교과 학업성취의 차이를 얼마나 설명하는지 등을 확인하는 방법
전제사항	• 특정 처리과정상의 결함은 전반적인 인지능력과 비교적 독립적으로 특정 교과 영역의 학습에 영향을 미친다. • 특정 처리과정상의 결함은 외적인 요소, 즉 심리적 동기나 학습기회 등과 같은 요인에 직접적인 영향을 받지 않는 개인의 내적인 특징이다. • 처리과정은 검사도구 등 다양한 측정방법을 통해 그 수행정도를 나타낼 수 있다.
장점	• 학습장애 역사를 충실히 반영하고 있다. • '무엇 무엇이 아닌 것이 학습장애다.'라는 현재의 소극적 접근보다 '학습장애란, 무엇이다.'라고 규정하여 이를 직접 측정하려는 적극적인 접근이다. • 발달연령, 학습 수준 등 선행학습 정도와 상관없이 어느 연령대에서나 학습장애 여부를 선별하고 진단할 수 있다.
단점	• 이론적으로나 실제적으로 아직 충분한 근거가 확립되어 있지 않다.

11

2013. 중

다음은 학생들의 '인지처리과정' 변인들에 대한 검사 결과의 일부를 T점수로 환산한 것이다. 이 결과에 대한 두 교사의 대화 ㉠~㉣ 중 옳은 것만을 있는 대로 고른 것은?

[2.5점]

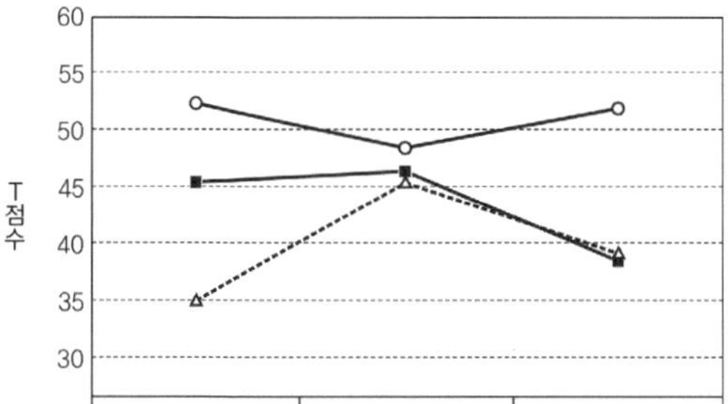

	A 영역	B 영역	C 영역
-○- 일반학생 집단	52.3	48.5	51.9
-■- IQ75 이상 읽기 부진 집단	45.3	46.3	38.5
-△- IQ70~75 미만 읽기 부진 집단	34.8	46.1	39.1

> 김 교사: 우리 학급에는 읽기학습장애로 의심되는 학생들이 있어서 인지처리과정 변인들에 대한 검사를 실시하여 보았어요.
>
> 이 교사: 결과를 보니 ㉠ 일반학생들의 T점수는 A, B, C 영역 모두에서 평균 이상이고, ㉡ IQ 70 이상 75 미만 읽기 부진 학생들의 A 영역 결과는 하위 2 퍼센타일에 해당합니다.
>
> 김 교사: 그리고 ㉢ C 영역은 읽기학습에 영향을 미치는 인지처리과정 변인 중의 하나로 보입니다.
>
> 이 교사: 만약 읽기학습과 관련된 인지처리과정 변인들이 명확히 밝혀진다면 ㉣ 중등과정에서 읽기학습장애 선별을 위해 읽기중재에 대한 반응결과를 계속 기다릴 필요는 없겠네요.

① ㉠, ㉡　　② ㉠, ㉢
③ ㉡, ㉢　　④ ㉢, ㉣
⑤ ㉡, ㉢, ㉣

핵심테마 체크 ✔

- 읽기의 개념
- 지적장애_교육과정 구성 및 운영 전제
- 교육과정중심측정(CBM)
- 삽입교수

MY MEMO

12

정답 및 예시답안

1) ① 일견읽기, ② 궁극적 기능성의 기준
2) ① 빈칸 메우기 검사, ② '정확하게 읽은 낱말 수'의 목표를 상향 조정한다.
3) ① 삽입교수, ② 습득한 기술을 일반화시키는 데 효과적이다.

관련이론

✦ 단어인지

형태분석	문자의 시각적 특징이나 단서에 근거해 단어를 인식하는 것
음소분석	단어를 구성하고 있는 문자소와 음소의 대응관계를 분석함으로써 단어를 인지하는 것
음절분석	단어를 구성하고 있는 각 음절에 해당하는 소리를 분석적으로 지각함으로써 전체 단어를 인지하는 것
문맥분석	주위의 다른 단어나 의미에 의존해서 모르는 단어를 해독하려는 것
일견읽기	단어에 대한 의식적인 음소나 음절분석을 실시하지 않으면서 즉각적으로 단어를 인지하는 것

✦ 지적장애 학생을 위한 교육과정의 구성 및 운영을 위한 기본전제

연령에 적절한 교육과정	• 지적장애 학생의 교육과정은 생활연령에 적합한 내용으로 구성되고 적용되어야 함 • 연령과의 적절성을 보장하기 위해 고려할 3요소 : ① 정상화 ② 개별화 ③ 환경적 요소
궁극적 기능성의 기준	• 중도장애 학생을 위한 교육목표로서, 그들이 성인이 되어 '최소제한환경'에서 일반인들과 함께 자신의 잠재력을 최대한 발휘하여 기능할 수 있도록 하는 것
최소위험 가정 기준	• 결정적인 자료가 있지 않는 한 교사는 학생에게 최소한의 위험스러운 결과를 가져오는 가정에 기반하여 교육적 결정을 내려야 한다는 개념 • 결정적인 증거가 없는 한 아무리 지적장애의 정도가 심해도 최선의 시도를 통해 교육 가능성(educability)의 신념을 실현해야 함
영수준의 추측	• 학급에서 배운 기술들을 실제 사회생활에서 일반화하지 못할 수도 있다는 전제에 기반을 두고, 배운 기술들을 여러 환경에서 일반화할 수 있는지를 시험해 봐야 한다는 개념
자기결정 증진	• 자기결정은 개인이 어떤 방식으로 행동하게 하는 원인이 바로 자기 자신(자아)이라는 것을 의미하는데, 지적장애 학생에게 자기결정된 모델을 이행하는 것은 어려운 일일 수 있음

✦ 교육과정중심측정(CBM)

- 아동의 요구에 맞도록 교수 프로그램을 변경하거나 수정하기 위해 교사가 활용할 수 있는 자료를 제공하도록 설계되며, 교수 프로그램 수정 후 아동의 진전을 사정하는 데에 강조점
- 시간 경과에 따른 아동 수행의 반복 측정과 그러한 자료 그래프의 시각적 검토에 기초한 수업 결정으로 이루어짐
- 단계
  ① 측정할 기술 확인　② 검사지 제작　③ 검사의 실시 횟수 결정　④ 기초선 점수 결정
  ⑤ 목적 설정　⑥ 표적선 설정　⑦ 자료 수집　⑧ 자료 해석

✦ 삽입교수

의미	• 목표기술을 자연스러운 일과활동 내에서 수행할 수 있도록 활동 속에 삽입하는 것을 말하며, 학생의 수행정도에 따라 연습시수를 정하여 일과 내에 분산하여 시도할 수 있도록 계획됨
장점	• 학생이 소속된 학급 운영과 활동 진행에 큰 변화를 요구하지 않음 • 학생을 별도로 분리해서 교육할 필요 없이 일반적인 학급 운영의 틀 내에서 교수할 수 있음 • 학급 내 자연적인 환경에서 교수가 일어나기 때문에 새로 습득한 기술의 즉각적이고 기능적인 사용능력을 증진시킬 수 있음 • 새롭게 학습한 기술의 사용능력이 다양한 상황으로 일반화될 수 있음

고득점 답안 비법 ✰ 1) '읽기'의 한 기술이나 유형을 의미하는 설명이므로, 일견단어가 아니라, 일견읽기로 쓰는 것이 정확함

✰ 2) 기본 교육과정 국어과 평가방법에 근거하여 쓰는 것이므로 원칙적으로는 '빈칸 메우기 검사'만 정답 처리할 수 있음

✰ 3) [D]의 내용은 '연습 기회 제시 방법' 등에 따라서는 '분산 시도'에 해당하는 것이지만, '교수방법'의 명칭을 쓰도록 하였으므로 전략의 명칭인 삽입교수를 쓰는 것이 적절함

12

2024. 초
★답안작성

(가)는 지적장애 학생 수아에 대해 담임 교사와 수석 교사가 나눈 대화의 일부이고, (나)는 수아의 읽기 평가 과정 및 결과의 일부이며, (다)는 담임 교사의 수업 성찰지의 일부이다. 물음에 답하시오. [6점]

(가)

담임 교사: 이번 국어 수업의 목표는 '탈것의 이름 읽기' 입니다.

[낱말 카드의 예시] 버스 자전거 지하철

수아에게 이러한 ㉠낱말을 여러 번 보여 주면서 자동적인 낱말 읽기를 지도하려고 해요. 예를 들어, ㉡'지하철' 낱말을 보았을 때 'ㅈ', 'ㅣ', 'ㅎ', 'ㅏ', 'ㅊ', 'ㅓ', 'ㄹ'로 분절하기보다 눈에 익어서 보자마자 빠르게 읽는 것이지요.

수석 교사: 이 낱말이 수아에게 어떤 도움이 될까요?

담임 교사: 수아가 성인이 되었을 때 스스로 대중교통을 이용하려면 이 낱말을 배우는 것이 꼭 필요해요. 수아가 지역사회 내에서 가능한 독립적으로 적응하기 위해 필요한 것을 지도해야 한다고 생각해요. [A]

(나)

담임 교사: 선생님이 글을 읽어 줄게요. 수아는 눈으로 따라 읽다가 낱말이 빠진 곳이 있으면 해당되는 낱말 카드를 찾아서 읽어 주세요.

…(중략)…
부릉 부릉, (　　　)가 지나가요.
따르릉 따르릉, (　　　)도 달려가요.
철컹 철컹, (　　　)도 지나가네요.
…(중략)… [B]

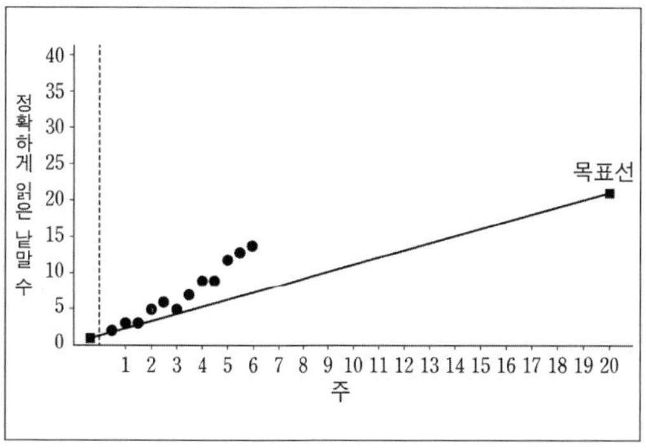

[C]

(다)

오늘 '낱말을 말해요' 단원을 마무리했다. 처음에는 수아가 낱말 읽기를 많이 어려워했다. 그래서 국어 시간에 일대일 상황에서 낱말 읽기를 집중적으로 연습했더니 낱말을 술술 읽었다. 그런데 ㉢다른 교과의 교과서 지문에 나온 동일한 낱말은 읽지 못했다.

수아의 일과 내에서 낱말을 읽을 기회를 나누어 제시하는것이 필요할 것 같다. 수아가 국어 시간에만 낱말 읽기를 집중적으로 연습하기보다는 하루 동안 여러 번에 걸쳐 낱말을 읽을 수 있도록 지도해야겠다. [C]

1) ① (가)의 ㉠과 ㉡에 공통으로 해당하는 용어를 쓰고, ② 브라운 등(L. Brown et al.)의 교육과정 구성 및 운영을 위한 전제에서 (가)의 [A]에 해당하는 용어를 쓰시오. [2점]

①:

②:

2) ① (나)의 [B]에서 활용한 평가 방법의 명칭을 2015 개정 특수교육 기본 교육과정 국어과에 제시된 읽기 영역의 '평가 방법'에 근거하여 쓰고, ② (나)의 [C]에 근거하여 6주차 평가가 종료된 시점에서 교사가 해야 할 교육적 의사 결정의 내용을 1가지 쓰시오. [2점]

①:

②:

3) ① (다)의 [D]에서 적용하고자 하는 교수 방법의 명칭을 쓰고, ② (다)의 ㉢을 고려하여 [D]에 해당하는 교수 방법이 가지는 장점을 1가지 쓰시오. [2점]

①:

②:

핵심테마 체크 ✔

- 읽기의 기능적 구성
- 읽기장애의 하위 영역
- 읽기 전략_예측하기
- 설명글의 구조
- 대체출력기기

MY MEMO

13

정답 및 예시답안

1) ① 단어인지
   ② 예측하기
2) ⓑ / 은수는 단어인지가 어려우며 듣기에 어려움이 없으므로, 글의 내용을 읽어주어 듣고 이해하도록 하기 위함이다.
3) ① 두드리거나 때려서 소리를 내는 악기는 무엇인가요?, 가야금이나 바이올린은 무슨 악기인가요? 등
   ② 나열형

관련이론

✦ 읽기이해의 기능적 구성

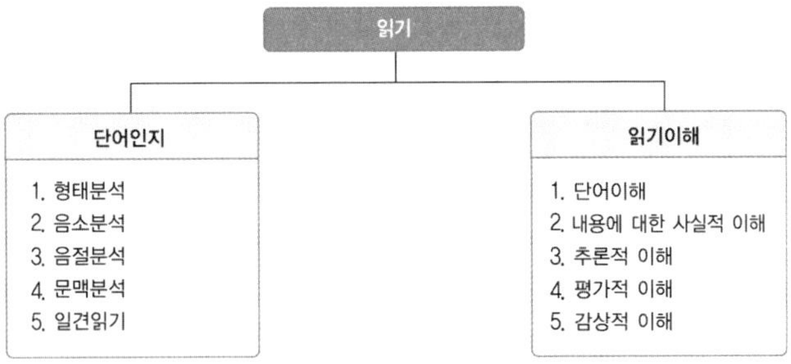

- 단어에 대한 이해: 읽기 자료의 전체 내용을 이해하고 내용에 대한 기억에 중요한 역할을 한다.
- 내용에 대한 사실적 이해: 읽기 자료에 쓰인 내용을 있는 그대로 의미화할 수 있는 능력이다.
- 추론적 이해: 읽기 자료에 나타난 정보를 있는 그대로가 아닌 개인적 경험, 지식, 직관을 이용해 가설화할 수 있는 능력이다.
- 평가적 이해: 독자의 지식, 경험, 가치 체계를 중심으로 읽기 자료에 포함된 내용의 정확성, 저자의 의도, 정보의 유용성 등을 판단하는 것이다.
- 감상적 이해: 읽기활동 자체를 통해 심미적 만족을 갖게 되는 상태이다.

✦ 읽기교수 영역

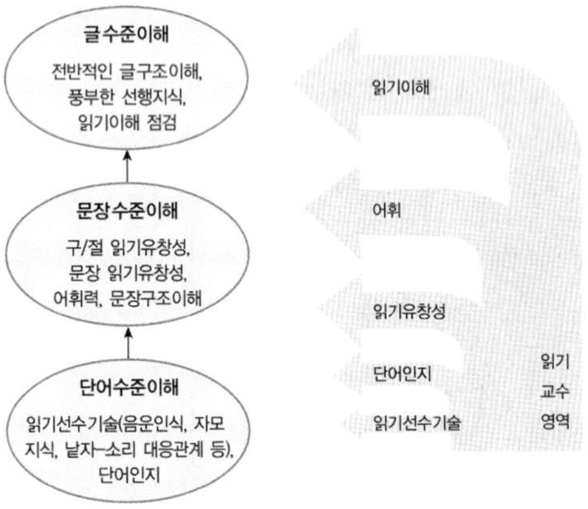

✦ 설명식 글의 구조

전략	내용
나열형	• 여러 가지 중요 사실들을 동등한 수준에서 제시하고 이를 설명하는 형식 • 전체 글의 주제, 주요 개념들, 주요 개념 설명에 포함된 세부 개념들로 구성 • 도식을 이용해 학습자가 구성요소들을 파악하면서 글을 읽게 되면 글에 대한 이해와 기억이 촉진될 수 있음
비교 대조형	• 두 개 이상의 사건, 현상 또는 사물을 비교하는 형식 • 비교 대상 간에 존재하는 차이점과 공통점이 무엇인지를 파악하는 것이 중요 • 시각 보조도구를 사용하면 도움이 될 수 있음
원인 결과형	• 현상이나 사건이 촉발되게 한 원인과 그로 인해 발생한 결과를 설명하는 형식 • 각 결과를 확인하고 그 결과와 관련해 원인 요인들을 파악하는 것이 글을 이해하는 데 중요한 부분을 차지하게 됨 • 시각 보조도구 활용

13

2022. 초

(가)는 학습장애 학생 은수의 특성이고, (나)는 2015 개정 국어과 교육과정 3~4학년군의 '중요한 내용을 적어요' 단원을 지도하기 위한 교수 · 학습 과정안의 일부이다. 물음에 답하시오. [5점]

(가) 은수의 특성

- 시력은 이상 없음
- 듣기 및 말하기에 어려움이 없음
- /북/에서 /ㅂ/를 /ㄱ/로 바꾸어 말하면 /국/이 되는 것을 알지 못함
- /장구/를 /가구/로 읽고 의미를 이해하는 데 어려움이 있음

(나) 교수 · 학습 과정안

성취기준	[4국어02-02] 글의 유형을 고려하여 대강의 내용을 간추린다.	
학습목표	글을 읽고 내용을 간추릴 수 있다.	
단계	교수 · 학습 활동	유의점
도입	○ 동기 유발 및 전시 학습 상기 ○ 학습 목표 확인하기	
전개	○ 글을 읽기 전에 미리 보기 • ㉠ <u>글의 제목을 보고 읽을 글에 대한 내용을 생각해 보기</u> … (중략) … ○ 글을 읽고 중심 내용 파악하기 [A] 악기는 타악기, 현악기, 관악기로 나눌 수 있어요. 타악기는 두드리거나 때려서 소리를 내는 악기로 타악기에는 장구나 큰북 등이 있으며, 현악기는 줄을 사용하는 악기로 현악기에는 가야금이나 바이올린 등이 있어요. 그리고 관악기는 입으로 불어서 소리를 내는 악기로 관악기에는 단소나 트럼펫 등이 있어요.	㉡ <u>은수에게 컴퓨터를 활용한 대체출력 보조공학 지원하기</u>
	○ 글의 구조에 대해 알기 • 그래픽 조직자 제시하기 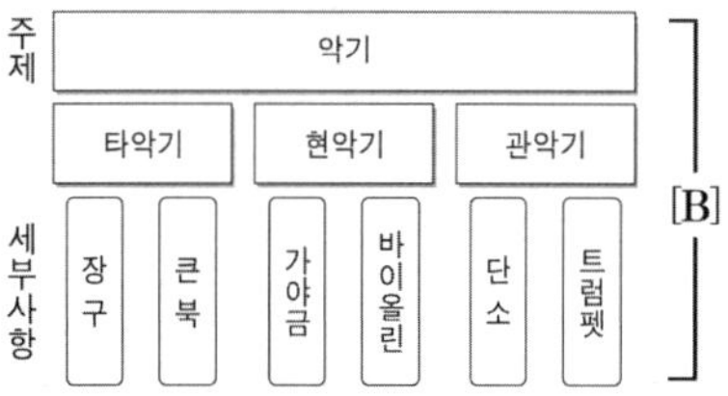 … (중략) …	
정리	○ 읽기 이해 질문 만들기 • ㉢ <u>문자적(사실적) 이해 질문 만들기</u> ○ 요약하기	

1) ① (가)를 고려하여 은수에게 해당하는 읽기 학습장애의 하위 유형을 쓰고, ② (나)의 ㉠ 읽기 전략의 명칭을 쓰시오. [2점]

①:

②:

2) (나)의 ㉡에 해당하는 것 1가지를 다음에서 찾아 기호를 쓰고, 그 이유를 쓰시오. [1점]

ⓐ 대체 키보드	ⓓ 전자 철자 점검기
ⓑ 스크린 리더	ⓔ 화면 확대 프로그램
ⓒ 눈 응시 시스템	ⓕ 자동 책장 넘김 장치

3) ① [A]에 제시된 타악기에 대한 내용에 근거하여 (나)의 ㉢에 해당하는 질문을 쓰고, ② [B]에 해당하는 설명글의 구조를 쓰시오. [2점]

①:

②:

핵심테마 체크 ✔

- 음운인식 지도
- 심상만들기

MY MEMO

14

정답 및 예시답안

1) ㉠ 음절변별
   ㉡ '스'와 '아'를 합쳐서 말해보세요.
2) 읽기이해 지도
3) 심상재현 전략(심상만들기)
4) 음운론적 기술은 읽기 기술과 밀접한 연관이 있으며, 읽기능력 향상을 위한 중요한 기술이기 때문이다(음운인식을 하지 못하는 아동은 읽기 위한 방법을 배우는 것이 어렵다는 것이다. 음운인식은 읽기를 위해서뿐만 아니라 연속적인 읽기학습을 위해 필수적이다).

관련이론

✦ 음운인식

<table>
<tr><td>음운인식</td><td>• 말소리를 식별하는 능력으로 같은 소리로 시작되는 단어와 다른 소리로 시작되는 단어를 인식하는 능력, 단어를 구성하는 음소를 셀 수 있는 능력, 단어를 구성하는 소리들을 합성·분절 또는 조작할 수 있는 능력 등
• 음운인식은 읽기능력과 높은 상관이 있으며, 더 나아가 향후 읽기능력(단어인지, 읽기유창성, 읽기이해 포함)을 예측하는 강력한 변인으로 밝혀짐
• 음운인식이란 음성언어를 더 작은 구성요소로 나누고 조작하는 여러 다른 방법들을 이해하는 것이다.
• 이때 문장을 단어로, 단어를 음절로, 시작음과 각운, 개별음소 등으로 나눌 수 있으며, 생략, 첨가, 대치 등으로 소리를 조작할 수 있다.
• 음운인식이 가능하다는 것은 이러한 여러 수준을 모두 이해하는 것을 의미하며, 이러한 음운론적 기술은 읽기 기술과 밀접하게 연결된다.
• 음운인식을 통해 향후 읽기 성공에 대한 예측을 할 수 있다.</td></tr>
<tr><td>음운인식
훈련</td><td>• 음운인식의 단위: 음절, 음절체-종성, 초성-각운, 음소
• 음운인식 과제 유형
<table><tr><td>변별</td><td>시작하는, 끝나는</td></tr><tr><td>분리</td><td>첫소리, 가운데 소리, 끝소리</td></tr><tr><td>분절</td><td>나누어서</td></tr><tr><td>합성</td><td>합쳐서</td></tr><tr><td>탈락</td><td>빼고</td></tr><tr><td>대치</td><td>바꾸어서</td></tr></table></td></tr>
<tr><td>음운인식
훈련의 효과</td><td>• 아동은 음운인식 교수를 통해 읽기를 배울 수 있다.
• 철자를 배울 수 있다.
• 복합적인 음소를 배울 때 더욱 효과적이다.
• 음운인식 교수는 하나 혹은 두 가지 유형의 음소 조작에 초점을 맞출 때 더욱 효과적이다.</td></tr>
</table>

✦ 심상만들기 전략

- 주요 내용을 효과적으로 연결하고 요약할 수 있도록 도와주는 기능
- 글을 읽는 동안 마음속에 글의 내용에 대한 심상을 만들어 보도록 함

14

2014. 초

(가)는 읽기장애 학생 민호와 영주의 읽기 특성이고, (나)는 특수학급 김 교사가 민호와 영주에게 실시한 읽기 지도 내용이다. 물음에 답하시오. [5점]

(가) 민호와 영주의 읽기 특성

민호	• '노래방'이라는 간판을 보고 자신에게 친숙한 단어인 '놀이방'이라고 읽음 • '학교'라는 단어는 읽지만 '학'과 '교'라는 글자를 따로 읽지는 못함
영주	• 적절한 속도로 글을 읽을 수 있음 • 자신의 학년보다 현저하게 낮은 읽기 수준을 보임

(나) 읽기 지도 내용

대상	지도 유형	읽기 지도 과제와 교사 발문의 예
민호	음운인식 지도	• (㉠): '사과', '구름', '바다'에서 '구'로 시작하는 단어는 무엇인가요? • 음절탈락: '가방'에서 '가'를 빼면 무엇이 남을까요? • 음소합성: (㉡)
영주	(㉢)	• 질문하기: 방금 읽은 글에 등장한 주인공의 이름은 무엇인가요? • 관련지식 자극하기: 오늘은 '동물원에서 생긴 일'을 읽을 거예요. 먼저 동물원에서 경험한 내용을 이야기해 볼까요? • (㉣): 방금 읽은 글의 장면을 눈을 감고 머릿속으로 그려보세요.

1) (나)의 ㉠에 알맞은 음운인식 지도 과제를 쓰고, ㉡에 적합한 교사 발문의 예를 쓰시오. [2점]

㉠:

㉡:

2) (나)의 ㉢에 알맞은 지도 유형을 쓰시오. [1점]

3) (나)의 ㉣에 알맞은 지도 과제를 쓰시오. [1점]

4) 민호와 같은 읽기장애 학생에게 음운인식 지도를 해야 하는 필요성에 대하여 쓰시오. [1점]

핵심테마 체크 ✔

• 음운인식 과제 유형
• 짝자극기법

MY MEMO

15

정답 및 예시답안

1) 맥락적 읽기 기술(유치원 C)
2) ㉡ 탈락(생략)
   ㉢ 대치
3) ① 짝자극기법
   ② ⓞ / 어두와 어말 위치에 각각이 아니라 단 한번 표적음이 위치해야 한다.

관련이론

✦ 음운인식 훈련

- 말소리를 식별하는 능력
- 같은 소리로 시작되는 단어와 다른 소리로 시작되는 단어를 인식하는 능력, 단어를 구성하는 음소를 셀 수 있는 능력, 단어를 구성하는 소리들을 합성·분절 또는 조작할 수 있는 능력 등
- 음운인식은 읽기능력과 높은 상관이 있으며, 더 나아가 향후 읽기능력(단어인지, 읽기유창성, 읽기이해 포함)을 예측하는 강력한 변인
- 음운인식의 하위기술: 음절, 음절체－종성, 초성－각운, 음소
- 음운인식 과제 유형

변별	시작하는, 끝나는
분리	첫소리, 가운데 소리, 끝소리
분절	나누어서
합성	합쳐서
탈락	빼고
대치	바꾸어서

✦ 짝자극기법

- 정조음이 가능한 핵심단어(열쇠단어)와 훈련단어의 짝에 의해 조음치료를 하는 방법
- 핵심단어는 10번 가운데 9번을 정조음하는 단어로, 훈련단어는 3번 가운데서 2번 이상 오조음하는 단어로 구성
- 짝자극기법의 핵심은 하나의 말소리에 지나치게 집중하기보다는 아동이 정확히 산출하는 단어를 이용하여 다른 단어로 자연스럽게 정조음이 전이될 수 있다는 것
- 핵심단어가 없을 경우에는 일차적으로 핵심단어를 만들어야 함
- 따라서 이 경우에는 너무 많은 시간과 노력이 요구된다는 단점이 있음
- 준전문가도 쉽게 적용할 수 있으며 다양한 연령과 능력수준에 맞게 적용할 수 있다는 장점이 있으나, 일상생활 상황을 반영하기에는 제한이 있음
- 훈련은 단어, 문장, 회화 수준으로 이루어질 수 있음

15

2018. 유

(가)는 유치원 통합학급 김 교사의 이야기 나누기 활동 장면의 일부이며, (나)는 중재 계획이다. 물음에 답하시오. [5점]

(가)

김 교사:	자, 오늘은 이 책을 가지고 말놀이를 할 거예요.
유 아A:	㉠(책 표지의 글자를 손으로 가리키며) 제목이 무엇이에요?
김 교사:	(손가락으로 제목을 짚으며) '동물 이야기'라고 쓰여 있어요.
유 아B:	재미있을 것 같아요.
김 교사:	여기에 호랑이가 있어요. 선생님을 따라 해 볼까요? ('호. 랑. 이' 하면서 손뼉을 세 번 친다. 짝! 짝! 짝!)
유아들:	(교사를 따라 '호. 랑. 이' 하면서 손뼉을 세 번 친다. 짝! 짝! 짝!)
김 교사:	곰도 있네요. 그럼, ㉡곰에서 /ㅁ/를 빼고 말하면 어떻게 될까요?
유 아C:	'고'요.
김 교사:	잘했어요. 여기 강아지가 공을 가지고 놀고 있어요. ㉢'공'에서 /ㄱ/ 대신 /ㅋ/를 넣으면 어떻게 될까요?
유 아D:	㉣'꽁'이요, '꽁'.

… (하략) …

(나)

㉤ 유아가 발음하지 못하는 음소가 무엇인지를 확인한다.
㉥ 핵심단어(열쇠단어)는 유아가 표적음을 10번 중 적어도 9번은 사회적으로 수용되는 방법으로 발음할 수 있는 단어로 한다.
㉦ 훈련단어(목표단어)는 유아가 표적음을 3번 중 적어도 2번은 바르게 발음하지 못하는 단어로 한다.
㉧ 핵심단어(열쇠단어)는 어두와 어말 위치에 각각 표적음을 내포하고 있어야 한다.

1) 밑줄 친 ㉠은 초기문해기술 중 전 읽기기술의 예이다. 어떤 기술에 해당하는지 쓰시오. [1점]

2) 밑줄 친 ㉡과 ㉢에 해당하는 음운인식 과제 유형을 각각 쓰시오. [2점]

㉡:

㉢:

3) (나)는 밑줄 친 ㉣과 같은 말소리 오류를 보이는 유아를 위한 중재 계획이다. ① (나)에서 기술된 중재 방법을 쓰고, ② ㉤~㉧ 중 틀린 것을 찾아 기호를 쓰고 바르게 고쳐 쓰시오. [2점]

①:

②:

핵심테마 체크 ✔
- 음운인식
- 단어재인(단어인지)
- 읽기이해

MY MEMO

16

정답 및 예시답안

④

문제 속 자료분석

교수 활동
• 날씨에 관한 문장을 읽고, 해당하는 그림을 찾게 한다. ➡ 이해력 • 꽃의 모양 변화를 시간의 흐름에 따라 쓴 세 개의 문장을 읽게 하고, 그림 순서를 찾게 한다. ➡ 이해력
• 몇 개의 학용품을 제시하고, '지'로 시작하는 것을 찾게 한다. ➡ 음운인식 • '자'와 '추'를 만들 수 있는 네 개의 낱자 카드를 제시하고, '자'를 만들어 보게 한다. ➡ 음운인식
• 신발장에서 자신의 이름표를 읽고 신발을 찾게 한다. ➡ 기억하고 있는 이름을 재인 • 교실 상황에서 지켜야 할 규칙에 들어 있는 '조용히'를 지적하고 읽게 한다. ➡ 학습한 '조용히'를 재인하여 읽기

관련이론

✦ 읽기교수의 영역

- 읽기선수기술: 프린트인식, 자모인식, 음운인식, 구어를 통한 듣기 이해
- 단어인지: 단어를 빠르게 소리 내어 읽고, 단어의 의미를 파악하는 능력을 의미. 음독은 낱자(군)－소리의 대응관계를 활용하여 낯선 또는 모르는 단어를 읽는 과정을 의미. 음독은 단어인지를 위해 반드시 이루어져야 하는 과정이기 때문에, 단어인지 교수에서 음독이 차지하는 비중은 상당히 큼
- 읽기유창성: 글(읽기지문)을 빠르고 정확하게, 그리고 적절한 표현력을 가지고 읽는 능력
- 어휘: 단어와 구별되는 개념으로 단어가 모여서 이루어진 집합을 지칭. 어휘는 집합 개념을 띠고 있기 때문에 어휘지식은 단일 단어에 대한 지식뿐만 아니라 문맥 속의 단어 의미 추론 및 단어 사이의 연관성 이해 및 활용 능력 등을 포함
- 읽기이해: 자신의 선행지식과 글에서 제시되는 정보를 연결하여 의미를 형성해가는 과정을 의미

16 2010. 초

다음은 박 교사가 2008년 개정 특수학교 기본교육과정 국어과 읽기 영역을 세 학생에게 지도하기 위한 교수 활동이다. 각 학생과 교수 활동을 통해 달성하고자 하는 목표를 바르게 연결한 것은?

학생	교수 활동
민수	• 날씨에 관한 문장을 읽고, 해당하는 그림을 찾게 한다. • 꽃의 모양 변화를 시간의 흐름에 따라 쓴 세 개의 문장을 읽게 하고, 그림 순서를 찾게 한다.
은지	• 몇 개의 학용품을 제시하고, '지'로 시작하는 것을 찾게 한다. • '자'와 '추'를 만들 수 있는 네 개의 낱자 카드를 제시하고, '자'를 만들어 보게 한다.
주혜	• 신발장에서 자신의 이름표를 읽고 신발을 찾게 한다. • 교실 상황에서 지켜야 할 규칙에 들어 있는 '조용히'를 지적하고 읽게 한다.

	민수	은지	주혜
①	음운인식	단어재인	단어재인
②	음운인식	음운인식	읽기이해
③	읽기이해	단어재인	음운인식
④	읽기이해	음운인식	단어재인
⑤	단어재인	음운인식	음운인식

핵심테마 체크

• 읽기교수의 영역

MY MEMO

17

정답 및 예시답안

○ 단어인지
○ 읽기이해력

문제 속 자료분석

• (가)는 학습장애학생 A의 낱말 읽기 평가 결과이고,
• (나)는 학생 A가 글을 소리 내어 읽을 때 보인 오류를 표시한 것이다.

• (가) : 문항별 학생 반응을 발음으로 기록하였으며, 대부분 정발음을 한 것으로 기록됨
  ➡ 이는 학생이 글자를 바르게 해독하여 읽을 수 있음을 의미
• (나) : 주어진 글 중 일부 단어에 대해 정확하지 않게 읽고 있음(첨가, 대치, 생략 등)
  ➡ 이는 단어 읽기의 정확성에 오류가 있음을 의미
  ➡ 읽기유창성은 주어진 시간 내에 얼마나 빠르고 정확하게 읽는지를 의미하는 것인데, (나)의 경우 시간을 제한하거나, 읽기속도를 포함한 검사라는 단서가 없음
• (다) : 학생 A는 문단의 중심내용을 파악하지 못하고 있음
  ➡ 읽기이해에 어려움을 보임

관련이론

✦ 구어읽기 오류 및 표기법

오류 형태	표기법
생략	• 생략된 단어나 그 일부를 동그라미로 표시
삽입	• 삽입된 곳을 표시하기 위해 꺾은 표를 사용하고 첨가된 단어를 써 넣음
대치	• 단어에 밑줄을 긋고 그 위에 대치된 단어를 써 넣음
반전	• 단어에 반전된 글자를 표기하기 위해 단어에 줄을 긋고 그 위에 반전된 단어를 써 넣음 • 반전된 단어를 표기하기 위해 반전된 단어의 위, 사이, 아래에 곡선을 그려 넣음
반복	• 반복된 단어 밑에 물결무늬를 그려 넣음
오발음	• 단어 위에 학생이 잘못 발음한 단어를 써 넣음
주저함	• 사선을 사용하여 부적절하게 주저한 부분을 표시함
보조제공	• 학생을 위해 읽어 준 단어에 밑줄을 그음
관찰 불가능한 문장부호	• 학생이 계속하여 읽은 문장부호를 지움
자기교정 오류	• 오류를 나타내기 위해 단어 위에 SC를 씀

✦ 학습장애 학생의 단어인지 오류

• 규칙 단어를 읽을 때, 대치 오류가 가장 많이 나타났으며(예 '놀라다' → '놀리다'로 읽는 오류), 종성에서의 대치 오류를 상대적으로 많이 보이는 것으로 나타났다.
• 음운변동이 일어나는 단어를 읽을 때, 읽기장애 학생과 일반학생 모두 연음, 구개음화, 설측음화, 설측음의 비음화 규칙에서 보이는 오류를 많이 보였으며, 음운변동 규칙을 단어의 일부분에만 적용하는 오류를 많이 보이는 것으로 나타났다(예 만용/마뇽/을 /만뇽/으로 읽는 오류).

✦ 읽기유창성 평가

• 유창성은 제한된 시간 내에 정확하게 읽은 단어의 수를 계산함으로써 가장 잘 측정될 수 있다.
• 일반적으로 사용되는 한 가지 형식은 미리 정해 놓은 읽기 난이도에 맞는 읽기 단락 사본 두 개를 사용하는 것이다.
• 검사자는 학생에게 1분 동안 구두로 읽으라고 지시하고 학생이 읽는 동안의 오류를 표시한다. 1분 경과 후 검사자는 학생을 멈추게 하여 마지막에 읽은 단어를 표시하고, 맞고 틀린 단어 수를 계산해 낸다.
• 읽기유창성 점수는 1분 동안 정확하게 읽은 단어 수이다.

17

2014. 중

다음의 (가)는 학습장애학생 A의 낱말 읽기 평가 결과이고, (나)는 학생 A가 글을 소리 내어 읽을 때 보인 오류를 표시한 것이며, (다)는 학생 A가 참여하고 있는 수업 장면의 일부이다. (가)~(다)를 통해 볼 때, 학생 A가 어려움을 보이는 읽기 하위 영역 2가지를 쓰시오. [2점]

(가) 학생 A의 낱말 읽기 평가 결과

문항	학생 반응
1. 묻어 [무더]	무더
2. 환자 [환자]	환자
3. 투숙하다 [투수카다]	투수카다

점수 : 19점(만점 20점)

* [ ] 안은 정발음을 의미함.

(나) 학생 A가 보인 오류

감기는 주로 ~~접촉에~~(SC접총에) 의해 감염되는데, 여기에는 크게 두 가지 ~~방식이~~(방법이) 있다. ~~그중~~(그중에) 하나는 환자의 콧물이나 기침에 섞인 바이러스가 환자의 ~~손~~(SC손에)을 통해 ~~문고리같이~~(문고리같은) 여러 사람이 ~~접촉하는~~(SC접총하는) 물건에 묻어 있다가 다른 사람이 이를 손으로 만진 ~~뒤~~(뒤에) 눈이나 입, 코로 ~~옮기게 되면서~~(옮기면서) 감염되는 방식이다. 이런 방식으로 감염이 이루어질 수 있는 것은 바이러스가 인체 ~~밖에서도~~(SC밖으로) 오랫동안 ~~생존할~~(생활할) 수 있기 때문이다.

…(하략)…

* SC: 자기 교정(Self-Correction)을 의미함.
* 중학교 1학년 국어 교과서에 실린 지문의 일부임.

(다) 수업 장면

교 사 : 이 문단의 중심 내용은 무엇인가요?
학생 A : …….
교 사 : 선생님과 함께 중심 내용을 파악해 봐요.
우선, 이 문단은 무엇에 대한 내용인가요?
학생 A : 감기요.
교 사 : 그래요. 이 문단은 감기에 대한 내용이에요.
그러면, 감기에 대해 무엇을 얘기하고 있나요?
학생 A : …….

…(하략)…

핵심테마 체크

- 읽기유창성
- 읽기유창성 지도

MY MEMO

18

정답 및 예시답안

⑤

알찬 지문풀이

- ㉠ '줄기가'를 '줄기를'이라고 읽는 것과 같은 ~~삽입 오류~~ ➡ **대치 오류**
- ㉤ 학생 A가 ~~읽기 어려워하는 단어나 어절이 많이 포함된 짧은 읽기 자료를 선택해서 지도해야~~ 새롭고 어려운 단어나 어절을 더 정확하고 빠르게 읽을 수 있게 돼요. ➡ **유창성을 향상시키기 위해서는 학생에게 익숙한 자료를 통하여 연습하는 것이 효과적이다.**

관련이론

✦ 읽기유창성

<table>
<tr><td>정의</td><td colspan="2">• 글(읽기지문)을 빠르고 정확하게, 그리고 적절한 표현력을 가지고 읽는 능력을 의미
• 읽기유창성의 요소: 정확도, 속도, 표현력
• 읽기유창성은 글을 읽고 이해하는 능력과 높은 관련성</td></tr>
<tr><td>평가</td><td colspan="2">• 가장 비형식적인 사정은 학생이 큰 소리로 읽는 것을 듣고 유창성의 진전도를 판단하는 것이다. 그러나 좀 더 형식적인 유창성 측정을 포함시켜야 한다. 예를 들어 학생의 읽기 비율은 분당 90단어 이상으로 빨리 읽어야 하고, 표정을 갖고 구두로 읽을 수 있어야 하며, 구두로 읽을 동안 읽고 있는 내용을 이해할 수 있어야 한다.
• 유창성을 가장 쉽게 사정할 수 있는 방법은 학생이 표현력을 가지고 유창하게 읽는 정도(분당 정확하게 읽은 단어의 수)를 인쇄된 읽기유창성 규준이나 표준과 비교하는 것이다.
• 분당 정확히 읽는 단어의 수를 계산하는 방법은 단순하며, 읽기속도와 정확성을 측정할 수 있어 유창성 점검에 적절하다.</td></tr>
<tr><td rowspan="2">교수</td><td>특성</td><td>• 학생에게 동일한 글을 소리 내어 반복하여 읽도록 한다.
• 소리 내어 반복읽기를 실시할 때, 먼저 글을 유창하게 읽는 사람이 유창하게 글을 읽는 것을 시범 보인 다음, 학생에게 같은 글을 소리 내어 읽도록 한다.
• 학생이 글을 읽을 때 오류를 보이면 체계적인 오류 교정 절차를 적용하여 오류를 교정한다.
• 학생이 동일한 글을 세 번 이상 소리 내어 반복하여 읽도록 한다.
• 일주일에 세 번 이상 읽기유창성 교수를 실시한다.
• 적절한 글: 학생이 글에 포함된 단어의 약 90% 이상을 정확하게 읽을 수 있는 수준을 의미한다.</td></tr>
<tr><td>방법</td><td>• 짝과 함께 반복읽기
① 또래교수를 활용한 읽기 프로그램의 한 유형
② 읽기유창성이 좋은 또래 친구와 짝을 이루어 소리 내어 반복읽기를 하는 교수
③ 학습장애 학생을 위해 별도로 적용할 수도 있고, 학습장애 학생이 포함된 일반학급에서 학급 전체를 대상으로 적용할 수도 있음
④ 구성요소 및 절차
– 짝 정하기(학생 A, 학생 B): 학생 A는 유창하게 읽는 학생, 학생 B는 덜 유창하게 읽는 학생으로 구성
– 학생 B의 수준에 적합한 글 선택하기
– 짝과 함께 반복읽기 절차를 명시적으로 설명하고 연습하기
– 짝과 함께 반복읽기 적용하기
• 끊어서 반복읽기
① 끊어 읽기와 반복읽기를 결합한 교수
② 끊어 읽기는 글을 구성하는 문장을 의미가 통하는 구나 절 단위로 끊어서 제시하는 방법으로, 읽기유창성의 요소 중 표현력의 향상에 효과적
③ 구성요소 및 절차
– 끊어서 반복읽기 활동에 필요한 읽기지문 준비하기
– 교사가 끊어 읽기 시범 보이기
– 학생과 함께 끊어 읽기 연습하기
– 학생이 독립적으로 끊어서 반복읽기</td></tr>
</table>

18

2012. 중

다음은 두 명의 특수교사가 학습장애학생 A의 읽기 유창성 특성과 지도 방법에 대해 나눈 대화이다. ㉠~㉤ 중에서 옳은 내용만을 있는 대로 고른 것은? [2.5점]

> 김 교사: 학생 A는 글을 읽을 때 ㉠ '줄기가'를 '줄기를'이라고 읽는 것과 같은 삽입 오류를 가장 많이 보여요. 그리고 ㉡ '그날 밤에는 바람이 세차게 불었습니다'를 읽을 때 '바람이'를 '밤이'라고 읽는 것과 같은 대치 오류도 많이 나타나요.
> 최 교사: 그럼 ㉢ 읽기 유창성 지도를 할 때 학생 A가 잘못 읽은 어절에 대해 교정적 피드백을 해 주는 것이 중요해요.
> 김 교사: 또 학생 A는 글을 읽을 때 한 단어나 어절씩 또박또박 끊어 읽어서, 읽는 속도가 많이 느려요.
> 최 교사: ㉣ 읽기 유창성을 향상시키기 위해서는 동일한 읽기 자료를 반복하여 소리 내어 읽도록 하는 것이 좋아요.
> 김 교사: 읽기 유창성 지도를 할 때는 어떤 읽기 자료를 선택하는 것이 좋은가요?
> 최 교사: 가능하면 ㉤ 학생 A가 읽기 어려워하는 단어나 어절이 많이 포함된 짧은 읽기 자료를 선택해서 지도해야 새롭고 어려운 단어나 어절을 더 정확하고 빠르게 읽을 수 있게 돼요.

① ㉠, ㉤
② ㉡, ㉤
③ ㉢, ㉣
④ ㉠, ㉢, ㉣
⑤ ㉡, ㉢, ㉣

19

핵심테마 체크

- 단어인지
- 읽기유창성

MY MEMO

정답 및 예시답안

○ ㉠ 읽기 표현력
○ ㉡ 단어인지
○ ㉢ 유창성에 문제가 있으면 글을 읽을 때, 글을 이해하는 것에만 집중하기 어렵기 때문이다.
○ ㉤ / 새로운 읽기 자료를 사용하면 정확하고 빠르게 읽기 어려워 유창성을 기르기 어려우므로, 읽기 유창성이 부족한 학생 J에게 적절하지 않다.
㉦ / 학생은 글을 읽을 때 주변의 소리에 주의가 산만해지므로 배경효과음이 있는 음성파일은 적절하지 못하다.

20

핵심테마 체크

- 일견단어교수법
- 사회적 타당도

MY MEMO

정답 및 예시답안

○ ㉠은 생활기능이다.
○ ㉡의 일견단어교수법은 반복적인 노출을 통해 주어진 단어의 시각적 형태를 기억하도록 하고, 단어의 시각적 형태와 음(sound)과 의미를 서로 연합시키도록 하는 방법이며, 이 전략이 적합한 이유는 학생 N이 시각적 단서를 구분할 수 있기 때문이다.
○ ㉢은 사회적 타당도이다.

관련이론

✦ 일견단어교수법

- 반복적인 노출을 통해 주어진 단어의 시각적 형태를 기억하도록 하고, 단어의 시각적 형태와 음(sound)과 의미를 서로 연합시키도록 하는 것
- 일견단어교수법은 통언어적 접근에서 사용하는 방법
- **통언어적 접근**: 의미중심 프로그램의 한 유형으로서 문자해독을 위한 구체적인 기능을 직접 가르치는 것이 아닌 이 기능들이 의미획득 또는 내용이해를 위한 읽기 활동 과정에서 자연적으로 습득된다고 보는 이론. 통언어적 접근의 장점은 읽기 활동과 쓰기 활동이 통합됨으로써 서로 연계되어 강조된다는 것

고득점 답안 비법 ✰ 일견단어교수법이 적절한 이유를 작성할 때, 일견단어교수법의 의미와 (가)의 내용을 연결지어 답안을 작성할 것

19

2018. 중
★답안작성

(가)는 학습장애 학생 J의 읽기 특성이고, (나)는 김 교사와 정 교사의 대화이며, (다)는 정 교사의 지도방안이다. <작성방법>에 따라 서술하시오. [5점]

(가) 학생 J의 읽기 특성

- 글을 읽을 때 알고 있는 단어가 나와도 주저하면서 느리게 읽는 모습을 보임
- 글을 빠르게 읽을 때 음운변동이 일어나는 단어들을 자주 틀리게 읽거나 대치 오류를 보임
- 특정 단어나 문장을 강조하며 글을 읽는 데 어려움이 있음 ┐ ㉠
- 어법이나 의미를 고려하며 글을 읽는 데 어려움이 있음 ┘
- 글을 읽을 때 주위에서 소리가 나면 소리가 나는 방향으로 고개를 자주 돌리고 주의가 산만해짐

(나) 김 교사와 정 교사의 대화

정 교사: 선생님, 학생 J가 '읽기 유창성'에 문제가 있다고 하는데, 이 문제가 발생하는 이유는 무엇인가요?
김 교사: 여러 가지 이유가 있는데, 대표적으로 ㉡ <u>단어를 빠르게 소리 내어 읽고 그 의미를 파악하는 능력</u>에 어려움이 있기 때문입니다.
정 교사: 읽기 유창성이 중요한 이유는 무엇인가요?
김 교사: ㉢ <u>읽기 유창성에 문제가 있는 경우에는 읽기 이해에 부정적인 영향</u>을 주기 때문입니다.
정 교사: 그렇군요. 그럼 저는 학생 J를 어떻게 지도하는 것이 좋을까요? 제가 몇 가지 찾아보았는데, 적절한지 봐 주세요.

(다) 정 교사의 지도 방안

㉣ 의미가 통하는 구나 절 단위로 끊어 읽기를 지도한다.
㉤ 읽기 연습을 할 때마다 새로운 읽기 자료를 사용한다.
㉥ 학생이 소리 내어 읽기를 할 때 오류가 있으면 즉각적으로 수정한다.
㉦ 읽기 연습을 위하여 음성파일을 이용할 경우에는 배경 효과음이 있는 것을 사용한다.

작성방법

- 읽기 유창성의 구성 요소 중 ㉠에 해당하는 것을 쓸 것
- 밑줄 친 ㉡에 해당하는 용어를 쓸 것
- 밑줄 친 ㉢의 이유를 1가지 서술할 것
- 학생 J의 특성에 근거하여 ㉣~㉦ 중 적절하지 <u>않은</u> 것 2가지의 기호를 적고, 그 이유를 각각 1가지 서술할 것

20

2017. 중
★답안작성

(가)는 고등학생 N의 특성이고, (나)는 특수교사가 N을 위해 작성한 지도 계획이다. (나)의 ㉠에 들어갈 말을 쓰시오. ㉡에서 사용할 '일견단어(sight words) 교수법'이 무엇인지 설명하고, 이 교수법이 '메뉴판에서 음식명 읽고 선택하기' 활동에 적합한 이유를 1가지 제시하시오. 그리고 ㉢에 들어갈 용어를 쓰시오. [4점]

(가) 학생 N의 특성

- 패스트푸드점에 가서 음식을 사 먹고 싶어함
- 시각적 단서는 구분할 수 있으나 글자는 읽지 못함

(나) 지도 계획

- 국어와 사회 수업 시간을 활용하여 N에게 '패스트푸드점 이용하기' 기술을 가르치고자 함

> 교과의 내용을 대신하여 (㉠) 및 진로와 직업 교육, 현장실습 등으로 편성·운영할 수 있음

- 주변의 패스트푸드점 여러 곳을 선정하고, 일반사례분석을 통해 다음과 같이 공통적으로 필요한 기술을 지도 내용으로 결정하여 지역사회 모의교수를 실시할 것임

> 메뉴판에서 음식명 읽고 선택하기 → 음식 주문하기 → 음식 값 계산하기 → 잔돈 받기 → 영수증 확인하기 → 음식 먹기

㉡ <u>'메뉴판에서 음식명 읽고 선택하기'를 위해서 메뉴명과 사진을 붙인 메뉴판을 만들어 일견단어 교수법을 활용할</u> 예정임

- 이후 지역사회 중심교수를 실시하고 중재의 효과와 만족도에 대하여 N의 또래와 부모에게 간단한 평정척도 형식의 질문지에 답하게 하여 (㉢)을/를 평가할 것임

작성방법

㉠에 들어갈 답안 작성 시 「2015 개정 교육과정에 따른 특수교육 교육과정(교육부 고시 제2015-81호)」의 초·중등학교 교육과정 편성·운영 기준(일반학급 및 특수학급에 배치된 특수교육 대상 학생의 교육과정 편성·운영방법)에 근거할 것

핵심테마 체크 ✔

- 반복읽기 전략
- 교육과정중심측정

MY MEMO

21

정답 및 예시답안

1) ㉡ / 단어재인능력은 시각적으로 제시된 단어를 보고 그 의미를 아는 능력을 의미하는 것으로 유창성을 향상시키고자 하는 반복읽기의 주목적이 아니다.
   ㉢ / 해독이란 글자를 보고 해석하여 읽는 것으로, 반복읽기 전략은 유창성을 향상시켜 해독활동에 집중하지 않고도 읽기를 할 수 있도록 하는 것이다.
2) ⑤-③-①-②
3) • 이유: 이 중재를 실시한 5주 동안 틀리게 읽은 음절 수가 0이며, 성장선에 근거하여 봤을 때, 진전도는 낮지만 이 중재 전략은 효과적이라고 볼 수 있기 때문이다.
   • 수정 방법: 반복읽기 전략을 매일(더 자주) 실시하여 학생의 유창성을 향상시키도록 한다, 반복읽기를 다양한 방식으로 자주 실시한다(또래와 함께 반복읽기, 끊어서 반복읽기 등).

문제 속 자료분석

(가) ㉠ 반복읽기 전략을 통해 <u>글 읽기 속도를 증진</u>시킬 수 있다. ➡ 반복읽기를 통해 읽기유창성을 향상시킴
   ㉣ 반복읽기를 지도할 때 <u>잘못 읽은 단어가 있다면 교사는 피드백을 즉시 제공하여 교정</u>한다. ➡ 읽기유창성 지도를 할 때 적절한 피드백 방식
(나) ① 반복읽기 전략을 주 2회 10분씩 실시한다. ➡ 〈3〉 중재 실시
   ② <u>매주 1회 1분간 CBM 구두 읽기검사</u>를 실시한다. ➡ 〈4〉 자료수집, 그래프의 내용(매주, 1회, 1분 동안 정확히 읽은 음절 수와 틀리게 읽은 음절 수를 측정)과 같이 매주 1회 1분간 측정
   ③ 또래의 성장 속도를 고려하여 <u>소영이의 목표선을 설정</u>한다. ➡ 〈2〉 중재 전 측정한 결과를 바탕으로 목표선 설정
   ④ 소영이의 점수가 3주 연속으로 목표선의 점수보다 낮을 경우 전략을 교체한다. ➡ 〈5〉
   ⑤ <u>반복읽기 전략을 적용하기 전에 소영이에게 실시한 3회의 CBM 구두 읽기검사 점수</u>의 <u>중앙치</u>를 찾는다. ➡ 〈1〉 '반복읽기 전략을 적용하기 전'에 실시한 3회의 검사점수로 기초선 설정을 위한 중앙치를 찾음

관련이론

✦ 교육과정중심측정(CBM)

의미	• 교육과정중심측정은 학습목표에 비추어 지속적으로 해당 학습내용을 학습한 정도를 평가하는 방법이다. • 교사제작 비형식적 검사와 다른 점은 타당하고 신뢰도가 높은 표준화된 검사방법과 절차에 따라 교수방법의 효과를 학습한 내용의 학습 정도를 보고 판단한다는 것이다.
단계	교육과정중심측정을 활용하기 위해서는 먼저 장기 혹은 연간 교육목표를 설정한 후 측정할 기능이나 행위를 선정한다. 그다음, 표준화된 측정방법을 사용하여 측정하고 그 결과에 따라 교수방법을 형성적으로 수정해 간다. 이를 통해 교사들은 학생들의 학습 속도나 정도를 파악하고, 언제 교수방법상의 변화가 필요한지 알 수 있을 뿐만 아니라, 학습목표의 적절성 등을 모두 한꺼번에 알 수 있다. ① 측정할 기술을 확인한다. ② 검사지를 제작한다. ③ 검사의 실시 횟수를 정한다. ④ 기초선 점수를 결정한다. ⑤ 목표점수/진전선을 설정한다. ⑥ 자료를 수집한다. ⑦ 자료에 대해 해석한다.

21

2013. 초
★답안작성

다음의 (가)는 반복읽기(repeated reading) 전략에 대한 설명이고, (나)는 읽기장애 학생 소영이를 위해 반복읽기 전략과 교육과정중심측정(Curriculum-Based Measurement : CBM)을 적용한 사례이다. 물음에 답하시오. [5점]

(가) 반복읽기 전략

㉠ 반복읽기 전략을 통해 글 읽기 속도를 증진시킬 수 있다. ㉡ 반복읽기 전략의 주목적은 단어재인 능력을 향상시키기 위한 것이다. ㉢ 반복읽기 전략을 통해 해독(decoding) 활동에 더욱 집중할 수 있게 된다. ㉣ 반복읽기를 지도할 때 잘못 읽은 단어가 있다면 교사는 피드백을 즉시 제공하여 교정한다.

(나) 소영이의 사례

〈반복읽기 전략의 실시 및 평가 절차〉

① 반복읽기 전략을 주 2회 10분씩 실시한다.
② 매주 1회 1분간 CBM 구두 읽기검사를 실시한다.
③ 또래의 성장 속도를 고려하여 소영이의 목표선을 설정한다.
④ 소영이의 점수가 3주 연속으로 목표선의 점수보다 낮을 경우 전략을 교체한다.
⑤ 반복읽기 전략을 적용하기 전에 소영이에게 실시한 3회의 CBM 구두 읽기검사 점수의 중앙치를 찾는다.

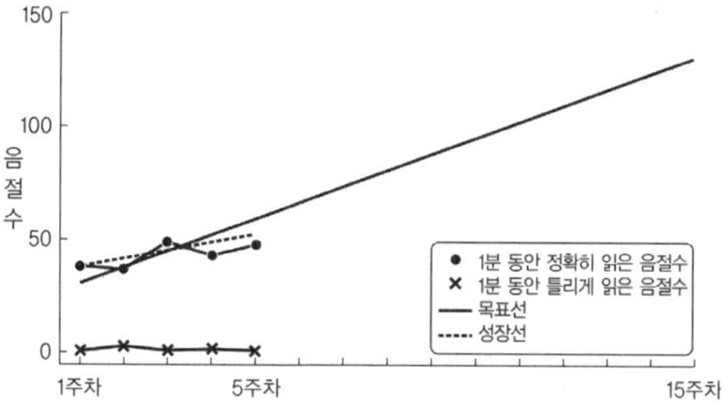

[반복읽기 전략을 통한 소영이의 읽기 진전도]

1) (가)의 ㉠~㉣ 중 틀린 것 2개를 찾아 기호를 쓰고, 그 이유를 각각 쓰시오. [2점]

- 기호와 이유 :

- 기호와 이유 :

2) (나)에서 사용된 '반복읽기 전략의 실시 및 평가 절차' ①~⑤를 순서대로 나열하시오. [1점]

(　　) → (　　) → (　　) → (　　) → (④)

3) 김 교사는 (나)에 나타난 5주차까지의 중재 결과를 바탕으로 반복읽기 전략을 교체하지 않고 수정하기로 결정하였다. 김 교사가 반복읽기 전략을 교체하지 않은 이유와 이 전략의 효과를 높이기 위하여 취할 수 있는 수정 방법 1가지를 쓰시오. [2점]

- 이유 :

- 수정 방법 :

핵심테마 체크 ✓

- 의미중심 접근법
- 해독중심 접근법

MY MEMO

22

정답 및 예시답안

③

알찬 지문풀이

- ㄱ. 학생에게 알파벳 문자 a, n, t와 음소의 대응관계를 가르친 후 ant를 어떻게 발음하는지 가르치려고 한다. ➡ 해독중심 접근
- ㄴ. 학생의 흥미를 유발할 수 있도록 「이솝이야기」에 나오는 cow, egg, fox, pig, red 등의 단어들을 사용하여 영어 단어의 읽기와 쓰기를 통합하려고 한다. ➡ 의미중심 접근
- ㄷ. 영어 단어 자체를 문자해독의 단위로 설정하고, 문자해독의 기능을 가르치기 위해 사용되는 단어들을 철자나 발음이 유사한 book, cook, look과 bat, cat, hat으로 구성하려고 한다. ➡ 해독중심 접근
- ㄹ. 학생으로 하여금 자신의 경험을 그림으로 그리게 한 후, 학생이 표현한 것 중 학생의 학습 수준에 적절한 영어 단어인 sun, cloud, tree, sky, house 등으로 읽기와 쓰기 자료를 구성하려고 한다. ➡ 의미중심 접근

관련이론

✦ 단어인지 교수 접근법

의미중심 프로그램	통언어적 접근법	• 문자해독을 위한 구체적인 기능을 직접 가르치기보다 이들 기능들이 의미 획득 또는 내용 이해를 위한 읽기 활동 과정에서 자연적으로 습득된다고 보는 접근 • 일견단어교수법: 반복적인 노출을 통해 주어진 단어의 시각적 형태를 기억하도록 하고, 단어의 시각적 형태와 음, 그리고 의미를 서로 연합시키도록 하는 방법 • 읽기와 쓰기 활동이 연계되어 강조
	언어경험 접근법	• 읽기 활동과 다른 언어 활동을 통합하여 프로그램이 구성되며, 아동의 학습동기유발을 통해 학습참여를 유도 • 언어경험 접근에서 사용되는 읽기 자료는 학생들이 경험한 이야기를 중심으로 구성 • 절차 ① 아동이 재미있어 하는 주제나 활동을 선택한다. ② 교사, 아동이 함께 그 활동에 대해 이야기한다. ③ 아동 또는 교사(소집단의 경우)가 받아쓴다. ④ 교사가 지적한 단어를 개인별 또는 합창으로 읽는다. ⑤ 입력한 단어를 아동에게 제시하고, 아동은 이야기 읽는 연습을 한다. ⑥ 새로 나온 단어는 단어카드를 작성하여 단어 학습을 한다.
	읽기 회복법	• 초등학교 1학년, 즉 읽기를 배우는 첫해에 어려움을 겪는 아동을 위하여 하루에 30분 정도 일대일로 가르치는 것
해독중심 프로그램	음운 분석적 접근	• 문자 및 문자와 음소의 대응 관계에 대한 지식, 그리고 단어를 구성하는 음소의 분석 및 결합 기능들이 문자해독 기술 향상을 위한 중요한 교수-학습활동
	언어학적 접근	• 의사소통을 중심으로 한 문자해독 읽기 활동을 강조하는 것으로, 인쇄문자를 언어적 의사소통과정으로 변환시키는 활동을 함

22

2010. 초

〈보기〉는 학습장애 학생에게 2008년 개정 특수학교 국민공통 기본교육과정 영어과에 근거하여 영어 단어를 가르치기 위한 교사의 계획이다. 의미중심 접근법을 적용하려는 활동을 〈보기〉에서 모두 고른 것은?

보기

ㄱ. 학생에게 알파벳 문자 a, n, t와 음소의 대응관계를 가르친 후 ant를 어떻게 발음하는지 가르치려고 한다.
ㄴ. 학생의 흥미를 유발할 수 있도록 이솝이야기에 나오는 cow, egg, fox, pig, red 등의 단어들을 사용하여 영어 단어의 읽기와 쓰기를 통합하려고 한다.
ㄷ. 영어 단어 자체를 문자해독의 단위로 설정하고, 문자해독의 기능을 가르치기 위해 사용되는 단어들을 철자나 발음이 유사한 book, cook, look과 bat, cat, hat으로 구성하려고 한다.
ㄹ. 학생으로 하여금 자신의 경험을 그림으로 그리게 한 후, 학생이 표현한 것 중 학생의 학습 수준에 적절한 영어 단어인 sun, cloud, tree, sky, house 등으로 읽기와 쓰기 자료를 구성하려고 한다.

① ㄴ
② ㄱ, ㄷ
③ ㄴ, ㄹ
④ ㄱ, ㄷ, ㄹ
⑤ ㄴ, ㄷ, ㄹ

23

핵심테마 체크 ✔

- 사전적 정의
- 읽기의 수준(읽기 활동을 통한 내용의 이해)

MY MEMO

정답 및 예시답안

○ 사전적 정의를 찾는 방법은 목표 어휘의 의미를 간단하게 이해하는 데 도움이 되므로(표면적인 수준에서의 이해), 충분한 이해 수준을 이끄는 데는 한계가 있다는 점에 유념해야 한다(또는 실제로 해당 어휘를 '어떻게 활용할 것인가'를 가르치는 데는 한계가 있다는 점에 유념해야 한다).
○ ㉡은 내용에 대한 사실적 이해이다.
○ ㉢의 예시에 해당하는 질문은 '베먼 할아버지는 왜 존시를 위해 나뭇잎을 그렸을까요?'이다.

관련이론

✦ 읽기이해의 구성

단어인지	읽기 자료의 전체 내용을 이해하고 내용에 대한 기억에 중요한 역할
사실적 이해	읽기 자료에 쓰인 내용을 있는 그대로 의미화할 수 있는 능력
추론적 이해	읽기 자료에 나타난 정보를 있는 그대로가 아닌 개인적 경험, 지식, 직관을 이용해 가설화할 수 있는 능력
평가적 이해	독자의 지식, 경험, 가치 체계를 중심으로 읽기 자료에 포함된 내용의 정확성, 저자의 의도, 정보의 유용성 등을 판단하는 것
감상적 이해	읽기 활동 자체를 통해 심미적 만족을 갖게 되는 상태

✦ 어휘 수준에 따른 교수법

사전적 정의	• 교사는 학생에게 목표 어휘의 사전적 의미를 찾고, 해당 어휘를 사용하여 문장을 만들고, 간단히 평가하는 형식으로 수업을 구성할 수 있다. • 사전적 정의를 찾는 방법은 목표 어휘의 의미를 간단하게 이해하는 데는 도움이 되지만, 여기서의 어휘이해 정도는 다소 표면적인 수준이고, 충분한 이해 수준을 이끄는 데는 한계를 지닌다. • 또한 이 방법은 학생이 실제로 해당 어휘를 '어떻게 활용할 것인가'를 가르치는 데 한계가 있다.
키워드 기억전략	• 목표 어휘와 학생이 이미 알고 있는 키워드를 연결하여 목표 어휘를 가르치는 방법이다. • 키워드는 학생이 이미 알고 있는 단어 중, 목표 어휘와 청각적으로 비슷한 어휘이다. • 키워드 기억전략은 목표 어휘의 다양한 의미 이해 및 관련 어휘와의 연결(이해지식)보다는 목표 어휘의 단순한 정의를 연결하는 것(결합지식)을 목적으로 한다.
컴퓨터 보조 교수	• 어려운 어휘의 정의를 제공하거나, 어려운 어휘를 쉬운 어휘로 바꿔주는 등의 방법을 적용할 수 있다.
의미지도	• 목표 어휘를 중심으로 이와 관련되는 어휘를 열거하고, 그 어휘들을 그래픽 조직자를 활용하여 범주화하고, 각각의 범주에 명칭을 부여하는 방법이다. • 의미지도는 목표 어휘와 관련된 다양한 어휘 간의 관계를 파악하도록 함으로써, 학생이 어휘를 보다 조직적으로 기억하도록 도와준다. • 의미지도는 학생이 자신의 선행지식과 연결하여 새로운 어휘의 의미를 이해하고 어휘력을 확장하는 데 유용한 방법이다. • 그래픽 조직자의 활용은 학생이 어휘 간의 관련성을 이해하도록 도와주며, 또한 완성된 의미지도에 대한 활발한 논의는 의미지도의 효과성을 극대화할 수 있다.
개념지도, 개념 다이어 그램	• 개념지도는 목표 어휘의 정의, 예, 예가 아닌 것으로 구성된 그래픽 조직자이다. • 개념 다이어그램은 개념비교표를 만들어서 학생이 개념의 특성(반드시 갖추어야 하는 특성, 가끔 갖추고 있는 특성, 절대 갖추고 있지 않는 특성), 예와 예가 아닌 것 등을 비교함으로써 목표 개념을 이해하도록 도와주는 방법이다.
의미특성분석	• 목표 어휘(가로줄 구성)와 그 어휘들의 주요 특성(세로줄 구성)들 간의 관계를 격자표(grid)로 정리하는 방법으로, 학생들은 각 어휘가 각 특성과 관련이 있는지(+ 표시) 없는지(− 표시)를 파악함으로써 목표 어휘의 의미를 폭넓게 이해할 수 있게 된다. • 의미특성분석은 목표 어휘를 관련 어휘 및 학습자의 선행지식과 연결함으로써 학습자의 어휘에 관한 이해의 정도를 확장시키는 것을 목표로 한다.
기타 어휘 확장 교수법	• 어휘 관련시키기 활동 • 질문−이유−예 활동
빈번한, 풍부한, 확장하는 어휘교수	• 풍부한 어휘교수란 단순히 어휘의 정의를 제시하는 것 이상의 교수로서, 목표 어휘의 다양한 의미를 이해하고 관련 어휘 및 학습자의 선행지식과 연결 짓도록 하는 것을 의미한다. • 확장하는 어휘교수란 학생이 수업시간에 학습한 어휘를 다양한 상황에서 활용할 수 있도록 하는 교수를 의미한다.

23

2019. 중
★답안작성

다음은 윤 교사가 ○○고등학교 특수학급에서 읽기이해에 어려움을 보이는 읽기 학습장애 학생 Y와 E에게 제공할 수업활동지 작성 계획 및 예시이다. 〈작성 방법〉에 따라 서술하시오. [4점]

(가) 학생 Y

수업활동지 작성 계획	지문 예시
어려운 단어를 제시하고 ㉠ 국어사전을 활용하여 사전적 정의를 직접 찾아보는 활동으로 구성함	최근 일어난 대형 참사는 결국 인재라 할 수 있다. • 사전에서 뜻을 찾아 적어봅시다. －인재 :

(나) 학생 E

수업활동지 작성 계획	지문 및 질문의 예시
학생 E가 글을 읽은 후, 질문하기 전략을 사용하여 읽기 이해 수준을 확인할 수 있는 질문을 만들어보고, 질문에 답할 수 있도록 구성함 • 학생 스스로 (㉡) 질문 만들기 • 교사가 제시한 ㉢ 추론적 이해 질문에 답하기 • 교사가 제시한 평가적 이해 질문에 대해 함께 이야기하기	존시는 나뭇잎이 다 떨어지면 자기도 죽을 것이라 생각했다. 며칠이 지나도 하나 남은 나뭇잎은 그대로 있었다. ㉣ 사실 이 나뭇잎은 베먼 할아버지가 존시를 위해 그린 그림이었다. －'마지막 잎새'의 내용 일부  〈㉡의 예시〉 존시는 무엇이 다 떨어지면 자기도 죽을 것이라 생각했나요? 〈㉢의 예시〉 ＿＿＿＿＿＿＿＿＿＿  … (하략) …

작성방법

- 학생 Y의 어휘 지도를 위해 밑줄 친 ㉠을 할 때, 유념해서 지도할 내용을 이유 1가지와 함께 서술할 것
- <㉡의 예시>를 보고, 괄호 안의 ㉡에 해당하는 질문 유형을 쓸 것
- 밑줄 친 ㉣을 바탕으로, <㉢의 예시>에 해당하는 추론적 이해 질문의 예 1가지를 서술할 것

24

핵심테마 체크

- 설명식 글을 지도하는 전략
- 배경지식 활성화하기
- 훑어보기
- 글의 구조에 대한 지도
- 중심내용 파악하기
- 그래픽 조직자

MY MEMO

정답 및 예시답안

⑤

알찬 지문풀이

- ⑤ 사실과 의견을 구분할 수 있는 그래픽 조직자(graphic organizer)를 사용하여 글의 내용을 시각적으로 조직할 수 있도록 한다. ➡ 설명문은 정보를 전달하기 위하여 '사실'을 위주로 구성된 글의 형식

25

핵심테마 체크

- 언어경험 접근법

MY MEMO

정답 및 예시답안

④

관련이론

✦ 언어경험 접근법

- 읽기 활동과 다른 언어 활동을 통합하여 프로그램이 구성되며, 아동의 학습동기유발을 통해 적극적인 학습참여를 유도한다.
- 언어경험 접근에서 사용되는 읽기 자료는 학생들이 경험한 이야기를 구두로 말하고, 교사는 이를 문어로 기록한다. 이때 학생들이 자유롭게 이야기를 전개할 수 있도록 학생이 자신의 경험을 그림으로 나타낸 결과물을 활용할 수도 있다. 일단 교사는 학생의 이야기를 있는 그대로 적은 다음, 편집과정을 통해 문자해독, 적절한 다른 대체 단어의 선택, 사용된 문장구조의 확인 및 변경 등을 수행하게 된다. 이러한 과정을 통해 작성된 글이 바로 읽기 활동을 위한 교수–학습자료로서 사용된다.
- 언어경험 접근은 말하기, 듣기, 쓰기 활동을 읽기 프로그램에 통합함으로써 아동이 자신의 언어활동, 환경과의 접촉, 일상적 생활경험에 더 민감해지도록 한다는 장점을 갖는다. 또한 자신의 경험을 중심으로 한 읽기 자료의 구성은 읽기 활동에 대한 학생들의 학습동기를 높여주는 기능을 수행하며, 논리적인 이야기 전개나 여러 사상들(events)에 대한 통합적 사고 등을 통해 언어뿐만 아니라 사고력도 함께 개발할 수 있다는 장점이 있다.
- 단점으로는 계열성을 갖는 구체적 읽기 기능(예 음운분석, 음운결합, 단어 형성 등)에 대한 체계적인 교육을 제공하지 않는다는 것을 들 수 있다. 또한 읽기 활동이 아동의 경험과 어휘력에 의존하는 데 비해, 어휘력 개발을 위한 구체적 프로그램이 존재하지 않는다는 것도 언어경험 접근의 한계라고 할 수 있다.
- 절차
  ① 아동이 재미있어 하는 주제나 활동을 선택한다.
  ② 교사, 아동이 함께 그 활동에 대해 이야기한다.
  ③ 아동 또는 교사(소집단의 경우)가 받아쓴다.
  ④ 교사가 지적한 단어를 개인별 또는 합창으로 읽는다.
  ⑤ 입력한 단어를 아동에게 제시하고, 아동은 이야기 읽는 연습을 한다.
  ⑥ 새로 나온 단어는 단어카드를 작성하여 빈칸 채우는 방법으로 연습한다.

24

2010. 중

읽기이해에 어려움이 있는 학습장애 학생에게 다음과 같은 글을 지도할 때 적절한 교수전략으로 가장 거리가 먼 것은?

> 음성 언어와 문자 언어
>
> 음성 언어와 문자 언어의 특성을 이해하기 위해서는 일단 음성과 문자의 속성에 주목해야 한다. 음성은 소리이기 때문에 청각에 의존한다. 또한, 소리이기 때문에 말하고 듣는 그 순간 그 장소에만 존재하고 곧바로 사라진다. 반면에 문자는 기록이기 때문에 시각(視覺)에 의존하고, 오랜 기간 동안 보존이 가능(可能)하며, 그 기록을 가지고 다른 곳으로 이동할 수도 있다.
>
> 음성 언어는 소리의 속성 때문에 말하는 이와 듣는 이가 대면한 상태에서 사용된다.
>
> …(중략)…
>
> 이에 비해 문자 언어는 상대방이 없는 상태에서 충분한 시간을 가지고 사용하게 된다.
>
> …(하략)…
>
> – 국민 공통 기본 교육과정 중학교 국어 1–1

① 읽을 내용과 관련하여 학생들이 이미 알고 있는 배경지식을 활성화시킨다.

② 읽기 전 활동으로 제목 등을 훑어보게 하여 읽을 내용을 짐작하도록 한다.

③ 글의 구조(text structure)에 대한 지도를 하여 글의 중요한 내용을 파악하도록 한다.

④ 중심 내용과 이를 뒷받침하는 세부 내용을 확인하여 문단의 중요한 내용을 파악하도록 한다.

⑤ 사실과 의견을 구분할 수 있는 그래픽 조직자(graphic organizer)를 사용하여 글의 내용을 시각적으로 조직할 수 있도록 한다.

25

2011. 초

박 교사는 학습장애 학생 성호에게 2008년 개정 특수학교 기본 교육과정 교과서 국어 2 '들로 산으로' 단원을 지도하기 위해 놀이공원 현장체험학습 경험을 이용하여 언어경험 접근법으로 수업을 하려고 한다. 박 교사가 진행한 수업 절차를 올바른 순서대로 나열한 것은?

단원	들로 산으로
제재	3. 경험한 일의 차례를 생각하며 문장 읽기
교수 · 학습 자료	• 멀티미디어 학습자료 • 낱말 카드 및 그림 카드 • 현장체험학습 장면이 담긴 사진이나 동영상 자료 

> ㄱ. 성호가 놀이공원에서 한 일을 이야기한 내용 그대로 받아 적는다.
>
> ㄴ. 성호가 생소하거나 어려운 낱말, 혹은 배우고 싶은 낱말을 선택하게 하여 낱말카드로 만들어 지도한다.
>
> ㄷ. 성호가 자신이 이야기한 내용의 글을 능숙하게 읽게 되면, 다른 학생의 이야기를 읽도록 지도한다.
>
> ㄹ. 성호가 놀이공원에서 한 일을 자유롭게 말하게 하며, 필요한 경우 현장체험학습 사진이나 동영상 자료를 보여준다.
>
> ㅁ. 성호가 자신이 이야기한 내용의 글이 친숙해질 때까지 여러 번 읽도록 지도한다.

① ㄱ – ㄹ – ㅁ – ㄴ – ㄷ

② ㄱ – ㄹ – ㅁ – ㄷ – ㄴ

③ ㄷ – ㅁ – ㄴ – ㄱ – ㄹ

④ ㄹ – ㄱ – ㅁ – ㄴ – ㄷ

⑤ ㄹ – ㄱ – ㅁ – ㄷ – ㄴ

핵심테마 체크 ✔

- 언어경험 접근
- CAST의 원리

MY MEMO

26

정답 및 예시답안

1) ① 학생이 이야기하는 내용을 받아 적는다.
   ② 다양한 읽기 자료
2) 다양한 방식의 표상 제공
3) 초과정

관련이론

✦ 언어경험 접근법

- 읽기 활동과 다른 언어 활동을 통합하여 프로그램이 구성되며, 아동의 학습동기유발을 통해 적극적인 학습참여를 유도한다.
- 언어경험 접근에서 사용되는 읽기 자료는 학생들이 경험한 이야기를 구두로 말하고, 교사는 이를 문어로 기록한다. 이때 학생들이 자유롭게 이야기를 전개할 수 있도록 학생이 자신의 경험을 그림으로 나타낸 결과물을 활용할 수도 있다. 일단 교사는 학생의 이야기를 있는 그대로 적은 다음, 편집과정을 통해 문자해독, 적절한 다른 대체 단어의 선택, 사용된 문장구조의 확인 및 변경 등을 수행하게 된다. 이러한 과정을 통해 작성된 글이 바로 읽기 활동을 위한 교수–학습 자료로서 사용된다.
- 언어경험 접근은 말하기, 듣기, 쓰기 활동을 읽기 프로그램에 통합함으로써 아동이 자신의 언어활동, 환경과의 접촉, 일상적 생활경험에 더 민감해지도록 한다는 장점을 갖는다. 또한 자신의 경험을 중심으로 한 읽기 자료의 구성은 읽기 활동에 대한 학생들의 학습동기를 높여주는 기능을 수행하며, 논리적인 이야기 전개나 여러 사상들(events)에 대한 통합적 사고 등을 통해 언어뿐만 아니라 사고력도 함께 개발할 수 있다는 장점이 있다.
- 단점으로는 계열성을 갖는 구체적 읽기 기능(예 음운분석, 음운결합, 단어 형성 등)에 대한 체계적인 교육을 제공하지 않는다는 것을 들 수 있다. 또한 읽기 활동이 아동의 경험과 어휘력에 의존하는 데 비해, 어휘력 개발을 위한 구체적 프로그램이 존재하지 않는다는 것도 언어경험 접근의 한계라고 할 수 있다.
- 절차
  ① 아동이 재미있어 하는 주제나 활동을 선택한다.
  ② 교사, 아동이 함께 그 활동에 대해 이야기한다.
  ③ 아동 또는 교사(소집단의 경우)가 받아쓴다.
  ④ 교사가 지적한 단어를 개인별 또는 합창으로 읽는다.
  ⑤ 입력한 단어를 아동에게 제시하고, 아동은 이야기 읽는 연습을 한다.
  ⑥ 새로 나온 단어는 단어카드를 작성하여 빈칸 채우는 방법으로 연습한다.

✦ CAST의 보편적 학습설계 원리

제1원리	표상(representation): 인지학습을 지원하기 위해, 다양하고 융통성 있는 제시방법 제공
제2원리	행동과 표현(action & expression): 전략적 학습을 지원하기 위해, 다양하고 융통성 있는 표현 및 연습방법 제공
제3원리	참여(engagement): 정서적 학습을 지원하기 위해, 다양하고 융통성 있는 참여를 위한 선택권 제공

26

2021. 초

다음은 도덕과 5학년 '밝고 건전한 사이버 생활' 단원 수업을 준비하는 통합학급 교사를 지원하기 위해 특수교사가 작성한 노트의 일부이다. 물음에 답하시오. [5점]

가. 통합학급 수업 전 특수학급에서의 사전학습

○ 소희의 특성

- 읽기 능력이 지적 수준이나 구어 발달 수준에 비해 현저히 낮음
- 인터넷을 즐겨 사용함
- 자신의 경험을 이야기하는 것을 좋아함

○ 필요성: 도덕과의 인지적 요소를 학습하기 위해 별도의 읽기 학습이 요구됨

○ 제재 학습을 위한 읽기 지도

－제재: 사이버 예절, 함께 지켜요

－지도방법: ㉠ 언어경험접근

나. 소희를 위한 교수·학습 환경 분석에 따른 지원 내용 선정

분석 결과		지원 내용
• 사이버 예절 알기 자료를 인쇄물 또는 음성자료로만 제공 • 서책형 자료로만 제공	➡	• 디지털 교과서 • 동영상 자료 • PPT 자료 • 요약본 [A]

다. 2015 개정 도덕과 교육과정 평가 방향에 근거한 평가 내용

제재: 사이버 예절, 함께 지켜요	
구분	평가 기준
인지적 요소	청소년을 위한 사이버 예절을 아는가?
정의적 요소	사이버 예절 수업에 적극적으로 참여하는가?
행동적 요소	㉡

1) 다음은 ㉠의 단계와 내용(수업 활동)이다. ① ⓐ에 들어갈 내용을 쓰고, ② ⓑ에 공통적으로 들어갈 말을 쓰시오. [2점]

단계	내용 (수업 활동)
이야기하기	• 교사는 학생이 최근 경험을 이야기할 수 있도록 동기 부여한다. － 사이버 공간에서의 경험을 활용하기
⬇	
받아쓰기	• [ⓐ] － 게임, 문자, 댓글 등의 낱말을 활용하기
⬇	
학습하기	• 다양한 활동을 통해 단어를 학습한다. － 노래 개사를 활용하기
⬇	
읽기 학습하기	• [ⓑ]을/를 읽는 과정으로 나아간다. －(ⓑ)을/를 활용하기

①:

②:

2) 응용특수교육공학센터(CAST)의 보편적학습설계 원리 중 [A]에 적용된 원리를 1가지 쓰시오. [1점]

3) ㉡에 해당하는 평가 기준을 2가지 쓰시오. [2점]

①:

②:

핵심테마 체크 ✓

- 예측하기
- 중심내용 파악하기
- 일견단어 접근법
- 해독중심 프로그램
- 개념지도
- 그래픽 조직자

MY MEMO

27

정답 및 예시답안

①

알찬 지문풀이

- ㄷ. 일견단어 접근법과 같은 해독중심 프로그램을 활용하여 단어의 의미형성을 유도한다. ➡ 읽기 이해력을 위한 전략이 아님

- ㅁ. ➡ 해당 그래픽 조직자는 비교-대조를 위한 형태가 아님. 그래픽 조직자의 형태는 적용하는 내용에 따라 달라짐. 일반적으로 비교-대조는 벤다이어그램의 형태로 나타냄

문제 속 자료분석

- ㄱ. 본문을 읽기 전에 제목을 읽고 글의 내용을 예측하도록 지도한다.
- ㄴ. 단서를 활용하여 글에서 중심내용을 찾고 이를 자신의 말로 표현하도록 지도한다.
- ㄹ. 주어진 글과 관련된 개념들을 중심으로 '개념지도(concept map)'를 작성하도록 지도한다.

➡ 모두 학생 A의 특성에 적절한 읽기이해 전략

관련이론

✦ 예측하기

- 글을 읽기 전에 글의 제목, 소제목, 그림 등을 훑어본 다음, 앞으로 읽을 글에 대한 내용을 예측하는 활동
- 학생은 글을 읽는 동안 예측하기 활동을 통해 자신이 예측한 내용이 실제 글의 내용과 비슷한지 여부를 점검하게 되고, 필요에 따라 예측한 내용을 변경하는 등 보다 능동적인 독자로서의 특성을 보이게 된다고 함

✦ 중심내용 파악하기

- 해당 문단의 중요 내용을 찾고, 이를 자신의 말로 표현하는 전략
- 3단계
  ① 1단계 : 각 문단이 '무엇' 또는 '누구'에 관한 내용인가를 파악하기
  ② 2단계 : 각 문단에서 '무엇' 또는 '누구'에 관한 가장 중요한 내용 파악하기
  ③ 3단계 : 1~2단계에서 파악한 내용을 10어절 이내의 문장으로 표현하기

✦ 일견단어 접근법

- 반복적인 노출을 통해 주어진 단어의 시각적 형태를 기억하도록 하고, 단어의 시각적 형태와 음, 그리고 의미를 서로 연합시키도록 하는 방법

✦ 그래픽 조직자

효과적 활용법	• 불필요한 방해요소를 뺀 중요한 정보만 담고 있어야 함 • 그래픽 조직자는 시각적으로 정보를 배열하는 것에 그치는 것이 아니라 학생이 가진 기존 지식에 연결시켜 지식의 폭을 확장시키고 이를 오래 기억할 수 있도록 도와주어야 함 • 학생들이 기억하기 용이한 그래픽이나 표 등으로 표현하는 것이 좋음	
기능에 따른 유형	• 선행 조직자 • 마무리 조직자	• 수업 조직자
내용에 따른 유형	• 개념도 • 개념조직도 • 의미특성분석 • 연속형(순서형) • 순환형	• 개념비교도 • 개념연결도 • 계층형 • 개념형 • 비교, 대조형
형태에 따른 유형	• 매트릭스	• 벤 다이어그램

27

2013. 중

다음은 읽기학습장애 학생 A에 대한 평가 결과이다. A에게 적합한 읽기이해 지도방법으로 옳은 것을 <보기>에서 고른 것은?

- 비교 대조 형식의 글에 대한 이해가 부족함
- 글과 관련된 사전지식 활성화에 어려움이 있음
- 글을 읽고 주제에 대해서 파악하는 데 어려움이 있음

보기

ㄱ. 본문을 읽기 전에 제목을 읽고 글의 내용을 예측하도록 지도한다.
ㄴ. 단서를 활용하여 글에서 중심내용을 찾고 이를 자신의 말로 표현하도록 지도한다.
ㄷ. 일견단어 접근법과 같은 해독중심 프로그램을 활용하여 단어의 의미형성을 유도한다.
ㄹ. 주어진 글과 관련된 개념들을 중심으로 '개념지도(concept map)'를 작성하도록 지도한다.
ㅁ. 비교 대조 형식의 글을 지도할 때 아래와 같은 그래픽 조직자들을 활용하여 지도한다.

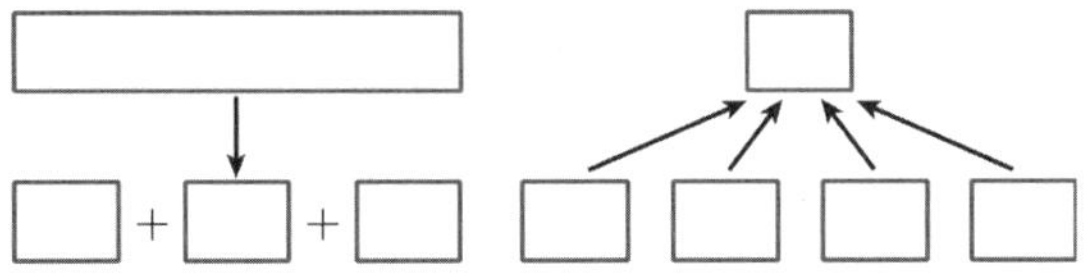

① ㄱ, ㄴ, ㄹ　　② ㄱ, ㄷ, ㄹ
③ ㄱ, ㄷ, ㅁ　　④ ㄴ, ㄷ, ㅁ
⑤ ㄴ, ㄹ, ㅁ

핵심테마 체크 ✔
- 글의 구조
- 그래픽 조직자
- 어휘 전략
- 읽기이해 전략

MY MEMO

28

정답 및 예시답안

○ ㉠은 비교-대조, ㉡은 개념비교도이다.
○ "'한가운데'는 '한'과 '가운데'가 합쳐진 단어입니다. '한가운데'는 어떤 의미일까요?"
○ ㉣은 KWL전략이다.

관련이론

✦ 글의 구조에 대한 교수

- 글 구조: 글에 나타나는 조직적인 특성, 글의 프레임을 제시하는 역할
- 대표적인 구조의 유형: 이야기 글, 설명글 등
- 이야기지도 전략: 이야기 글의 구조인 이야기문법을 가르치는 방법 중 하나. 글의 중요한 내용을 시각적으로 기록하게 함으로써 학생이 글의 내용을 파악하는 데 도움을 주는 방법
- 비교-대조 구조에 대한 교수요소: 설명글에 대한 교수
  ① 단서 단어에 대한 교수
  ② 어휘교수
  ③ 문단을 읽으면서 내용 분석하기
  ④ 비교-대조 구조에 대한 이해를 돕는 그래픽 조직자 사용하기
  ⑤ 비교-대조 질문하기
  ⑥ 요약하기

✦ 설명식 글의 구조 파악에 근거한 이해촉진 교수전략

나열형	• 여러 가지 중요 사실들을 동등한 수준에서 제시하고 이를 설명하는 형식 • 전체 글의 주제, 주요 개념들, 주요 개념 설명에 포함된 세부 개념들로 구성 • 도식을 이용해 학습자가 구성요소들을 파악하면서 글을 읽게 되면 글에 대한 이해와 기억이 촉진될 수 있음
비교 대조형	• 두 개 이상의 사건, 현상 또는 사물을 비교하는 형식 • 비교 대상 간에 존재하는 차이점과 공통점이 무엇인지를 파악하는 것이 중요 • 시각 보조도구를 사용하면 도움이 될 수 있음
원인 결과형	• 현상이나 사건이 촉발되게 한 원인과 그로 인해 발생한 결과를 설명하는 형식 • 각 결과를 확인하고 그 결과와 관련해 원인 요인들을 파악하는 것이 글을 이해하는 데 중요한 부분을 차지하게 됨 • 시각 보조도구 활용

✦ 어휘교수법

- 학생이 책을 읽다가 모르는 어휘가 나오면 스스로 파악할 수 있도록 돕는 전략을 가르쳐야 한다. 이러한 전략의 예로는 문맥분석전략과 단어형태분석전략 등을 들 수 있다.
- 문맥분석전략: 모르는 어휘가 포함된 문장을 읽거나, 앞뒤 문장을 읽으면서 어휘의 뜻을 유추하도록 돕는 것을 의미한다.
- 단어형태분석전략: 단어를 구성하는 형태소를 파악하여 모르는 어휘의 뜻을 파악하도록 돕는 것을 의미한다.

✦ KWL

- 자신이 읽은 글에 대해 무엇을 알고 있고(What I Know), 무엇을 더 알기 원하며(What I Want to Know), 다 읽고 나서 무엇을 알게 되었는지(What I Learn)를 차례로 기술해 보도록 하는 방법

고득점 답안 비법 ✩ 단어형태분석전략: 단어를 구성하는 형태소를 파악하여 모르는 어휘의 뜻을 파악하도록 돕는 것을 의미(책을 읽다가 모르는 어휘가 나왔을 때 사용할 수 있는 전략으로 문맥분석전략과 단어형태분석전략이 있음)

28 2024. 중 ★답안작성

(가)는 학습장애 학생 A의 특성이고, (나)는 읽기 자료, (다)는 (나)를 활용한 국어 수업 계획이다. 〈작성 방법〉에 따라 서술하시오. [4점]

(가) 학생 A의 특성

- 글을 읽을 때 음운상의 오류를 보이지 않음
- 글을 빠르게 막힘이 없이 읽을 수 있음
- 읽은 내용을 이해하는 데 어려움이 있음

(나) 읽기 자료

〈고체와 액체〉

우리 주위에는 매우 다양한 물질이 있다. 그중 고체와 액체에 대해 살펴보자. 돌과 나무는 고체이고, 물과 주스는 액체이다. 돌이나 나무 같은 고체는 모양이나 부피가 쉽게 바뀌지 않는다.

이에 반해 물이나 주스 같은 액체는 담는 그릇에 따라 모양이 변하지만 부피는 일정하다. 그래서 물이나 주스를 한가운데가 뚫려 있는 그릇에 통과시키면 모양은 잠깐 바뀌지만 부피는 변하지 않는다.

(다) 국어 수업 계획

〈읽기 이해 지도 계획〉

1) 글의 구조 파악하기
 – (㉠)형 구조

2) 글을 읽고 그래픽 조직자로 표현하기
 – (㉡) 활용하기

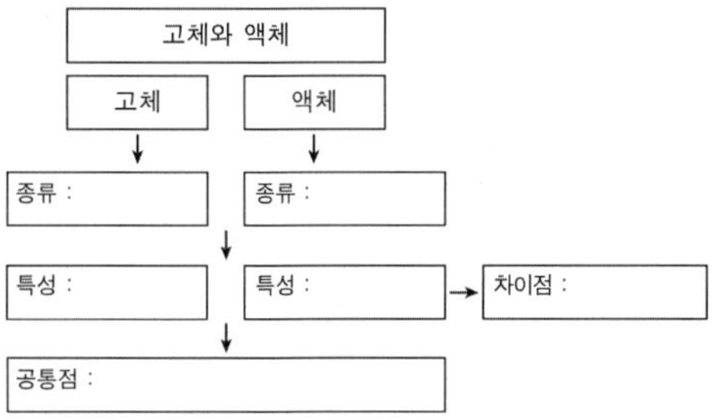

3) 어려운 내용과 단어 파악하기
 – 문맥 분석 전략 활용하기
  학생 A에게 모르는 어휘가 포함된 문장을 읽게 하거나, 앞뒤 문장을 읽으면서 어휘의 뜻을 유추하는 전략 지도하기
 – 단어 형태 분석 전략 활용하기
  ㉢<u>'한가운데'</u>라는 단어 설명하기

4) 글의 내용 파악하기
 – ㉣<u>(읽기 전) 이미 알고 있었던 내용, 더 알고 싶은 내용 확인하기, (읽기 후) 오늘 알게 된 내용 기록하기</u>

작성방법

- (다)의 괄호 안의 ㉠에 해당하는 (나) 글의 구조의 명칭을 글의 주된 내용 전개 방법에 근거하여 쓸 것
- (다)의 괄호 안의 ㉡에 해당하는 그래픽 조직자의 유형을 쓸 것
- 단어 형태 분석 전략으로 (다)의 밑줄 친 ㉢을 지도하는 교사의 발화를 1가지 서술할 것
- (다)의 밑줄 친 ㉣에 해당하는 전략을 쓸 것

핵심테마 체크 ✔

- 의미특성분석
- KWL

MY MEMO

29

정답 및 예시답안

○ ㉢ / 의미특성분석표는 목표 개념이 어떤 특성을 가지고 있는지의 여부를 표시하여 개념을 폭넓게 이해하도록 하는 그래픽 조직자의 유형으로서, 순환적 변화를 이해하는 내용과는 관련이 없기 때문이다.

○ K : 내가 알고 있는 고체, 액체, 기체의 상태에 대하여 설명하기
W : 물질의 상태 변화에 대하여 알고 싶은 내용 쓰기
L : 자료를 읽고 이해한 융해, 용해, 용매, 용질의 개념 요약하기

관련이론

✦ 의미특성분석

- 목표 개념과 그 개념의 주요 특성 간의 관계를 격자표로 정리하는 방법
- 각각의 개념과 특성이 서로 관련이 있는지(+ 표시) 없는지(− 표시)를 분석하여 해당 개념의 의미를 폭넓게 이해할 수 있게 함
- 목표 개념과 주요 특성과의 관계를 표로 정리하여 해당 개념에 대한 이해를 확고히 할 수 있음
- 간단한 ○, × 표식을 활용하여 목표 개념이 어떤 특성을 가지고 있는지의 여부를 표시하여 학습 내용을 정리할 수 있게 함

✦ KWL

- K : 읽을 글의 제목에 대해 자신이 알고 있는 것에 대해 기록
- W : 앞으로 글을 읽음으로써 배우고 싶은 내용을 기록
- L : 글을 다 읽은 후, 자신이 글을 통해 배운 것을 요약

29

2015. 중

다음은 학습장애 학생 A의 학습 특성과 통합학급에서 공통 교육과정 중학교 1학년 과학 교과, '물질의 세 가지 상태' 단원을 지도하기 위한 계획안의 일부이다. (가)의 활동 1, 2, 3을 지도하기 위한 전략 ㉠, ㉡, ㉢ 중 부적절하게 사용한 것을 찾고, 그 이유를 설명하시오. (나)의 활동 1을 지도하기 위해 학생 A에게는 K-W-L 기법을 적용하려고 한다. 밑줄 친 ㉣의 단계별 지도 내용을 교사가 제시한 읽기 자료에 근거하여 순서대로 쓰시오. [5점]

〈학습장애 학생 A의 학습 특성〉

글을 읽을 수는 있으나, 그 내용을 요약·정리하는 데 어려움이 있다.

(가)

제재	1. 고체, 액체, 기체의 성질	
지도 목표	• 물질을 상태에 따라 분류할 수 있다. • 물질의 세 가지 상태에 대한 특징을 이해할 수 있다.	
지도 내용 및 교수 전략	〈활동 1〉 물질을 고체, 액체, 기체로 구분하기	㉠ 매트릭스를 이용하여 다양한 물질을 고체, 액체, 기체로 범주화하여 분류함
	〈활동 2〉 고체, 액체, 기체의 공통점과 차이점 찾기	㉡ 벤 다이어그램을 활용하여 고체, 액체, 기체의 공통점과 차이점을 찾음
	〈활동 3〉 고체, 액체, 기체 사이의 상태 변화를 이해하기	㉢ 의미특성분석표를 사용하여 고체, 액체, 기체 사이의 순환적 변화를 이해함

(나)

제재	2. 모습을 바꾸는 물질	
지도 목표	융해, 용해, 기화, 액화의 뜻을 설명할 수 있다.	
지도 내용 및 교수 전략	〈활동 1〉 물질의 상태 변화(융해, 용해)에 관한 글을 읽고 이해하기	㉣ <u>K-W-L 기법</u>을 사용하여 융해와 용해에 대해 이해함
	〈읽기 자료〉 융해는 고체 물질이 액체로 변하는 상태 변화이다. 용해는 고체나 액체 또는 기체가 액체에 녹아 들어가는 현상이다. 용해는 용매(녹이는 물질)와 용질(녹는 물질) 사이의 인력으로 인하여 일어난다. … (하략) …	

핵심테마 체크 ✓

- Fernald 읽기 교수법
- Hegge-Kirk-Kirk 접근법
- 신경학적 각인읽기
- SQ3R
- RIDER 기법

MY MEMO

30

정답 및 예시답안

③

문제 속 자료분석

- (가) 음독 문제로 단어를 잘못 읽는 학습장애학생에게 도움이 된다. 이 방법은 음소와 문자 간의 대응 관계를 단순화하여 구성한 교수·학습 활동으로, 학생에게 많은 연습의 기회를 제공하여 숙달하게 한다.
  ➡ Hegge-Kirk-Kirk 접근법
- (나) 읽기 유창성 문제를 가진 학습장애학생에게 도움이 된다. 교사와 학생은 함께 읽기 자료를 가능한 한 빠르고 정확하게 읽어 나간다. 초기에는 교사가 더 큰 목소리로 더 빠르게 읽어나가지만 점차 학생이 주도적으로 읽는다. ➡ 신경학적 각인 교수법
- (다) 독해 문제를 가진 학습장애학생이 설명문으로 된 글을 읽을 때 도움이 된다. 이 방법은 먼저 본문을 훑어보고 질문을 한 뒤, 질문의 답을 찾기 위해 본문을 읽고, 찾은 답을 되새기고, 다시 검토하는 방법을 사용한다.
  ➡ SQ3R 기법

관련이론

✦ Fernald

- 시각, 청각, 촉각, 운동감각 모두를 사용하도록 구성된 교육 프로그램이다.
- 이 교수법은 참여 학생들의 학습동기를 중시하여 학습해야 할 단어를 학생들이 선택하도록 허용한다. 또한 구성요소를 중심으로 한 음운분석이 아닌 전체 단어로서 단어학습이 이루어지도록 구성되어 있는 것이 특징이다.

✦ Gillingham

- 문자와 음소의 대응관계에 대한 지식을 다감각적 방법을 통해 획득하도록 구성한 프로그램이다.
- 프로그램에 참여하는 아동의 학습동기에 대한 고려가 거의 없다는 단점이 있다.

✦ Hegge-Kirk-Kirk

- 교정적 읽기 프로그램이라고도 불리며 많은 연습기회를 통해 문자와 음소의 대응관계를 파악하도록 교수-학습활동이 구성되어 있다.
- 모든 자음과 모음에 해당하는 음소를 아동이 모두 알도록 교수-학습활동이 이루어진다.
- 문자와 음소에 대한 학습이 끝난 다음에는 이들 문자들로 구성되는 단어를 중심으로 한 활동으로 이루어진다.

✦ 신경학적 각인읽기 교수법

1) 의미: 음운분석이나 단어인식, 읽기이해와 관련된 명시적 교수-학습활동보다는 학생의 읽기유창성을 향상시키기 위해 적용될 수 있는 방법이다.
2) 전략: ① 함께 읽기 ② 반복읽기

✦ SQ3R

- 내용 중심 교과의 설명문으로 구성된 교재를 읽을 때 도움이 되는 방법으로, 조사 또는 훑어보기, 질문, 읽기, 암송, 검토를 의미하는 단어의 머리글자이다.

✦ RIDER

Read	첫 문장 읽기
Image	읽은 내용을 시각적 이미지로 만들기
Describe	이미지 묘사하기 • 만약 설명할 수 없다면 그 이유를 말하라. • 형상화할 수 있다면 앞의 이미지(앞 문장에서 만든)와 비교하라. • 자신에게 이미지를 설명하라.
Evaluate	이미지 평가하기 학생이 만든 이미지가 가능한 한 많은 정보를 포함하고 있는지를 확인하고 만족스럽다면 다음 단계로 넘어가라.
Repeat	다음 문장에도 이상의 단계를 반복하기

30

2011. 중

다음은 학습장애학생을 위한 읽기 교수·학습 방법에 대한 설명이다. (가)~(다)에 해당하는 교수·학습 방법을 바르게 제시한 것은?

(가) 음독 문제로 단어를 잘못 읽는 학습장애학생에게 도움이 된다. 이 방법은 음소와 문자 간의 대응 관계를 단순화하여 구성한 교수·학습 활동으로, 학생에게 많은 연습의 기회를 제공하여 숙달하게 한다.
(나) 읽기 유창성 문제를 가진 학습장애학생에게 도움이 된다. 교사와 학생은 함께 읽기 자료를 가능한 한 빠르고 정확하게 읽어 나간다. 초기에는 교사가 더 큰 목소리로 더 빠르게 읽어나가지만 점차 학생이 주도적으로 읽는다.
(다) 독해 문제를 가진 학습장애학생이 설명문으로 된 글을 읽을 때 도움이 된다. 이 방법은 먼저 본문을 훑어보고 질문을 한 뒤, 질문의 답을 찾기 위해 본문을 읽고, 찾은 답을 되새기고, 다시 검토하는 방법을 사용한다.

	(가)	(나)	(다)
①	Fernald 읽기 교수법	절차적 촉진	SQ3R 기법
②	절차적 촉진	신경학적 각인 교수법	RIDER 기법
③	Hegge-Kirk-Kirk 접근법	신경학적 각인 교수법	SQ3R 기법
④	Fernald 읽기 교수법	정교화 전략	SQ3R 기법
⑤	Hegge-Kirk-Kirk 접근법	절차적 촉진	RIDER 기법

31

핵심테마 체크
- 학생의 쓰기특성분석
- 페그워드 전략

MY MEMO

정답 및 예시답안

②

알찬 지문풀이

- ㄱ. 문장부호의 사용에는 오류를 보이지 않고 있다. ➡ 마침표, 쉼표 등의 사용이 적절하지 못함
- ㄴ. 단문 3개와 1개의 중문으로 된 일기로서 쓰기과정에 어려움을 보이지 않는다. ➡ 5개의 문장으로 구성되어 있으며, 단문 2개, 중문 및 복문 3개로 볼 수 있다.
- ㅁ. 영수가 일기에서 보이는 오류를 중재하기 위해서는 페그워드(pegword) 전략으로 지도한다. ➡ 기억전략

관련이론

✦ 페그워드 전략

- 기억되는 정보를 순서적으로 번호를 매길 때 숫자에 대한 운율적 단어들을 사용하는 방법
- 페그워드 전략은 순서를 가지고 있는 정보를 기억하기 쉽게 소리가 유사한 단어로 연결시키는 전략
- 페그워드 전략의 핵심은 외워야 할 단어의 운을 사용하여 순서 혹은 번호가 매겨진 정보를 암기하는 것

32

핵심테마 체크
- 쓰기유창성
- 직접교수법

MY MEMO

정답 및 예시답안

○ ㉠ 쓰기유창성
○ ㉡ 직접교수법

관련이론

✦ 글씨 쓰기

- 형식: 3P－자세(Posture), 위치(Position), 연필(Pencil)
- 기능: 질적인 측면, 글씨 모양, 띄어쓰기, 크기, 연결성, 기울기, 위치 등
- 속도: 양적인 측면, 유창성

✦ 직접교수법

정의	• 구체적인 학습기술을 완전 습득하기 위한 방향의 교사안내 수업	
내용조직	• 논리적 위계와 과제분석기법	
수업진행 방식	• 자극과 반응 간의 관계에 대한 행동주의적 입장 • 정확하고 뚜렷하게 원하는 행동을 보여 주고 학생들로 하여금 실행해 보도록 함	
단계	① 설명하기 ③ 질문하기 ⑤ 자기점검과 평가	② 시범 보이기 ④ 학습자의 독자적 연습
구성요소	• 수업목표 • 예상단계 • 모델링 • 독립 연습	• 주의집중 단서 • 검토, 선행학습 및 학습목표 진술 • 안내된 연습 • 마무리

31

2011. 초

홍 교사는 2008년 개정 특수학교 기본교육과정 교과서 국어 3 '정다운 대화' 단원에서 '일기 쓰기' 학습 활동을 다음의 내용으로 실시한 후, 중복장애 학생 영수의 쓰기를 평가하였다. 영수의 일기에 대한 평가와 지도 내용 중 바른 것을 <보기>에서 모두 고르면?

(가) 교과서 내용

제목에 알맞은 내용을 담은 일기를 쓰려고 합니다. 다음과 같이 내용을 정리하여 일기를 써 봅시다.

(나) 쓰기 지도 과정

소풍에 대해 이야기한다.

↓

소풍날 있었던 일을 대강 써본다.

↓

쓴 글을 다듬는다.

↓

자기가 쓴 글을 선생님이나 친구와 나눈다.

(다) 일기

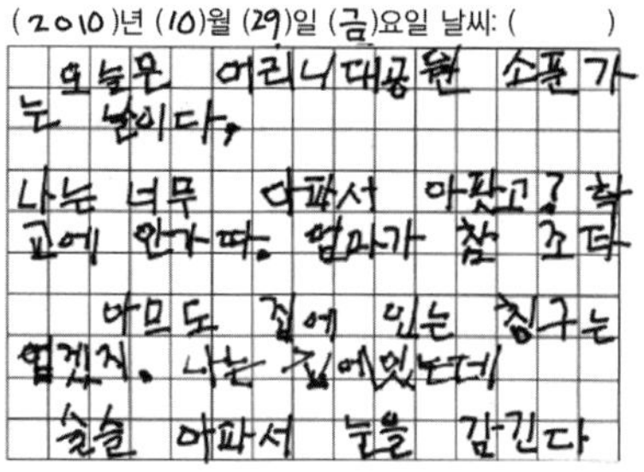

보기

ㄱ. 문장부호의 사용에는 오류를 보이지 않고 있다.
ㄴ. 단문 3개와 1개의 중문으로 된 일기로서 쓰기과정에 어려움을 보이지 않는다.
ㄷ. 영수의 일기에서는 '소리 나는 대로' 쓴 정음법적 전략을 사용한 철자오류가 많다.
ㄹ. 날짜, 요일, 장소, 하루 일과 중 있었던 일, 중요한 일을 생각하여 내용을 구성하였다.
ㅁ. 영수가 일기에서 보이는 오류를 중재하기 위해서는 페그워드(pegword) 전략으로 지도한다.

① ㄱ, ㄴ
② ㄷ, ㄹ
③ ㄱ, ㄹ, ㅁ
④ ㄴ, ㄷ, ㄹ
⑤ ㄷ, ㄹ, ㅁ

32

2020. 중

다음은 학습장애 학생 B의 쓰기에 대하여 특수교사와 일반교사가 나눈 대화의 일부이다. 밑줄 친 ㉠에 해당하는 용어와 ㉡에 해당하는 교수법을 순서대로 쓰시오. [2점]

일반교사: 선생님, 수업 시간에 학생 B가 필기하는 모습과 필기한 내용을 살펴보니 글씨 쓰기에 어려움이 있어 보여요. 그래서 글씨 쓰기 지도를 계획하고 있는데, 어디에 중점을 두어야 할까요?

특수교사: 먼저 글씨를 바르고 정확하게 쓰는 것에 중점을 두고 글자 크기, 글자 및 단어 사이의 간격, 줄 맞춰 쓰기 등이 올바른지 확인하시면 좋겠어요. 그 다음에는 ㉠ <u>글씨를 잘 알아볼 수 있게 쓰는 것뿐 아니라 빠르게 쓸 수 있는 것</u>도 목표로 해 주세요. 정해진 시간 동안 얼마나 많은 글자를 쓸 수 있는지를 확인하면 좋겠네요.

일반교사: 네, 그럼 어떤 교수 방법으로 지도하는 게 좋을까요?

특수교사: [글씨 쓰기 과정에 대한 과제분석을 실시하고, 그 절차에 따라 먼저 시범을 보여주세요. 그리고 학생 B가 글씨 쓰기를 연습할 때 나타나는 실수를 확인해 주세요. 이후 잘못된 부분을 수정해 주시면서 안내된 연습을 하도록 해 주세요. 그 다음으로 선생님의 지도를 점진적으로 줄이시고, 나중에는 독립적으로 글씨를 쓸 수 있도록 해 주세요.] ㉡

핵심테마 체크 ✓

- 쓰기학습장애 유형
- 쓰기 과정적 접근

MY MEMO

33

정답 및 예시답안

1) 초과정
2) 작문
3) ① 수정
   ② 철자, 구두점, 문장구성 등 쓰기의 기계적인 측면에 초점을 두고 고치세요.

관련이론

✦ 쓰기 과정적 접근

1단계: 계획하기	• 글감 선택하기 • 쓰기의 목적 고려하기 • 독자 선택하기 • 생각 생성 및 조직하기
2단계: 초안 작성하기	• 문법, 철자보다 내용을 생성하고 조직하면서 글을 작성하는 데 초점 맞추기
3단계: 내용 수정하기	• 내용에 초점을 맞춰 수정하기 • 초고를 다시 읽고, 보충하고, 다른 내용으로 바꾸고, 필요 없는 부분을 삭제하고 내용을 옮기는 등의 수정하기 • **또래교수를 사용한 수정 전략**: 서로의 글을 읽고, 잘 쓰인 곳 한 곳과 개선이 필요한 곳 두 곳(이해가 잘 안 되는 부분, 내용이 더 필요한 부분)을 골라 수정하기
4단계: 쓰기의 기계적인 측면 교정하기	• 쓰기의 기계적인 측면(예 철자, 구두점, 문장 구성)에 초점을 맞춰 교정하기 • **또래교수를 사용한 편집하기 전략**: 서로의 글을 읽고, 철자, 구두점, 완전한 문장인지 여부, 문단 들여쓰기 여부 등을 표시하여 교정하기
5단계: 발표하기	• 쓰기 결과물을 게시하거나 제출하기(학급 신문이나 학교 문집 활용) • 적절한 기회를 통하여 학급에서 자기가 쓴 글을 다른 학생에게 읽어 주거나 학급 게시판에 올리기

33

2023. 초

(가)는 도덕과 수업 후 특수교사가 작성한 수업 성찰일지이고, (나)는 학습장애 학생 수아의 활동지 분석 결과 및 중재 적용 방안이다. 물음에 답하시오. [5점]

(가) 수업 성찰일지

- 단원: 5. 함께 지키는 행복한 세상
- 제재: 4. 함께 지키는 아름다운 마음을 길러요. (4/4차시)
- 학습 목표: 공익을 위한 일을 실천하기 위해 생활 속에서 꾸준히 노력하는 마음을 기른다.
- 주요 수업 내용:
  - 공익을 실천하기 위한 마음가짐을 알기
  - 나의 공익 실천을 위한 글쓰기
- ㉠수업 모형

선택	존중	행동
• 공익과 관련된 가치를 모두 선택하기 ↓ • '지킴상자'와 '버림상자' 중 선택하기 ↓ • 여러 의견 중 심사숙고하여 선택하기	• 공익과 관련해 선택한 나의 가치를 소중하게 여기고 기뻐하기 ↓ • 나의 가치를 친구들 앞에서 발표하기	• ㉡ ↓ • 나의 공익 행동 양식으로 습관화하기

[A]

- 유의점: 활동지 수행 분석 및 중재 전략 구상

(나) 수아의 활동지 분석 결과 및 중재 적용 방안

활동지 분석: 수아가 쓰기에서 보이는 어려움
• 친구가 7개의 단어를 쓰는 동안 3개를 겨우 생각하여 작성함 • 계획하는 과정을 어려워하며 알고 있는 것을 즉흥적으로 나열함 • 구조에 따라 어떻게 구성해야 하는지 잘 모름 • 공익 실천에 대해 다양하게 알고 있어도 글로 표현하지 못함 • 한 단어 혹은 짧은 문장으로만 쓰고 시간이 오래 걸림 • 주제와 관련된 글의 내용을 또래 학습자보다 현저하게 쓰지 못함 • 글을 논리적으로 통일성 있게 작성하지 못함

[B]

↓

과정중심 글쓰기 중재 전략	
계획	• '우리 반을 위한 배려'가 무엇이 있을지 생각해 보세요.
초안 작성	• 우리 반을 위한 '1분의 배려'로 문장을 만들고 내용을 조직하세요.
㉢	• 자신이 작성한 글을 다시 읽고 불필요한 부분은 삭제하세요.
교정	㉣
발표	• 자신이 작성한 우리 반을 위한 '1분의 배려'를 발표하세요.

1) ① (가)의 [A]에서 적용한 ㉠의 수업 모형 명칭을 쓰고, ② ㉡에 들어갈 활동을 1가지 쓰시오. [2점]

①:

②:

2) (나)의 [B]에서 수아가 나타내고 있는 쓰기 학습장애의 하위 유형이 무엇인지 쓰시오. [1점]

3) ① (나)의 ㉢에 해당하는 단계명을 쓰고, ② ㉣에 해당하는 전략을 1가지 쓰시오. [2점]

①:

②:

34

핵심테마 체크 ✓

- 쓰기오류의 명칭
- 기억재생(기억인출)

MY MEMO

정답 및 예시답안

○ (가) 표기처리오류(소리 나는 대로 쓰기)
○ ㉠ 기억재생(기억인출)

문제 속 자료분석

- (가) 우리 집 마당에 감나무가 있습니다. 나무에 가미 주렁주렁 매달려 있습니다. 할머니가 가믈 두 개 따서 나와 친구에게 주었습니다. 친구와 두리서 마싰게 가믈 머겄습니다. ➡ 표기처리오류(소리 나는 대로 쓰기)

관련이론

✦ 철자 오류 분석

- 삽입: 불필요한 글자를 쓰는 것
- 생략: 써야 할 글자를 빠뜨리고 쓰지 않는 것
- 대치: 써야 할 글자 대신에 모양이나 발음이 유사한 다른 글자를 쓰는 것
- 소리 나는 대로 쓰기: 맞춤법과는 상관없이 소리 나는 대로 글자를 쓰는 것
- 반전: 단어 내 글자를 뒤바꾸어 쓰는 것
- 발음상의 오류: 학생의 잘못된 발음으로 인한 잘못된 철자

✦ 시각 단서 + 기억인출 교수법(글씨 쓰기 전략)

- 시각 단서(visual cues)와 기억인출(memory retrieval) 교수법은 대표적인 글씨 쓰기 교수법이다.
- 시각 단서 교수법은 글자의 필순과 진행 방향을 화살표와 번호로 표시한 학습지를 사용하여 글씨를 쓰는 방법에 대해 시각적으로 보여 주면서 글씨 쓰기를 가르치는 방법이다. 교사는 학생에게 화살표와 번호를 잘 보도록 지시한 후, 올바른 글자의 필순과 진행 방향을 보여 준다. 그다음, 학생에게 화살표와 번호에 따라 글씨 쓰기 연습을 하도록 한다.
- 기억인출 교수법은 글자를 주의 깊게 살펴보도록 지시한 후, 가림판으로 글자를 가린 상태에서 글자를 기억하여 쓰도록 하는 방법이다. 처음에는 글자를 가리고 1초 후에 글자를 기억하여 쓰도록 하다가, 점차적으로 시간을 늘려서 3초, 6초, 9초 후에 글자를 기억하여 쓰도록 하는 '지속적인 시간지연법(constant time delay)'을 사용하도록 한다.

✦ 글씨 쓰기 교수 절차

교수적 접근	기술
움직임 모방 (motor imitation)	교사는 비언어적 움직임 단서를 사용하여 시범을 보인다.
시각적 단서 (visual cues)	숫자가 적혀 있는 화살표 단서를 사용하여 글자의 획(component stroke)을 긋는 순서를 제시한다.
기억재생 (memory retrieval)	학생들은 글자를 가리고 외워서 글자를 써 본다.
시각적 단서 (visual cues) + 기억재생 (memory retrieval)	숫자가 적혀 있는 화살표 단서를 사용하여 글자의 획을 긋는 순서를 제시하고, 학생들은 글자를 가리고 외워서 글자를 써 본다.
모방 (copy)	학생들은 글자 모형을 살펴보고 나서 교사의 글자 형태에 대한 힌트 없이 그 글자를 따라 쓴다.
통제 (control)	음운론적 인식 훈련

34

2018. 중

(가)는 학습장애 학생 C가 쓴 글이고, (나)는 학생 C를 위한 쓰기 지도 과정 중 '가리고 베껴 쓰기' 단계의 일부이다. (가)에 나타난 쓰기 오류의 명칭을 쓰고, ㉠에서 특수교사가 적용한 기법의 명칭을 쓰시오. [2점]

(가) 학생 C가 쓴 글

> 우리 집 마당에 감나무가 있습니다. 나무에 가미 주렁주렁 매달려 있습니다. 할머니가 가믈 두 개 따서 나와 친구에게 주었습니다. 친구와 두리서 마싰게 가믈 머겄습니다.

(나) 학생 C를 위한 쓰기 지도 과정

> ○ 오류를 수정하기 위하여 틀린 단어를 하나씩 쓰는 연습을 다음과 같이 실시함
>
> ㉠
> - 단어를 보여주고 가림판으로 단어를 가림
> - 단어를 가린 후 5초 동안 기다리면서 학생 C가 단어를 기억해서 쓰도록 함
> - 학생이 단어를 기억해서 올바르게 쓰면 칭찬을 해주고, 다음 단어를 학습하도록 함
> - 만약 틀린 경우에는 틀린 부분에 대한 교정적 피드백을 제공한 후, 다시 단어를 보여주고 가림판으로 단어를 가림
> - 5초 동안 기다리면서 학생 C가 단어를 기억해서 쓰도록 함

핵심테마 체크

- 정밀교수
- 도식 조직자
- 페그워드 전략
- 심상화 기법
- 빈칸 채우기

MY MEMO

35

정답 및 예시답안

②

문제 속 자료분석

글을 쓸 때 주제에 적절한 내용을 구성하는 훈련이 필요함

관련이론

✦ 정밀교수

- 정밀교수는 특정한 교수방법이 아닌 학생의 학업수행을 면밀히 모니터링하기 위한 방법이다.
- 교사는 매일의 평가를 통해 이루어지는 정밀교수를 적용하여 교수기법의 성공과 실패를 기록·문서화할 수 있고 학생의 진보를 촉진하여 일정 수준의 교육적 향상을 가능하게 할 수 있다.
- 정밀교수는 하나의 단독적인 교수전략이라기보다는 교수적 모니터링 기법으로 여겨야 한다.
- 정밀교수는 교사가 선정한 방법의 효과성을 확인할 수 있는 방법으로 제공되므로 다양한 교실 상황에서 적용 가능한 교수와 평가 기법이다.
- 학습장애 학생들이 수업시간에 과제를 완수하는 데 있어서 답의 정확성보다는 속도에 문제가 있는 경우가 많으므로 목표행동의 비율(속도)을 구체적으로 명시한 행동목표 개념을 제시하였다.

✦ 그래픽 조직자

효과적 활용법	• 불필요한 방해요소를 뺀 중요한 정보만 담고 있어야 한다. • 그래픽 조직자는 시각적으로 정보를 배열하는 것에 그치는 것이 아니라 학생이 가진 기존 지식에 연결시켜 지식의 폭을 확장시키고 이를 오래 기억할 수 있도록 도와주어야 한다. • 학생들이 기억하기 용이한 그래픽이나 표 등으로 표현하는 것이 좋다.	
기능에 따른 유형	• 선행 조직자 • 마무리 조직자	• 수업 조직자
내용에 따른 유형	• 개념도 • 개념조직도 • 의미특성분석 • 연속형(순서형) • 순환형	• 개념비교도 • 개념연결도 • 계층형 • 개념형 • 비교, 대조형
형태에 따른 유형	• 매트릭스	• 벤 다이어그램

✦ 페그워드 전략

- 순서에 맞게 외워야 하는 내용을 학습할 때 사용하는 것으로, 페그워드는 숫자와 비슷하게 발음하는 쉬운 단어들을 지칭한다. 페그워드 전략은 과학 교과에서 독립적으로 적용하기도 하고, 키워드 전략과 접목하여 함께 활용하기도 한다.

✦ 심상화 기법

- 독자가 텍스트의 주요 내용을 기억하는 것을 돕기 위하여 마음속으로 이미지를 그리도록 지도하는 것이다.
- 이 전략의 특징은 첫째, 글의 내용을 회상할 수 있는 때와 장소를 인출하도록 돕는다. 둘째, 이야기 상황이나 주제어를 시각적 상으로 그려서 기억하도록 돕는다. 셋째, 읽은 글의 내용을 오랫동안 기억하게 한다. 넷째, 효과적으로 주요 내용을 연결하고 요약할 수 있도록 돕는다. 다섯째, 글의 내용과 관련된 영상을 마음속에 형성하는 동시에 사실 정보를 명제로서 부호화하도록 돕는다.

35 2011. 중

다음은 학습장애학생 A가 '컴퓨터 게임 중독'을 주제로 작성한 글이다. 학생 A의 쓰기 특성에 적합한 교수 방법으로 가장 적절한 것은?

> 컴퓨터 게임은 나쁘다. 컴퓨터 게임은 정말 나쁘다. 우리 집에는 컴퓨터 게임이 참 많다. 컴퓨터 게임은 참 재미있다. 나는 어제 PC방에 갔다. 나는 PC방에서 친구를 만났다. 나는 늦게 집에 와서 혼났다. 컴퓨터 게임을 많이 하면 나쁘다.

① 정밀교수(precision teaching)
② 도식 조직자(graphic organizer)
③ 패그워드 기법(pegword method)
④ 심상화 기법(visualization method)
⑤ 빈칸 채우기 과정(cloze procedure)

핵심테마 체크

• 쓰기 과정적 접근

MY MEMO

36

정답 및 예시답안

①

알찬 지문풀이

• ㄴ. 낱자–음소의 대응관계에 초점을 두어 철자 교수를 실시한다. ➡ 소리 나는 대로 표기되는 낱말은 쓸 수 있으므로 음운변동이 있는 낱말에 대한 훈련이 필요

• ㄷ. 초안을 쓸 때 철자지도를 강조하여 철자오류를 줄이도록 한다. ➡ 초안 작성은 내용에 초점을 둠

• ㄹ. 초안 작성 단계에서, 학생의 관심 등을 고려하여 다양한 주제를 제공한다. ➡ 글의 주제는 계획하기 단계에 해당

문제 속 자료분석

• 글쓰기 시간에 무엇에 대하여 쓸 것인지를 생각하는 데 오랜 시간이 걸리며, 글씨를 쓰는 속도가 느려 주어진 시간 내에 글을 쓰는 데 어려움이 있다. 또한 소리 나는 대로 표기되는 낱말을 쓸 때에는 어려움이 없지만, 음운변동이 일어나는 낱말을 쓸 때에는 철자의 오류가 많다. 특히 대부분의 문장이 단순하고 글의 내용도 제한적이다. ➡ 쓰기유창성에 대한 지도, 음운변동이 일어나는 낱말에 대한 철자 학습, 작문 지도 등이 필요함

〈보기〉

• ㄱ. 글쓰기 연습을 할 수 있는 시간과 다양한 기회를 제공한다.
• ㅁ. 수정 · 편집 단계에서, 초안의 내용을 보충(수정 단계)하고 맞춤법 등의 오류를 교정(편집 단계)하도록 지도한다.

관련이론

✦ 쓰기 과정적 접근

단계	원리 및 절차
글쓰기 전	• 주제를 선택하고, 쓰는 목적, 독자를 명확히 하며, 작문의 유형(이야기 글, 설명문, 논설문 등)을 선택하고, 아이디어를 생성 · 조직하기 위한 사전 활동 단계이다. • 예시 활동 : 학생들의 일상생활이나 교실에서의 사건들로 시작한다.
초안 쓰기	• 실제로 문단을 써 보거나 작문을 하는 단계이다. • 초안은 필자를 위한 것이지 독자를 위한 것이 아니므로 철자나 문법과 같은 기계적인 기술에 초점을 두는 것이 아니라 의미가 전달되도록 내용에 더 초점을 둔다. • 각 줄마다 나중에 교정하기와 편집하기를 위한 공간을 충분히 두면서 글을 쓰도록 지도한다.
교정하기	• 교정하기는 초안 형태의 글을 수정하는 것으로 내용, 어휘, 문장구조, 아이디어 배치 등을 교정한다. 초안을 읽고 내용을 보충하거나, 바꾸거나, 불필요한 부분을 삭제한다. • 편집하기는 맞춤법과 문법을 수정하는 과정으로, 맞춤법, 문장구조, 구두점 등을 수정하고, 글의 의미가 잘 전달되도록 문장의 형태를 바꾼다. • 고학년 학생들은 서로가 피드백을 제공하고 고쳐 쓰고 편집하는 것을 도와줄 수 있지만, 저학년 학생들은 비판력 있게 글을 보는 것이 어렵기 때문에 고쳐 써 보도록 한다.
독자와의 공유	• 학생들은 서로의 글을 공유함으로써 글을 읽는 사람에 대한 감각을 키우고 글을 쓰는 사람으로서의 자신감을 형성할 수 있다. • 학생들은 이 단계에서 교사, 학생 등 독자에게 의도한 바를 전달하고 때로는 피드백을 받는다. 여기서 주의해야 할 점은 학생의 결과물에 대한 지나친 수정을 삼가야 한다는 점이다.

36 2010. 중

다음은 학습장애학생 A의 쓰기 특성을 요약한 내용이다. A의 특성에 적절한 쓰기 지도방법을 <보기>에서 모두 고른 것은?

글쓰기 시간에 무엇에 대하여 쓸 것인지를 생각하는 데 오랜 시간이 걸리며, 글씨를 쓰는 속도가 느려 주어진 시간 내에 글을 쓰는 데 어려움이 있다. 또한 소리나는 대로 표기되는 낱말을 쓸 때에는 어려움이 없지만, 음운변동이 일어나는 낱말을 쓸 때에는 철자의 오류가 많다. 특히 대부분의 문장이 단순하고 글의 내용도 제한적이다.

보기

ㄱ. 글쓰기 연습을 할 수 있는 시간과 다양한 기회를 제공한다.
ㄴ. 낱자 – 음소의 대응 관계에 초점을 두어 철자 교수를 실시한다.
ㄷ. 초안을 쓸 때 철자지도를 강조하여 철자오류를 줄이도록 한다.
ㄹ. 초안 작성 단계에서, 학생의 관심 등을 고려하여 다양한 주제를 제공한다.
ㅁ. 수정 · 편집 단계에서, 초안의 내용을 보충하고 맞춤법 등의 오류를 교정하도록 지도한다.

① ㄱ, ㅁ
② ㄴ, ㄷ
③ ㄱ, ㄴ, ㅁ
④ ㄱ, ㄹ, ㅁ
⑤ ㄴ, ㄷ, ㄹ

핵심테마 체크 ✔

- 쓰기유창성
- 작문
- 글씨 쓰기

MY MEMO

37

정답 및 예시답안

⑤

알찬 지문풀이

- ㄱ. 학생의 쓰기 유창성을 향상시키기 위해 문장을 천천히 정확하게 베껴 쓰도록 지도한다. ➡ 유창성은 주어진 시간 내에 빠르고 정확하게 쓸 수 있도록 하는 것이다.
- ㄴ. 학생이 글씨를 쓸 때, 글씨 쓰는 자세, 연필 잡는 법, 책상 위의 종이 위치를 점검한다. ➡ 종이의 줄에 맞게 글자를 쓰는 데 어려움이 있으므로 필요한 전략이다.
- ㄷ. 학생이 스스로 혹은 또래와 함께 체크리스트를 활용하여 문법적 오류를 점검하도록 한다. ➡ 문장의 구성, 띄어쓰기 등의 문법적 사항에 대한 학습이 필요하다.
- ㄹ. 문장 지도를 할 때, 두 문장을 연결 어미로 결합하여 하나의 문장으로 만들 수 있도록 지도한다. ➡ 단문으로만 글을 쓰고 있으므로, 두 문장을 연결하는 중문이나 복문에 대한 학습이 필요하다.
- ㅁ. 작문 지도를 할 때, 도식조직자를 활용하여 주제에 대해 아이디어를 생성하고 조직하도록 지도한다. ➡ 주어진 주제에 대하여 내용을 충분히 구상할 수 있도록 한다.

핵심테마 체크 ✔

- 쓰기 과정적 접근

MY MEMO

38

정답 및 예시답안

②

알찬 지문풀이

- (나) 내용 생성의 효율성과 ~~어문규정에 대한 이해도~~를 높이기 위해 ~~문법과 철자에 초점을 맞추~~어 글을 작성하게 한다. ➡ 초고 작성 단계에는 내용 생성에 초점을 두어야 한다.
- (라) 학생이 주도적으로 내용을 표현할 수 있도록 ~~교사의 피드백을 제한~~하고 사전을 주로 이용하게 한다. ➡ 편집단계에서는 필요 시 교사의 피드백을 제공한다.

문제 속 자료분석

- (가) 글쓰기 전 단계: 글쓰기 주제와 유형(예: 보고서, 시, 대본)을 선택하게 한다.
- (다) 수정 단계: 글의 내용을 향상시킬 수 있도록 또래집단으로부터 내용의 첨삭에 대한 피드백을 받게 한다.
- (마) 쓰기 결과물 게시 단계: 완성된 쓰기 결과물을 다양한 방법으로 다른 학생들과 공유하게 한다.

관련이론

✦ 쓰기 과정적 접근

1단계: 계획하기	• 글감 선택하기 • 쓰기의 목적 고려하기 • 독자 선택하기 • 생각 생성 및 조직하기
2단계: 초안 작성하기	• 문법, 철자보다 내용을 생성하고 조직하면서 글을 작성하는 데 초점 맞추기
3단계: 내용 수정하기	• 내용에 초점을 맞춰 수정하기 • 초고를 다시 읽고, 보충하고, 다른 내용으로 바꾸고, 필요 없는 부분을 삭제하고 내용을 옮기는 등의 수정하기 • 또래교수를 사용한 수정 전략: 서로의 글을 읽고, 잘 쓰인 곳 한 곳과 개선이 필요한 곳 두 곳(이해가 잘 안 되는 부분, 내용이 더 필요한 부분)을 골라 수정하기
4단계: 쓰기의 기계적인 측면 교정하기	• 쓰기의 기계적인 측면(예 철자, 구두점, 문장 구성)에 초점을 맞춰 교정하기 • 또래교수를 사용한 편집하기 전략: 서로의 글을 읽고, 철자, 구두점, 완전한 문장인지 여부, 문단 들여쓰기 여부 등을 표시하여 교정하기
5단계: 발표하기	• 쓰기 결과물을 게시하거나 제출하기(학급 신문이나 학교 문집 활용) • 적절한 기회를 통하여 학급에서 자기가 쓴 글을 다른 학생에게 읽어 주거나 학급 게시판에 올리기

37

2012. 중

다음은 특수교사가 학습장애학생 A의 쓰기 능력을 평가하기 위해 수집한 자료이다. 〈자료 1〉은 주어진 문장을 3분 내에 가능한 빠르고 반듯하게 여러 번 써보도록 하여 얻은 것이다. 〈자료 2〉는 '가을'이라는 주제에 대해 15분 동안 글을 쓰도록 하여 얻은 것이다. 학생 A의 쓰기 능력을 향상시키기 위해 고려해야 하는 것만을 〈보기〉에서 있는 대로 고른 것은?

〈자료 1〉

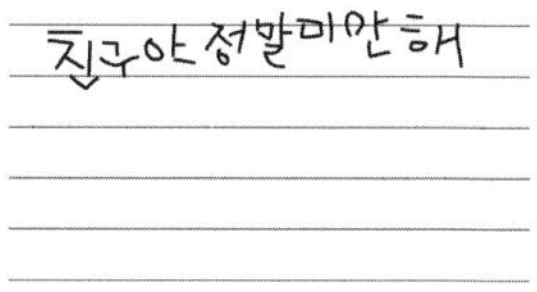

〈자료 2〉

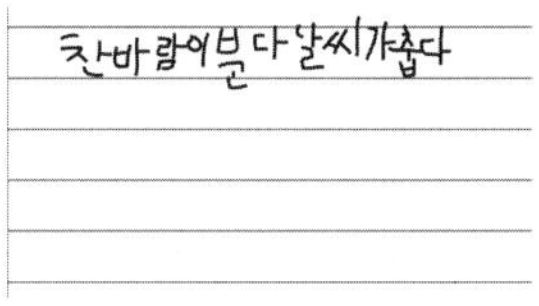

보기

ㄱ. 학생의 쓰기 유창성을 향상시키기 위해 문장을 천천히 정확하게 베껴 쓰도록 지도한다.
ㄴ. 학생이 글씨를 쓸 때, 글씨 쓰는 자세, 연필 잡는 법, 책상 위의 종이 위치를 점검한다.
ㄷ. 학생이 스스로 혹은 또래와 함께 체크리스트를 활용하여 문법적 오류를 점검하도록 한다.
ㄹ. 문장 지도를 할 때, 두 문장을 연결 어미로 결합하여 하나의 문장으로 만들 수 있도록 지도한다.
ㅁ. 작문 지도를 할 때, 도식조직자를 활용하여 주제에 대해 아이디어를 생성하고 조직하도록 지도한다.

① ㄱ, ㄴ, ㄹ
② ㄱ, ㄷ, ㅁ
③ ㄴ, ㄷ, ㄹ
④ ㄱ, ㄴ, ㄷ, ㅁ
⑤ ㄴ, ㄷ, ㄹ, ㅁ

38

2013. 중

쓰기학습장애 학생에게 쓰기과정적 접근을 통해 작문을 지도할 때 (가)~(마) 중 글쓰기의 단계별 교수 · 학습 활동이 옳은 것을 고른 것은? [1.5점]

글쓰기 단계	교수 · 학습 활동
(가) 글쓰기 전 단계	글쓰기 주제와 유형(예: 보고서, 시, 대본)을 선택하게 한다.
(나) 초고 작성 단계	내용 생성의 효율성과 어문규정에 대한 이해도를 높이기 위해 문법과 철자에 초점을 맞추어 글을 작성하게 한다.
(다) 수정 단계	글의 내용을 향상시킬 수 있도록 또래집단으로부터 내용의 첨삭에 대한 피드백을 받게 한다.
(라) 편집 단계	학생이 주도적으로 내용을 표현할 수 있도록 교사의 피드백을 제한하고 사전을 주로 이용하게 한다.
(마) 쓰기 결과물 게시 단계	완성된 쓰기 결과물을 다양한 방법으로 다른 학생들과 공유하게 한다.

① (가), (나), (마)
② (가), (다), (마)
③ (가), (라), (마)
④ (나), (다), (라)
⑤ (나), (다), (마)

핵심테마 체크 ✔

- 쓰기 과정적 접근
- 철자 교수법

MY MEMO

39

정답 및 예시답안

○ ㉠ 브레인스토밍을 통하여 주제에 맞는 글감 선택하기 / 내용 조직하기
○ ㉡ 음운처리 중심 교수법 / '멸로', '왜야하면' 등과 같이 낱자-소리의 대응관계에서 오류를 보이므로, 음운처리 중심 교수법이 필요하다.

문제 속 자료분석

(가) ➡ 맞춤법 오류를 보인다.
➡ 글의 주제에 맞게 논리적으로 작문을 하는 데 어려움이 있다.
➡ 주제와 관련이 없는 내용을 포함하여 글을 작성하였다.

관련이론

✦ 철자 오류 유형

음운처리 오류	• 낱자-소리 대응관계를 제대로 적용하지 않은 오류 • 소리 나는 대로 표기되는 단어를 철자로 쓸 때, 소리가 다른 단어로 잘못 쓰는 오류
표기처리 오류	• 소리 나는 대로 표기되지 않는 단어를 정확하게 쓰지 못하는 오류
형태처리 오류	• 단어를 구성하는 형태소에 대한 인식이 부족하여 나타나는 오류 • 어간과 어미의 경계를 구분하지 못하는 오류, 시제 선어말 어미를 제대로 인식하지 못하는 오류, 어미를 변환하는 오류, 동음이의어로 혼돈하는 오류 등

✦ 철자 교수법

음운처리 중심 교수법	• 소리(음소)의 인식뿐 아니라 낱자-소리의 대응관계에 관여하며, 음운처리에 문제가 있는 학생은 소리 나는 대로 표기하는 단어의 철자에서 오류를 보임 • 낱자-소리 대응관계를 활용한 파닉스 교수법을 적용한 철자 교수법
표기처리 중심 교수법	• 음운변동(7종성, 연음, 비음화, 설측음화, 구개음화, 된소리되기, 축약, ㅎ탈락, 겹받침) 규칙에 따른 철자 교수법 • **표기**: 말소리를 나타나는 문자 체계를 의미 • **표기처리**: 학생이 올바른 단어 표기를 인지하는 능력
형태처리 중심 교수법	• 어간-어미(어간-접사), 시제, 동음이의어를 고려한 철자 교수법 • **형태소**: 의미의 최소 단위
기타 철자 교수법	• **자기 교정법**: 가리고 베껴 쓰고 비교하기 • **지속적인 시간지연법**: 학생이 단어를 외워서 베껴 쓰는 활동을 할 때, 처음에는 단어를 가린 후 1초 후에 단어를 기억하여 쓰도록 하다가, 점차적으로 시간을 늘려서 3초, 6초, 9초 후에 단어를 기억하여 쓰도록 한다. • 목표 단어 반복 쓰기

39

2014. 중
★답안작성

다음의 (가)는 30분 동안 실시한 작문 평가에서 학습장애학생 A가 'TV와 신문의 공통점과 차이점'에 대해 쓴 글의 전체이며, (나)는 학생 A를 위해 계획한 쓰기과정적 접근법에 대한 내용이다. (나)의 밑줄 친 ㉠에 들어갈 내용 2가지를 (가)에 나타난 특성과 관련지어 쓰고, ㉡을 할 때 필요한 철자 교수법을 (가)에 나타난 철자 오류 특성과 관련지어 쓰시오. [4점]

(가) 학생 A가 쓴 글

우리 집에는 TV가 없다. 나는 TV가 좋다.
신문은 종이로 만든다. 나는 신문이 멸로 안 좋고, TV가
더 좋다. 왜냐하면 TV에서는 여능이 나온다. 스포즈 신문은
좋다. 왜냐하면 귀즈가 있다.

- 학생 A가 표현하고자 한 글: 우리 집에는 TV가 없다. 나는 TV가 좋다. 신문은 종이로 만든다. 나는 신문이 별로 안 좋고, TV가 더 좋다. 왜냐하면 TV에서는 예능이 나온다. 스포츠 신문은 좋다. 왜냐하면 퀴즈가 있다.

(나) 학생 A를 위한 쓰기과정적 접근법

단계	교수 계획
계획하기	㉠ ______________________
초안 작성하기	철자나 문법보다는 내용을 쓰는 데 초점을 맞추어 지도한다.
내용 수정하기	쓴 글의 내용을 읽고, 내용 보충이 필요한 부분, 내용 변경이 필요한 부분, 내용 삭제가 필요한 부분, 내용 이동이 필요한 부분 등을 수정하도록 지도한다.
편집하기	㉡ 철자에 초점을 맞추어 지도한다.
게시하기	쓴 글을 학급 친구들 앞에서 발표하게 한다.

핵심테마 체크 ✔

- 쓰기 과정적 접근
- 철자 오류 유형
- 쓰기의 객관적 평가(유창성)
- 쓰기의 정량적 평가(BASA)

MY MEMO

40

정답 및 예시답안

○ ㉠은 수정하기이다.
○ ㉢의 활동은 ㉡과 달리 글의 기계적인 측면(형식적인 측면 등)에서 초점을 맞춰 교정한다.
○ 철자 오류 유형은 음운처리 오류이고, ㉣의 쓰기유창성 값은 16이다.

관련이론

✦ 쓰기의 객관적 평가

유창성	• 유창성은 학생이 작문하는 데 있어 문장이 점점 능숙해지고, 점점 그 길이가 증가하는 정도이다. • 단어 속에서의 글자, 문장과 문단 속에서의 글자, 산문 내에서의 단어에 관한 유창성은 제한된 시간 안에 쓰인 글을 대상으로 하여 맞게 쓴 총 단어 수, 정확한 단어 수, 정확한 음절 수, 정확한 철자 수, 순서에 맞는 단어 수로 보기도 한다.
문장의 질	• 구문 성숙도이다. • 학생이 보다 폭넓고 복잡한 문장을 사용하는 정도이다. • 명백히 다른 범주(불완전문, 단문, 중문, 복문)에 속하는 문자의 수를 세는 방법이 있다. • 단위 길이의 평균을 계산하는 방법이 있다.
어문규정	• 문장부호, 맞춤법 등 문장을 문법적으로 올바르게 쓰는 것과 쓰기 표현에 적절한 요소들을 포함한다. • 이를 위해서는 문법적으로 맞지 않는 문장이나 쓰기의 오류 빈도를 살펴본다.

✦ BASA 쓰기검사의 평가방법

정량적 평가	• 쓰기유창성을 측정하기 위해 실시하며, 아동이 쓴 글에서 정확하게 쓴 음절의 수를 계산하여 기록한다. • 정확 음절의 수 계산식 정확 음절의 수 = 총 음절의 수 − 오류 음절의 수 • 오류 유형 분석: 소리 나는 대로 쓰기, 삽입, 대치, 생략 등의 오류를 유형에 따라 기호로 표시
정성적 평가	부가적인 평가로서 아동의 쓰기 능력에 대한 구체적인 정보를 얻기 위해 실시한다. 아동이 쓴 글을 6개 영역으로 나누어 1~5점으로 점수를 부여한다. • 글의 형식: 글의 종류에 알맞은 형식 및 구성요소 • 글의 조직: 문장 및 단락 간의 연결과 글의 형식 및 구성요소들의 조직 • 글의 문체: 어휘의 적절성, 구체성, 정확성, 다양성, 독창성 등 • 글의 표현: 맞춤법, 문장부호, 띄어쓰기의 정확성 • 글의 내용: 글의 주제와 내용의 관련성, 일관성 • 글의 주제: 글을 쓴 목적이나 동기의 명확성

40

2022. 중
★답안작성

(가)는 학습장애 학생 B를 위해 특수 교사와 일반 교사가 작성한 쓰기 과정 접근법 지도 단계이고, (나)는 학생 B가 작성한 작문 노트의 일부이다. <작성 방법>에 따라 서술하시오. [4점]

(가) 지도 단계

계획하기	• 글쓰기 주제, 목적, 독자 선택하기 • 쓰기를 위한 아이디어 생성하고 조직하기
↓	
초안쓰기	• 글을 생성하고 구성하는 데 초점 맞추기 • 글의 내용에 집중하여 빠른 속도로 초고 작성하기
↓	
(㉠)	• 초고를 읽으면서 ㉡ <u>글의 내용에 중점을 두어 다듬기</u> • 서로의 글을 비판적 시각으로 읽고 피드백 하기
↓	
편집하기	• (㉢)
↓	
독자와의 공유	• 쓰기 결과를 친구들과 공유하기

(나) 작문 노트

일주일에 3일을 실 수 있다면 월오일에 시면 좋겠다.
㉣ <u>왜냐하면 토오일, 일오일을 시고 오면 피곤하다.</u> 그래서 월오일에 시는 것이 좋을 것 같고. 화오일도 피곤하겠지만 화오일은 체육이 있어서 시는 것보다 학교에 오고 싶을 것 같다.

작성방법

- (가)의 괄호 안 ㉠에 해당하는 단계의 명칭을 쓸 것
- (가)의 괄호 안 ㉢에 해당하는 중심 활동을 밑줄 친 ㉡과 비교하여 1가지 서술할 것
- (나)에 나타난 철자 오류 유형을 쓰고, 밑줄 친 ㉣의 쓰기 유창성 값을 음절 단위로 산출하여 쓸 것

핵심테마 체크 ✔
- 수학적 유창성

MY MEMO

41

정답 및 예시답안

①

핵심테마 체크 ✔
- 수학 학습장애의 특성
- 곱셈구구

MY MEMO

42

정답 및 예시답안

○ ㉠ 시공간능력(시각-공간 능력)
○ ㉡ 자동화[자동성, (직접)인출]

관련이론

✦ 수학 학습장애의 정보처리 특성(인지적 특성)

주의 결함	• 계산법이나 문제해결 단계에 주의를 유지하지 못하거나 교사의 중요한 교수내용에 주의를 유지하지 못한다.
시각-공간 결함	• 문제지에서 해결하던 문제의 위치를 찾지 못한다. • 수 6과 9, 2와 5, 17과 71 등을 구별하지 못한다. • 동전, 계산 기호, 시곗바늘 등을 구분하지 못한다. • 공책의 선에 맞춰 글씨를 쓰지 못한다. • 수학의 방향성을 이해하지 못한다. 즉, 덧셈은 위에서 아래로, 다시 무리짓기는 왼쪽에서 오른쪽으로 수 배열하기에서 어려움을 보인다. • 수직선 사용에 어려움을 보인다. • 시공간능력은 수학 연산을 수행하고, 수의 크기 개념을 형성하고, 정신적으로 표상된 수직선과 같은 공간적인 형태에서 정보를 표상하고 조직하기 위해 필요하다.
청각처리 결함	• 말로 연습하는 데 어려움이 있다. • 수계열대로 세기를 하지 못한다.
기억 결함	• 수학적 사실이나 새로운 정보를 파지하지 못한다. • 계산에서 순서를 잊어버린다. • 시각 읽기에 어려움이 있다. • 여러 단계로 된 문장제 문제를 해결하지 못한다. • 수학 학습장애 학생은 일반학생에 비해 작동기억에 결함이 있는 것으로 보고되었다.
운동 결함	• 수를 알아보지 못하게 쓰거나 느리게 쓰고 부정확하게 쓴다. • 좁은 공간에 숫자를 너무 크게 쓴다.
언어능력 결함	• 언어는 수학적 정보를 상징적으로 나타내고, 수학 기호는 수 언어 개념을 나타낸다. • 언어능력은 문장제 문제해결능력에 유의한 영향을 미칠 뿐 아니라 수학과제 전반에 걸쳐 영향을 미치는 것으로 보고되었다.
처리속도 결함	• 처리속도는 수학문제를 해결하는 데 걸리는 시간과 밀접하게 관련이 있다. • 처리속도는 정확성과 유창성을 구성요소로 한다.

✦ 곱셈구구

곱셈 구구	• 곱셈구구의 궁극적인 목적은 학생이 <u>계산 과정을 거치지 않고 바로 장기기억에서 답을 인출할 수 있도록 하는 것</u>이다.
곱셈 구구 교수의 3단계	• 1단계: 앞서 설명한 곱셈의 개념, 곱셈식, 몇 배 개념 등을 학생이 이해하도록 가르쳐야 한다. 이때 학생이 경험할 수 있는 상황을 통해 곱셈구구를 알 수 있게 하는 것이 좋다(예 7단의 경우 1주일씩 세어 보기 활동을 통해 4주일은 며칠인지 알아보기). • 2-1단계: 곱셈연산 구구표를 이용하여 학생들이 다양한 구구 간의 관련성을 이해하도록 도와야 한다. 예를 들어, 학생이 곱셈구구표를 보고, 어떤 수들이 서로 간에 공통점을 갖고 있다는 것을 파악하도록 한다. • 2-2단계: 곱셈연산 구구표를 점진적으로 소개하여 학생이 이를 효율적으로 학습하도록 도와야 한다. 예를 들어, 학생들은 어떤 수에 0을 곱하면, 항상 0이 된다는 공통점을 발견할 수 있다. 이것이 '×0 법칙'이며, 학생은 '×0 법칙'을 이해함으로써 55개의 곱셈구구 중 10개의 곱셈구구를 학습하게 된다. 이와 같이 학생이 곱셈구구를 한꺼번에 외우는 것이 아니라, 더 쉽게 외워지는 순서에 따라 점진적으로 외우게 하는 것이 더 좋다. • 3단계: 학생이 2단계에서 <u>학습한 곱셈연산 구구를 자동화할 수 있도록 반복, 누적된 연습 기회를 제공하여야 한다</u>. 사칙연산 구구의 자동화를 위해 연습을 할 때, 교사는 다음의 세 가지 절차를 활용하는 것이 좋다. 첫째, 새로 학습한 구구를 집중적으로 반복하기, 둘째 새로 학습한 구구와 이전에 학습한 구구를 섞어서 누적 반복하기, 셋째 새로 학습한 구구의 숙달 정도를 평가하기이다.

41

2009. 중

학습장애학생 A는 기본연산을 할 수는 있으나 유창성이 부족하다. 이 학생의 연산 능력을 향상시키기 위하여 지도해야 할 수학적 유창성의 구성요소로 옳은 것을 <보기>에서 모두 고른 것은?

보기

ㄱ. 속도	ㄴ. 추론
ㄷ. 정확성	ㄹ. 일반화 능력
ㅁ. 문제해결 능력	

① ㄱ, ㄷ　　② ㄱ, ㅁ
③ ㄱ, ㄴ, ㄹ　　④ ㄴ, ㄹ, ㅁ
⑤ ㄷ, ㄹ, ㅁ

42

2019. 중

다음은 권 교사가 고등학교 1학년 수학 학습장애 학생 G와 학생 H의 문제풀이 과정과 결과를 보고 분석한 내용이다. 괄호 안의 ㉠, ㉡에 해당하는 용어를 순서대로 쓰시오. [2점]

(가) 학생 G

▲ 102, 51, 48 중 가장 큰 수를 제외한 두 수의 최대공약수를 구해봅시다

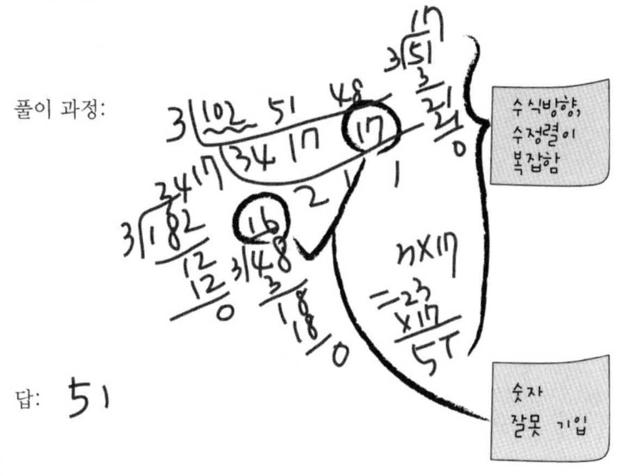

- 중요한 정보를 선택하지 못하는 '선택적 주의집중력' 부족을 보임
- 수식 방향과 수 정렬이 복잡하고, 수를 혼돈하여 기입하며 문제를 푸는 위치를 자주 잃어버리는 등 (　㉠　)에 어려움을 보임

(나) 학생 H

▲ 다음을 계산해 봅시다.

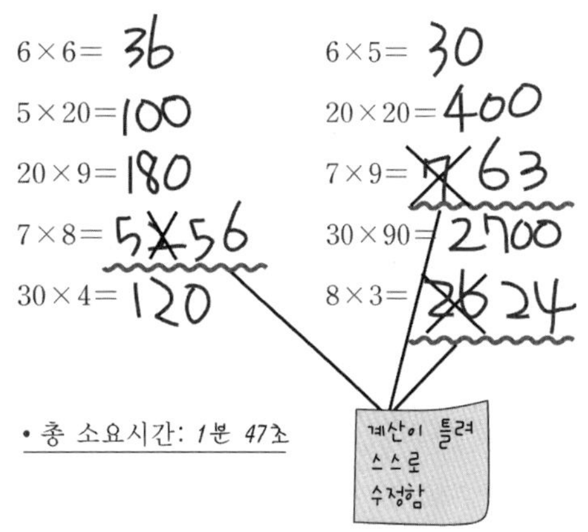

- 문제를 집중하여 풀었으나, 시간이 오래 걸림
- 곱셈구구를 할 수 있음에도 불구하고 (　㉡　)이/가 부족하여, 기본 셈의 유창성에 영향을 줄 수 있으므로 반복·누적된 연습기회를 제공할 필요가 있음
- 작업 기억을 효율적으로 사용하지 못하는 이유일 수도 있으므로 추가 검사가 필요해 보임

핵심테마 체크 ✔

- 수학LD_인지특성
- 문장제 문제 전략

MY MEMO

43

정답 및 예시답안

○ ㉠ 시각-공간(시공간)
○ ㉡ 인지전략

관련이론

✦ 수학 학습장애의 특성

일반적인 특성	• 기본적인 수학개념 습득 부족 • 협응능력 부족 • 방향이나 시간개념 부족 • 부정적인 태도	• 공간 지각능력의 미흡 • 읽기능력 부족 • 기억 결함
정보처리적 특성	• 주의 결함 • 청각처리 결함 • 운동 결함 • 처리속도	• 시각-공간 결함 • 기억 결함 • 언어능력 결함

✦ 문장제 문제 전략

- 문제의 수학적 표현
- 핵심어 전략
  - 문장제 문제에 많이 등장하는 단어들(얼마나 더 많이 혹은 적게, 모두, 각각, 남은 것 등)에 적절한 연산을 연계시켜 문제를 해결하도록 하는 방법
  - 자칫 과잉 일반화를 초래하여 학생들이 전체 문제의 맥락을 파악하는 대신 특정 단어에만 지나치게 주의를 집중할 경우 오답에 도달할 가능성이 있음
- 인지전략 훈련
  - 문장제 문제해결에 소요되는 과정을 단계별로 나누어 이행해 나가는 과정과 방법상의 절차에 관한 훈련방법
  - 인지전략을 자발적이고 자율적으로 활용할 수 있도록 하기 위해서는 초인지전략이 필요
  - 인지전략의 단점은 대다수의 학습장애 학생들에게 전략단계를 암기해야 한다는 부담감을 준다는 것
- 시각적 표상화 전략
- 문제 자체의 조절
- 컴퓨터 보조학습과 교수설계 원리의 결합
- 표상교수
  - 덧셈과 뺄셈: 변화형, 결합형, 비교형
  - 곱셈과 나눗셈: 배수비교형, 변이형
- 인지전략과 자기조절 초인지전략을 적용한 전략교수
  - 인지전략: ① 문제읽기 ② 문제를 자신의 말로 고쳐 말하기 ③ 그림 등으로 문제를 표상하기 ④ 문제해결 계획(식) 세우기 ⑤ 답을 어림해 보기 ⑥ 계산하기 ⑦ 모든 과정이 옳은지 점검
  - 자기조절 초인지 전략: 말하기(자기교시), 묻기(자기질문), 자기점검
- 도구조작을 이용한 문장제 해결 전략
- 문장제 작성 활동

43 2024. 중

다음은 ○○중학교 특수학급의 교육 실습생과 특수 교사의 대화중 일부이다. 괄호 안의 ㉠에 해당하는 인지 특성을 쓰고, 밑줄 친 ㉢의 내용을 참고하여 학생 B에게 적용한 밑줄 친 ㉡에 해당하는 전략을 쓰시오. [2점]

교육 실습생: 선생님, 학생 A는 $\frac{1}{3}$, $\frac{1}{6}$ 과 같이 분수 쓰는 것을 어려워합니다. 왜 그런가요?
특 수 교 사: 학생 A는 도형의 이동에 대해서 배우면서 도형을 상하좌우로 옮기기를 어려워했고, 시험에서 숫자 3을 반전해서 쓰기도 했어요.
교육 실습생: 그런 특성이 있군요. 이유가 무엇인가요?
특 수 교 사: 학생 A는 (㉠) 능력이 낮아요. 그래서 분수를 쓸 때 분모와 분자를 바꿔서 쓰기도 해요.

교육 실습생: 선생님, 학생 B는 분수의 덧셈을 어려워합니다. 어떻게 지도하면 될까요?
특 수 교 사: 분수 덧셈 문제를 해결하기 위해 여러 단계를 거치는 동안 학생 B가 스스로 문제 해결 과정을 점검해 보도록 하고 있어요. 제가 적용했던 전략 노트를 보여 드릴게요. 처음에는 ㉡ <u>문제를 해결하는 사고 과정을 큰 소리로 학생 B에게 보여 주고 학생 B가 이를 관찰</u>하도록 했어요.

㉢ <u><교사 전략 노트>의 일부</u>

교사 활동	학생 활동
(큰 소리로) $\frac{1}{7}$ 더하기 $\frac{4}{7}$, 분수 문제구나.	(교사의 행동을 관찰한다.)
(큰 소리로) 분모와 분자를 확인하자! $\frac{1}{7}$은 7이 분모이고, 1이 분자구나. $\frac{4}{7}$는 7이 분모이고, 4는 분자구나.	(교사의 행동을 관찰한다.)
(큰 소리로) 두 분수의 분모가 같구나.	(교사의 행동을 관찰한다.)
(큰 소리로) 분모가 같으면 분자끼리 더하기가 가능해. 분자인 1과 4를 더하면 되겠구나. 그러면 $\frac{5}{7}$가 되겠구나.	(교사의 행동을 관찰한다.)

핵심테마 체크

- 수학 문제해결의 오류 형태 분석

MY MEMO

44

정답 및 예시답안

①

문제 속 자료분석

- ㄴ. ➡ 학생이 보인 오류는 단순한 연산오류가 아니라, 결함이 있는 계산(절차상의 오류)임
- ㄹ. ➡ 분수의 개념을 지도할 때 색칠한 부분과 색칠하지 않은 부분을 비교하는 것이 아니라, 전체와 색칠한 부분을 비교하여 분수의 개념을 이해하도록 해야 함

관련이론

✦ 연산의 오류

오류 유형	• 연산방법 선택의 실수 • 계산상의 오류(단순 연산오류) • 결함이 있는 계산(절차상의 오류) • 무작위 응답
사례	• 자릿값에 상관없이 일의 자리와 십의 자리 각각의 합을 적는다. • 모든 숫자들을 함께 더한다. 합이 10보다 크면, 단위를 다음 오른쪽 열로 옮긴다. • 숫자를 왼쪽에서 오른쪽으로 더한다. 합이 10보다 크면, 단위를 다음 오른쪽 열로 옮긴다. 이런 유형은 자릿값을 고려하지 않았음을 반영한다. • 위치를 고려하지 않고 큰 수에서 작은 수를 뺀다. 위의 숫자(피감수)를 아래 숫자(감수)로부터 빼거나 반대로 한다. • 필요 없을 때에도 받아내림을 한다. • 곱셈연산을 수행하기 전에 십의 자리 승수에 받아올림 수를 더하지 않는다. • 몫에서 0을 생략한다.

44

2011. 초

다음은 학습장애 학생들이 수학시험에서 보인 오류이다. 오류형태의 분석과 그에 따른 지도 방법이 적절한 것을 모두 고른 것은?

	오류	오류 분석	지도 방법
ㄱ	77 +19 816 88 +39 1117	자릿수를 고려하지 않고 답을 기입함	• 수 모형(낱개 모형, 십 모형, 백 모형)을 이용하여 낱개가 10개가 되면 십 모형 1개로, 십 모형이 10개가 되면 백 모형 1개로 교환하게 하여 자릿수 개념을 확인시킨다. • 그림과 같은 틀을 주어 일의 자리부터 더하여 첫째 줄의 네모 칸에 기입하고, 십의 자리를 더하여 다음 줄의 네모 칸에 기입한 후 합을 구하게 한다. 이때 네모 칸 속에는 숫자를 하나씩만 쓰도록 한다. 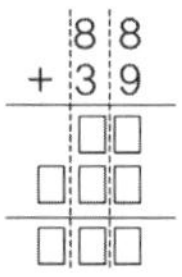
ㄴ	26 + 3 11 56 + 2 13	단순한 연산 오류임	• 그림과 같이 구체물을 이용해서 두 집합으로 가르고, 두 집합을 다시 하나의 집합으로 모으는 활동을 하게 한다. 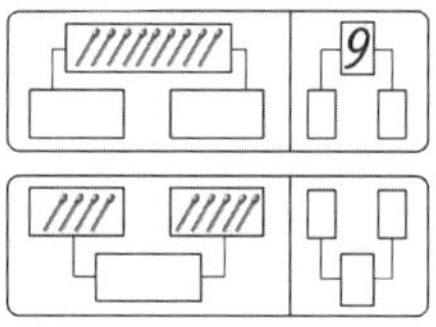 • 수직선을 이용하여 주어진 수만큼 앞으로 가거나 뒤로 가는 활동을 하게 한다. • 또 다른 그림을 보고 수식을 만들어 계산하는 연습을 시킨다.
ㄷ	32 −19 27 45 −17 32	받아내림을 하지 않고 큰 수에서 작은 수를 뺌	• 수 모형(낱개 모형, 십 모형)을 이용해서 윗자리의 숫자인 피감수를 제시하게 하고, 아랫자리의 숫자인 감수만큼 제거하도록 한다. 이때 일의 자리부터 감수를 제거하도록 하고, 피감수의 낱개 모형 수가 부족하면 십 모형 1개를 낱개 모형 10개로 교환하여 제거하도록 한다. • 십의 자리에서 받아내리는 절차를 수식으로 나타내어 계산하는 연습을 하게 한다.
ㄹ	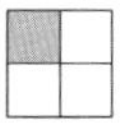 $\frac{1}{3}$ 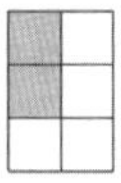 $\frac{2}{4}$	분수를 바르게 이해하지 못함	• 색칠하지 않은 부분이 색칠한 부분의 몇 배인지 물어본 후에, 크기가 같은 색종이를 $\frac{1}{3}$과 $\frac{2}{4}$만큼 잘라서 서로 포개어 보도록 한다.

① ㄱ, ㄷ
② ㄴ, ㄷ
③ ㄱ, ㄴ, ㄹ
④ ㄱ, ㄷ, ㄹ
⑤ ㄴ, ㄷ, ㄹ

핵심테마 체크 ✔

- 수학 문제해결의 오류 형태 분석
- 자릿값

MY MEMO

45

정답 및 예시답안

②

알찬 지문풀이

- ㉠ A는 전형적인 ~~자릿값 오류~~를 보입니다. ➡ 자릿수에 맞게 숫자를 쓰고 있으나, 받아올림에서 오류를 보이고 있음
- ㉡ ~~자릿값을 지도~~할 때는 덧셈구구표를 보고 수들의 공통점을 파악하도록 하는 것이 효과적입니다. ➡ 덧셈구구표는 덧셈과 관련된 기본셈 능력을 향상시키는 데 도움이 되는 방법
- ㉣ 이를 지도하기 위해서는 시각적 표상 교수를 활용하여 '수 계열 인식하기'와 같은 수감각 증진에 노력해야 합니다. ➡ 수 계열은 연속되는 수에 대해 이해하는 것이다. 예를 들면, 빠진 수 채워넣기 등과 같은 활동이 수 계열 인식하기를 위한 것. 이는 학생의 오류와 상관이 없음

문제 속 자료분석

- 학생 A ➡ 받아올림의 오류
- 학생 B ➡ 기본 곱셈 능력이 있으나 받아올림의 오류를 보임
- 학생 C ➡ 받아내림을 하지 않고 큰 수에서 작은 수를 빼거나, 받아내림을 하고 십의 자리 수에서 1을 빼지 않는 받아내림의 오류를 보임

관련이론

✦ 연산의 오류

오류 유형	• 연산방법 선택의 실수 • 계산상의 오류(단순 연산오류) • 결함이 있는 계산(절차상의 오류) • 무작위 응답
사례	• 자릿값에 상관없이 일의 자리와 십의 자리 각각의 합을 적는다. • 모든 숫자들을 함께 더한다. 합이 10보다 크면, 단위를 다음 오른쪽 열로 옮긴다. • 숫자를 왼쪽에서 오른쪽으로 더한다. 합이 10보다 크면, 단위를 다음 오른쪽 열로 옮긴다. 이런 유형은 자릿값을 고려하지 않았음을 반영한다. • 위치를 고려하지 않고 큰 수에서 작은 수를 뺀다. 위의 숫자(피감수)를 아래 숫자(감수)로부터 빼거나 반대로 한다. • 필요 없을 때에도 받아내림을 한다. • 곱셈연산을 수행하기 전에 십의 자리 승수에 받아올림 수를 더하지 않는다. • 몫에서 0을 생략한다.

45

2013. 중

다음은 수학학습장애 학생 A, B, C의 연산 결과에 대해 두 교사가 나눈 대화이다. ㉠~㉤ 중 옳은 것만을 있는 대로 고른 것은?

학생 A		학생 B		학생 C	
83 + 68 141	66 + 29 85	34 × 6 184	27 × 5 105	62 − 47 25	35 − 7 38

김 교사: 우리 학급의 학생 A, B, C는 연산 오류를 보이고 있어요.
이 교사: ㉠ A는 전형적인 자릿값 오류를 보입니다.
김 교사: 자릿값은 어떤 방법으로 가르치나요?
이 교사: ㉡ 자릿값을 지도할 때는 덧셈구구표를 보고 수들의 공통점을 파악하도록 하는 것이 효과적입니다. 그리고 ㉢ B는 곱셈을 실행한 후 받아올린 수를 더하지 않는 오류를 보입니다. ㉣ 이를 지도하기 위해서는 시각적 표상 교수를 활용하여 '수 계열 인식하기'와 같은 수감각 증진에 노력해야 합니다.
김 교사: C는 받아내림을 한 후 십의 자리에서 뺄셈을 틀리게 하고 있어요. 따라서 ㉤ 받아내림을 지도할 때 일의 자리에 있는 값은 '10'이 늘어나고, 십의 자리에 있는 값은 '1'이 줄어드는 것에 대한 시각적 단서를 제공할 필요가 있어요.

① ㉡, ㉢
② ㉢, ㉤
③ ㉠, ㉡, ㉣
④ ㉠, ㉢, ㉣
⑤ ㉡, ㉢, ㉤

PART 09

핵심테마 체크 ✓

- 수학 문제해결의 오류 분석
- 수학 진단평가 방법

MY MEMO

46

정답 및 예시답안

1) 초과정
2) ① 핵심어 전략
   ② 묶어세기(뛰어세기)
3) ① 지필평가에 비해 면담평가는 평가과정에서 학생의 문제해결과정상의 오류를 구체적으로 파악할 수 있다.
   ② 단순 연산오류

관련이론

✦ 수학 문제해결 수행수준의 진단 · 평가를 위한 오류 분석

1) 학습장애 학생들이 범하는 오류의 유형
   - 빼는 대신 더하거나 곱하는 대신 더하는 등의 잘못된 조작에 의한 실수이다.
   - 조작은 맞게 했으나 계산상의 실수를 저지르는 경우이다.
   - 부주의에 따른 잘못된 조작과 같은 실수나 계산상의 실수와는 달리 단순한 실수가 아닌 절차적 오류로서, 계산 규칙을 제대로 이해하지 못해서 일어나는 오류이다. 예를 들어, 자릿값을 제대로 이해하지 못하는 경우 일으키는 실수가 이에 속한다.
   - 실수도 오류도 아닌 마구잡이 반응으로서, 학습에 대한 동기가 결여되었거나 인지능력이 크게 부족한 경우, 혹은 문제 풀이 시간이 부족한 경우에 주로 나타난다.
2) 절차적 오류의 세부분류
   - 입력 오류는 문제에 대한 정보를 머릿속에 입력하는 과정에서 생기는 오류로서, 학생들이 문제 내용을 꼼꼼히 보는 대신 대강 훑어보고 문제해결을 시도하려 할 때 생긴다.
   - 정교화 오류는 입력된 정보를 바탕으로 문제해결을 시도하는 단계에서 나타나는 오류로서, 부적절한 전략 사용이나 필요한 단계의 생략, 법칙의 잘못된 적용(예 243×5를 2×5, 4×5, 3×5로 계산한 후 102015로 답을 쓰는 경우) 등이 여기에 속한다.
   - 산출 오류는 자기가 수행하고 있는 문제해결과정에 대해 초인지를 사용하여 제대로 평가할 능력이 없는 경우에 일어난다.
3) 절차적 오류의 진단
   - 사후 분석을 통해 절차적 오류를 알아내기란 쉽지 않다.
   - 절차적 오류는 학생이 문제를 풀며 자신의 사고과정을 설명하는 것을 교사가 직접 들으며 관찰해야 파악할 수 있는 성질의 것이다.
4) 일대일 관찰
   - 사후 분석에서 단순 실수가 아닌 절차적 오류가 의심되는 문제를 선정하여 일대일 관찰 시 학생에게 제시한다.
   - 학생이 그 문제를 푸는 동안의 사고과정과 사용전략, 문제해결에 필요한 규칙 등에 관한 설명을 학생으로부터 가능한 한 자세히 끌어내어 듣는다.
   - 유사한 문제를 제시하고 앞의 문제와 같은 식으로 접근하여 계속 틀리는지 확인한다.
   - 유사한 문제를 동작적(사물 조작), 영상적(그래프와 그림), 상징적(문장과 기호)으로 달리 제시했을 때도 같은 반응을 보이는지 관찰한다.

✦ 묶어세기 또는 건너뛰며 세기를 통한 곱셈 개념

- 묶음의 개수와 묶음 내의 수를 알아본 후, 같은 수를 여러 번 더하여 전체의 수를 알아보는 활동은 곱셈의 기초가 된다. 전체의 개수를 하나씩 제시하지 않고 묶음을 만들어, 같은 수를 더하는 식으로 구하는 것이 빠르고 능률적임을 알게 하는 것이 중요하다. 즉, 동수누가의 관계를 이해하도록 지도한다. 그다음 동수누가를 곱셈식으로 표현하는 것이 같은 수를 여러 번 더하는 것보다 더 효율적임을 알게 한다.
- 묶어세기와 비슷하게 건너뛰며 세기는 곱셈의 기초가 된다. 몇 씩 건너뛰며 몇 번을 세는지 알아보기, 같은 수를 여러 번 더하여 전체 수를 알아보는 활동은 덧셈에서 곱셈으로 자연스럽게 넘어가는 경험을 제공한다. 그림과 같이 수직선을 활용하여 건너뛰며 수세기 활동을 설명할 수 있다. 또한 학생의 이해 정도에 따라 1의 자릿수뿐만 아니라 10의 자릿수에서의 건너뛰며 수세기 활동으로 확장할 수 있다.

46

2018. 초

(가)는 2015 개정 수학과 교육과정의 3~4학년군 '측정' 영역에 대해 교사가 학습장애 학생 민기를 지도하며 판서한 내용이고, (나)는 민기의 평가 결과 내용의 일부이다. 물음에 답하시오. [6점]

(가)

교수 내용 1

학생 3명이 이어달리기를 할 때, 수미는 850m, 영희는 770m를 각각 달렸고, 진수는 영희보다 280m 더 달렸습니다. 수미와 진수가 달린 거리를 모두 합하면 몇 km 몇 m입니까? [A]

(+)

(+)

• 수미 : 850m

• 진수 : 영희 + 280m
↳770m

• 수미와 진수 : 850m + 770m + 280m

교수 내용 2

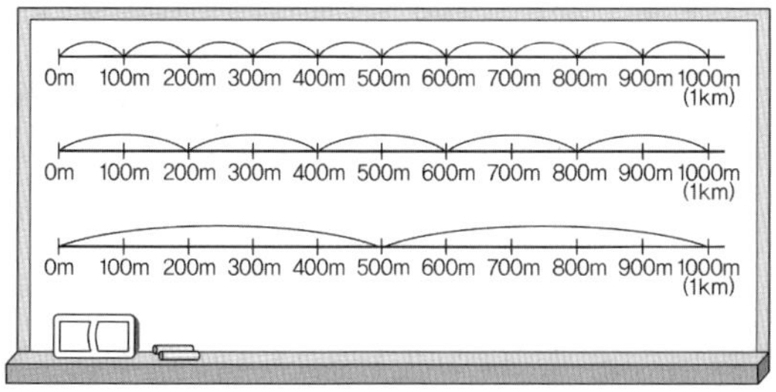

[B]

(나)

형성 평가 문제

학생 3명이 이어달리기를 할 때, 수미는 320m, 영희는 410m를 각각 달렸고, 진수는 영희보다 230m 더 달렸습니다. 수미와 진수가 달린 거리를 모두 합하면 몇 km 몇 m입니까?

㉠ 지필 평가 결과	㉡ 면담 평가 결과
식 : 320 + 410 + 230 답 : 1160m	이 문제는 수미와 진수가 달린 거리를 합하는 거예요. 진수가 달린 거리는 알 수 없으니 먼저 구해야 해요.
	진수가 영희보다 230m 더 달렸으니까 식은 410m + 230m예요. 진수는 740m 달렸어요. [C]
	이제 진수와 수미가 달린 거리를 모두 합하여야 하니까 740m + 320m이고 답은 1160m예요.
	질문에서 몇 km 몇 m냐고 물었으니까 1160m를 나누어 써야 하는데 어려워요.

1) 다음 ① ⓐ와 ⓑ에 들어갈 내용을 순서대로 쓰고, ② 단명수와 복명수의 관계를 지도할 때 유의할 점 1가지를 2015 개정 수학과 교육과정 '교수 · 학습 방법 및 유의 사항'에 근거하여 쓰시오. [2점]

> • 단명수는 (ⓐ)을/를 의미한다.
> • 복명수는 (ⓑ)을/를 의미한다.

①:

②:

2) (가)의 ① [A]에 적용한 전략을 쓰고, ② 1km 단위 지도를 위해 [B]에서 사용한 덧셈 방법을 쓰시오. [2점]

①:

②:

3) ① (나)의 밑줄 친 ㉠에 비해 밑줄 친 ㉡이 갖는 장점 1가지를 평가 방법 측면에서 쓰고, ② (나)의 [C]와 같은 연산 오류가 지속적으로 나타날 때, 그 오류 유형을 쓰시오. [2점]

①:

②:

핵심테마 체크

- 수학유창성
- 덧셈 전략

MY MEMO

47

정답 및 예시답안

○ 큰 가수를 기준으로 이어세기(큰 수부터 이어세기)

문제 속 자료분석

(가) • 시간이 오래 걸리는 것 ➡ 유창성 부족
• 주어진 시간 내에 문제를 풀면 오답률이 높아지는 것 ➡ 유창성 부족

(나) ➡ 학생 A는 덧셈을 할 때 이어세기 전략을 사용하고 있음. 모든 수를 중간부터 이어세기 전략으로 해결하며 보다 효율적인 전략에 대한 학습이 필요함

관련이론

✦ 기초적인 덧셈 기술의 학습 단계

- 1단계 – 모두세기: 두 수를 더할 때, 각 수를 1부터 센 다음, 이들을 합쳐서 다시 센다. 이 시기에는 일반적으로 손가락이나 사물을 사용하여 수 세기를 한다.
- 2단계 – 이어세기: 두 수를 더할 때, 한 숫자에서 시작해서 더해지는 만큼 나머지 수를 센다. 이어세기의 초기 단계에서는 두 수의 크기와 상관없이 앞의 수를 기준으로 뒤의 수를 세는 방법을 사용하다가, 점차 발달하면서 두 수 중 큰 수를 변별하고 큰 수를 기준으로 나머지 수를 세는 방법을 사용한다. 이어세기 초기에는 손가락이나 사물을 사용하여 수세기를 하다가, 점차 언어적으로 수 세기를 한다.
- 3단계 – 부분인출: 직접인출 단계 전에 나타나는 과도기적 단계로 학생이 직접인출할 수 있는 덧셈식에서 추가적으로 필요한 계산을 더해서 계산하는 방법이다.
- 4단계 – 직접인출: 두 수의 합을 계산 과정을 거치지 않고 바로 장기기억에서 인출하여 답하는 것을 의미한다.

✦ 효율적인 기초 덧셈 전략

- 큰 가수를 기준으로 이어세기: 큰 가수를 기준으로 이어세기를 하기 위해서는 다음과 같은 선행 지식과 기술이 필요하다.
  - 첫째, 덧셈식의 순서와 상관없이 효율적인 순서로 연산을 할 수 있다는 것을 알아야 한다.
  - 둘째, 두 수 중 큰 수를 변별할 수 있어야 한다.
  - 셋째, 1이 아닌 곳에서 시작하여 셀 수 있어야 한다.
- 부분인출 및 직접인출
  - 연산을 잘 하려면, 기본셈(사칙연산 구구)을 잘 이해할 뿐 아니라 충분한 연습을 통해 기본셈을 빠르고 정확하게 할 수 있어야 한다.
  - 이를 위해서는 학생이 점차적으로 부분인출과 직접인출을 통해 기본셈을 할 수 있도록 도와주어야 한다.

47

2014. 중

다음의 (가)는 특수교육대상학생 A의 덧셈 특성이고, (나)는 학생 A가 덧셈 풀이 과정에서 사용한 덧셈 전략을 특수교사가 관찰한 내용이다. 학생 A가 보다 효율적으로 덧셈을 할 수 있도록 특수교사가 가르칠 수 있는 덧셈 전략을 〈조건〉에 맞게 쓰시오. [2점]

(가) 학생 A의 덧셈 특성

- 세 자리 수의 덧셈 문제를 풀 수는 있으나, 문제를 푸는 데 시간이 오래 걸림
- 주어진 시간 내에 문제를 풀려고 할 때, 오답 비율이 높아짐

(나) 학생 A의 덧셈 풀이 과정 관찰 내용

```
  5 3 2
+ 1 6 6
-------
  6 9 8
```

일의 자리의 수를 더할 때 '2, 3, 4, 5, 6, 7, 8' 이라고 말함

십의 자리의 수를 더할 때 '3, 4, 5, 6, 7, 8, 9' 라고 말함

백의 자리의 수를 더할 때 '5, 6' 이라고 말함

〈학생 A가 사용한 덧셈 전략〉

조건

부분인출이나 자동인출 전략은 제외하고 답할 것

핵심테마 체크 ✓

- 수학 문제해결의 오류 형태 분석
- 문장제 문제의 유형

MY MEMO

48

정답 및 예시답안

①

알찬 지문풀이

- ㄴ. 연산 오류를 줄이기 위해 '~~큰 수로부터 이어 세기~~' 전략을 지도한다. ➡ 큰 수로부터 이어세기 전략은 학생의 오류와 상관없다.
- ㄹ. 문제에 주어진 정보를 이용하여 문제가 '~~비교 유형~~'임을 파악하도록 지도한다. ➡ 결합형

문제 속 자료분석

- 문제에 대한 학생 A의 답 ➡ 문제해결에 불필요한 정보를 사용하여 식을 세웠고, 세운 식을 계산할 때에도 절차상의 오류를 보임

〈보기〉

- ㄱ. 연산 처리 과정에서 오류를 나타내므로 받아내림 절차를 지도한다. ➡ 받아내림을 하지 않고, 큰 수에서 작은 수를 빼는 오류를 보였으므로, 받아내림 절차를 지도한다.
- ㄷ. 문제해결에 필요한 정보와 불필요한 정보를 구별할 수 있도록 지도한다. ➡ 문제해결과 상관없는 교사의 수를 수식에 활용하였으므로 정보를 구별할 수 있도록 해야 한다.
- ㅁ. 문제에 주어진 정보를 분석하여 문제를 해결하는 데 필요한 <u>그림이나 도식으로 나타내도록 지도</u>한다. ➡ 문장제 문제 중 필요한 정보와 불필요한 정보를 구분하지 못하므로 그림이나 도식으로 정보를 구조화하도록 한다.

관련이론

✦ 문장제 문제의 유형(표상교수)

1) 덧셈과 뺄셈이 적용되는 문장제 문제의 유형
   - 변화형(change): 어떤 대상의 수가 변화하는 형태의 문제로, 시작, 변화량, 결과의 관계를 파악해야 하는 문제
     - 예 경미네 집에서는 빵을 235개 만들어서 196개를 팔았습니다. 남은 빵은 몇 개입니까?
   - 결합형(combine): 대상 간의 관계가 상위/하위 관계 형태의 문제로, 상위 개념, 하위 개념 1, 하위 개념 2의 관계를 파악해야 하는 문제
     - 예 경화네 아파트 단지에 사는 사람은 모두 5,346명인데, 그중에서 남자가 2,758명입니다. 경화네 아파트 단지에 사는 여자는 몇 명입니까?
   - 비교형(compare): 두 대상 간의 차이를 비교하는 형태의 문제로, 비교 대상 1, 비교 대상 2의 차이 관계를 파악해야 하는 문제
     - 예 훈이네 농장에서는 포도를 1,345kg 땄고, 현이네 농장에서는 976kg을 땄습니다. 훈이네는 현이네보다 포도를 몇 kg 더 땄습니까?
2) 곱셈과 나눗셈이 적용되는 문장제 문제의 유형
   - 배수비교형(multiplicative comparison): 목적 대상을 비교 대상의 배수 값과 관련지어야 하는 문제로, 목적 대상, 비교 대상, 대상과 비교의 관계를 파악해야 하는 문제
     - 예 큰 못의 무게는 27.6kg이고, 작은 못의 무게는 5.2kg입니다. 큰 못의 무게는 작은 못의 무게의 약 몇 배입니까? (반올림하여 소수 둘째 자리까지 구하시오.)
   - 변이형(vary): 두 대상 간의 관계가 인과관계로 진술되어 있고, 이 둘 사이 인과관계 값 중 하나를 파악해야 하는 문제
     - 예 터널을 하루에 4.7m씩 뚫는다면, 터널 178.6m를 뚫는 데에는 며칠이 걸립니까?

48

2012. 중

다음은 학습장애학생 A가 수학 문장제 문제를 푼 것이다. 학생 A를 위한 지도 방법으로 적절한 것만을 〈보기〉에서 있는 대로 고른 것은?

〈문제〉

> 영희네 학교에는 모두 824명의 학생들이 있다. 그리고 38명의 선생님이 계신다. 학생들 중 445명은 여학생이고, 나머지는 남학생이다. 영희네 학교에는 몇 명의 남학생이 있는가?
>
> 학생 A의 답: $\begin{array}{r} 824 \\ -\ 38 \\ \hline 814 \end{array}$

보기

ㄱ. 연산 처리 과정에서 오류를 나타내므로 받아내림 절차를 지도한다.
ㄴ. 연산 오류를 줄이기 위해 '큰 수로부터 이어 세기' 전략을 지도한다.
ㄷ. 문제해결에 필요한 정보와 불필요한 정보를 구별할 수 있도록 지도한다.
ㄹ. 문제에 주어진 정보를 이용하여 문제가 '비교 유형'임을 파악하도록 지도한다.
ㅁ. 문제에 주어진 정보를 분석하여 문제를 해결하는 데 필요한 그림이나 도식으로 나타내도록 지도한다.

① ㄱ, ㄷ, ㅁ
② ㄴ, ㄷ, ㄹ
③ ㄱ, ㄴ, ㄷ, ㅁ
④ ㄱ, ㄴ, ㄹ, ㅁ
⑤ ㄱ, ㄷ, ㄹ, ㅁ

PART 09

핵심테마 체크 ✔

- CSA
- 문장제 문제해결의 오류 유형
- 문장제 문제의 유형

MY MEMO

49

정답 및 예시답안

1) 문장제 문제를 읽고 문제해결에 필요한 정보를 파악하여 수학적 식을 세우지 못한다.
2) 반구체적 수준으로 지도하는 단계이며, 그림이나 선 등으로 2차원적인 경험을 하도록 한다.
3) 비교형
4) ① 수학적 지식
   ② 문제를 만들어 보는 활동

문제 속 자료분석

- ㉠ "연못에 오리 4마리와 거위 3마리가 있습니다. 오리 2마리가 연못으로 들어왔습니다. 오리가 모두 몇 마리인지 알아보세요."였는데, 답을 9마리라고 하더라고요. ➡ 오리가 몇 마리인지를 답하지 않고, 문제의 요구와 맞지 않게 주어진 수를 모두 더하여 9라고 답하였다. 문제의 내용에 대한 이해와 그에 대한 표상을 하지 못한 결과라고 볼 수 있다.
- ㉡ CSA 순서를 생각해서 오리와 거위 모형을 가지고 함께 풀이를 했더니 수식을 만들어 내더라고요. ➡ 모형은 3차원의 구체적 사물에 해당하며 CSA 순서 중 구체적 수준의 단계에 해당한다. ➡ CSA는 구체적인 수준 → 반구체적(반추상적) 수준 → 추상적 수준의 순서로 지도하는 것을 의미한다. 따라서 다음 단계는 반구체적(반추상적) 수준이다.
- 노란 장미가 6송이 있습니다. 빨간 장미는 노란 장미보다 3송이 더 많습니다. 빨간 장미는 몇 송이가 있는지 알아봅시다. ➡ 노란 장미보다 3송이가 더 많은 빨간 장미의 수는 비교를 통하여 해결할 수 있다.

관련이론

✦ CSA

- 일반적으로 <u>구체물 ➡ 반구체물 ➡ 추상물</u> 등의 **CSA 순서**에 따라 보조교재나 교구, 또는 구체물을 사용하는 것이 효과적

✦ 문장제 문제해결의 오류 유형

- 빼는 대신 더하거나 곱하는 대신 더하는 등의 잘못된 조작에 의한 실수
- 계산상의 실수
- 절차적 오류(입력 오류, 정교화 오류, 생략 오류, 산출 오류)로서, 계산 규칙을 제대로 이해하지 못해서 일어나는 오류
  - **입력 오류**: 문제에 대한 정보를 머릿속에 입력하는 과정에서 생기는 오류
  - **정교화 오류**: 부적절한 전략 사용이나 필요한 단계의 생략, 법칙의 잘못된 적용
  - **산출 오류**: 자기가 수행하고 있는 문제해결과정에 대해 초인지를 사용하여 제대로 평가할 능력이 없는 경우
- 무작위 응답

✦ 문장제 문제의 유형

- **덧셈과 뺄셈**: 변화형, 결합형, 비교형
- **곱셈과 나눗셈**: 배수비교형, 변이형

49

2013추. 초

다음은 2학년 학생을 가르치는 통합학급 교사와 특수교사 간 수학 교과 협의회 대화 내용의 일부이다. 물음에 답하시오. [5점]

> 통합학급 교사: 진호가 많이 달라졌어요. 얼마 전에는 두 자리 수의 범위에서 덧셈 문제를 많이 틀려서 힘들어하더니 요즘은 곧잘 하네요. 연습을 많이 시킨 보람이 있는 것 같아요. 그런데 어제는 낱말의 뜻을 모르는 것도 아니고 풀이 시간도 충분했는데, 한 자리 수끼리의 덧셈으로 이루어진 문장제 문제를 풀 때 틀린 답을 말하는 거예요.
> 특 수 교 사: 어떤 문제였는데요?
> 통합학급 교사: ㉠"연못에 오리 4마리와 거위 3마리가 있습니다. 오리 2마리가 연못으로 들어왔습니다. 오리가 모두 몇 마리인지 알아보세요."였는데, 답을 9마리라고 하더라고요.
> 특 수 교 사: 그래요. 진호가 연산에 비해 문장제를 어려워해요. 수식으로 제시되면 계산을 잘하는데, 사례가 들어간 문장제 문제로 바뀌면 오답이 많아요.
> 통합학급 교사: 그래서 문제를 이해시키기 위해서 ㉡CSA 순서를 생각해서 오리와 거위 모형을 가지고 함께 풀이를 했더니 수식을 만들어 내더라고요.
> 특 수 교 사: 좋은 방법이네요. 그것 외에도 ㉢문장제 문제 유형을 알고 도식을 활용하여 풀이하는 방법도 있어요. 앞으로 진호에게는 기초적인 연산도 중요하지만 ㉣수학적 문제 해결력에도 초점을 맞추어 가르쳐야 할 것 같아요.

1) ㉠에서 진호가 보인 오류를 분석하여 그 내용을 쓰시오. [1점]

2) CSA 순서에 따라 지도할 때, ㉡ 다음에 이루어지는 교수활동의 특징을 쓰시오. [1점]

3) 다음은 ㉢의 한 유형이다. 그 유형을 쓰시오. [1점]

> 노란 장미가 6송이 있습니다. 빨간 장미는 노란 장미보다 3송이 더 많습니다. 빨간 장미는 몇 송이가 있는지 알아봅시다.

4) 다음은 2011 특수교육 교육과정 중 공통 교육과정 수학과 '교수·학습 방법'에 따라 ㉣을 지도할 때의 유의점이다. ( )에 들어갈 알맞은 말을 쓰시오. [2점]

> • 문제 해결은 전 영역에서 지속적으로 지도한다.
> • 학생 스스로 문제 상황을 탐색하고 (①)와(과) 사고 방법을 토대로 해결 방법을 적절히 활용하여 문제를 해결하게 한다.
> • 문제 해결의 결과뿐 아니라 문제 해결 방법과 과정, (②)도 중시한다.
> • 생활 주변 현상, 사회 현상, 자연 현상 등의 여러 가지 현상에서 파악된 문제를 해결하면서 수학적 개념, 원리, 법칙을 탐구하고, 이를 일반화하게 한다.

①:

②:

PART 09

핵심테마 체크 ✔

- 읽기교수 영역
- 수학_문장제 문제
- 수학_덧셈 오류

MY MEMO

50

정답 및 예시답안

1) ① 읽기유창성
   ② 끊어서 반복읽기
2) ① 시각적 표상화 전략
   ② 동물원에 조랑말 17마리, 얼룩말 8마리가 있는데, 조랑말 10마리가 다른 동물원으로 가게 되었습니다. 동물원에는 조랑말 몇 마리가 남게 될까요?
3) 말의 수를 수모형으로 나타내어 수모형이 10개 묶음이 10모형 하나가 되는 것을 구체적 조작 활동을 통해 지도한다. (*TIP: 십의 자리로 받아올림을 하지 않는 오류 내용을 반영한 지도 방안을 쓸 것)

관련이론

✦ 읽기유창성

정의		• 글(읽기지문)을 빠르고 정확하게, 그리고 적절한 표현력을 가지고 읽는 능력을 의미 • 읽기유창성의 요소: **정확도, 속도, 표현력** • 읽기유창성은 글을 읽고 이해하는 능력과 높은 관련성
평가		• 가장 비형식적인 사정은 학생이 큰 소리로 읽는 것을 듣고 유창성의 진전도를 판단하는 것이다. 그러나 좀 더 형식적인 유창성 측정을 포함시켜야 한다. 예를 들어 학생의 읽기 비율은 분당 90단어 이상으로 빨리 읽어야 하고, 표정을 갖고 구두로 읽을 수 있어야 하며, 구두로 읽을 동안 읽고 있는 내용을 이해할 수 있어야 한다. • 유창성을 가장 쉽게 사정할 수 있는 방법은 학생이 표현력을 가지고 유창하게 읽는 정도(분당 정확하게 읽은 단어의 수)를 인쇄된 읽기유창성 규준이나 표준과 비교하는 것 • 분당 정확히 읽는 단어의 수를 계산하는 방법은 단순하며, 읽기속도와 정확성을 측정할 수 있어 유창성 점검에 적절
교수	특성	• 학생에게 동일한 글을 소리 내어 반복하여 읽도록 한다. • 소리 내어 반복읽기를 실시할 때, 먼저 글을 유창하게 읽는 사람이 유창하게 글을 읽는 것을 시범 보인 다음, 학생에게 같은 글을 소리 내어 읽도록 한다. • 학생이 글을 읽을 때 오류를 보이면 체계적인 오류 교정 절차를 적용하여 오류를 교정한다. • 학생이 동일한 글을 세 번 이상 소리 내어 반복하여 읽도록 한다. • 일주일에 세 번 이상 읽기유창성 교수를 실시한다. • 적절한 글: 학생이 글에 포함된 단어의 약 90% 이상을 정확하게 읽을 수 있는 수준을 의미한다.
	방법	• 짝과 함께 반복읽기 • 끊어서 반복읽기

✦ 시각적 표상화 전략

- 시각적 표상화 전략은 제시된 문제 상황을 그림이나 도식으로 나타내어 문제해결을 시도하는 방법

✦ 표상교수

표상	• '표상'이란 문제를 읽고 문제해결에 필요한 정보를 파악하여 이를 '의미 있게 해석'하는 것 • 쉽게 표현하면, 표상은 문제를 읽고 문제의 유형을 파악하는 것을 의미 • 일반적으로 이 과정에서 그림이나 도식을 활용
문장제 문제의 유형	• 덧셈과 뺄셈: 변화형, 결합형, 비교형 • 곱셈과 나눗셈: 배수비교형, 변이형

고득점 답안 비법 ✰ 1) (가)의 ㉠은 읽기 표현력이 부족한 점을 보여주고 있고, [A]는 너무 빈번하게 끊어 읽는 특성을 보여주고 있음. 이에 따라 구나 절 단위로 끊어 읽도록 지도하여, 읽기 표현력에 효과적인 끊어서 반복읽기가 ㉡에 해당하는 방법이라고 볼 수 있음

✰ 2) '표상교수'의 의미이기도 하지만, [B]는 ㉢의 문장을 시각적으로 나타낸 것을 주요 내용으로 파악할 수 있으므로, 시각적 표상화 전략이 가장 적절한 답안이라고 볼 수 있음(시각적 표상화 전략의 흡사한 예시는 <학습장애 아동의 이해과 교육, 김동일, 학지사>에 제시되어 있음)

50 2024. 초 ★답안작성

(가)는 학습장애 학생 성호의 개별화교육계획 수립을 위한 사전협의 내용의 일부이고, (나)는 성호의 수행 포트폴리오의 일부이다. 물음에 답하시오. [5점]

(가)

○ 일시: 2023년 ○월 ○일 ○요일 ○○시 ~ ○○시
○ 장소: ○○초등학교 특수학급 교실
○ 참석자: 통합학급 담임 교사, 특수교사 등

<현재 학습수행수준>

• 국어
 – ㉠ <u>글에서 단어를 읽을 수는 있으나 또래에 비해 빈번하게 띄어 읽어서 뜻이 잘 드러나도록 자연스럽게 읽지 못함</u>
• 수학
 – 두 자리 수 범위의 덧셈 연산에서 오류가 많고 문장제 문제해결에 어려움을 보임

<목표 설정을 위한 내용>

• 국어
 – ㉡ <u>동일한 글을 자연스럽고 능숙하게 읽을 때까지 소리 내어 수차례 읽는 연습을 하여 (ⓐ)을/를 향상하도록 함</u>
• 수학
 – 두 자리 수 덧셈의 연산 오류를 줄이도록 함
 – 문장제 문제를 해결할 수 있도록 함

(나)

• 국어과 띄어 읽기 결과

> 부모님∨과∨함께∨동네∨뒷∨산에∨갔어요.∨∨숲∨속∨아름∨드리∨나무에∨사슴∨벌레∨한∨마리가∨있어요.∨∨생김새∨는∨단단한∨껍데기∨로∨덮인∨등과∨뿔∨처럼∨생긴∨큰∨턱이∨있어요. [A]

• 수학과 문장제 문제 및 풀이 결과

<문제 1>
㉢ <u>동물원에 조랑말 17마리, 얼룩말 8마리가 있습니다. 말은 모두 몇 마리 있을까요?</u>

조랑말	얼룩말	→	전체
17	8		?

[B]

… (중략) …

<문제 1> 풀이	<문제 2> 풀이
17 + 8 = 15	28 + 25 = 43

[C]

1) ① (가)의 ㉠과 (나)의 [A]를 참고하여 (가)의 ⓐ에 들어갈 읽기 교수 영역을 쓰고, ② ㉡에 해당하는 읽기 지도 방법을 쓰시오. [2점]

①:

②:

2) ① (나)의 [B]에 해당하는 문장제 문제 해결을 위한 전략의 명칭을 쓰고, ② ㉢을 변화형 뺄셈 문장제 문제로 만들어 쓰시오. [2점]

①:

②:

3) (나)의 [C]에 공통으로 나타난 덧셈 오류를 지도할 때, 수 모형을 이용한 지도 방안을 <문제 1> 풀이와 관련지어 1가지 쓰시오. [1점]

핵심테마 체크 ✔

- 수학 문제해결 오류 분석
- 시각적 촉진 방법

MY MEMO

51

정답 및 예시답안

1) ⓐ 1시간은 60분
ⓑ 1분은 60초
2) ㉠ 자릿값의 개념이 있으나 시, 분, 초의 단위에 맞게 식을 배열하지 못한다.
㉡ 받아내림 절차를 사용하지 못한다.
3) 시공간지각이 가능하므로 받아내림을 할 때 10의 자리에서는 1이 줄어들고, 1의 자리에서는 10이 늘어나는 것을 네모 칸이나 색깔 등으로 표시해준다.

관련이론

✦ 수학 기술을 향상시키는 방법

네모 칸 또는 보조선 이용	계산 문제를 풀 때 자릿수를 잘 맞추지 못하는 아동을 위하여 네모 칸이나 보조선을 이용하여 쉽게 자리를 잡을 수 있게 해 준다.
문제의 수 조절	한 면에 동시에 제시되는 여러 개의 문제로 혼돈스러워 하는 아동을 위하여 한 면에 2~3개의 문제만 제시한다.
자동암산	아동이 더 이상 셈하기 전략에 의존하지 않게 될 때 자동적인 암산(예 '7+6'을 계산할 때 자동적으로 답이 '13'임을 아는 것)을 할 수 있게 된다. 이를 위하여 한 번에 두세 개를 넘지 않는 연산을 제시하고, 질문하면 즉시 말하도록 연습시킨다.
구체물 조작	아동에 따라서는 기본적인 수 개념 및 관계를 학습하기 위하여 구체적인 조작물을 사용하는 것이 도움이 된다. 예를 들어, 콩 · 블록 · 나무젓가락 · 빨대 · 바둑알 · 껌 · 사탕 등의 사물을 직접 조작하면서 셈하기, 구구단 등의 관계를 학습할 수 있다.
언어적 촉진	직접 말로 계산을 도와주는 방법으로, 예를 들어 두 자릿수 곱셈에서 "먼저 오른쪽 수끼리 곱해야지.", "칸을 잘 맞춰서 쓰는 것 잊어버리지 말고.", "아래 위의 숫자들을 엇갈려 곱하는 것도 잊어버리지 말아야지."라고 언어적인 촉진을 하는 것이다.
실제 상황 활용	문제해결과정에서 실제 상황을 활용하여 아동의 이해를 돕는 방법이다. 예를 들어, 아동 자신의 시험 점수나 나이 등을 연습문제에 사용할 수 있다.
단서적 단어인식	문장제 문제에서 자주 사용되는 주요 단어들을 단서로 이용하게 한다. 예를 들어, '모두 합쳐서'나 '모두 다'는 덧셈이나 곱셈에서, '남은 수'나 '나머지'는 뺄셈에서, '각각'이나 '똑같이' 등은 나눗셈에서 단서로 사용되는 단어들이다.

51

2016. 초

(가)는 초등학교 3학년 학습장애 학생 준서의 특성이고, (나)와 (다)는 '2009 개정 수학과 교육과정' 3~4학년군 '시간과 길이' 단원 중 시간의 덧셈과 뺄셈을 계산하는 차시에서 사용된 학습지와 형성평가지의 일부이다. 물음에 답하시오. [5점]

(가) 준서의 특성

- 글을 읽고 이해할 수 있음
- 시·공간 지각에 어려움이 없음
- 수업 중 주의집중에 문제가 없음
- 일의 자리와 십의 자리에 대한 자릿값 개념이 있음

(나) 학습지

3학년 1반 이름: O 준서

활동1 동물들이 도착한 시각 계산하기

문제 1) 모든 동물들이 10시 30분이 되자 결승점을 향하여 열심히 달렸어요. 토끼는 출발한 지 1분 19초 만에 결승점에 도착했어요. 토끼가 도착한 시각을 구해 보세요.

10시 30분
\+ 1분 19초
11시 49분

— ㉠ 준서의 풀이 과정 및 답

(다) 형성평가지

3학년 1반 이름: O 준서

※ 다음을 계산하시오.

… (중략) …

〈문제 5〉

2시 35분 32초
−2시 24분 19초
11분 23초 ← ㉡ 준서의 답

1) 다음은 해당 차시의 수업 이전에 달성해야 할 '2009 개정 수학과 교육과정'의 학습내용 성취 기준 중 '측정' 영역에 해당하는 내용의 일부이다. ⓐ, ⓑ에 들어갈 내용을 순서대로 쓰시오. [2점]

학습내용 성취 기준 초등학교 1~2학년군 **측정**

… (중략) …

2 시각 읽기
- ○ 시계를 보고 시각을 '몇 시 몇 분'까지 읽을 수 있다.

3 시각과 시간
- ○ (ⓐ)임을 알고, 시간을 '시간', '분'으로 표현할 수 있다.
- ○ 1분, 1시간, 1일, 1주일, 1개월, 1년 사이의 관계를 이해한다.

학습내용 성취 기준 초등학교 3~4학년군 **측정**

1 시간
- ○ 구체적인 상황에서 시각과 시간의 의미를 이해하고, 이를 구별하여 실생활에서 사용할 수 있다.
- ○ (ⓑ)임을 알고, 초 단위까지 시각을 읽을 수 있다.

ⓐ :

ⓑ :

2) 준서는 (나)의 ㉠과 (다)의 ㉡과 같은 오류를 지속적으로 보인다. 각각에 나타난 오류가 무엇인지 (가)에 제시된 준서의 특성을 고려하여 쓰시오. [2점]

㉠ :

㉡ :

3) (다)의 ㉡과 같은 오류를 바로잡기 위해 사용할 수 있는 시각적 촉진 방법을 (가)에 제시된 준서의 특성을 고려하여 1가지 쓰시오. [1점]

52

핵심테마 체크

- 수학 문제해결의 오류 분석
- 인지전략과 자기조절 초인지전략

MY MEMO

정답 및 예시답안

○ 학생 A는 문제 풀이 과정에서 첫째, 불필요한 정보를 활용하여 수식을 세웠고, 둘째, 세운 식을 풀이(연산)하는 과정에서 곱셈을 우선적으로 연산하지 않고, 순서대로(덧셈부터) 연산하는 절차상의 오류(결함이 있는 연산)를 보였다.

○ ㉠단계의 명칭: 문제해결계획 세우기

○ ㉡의 예: "필요한 기호와 연산기호를 결정하자."

관련이론

✦ 인지전략과 자기조절 초인지전략을 적용한 전략교수

단계	인지전략 단계	자기조절 초인지전략		
		말하기 (자기교시)	묻기 (자기질문)	점검하기 (자기점검)
1	문제 읽기	"문제를 읽자. 이해하지 못하면 다시 읽자."	"문제를 읽고 이해했는가?"	문제를 풀 수 있는 만큼 이해했는지 점검하기
2	문제를 자신의 말로 고쳐 말하기	"중요한 정보에 밑줄을 긋자. 문제를 나의 말로 다시 말해 보자."	"중요한 정보에 밑줄을 그었는가? 문제가 무엇인가? 내가 찾는 것은 무엇인가?"	문제에 있는 정보 확인하기
3	그림이나 다이어그램으로 문제를 표상하기	"그림이나 다이어그램을 만들자."	"그림이 문제에 적합한가?"	그림이 문제 속 정보와 비교하여 어긋나는지 점검하기
4	문제해결계획 세우기	"필요한 단계와 연산기호를 결정하자."	"만약 내가 ~을 한다면 답을 얻을 수 있는가? 다음에 해야 할 것은 무엇인가? 몇 단계가 필요한가?"	계획이 잘 세워졌는지 점검하기
5	답을 어림해보기	"어림수를 찾아 머릿속으로 문제를 풀고 어림값을 쓰자."	"올림과 내림을 했는가? 어림수를 썼는가?"	중요한 정보를 사용하였는지 점검하기
6	계산하기	"정확한 순서대로 계산하자."	"내가 한 답은 어림값과 비교하여 어떠한가? 답이 맞는가? 기호나 단위를 잘 썼는가?"	모든 계산이 올바른 순서대로 이루어졌는지 점검하기
7	모든 과정이 옳은지 점검하기	"계산을 점검하자."	"모든 단계를 점검했는가? 계산을 점검했는가? 답은 맞는가?"	모든 단계가 맞는지 점검하기, 만약 틀렸다면 다시 하기, 필요한 경우 도움을 요청하기

52

2017. 중

(가)는 학생 A가 수학 문장제 문제를 푼 것이고, (나)는 A가 문제를 해결하도록 도와주는 전략교수 'Solve It' 프로그램의 인지전략 단계와 자기조절 전략 중 자기교시의 예를 나타낸 것이다. (가)에 제시된 A의 문제 풀이 과정에서 나타난 오류 2가지를 쓰시오. (나)의 ㉠에 해당하는 단계의 명칭을 쓰고, ㉡에 해당하는 자기교시의 예를 1가지 제시하시오. [4점]

(가) A의 수학 문장제 문제 풀이

〈문제〉 진수가 다니는 학교에는 남학생 424명, 여학생 365명, 교사가 42명 있다. 영희가 다니는 학교에는 교사가 66명이고, 학생 수는 진수네 학교 여학생 수의 3배이다. 영희네 학교의 교사 수와 학생 수를 합하면 모두 몇 명인가?

〈학생 A의 문제 풀이〉

$66 + 424 \times 3$

$= 490 \times 3$

$= 1,470$

답 : 1,470명

(나) 'Solve It' 프로그램의 단계와 자기조절 전략 중 자기교시의 예

인지전략 단계	자기조절 전략 중 자기교시의 예
1단계: 문제를 이해하기 위한 읽기	"문제를 읽어 보자. 이해하지 못하면 다시 읽어야지."
2단계: 문제를 자신의 단어로 고쳐 말하기	"중요한 정보에 밑줄을 그어 보자. 문제를 나의 말로 다시 말해 보자."
3단계: 문제를 그림이나 표로 시각화하기	"그림이나 표로 만들어 보자."
4단계: (㉠)	(㉡)
5단계: 답을 예측해 보기	"어림수를 찾아 머릿속으로 문제를 풀고 그 값을 써 보자."
6단계: 계산하기	"정확한 순서에 따라 계산해야지."
7단계: 모든 과정이 정확한지 점검하기	"계산한 것을 점검하자."

(※ 자기조절 전략 중 자기질문, 자기점검은 생략하였음)

핵심테마 체크 ✔

- 사칙연산_나눗셈
- 문장제 문제_DRAW

MY MEMO

53

정답 및 예시답안

○ ㉠ 등분제
○ ㉡ 문제 읽기

관련이론

✦ 나눗셈의 개념 및 나눗셈식

- 곱셈이 같은 수를 계속 더하는 동수누가의 더하기 개념이라면 나눗셈은 같은 수를 계속 빼 주는 동수누감의 빼기 개념이다. 이런 의미에서 곱셈과 나눗셈은 상대적인 개념이다.
- 나눗셈을 계산하기 위해서는 포함제 개념과 등분제 개념의 이해가 필요하다.
- 포함제는 '어떤 수 안에 다른 수가 몇이나 포함되어 있는가'를 구하는 것으로 '횟수'의 개념이다. 예를 들어, 12÷3은 '12 안에 3을 몇 번 포함하고 있는가?'라는 의미이다.
- 포함제 나눗셈 개념을 묻는 문제에는 일반적으로 '~씩'이라는 어휘가 들어간다.
- 등분제는 '어떤 수를 똑같이 몇으로 나누는가'를 구하는 것으로 '개수'의 개념이다. 예를 들어, 12÷3을 생각해 보면, "사과 12개가 있는데 3개의 접시에 똑같이 나누어 담는다면 한 접시에는 몇 개가 담기는가?"라는 의미이다.
- 등분제 개념이 담긴 문제에는 '똑같이 나누면'과 같은 어휘가 많이 제시된다. 등분제의 개념은 분수의 개념이 되므로 이에 대한 철저한 이해가 필요하다.
- 일반적으로 나눗셈교수는 나눗셈 개념 설명 → 나눗셈식 알기 → 나눗셈구구 교수 → 두 자릿수 이상의 나눗셈교수의 순으로 진행할 수 있다.
- 우선 나눗셈 개념을 교수할 때에는 포함제와 등분제의 개념을 그림을 활용해 실생활과 연결하여 가르치는 것이 좋다.
- 나눗셈의 개념을 설명한 다음 포함제와 등분제의 개념을 다시 정리한 후 이를 나눗셈식으로 표현하도록 한다.

✦ 문장제 문제 전략_인지전략 훈련

- 문장제 문제해결에 소요되는 과정을 단계별로 나누어 이행해 나가는 과정과 방법상의 절차에 관한 훈련방법이다.
- 절차를 효과적으로 활용하기 위한 조건
  - 첫째, 교사들이 이 과정을 따라 문제를 해결하는 모습을 명시적으로 보여 주어야 한다.
  - 둘째, 학생들과 같이 시연하고 나아가 학생들이 개별적이고 자율적으로 전략을 활용할 수 있을 때까지 연습을 시키도록 한다.
  - 셋째, 일단 어느 정도 전략 활용이 숙달되면 다양한 예들을 적용할 수 있는 기회를 제공해야 한다. 이 과정에서 지속적인 점검과 즉각적이고 교정적인 피드백을 제공해야 함은 물론이다.
- 인지전략을 자발적이고 자율적으로 활용할 수 있도록 하기 위해서는 초인지전략이 필요하다. 즉, 자기점검 전략이나 자기교수 전략을 활용하여 자발적으로 전략을 활용할 수 있는 능력을 키워주는 것이 중요하다.
- 인지전략의 단점은 대다수의 학습장애 학생들에게 전략단계를 암기해야 한다는 부담감을 준다는 것이다. 그러므로 이 전략은 중재 초기부터 암기기법을 사용한 전략을 많이 사용한다.

✦ 단순계산을 돕기 위한 학습전략 : DRAW

- Discover the sign : 계산 기호를 확인하라.
- Read the problem : 문제를 읽어라.
- Answer or draw and check : 바로 답을 구하거나 다른 방법으로 답을 구하라.
- Write the answer : 답을 작성하라.

53

2023. 중

(가)는 특수 교사 A가 사칙 연산 지도를 위해 메모한 내용의 일부이고, (나)는 DRAW 전략의 단계와 활동 내용이다. (가)의 괄호 안의 ㉠에 해당하는 용어와 (나)의 괄호 안의 ㉡에 해당하는 단계를 순서대로 쓰시오. [2점]

(가) 사칙 연산 지도를 위한 메모

연산	예시
덧셈(+)	○ 합병 – 빨간 구슬 5개와 흰 구슬 2개를 합하면 얼마인가? ○ 첨가 – 꽃병에 꽃이 5송이 있다. 2송이를 더 꽂으면 모두 몇 송이인가?
~~	~~~
나눗셈(÷)	○ 포함제 – 사과 15개를 한 사람에게 3개씩 나누어 주면 몇 사람에게 줄 수 있는가? – 사탕 8개를 한 번에 2개씩 먹으려고 한다. 몇 번 먹을 수 있는가? ○ (㉠) – 사과 15개를 3명에게 똑같이 나누어 줄 때 한 사람이 몇 개를 가지게 되는가? – 풍선 6개를 2명이 똑같이 나누어 가지면 한 사람이 몇 개를 가지게 되는가?

(나) DRAW 전략의 단계와 활동 내용

(예시 문제) $17 \times 4 = \square$

단계	활동 내용
계산 기호 확인	학생은 곱하기(×) 기호를 보고 제시된 문제가 곱셈 계산식임을 확인한다.
(㉡)	…(중략)…
문제 풀기	계산식을 통해 답을 구하거나 그림을 활용해 답을 구한다.
최종 답 쓰기	$\square$ 칸에 자신이 구한 답을 옮겨 적는다.

핵심테마 체크 ✓

- 문장제 문제 교육_핵심어 전략
- CSA
- 교육과정중심측정
- 동형검사

MY MEMO

54

정답 및 예시답안

○ ㉠에 활용한 전략은 핵심어 전략이고, 이 전략을 과잉 일반화하면 (전체 문제의 맥락을 파악하지 않고) 특정 단어에만 지나치게 주의를 집중하여 오답에 도달하는 오류를 범할 수 있다.
○ ㉡에 해당하는 활동의 예는 '4×3＝?' 등의 식을 세워 계산하는 것이다.
○ ㉢은 동형이다.

관련이론

✦ 문장제 문제해결을 위한 핵심어 전략

- 문장제 문제에 많이 등장하는 단어들(얼마나 더 많이 혹은 적게, 모두, 각각, 남은 것 등)에 적절한 연산을 연계시켜 문제를 해결하도록 하는 방법
- 자칫 과잉 일반화를 초래하여 학생들이 전체 문제의 맥락을 파악하는 대신 특정 단어에만 지나치게 주의를 집중할 경우 오답에 도달할 가능성이 있음

54

2021. 중
★답안작성

(가)는 ○○중학교 특수학급에 재학 중인 학습장애 학생을 위한 수학과 수업 계획이고, (나)는 교육과정 중심 측정(Curriculum-based Measurement: CBM) 절차의 일부이다. 〈작성 방법〉에 따라 서술하시오. [4점]

(가) 수업 계획

• 학습 주제: 문장제 문제의 식과 답 구하기

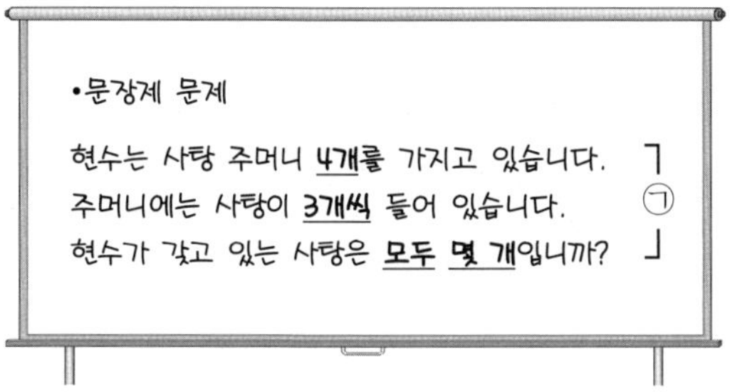

• 활동 1: 구체물을 이용하여 나눠 담고 계산하기
• 활동 2: 반구체물을 이용하여 계산하기
• 활동 3: ㉡ 추상적 표현을 이용하여 계산하기
• 정리 및 평가

(나) CBM 절차의 일부

순서	내용	유의점
1	측정할 기술 확인	검사지 제작 시 문항의 내용, 유형, 문항 난이도를 유사하게 (㉢) 검사를 제작함
2	검사지 제작	
3	검사 실시 횟수 결정	
4	기초선 점수 결정	
5	목표선 설정	

… (하략) …

작성방법

• (가)의 ㉠에서 밑줄 친 요소를 활용한 수업 지도 전략을 쓰고, (가)의 ㉠과 같은 전략을 과잉 일반화하였을 경우 학생이 범할 수 있는 수학적 오류를 1가지 서술할 것
• (가)의 밑줄 친 ㉡에 해당하는 활동의 예를 1가지 쓸 것 [단, (가)의 ㉠에 근거할 것]
• (나)의 괄호 안의 ㉢에 해당하는 용어를 쓸 것

핵심테마 체크 ✔

• 직접교수법

MY MEMO

55

정답 및 예시답안

②

알찬 지문풀이

• ㄷ. 교사는 아동의 인지적 능력보다 ~~상위 수준의 질문~~을 한다. ➡ 직접교수법은 아동 수준에 맞는 내용을 지도하고, 그 기술을 숙달시키고 자동화시키는 데 목표를 둔다.

• ㅁ. 질문에 대한 아동의 정반응이 증가하면 교사는 언어적 암시를 ~~증가~~시킨다. ➡ 정반응이 증가하면 더욱 독자적으로 반응할 수 있도록 언어적 암시를 감소시킨다.

문제 속 자료분석

• 이 교사: 아동에게 개념을 지도할 때에는 내용을 논리적으로 계열화해야 해요. 과제 위계에 따라 설명하면서 구체적인 시범을 보이는 것이 효과적이지요. 그리고 학습 초기에 아동의 사전지식을 꼭 확인할 필요가 있지요.
• 김 교사: 네, 그렇지요. 교사는 아동의 반응을 지속적으로 점검하고, 즉각적인 피드백을 주어야 해요. 교사가 주도하는 수업에서 아동들은 다양한 연습을 통해 습득한 개념을 자동화시킬 수 있는 것이지요.

➡ 직접교수법

〈보기〉
• ㄱ. 학습의 통제가 교사에서 아동으로 점차 전이된다. ➡ 설명하기－시범 보이기－질문하기－아동의 독자적 연습－자기점검 및 평가의 과정을 거치며 점차 교사에서 아동으로 주도권(학습의 통제)이 이동한다.
• ㄴ. 교사는 언어적 상호작용을 통해 학습 내용을 지도한다. ➡ 설명 및 질문과정, 교정적 피드백 과정 등에서 언어적 상호작용을 통하여 지도하게 된다.
• ㄹ. 아동들은 교사 행동을 관찰함으로써 사고나 기능을 배울 수 있다. ➡ 직접교수법은 목표기술이나 행동을 아동에게 시범 보이고, 이를 관찰하여 학습하도록 한다.

관련이론

✦ 직접교수법의 5단계

① 설명하기 ② 시범 보이기 ③ 질문하기 ④ 학생의 독자적 연습 ⑤ 자기점검 및 평가

✦ 직접교수의 구성요소

① **수업목표**: 교사 주도적 수업은 학생의 기대되는 결과를 제시해야 하고 수업목표는 관찰·측정 가능한 행동, 행동이 발생할 조건, 수용 가능한 행동 수행을 위한 기준의 세 가지 요소를 포함해야 한다. 예를 들어, '교사가 철자쓰기 목록의 단어를 읽어 주면(행동발생 조건) 수민이는 10개의 단어 철자를 100% 정확하게(성취기준) 쓸 것이다(행동)'라는 수업목표를 세운다.
② **주의집중 단서**: 수업 시작 전, 교사는 주의집중 단서를 이용하여 학생의 관심을 얻어야 한다. 학생은 수업내용과 교사의 설명을 보고 듣고 집중하는 상황에 참여해야 한다. 따라서 교사는 지도하고 있는 내용과 학생의 능력, 경험, 주의집중 행동 등에 근거하여 주의집중 단서를 선택한다.
③ **예상 단계**: 성공적인 수업은 예상 단계에서부터 시작된다. 예상 단계를 통해 학생의 사전지식을 연결하고 새로운 수업을 촉진할 기억 또는 연습들을 유발할 수 있다. 학생들은 자신의 관심을 그날의 학습에 집중할 수 있다.
④ **검토, 선행학습 확인 및 목표진술**: 교사는 이전에 학습한 자료를 복습하고 사전에 필요한 요소를 확인하여 현재 학습 목적을 제시하거나 유도한다. 이 세 가지 구성요소는 다른 순서로 이루어질 수 있으며 때로는 유사하거나 중복될 수 있다. 특히 목표진술은 수업에 대한 개요를 제공하는데, 이는 학생에게 수업시간 동안 무엇을 배울지 예상할 수 있는 '생각의 틀'을 제공한다.
⑤ **교수와 모델링**: 교수목표에서 요구하는 행동을 구체적으로 제시하는 것이다. 모델링은 행동주의적 모델링과 인지주의적 모델링을 포함한다. 행동주의적 모델링은 기술의 실제 시연을 의미하고, 인지주의적 모델링은 시범 보이는 사람의 사고과정을 이해하는 데 있어서 학생을 도울 수 있는 자기대화를 포함한다. 자기대화를 제공할 때, 교사는 학생이 과제를 수행하는 동안에 그들이 생각하는 것을 명확히 이야기한다. 이는 교사로 하여금 과제뿐만 아니라 과제를 완수하는 데 사용된 전략도 함께 보일 수 있도록 한다. 교사는 필요할 때 촉진과 피드백을 사용하여 학생들의 대답을 요구해야 한다.
⑥ **안내된 연습**: 교사가 행동으로 시범을 보이면(예 해당 수업의 행동 목표) 학생은 직접적인 감독하에 수업목표를 학습할 기회를 가지게 된다. 안내된 연습은 학생이 해당 기술을 교사와 함께 연습하는 전략이다. 교사는 질문하고, 연습이 부족하여 발생되는 실수를 확인하며, 오류를 정정하고, 필요한 경우 재교수함으로써 학생을 지원하는 데 쉽게 적용될 수 있다.
⑦ **독립연습**: 학생이 독립적으로 과제를 수행하도록 기대되며 교사의 피드백이 안내된 연습에서처럼 빠르게 제공되지는 않는다. 전통적 교수에서는 독립연습이 숙제의 형태로 제시되는 경우가 있다. 독립연습은 학생이 안내된 연습에서 높은 성공률(90~100%)을 보이기 전까지 시작되어서는 안 된다.
⑧ **마무리**: 교사는 학습내용을 요약하고 검토하여 이를 이전에 학습한 내용 또는 경험과 통합함으로써 수업을 마무리한다. 교사가 시간의 흐름을 잃거나 수업을 끝내는 데 필요한 시간을 잘못 판단하여 마무리 시간을 제공하는 데 실패하는 경우가 있으므로 타이머를 활용하는 방법 등을 통해 수업내용을 통합할 수 있는 기회를 갖도록 한다.

55

2009. 유

다음은 학습장애 아동을 위한 교수방법에 관한 두 교사의 대화이다. 교사들의 입장에 부합하는 교수방법에 대한 바른 설명을 〈보기〉에서 모두 고른 것은?

> 이 교사: 아동에게 개념을 지도할 때에는 내용을 논리적으로 계열화해야 해요. 과제 위계에 따라 설명하면서 구체적인 시범을 보이는 것이 효과적이지요. 그리고 학습 초기에 아동의 사전지식을 꼭 확인할 필요가 있지요.
>
> 김 교사: 네, 그렇지요. 교사는 아동의 반응을 지속적으로 점검하고, 즉각적인 피드백을 주어야 해요. 교사가 주도하는 수업에서 아동들은 다양한 연습을 통해 습득한 개념을 자동화시킬 수 있는 것이지요.

보기

ㄱ. 학습의 통제가 교사에서 아동으로 점차 전이된다.
ㄴ. 교사는 언어적 상호작용을 통해 학습 내용을 지도한다.
ㄷ. 교사는 아동의 인지적 능력보다 상위 수준의 질문을 한다.
ㄹ. 아동들은 교사 행동을 관찰함으로써 사고나 기능을 배울 수 있다.
ㅁ. 질문에 대한 아동의 정반응이 증가하면 교사는 언어적 암시를 증가시킨다.

① ㄱ, ㄴ　② ㄱ, ㄴ, ㄹ
③ ㄱ, ㄹ, ㅁ　④ ㄴ, ㄷ, ㄹ
⑤ ㄴ, ㄷ, ㄹ, ㅁ

핵심테마 체크

• 직접교수법

MY MEMO

56

정답 및 예시답안

③

문제 속 자료분석

• (가) ➡ "잎 모양 본뜨는 방법을 안다"라는 목표는 객관적이고 구체적이며 명확하게 진술된 목표가 아니다. '안다'라는 서술어는 관찰이 어렵고 구체적이지 못하다.
• (다) ➡ 안내된 연습단계에서는 학생의 수행에 따라 교사가 과제를 완성할 수 있도록 피드백을 제공하고 안내를 해야 한다.

관련이론

✦ 직접교수법

정의	• 구체적인 학습기술을 완전 습득하기 위한 방향의 교사안내 수업	
내용조직	• 논리적 위계와 과제분석기법	
수업진행 방식	• 자극과 반응 간의 관계에 대한 행동주의적 입장 • 정확하고 뚜렷하게 원하는 행동을 보여 주고 학생들로 하여금 실행해 보도록 함 − 일반적인 일의 문제해결전략을 분명히 가르쳐야 한다. − 소집단으로 수업해야 한다. − 실수를 체계적으로 교정하고 적합한 반응을 강화하여야 한다. − 이전에 배운 내용을 누적하여 검토하도록 한다. − 학습과정의 각 단계마다 숙달수준을 고수하여야 한다.	
특징	• 잘못된 반응을 보일 때는 정확하고 신속하게 이를 교정 • 지루하지 않게 학습 진도를 빠르게 이끌어 나가면서 숙달 정도를 향상시킴 • 학습자들의 참여를 유도함 • 교사가 시범과 체계적인 보조를 숙달될 때까지 제공 • 수업을 위한 시간 배당이 충분하면서도 지속적이고, 내용전달 범위는 확장하며, 학생수행을 모니터 • 낮은 수준의 인지적 능력으로 질문하고, 정확한 반응을 많이 일으키며, 학생에게 주는 피드백은 교정적이면서도 학업적인 것이어야 함 • 학생의 능력수준에 맞는 교재를 선택하며 수업내용을 일정한 속도로 보조 • 수업은 권위주의적이지 않고 구조적이며 쾌활한 분위기에서 진행	
적용	• 교재나 학습지에 아직 나타나 있지 않은 정보를 제공하려고 할 때 • 학생들의 흥미나 성공을 일으키고 싶을 때 • 필수적인 '큰개념'을 가르쳐야 할 때 • 기초지식, 규칙, 행동위계 등을 과잉학습하고 완전학습할 필요가 있을 때	
단계	① 설명하기 ② 시범 보이기 ③ 질문하기 ④ 학습자의 독자적 연습 ⑤ 자기점검과 평가	
구성요소	수업목표	• 수업목표는 관찰 가능하고 측정 가능한 행동, 행동이 발생할 조건, 수용 가능한 행동 수행을 위한 기준의 3가지 요소를 포함
	주의집중 단서	• 지도하고 있는 내용과 학생의 능력, 경험, 주의집중행동 등에 근거하여 주의집중 단서를 선택
	예상단계	• 학생의 사전지식을 연결하고 새로운 수업을 촉진할 기억 또는 연습들을 유발
	검토, 선행학습 확인 및 목표 진술	• 교사는 이전에 학습한 자료를 복습하고 사전에 필요한 요소를 확인하며 현재 학습 목적을 제시하거나 유도 • 특히 목표진술은 수업에 대한 개요를 제공하는데, 이는 학생에게 수업시간 동안 무엇을 배울지 예상할 수 있는 '생각의 틀'을 제공
	모델링	• 행동주의적 모델링은 기술의 실제 시연을 의미하고, 인지주의적 모델링은 시범 보이는 사람의 사고과정을 이해하는 데 있어서 학생을 도울 수 있는 자기 대화를 포함
	안내된 연습	• 교사의 직접적인 감독하에 수업목표를 학습할 기회 • 안내된 연습은 학생이 해당 기술을 교사와 함께 연습하는 전략 • 교사는 질문하고, 연습 부족으로 발생되는 실수를 확인하여, 오류를 정정하며, 필요한 경우 재교수함으로써 학생을 지원하는 데 쉽게 적용
	독립연습	• 학생이 독립적으로 과제를 수행하도록 기대되며 교사의 피드백이 안내된 연습에서처럼 빠르게 제공되지는 않음 • 전통적 교수에서는 독립연습이 숙제의 형태로 제시되는 경우가 있음 • 독립연습은 학생이 안내된 연습에서 높은 성공률(90~100%)을 보이기 전까지 시작되어서는 안 됨
	마무리	• 교사는 학습내용을 요약하고 검토하여 이를 이전에 학습한 내용 또는 경험과 통합함으로써 수업을 마무리

56

2012. 중

다음은 특수학교 김 교사가 중학교 1학년 1반 학생들에게 '잎 모양 본뜨기'를 지도하기 위해 '직접교수'를 적용한 수업의 일부이다. '직접교수'의 단계별 교수 · 학습 활동의 예로 적절한 것만을 있는 대로 고른 것은?

단계	교수 · 학습 활동의 예
학습 목표 제시	(가) 교사가 객관적 용어로 진술된 학습 목표를 제시하고, 학생들이 학습 목표를 따라 읽는다. • 학습 목표: 잎 모양 본뜨는 방법을 안다.
교사 시범	(나) 교사가 학생들에게 '잎 모양 본뜨기'에 대해 시범을 보이며, "잎 모양을 본 뜰 때는 다음과 같이 합니다. 먼저, 본을 뜰 나뭇잎 위에 화선지를 올려놓습니다."라고 말한다. 그런 다음 교사가 잎 모양 본뜨기의 나머지 순서를 차례대로 시범을 보인다.
안내된 연습	(다) 교사가 학생들에게 잎 모양 본뜨는 연습을 하도록 지시한다. 다른 학생들이 연습하는 동안 교사가 과제에 어려움을 보이는 학생 A에게 가서 "처음에는 무엇을 해야 하지요?"라고 질문한다. 학생 A가 답을 하지 못하자, 교사가 "잘 생각해서 해 보아요."라고 말하고 안내된 연습을 종료한다.
독립적 연습	(라) 교사가 학생들에게 "자, 그럼 이제부터 여러분들이 각자 잎 모양 본뜨기 연습을 해 보도록 해요."라고 말한다. 학생들이 연습하는 동안 교사가 교실을 돌아다니며 학생들이 잎 모양 본뜨기를 제대로 수행하는지를 점검한다.

① (가), (나)
② (가), (다)
③ (나), (라)
④ (가), (다), (라)
⑤ (나), (다), (라)

핵심테마 체크 ✔

- 시험전략
- 직접교수법

MY MEMO

57

정답 및 예시답안

○ (가) 시험전략 / [잘 모르는 문제(어려운 문제)는 우선 넘어가고] 쉬운 문제부터 해결하는 시험 기술
○ (나) ㉠ / 직접교수법에서는 시범을 보이고 설명을 한 후 학생의 이해 정도 등에 대하여 확인을 해야 한다. 전략 사용 방법을 보이고 설명을 끝내는 것은 적절하지 않다.
㉢ / 학생이 오류를 보였을 때 같은 문제를 제공하는 것은 같은 오류를 반복할 수 있으므로 정반응 향상을 목적으로 하는 직접교수법에 적절하지 않다(안내된 연습단계에서는 학생이 오류를 보이면 이를 정정하고, 필요한 경우 재교수를 실시함).

문제 속 자료분석

(나) 교수 활동 계획

교수 활동	
• 이전 시간에 배운 내용을 점검한다. • 수업 목표를 진술한다.	➡ 선행학습 확인 및 목표진술
• 선다형 문항을 풀이하는 전략을 설명한다. • 전략을 촉진하면서 전략을 사용하여 문제 푸는 방법을 시범 보인다.	➡ 교수와 모델링 • 설명, 시범 단계 • 설명, 시범 이후에는 학생의 이해 여부를 확인해야 함
• 학생이 배운 대로 전략을 연습해 볼 수 있도록 과제를 제시하고, 교사는 전략 사용을 촉진한다.	➡ 안내된 연습
• 전략을 다시 확인하고 주어진 시간 동안 독립적으로 전략 사용을 연습하게 한다.	➡ 독립된 연습

관련이론

✦ 시험전략

모든 목적에 적합한 또는 일반적 시험전략에는 학업적 준비, 물리적 준비, 태도 개선, 불안 감소, 동기 개선이 있다.

- 학업적 준비 : 학생들이 언제 그리고 무엇을 공부해야 하는지에 대해 설명한다.
- 물리적 준비 : 학생이 특히 시험을 치기 전에 건강하고, 적절하게 음식을 섭취하여 밤에 충분히 휴식을 취해야 함을 의미한다.
- 태도 개선 : 학생은 시험을 치는 것에 대해 건강하고 긍정적이며 확신에 찬 태도를 가져야 한다.
- 시험불안 감소 : 불안은 자주 학생의 시험 수행을 방해할 수 있다.
- 동기 개선 : 노력에 의한 외적 강화를 제공하는 것, 적절한 귀인을 가르치고 격려하거나 또는 성공·실패가 학생의 통제 밖의 힘에 의한 것이 아니라 개인의 노력에 기인하게 하는 것, 학생이 시험을 치는 상황에서 성공하도록 그들 자신이 통제하는 전략을 사용하게끔 격려하는 것에 의해 성취될 수 있다.

57

2016. 중
★답안작성

(가)는 중간고사 직후 학습장애 중학생 A에 대해 통합학급교사와 특수교사가 나눈 대화이고, (나)는 특수교사가 통합학급교사의 요구에 따라 직접교수법을 적용하여 작성한 교수 활동 계획의 일부이다. (가)에서 학생 A의 문제를 해결하기 위한 학습 전략의 명칭을 쓰고, 이 학습 전략을 학생 A에게 가르칠 때 적용할 수 있는 기술 1가지를 제시하시오. 그리고 (나)의 밑줄 친 ㉠~㉤ 중에서 잘못된 내용의 기호 2가지를 쓰고, 그 이유를 각각 설명하시오. [4점]

(가) 통합학급교사와 특수교사의 대화

통합학급교사:	어제 시험 감독을 하는데 A를 보고 답답해서 혼났어요. A가 수업 시간에 혼자서도 답을 척척 맞힌 것들이 시험 문제로 많이 나왔는데, 막상 시험 시간에는 손도 못 대고 있더라고요. 한 시간 내내 끙끙거리며 잘 모르는 문제만 풀고 있는 것 같았어요.
특 수 교 사:	맞아요. 사실 A가 모르는 것도 아닌데 시험 점수가 너무 낮아서 부모님도 걱정이 많으세요.
통합학급교사:	앞으로 시험 볼 일이 많은데 매번 이럴까 걱정이에요. 도와줄 방법이 없을까요?

(나) 교수 활동 계획

교수 활동	지도상의 유의점
• 이전 시간에 배운 내용을 점검한다. • 수업 목표를 진술한다.	• 수업의 개요를 함께 제공한다.
• 선다형 문항을 풀이하는 전략을 설명한다. [-문제에서 단서 단어(예 : 틀린)를 확인한다. -확실한 오답을 먼저 찾는다. …(하략)…] • 전략을 촉진하면서 전략을 사용하여 문제 푸는 방법을 시범 보인다.	• 소리 내어 생각 말하기(think-aloud) 기법을 활용하여 어떻게 전략을 사용하는지 시범 보인다. • ㉠ <u>전략 사용의 이유와 핵심 요소를 제시하고 전략 사용방법을 직접 보임으로써 설명을 끝낸다</u>.
• 학생이 배운 대로 전략을 연습해 볼 수 있도록 과제를 제시하고, 교사는 전략 사용을 촉진한다.	• ㉡ <u>학생 모두가 전략을 수행해 볼 수 있는 기회를 충분히 제공한다</u>. • ㉢ <u>연습 과제에서 학생이 전략을 잘못 사용했을 때 즉시 같은 문제를 다시 제공한다</u>. • ㉣ <u>실제보다 쉬운 연습 과제부터 전략을 연습하도록 하여 자신감을 심어 준다</u>.
• 전략을 다시 확인하고 주어진 시간 동안 독립적으로 전략 사용을 연습하게 한다.	• ㉤ <u>교실을 돌아다니며 어려움을 보이는 학생에게 도움을 제공한다</u>.

핵심테마 체크

- 음운인식
- 유창성 향상을 위한 지도_반복읽기
- 직접교수

MY MEMO

58

정답 및 예시답안

○ ㉠은 음운인식이다.
○ ㉡은 반복읽기이다.
○ ㉢은 교수와 모델링이고, ㉣에서 교사는 학생에게 질문을 하고 실수를 확인하고 오류를 정정하는 등의 활동을 한다. (+ 필요 시 재교수)

관련이론

✦ 음운인식

- 말소리를 식별하는 능력
- 같은 소리로 시작되는 단어와 다른 소리로 시작되는 단어를 인식하는 능력, 단어를 구성하는 음소를 셀 수 있는 능력, 단어를 구성하는 소리들을 합성·분절 또는 조작할 수 있는 능력 등
- 음운인식은 읽기능력과 높은 상관이 있으며, 더 나아가 향후 읽기능력(단어인지, 읽기유창성, 읽기이해 포함)을 예측하는 강력한 변인
- 음운인식의 하위기술: 음절, 음절체-종성, 초성-각운, 음소
- 음운인식 과제 유형

변별	시작하는, 끝나는
분리	첫소리, 가운데 소리, 끝소리
분절	나누어서
합성	합쳐서
탈락	빼고
대치	바꾸어서

✦ 읽기유창성 지도

유창성 지도가 필요한 경우	• 학생에게 아직 배우지 않은 내용을 구두로 읽게 했을 때, 10% 이상 단어인지에서 실수를 할 때 • 학생이 구두로 잘 읽지 못할 때 • 구두로 읽은 내용에 대해 잘 이해하지 못할 때
반복읽기	• 학생-성인 읽기 • 함께 읽기 • 테이프를 활용하여 읽기 • 짝과 읽기 • 역할 수행

✦ 직접교수의 구성요소

수업목표	• 수업목표는 관찰 가능하고 측정 가능한 행동, 행동이 발생할 조건, 수용 가능한 행동 수행을 위한 기준의 3가지 요소를 포함
주의집중 단서	• 지도하고 있는 내용과 학생의 능력, 경험, 주의집중행동 등에 근거하여 주의집중 단서를 선택
예상단계	• 학생의 사전지식을 연결하고 새로운 수업을 촉진할 기억 또는 연습들을 유발
검토, 선행학습 확인 및 목표진술	• 교사는 이전에 학습한 자료를 복습하고 사전에 필요한 요소를 확인하며 현재 학습 목적을 제시하거나 유도 • 특히 목표진술은 수업에 대한 개요를 제공하는데, 이는 학생에게 수업시간 동안 무엇을 배울지 예상할 수 있는 '생각의 틀'을 제공
모델링	• 행동주의적 모델링은 기술의 실제 시연을 의미하고, 인지주의적 모델링은 시범 보이는 사람의 사고과정을 이해하는 데 있어서 학생을 도울 수 있는 자기 대화를 포함
안내된 연습	• 교사의 직접적인 감독하에 수업목표를 학습할 기회 • 안내된 연습은 학생이 해당 기술을 교사와 함께 연습하는 전략 • 교사는 질문하고, 연습 부족으로 발생되는 실수를 확인하여, 오류를 정정하며, 필요한 경우 재교수함으로써 학생을 지원하는 데 쉽게 적용
독립연습	• 학생이 독립적으로 과제를 수행하도록 기대되며 교사의 피드백이 안내된 연습에서처럼 빠르게 제공되지는 않음 • 전통적 교수에서는 독립연습이 숙제의 형태로 제시되는 경우가 있음 • 독립연습은 학생이 안내된 연습에서 높은 성공률(90~100%)을 보이기 전까지 시작되어서는 안 됨
마무리	• 교사는 학습내용을 요약하고 검토하여 이를 이전에 학습한 내용 또는 경험과 통합함으로써 수업을 마무리

58

2021. 중
★답안작성

(가)는 ○○중학교 통합학급에 재학 중인 학습장애 학생 E의 특성이고, (나)는 학생 E를 위한 읽기 지도 계획이다. 〈작성 방법〉에 따라 서술하시오. [4점]

(가) 학생 E의 특성

- ㉠ 문자를 보고 말소리와 연결하여 의미를 이해하는 능력이 부족함
- 일견단어(sight words)의 수가 부족함
- 문장을 읽을 때 모르는 단어를 종종 빼 먹음

(나) 읽기 지도 계획

- (㉡) 전략 사용: 오디오북 지원 읽기, 학생–성인 짝지어 읽기, 파트너 읽기, 역할극 하기
- 직접교수 모형을 활용한 오디오북 지원 읽기

순서	활동
㉢	• 교사는 오디오북에서 나오는 소리를 듣게 한다.
안내된 연습	• (㉣)
독립적 연습	• 학생 스스로 오디오북에서 나온 단어나 문장을 자연스럽게 읽게 한다.
마무리	• 학습 내용을 요약, 검토하고 이를 이전에 학습한 내용과 통합하여 수업을 마무리 한다.

작성방법

- (가)의 밑줄 친 ㉠에 해당하는 용어를 쓸 것
- (나)의 괄호 안의 ㉡에 해당하는 읽기 지도 전략의 명칭을 쓸 것
- (나)의 ㉢에 해당하는 명칭을 쓰고, 괄호 안의 ㉣에 해당하는 교사의 활동을 1가지 서술할 것

핵심테마 체크

- 행동주의
- 인지주의
- 구성주의

MY MEMO

59

정답 및 예시답안

①

알찬 지문풀이

- ㄷ. 실생활과 관련된 과제와 경험을 활용하여 정보를 능동적으로 구성할 수 있도록 지도한다.
  ➡ 구성주의
- ㅁ. 학습전략을 개발·응용할 수 있는 방법 혹은 학습내용을 잘 기억할 수 있는 방법을 지도한다.
  ➡ 인지주의

문제 속 자료분석

- 최 교사: 저는 학습이 경험의 결과로 나타나는 관찰 가능한 행동의 변화라고 생각해요. 그리고 자극과 반응의 관계를 중요하게 생각한답니다. 그러므로 학습 활동의 선행조건이나 결과를 조작함으로써 학습장애 학생의 학업성취를 향상시킬 수 있다고 봐요.
- 최 교사: 그 이유는 교사에 의해서 제공되는 교수 자극이 부적절하기 때문이라고 생각해요. 그러니까 학생이 배워야 하는 과제를 어떻게 제공하느냐가 관건이겠지요.

➡ 최 교사는 행동주의적 관점을 주장

〈보기〉

- ㄱ. 반복된 연습과 강화를 제공하여 학업성취를 향상시킨다.
- ㄴ. 학습과제를 세분화하고, 학생의 학습 활동에 대한 피드백을 제공한다.
- ㄹ. 후속자극의 변화가 어떻게 학생의 학습행동에 영향을 미치는지 체계적인 분석을 수행한다.

관련이론

✦ 행동주의 / 인지주의 / 구성주의

행동주의	• 행동목표를 명확하게 제시해야 한다. • 외재적 동기를 강화해야 한다. • 수업내용은 쉬운 것에서부터 어려운 것으로 점진적으로 제시하고, 복잡하고 어려운 것은 단순한 것으로 세분화하여 제시해야 한다.
인지주의	• 직접적으로 관찰할 수는 없지만 인간의 뇌 속에서 진행되는 외부 감각자극의 변형, 부호화 혹은 기호화, 파지, 재생 또는 인출이라는 일련의 정보처리과정을 연구
구성주의	• 사회적 경험을 바탕으로 개인의 인지적 작용에 의하여 지속적으로 구성, 재구성 되는 것 • 학습자들이 자신이 위치한 물리적, 사회적 세계와 능동적으로 상호작용하는 해석적, 순환적, 구성적인 의미를 만드는 과정

59

2011. 초

다음은 특수학급을 담당하고 있는 김 교사와 최 교사가 학습장애 학생 교육에 대하여 나눈 대화이다. 이 대화에서 최 교사가 말하고 있는 관점에서 주장하는 학생 지도 내용으로 적절한 설명을 〈보기〉에서 고른 것은?

> 최 교사: 김 선생님, 저는 특수학급에서 학습장애 학생을 지도할 때에는 이론적 관점이 중요하다고 생각해요.
> 김 교사: 그러면 선생님께서는 어떠한 관점을 가지고 계시나요?
> 최 교사: 저는 학습이 경험의 결과로 나타나는 관찰 가능한 행동의 변화라고 생각해요. 그리고 자극과 반응의 관계를 중요하게 생각한답니다. 그러므로 학습 활동의 선행조건이나 결과를 조작함으로써 학습장애 학생의 학업성취를 향상시킬 수 있다고 봐요.
> 김 교사: 그렇다면 학습장애 학생의 학습 문제는 왜 발생한다고 생각하세요?
> 최 교사: 그 이유는 교사에 의해서 제공되는 교수 자극이 부적절하기 때문이라고 생각해요. 그러니까 학생이 배워야 하는 과제를 어떻게 제공하느냐가 관건이겠지요.

보기

ㄱ. 반복된 연습과 강화를 제공하여 학업성취를 향상시킨다.
ㄴ. 학습과제를 세분화하고, 학생의 학습 활동에 대한 피드백을 제공한다.
ㄷ. 실생활과 관련된 과제와 경험을 활용하여 정보를 능동적으로 구성할 수 있도록 지도한다.
ㄹ. 후속자극의 변화가 어떻게 학생의 학습행동에 영향을 미치는지 체계적인 분석을 수행한다.
ㅁ. 학습전략을 개발·응용할 수 있는 방법 혹은 학습내용을 잘 기억할 수 있는 방법을 지도한다.

① ㄱ, ㄴ, ㄹ　　② ㄱ, ㄷ, ㅁ
③ ㄴ, ㄷ, ㄹ　　④ ㄴ, ㄹ, ㅁ
⑤ ㄷ, ㄹ, ㅁ

PART 09

핵심테마 체크

• 상호호혜적 교수

MY MEMO

60

정답 및 예시답안

○ 상보적(상호호혜적) 교수
○ 명료화하기

관련이론

✦ 상호호혜 교수법

• 구조화된 토론중심 학습활동을 통해 글의 내용 이해를 촉진하는 방법

예측	• 본문에 대한 사전지식과 관련 • 자신들이 예측한 것을 확인하거나 반박하기 위해 본문을 더 읽어야 할 필요성을 제공
질문	• 주어진 학습과제를 읽은 다음 이와 관련한 질문들을 만들어 내고 이를 학생들로 하여금 답하게 질문 생성하기는 학생에게 시험문제가 될 수 있는 정보들을 확인해 볼 기회를 제공 • 여러 가지 다양한 유형의 질문을 통해 공부하는 법을 토의할 기회가 될 수 있음
요약	• 전체적인 내용에 대해 요약 • 본문의 다른 부분들로부터의 정보들을 통합할 기회를 제공 • 읽은 부분에서 가장 중요한 아이디어들을 종합하여 확인하고 토의
명료화	• 내용 이해 중 불분명한 부분에 대해 명확히 함 • 명료화하기는 학생들로 하여금 본문의 주요 요점들을 확인하고 어려운 개념을 확인하게 함 • 어려운 개념에 대한 확인은 독해의 한 측면인데, 학습장애 학생들은 종종 자신이 읽은 내용의 일부분을 이해하지 못했음을 깨닫지 못함. 이러한 학습장애 학생에게 명료화하기 역할을 맡기면, 명료화하기 활동 자체가 다른 학생을 위해 문제되는 개념을 '질문하고 명료화하는' 것이기에 당황하지 않고 질문할 수 있게 됨

• 교사의 역할: 4가지 학습전략에 대한 모델 역할, 점차 학습의 주도권이 학생들에게 이양되도록 구조적인 교수활동을 계획, 진행, 평가함, 수업 참여를 촉진하는 촉진자의 역할, 학생들을 평가하는 역할, 필요 시 도움을 제공하는 역할
• 고려할 점
  - 학생 상호 간에 상호작용을 촉진하기 위한 구조적인 활동이어야 함
  - 학습활동의 지도자 역할을 수행하는 학생이 단순히 교사의 역할을 대행하기보다는 전반적 학습활동 과정을 책임 있게 진행할 수 있는 능력을 개발할 수 있도록 해 주어야 함
  - 학생들이 각 학습전략을 어떻게 활용하는지에 대한 분명한 인식을 가질 수 있도록 해야 함

60

2015. 중

김 교사는 경도장애 학생 A가 통합된 학급의 사회 교과 시간에 〈보기〉와 같은 수업을 하였다. 〈보기〉에서 김 교사가 사용한 교수 방법과 (   ) 안에 들어갈 용어를 쓰시오.

[2점]

보기

김 교사는 학생들과 함께 질문하고 토론하면서 교사 주도로 수업을 하다가, 점진적으로 학생들이 학습에 대한 주도권을 갖도록 하였다. 김 교사는 수업 시간에 학생들과 함께 다음과 같은 방법으로 교수·학습 활동을 하였다.

- 예측하기
  - 학생들은 글의 제목을 보고 글의 내용을 예측한다.
- 질문 만들기
  - 학생들은 자신이 읽은 글에서 중요한 내용을 파악하기 위해 질문을 만든다.
  - 학생들은 교사의 입장에서 학생들에게 물어보고 싶은 내용을 질문으로 만든다.
- (   )
  - 학생들은 본문에 있는 어려운 단어의 뜻을 알아보기 위해 글을 다시 읽는다.
  - 학생들은 이해하지 못한 문맥의 뜻을 파악하기 위해 본문의 내용을 점검한다.
- 요약하기
  - 학생들은 주요 내용을 서로 질문하고 대답한다.
  - 학생들은 자신들이 답한 내용을 모아서 요약한다.

핵심테마 체크 ✔
- 정착 교수법(상황학습이론)
- 호혜적 교수법
- 과정중심 교수법
- 전략중재 교수법
- 통합전략 교수법

MY MEMO

61

정답 및 예시답안

②

문제 속 자료분석

김 교사는 학생들에게 자기 주도적으로 학습하는 능력을 길러주기 위하여 '충성스런 진돗개' 단원을 다음과 같이 지도하였다. 먼저 학생들에게 교재에 있는 그림과 목차를 보면서 자신이 생각하는 것을 말해 보도록 하고, 학습 과제에 대한 질의·응답 과정을 거쳤다. 그 다음 학생들에게 한 단락을 읽고, 요약 및 토론하여 잘못된 내용을 어떻게 수정하고, 평가하는지 명시적으로 보여 주었다(상호호혜 교수법에 대해 지도하는 과정). 이후 학생들을 세 모둠으로 나누고, 각 모둠에 학습장애학생을 한 명씩 포함시켰다. 그리고 학생들 스스로 질문, 요약, 명료화, 수정·평가하는 과정을 거쳐 토론을 주도하도록 안내하고, 점진적으로 모든 책임을 학생들이 맡아서 진행할 수 있도록 지도하였다. ➡ 상호호혜 교수법

관련이론

✦ 상호호혜 교수법

- 구조화된 토론중심 학습활동을 통해 글의 내용 이해를 촉진하는 방법

예측	• 본문에 대한 사전지식과 관련 • 자신들이 예측한 것을 확인하거나 반박하기 위해 본문을 더 읽어야 할 필요성을 제공
질문	• 주어진 학습과제를 읽은 다음 이와 관련한 질문들을 만들어 내고 이를 학생들로 하여금 답하게 질문 생성하기는 학생에게 시험문제가 될 수 있는 정보들을 확인해 볼 기회를 제공 • 여러 가지 다양한 유형의 질문을 통해 공부하는 법을 토의할 기회가 될 수 있음
요약	• 전체적인 내용에 대해 요약 • 본문의 다른 부분들로부터의 정보들을 통합할 기회를 제공 • 읽은 부분에서 가장 중요한 아이디어들을 종합하여 확인하고 토의
명료화	• 내용 이해 중 불분명한 부분에 대해 명확히 함 • 명료화하기는 학생들로 하여금 본문의 주요 요점들을 확인하고 어려운 개념을 확인하게 함 • 어려운 개념에 대한 확인은 독해의 한 측면인데, 학습장애 학생들은 종종 자신이 읽은 내용의 일부분을 이해하지 못했음을 깨닫지 못함. 이러한 학습장애 학생에게 명료화하기 역할을 맡기면, 명료화하기 활동 자체가 다른 학생을 위해 문제되는 개념을 '질문하고 명료화하는' 것이기에 당황하지 않고 질문할 수 있게 됨

- 교사의 역할: 4가지 학습전략에 대한 모델 역할, 점차 학습의 주도권이 학생들에게 이양되도록 구조적인 교수활동을 계획, 진행, 평가함, 수업 참여를 촉진하는 촉진자의 역할, 학생들을 평가하는 역할, 필요 시 도움을 제공하는 역할
- 고려할 점
  - 학생 상호 간에 상호작용을 촉진하기 위한 구조적인 활동이어야 함
  - 학습활동의 지도자 역할을 수행하는 학생이 단순히 교사의 역할을 대행하기보다는 전반적 학습활동 과정을 책임 있게 진행할 수 있는 능력을 개발할 수 있도록 해 주어야 함
  - 학생들이 각 학습전략을 어떻게 활용하는지에 대한 분명한 인식을 가질 수 있도록 해야 함

✦ 학습전략을 지도하는 전략

과정중심 교수법	• 임상적 상황이나 특수학급에서 사용되는 학습전략 프로그램을 일반학급 상황에서 사용할 수 있도록 만들어진 학습전략 프로그램 • 주요 학습활동: 전략계획, 부호화 전략, 협동적 교수-학습활동, 교과내용 학습전략 • 실행단계: ① 평가활동 ② 소개활동 ③ 전략개발 활동 ④ 연습활동 ⑤ 통합/일반화
통합전략 교수법	• 일반화를 고려한 효과적인 학습전략 교육을 위해서 일반학급 상황에서 내용학습과 함께 학습 전략 학습이 일어날 수 있도록 하는 전략 • 실행단계: ① 소개 ② 구조화 ③ 적용 ④ 확장
전략중재모형	• 읽기, 수학, 내용교과(사회, 과학), 시험 준비, 노트필기, 시간 관리와 같은 전반적인 학습활동의 성공적 수행을 위해 요구되는 구체적인 학습전략을 포함

61 | 2009. 중

다음에 사용된 교수 방법으로 옳은 것은?

> 김 교사는 학생들에게 자기 주도적으로 학습하는 능력을 길러주기 위하여 '충성스런 진돗개' 단원을 다음과 같이 지도하였다. 먼저 학생들에게 교재에 있는 그림과 목차를 보면서 자신이 생각하는 것을 말해 보도록 하고, 학습 과제에 대한 질의·응답 과정을 거쳤다. 그 다음 학생들에게 한 단락을 읽고, 요약 및 토론하여 잘못된 내용을 어떻게 수정하고, 평가하는지 명시적으로 보여 주었다. 이후 학생들을 세 모둠으로 나누고, 각 모둠에 학습장애학생을 한 명씩 포함시켰다. 그리고 학생들 스스로 질문, 요약, 명료화, 수정·평가하는 과정을 거쳐 토론을 주도하도록 안내하고, 점진적으로 모든 책임을 학생들이 맡아서 진행할 수 있도록 지도하였다.

① 정착 교수법(anchored instruction)
② 호혜적 교수법(reciprocal teaching)
③ 과정중심 교수법(process-based instruction)
④ 전략중재 교수법(strategies intervention model)
⑤ 통합전략 교수법(integrative strategy instruction)

핵심테마 체크 ✓

- 상보적 교수
- 전략중재모형

MY MEMO

62

정답 및 예시답안

○ ㉠은 명료화하기이다.
○ ⓐ 비구조화된 대화가 아니라 구조화된 대화이다.
○ ㉡은 일반화이고, ㉢은 그래픽 조직자 전략을 다양한 과제에 적용하는 것이다.

관련이론

✦ 상보적 교수

1) 상보적 교수 개념
   - 상보적 교수는 비계설정 기법을 대표하는 접근으로 읽은 글에 관한 교사와 학생 사이의 구조화된 대화를 통해 학생의 초인지적 이해를 향상하는 것을 목적으로 한다.
   - 상보적 교수는 학생 간이나 학생과 교사 간의 구조화된 대화 속에서 서로 도움을 주고받으면서 자신의 이해과정을 점검하고 통제하며 이를 통해 글에 대한 이해력을 증진시킨다.
2) 상보적 교수 적용 절차
   ① 예측하기는 글을 읽은 목적을 설정하는 데 도움을 준다. 학생들은 자신이 예측한 내용이 맞는지 여부를 점검하면서 글을 읽게 된다. 글을 읽기 전에는 글을 전반적으로 훑어봄으로써 앞으로 읽을 내용에 대해 예측하게 하고, 글을 읽는 중간에는 지금까지 읽은 내용을 바탕으로 앞으로 이어질 내용을 예측하게 한다.
   ② 질문 만들기는 학생이 자신이 읽은 글에서 중요한 내용에 집중할 수 있도록 돕는 전략이다.
   ③ 명료화하기는 학생이 자신의 이해 여부를 점검하도록 돕는 전략이다. 학생은 자신이 모르는 단어나 이해하지 못한 내용이 있는지를 점검하고, 자신이 이해하지 못한 부분에 대해 명료화한 후에 다음 문단으로의 읽기를 진행하여야 한다.
   ④ 요약하기는 학생 자신이 읽은 글의 내용을 정리하고, 중요한 내용을 기억하는 것을 돕는 전략이다. 학생은 해당 단락의 중요한 내용을 요약하게 되는데, 이야기글의 경우에는 이야기 문법 요소를 중심으로 내용을 요약하고, 설명글의 경우에는 단락별 중심내용을 중심으로 전체 글의 내용을 요약할 수 있다.

✦ 전략중재모형

읽기, 수학, 내용교과(사회, 과학), 시험 준비, 노트필기, 시간 관리와 같은 전반적인 학습활동의 성공적 수행을 위해 요구되는 구체적인 학습전략을 포함한다.

① 사전검사와 합의하기
② 전략에 대해 설명하기
③ 전략을 모델링하기
④ 전략을 구두로 리허설하기
⑤ 통제된 과제로 연습하기
⑥ 학년에 적합한 과제로 연습하기
⑦ 과제 일반화를 위한 합의
⑧ 일반화와 유지

62

2023. 중
★답안작성

(가)는 상보적 교수를 활용한 지도 계획의 일부이고, (나)는 그래픽 조직자 전략 습득을 위한 전략중재모형(Strategy Intervention Model) 적용 계획의 일부이다. <작성 방법>에 따라 서술하시오. [4점]

(가) 상보적 교수를 활용한 지도 계획

○단원: (1) 갈등하는 삶　　○제재: 자전거 도둑

전략	내용
예측하기	1. 나는 자전거를 훔친 도둑이 벌을 받게 되는 이야기를 읽게 될 것이라 생각한다. …(중략)…
질문 만들기	1. 주인공은 누구인가? 수남이 2. 주인공은 무슨 일을 하는가? 전기용품을 판매함 …(중략)…
(㉠)	• 어려운 단어 확인 및 점검 – 도매상, 조건 반사, 황공하다. • 이해가 되지 않는 내용(문장) – 고개를 움츠려 알밤을 피하는 시늉부터 한다. ※ 해결 방안: 다시 읽기, 어려운 단어가 포함된 문장의 앞·뒤 문장 읽기, 사전 찾기, 선생님과 이야기하여 내용을 이해하고 다음 문단으로 넘어가기 …(중략)…
요약하기	전기용품점에서 일하는 열여섯 살 수남이는 목소리가 굵어 전화 받을 때 주인으로 오해받는 일이 많다. …(중략)…

※ 상보적 교수 활용 시 유의사항

- ⓐ 교사와 학생은 비구조화된 대화를 통해 읽기 이해 능력을 향상시키도록 한다.
- ⓑ 사용되는 4가지 전략은 문단이나 단락별로 순환적으로 사용될 수 있다.
- ⓒ 예측하기 전략의 경우, 글을 읽는 중간에 지금까지 읽은 내용을 바탕으로 앞으로 이어질 내용을 예측하게 한다.
- ⓓ 질문 만들기 전략에 사용되는 질문은 핵심어(키워드)를 활용하여 만들 수 있으며, 글의 갈래에 따라 핵심어(키워드)는 달라질 수 있다.

(나) 그래픽 조직자 전략 습득을 위한 전략중재모형

단계		지도 내용
단계1	사전 검사 및 이행에 대한 약속	• 그래픽 조직자 전략 이해 정도 확인 • 그래픽 조직자 전략 학습 약속
단계2	설명하기	• 그래픽 조직자 전략의 종류와 목적 설명
단계3	시범, 모델링	• 그래픽 조직자 전략 적용 과정 시범 및 언어적 시연
…		
단계7	사후 검사 및 전략 사용 약속	• 그래픽 조직자 전략 내용 이해와 적용 과정 평가 • 지속적인 전략 사용에 대한 약속
단계8	(㉡)	• (㉢)

작성방법

- (가)의 괄호 안의 ㉠에 해당하는 전략의 명칭을 쓸 것
- (가)의 ⓐ~ⓓ 중 틀린 것 1가지를 찾아 기호를 쓰고, 바르게 고쳐 쓸 것
- (나)의 괄호 안의 ㉡에 해당하는 단계의 명칭을 쓰고, 괄호 안의 ㉢에 해당하는 내용을 서술할 것

핵심테마 체크 ✔

• 기억전략

MY MEMO

63

정답 및 예시답안

1) ① 능력
② 불안정
③ 학습자 외부

2) • ㉣ 핵심어법 / 기억할 단어와 이미 학습한 친숙한 단어를 연합하여 기억하는 전략
• ㉤ 페그워드 전략 / 순서대로 기억해야 하는 정보가 있을 때 순서에 대한 운율을 활용하여 기억하는 전략

• 차이점: 핵심어법은 친숙한 단어(정보 혹은 시각적 이미지)와 연결 짓는 것이고, 페그워드법은 숫자나 순서에 대한 운율을 활용하여 기억하는 것이다.

관련이론

✦ 두문자어 전략

• 두문자어는 기억해야 할 정보의 첫 글자를 따서 또 다른 단어를 만드는 형태로, 기억해야 할 정보가 길거나 일련의 정보 혹은 목록을 기억하고자 할 때 주로 두문자어를 활용한다.
• 두문자어를 제대로 활용하기 위하여 학생들은 정보를 세심하게 읽고, 핵심어에 동그라미 등의 표시를 하고 이를 의미 있는 방식으로 배열해야 한다. 그러고 나서 기억하기 쉽게 첫 글자에 밑줄을 긋고 이를 차례대로 모아 소리 내어 여러 번 읽게 한다.
• 두문자어 전략은 구체적인 순서대로 정보를 기억해야 하는 경우와 순서가 필요 없는 경우 모두에서 활용될 수 있다.
• 두문자어 활용 시 학생들의 기억을 좀 더 용이하게 하기 위해 그림을 함께 사용하기도 하는데, 이를 어크로스틱스라고 한다.
• 어크로스틱스는 학생이 두문자어로 사용된 단어를 기억에 도움을 주는 그림과 함께 제시함으로써 심상을 이용하여 회상의 가능성을 높인다. 예를 들어, 5대호의 이름을 기억하게 하기 위해 호수 옆에 작은 집이 있는 그림을 제시하는 방식이다.

✦ 핵심어 전략

• 핵심어 전략은 관련이 없어 보이는 2개 이상의 정보를 연합하여 정보의 회상을 도와주는 전략이다.
• 이미 학습한 용어·개념에 대해 음성학적으로 유사한 정보를 연결시키는 것이다.
• 핵심어 전략은 특히 장애학생들에게 사용했을 때 효과적이라는 연구 결과가 있다.
• 예를 들어, 안타깝게라는 단어의 의미를 학습하면서 단어의 뜻을 좀 더 쉽게 회상할 수 있도록 한 야구선수가 타석에서 안타를 치지 못해 괴로워하는 모습의 사진을 보여 주는 것이다.

✦ 페그워드 전략

• 페그워드 전략은 순서를 가지고 있는 정보를 기억하기 쉽게 소리가 유사한 단어로 연결시키는 전략이다.
• 페그워드 전략의 핵심은 외워야 할 단어의 운을 사용하여 순서 혹은 번호가 매겨진 정보를 암기하는 것이다.
• 우리가 어렸을 때 많이 불렀던 "**하나** 하면 **할**머니가 지팡이 짚고서 잘잘잘, **둘** 하면 **두부**장수가 두부를 판다고 잘잘잘잘~"의 노래 가사가 페그워드 전략을 활용하고 있는 예가 된다.

63 | 2013추. 중

(가)는 A 중학교 2학년에 재학 중인 학습장애 학생들의 대화 중 일부이고, (나)는 박 교사가 진주와 상담한 후 A 대학교 이 교수로부터 자문받은 내용의 일부이다. 물음에 답하시오. [6점]

(가) 학생들의 대화

> 민지: 수영아! 나 시험 엉망이었어. ㉠ 나는 공부에 재능이 없나봐.
> 수영: 나도 시험을 잘 못 봤어. ㉡ 시험 공부를 열심히 안 했기 때문에 그런 것 같아.
> 진주: 이번 시험은 너무 어렵지 않았니? ㉢ 선생님이 문제를 너무 어렵게 냈기 때문에 시험을 잘 못 본 것 같아. 다음에는 쉬운 문제가 나왔으면 좋겠어.
> …(중략)…
> 민지: 진주야, 중학교에 올라오니 공부하는 것이 더 힘든 것 같아. 초등학교 때보다 과목도 많고, 암기해야 할 것도 많아서 무척 힘들어.
> 진주: 나는 순서대로 암기해야 하는 것을 기억하기 어렵더라. 나중에 박 선생님을 찾아가서 어떻게 공부해야 하는지 여쭤봐야겠어.

(나) 박 교사와 이 교수의 대화

> 박 교사: 교수님, 우리 반에 학습장애 학생이 있는데, 이 학생은 특정한 어휘나 정보를 잘 기억하지 못합니다. 이런 학생에게 도움이 될 만한 좋은 방법이 있을까요?
> 이 교수: 네, 학습장애 학생 중에는 기억 전략을 잘 활용하지 못하여 특정 어휘나 정보를 기억하기가 어려운 학생이 있습니다. 이런 학생들에게 효과적으로 활용할 수 있는 기억 전략 중 ㉣ 핵심어법(keyword method)과 ㉤ 페그워드법(pegword method)이 있지요.

1) 민지, 수영, 진주는 시험 결과를 각각 ㉠, ㉡, ㉢과 같이 귀인하였다. Weiner의 귀인이론에 근거하여 ①~③에 알맞은 말을 쓰시오. [3점]

학생	귀인	통제 소재	안정성
민지	①	학습자 내부	안정 (바꿀 수 없음)
수영	노력	학습자 내부	②
진주	과제 난이도	③	안정 (바꿀 수 없음)

①:

②:

③:

2) ㉣과 ㉤의 기억법을 설명하고, 두 기억법 간의 차이점을 1가지만 쓰시오. [3점]

- ㉣:
- ㉤:
- 차이점:

핵심테마 체크 ✓

- 심상화
- 단원 구성도
- 핵심어 전략
- 안내노트
- 개념 다이어그램

MY MEMO

64

정답 및 예시답안

②

알찬 지문풀이

- ㄱ. 심상화(visualization): 조암 광물(석영, 장석, 흑운모 등)의 ~~생김새를 종이에 그리도록~~ 하여 조암 광물의 종류를 기억하도록 도와준다. ➡ 심상화 전략은 그 생김새나 외형을 그리도록 하는 것이 아니라, 기억해야 하는 의미에 대한 심상을 통하여 기억하도록 하는 것
- ㄷ. 핵심어 전략(keyword method): '활로 방어한 장군이다'라는 문장을 만들어 광물(활석, 방해석, 장석)의 상대적인 굳기 순서를 기억하도록 도와준다. ➡ 기억할 정보의 첫 글자(활, 방, 장)로 새로운 문장을 만들어 기억하도록 한 어구 만들기 전략이며, 이 전략은 글자 전략의 한 유형임
- ㄹ. 안내노트(guided notes): 교사는 '지각의 구성 물질'에 대한 주요 개념과 사실 등을 여백으로 남긴 유인물을 제작하여 학생들이 ~~복습할 때~~ 사용하도록 한다. ➡ 여백으로 남긴 유인물이며 이는 복습할 때가 아닌, 수업 중 또는 학습 과정에서 사용하도록 하는 자료임

문제 속 자료분석

- ㄴ. 단원 구성도(unit organizer): 단원의 주요 개념과 활동 등을 시각적으로 제시하여 학생들이 단원에 대한 중요한 정보를 기억하도록 도와준다.
- ㅁ. 개념 다이어그램(concept diagram): 조암광물에서 '항상 나타나는 특징', '가끔 나타나는 특징', '전혀 나타나지 않는 특징', '예와 예가 아닌 것' 등을 시각적으로 조직화하여 조암광물의 주요 특징에 집중하도록 도와준다.

관련이론

✦ 안내노트

- 노트를 잘 정리하고 그것을 공부하는 학생들은 강의만 듣고 교재를 읽는 학생들보다 더 높은 점수를 받는다.
- 학습장애 학생들은 그들의 듣기, 언어 및 운동기술의 결함 때문에 강의 중에 무엇이 중요하며 정확하고 빨리 기록하고 있는지를 확인하기가 어렵다.
- 노트에 한 개념을 선택하고 쓰는 동안에 노트 필기 전략과 형식을 갖지 못할 수 있다. 이들에게 효과적인 노트 필기를 위한 여러 전략과 형식들을 가르치기가 어렵다.
- 안내노트는 교과과정 내용을 조직하고 강화하여 학습장애 학생과 일반학급 또래학생들에게 수업 중에 적극적으로 참여하는 방법을 제공해 주는 방법이다.
- 안내노트는 중요 사실, 개념 및 관계성을 기록하도록 표준 단서와 특정 여백을 남겨 두어 학생에게 강의를 안내하도록 하는 교사제작 인쇄물이다.

64

2010. 중

학습장애학생에게 과학과 '지각의 물질' 단원을 지도하기 위한 학습전략과 그 설명으로 옳은 것을 <보기>에서 모두 고른 것은?

보기

ㄱ. 심상화(visualization) : 조암 광물(석영, 장석, 흑운모 등)의 생김새를 종이에 그리도록 하여 조암 광물의 종류를 기억하도록 도와준다.
ㄴ. 단원 구성도(unit organizer) : 단원의 주요 개념과 활동 등을 시각적으로 제시하여 학생들이 단원에 대한 중요한 정보를 기억하도록 도와준다.
ㄷ. 핵심어 전략(keyword method) : '활로 방어한 장군이다'라는 문장을 만들어 광물(활석, 방해석, 장석)의 상대적인 굳기 순서를 기억하도록 도와준다.
ㄹ. 안내노트(guided notes) : 교사는 '지각의 구성 물질'에 대한 주요 개념과 사실 등을 여백으로 남긴 유인물을 제작하여 학생들이 복습할 때 사용하도록 한다.
ㅁ. 개념 다이어그램(concept diagram) : 조암광물에서 '항상 나타나는 특징', '가끔 나타나는 특징', '전혀 나타나지 않는 특징', '예와 예가 아닌 것' 등을 시각적으로 조직화하여 조암광물의 주요 특징에 집중하도록 도와준다.

① ㄱ, ㄷ
② ㄴ, ㅁ
③ ㄱ, ㄷ, ㄹ
④ ㄴ, ㄷ, ㅁ
⑤ ㄴ, ㄹ, ㅁ

핵심테마 체크

- 기능에 따른 그래픽 조직자의 유형
- 기억전략
- 학습전략

MY MEMO

65

정답 및 예시답안

○ ㉠은 선행 조직자, ㉡은 두문자어 전략이다.
○ ㉢은 시연전략이다.
○ ㉣의 예는 열대 기후의 특성에 스콜, 고상 가옥, 플랜테이션을 포함시켜 도식화하기이다. (또는 건조 기후의 특성으로 사막, 오아시스, 관개농업을 포함시켜 분류하기 등)

관련이론

✦ 기능에 따른 그래픽 조직자의 유형

유형	내용
선행 조직자	선행 조직자는 교수계열에서 수업 준비를 위해 활용되는데, 수업을 본격적으로 시작하기 전에 제시되고 교수에 대한 정보를 제공해 준다. 보통 이전 차시에 대한 정보를 제공하고, 해당 수업에서 다룰 내용에 대한 소개, 수행해야 할 과제나 교수원리에 대한 설명, 주요한 어휘나 개념에 대한 소개 등이 포함된다. • 선행 조직자 사용의 유의사항 – 선행 조직자를 계획할 때는 독특한 것보다는 중요한 것에 중점을 둔다. – 선행 조직자를 활용하는 목적에 대해 알린다. – 주제를 밝히고 구체적인 설명을 제시한다. – 다루어야 할 하위 주제나 범주, 개념 등을 밝힌다. – 배경정보, 새로 배우는 어휘, 조직적 구조에 대한 설명을 한다. – 기대되는 성과, 결과 등에 대해 진술한다.
수업 조직자	• 수업 조직자는 수업 중 제시하는 내용의 구조와 핵심사항을 강조하기 위하여 사용될 수 있다. 개념도와 같은 표나 그래픽을 활용할 수도 있고, 학습지침의 형태를 빌어 '오늘 수업에서 눈을 크게 뜨고 살펴봐야 할 것은 ________'과 같은 문구를 제시하여 학생들의 학습을 도와줄 수도 있다.
마무리 조직자	• 마무리 조직자는 교수의 계열상 마지막에 제공되고, 해당 수업에서 다룬 핵심사항을 정리하거나 학생의 이해 정도를 평가하는 자료로 사용될 수 있다.

✦ 학습전략 프로그램 범주

인지적 전략	• 시연전략: 암송, 따라 읽음, 복사, 노트 정리, 밑줄치기 • 정교화 전략: 매개단어법, 심상, 장소법, 의역, 요약, 유추생성, 생성적 노트정리, 질문–대답 • 조직화 전략: 결집, 기억조성법, 핵심 아이디어 선택, 개요화, 망상화, 다이어그램화
초인지적 전략	• 계획전략: 목표설정, 대충 훑어봄, 질문생성 • 점검전략: 자기검사, 시험전략 • 조정전략: 독서 속도 조절, 재독서, 복습
자원관리 전략	• 시간관리: 시간표 작성, 목표 설정 • 공부환경 관리: 장소 정리, 조용한 장소, 조직적인 장소 • 노력관리: 노력에 대한 귀인, 기분, 스스로에게 이야기하기, 끈기 가짐, 자기강화 • 타인의 조력 추구: 교사로부터의 조력 추구, 동료로부터의 조력 추구, 동료·집단 학습, 개인 지도

65 2022. 중

다음은 학습장애 학생 C를 위해 일반 교사와 특수 교사가 협의하여 작성한 학습전략의 일부이다. 〈작성 방법〉에 따라 서술하시오. [4점]

<table>
<tr><td>그래픽 조직자 활용하기</td><td>□ (㉠) 개발 시 중점 사항
• 이전 차시와 본 수업 내용 간의 연결에 초점을 둠
• 본 수업의 핵심 개념, 글의 조직 및 구조를 소개함
• 수업 초반부에 제시하여 이미 학습한 개념과 새로운 개념 간의 관련성을 제시함
• 그래픽(도해) 조직자, 개념 지도 등을 활용하여 학습의 전이를 촉진함</td></tr>
<tr><td>기억전략 활용하기</td><td>□ 기억전략 활용의 예<table><tr><th>기억술</th><th>예</th></tr><tr><td>(㉡)</td><td>• 열대 우림 기후, 사바나 기후, 열대 계절풍 기후
→ 우(우림)리 사(사바나)랑하게 (계절풍) 해 주세요!</td></tr></table></td></tr>
<tr><td>인지전략 교수하기</td><td>□ 인지전략<table><tr><th>구분</th><th>정의와 예</th></tr><tr><td>(㉢)</td><td>• 정보를 단순히 반복하여 되뇌는 인지적 조작 활동으로 과제를 단순 암기하는 데 효과적인 학습전략
• 예: 열대기후의 핵심 개념에 줄을 긋거나 강조하면서 반복하며 읽기</td></tr><tr><td>조직화</td><td>• (㉣)</td></tr></table>• 학습내용: ㉤ <u>스콜, 고상 가옥, 플랜테이션, 사막, 오아시스, 관개농업</u></td></tr>
</table>

작성방법

- 괄호 안의 ㉠, ㉡에 해당하는 전략의 명칭을 기호와 함께 각각 쓸 것
- 괄호 안의 ㉢에 해당하는 전략의 명칭을 쓸 것
- 밑줄 친 ㉤을 활용하여 괄호 안의 ㉣에 해당하는 예를 1가지 서술할 것

핵심테마 체크 ✔

• 그래픽 조직자

MY MEMO

66

정답 및 예시답안

①

알찬 지문풀이

- ㄷ. 행동주의 이론에 근거한 교수전략으로서 교수자료와 교수절차를 순서화한다. ➡ **직접교수법의 특성**
- ㄹ. 과잉학습을 통하여 학습이 이루어질 수 있도록 빠른 속도로 수업을 진행하게 한다. ➡ **직접교수법의 특성**
- ㅁ. 과제분석을 통하여 교수내용을 기능적으로 분석하고 즉각적인 교정적 피드백을 제공한다. ➡ **직접교수법의 특성**

문제 속 자료분석

- ㄱ. 논리적 구조에 따라 개념과 개념 간의 관련성을 보여준다.
- ㄴ. 내용이 복잡한 관계를 시각적으로 표현하여 정보를 쉽게 이해하게 한다.

➡ 그래픽 조직도의 특성

관련이론

✦ 그래픽 조직자

그래픽 조직자 혹은 도식 조직자는 학생들에게 개념과 사실에 관련된 사항을 시각적으로 제시해주며, 특정 개념·사실과 관련된 정보와 정보들 간의 연관성을 알기 쉽게 전달하기 위해 사용된다.

- 효과적 활용법
  - 불필요한 방해요소를 뺀 중요한 정보만 담고 있어야 한다.
  - 그래픽 조직자는 시각적으로 정보를 배열하는 것에 그치는 것이 아니라 학생이 가진 기존 지식에 연결시켜 지식의 폭을 확장시키고 이를 오래 기억할 수 있도록 도와주어야 한다.
  - 학생들이 기억하기 용이한 그래픽이나 표 등으로 표현하는 것이 좋다.

66

2010. 초

2008년 개정 특수학교 기본교육과정에 근거하여, 박 교사는 읽기이해에 어려움을 겪고 있는 영수에게 다음과 같이 완성된 그래픽 조직도(graphic organizer)를 사용하여 '여러 가지 동물의 먹이'를 지도하고자 한다. 이 방법에 대한 설명으로 적절한 것을 〈보기〉에서 고른 것은?

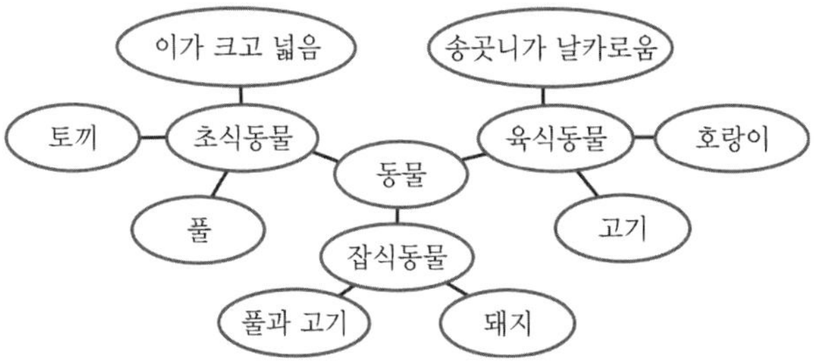

보기

ㄱ. 논리적 구조에 따라 개념과 개념 간의 관련성을 보여 준다.
ㄴ. 내용의 복잡한 관계를 시각적으로 표현하여 정보를 쉽게 이해한다.
ㄷ. 행동주의 이론에 근거한 교수전략으로서 교수자료와 교수절차를 순서화한다.
ㄹ. 과잉학습을 통하여 학습이 이루어질 수 있도록 빠른 속도로 수업을 진행하게 한다.
ㅁ. 과제분석을 통하여 교수내용을 기능적으로 분석하고 즉각적인 교정적 피드백을 제공한다.

① ㄱ, ㄴ
② ㄱ, ㄷ
③ ㄴ, ㄹ
④ ㄷ, ㄹ
⑤ ㄹ, ㅁ

핵심테마 체크 ✔

• 그래픽 조직자

MY MEMO

67

정답 및 예시답안

④

알찬 지문풀이

• ④ 위와 같이 주제망을 구성하여 지도하는 접근은 ~~추상적 사고가 요구~~되기 때문에, 자폐성장애 학생에게 효과적이다. ➡ 개념도와 같은 그래픽 조직자는 복잡한 내용을 보다 쉽게 알아볼 수 있도록 시각적으로 제시하는 것이므로 추상적 사고를 요구하는 것이 아님

관련이론

✦ 그래픽 조직자

효과적 활용법	• 불필요한 방해요소를 뺀 중요한 정보만 담고 있어야 한다. • 그래픽 조직자는 시각적으로 정보를 배열하는 것에 그치는 것이 아니라 학생이 가진 기존 지식에 연결시켜 지식의 폭을 확장시키고 이를 오래 기억할 수 있도록 도와주어야 한다. • 학생들이 기억하기 용이한 그래픽이나 표 등으로 표현하는 것이 좋다.	
기능에 따른 유형	• 선행 조직자 • 마무리 조직자	• 수업 조직자
내용에 따른 유형	• 개념도 • 개념조직도 • 의미특성분석 • 연속형(순서형) • 순환형	• 개념비교도 • 개념연결도 • 계층형 • 개념형 • 비교, 대조형
형태에 따른 유형	• 매트릭스	• 벤 다이어그램

67

2011. 초

기쁨특수학교(초등) 김 교사는 2008년 개정 특수학교 기본교육과정에 근거하여 다음과 같이 '설날'을 주제로 한 지도 계획을 작성하였다. 이 지도 계획에 대한 설명으로 적절하지 않은 것은?

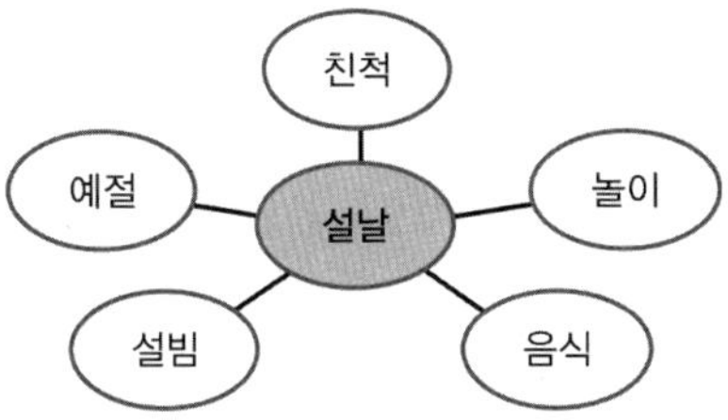

[주제망]

차시 계획				
차시	제재	목표	활동	준비물
1	설날 이야기	설날에 경험했던 일들을 이야기할 수 있다.	• 설날에 경험한 일 –설날 놀이, 음식, 친척 등	• 설날에 찍었던 사진이나 동영상 • 설날 일기장
2	설날 놀이	설날에 가족과 함께 놀이하는 장면을 다양하게 표현할 수 있다.	• 설날 놀이 장면을 그림으로 표현하기 • 설날에 부를 수 있는 노래 불러보기	• 그리기 도구 • CD, MP3

① 학생들이 생활 경험을 중심으로 한 주제 중심 접근방법이다.
② '설날' 주제망에 포함된 주제들은 한 차시나 그 이상의 차시를 연속시간으로 운영할 수 있다.
③ 현행 특수학교 기본교육과정에 따르면 교과는 필요에 따라 통합 교육과정으로 편성·운영할 수 있다.
④ 위와 같이 주제망을 구성하여 지도하는 접근은 추상적 사고가 요구되기 때문에, 자폐성장애 학생에게 효과적이다.
⑤ 정신지체 학생들은 학습한 내용을 일반화하는 능력이 부족하기 때문에, 위와 같이 일상생활 내용을 소재로 지도한다.

핵심테마 체크

• 그래픽 조직자

MY MEMO

68

정답 및 예시답안

④

알찬 지문풀이

• ① 위의 지도 방법은 주요 어휘 등 학습 내용을 기억하게 하는 데 도움이 된다. ➡ 그래픽 조직자의 특성

• ② 지도 과정에서 구어와 위의 조직자를 모두 사용함으로써 학생의 능동적인 참여를 유도한다. ➡ 그래픽 조직자의 효과

• ③ 가을 운동회에 관한 글과 사진을 함께 보여주고, 여러 가지 어휘나 개념, 정보를 구조화하여 제시할 수 있다. ➡ 시각적으로 내용을 구조화하여 제시하는 그래픽 조직자에 대한 설명

• ④ 본 지도 방법은 ~~선행자극, 학생반응, 귀결사건의 구성을 중요한~~ 원리로 한 교수전략을 적용하고자 한 것이다. ➡ 이는 응용행동분석의 원리에 따른 교수원리를 의미하며, 그래픽 조직자와 관련이 없음

• ⑤ 가을 운동회와 관련된 중요한 정보(예: 장소−샛별학교 운동장)를 선택하도록 하고, 관계가 없는 정보(예: 활동−등교하기)를 생략하도록 유도한다. ➡ 주어진 정보에서 핵심적인 내용을 구분할 수 있도록 하는 그래픽 조직자의 특성

관련이론

✦ 그래픽 조직자

효과적 활용법	• 불필요한 방해요소를 뺀 중요한 정보만 담고 있어야 한다. • 그래픽 조직자는 시각적으로 정보를 배열하는 것에 그치는 것이 아니라 학생이 가진 기존 지식에 연결시켜 지식의 폭을 확장시키고 이를 오래 기억할 수 있도록 도와주어야 한다. • 학생들이 기억하기 용이한 그래픽이나 표 등으로 표현하는 것이 좋다.	
기능에 따른 유형	• 선행 조직자 • 마무리 조직자	• 수업 조직자
내용에 따른 유형	• 개념도 • 개념조직도 • 의미특성분석 • 연속형(순서형) • 순환형	• 개념비교도 • 개념연결도 • 계층형 • 개념형 • 비교, 대조형
형태에 따른 유형	• 매트릭스	• 벤 다이어그램

68

2012. 초

정신지체 특수학교 박 교사는 기본교육과정 국어과 '경험한 내용을 글로 쓰기'를 주제로 그래픽 조직자(graphic organizer)를 활용하여 다음과 같이 지도하였다. 이에 대한 설명으로 적절하지 않은 것은?

학습 목표	자신이 경험한 내용을 글로 쓸 수 있다.
학습 내용	가을 운동회 날 경험한 내용을 이야기하고, 글로 써 보기 
지도 방법	• 교사와 학습자는 함께 아래의 조직자를 만들어간다. 주요 개념 / 학교의 가을 행사 – 운동회 환경: 어디?/언제? / 샛별학교/ 2011년 10월 21일(금) 주요 인물: 이름?/ 특성?/역할? / 세호/달리기를 잘함/ 우리 반 이어달리기 선수 주요 사건(해결 방법) / 달리다가 넘어짐(울지 않고 일어나서 곧장 달려 우승) 주요 어휘 / 우승, 주자 등

주요 개념	학교의 가을 행사 – 운동회
환경: 어디?/언제?	샛별학교/ 2011년 10월 21일(금)
주요 인물: 이름?/ 특성?/역할?	세호/달리기를 잘함/ 우리 반 이어달리기 선수
주요 사건(해결 방법)	달리다가 넘어짐(울지 않고 일어나서 곧장 달려 우승)
주요 어휘	우승, 주자 등

① 위의 지도 방법은 주요 어휘 등 학습 내용을 기억하게 하는 데 도움이 된다.
② 지도 과정에서 구어와 위의 조직자를 모두 사용함으로써 학생의 능동적인 참여를 유도한다.
③ 가을 운동회에 관한 글과 사진을 함께 보여주고, 여러 가지 어휘나 개념, 정보를 구조화하여 제시할 수 있다.
④ 본 지도 방법은 선행자극, 학생반응, 귀결사건의 구성을 중요한 원리로 한 교수전략을 적용하고자 한 것이다.
⑤ 가을 운동회와 관련된 중요한 정보(예: 장소–샛별학교 운동장)를 선택하도록 하고, 관계가 없는 정보(예: 활동–등교하기)를 생략하도록 유도한다.

핵심테마 체크 ✔
- 그래픽 조직자
- 또래지원 학습전략 (PALS)

MY MEMO

69

정답 및 예시답안

○ ㉠ 비교 대조형, 벤 다이어그램
○ ㉡ 순서형, 연속적
○ ㉢ 단락 요약하기(문단 줄이기)
  – 튜터가 읽은 글의 내용과 주제에 대해 확인하기(질문하기)
  – 튜티가 요약한 내용에 대하여 튜터는 오류를 교정해 주기
  – 튜터와 튜티의 역할 교환하기

관련이론

✦ 그래픽 조직자

효과적 활용법	• 불필요한 방해요소를 뺀 중요한 정보만 담고 있어야 한다. • 그래픽 조직자는 시각적으로 정보를 배열하는 것에 그치는 것이 아니라 학생이 가진 기존 지식에 연결시켜 지식의 폭을 확장시키고 이를 오래 기억할 수 있도록 도와주어야 한다. • 학생들이 기억하기 용이한 그래픽이나 표 등으로 표현하는 것이 좋다.	
기능에 따른 유형	• 선행 조직자 • 마무리 조직자	• 수업 조직자
내용에 따른 유형	• 개념도 • 개념조직도 • 의미특성분석 • 연속형(순서형) • 순환형	• 개념비교도 • 개념연결도 • 계층형 • 개념형 • 비교, 대조형
형태에 따른 유형	• 매트릭스	• 벤 다이어그램

✦ 또래지원 학습전략(PALS)

특징	• 특별한 지원이 필요한 학생에게 효과적인 전략이다. • 학습장애 학생이나 낮은 학업성취 학생에게 효과적이다. • 학생들도 또래교수에 대해 긍정적으로 인식하고 있으며, 장애학생에 대한 사회적인 태도도 향상된다. • 단점은 교사의 지원이 없으면 효과가 떨어지며, 장애가 심할 경우 또래중재 전에 특수교사의 강도 있는 개별화 교육이 필요하다는 점을 들 수 있다.
3가지 활동	• **파트너 읽기**: 또래교수 짝에서 높은 수준의 독자가 파트너 읽기 활동에서 먼저 읽는다. 5분 동안 선택된 자료를 소리 내어 읽는다. 낮은 수행을 보이는 독자는 5분 동안 같은 자료를 읽는다. 낮은 수행의 독자는 읽었던 것의 주요 사건을 순서대로 나열한다. • **단락 줄이기**: 단락 줄이기에서 높은 수준의 독자는 새로운 이야기 자료를 계속해서 읽는다. 각각의 단락을 다른 단락으로 요약한 후에 멈춘다. 낮은 수준의 독자는 다음 5분 동안 계속해서 이야기를 읽고 각각의 단락을 요약한 후에 멈춘다. • **예측 릴레이**: 예측 릴레이에서 높은 수준의 독자는 예측을 하고, 자료의 한 페이지나 반 페이지를 소리 내어 읽는다. 그리고 예측의 정확도를 체크한 뒤 멈춘다. 그리고 다음 반 페이지에 무슨 일이 일어날 것인지 예측을 하고 계속해서 읽는다. 이것을 5분 동안 실시한다. 낮은 수행의 학생은 이 순서를 반복한다.

69

2017. 중

(가)와 (나)는 읽기 학습장애 학생을 위한 사회과 '민주주의를 실현하는 기관' 단원 수업 계획의 일부이다. ㉠, ㉡에 들어갈 그래픽 조직자(graphic organizers)의 유형을 순서대로 쓰시오. 그리고 또래 지원 학습전략(Peer-Assisted Learning Strategies : PALS)을 활용할 때, ㉢에 들어갈 단계명과 활동 3가지를 제시하시오. [5점]

(가) 11차시 수업 계획

<table>
<tr><td colspan="2">차시</td><td colspan="2">11차시 / 단원 정리</td></tr>
<tr><td colspan="2">주제</td><td colspan="2">국회, 정부, 법원이 하는 일 정리하기</td></tr>
<tr><td rowspan="3">교수·학습 활동</td><td>활동 1</td><td>민주주의를 실현하는 기관 분류하기</td><td>• 계층형 그래픽 조직자를 사용하여 민주주의를 실현하는 기관들을 이해함</td></tr>
<tr><td>활동 2</td><td>국회, 정부, 법원이 하는 일 비교하기</td><td>• (㉠) 그래픽 조직자를 사용하여 국회, 정부, 법원의 공통점과 차이점을 알아봄</td></tr>
<tr><td>활동 3</td><td>국회의원 선출 과정 순서 알기</td><td>• (㉡) 그래픽 조직자를 사용하여 국회의원 선출 과정을 기술함</td></tr>
</table>

(나) 12차시 수업 계획

<table>
<tr><td>차시</td><td>12차시 / 심화 학습</td></tr>
<tr><td>주제</td><td>국회, 정부, 법원의 삼권분립 이유 알기</td></tr>
<tr><td>교수·학습 활동</td><td>• 교사는 2명의 학생을 한 조로 편성하여 튜터와 튜티의 역할을 수행하도록 한다.
• 국회, 정부, 법원의 권력분립을 설명하는 읽기 자료를 제공한다.
• 학생들이 읽기 활동을 할 때 PALS를 활용한다.

단계 및 활동의 예
1. 파트너 읽기(partner reading)
- 튜터가 먼저 읽고 튜티가 다시 읽기
- 튜티가 읽을 때 튜터는 오류를 교정해 주기
- 튜티가 읽은 내용을 다시 말하기
2. (㉢)
3. 예측 릴레이(prediction relay)
- 튜터와 튜티는 다음에 읽을 내용이 무엇인지 예측하기
- 튜터와 튜티는 예측한 내용이 옳은지 확인하기</td></tr>
</table>

핵심테마 체크 ✔

- 과제분담 협동학습(Jigsaw II)
- 안내노트
- 어휘지식 수준에 따른 전략

MY MEMO

70

정답 및 예시답안

1) C–D–B–A–E
2) ⓓ / 집단별 점수를 산출하는 방법은 각 구성원의 향상점수 총합의 평균이기 때문에 JigsawⅡ의 원리에 부합하지 않는다.
3) ① 안내노트는 수업내용을 요약하는 데 어려움이 있는 준수에게 여백을 채우도록 양식을 제공하여 수업내용을 쉽게 요약하도록 안내한다.
   ② 글자를 쓰는 데 많은 노력이 필요한 준수에게 요약된 내용을 쓸 수 있도록 안내노트를 제공하여 보다 효율적으로 수업에 참여할 수 있도록(수업시간에 필기를 할 수 있도록) 돕는다.
4) (가)에 따르면 준수의 어휘지식수준은 결합지식수준에 해당하며, 의미지도 전략은 어휘의 범주화를 통해 어휘력을 확장시켜 이해지식수준으로의 질적 향상에 효과적인 전략이다.

관련이론

✦ 과제분담 협동학습(Jigsaw II)

1) 수업안내	• 교사는 네 명의 학생으로 구성된 학습 팀을 만들어 학습 지도를 하고 각자는 하나의 주제를 받아서 같은 주제를 가진 학생들, 즉 전문가들이 모여서 거기에 대해 토론하고 공부해서 그 결과를 학습 팀으로 다시 돌아와 다른 구성원에게 가르치게 된다는 것을 안내함
2) 원집단 구성 및 개인별 전문과제 부여	• 교사가 학생의 능력이나 성, 민족, 그리고 다른 주요 요인을 조정하여 이질집단을 구성함 • 집단 구성원들은 전문가 집단에서 학습할 각자의 과제를 부여받음 • 이러한 각자의 과제는 전체 학습 과제를 팀원 수만큼 나눈 것 중의 하나임
3) 전문가 집단에서 협동학습	• 학생들은 전문가 집단에서 같은 주제를 가지고 협동학습을 하게 됨 • 이때 각 팀원은 최상의 답을 도출하고 원집단에 돌아가서 다른 팀원을 가르칠 전략도 계획함
4) 원집단에서 팀원과의 협동학습	• 전문가 집단에서 학습한 내용을 가지고 원집단에 돌아와 다른 구성원들을 가르침
5) 개인별 · 팀별 점수계산	• 개인 점수는 초기에 정해진 각 학생의 기본 점수보다 향상된 점수를 말함 • 팀 점수는 팀원의 개별 향상 점수 총합의 평균 점수를 말함
6) 팀 점수 게시와 보상	• 수업이 끝나면 즉시 팀 점수와 개인 점수를 게시하고 우수한 개인이나 소집단에게 보상함

✦ 안내노트

- 교과과정 내용을 조직하고 강화하여 수업 중에 적극적으로 참여하는 방법을 제공해 주는 방법
- 중요 사실, 개념 및 관계성을 기록하도록 표준 단서와 특정 여백을 남겨두어 학생에게 강의를 안내하도록 하는 교사제작 인쇄물

✦ 어휘지식 수준에 따른 전략

조금 이해 수준(결합지식)	• 사전적 정의 • 키워드 기억전략 • 컴퓨터 보조 교수

⬇

부분적 이해 수준(이해지식)	• 의미지도 • 개념지도, 개념 다이어그램 • 의미특성분석 • 기타 어휘 확장 교수법

⬇

충분한 이해 수준(생성지식)	• 빈번한, 풍부한, 확장하는 어휘교수 • 다양한 장르의 책을 다독

70

2017. 초

(가)는 학습장애 학생 준수의 특성이고, (나)는 2009 개정 사회과 교육과정(교육과학기술부 고시 제2012-14호) 3~4학년 '나는 미래에 어떤 일을 하면 좋을지 생각해 봅시다.'를 지도하기 위해 특수교사와 일반교사가 협의하여 작성한 교수·학습 과정안이다. 물음에 답하시오. [5점]

(가)

- 준수
  - 단어와 정의를 연결할 수 있음
  - 어휘의 의미를 깊이 이해하는 데 어려움이 있음
  - 수업 내용을 요약하는 데 어려움이 있음
  - 글자를 쓰는 데 많은 노력이 필요함

(나)

<table>
<tr><td>단원</td><td>경제생활과 바람직한 선택</td><td>차시</td><td>11~12/20</td></tr>
<tr><td>제재</td><td colspan="3">나는 미래에 어떤 일을 하면 좋을지 생각해 봅시다.</td></tr>
<tr><td>학습 목표</td><td colspan="3">미래에 자신이 하고 싶은 일을 결정하고 행동계획을 세울 수 있다.</td></tr>
<tr><td>㉠ <u>단계</u></td><td>학생활동</td><td colspan="2">자료(㉶) 및 유의점(㈜)</td></tr>
<tr><td>A</td><td>• 각 직업의 장·단점 분석하기
• 갖고 싶은 직업을 평가하여 점수를 매기고 순서 결정하기</td><td colspan="2">㉶ 평가기준표</td></tr>
<tr><td>B</td><td>• 직업 선택 시 고려할 조건을 찾아서 평가기준 만들기
• 사실적 기준과 가치 기준을 골고루 포함하기</td><td colspan="2">㈜ 중요하다고 생각하는 기준에 가중치를 부여하게 한다.
㈜ ㉡ <u>과제분담 협동학습(Jigsaw II)</u>을 실시한다.</td></tr>
<tr><td>C</td><td>• 주변에서 볼 수 있는 직업에 대해 자유롭게 이야기하기
• 장래 직업을 고민하는 학생의 영상 시청하기</td><td colspan="2">㉶ ㉢ <u>안내노트</u>, 그래픽 조직자, 동영상 자료
㈜ ㉣ <u>의미지도 전략</u>을 활용하여 미래 직업에 대해 알아본다.</td></tr>
<tr><td>D</td><td>• 갖고 싶은 직업과 이유 발표하기
• 대안에 대한 브레인스토밍 후 후보 결정하기</td><td colspan="2">㉶ 직업분류표</td></tr>
<tr><td>E</td><td>• 갖고 싶은 직업 결정하기
• 행동계획 수립하기</td><td colspan="2">㈜ 의사결정의 목적은 행동을 실천하는 데 있음을 알게 한다.</td></tr>
</table>

1) (나)는 개인적 의사결정모형을 적용하여 작성한 교수·학습 과정안이다. (나)의 ㉠의 A~E를 개인적 의사결정모형의 전개 순서대로 바르게 쓰시오. [1점]

2) 다음은 (나)의 ㉡을 할 때 수행한 절차이다. ⓐ~ⓓ에서 (나)의 ㉡의 원리에 부합하지 <u>않는</u> 기호와 그 이유를 쓰시오. [1점]

> ⓐ 학습 절차와 보상 설명하기
> ⓑ 이질적인 학생들로 집단 구성하기
> ⓒ 각 집단의 구성원들은 서로 다른 한 가지 조건 선택하기
> …(중략)…
> ⓓ 각 구성원이 획득한 점수의 평균으로 집단별 점수 산출하기

3) (나)의 ㉢을 사용할 때 기대할 수 있는 효과 2가지를 (가)에 근거하여 쓰시오. [2점]

① :

② :

4) 다음은 (나)의 ㉣을 활용하여 작성한 것이다. 이 전략이 준수의 어휘지식의 질적 향상에 적합한 이유 1가지를 (가)에 근거하여 쓰시오. [1점]

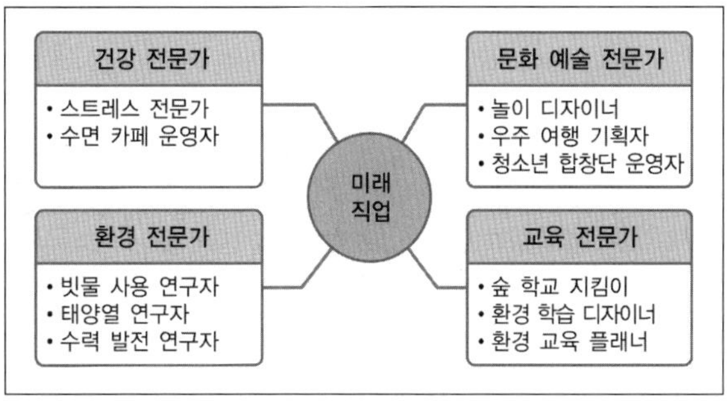

71

핵심테마 체크 ✔

• 의미특성분석

MY MEMO

정답 및 예시답안

○ 의미특성분석

관련이론

✦ 의미특성분석

• 목표 어휘(가로줄 구성)와 그 어휘들의 주요 특성(세로줄 구성)들 간의 관계를 격자표(grid)로 정리하는 방법으로, 학생들은 각각의 어휘와 각 특성이 관련 있는지(+ 표시) 없는지(− 표시)를 파악함으로써 목표 어휘의 의미를 폭넓게 이해할 수 있게 된다.
• 의미특성분석은 목표 어휘를 관련 어휘 및 학습자의 선행지식과 연결함으로써 학습자의 어휘에 관한 이해의 정도를 확장시키는 것을 목표로 한다.

72

핵심테마 체크 ✔

• 사회적 능력의 개념

MY MEMO

정답 및 예시답안

④

알찬 지문풀이

• ㅁ. 위계적 차원에서 ~~사회적 기술은 사회적 능력과 사회인지의 상위 개념~~이므로, 장애학생을 위한 사회성 증진 프로그램의 최종 목표는 ~~사회적 기술의 신장~~으로 설정하는 것이 바람직하다.
➡ 사회적 능력이 사회적 기술과 사회인지의 상위 개념이며, 최종 목표는 사회적 능력의 신장

관련이론

✦ 사회적 능력의 위계

사회적 기술	• 구체적인 상황에서 발휘되는 적절한 사회적 반응 • 사회적으로 인정되는 방식으로 또래나 주변 사람들과 관계를 형성하는 데 요구되는 기술을 말하는 것으로, 흔히 대인관계 기술, 혹은 인간관계 기술을 포함 • 개인이 긍정적인 사회적 사회관계를 형성하고 유지하게 해주는 능력 • 또래들에 의한 수용과 만족스러운 학교 적응 • 좀 더 큰 사회 환경을 효과적으로 다루고 적응하는 능력
사회적 인지	• 사회적 정보를 파악하는 능력
사회적 능력	• 주어진 준거에 비추어 특정 개인이 사회적 과제를 얼마나 성공적으로 해결했는가에 대한 사회적 작용자가 내리는 성과중심의 평가적 용어 • 타인과 긍정적인 관계 형성 • 연령에 적절한 사회인지 • 사회적 적응에 부정적인 문제행동·불안·주의산만·자기통제 부족 등의 현상 • 타인과 접촉을 시도하고, 우호적으로 요구에 응하며, 서로 간에 피드백을 교환할 수 있는가

71

2014. 중

다음은 특수교육대상학생 A가 통합된 중학교 1학년 사회 수업 시간에 일반교사가 특수교사의 자문을 받아 계획한 수업을 실시하고 있는 장면이다. 이 장면에서 사용되고 있는 그래픽 조직자(graphic organizer)의 명칭을 쓰시오. [2점]

교수·학습 활동 장면	
교사	학생
◎ 경도와 위도의 개념 알아보기	
• 경도와 위도가 '지구 표면의 주소'라는 특성을 지니고 있는지 묻고, 그래픽 조직자에 '+' 또는 '−'를 표시하도록 한다.	• 경도에 '+', 위도에 '+'를 표시한다.
• 경도와 위도가 '세로로 그어진 줄'이라는 특성을 지니고 있는지 묻고, 그래픽 조직자에 '+' 또는 '−'를 표시하도록 한다.	• 경도에 '+', 위도에 '−'를 표시한다.
• 경도와 위도가 '가로로 그어진 줄'이라는 특성을 지니고 있는지 묻고, 그래픽 조직자에 '+' 또는 '−'를 표시하도록 한다.	• 경도에 '−', 위도에 '+'를 표시한다.

72

2012. 중

장애학생을 위한 사회성 증진 프로그램을 수립할 때 고려해야 하는 사회적 기술(social skills), 사회적 능력(social competence), 사회인지(socio-cognition)의 개념을 설명한 것으로 옳은 것만을 〈보기〉에서 있는 대로 고른 것은?

보기

ㄱ. 사회적 기술은 특정한 사회적 과제를 해결하기 위해 사용하는 구체적이고 관찰 가능한 행동으로서, 특히 장애학생에게는 사회적 타당성이 있는 사회적 기술을 가르칠 필요가 있다.
ㄴ. 사회적 능력은 특정 개인의 행동에 대해 상대방이 판단하는 효과성 및 수용 정도와 관련이 있으므로, 사회적 능력의 신장을 위해 장애학생에게 또래와 함께하는 풍부한 사회적 경험을 제공하는 것이 필요하다.
ㄷ. 사회인지는 사회적 단서를 통해 상대방의 생각과 감정 상태 등을 이해하고 적절한 판단을 내리는 것과 관련이 있으므로, 비언어적인 사회적 단서를 이해하는 데 어려움이 있는 장애학생에게 사회인지 훈련이 필요하다.
ㄹ. 인지, 언어, 정서, 운동 능력 등이 통합적으로 작용하는 사회적 기술의 특성은 장애학생이 사회적 기술을 습득하는 데 어려움을 겪는 이유를 설명해 줄 수 있다.
ㅁ. 위계적 차원에서 사회적 기술은 사회적 능력과 사회인지의 상위 개념이므로, 장애학생을 위한 사회성 증진 프로그램의 최종 목표는 사회적 기술의 신장으로 설정하는 것이 바람직하다.

① ㄱ, ㄴ, ㄷ
② ㄱ, ㄷ, ㄹ
③ ㄴ, ㄹ, ㅁ
④ ㄱ, ㄴ, ㄷ, ㄹ
⑤ ㄴ, ㄷ, ㄹ, ㅁ

핵심테마 체크 ✔

• 사회적 기술 및 능력 평가 방법

MY MEMO

73

정답 및 예시답안

③

알찬 지문풀이

• ㄱ. 자유반응형 질문지를 사용한 자기 보고법은 시행이 쉽고 ~~통계적 분석이 가능~~하며 신뢰도와 ~~사회적 타당도가 높다~~. ➡ 자기보고법은 사회적 타당도가 낮음

• ㅁ. 지명도 측정법은 학급 내에서 장애학생의 교우관계를 신뢰롭게 파악할 수 있고, ~~사회적 기술훈련 적용 후 사회성 변화의 효과를 빠른 시간 내에 검증~~할 수 있다. ➡ 지명도 측정법은 중재에 대한 효과를 빠른 시간 내에 검증하는 데에 어려움이 있음

관련이론

✦ 대표적인 사회적 기술 측정 방법

자기 보고법	• 자기보고법(서술형)은 서면이나 면대면 인터뷰를 통해 사회적 기술과 관련된 자기 상태를 표현하는 방식으로, 여기에서는 비교적 비구조화된 방식으로 자신의 견해나 상태를 표현하는 방식을 의미하는 것으로 한정하기로 한다. • 사실, 교우도 검사나 평정척도 검사 등도 넓은 의미로는 자기보고에 의존하지만, 매우 구조화되어 있다는 점에서 자유서술식의 자기보고나 인터뷰와는 차이가 있다. • 서술형 자기보고법은 시행이 간편하고 짧은 시간에 많은 사람을 대상으로 많은 문항을 물어볼 수 있다는 점에선 편리하고 간편하다. 또한 자료를 수량화하여 통계 처리하고 이를 수나 표로 제시할 수 있다. • 반면, 단점은 사회적 타당도를 보장할 수 없다는 점이다. 행동과 생각의 괴리도 문제다.
지명도 측정법/ 교우도 검사	• 지명도 측정법(nomination sociogram) 혹은 교우도 검사는 대상 아동이 또래에게 어떻게 인지되고 있는지를 알아보는 데 유용한 방법이다. • 피험자들은 특정 집단에서 가장 좋아하는 친구와 가장 싫어하는 친구 몇 명을 우선순위에 따라 지목하고, 그 결과를 통해 교우도를 작성하는 것이다. 측정 결과에 따라 학급 내의 아동들은 인기 아동, 거부되는 아동, 논란의 여지가 있는 아동 그리고 무관심한 아동으로 구별될 수 있다. • 이 방법은 신뢰도가 높고 타당하기는 하지만 거부되는 아동의 경우 그 이유가 해당 아동이 사회적으로 무관심하기 때문인지 아니면 적극적으로 배척당하기 때문인지 구별하지 못한다는 단점이 있다. • 또한 문제행동을 보이는 학생을 신뢰도 높게 추출해 낼 수는 있지만, 교사로 하여금 훈련을 시킬 구체적인 문제행동이나 사회적 기술에 대해서는 정보를 제공해 주지 않는다. • 학령기 아동의 경우, 발달단계의 특징상 변화가 많고 역동적인 교우관계에 따라 항상적인 사회적 기술이나 사회적 수용을 보이기도 하고, 때로는 일시적인 사회적 수용 정도를 보이는 특징을 갖고 있다. • 마지막으로, 어떤 아동이 훈련의 결과로 사회적 기술을 갖게 되었어도 실제로 또래들에게 그러한 변화가 감지되기까지는 일정한 시간이 걸린다. 이러한 점에서 사회적 기술 훈련 프로그램의 효과를 측정하는 도구로서 한계가 있다.
행동 평정 척도	• 이 방법은 사회적 기술 소유 정도를 3점, 5점, 혹은 7점 척도에 아동 자신, 또래, 부모 혹은 교사로 하여금 평정하게 하는 방법이다. • 장점은 짧은 시간에 많은 항목을 조사할 수 있다는 점이다. 특히 연구자나 조사자가 의도한 측면을 적절한 문항 개발을 통해 비교적 구체적으로 자세히 알아볼 수 있다. • 서로 다른 상황(가정, 학교, 지역사회 등)이나 집단 내에서 아동의 사회적 기술 상태를 상대적으로 비교해 볼 수 있다는 장점도 있다. • 아동이 문항을 이해하는 한 검사 실시가 용이하다. • 검사를 실시하거나 아동이 검사문항에 답하는 것에는 특별한 훈련이 필요하지 않다. • 외적 환경의 영향도 별로 받지 않고, 분석 절차가 용이하며 검사의 측정학적 특성과 수량화하기가 용이하다.
직접 관찰법	• 직접 관찰은 관찰 상황을 어떻게 구성하느냐에 따라 구조화된 환경에서의 관찰과 비구조화된 환경에서의 관찰로 나누어 볼 수 있다. • 관찰내용으로는 수량화하거나 유목화할 수 있는 것뿐만 아니라 질적인 사항까지 포함해야 한다. • 어떤 항목을 어떤 식으로 관찰 기록할 것인가는 구체적인 사회적 기술 문제의 진단은 물론이고 해결책 제시와도 밀접한 관련이 있다.
행동 간 기능적 연쇄성 분석	• 행동 간 기능적 연쇄성 분석법은 사회적 기술 문제 진단에서부터 문제해결까지 이르도록 해 주는 진단 및 처방 방법이다. • 먼저, 핵심은 사회적 기술이 문제가 되는 상황의 전후 맥락과 사회적 기술 문제를 구체적으로 파악하는 것이다. 다음으로는 해당 사회적 기술 문제의 원인을 규명하여 해당 문제를 일으키거나 유지시키는, 즉 특정 행동에 기능하는 자극이나 반응을 변화시킴으로써 목표행동을 변화(증가, 감소, 제거 등)시키고자 한다. • 이 방법의 가장 큰 특징은 문제나 지도 방법을 미리 정하지 않고 구체적이고도 종합적인 문제행동과 그 환경 변인의 기능 평가 자료에 근거하여 그때그때 형성된 가설에 따라 문제와 지도 방법을 결정한다는 점이다.

73

2009. 중

통합학급에서 학습장애학생의 사회적 기술 및 능력을 평가하는 방법의 특징에 대한 적절한 설명을 <보기>에서 모두 고른 것은?

보기

ㄱ. 자유반응형 질문지를 사용한 자기 보고법은 시행이 쉽고 통계적 분석이 가능하며 신뢰도와 사회적 타당도가 높다.
ㄴ. 평정척도형 질문지는 장애학생이 보이는 사회적 기술 특성의 정도와 수준을 평가할 수 있으며 다른 학생의 기술 수준과도 비교 평가할 수 있다.
ㄷ. 관찰기법은 사회적 장면에서 장애학생의 사회적 행동을 유추하여 판단할 수 있으며 사회적 기술 문제의 진단과 해결책을 안내할 수 있다.
ㄹ. 사회적 거리 추정법은 학급 학생들의 장애학생에 대한 수용과 배척의 정도를 분석할 수 있어서 학급에서의 사회적 역동성을 효과적으로 파악할 수 있다.
ㅁ. 지명도 측정법은 학급 내에서 장애학생의 교우관계를 신뢰롭게 파악할 수 있고, 사회적 기술훈련 적용 후 사회성 변화의 효과를 빠른 시간 내에 검증할 수 있다.

① ㄱ, ㄴ
② ㄱ, ㅁ
③ ㄴ, ㄷ, ㄹ
④ ㄴ, ㄷ, ㅁ
⑤ ㄱ, ㄷ, ㄹ, ㅁ

핵심테마 체크 ✔

- 사회적 타당성에 따른 사회적 기술을 측정하는 방법

MY MEMO

74

정답 및 예시답안

⑤

알찬 지문풀이

- ① 사회적 상호작용 및 대인관계 기술을 측정하는 표준화된 사회성 기술 검사를 실시하여 평가한다. ➡ 제3유형
- ② 수업시간에 배운 대로 어른들을 대하는 태도나 대화예절을 지키고 있는지 자기보고서를 작성하게 하여 평가한다. ➡ 제3유형
- ③ '인사하기', '물건 주고받기', '대화하기' 등의 역할 놀이를 하게 하여 예의바른 행동을 할 수 있는지 관찰하여 평가한다. ➡ 제3유형
- ④ 수업시간이나 쉬는 시간, 놀이 활동 시간에 어른을 대하는 태도나 친구들과의 대화예절이 적절한지 관찰하여 평가한다. ➡ 제2유형
- ⑤ 학교 및 가정생활에서 어른들을 대하는 태도나 대화예절이 적절한지 교장 선생님, 부모님, 또래 친구에게 의견을 물어 평가한다. ➡ 제1유형

관련이론

✦ **사회적 타당성에 따른 사회적 기술을 측정하는 방법의 분류**

유형 1	• 유형 1 측정은 사회적 타당도 기준에 따라 측정하는 것으로, 이 측정은 사회기관(학교, 법정, 정신건강 기관들)이나 중요한 타인들(부모, 교사, 또래)이 중요하게 생각하는 사회적 행위를 중심으로 측정한다. • 여기에는 또래의 수용 정도, 교우관계 정도, 교사나 학부모 판단 그리고 학교 출석기록이나 훈육조치 사항, 학교 정학 등과 같은 실제적인 자료가 포함된다. 예컨대, 부모나 교사들에게서는 구조화된 면접이나 비형식적 면접을 통해 아동의 사회적 기술에 관한 정보를 다양하게 입수할 수 있다. • 또래로부터 가장 좋아하거나 싫어하는 친구를 적어 내도록 하는 교우관계도(sociogram)를 통해 아동의 사회적 기술관련 정보를 입수할 수 있을 것이다. • 유형 1 측정의 가장 큰 장점은 높은 사회적 타당도다. 현재 아동이 소속해 있는 기관의 기록이나 중요 타인들을 대상으로 한 것이기 때문에 아동의 사회적 기술 정보를 가장 직접적으로 타당하게 얻을 수 있다. • 하지만 이 측정의 결정적 단점은 단기간의 중재 효과를 검증하기에는 너무 둔감하다는 것이다. 사회적 행위에 얼마나 변화가 있어야 사회적 타인들이 이를 인정할 것인가 하는 문제인데, 대개는 아주 눈에 띄는 변화가 있어야만 타인들이 이를 알아챌 수 있기 때문이다.
유형 2	• 유형 2 측정은 그것 자체로서는 사회적인 타당성을 갖고 있지 않지만 유형 2 측정과 경험적인 관계가 있다. • 여기에 해당하는 것이 교실, 운동장 그리고 가정 같은 자연적인 상황에서 사회적 행위를 관찰하는 것이다. • 아동의 사회적 기술 구사 여부를 제대로 관찰하기 위해서는 많은 준비와 훈련이 필요하다. 예컨대, 어떤 행동을 어떠한 방식으로 관찰하고 기록할 것인가를 사전에 분명하게 관찰자가 숙지하고 있어야 할 뿐만 아니라, 능숙하게 관찰 결과를 기록할 수 있을 때까지 훈련을 거쳐야 한다. • 관찰하고자 하는 상황이 자연적이어야 하겠지만, 종종 의도적으로 상황을 구조화하여 사회적 기술의 특정 측면을 집중적으로 관찰할 수도 있다. 이러한 측정은 사회적 기술 훈련 프로그램 연구에서 많이 사용되며, 특히 개별 실험사례 연구에서 많이 사용된다.
유형 3	• 가장 사회적 타당도가 약한 측정은 유형 3 측정으로서 행동적 역할 수행 검사, 사회적 문제해결 측정, 사회적 인지 측정 등이 이에 속한다. 이러한 측정들은 약간의 안면 타당도는 있을지 모르지만 앞의 두 측정 유형과는 거의 관계가 없다. 또한 사회적 행동을 제대로 예측하지도 못한다. • 이 측정 결과는 자연적인 상황에서의 행동이나 사회적 지위 혹은 교사나 부모의 사회적 기술에 대한 판단과 별로 관계가 없다. • 대표적으로 자기평가나 자기보고 혹은 자기성찰에 근거한 질문지법을 들 수 있다. • 사회적 타당도가 가장 낮지만 현실적으로 가장 많이 이용되고 있는 방법이다. • 우리나라 학술정보 DB에 실려 있는 사회적 기술 관련 연구들 중 대부분이 이러한 자기질문지를 이용하여 사회적 기술을 측정하고 있다.

74

2011. 초

다음은 2008년 개정 특수학교 기본교육과정에 근거한 사회과 지도 계획이다. 지도 계획에 따라 평가하고자 할 때, Gresham(1998)의 제안을 근거로 사회적 타당도가 가장 높은 방법은?

단원	생활 속의 예절
단원 목표	생활 속에서 주위 사람에 대한 바른 예절을 알고 지킨다.
학습 과제 및 활동	〈예의 바른 행동하기〉 • 여러 사람이 어울려 살면서 생활 속에서 지켜야 할 예절에 대해 알아본다. • 대화를 할 때와 전화를 걸거나 받을 때의 예절에 대해 알아본다.  [인사할 때] [물건을 주고받을 때] [대화할 때]
평가	• 생활 속에서 지켜야 할 예절을 알고 지키는가? • 대화와 전화예절을 알고 지키는가?

① 사회적 상호작용 및 대인관계 기술을 측정하는 표준화된 사회성 기술 검사를 실시하여 평가한다.

② 수업시간에 배운 대로 어른들을 대하는 태도나 대화예절을 지키고 있는지 자기보고서를 작성하게 하여 평가한다.

③ '인사하기', '물건 주고받기', '대화하기' 등의 역할 놀이를 하게 하여 예의바른 행동을 할 수 있는지 관찰하여 평가한다.

④ 수업시간이나 쉬는 시간, 놀이 활동 시간에 어른을 대하는 태도나 친구들과의 대화예절이 적절한지 관찰하여 평가한다.

⑤ 학교 및 가정생활에서 어른들을 대하는 태도나 대화예절이 적절한지 교장 선생님, 부모님, 또래 친구에게 의견을 물어 평가한다.

핵심테마 체크 ✓

- FAST 전략
- 사회적 능력의 개념
- 사회적 타당도에 따른 사회적 기술 평가 방법

MY MEMO

75

정답 및 예시답안

○ ㉠ 사회적 능력
○ ㉡ 여러 가지 대안 중 최적의 대안 찾기
○ ㉢ 첫째, 또래 지명법을 실시하여 또래들로부터 얻은 교우 관계도를 보고 평가하는 방법과 둘째, 부모와 면접을 실시하여 부모로부터 학생의 사회성에 대한 정보를 얻는 방법이 해당한다.

관련이론

✦ FAST 전략

- 상황맥락 중재
- 대인관계 문제해결 중재
- 절차
  ① Freeze : 멈추고 생각하라.
  ② Alternatives : 대안을 생각하라.
  ③ Solutions : 해결방안들을 탐색하라.
  ④ Try : 시도하라.

✦ 사회적 능력의 개념

사회적 기술	• 구체적인 상황에서 발휘되는 적절한 사회적 반응 • 개인이 긍정적인 사회적 관계를 형성하고 유지하게 해 주는 능력
사회인지	• 사회적 정보를 파악하는 능력
사회적 능력	• 주어진 준거에 비추어 특정 개인이 사회적 과제를 얼마나 성공적으로 해결했는가에 대한 사회적 작용자가 내리는 성과중심의 평가적 용어

고득점 답안 비법 ✰ 사회적 타당도를 높일 수 있는 평가방법이란 문제 상황에 제시된 '표준화검사'보다 사회적 타당도가 높은 평가방법을 제안하라는 의미

✰ 답안작성 시, <작성방법>의 조건에 맞게 2가지의 평가방법을 각각 다른 정보 제공자와 평가 형태에 따라 명확히 구분되도록 서술해야 하며, 2가지 방법 모두 '표준화검사'보다 사회적 타당도가 높은 방법이어야 함

75

2019. 중
★답안작성

다음은 손 교사가 경도장애 학생 N의 사회성 기술을 지도하기 위해 작성한 계획의 일부이다. 〈작성 방법〉에 따라 서술하시오. [4점]

〈학생 N의 사회성 기술 지도 계획〉

- 목적: 사회성 기술(social skills)을 바탕으로, (㉠)을/를 기르고, 사회성(sociality)을 형성하고자 함
  ※ (㉠)은/는 사회성 기술을 사용하여 사회적 과제를 성공적으로 해결하고 유지할 수 있는 종합적인 역량임
- 목표행동: 공공장소에서 질서 지키기
  - 이해: 수업 시간에 관련 상황 제시 및 지도
  - 적용: 실제 상황에 적용
  - 평가: 학생 N의 (㉠)이/가 타인(들)에 의해 적절하다고 판단되는지에 초점을 둠
- 중재 및 평가

- 상황 맥락 중재 적용: 'FAST 전략'을 적용하여 단계별로 지도함

〈상황 맥락 1〉
체육 시간에 강당에 모여 매트 위에서 구르기 활동을 하기 위해 줄을 서야 하는데, 상황 속 등장인물이 순서대로 줄을 서지 않고 화를 내고 있음

단계	지도할 활동 내용
1	무엇이 문제인지 생각해 보기
2	화내는 것 외에 할 수 있는 여러 가지 대안들 말하기
3	(㉡)
4	직접 수행해 보기

…(중략)…

- 상황 맥락 중재의 효과 평가
  - 표준화 검사: 한국판 적응행동검사(K-SIB-R) 실시
  - (㉢)

작성방법

- 괄호 안의 ㉠에 해당하는 내용을 쓸 것
- 괄호 안의 ㉡에 해당하는 단계의 구체적인 활동 내용을 서술할 것
- 괄호 안의 ㉢에 들어갈 사회적 타당도를 높일 수 있는 평가 방법 2가지를 서술할 것 (단, 2가지의 평가 방법은 각각 다른 정보 제공자와 평가 형태를 포함하여 서술할 것)

핵심테마 체크 ✔

- 또래 지명법
- FAST 전략

MY MEMO

76

정답 및 예시답안

○ (가) 또래 지명법
○ (나) FAST 전략

문제 속 자료분석

- (가) 김 교사는 학습장애 학생 A가 친구들로부터 어떻게 인식되고 있는지를 알아보기 위하여 반 학생들에게 같은 반에서 옆에 앉고 싶은 친구와 좋아하는 친구 세 명을 각각 적게 하고, 옆에 앉기 싫은 친구와 싫어하는 친구 세 명도 각각 적게 하였다.
- (나) (가)의 결과와 학생들과의 면담을 통해 학생 A의 충동적 행동을 중재할 필요성을 확인하였다. 김 교사는 사회성 기술을 가르치는 인지 전략 중 상황맥락 중재를 활용하기로 하였다. 문제가 생기면 충동적으로 반응하지 말고 일단 행동을 멈추고 생각하고, 문제 해결을 위해 무엇을 할 수 있는지 다양한 대안을 모색하며, 어떤 것이 최적의 해결 방안일지 선택을 한 후, 수행해 보도록 하는 4단계 방법으로 지도하였다.

관련이론

✦ 또래 지명법

- 또래 지명법은 Moreno가 제안한 것으로서 가장 보편적으로 사용되고 있는 사회성 측정 기법이다.
- 또래 지명 검사는 교실 상황에서 가장 오래된 사회적 관계 측정법이다.
- 이 사회적 관계 측정의 시행은 상대적으로 덜 복잡하다. 즉, 조사자는 응답자에게 그들이 함께 공부하고 싶고, 놀고 싶고, 옆에 앉고 싶은 학급 친구를 적게 한다(보통 3~5명까지 적을 수 있으나 제한은 없다).
- 또한 참여자가 같은 반에서 가장 친한 친구 혹은 가장 좋아하는 학급 친구를 적게 한다.
- 부정적인 지명 또한 사회 계량적 위치의 다른 범주를 결정하기 위해 사용될 수 있다(싫어함 혹은 거부).
- 긍정적인 교실 지명과 부정적인 교실 지명 모두로부터 결합된 정보를 통해 또래들 사이에서 학생의 사회적 위치 향상을 목표로 하는 중재가 필요한 학생을 선별할 수 있다.
- 긍정적 준거와 부정적 준거에 따라 지명한다.
- 지명 점수는 초등학생 사이에서는 시간이 지나도 안정적인 것으로 나타났다.

✦ FAST 전략(대인관계 문제해결 중재)

- 목적: 문제 상황에서 반응하기 전에, 학생이 문제를 주의 깊게 생각하고, 대안을 모색하여, 각 대안의 결과를 예측함으로써 최선의 대안을 선택할 수 있도록 한다. 교사는 FAST 전략의 단계를 가르치고, 시범을 보인 후, 다양한 상황 맥락에 대한 역할극을 통해 학생이 FAST 전략 사용을 연습할 수 있도록 한다. 또한 교사는 교실 게시판에 큰 종이를 붙여, 학생들에게 FAST 전략이 적용될 수 있는 상황 맥락을 기록하도록 하여, 학생들이 기록한 상황 맥락에 대해 논의하고, 전략을 이러한 상황 맥락에 일반화하여 적용할 것을 강조한다.
- 절차
  ① Freeze and Think(멈추고 생각하기)
  ② Alternatives(대안 모색하기)
  ③ Solution Evaluation(최적의 대안 찾기)
  ④ Try it!(대안 수행하기)

76 2015. 중

학습장애 학생 A의 교실 내 사회적 관계망을 알아보기 위해 김 교사는 (가)와 같은 방법을 실시하고, 특수교사의 자문을 받아 사회성 기술을 (나)와 같이 가르쳤다. (가)에서 사용한 방법의 명칭을 쓰고, (나)에서 사용한 전략을 쓰시오. [2점]

(가)

김 교사는 학습장애 학생 A가 친구들로부터 어떻게 인식되고 있는지를 알아보기 위하여 반 학생들에게 같은 반에서 옆에 앉고 싶은 친구와 좋아하는 친구 세 명을 각각 적게 하고, 옆에 앉기 싫은 친구와 싫어하는 친구 세 명도 각각 적게 하였다.

(나)

(가)의 결과와 학생들과의 면담을 통해 학생 A의 충동적 행동을 중재할 필요성을 확인하였다. 김 교사는 사회성 기술을 가르치는 인지 전략 중 상황맥락 중재를 활용하기로 하였다. 문제가 생기면 충동적으로 반응하지 말고 일단 행동을 멈추고 생각하고, 문제 해결을 위해 무엇을 할 수 있는지 다양한 대안을 모색하며, 어떤 것이 최적의 해결 방안일지 선택을 한 후, 수행해 보도록 하는 4단계 방법으로 지도하였다.

핵심테마 체크 ✔

- 사회적 기술 측정 방법
- SLAM전략

MY MEMO

77

정답 및 예시답안

○ 또래 지명(지명도 측정법, 교우도 검사)
○ ㉡-㉢-㉠-㉣

관련이론

✦ 또래 지명법

- 또래 지명법은 Moreno가 제안한 것으로서 가장 보편적으로 사용되고 있는 사회성 측정 기법이다.
- 또래 지명 검사는 교실 상황에서 가장 오래된 사회적 관계 측정법이다.
- 이 사회적 관계 측정의 시행은 상대적으로 덜 복잡하다. 즉, 조사자는 응답자에게 그들이 함께 공부하고 싶고, 놀고 싶고, 옆에 앉고 싶은 학급 친구를 적게 한다(보통 3~5명까지 적을 수 있으나 제한은 없다).
- 또한 참여자가 같은 반에서 가장 친한 친구 혹은 가장 좋아하는 학급 친구를 적게 한다.
- 부정적인 지명 또한 사회 계량적 위치의 다른 범주를 결정하기 위해 사용될 수 있다(싫어함 혹은 거부).
- 긍정적인 교실 지명과 부정적인 교실 지명 모두로부터 결합된 정보를 통해 또래들 사이에서 학생의 사회적 위치 향상을 목표로 하는 중재가 필요한 학생을 선별할 수 있다.
- 긍정적 준거와 부정적 준거에 따라 지명한다.
- 지명 점수는 초등학생 사이에서는 시간이 지나도 안정적인 것으로 나타났다.

✦ SLAM(대인관계 문제해결 전략)

- Stop : 멈추라.
- Look : 보라.
- Ask : 질문하라.
- Make : 적절히 반응하라.

77

2022. 중

(가)는 학교 적응 문제를 가진 학습장애 학생 A를 위한 평가 계획의 일부이고, (나)는 학생 A를 위한 사회적 기술 훈련 프로그램 중 하나인 SLAM 전략의 단계별 활동이다. <작성 방법>에 따라 쓰시오. [2점]

(가) 평가 계획

- 학생 A의 반 친구 모두에게 함께 공부하고 싶은 친구, 짝을 하고 싶은 친구, 학교 밖에서 만나서 놀고 싶은 친구, 함께 하고 싶지 않은 친구 목록을 제출하도록 함 [A]
- 평가 결과에 따라 면담 학생 목록을 작성하여, 학생 A와 목록에 있는 학생을 대상으로 면담을 실시하도록 함

(나) SLAM 전략의 단계별 활동

㉠ 상대방의 말이 무엇을 의미하는지, 왜 부정적인 말을 하는지 질문하기
㉡ 지금 하고 있는 일을 멈추고, 심호흡하기
㉢ 상대방의 눈을 쳐다보고 외면하지 않기
㉣ 상대방에게 적절하게 반응하기

작성방법

- (가)의 [A]에 해당하는 사회성 측정 기법의 명칭을 쓸 것
- (나)의 ㉠~㉣을 SLAM 전략 단계에 맞게 기호를 순서대로 쓸 것

임지원

특수교육 기출맥서 ❷

초판인쇄 | 2024. 4. 15. **초판발행** | 2024. 4. 19. **편저자** | 임지원
발행인 | 박 용 **발행처** | (주)박문각출판 **등록** | 2015년 4월 29일 제2015-000104호
주소 | 06654 서울시 서초구 효령로 283 서경 B/D **팩스** | (02)584-2927
전화 | 교재 문의 (02)6466-7202, 동영상 문의 (02)6466-7201

저자와의 협의하에 인지생략

정가 30,000원

ISBN 979-11-6987-891-3
ISBN 979-11-6987-889-0(세트)